3ª Edição

A VIDA DE CRISTO

Do Nascimento à Ascensão

A VIDA DE CRISTO
Do Nascimento à Ascensão

Geoffrey Hodson

Tradução:
Edilson Almeida Pedrosa

EDITORA TEOSÓFICA
Brasília-DF

Título original:
The Christ Life from Nativity to Ascension

Edição em inglês, 1975
Quest Book, The Theosophical Publishing House
Wheaton, U.S.A.

Primeira edição: 1998
Segunda edição: 2001
Terceira edição 2017

Editora Teosófica
SIG Sul Quadra 6 Lote 1.235
CEP: 70610-430 – Brasília-DF.
Telefone: (61) 3322-7843
E-mail: editorateosofica@editorateosofica.com.br
Site: www.editorateosofica.com.br

H692
A VIDA DE CRISTO
Do Nascimento à Ascensão

Brasília, 2017
ISBN 85-85961-21-X

Assunto:
1. Filosofia do Cristianismo
2. Teoria do Cristianismo

CDD 220.7

Capa:
Marcelo Ramos
Diagramação:
Reginaldo Mesquita
Revisão:
Raul Branco
Zeneida Cereja da Silva

Sumário

OBS.: As referências entre parênteses foram acrescentadas pela Editora Teosófica brasileira.

Dedicatória

Este trabalho é dedicado a Filo Judaeus, o grande Sábio da Alexandria.

Às vezes, quando chego vazio ao meu trabalho, de repente me sinto completo, com ideias sendo derramadas sobre mim de maneira invisível e, do alto, implantadas em mim. Assim, por meio da inspiração divina, torno-me cheio de entusiasmo e não reconheço o lugar em que estava nem as pessoas que estavam presentes nem a mim mesmo ou o que eu estava dizendo ou escrevendo, pois nestas ocasiões torno-me consciente de uma riqueza de interpretação, uma alegria de luz, uma visão muito límpida, uma percepção muito distinta dos objetos tratados, tal como seria possível aos olhos diante da mais clara exposição.

– Filo
Traduzido por W. R. Inge.

Agradecimentos

Reconheço com gratidão a ajuda de minha esposa Sandra na produção desse trabalho, que transcreveu as interpretações originais ditadas por mim das passagens bíblicas; ao meu queridíssimo amigo David Hugh Chisholm, que se incumbiu da datilografia final do trabalho e da produção do índice; e a Truman Caylor Wadlington, meu estimado colaborador literário, por editorar e coordenar as sucessivas partes deste livro.

Este trabalho está baseado na Bíblia de King James e todas as citações e referências são extraídas daquela versão. Naquilo que não houvesse discordância com o original em inglês, apoiamos nossa tradução preferencialmente no texto bíblico da versão brasileira da Bíblia de Jerusalém, das Edições Paulinas.

ABREVIATURA DOS LIVROS BÍBLICOS EM ORDEM ALFABÉTICA

Ab	Abdias	**Hab**	Habacuc	**Ne**	Neemias
Ag	Ageu	**Hb**	Hebreus	**Nm**	Números
Am	Amós	**Is**	Isaías	**Os**	Oséias
Ap	Apocalipse	**Jd**	Judas	**1Pd**	1ºPedro
At	Atos dos Apóstolos	**Jl**	Joel	**2Pd**	2ºPedro
Cl	Colossenses	**Jn**	Jonas	**Pr**	Provérbios
1Cor	1º Coríntios	**Jó**	Jó	**Rm**	Romanos
2Cor	2º Coríntios	**Jo**	Evangelho de João	**1Rs**	1º Reis
1Cr	1º Crônicas	**1Jo**	1º de S. João	**2Rs**	2º Reis
2Cr	2º Crônicas	**2Jo**	2º de S. João	**Rt**	Rute
Ct	Cântico dos Cânticos	**3Jo**	3º de S. João	**Sb**	Sabedoria
Dn	Daniel	**Jr**	Jeremias	**Sf**	Sofonias
Dt	Deuteronômio	**Js**	Josué	**Sl**	Salmos
Ecl	Eclesiastes	**Jt**	Judite	**1Sm**	1º Samuel
Ef	Efésios	**Jz**	Juízes	**2Sm**	2º Samuel
Esd	Esdras	**Lc**	Evangelho de Lucas	**Tg**	Tiago
Est	Ester	**Lm**	Lamentações	**1Tm**	1º Timóteo
Ex	Êxodo	**Lv**	Levítico	**2Tm**	2º Timóteo
Ez	Ezequiel	**Mc**	Evangelho de Marcos	**1Ts**	1º Tessalonicenses
Fl	Filipenses	**Mq**	Miquéias	**2Ts**	2º Tessalonicenses
Fm	Filemon	**Ml**	Malaquias	**Tt**	Tito
Gl	Gálatas	**Mt**	Evangelho de Mateus	**Zc**	Zacarias
Gn	Gênesis	**Na**	Naum		

Outras abreviaturas utilizadas neste livro:

NT - nota do tradutor
gr. - grego
sânsc. - sânscrito

Prefácio

A história evangélica da vida de Cristo é muito apreciada e tomada como uma fonte infalível de inspiração para muitos. A familiar história é considerada inclusive tanto no sentido literal ou histórico como no alegórico. S. João, nos seus primeiros cinco versículos, por exemplo, parece pretender que o Cristo deve ser considerado primeiramente como um relato alegórico da encarnação e evolução do Deus supremo do Universo e do Ser divino no homem. Tão habilmente os evangelistas esconderam e revelaram debaixo do véu da alegoria e do simbolismo o mistério da Divina Encarnação (ou Natividade) no Universo e as fases subsequentes da evolução que o conhecimento direto, ou Tradição de Mistérios, não é sempre discernível prontamente. Este livro é escrito na esperança de prover um guia para a descoberta da Sabedoria secreta contida nos quatro relatos, ou evangelhos, da vida de Cristo.

Deve ser sempre lembrado que a maravilhosa história não foi planejada para ser interpretada meramente como a rememoração de eventos exteriores, mas deve ser vista também como revelação do divino por trás das manifestações do homem mortal e material, subdesenvolvido. Na verdade, o relato total, escrito pelas mãos desconhecidas dos evangelistas, é simplesmente um registro das experiências do espírito na matéria, da Mônada no homem, da escapada de ambos da matéria e de suas garras mortais, de volta à liberdade, que é o estado natural do espírito e da Mônada no mundo da realidade divina.

Um significado místico não deve ser desdenhado, pois cada ser humano tem um espírito crítico inerente como parte essencial de sua natureza. Finalmente, ele vem a ter conhecimento de seu poder interior e a utilizá-lo como uma fonte infalível de força e conforto para si próprio e para seus semelhantes. O Cristo interior pode, entretanto, ser atualmente pressentido, ou percebido, como a sabedoria e a compaixão que despontam e despertam o amor universal "recentemente nascido". Gradualmente, através do Batismo e da Transfiguração transcendentais, o amor divino torna-se conhecido diretamente como um poder espiritual e uma presença guardada como uma relíquia dentro do recesso secreto da alma. Depois disso, o Cristo interior torna-se uma fonte de luz e centro de paz imperturbável, justamente como o Salvador histórico que trouxe luz e outorgou paz para toda a humanidade. A crucificação interior segue-se à transfiguração, mas somente como uma experiência no caminho para a ascensão, quando a Terra e as coisas da Terra são deixadas para trás, e a unidade com o Pai (ou Mônada) torna-se para sempre uma experiência indelével na consciência.

Prefácio

[illegible]

A SABEDORIA OCULTA E POR QUE ELA É OCULTA

O mais alto estágio de poder que a ciência oculta pode conferir é derivado do conhecimento da unidade e da interação entre o macro e o microcosmo, o Universo e o homem. "O mistério do homem material e mortal segue-se ao mistério do Ser divino e imortal," escreveu Eliphas Levi. Lao-tse também expressou essa verdade em suas palavras: "O Universo é um homem em grande escala."

O Universo com todas suas partes, do mais alto plano até a natureza física, é considerado interconectado e entrelaçado, formando um total singular: um corpo, um organismo, um poder, uma vida, uma consciência, tudo ciclicamente evoluindo sob uma lei. Os "órgãos", ou partes, do macrocosmo, embora aparentemente separados no espaço e em diferentes planos de manifestação, estão de fato harmoniosamente inter-relacionados, intercomunicados e interagem continuamente.

De acordo com essa revelação da filosofia oculta, o Zodíaco, as galáxias e seus sistemas componentes, os planetas com seus reinos e planos da Natureza, os elementos, ordens de seres, forças radiantes, cores e notas não são apenas partes de um todo coordenado, em correspondência, ou ressonância mútua, com cada uma das outras, mas também, o que é profundamente significativo, têm suas representações dentro do próprio homem. Esse sistema de correspondências está em operação através de todo o microcosmo, da Mônada, ou espírito mais interno, à carne mortal, incluindo as partes do mecanismo da consciência, os veículos e seus *chakras* (centros, no homem, através dos quais fluem forças superfísicas – ver Glossário), por meio dos quais o Espírito no homem é manifestado através de toda sua natureza, variando em grau de acordo com o estágio de evolução alcançado. O ser humano que descobre essa verdade pode introduzir-se no aspecto poder do Universo e utilizar-se de qualquer uma dessas forças. Ele então se torna dotado de influência quase irresistível sobre a Natureza e sobre os seus semelhantes.

Esse conhecimento da relação entre o Universo e o homem é parte da sabedoria secreta do Cabalismo, o qual ensina que, na cadeia do ser, tudo está contido dentro de tudo o mais. Onde alguém se encontra, lá está todo o Universo. Como é em cima, é embaixo; como é dentro, é fora. Cada coisa age incessantemente sobre tudo o que existe. O Cabalismo, então, enfatiza a inter-relação de todos os mundos e níveis de seres segundo leis exatas, embora imperscrutáveis. Todas as coisas, além do mais, possuem profundidades que podem ser contempladas de todos os ângulos.

Tal é parte da sabedoria que é dita estar implícita na Tora. Esse livro sagrado é para os cabalistas a revelação das leis do cosmo, dos seus inter-relacionamentos com o homem e da história dos judeus. Tudo está, entretanto, profundamente oculto sob sucessivos véus de alegoria, símbolo e histórias metafóricas. Orígenes, em *Selecta in Psalmos, Patrologia Graeca XII,* escreveu: "As Escrituras Sagradas são como grandes casas, com muitos e muitos quartos, e fora de cada porta existe uma chave; mas ela não é a correta. Encontrar as chaves certas que vão abrir as portas, esta é a grande e árdua tarefa."

Essa tarefa é dura de fato, demandando algum conhecimento de Cosmogênese, da emanação do Universo pelo Absoluto, do finito pelo infinito, e dos ciclos sucessivos, maior e menor, de involução e evolução. Além do mais, o conhecimento da linguagem simbólica, dos seus propósitos, dos métodos e dos símbolos clássicos, e a habilidade de analisar e interpretar metáforas históricas são necessários para abrir o cofre da sabedoria oculta – a própria Bíblia Sagrada.

Onde o Verbo verificou que as coisas feitas de acordo com a história podiam ser adaptadas para esses sentidos místicos, Ele fez uso delas, velando da multidão o significado mais profundo; mas onde na narrativa do desenvolvimento das coisas supersensoriais não ocorrem a execução daqueles eventos que já foram indicados pelo significado místico, a Escritura entrelaçou na história o relato de algum evento que não teria acontecido, algumas vezes que não poderia ter ocorrido; algumas vezes que poderia, mas não aconteceu.

De Principiis, Orígenes, filósofo cristão erudito bíblico, famoso por seus ensinamentos em Alexandria e Cesareia (C.185-C.254 d.C.).

Que homem de bom senso concordará com a afirmação de que o primeiro, segundo e terceiro dias, nos quais é mencionado "manhã" e "noite", foram sem Sol, lua e estrelas, e o primeiro dia sem um céu? Que homem pode ser tão idiota para supor que Deus plantou árvores no Paraíso, no Éden, como um agricultor, e dentro dele plantou a árvore da vida, perceptível aos olhos e aos sentidos, que dava vida a quem dela comesse; e outra árvore que dava a quem dela comesse um conhecimento do bem e do mal? Acredito que cada homem deve considerar essas ideias como símbolos, sob os quais o sentido oculto jaz escondido.

Orígenes: Huet., *Origeniana,* 167, Franck, p. 142.

Cada ocasião em que você encontra em nossos livros um conto cuja realidade parece impossível, uma história que é repugnante à razão e ao bom senso, então esteja certo de que eles contêm uma imperscrutável alegoria velando uma profunda verdade misteriosa e, quanto maior o absurdo da letra, mais profunda a sabedoria do espírito.

Moses Maimonides, teólogo judeu, historiador, estudioso do Talmude, filósofo e físico (1135-1205 d.C.).

Tal como uma linda mulher escondida no interior de um palácio que, quando seu amigo e amado passa, abre por um momento uma janela secreta e é vista somente por ele e, então, outra vez, se recolhe e desaparece por um longo tempo. Assim, a doutrina mostra-se somente aos eleitos, mas também, mesmo para eles, nem sempre da mesma maneira. No começo, profundamente velada, apenas acena para o passante, com sua mão; ele simplesmente confia (em si mesmo) se em sua compreensão percebe essa amável sugestão. Mais tarde, ela chega mais perto dele e sussurra algumas poucas palavras, mas o semblante dela está ainda oculto por um espesso véu, que sua vista não pode penetrar. Ainda mais tarde, ela conversa com ele, seu semblante coberto com um véu mais fino. Depois que ele tiver se acostumado com sua presença, ela finalmente se mostra face a face e confia-lhe os segredos mais recônditos do seu coração ("Sod").

Zohar II 99a. (Soncino Ed. Vol.III, p. 301).

Ai do homem que vê na Tora, i.e. Lei, somente simples exposições e palavras usuais! Porque, se na verdade ela somente contém isso, nós igualmente seríamos capazes hoje de compor uma Tora muito mais merecedora de admiração ... As narrativas da Tora são as vestimentas da Tora. Ai daquele que toma essas vestimentas como sendo a própria Tora! ... Há algumas pessoas tolas que, vendo um homem coberto com uma bela roupa, não consideram mais além e tomam a vestimenta pelo corpo, enquanto lá existe uma coisa ainda mais preciosa, que é a alma... Os sábios, os servidores do Rei Supremo, aqueles que habitam as alturas do Sinai, estão ocupados exclusivamente com a alma, que é a base de todo o resto, que é a própria Tora; e no tempo vindouro eles serão preparados para contemplar a Alma daquela Alma (i.e. o Deus) que sopra na Tora.

Zohar III 152b. (Soncino Ed., Vol. V, p. 211).

Rabino Simeon disse: "Se um homem olha a Tora meramente como um livro que apresenta narrativas e problemas do dia a dia, coitado dele! Tal Tora, cuidando dos interesses diários, nós também, nós mesmos, poderíamos compilar na verdade um livro melhor. Mais do que isso, na posse dos dirigentes do mundo há livros de méritos ainda maiores, e com estes poderíamos competir se desejássemos compilar uma tal Tora. Mas a Tora, com todas as suas palavras, contém verdades sobrenaturais e segredos sublimes."

Zohar III, 152a.

"A casca, a clara e a gema formam um ovo perfeito. A casca protege a clara e a gema, e a gema alimenta mais do que a clara; e quando a clara tiver sumido, a gema, na forma de pássaro emplumado, irrompe através da casca e em breve se eleva sobre o ar. Então, o estático torna-se dinâmico; o material, o espiritual.

Se a casca é o princípio exotérico e a gema o esotérico, o que então é a clara? A clara é o alimento da segunda, a sabedoria acumulada do mundo centrando-se ao redor do mistério do crescimento que cada indivíduo deve absorver antes que possa quebrar a casca. A transmutação da clara, por meio da gema, em avezinha é o segredo dos segredos de toda a filosofia cabalística."

The Secret Wisdom of the Qabalah,
J. F. C. Fuller

Tendo tomado o *Upanishad* como o arco, como a grande arma, deixe-o colocar nele a seta, aguçada pela devoção! Então, tendo-o retesado com um pensamento dirigido ao que é, acerte o alvo, ó Amigo, a saber, aquilo que é indestrutível! *OM* é o arco, o Eu *(Self)* é a seta, *Brahman* é chamado o Objetivo. Ele é para ser atingido pelo homem que não é descuidado e, então, como a flecha torna-se una com o alvo, ele se tornará uno com *Brahman*.

(Mundaka Upanishad, II).

"E, acercando-se dele, os discípulos disseram-lhe: por que lhes falas por parábolas? Ele respondendo, disse-lhes: Porque a vós é dado conhecer os mistérios do reino dos céus, mas a eles não lhes é dado. Mas bem-aventurados os vossos olhos, porque veem, e os vossos ouvidos, porque ouvem."

(Mateus 13:10, 11 e 16).

"Quem come a minha carne e bebe o meu sangue tem a vida eterna; e eu o ressuscitarei no último dia. Porque a minha carne verdadeiramente é comida, e o meu sangue verdadeiramente é bebida. Quem come a minha carne e bebe o meu sangue permanece em mim e eu nele. Assim como o Pai, que vive, me enviou, e eu vivo pelo Pai, assim, quem de mim se alimenta, também, viverá por mim."

(João 6:54-57).

Os antigos relatos do Gênesis sobre a criação, Adão e Eva e a Queda do homem contêm verdades de natureza religiosa que não dependem para sua validade de confirmação histórica ou científica. Tais relatos expressam verdades de natureza eterna. São mitos, ensinando verdades espirituais por meio de alegorias.

(*De um sermão do Reverendo Dr. Frank Woods,* Arcebispo anglicano de Melbourne, falando na Catedral de São Paulo, em 18 de fevereiro de 1961).

Incluir toda a verdade na linguagem escrita, expressar os maiores mistérios ocultos em um estilo abstrato não só seria desnecessário, perigoso e sacrílego, mas também impossível. Há verdades de uma ordem sutil, sintética e divina, que a linguagem humana é incapaz de expressar em toda sua inviolada inteireza. Somente a música pode algumas vezes fazer a alma senti-las, somente o êxtase pode mostrá-las em visão total, e somente o simbolismo esotérico pode revelá-las ao espírito de um modo concreto.

Ay Seuil de Mystiere, S. De Guaita.

Parte 1

A História Evangélica – Uma Breve Revisão

Capítulo 1

Embora a Religião cristã tenha surgido depois que Jesus Cristo apareceu na Palestina, há aproximadamente dois mil anos, ela não foi de forma alguma uma revelação isolada ou nova. Melhor dizendo, ela se tornou parte do longo desenvolvimento histórico estabelecido e mantido neste planeta pelos Instrutores espirituais da raça, referidos no Novo Testamento como "os homens justos tornados perfeitos"[1]. Santo Agostinho reconheceu a nova religião como a continuação de um sistema religioso já existente quando escreveu no século IV: "Alguma coisa idêntica àquilo a que agora chamamos religião cristã existiu entre os antigos e não estava ausente desde o começo da raça humana até a vinda de Cristo na carne, a partir de quando a verdadeira religião, a qual já existia, começou a ser chamada cristã"[2]. São Paulo, numa carta para seus convertidos em Corinto, referiu-se à primordial existência da sabedoria divina nas seguintes palavras: "Ensinamos a sabedoria de Deus, misteriosa e oculta, que Deus, antes dos séculos, de antemão destinou para nossa glória"[3].

Os ensinamentos dessa Sabedoria Eterna estão fundados no coração das grandes crenças mundiais como um grupo das doutrinas centrais comuns a todas elas. Essa uniformidade é revelada por um exame dos livros sagrados das várias religiões e das palavras originais dos maiores instrutores do mundo. A Sabedoria Antiga é na verdade a mais velha de todas as religiões, consistindo da *Theosophia*, a sabedoria dos seres divinamente iluminados através das idades, chamada Teosofia modernamente[4].

Uma ressurgência de amplitude mundial dessa Religião Sabedoria ocorreu evidentemente entre 700 a.C. e 300 d.C. Durante esse período apareceram Lao-Tse e Confúcio na China; o Senhor Buda e Sri Shankaracharya na Índia; Zoroastro na

---

[1] Hb 12:23.

[2] Retratações 1. 13:3.

[3] I Cor 2:7 (provavelmente escrito em 50 d.C.).

[4] Ver Geoffrey Hodson, *A Sabedoria Oculta na Bíblia Sagrada,* Ed. Teosófica, Brasília.

Pérsia; Pitágoras, Platão, Sócrates e Aristóteles na Grécia; e Amônio Saccas, Plotino e outros neoplatônicos em Alexandria. Todos contribuíram para o grande reavivamento da Filosofia e do pensamento religioso. Além do mais, os Mistérios Maiores e Menores no Egito e na Grécia continuavam ainda atraindo, ensinando e iniciando ocultistas e místicos. A esses podem ser agregados aqueles judeus que estudaram o Judaísmo esotérico, conhecido como Cabala, e também os gnósticos (Valentim, Basílides, Marcion e outros) que concorreram para o conceito de "mistério do reino". Essas e outras correntes contemporâneas do pensamento e da cultura foram absorvidas pelo Cristianismo nascente. Essa síntese foi iluminada e potencializada pela presença e, mais tarde, culto de Jesus, o Cristo, como um centro de vida e fonte de inspiração pessoal, o fundador espiritual da "nova" fé.

Fora o seu profundo efeito sobre as vidas de milhões de pessoas, pouco ou nada é realmente conhecido sobre a pessoa, vida e morte de Jesus de Nazaré. Sua aparência física não foi registrada no Novo Testamento, tampouco a vida familiar de Jesus, exceto que ele tinha pelo menos quatro irmãos e duas irmãs, trabalhava como carpinteiro e cresceu em sabedoria. Além disto, os evangelhos autografados pelos evangelistas foram secretamente retirados ou perdidos. Cópias posteriores, sem dúvida com muitas modificações, são as únicas disponíveis agora. Traduzidas, editadas e alteradas para adaptarem-se a conceitos e dogmas teológicos em mudança, essas cópias falsificam os relatos originais em certas passagens, apesar de serem verdadeiras em geral. Ademais, nenhum registro escrito dos eventos e das ações associados a Jesus foi efetuado, e os quatro evangelhos foram escritos muito depois daqueles eventos, a partir da tradição oral, baseada na memória. Fora uma passagem questionável em Josephus, não foi encontrado nenhum registro histórico contemporâneo das séries de incidentes mencionados nos evangelhos. Pode ser considerada como relevante a ausência total de qualquer referência em todos os escritos dos historiadores do período ou nos registros do Império Romano e de outros países vizinhos da Judeia de pelo menos a sequência de acontecimentos altamente dramáticos que culminaram na Crucificação, Ressurreição e Ascensão do Senhor.

William Foxwell Albright, no seu livro *The Archeology of Palestine* [A Arqueologia da Palestina], comenta sobre os primeiros textos do Novo Testamento:

> *O único manuscrito do Novo Testamento grego antecedendo o quinto ou sexto século d.C., cuja existência era conhecida há um século, era o* Codex Vaticanus*, um texto em manuscrito fino (pergaminho) preservado na biblioteca do Vaticano, mas que esteve, por todo esse tempo, virtualmente inacessível aos estudiosos e tem sido utilizado escassamente por críticos textuais. Em 1859, um erudito alemão, Constantin Tischendorf, descobriu um* Codex *em pergaminho igualmente antigo no monastério de Santa Catarina do Monte Sinai e conseguiu adquirir o precioso texto do Czar da Rússia. Em 1933, o* Codex Sinaiticus*, tendo sido comprado da Rússia pelo Governo Britânico, tornou-se o principal tesouro do museu britânico, que agora abriga 2 dos 3*

> *mais importantes manuscritos bíblicos gregos no mundo (o outro é o* Codex Alexandrinus *do 5º século). Datando da primeira metade do século IV d.C., o* Vaticanus *e o* Sinaiticus *agora representam as mais valiosas autoridades existentes do texto do Novo Testamento...*

Sob o impacto dos novos achados, iniciou-se recentemente uma forte reação, ajudada materialmente pelo ponto de vista de C. C. Torrey de que João é a tradução de um texto aramaico escrito bem antes de 70 d.C. Alguns eruditos radicais (e.g. Ervin Goodenough) agora consideram João como o mais antigo dos evangelhos, ao invés do mais recente.

As alocuções de Jesus a seus discípulos registradas pelos evangelistas carregam as marcas de uma autoria combinada, como de um grupo que contribuiu depois de ouvir muitas de tais palestras e de escutar outros relatando-as. Esses pronunciamentos rememorados e tais registros que possam ter existido foram repetidos, cada pessoa acentuando passagens que se harmonizavam com seu temperamento. As mentes mais objetivas foram indubitavelmente movidas pelos chamados ensinamentos históricos que, assim, eram lembrados. Os devotos e místicos, por outro lado, contribuíram de acordo com sua visão. Todas essas reminiscências repetidas foram misturadas em uma narrativa, supostamente descrevendo uma única motivação. Efetivamente, entretanto, muitos discursos em diversas reuniões contribuíram para os variados ditos e ideias de Jesus, mas são apresentados como se fossem proferidos ao mesmo tempo. É claro que uma ampla margem de ação foi permitida aos evangelistas na compilação dos seus evangelhos.

Na verdade, nenhuma Escritura de algum povo antigo pode ser tomada como uma narrativa direta e contínua dos eventos escritos por um homem. Quase sempre o contrário é verdadeiro. Todas são compilações para as quais, através dos séculos, foram feitas adições. As ideias diferem, entre aqueles que escreveram alegoricamente, a respeito da extensão da revelação oculta do conhecimento capaz de conferir poder, do grau de velamento e mesmo da natureza dos véus a serem empregados. Todas as Escrituras e mitologias deveriam ser lidas e estudadas como compilações por muitas mãos. Algumas dessas foram pouco inspiradas e mesmo vulgares, particularmente quando o escritor de uma passagem, em sua ignorância, considera toda a narrativa somente como história. O resultado é uma indesejável mistura de inspiração divina e imperfeição humana. Porém, em muitos exemplos, o espiritual irrompe através do relato mais material, assim como o Sol explode entre as nuvens escuras e enche de luz o mundo.

Um exame crítico dos evangelhos revela que Mateus e Lucas descreveram o Nascimento diferentemente, e que Marcos e João não o mencionam de forma alguma. Uma concepção imaculada e um nascimento por meio de uma virgem são descritos pelos dois evangelistas precitados, não obstante a descendência de Jesus ser afirmada através da linha paterna. Enquanto S. Lucas reconduz a família diretamente para Nazaré, S. Mateus leva-a para o Egito, a fim de escapar do perigo representado por Herodes, que tinha ordenado a morte de todas as crianças masculinas com até dois anos de idade. Herodes, entretanto, sabidamente faleceu quatro anos antes da data presumida do início da era cristã. Isso coloca a data natal pelo menos seis anos antes da data do nascimento de Jesus tradicionalmente aceita. A Ressurreição, tão vitalmente importante para o Cristianismo, é diferentemente narrada, como são os casos da descoberta da tumba vazia por Maria Madalena e das aparições posteriores de Jesus. São Paulo, que escreveu pelo menos cinquenta anos depois, afirma que Jesus reapareceu para mais de quinhentas pessoas e eventualmente para ele mesmo[5]. Os evangelhos, entretanto, limitam esse número em menos de vinte.

Estudos modernos levaram as investigações tão longe que não se pode esperar informações adicionais precisas. Mesmo a espantosa e aparentemente acidental descoberta neste século dos Manuscritos do Mar Morto, parcialmente da mesma época de Jesus, ainda não ajudou, porque o que foi até agora reunido e traduzido não menciona Jesus.

Neste livro, o enfoque histórico não será seguido com exclusividade, embora não seja desprezado. Ao contrário, será considerada a possibilidade de que os evangelhos foram escritos por homens profundamente iluminados, cujos propósitos foram menos os de escrever biografias do grande personagem do que os de revelar, sob o véu da alegoria e da simbologia, verdades que são eternas. Evidências internas indicam que os evangelistas possuíam conhecimentos ocultos, aparentemente na forma de Cabalismo, que é a doutrina esotérica dos hebreus. Isso é especialmente notado no quarto evangelho, no qual S. João apresenta Cristo como uma figura cósmica, declarando sua intenção de assim fazê-lo nos primeiros cinco versículos do seu primeiro capítulo.

Ao apresentar essa visão, a historicidade dos evangelhos não está sendo necessariamente questionada. Embora não haja até agora evidência contemporânea decisiva – exceto quanto a um disputado pequeno parágrafo em *Josephus* – a maioria dos estudiosos bíblicos concordam que o Jesus histórico viveu na Terra, executou alguns dos atos e deu alguns ensinamentos que lhes são atribuídos e encontrou uma morte violenta.

Não obstante, a Bíblia cristã, como também as Escrituras de outras doutrinas, foi, desde tempos remotos, considerada como pertencendo a uma categoria de literatura especial, mesmo única, genericamente referida como a linguagem sagrada da alegoria e do símbolo. Expoentes dos escritos das religiões orientais, os primeiros cabalistas, os discípulos de Amônio Saccas, outros neoplatônicos de Alexandria conhecidos como analogistas e seus sucessores até os tempos modernos – todos têm considerado as Escrituras mundiais amplamente, mas não de todo, alegóricas. Aceitando uma base histórica, eles também as consideraram como sendo formadas de analogias, metáforas, parábolas e símbolos. Diz-se que a literatura então produzida e preservada para a posteridade revela e, no entanto, oculta verdades espirituais profundas que conferem poder.

De acordo como os ensinamentos ocultos, eventos históricos foram ordenados e usados, conforme eram conhecidos e na medida em que se julgava aconselhá-

---

[5] I Cor 15:6-8.

vel divulgá-los. Muitos eventos sobrenaturais e milagres foram adicionados, alguns dos quais ocorreram de fato, e o grande drama da vida, cósmica e humana, foi então alegoricamente composto e relatado. Por exemplo, Jesus, o jovem Iniciado, tendo passado por treinamento no Egito e Israel, iniciou a sua missão com sabedoria e zelo. O povo seguiu-o. Almas avançadas associaram-se a ele, mas as autoridades temporais e eclesiásticas tiveram receio dele, odiaram-no e tramaram sua morte. No final, ele foi assassinado por apedrejamento, e seu corpo pendurado em uma árvore, como era o costume naquele tempo, de acordo com S. Pedro[6]. Esse fim ignominioso não era literalmente adaptado ao simbolismo iniciatório e cósmico que os autores dos evangelhos desejavam empregar, assim o relato foi alterado.

Esse enfoque conduz à conclusão de que teria sido de pequena ou nenhuma importância para os autores se eles registravam fatos verdadeiros ou não. Eles, então, resolutamente introduziram nas suas narrativas relatos de observações pessoais que não foram partilhadas com ninguém e, portanto, com pouca probabilidade de terem sido testemunhados, bem como incidentes que certamente não foram registrados e, na verdade, podem nunca ter realmente acontecido. Todavia eles não foram acusados de falsificadores, uma vez que o seu motivo foi o de usar a suposta história dos eventos que estavam acontecendo naquele tempo como veículo de verdades eternas.

Além do mais, como Iniciados eles estariam sob duas obrigações: primeira, revelar verdades ocultas e, segunda, guiar leitores intuitivamente despertos para o conhecimento oculto, embora ainda o preservando dos não iniciados. Dessa maneira e recomendando o autotreinamento, repetidamente advogado e descrito tanto por Jesus quanto por João, eles diligenciaram no sentido de preparar pessoas para o Discipulado e a Iniciação nos Mistérios. Esses, eu sugiro, foram seus propósitos, especialmente em se tratando de João, que não se considerou obrigado a ser um acurado historiador, mas acima de tudo, e mais do que isso, um revelador da gnose e um despertador de almas[7]. Os evangelistas, então, empreenderam a tarefa enormemente importante de preservar a história de Jesus e de relatar o ensinamento do mistério, tanto livremente como em formas alegóricas, para evitar perdê-los durante a prevista época referida como as "guerras e os rumores de guerra"[8]. Uma interpretação analógica e alegórica dos evangelhos – e ainda de muitos outros livros da Bíblia – parece então ser perfeitamente permissível. Esse enfoque é, na verdade, justificado pela iluminação adicional a ser obtida pelo uso das Escrituras com esses propósitos. Além do mais, passagens obscuras, despropositadas e mesmo abomináveis podem tornar-se, dessa forma, fonte de importantes conhecimentos.

Os evangelhos revelam verdades eternas, tais como as leis do ser e das experiências místicas interiores e das realizações das nações e dos homens. Os inciden-

---

[6] At 5:30.

[7] *Gnosis*, ver G.R.S.Mead: *Pistis Sophia, Fragments of a Faith Forgotten*.

[8] Mt 24:6.

tes relatados, além do significado temporal e histórico, têm pelo menos quatro sentidos eternos. Descrevem leis e operações do divino na Natureza, cósmica e solar; a experiência mística da humanidade em geral; o despertar interior em discípulos ou naqueles que estão se desenvolvendo mais rapidamente do que a raça humana; as experiências durante as grande iniciações que conduzem ao estado de super-homem do Adepto[9]. A seguir vem uma afirmação e a aplicação ao homem de quatro das sete chaves possíveis, ou principais interpretações, dos símbolos e das alegorias do mundo, que ajudam a tornar clara a linguagem do símbolo e da alegoria[10].

A primeira chave é a de que todos os eventos externos registrados, supostamente históricos, também ocorrem interiormente, como já afirmado. Cada evento registrado descreve uma experiência subjetiva do homem, seja como raça, nação ou indivíduo. Essa aplicação é essencialmente dupla, referindo-se à experiência e realização dos indivíduos que estão avançando pelo método evolucionário normal e gradual e dos indivíduos que estão trilhando "o caminho da santidade" adiante da raça.

A segunda chave é que cada uma das pessoas que figuram proeminentemente nas histórias representa uma condição da consciência e uma qualidade do caráter. Todos os atores são personificações de aspectos da natureza humana, de atributos, princípios, poderes, faculdades, limitações, fraquezas e erros do homem. Algumas vezes tais qualidades estão ausentes, às vezes elas estão nascendo ou despertando, às vezes elas são dominantes, de acordo com o temperamento e grau de desenvolvimento da pessoa que está sendo descrita.

A terceira chave é que cada história é considerada como uma descrição gráfica da experiência da alma humana ao passar pelas várias fases da sua jornada evolucionária para a Terra Prometida, ou consciência cósmica – o objetivo e cume da perfeição humana. As narrativas relatam as aventuras e particularmente os testes, as provas, as derrotas e vitórias de uma pessoa que simboliza a humanidade. Os atos heroicos bem-sucedidos descrevem as realizações interiores, enquanto os fracassos parciais ou completos, as frustrações e capitulações são alegorias das vitórias temporárias do humano sobre o divino no homem, conquistas da matéria sobre o espírito. Os trabalhos de Hércules, a viagem dos argonautas, as jornadas e experiências dos israelitas, as vidas do Senhor Shri Krishna e do Senhor Cristo (e do filho pródigo na parábola do mesmo nome)[11], entre muitos outros relatos, são todos simbolicamente descritivos da jornada da alma e das exaltações psicológica, intelectual e espiritual vividas ao longo daquela jornada. Quando os seres humanos são os heróis, a vida do homem no seu estágio normal de desenvolvimento está sendo descrita. Quando o herói é semidivino, a tônica é colocada sobre o progresso do Ser divino no homem depois dele ter começado a assumir poder preponderante. Quando,

---

[9] Iniciação, Adeptos – ver Glossário.

[10] Ver Hodson, *A Sabedoria Oculta na Bíblia Sagrada,* Introdução e Cap. 8. Ed. Teosófica, Brasília.

[11] *Ibid.*, Parte 4.

entretanto, a figura central é um Avatar[12], ou descendente de um aspecto da Deidade, suas experiências narram aquelas do Eu *[Self]* espiritual durante as últimas fases de evolução do homem divino na direção da estatura da humanidade perfeita.

A quarta chave é que todos objetos e certas palavras têm significado simbólico especial. A linguagem sagrada dos Iniciados das Escolas de Mistérios é formada de hierogramas e símbolos mais do que de palavras somente, sendo o seu significado sempre constante, como é também a doutrina que essa linguagem revela em qualquer lugar[13].

Alegorias inspiradas são sempre distintas de novelas e biografias por várias características, uma das quais é a intrusão do sobrenatural, tais como de seres angélicos e divinos, até mesmo da própria Deidade. Quando isso acontece, pode ser suspeitada a existência de uma revelação oculta. O leitor possuidor dessas chaves pode, então, penetrar o véu do simbolismo para encontrar aspectos da sabedoria oculta que estão sendo revelados. Frequentemente, o enfoque literal limita a realidade em questão para um dado plano, o físico, ao passo que o reconhecimento de um significado simbólico intuitivo por trás da narrativa desperta dentro da pessoa um eco que pode ressoar através de todos os níveis da consciência, do corporal ao espiritual. Tal, meus próprios estudos têm-me levado a acreditar, é o propósito geral e o método empregado pelos escritores antigos das mitologias e Escrituras do mundo. Essa visão forma o principal tema deste trabalho e também dos meus livros abordando o Velho Testamento[14].

A revelação da existência de uma linguagem sagrada de alegoria e símbolo e a real interpretação das Escrituras, que essa linguagem torna possível, constituem os instrumentos verdadeiros para a liberação da cristandade do fardo do clericalismo, da exploração e da escuridão da ignorância sob as quais o Cristianismo há muito tem vivido. Que mudanças acarretariam tais interpretações? Pelo menos as que se seguem.

Embora Deus exista numa escala cósmica, o Ser que preside nosso Sistema Solar é o *Logos* Solar, de inconcebível poder, sabedoria, inteligência e glória, igualmente imanente e transcendente[15].

Esse *Logos* ativo expressa-se como uma Trindade. O Primeiro Aspecto da Deidade, ou Pai, como o criador original, ou melhor, emanador do Universo, está associado com o começo da expressão externa, no tempo e no espaço, do absoluto e eterno princípio que permanece para sempre remoto e ainda inerente em todas as coisas. O Segundo Aspecto é o doador da vida e a presença preservadora no coração de toda criação, que mantém todos os seres e todas as coisas nutridos e susten-

---

[12] Avatar – ver Glossário.

[13] Para uma exposição adicional das chaves, ver Hodson, *A Sabedoria Oculta na Bíblia Sagrada,* Cap. 7 a 16, pp. 60-125, Ed. Teosófica, Brasília.

[14] *Ibid.*

[15] *Logos* – ver Glossário e Geoffrey Hodson, *Lecture Notes from the School of the Wisdom,* Vol. 1, pp. 468, 474-5.

tados na senda que lhes é designada, sem o qual todos cairiam em decadência. Isso, na verdade, ocorre no encerramento de cada era, ou "Dia da Criação", quando a força da vida é retirada do exterior, do Universo objetivo. O Espírito Santo, ou Terceiro Aspecto, pode ser considerado como o *Logos* manifestado, a presença e o Verbo de Deus encarnado no seu Universo e ativo como um poder redentor no homem. Embora Deus Pai, como emanador, retire-se depois de originar o processo da manifestação, o Terceiro Aspecto da Deidade, como diretor, modelador e energizador, permanece em atividade constante, altamente concentrada e imensamente poderosa em e através de cada átomo de cada mundo. Esse é o Aspecto mais especialmente associado com Jesus.

Jesus fala como um Avatar, um de uma longa série de manifestações do divino, em quem desceu a inspiradora presença do Terceiro Aspecto da Deidade, o Espírito Santo.

Em seu ser mais interno, o homem é a Mônada, O Imortal Germe, em que estão sempre presentes possibilidades sem limites de desenvolvimento e crescimento. Esse Cristo Interior é sempre um e inseparável do *Logos* Solar, que é o verdadeiro e mais alto Pai no Céu[16]. Então cada homem na sua natureza espiritual é Deus, estando assim estabelecido no seu próprio direito divino, como afirmado por Jesus e São Paulo[17].

A Mônada no homem é expressa na sua alma imortal, ou Ego, como uma trindade, a mais alta tríade da vontade, amor e inteligência espirituais, cada qual representando um Aspecto da Trindade Divina. Essa alma espiritual reside em um veículo chamado corpo causal, ou "veste de glória"[18].

O homem exterior consiste de três veículos da personalidade, o mental, o emocional e o físico, que personificam a completa descida do espírito no homem.

Cada aspecto do ser humano tem um veículo material apropriado, quer físico ou superfísico, como seu meio de expressão. Esses são de sucessivos graus de sutileza, desde o físico, que é o mais denso, até o material excessivamente rarefeito do corpo causal. Todos esses níveis existem no mesmo espaço, por assim dizer, e interpenetram um ao outro. Eles estendem-se ao redor do corpo de cada pessoa como uma emanação superfísica, ou aura[19].

Cada ser humano pode e deverá realizar o Ser Crístico, ou salvação, pelo poder exclusivo dos seus atributos divinos. Esses são herdados do Habitante do Recôndito, a Mônada do homem, sempre existente no interior do *Logos* Solar[20].

---

16 Mônada – ver Glossário e Geoffrey Hodson, *Lecture Notes*, Vol.1, Cap. 1.

17 Jo 10:34, I Cor. 3:16.

18 Corpo Causal – ver Glossário.

19 Aura – ver Glossário.

20 Adão e Eva personificam somente os progenitores físicos, os primeiros andróginos a tornarem-se sexualmente diferenciados.

O ministério do Cristo histórico não é somente o de redentor e salvador. Esses dois processos podem ser cumpridos pelo próprio indivíduo, já que ele é amplamente dotado de um poder redentor inato. O Cristo também funciona como o mensageiro que desperta, ativando aquele princípio interior que redime. O Cristo místico é a natureza de Cristo dentro do homem, nascida, ou despertada, para atividade no interior da inteligência espiritual, como São Paulo tornou claro[21]. A mensagem central da teologia cristã reformada teria sido sempre "... Cristo em vós, esperança de glória"[22]. Como nossa Bíblia assegura-nos, nem mediador nem sacerdote são necessários para realizar a salvação de qualquer homem.

A religião diz respeito unicamente à descoberta de cada indivíduo do seu próprio Ser divino, o Cristo dentro dele, o *Logos* da alma.

Abstinências são proveitosas somente quando auxiliam o buscador na descoberta do Eu divino interno.

A oração não é dirigida a uma divindade externa, mas ao Deus interno. Ela é simplesmente um modo de realização consciente da unidade com o Deus Interior (assim como no *yoga*).

A vida deve amoldar-se àquilo que a pessoa professa, e a conduta deve contribuir para a comunhão com o Eu divino[23]. A divergência entre viver um domingo e um dia útil deve desaparecer; cada dia deve ser vivido como um dia santo e, assim, deve definitivamente se tornar um "feriado".

Alguns membros da raça humana já alcançaram a profecia de Cristo, transformando-se em "... homens justos tornados perfeitos"[24]. Esses entraram pela porta estreita e trilharam o caminho apertado[25] que conduz, através da senda espiritual, à Ascensão, ao Ser Crístico, ao Adeptado. Ao longo do caminho eles devem passar por grandes iniciações, como as outorgadas nas Escolas de Mistérios. Entre esses seres perfeitos estão os membros da Comunhão dos Santos e os filiados à ordem do Sacerdócio de Melquisedec[26], também conhecida como a Hierarquia de Adeptos que governa a vida do planeta ocultamente[27].

A alma espiritual do homem realiza o Adeptado através de vidas sucessivas, ou renascimentos na Terra[28].

A harmonia e a justiça de longo prazo estão asseguradas pela operação da lei de causa e efeito, ou "semeando e colhendo", chamada *karma* no Ocidente[29].

---

[21] Gl 4:19.

[22] Cl 1.:27, I João 3:24.

[23] Cf. Mt 7:21.

[24] Mt 5:48 (R.V.).

[25] Mt 7:13, 14.

[26] Sl 110:4; Hb 5:6, 10.

[27] Hierarquia dos Adeptos – ver Adepto, Glossário.

[28] Ml 4:5; Mt 11:14; Mc 9:13. Ver também Geoffrey Hodson, *Reincarnation, Fact or Fallacy?*

[29] Gl 6:7; Mt 5:18 e 7:12.

Uma misteriosa lei governa a realização e felicidade humana duradouras. Exposta resumidamente ela é: dar para viver, partilhar para desfrutar, servir para desabrochar. Estranhamente, a prática do ideal de altruísmo não traz perda, mas ganho, não traz morte, mas vida mais abundante. Desobediência a essa lei, movida pelo desejo de posses pessoais exclusivistas e poderes não traz ganho, mas perda, não traz vida, mas morte. Esse autoesvaziamento (*kenosis* – gr.) é praticado pelo próprio *Logos*, que nutre e sustenta o Sistema Solar pelo derramamento perpétuo de sua própria vida. Essa atitude de autoesvaziamento e modo de vida é a ideia central do Cristianismo; ela foi enunciada pelo nosso Senhor, que disse: "... quem odeia sua vida neste mundo guardá-la-á para a vida eterna," e "... se o grão de trigo que cai na terra não morrer permanecerá só; mas se morrer produzirá muito fruto"[30].

O homem é acompanhado no seu caminho evolucionário por incontáveis membros das hostes angélicas, certas ordens que são aliadas da humanidade[31]. O ministério dos anjos está disponível em todo trabalho cumprido no serviço de Deus e da humanidade.

O Cristianismo, como todas as outras religiões, é um modo de vida e não só um sistema teológico com o qual a pessoa deve estar em concordância intelectual. Eu acredito que alguém pode legitimamente questionar ou mesmo negar certas doutrinas da igreja e ainda ser merecedor do título de cristão. Além disso, ideias tais como as precedentes podem ser incluídas em uma fé verdadeiramente cristã.

Quantos cristãos nominais existem? De dois bilhões e meio ou mais de habitantes da Terra, algo como oitocentos e cinquenta milhões – um em cada três – são tidos como cristãos. Desses, quatrocentos e oitenta e quatro milhões são católicos romanos, quarenta e um milhões presbiterianos e quarenta milhões anglicanos ou da Igreja da Inglaterra. De maneira bastante estranha, nos últimos dois mil anos, tal diversidade de crenças desenvolveu-se entre essas e muitas outras denominações que agora é difícil reconhecer o fato de que elas pertencem à mesma fé e admitem o mesmo Senhor.

A moderna crença cristã é talvez melhor exposta no Credo dos Apóstolos e na Oração do Senhor[32]:

Creio em um Deus, o Pai Todo-poderoso, criador do céu e da Terra e de todas as coisas visíveis e invisíveis, e em um Senhor Jesus Cristo, o Filho único de Deus, gerado por seu Pai antes de todo mundo, Deus de Deus, Luz da Luz, Verdadeiro Deus do verdadeiro Deus, gerado, não criado, sendo de uma substância com o Pai, por quem todas as coisas foram feitas: que para nós homens e para nossa salvação desceu do céu, e encarnou-se, por meio do Espírito Santo, na

---

[30] Jo 12:25 e 12:24.Ver também Hodson, *A Sabedoria Oculta na Bíblia Sagrada*, Cap. 2-3, pp. 30-39. Ed. Teosófica, Brasília.

[31] Ver Geoffrey Hodson, *O Reino dos Deuses* e *A Fraternidade de Anjos e de Homens,* Ed. Pensamento, São Paulo.

[32] Tomado literalmente do *The Book of Common Prayer*.

Virgem Maria, e fez-se homem, sendo crucificado, também por nós, por ordem de Pôncio Pilatos. Sofreu e foi sepultado e, ao terceiro dia, ressuscitou, de acordo com as Escrituras, e ascendeu ao céu, assentando-se à mão direita do Pai. E virá outra vez com glória para julgar os vivos e os mortos: cujo reino não terá fim.

E eu acredito no Espírito Santo, no Senhor e Doador da Vida, que procedeu do *Pai e do Filho, que é venerado e glorificado junto com o Pai e o Filho, que falou por intermédio dos profetas. E eu creio numa Igreja Católica Apostólica. Eu reconheço um batismo para a remissão dos pecados e espero pela ressurreição da morte e a vida do mundo por vir. Amém.*

Pai nosso que estais no céu, Santificado seja vosso nome. Venha a nós o vosso reino. Seja feita vossa vontade, aqui na Terra como no céu. O pão nosso de cada dia nos dai hoje. Perdoai as nossas ofensas assim como nós perdoamos aqueles que nos têm ofendido. Não nos deixeis cair em tentação, mas livrai-nos do mal, pois teu é o reino, o poder e a glória, para sempre. Amém.

Considero o seguinte como um ato ideal de fé[33]:

Nós acreditamos que Deus é Amor, Poder, Verdade e Luz; que uma justiça perfeita regula o mundo; que todos Seus filhos um dia alcançarão Seus pés, não importa o quanto se desviem. Nós cremos na Paternidade de Deus, na Irmandade do homem; nós sabemos que servimo-Lo melhor quanto melhor servimos aos nossos semelhantes. Assim Sua benção se derramará sobre nós e teremos paz para todo o sempre. Amém.

Deixem-nos agora considerar a possibilidade de que os evangelhos foram escritos por homens que conheciam a Sabedoria Antiga, que eram peritos na linguagem da alegoria e do símbolo e que escreveram nessa linguagem mais para preservar o conhecimento que confere poder, através de sucessivos períodos de escuridão, do que para preservar um relato histórico. Vamos examinar certos dogmas e desenvolvimentos cristãos à luz da Teosofia, uma moderna exposição da Sabedoria Antiga, que se constitui numa síntese esotérica da crença mundial. Muitos eventos bíblicos tornam-se significativos quando vistos nessa luz.

S. João, cujos primeiros cinco versículos afirmam a doutrina do *Logos*, enfatiza o cosmo, referindo-se ao Nascimento, Batismo, Crucificação e Ascensão de Cristo de tal modo que são aplicáveis à emanação, involução e evolução da Vida Una do cosmo como um todo. A Mônada, carregando a Vida divina, personificada pelo Cristo do Universo, é emanada na matéria de densidade cada vez maior. Se esse enfoque é seguido, então o Batismo de Cristo representa a descida mais funda do espírito na matéria, e o Rio Jordão, retirado do tempo e do espaço, é visto pelos autores inspirados como um símbolo da matéria universal, dentro da qual a Vida divina (Cristo) "desce" no arco involutivo. A tentação no deserto indica que o des-

33 *The Liturgy According to the Use of the Liberal Catholic Church*, 3ª ed. (Londres: St. Albans Press, 1942), p. 174.

censo continua, que a nódoa da matéria é experimentada. A Transfiguração, por seu turno, sugere que, cosmicamente, o espírito está ainda conscientemente em contato com a Fonte, embora as experiências que se seguem no Getsêmani refiram-se à descida mais profunda da vida una e prenunciem a "morte" e, mais tarde, o "sepultamento" no túmulo de rocha (entrada no reino mineral)[34]. Lá ela está metaforicamente morta na cruz da matéria – emblemática das quatro direções do espaço. Eventualmente, sob o impulso da lei do ciclo, essa Vida divina aventura-se numa jornada de retorno à sua fonte espiritual. Desse ponto mais denso na matéria, inicia-se o processo de evolução (Ressurreição), assinalando a volta para cima, enquanto a Ascensão é símbolo da conclusão final do ciclo de avanço e retorno. A matéria não prende mais o espírito, que, então, transcende limitações materiais.

O drama de Cristo é também desempenhado dentro da alma do homem, porque cada indivíduo passa pelas experiências relatadas nos evangelhos. Todos homens têm suas transformações pelo idealismo (embora temporário), batismos ou tristezas, tentações, exaltações espirituais, noites escuras da alma, crucificações e sepultamento de todas suas esperanças. Essas são experiências humanas comuns. A vida de Cristo é na verdade uma vida universal.

Além do mais, em uma possível interpretação microcósmica, no alvorecer da emanação do Absoluto no Universo finito, o espírito do homem aventura-se na grande peregrinação: do puro espírito até a matéria mais densa – involução. A Mônada humana primeiro projeta seu raio no campo evolucionário (Nascimento), desce mais e mais fundo na matéria (Batismo) e eventualmente nasce num corpo físico, uma verdadeira crucificação e sepultamento. São descritos simbolicamente cada ciclo menor do nascimento físico e morte, os estágios mais adiantados da evolução humana e a entrada na senda do renascimento espiritual, ou Iniciação, e o estabelecimento final do domínio do espírito, com a entrada humana no reino super-humano da Natureza.

Se a vida de Cristo é também interpretada como descritiva da entrada no caminho rápido do desabrochar[35], então o divino Eu *[Self]* no homem espiritualmente desperto começa a tomar sua evolução em suas próprias mãos ou, em termos bíblicos, responde ao chamado de João, o Batista, para "arrepender-se". O neófito torna-se um discípulo, trilha a senda (o Caminho da Cruz), entra na "corrente" (Batismo) e submete-se às cinco grandes iniciações (Nascimento, Batismo, Transfiguração, Crucificação e Ascensão). Como descrito por São Paulo, ele então alcança "a medida da estatura da plenitude de Cristo", ou realiza o Adeptado[36]. Tendo superado o egoísmo natural, torna-se livre em consciência, ou ressuscitado da tumba e morte da matéria. Os vários anúncios e visões dos pais de João, o Batista, e de Jesus são descritivos do despertar interior e do desenvolvimento do poder divino em tais homens

---

[34] Mt. 27:60.

[35] Ver Hodson, *A Sabedoria Oculta na Bíblia Sagrada,* pp. 138-140, Ed. Teosófica, Brasília.

[36] Ef 4:13.

altamente avançados. Nessa interpretação, a narrativa é aplicável a cada discípulo, Iniciado ou Adepto e, portanto, a todo ser humano que passa por essas experiências.

Os eventos também se aplicam à passagem de um homem, Jesus, pelas fases de evolução acelerada. O Discipulado de um Adepto Instrutor fazendo sua apresentação diante da Fraternidade dos Adeptos; a firmeza na tentação; a resoluta resistência no sofrimento; alguns dos segredos representados e transmitidos nos ritos de Iniciação, tudo isso está incluído alegoricamente em um ou mais dos quatro evangelhos.

A doutrina do pecado original, importante no Cristianismo, pode ser interpretada à luz desse ensinamento. Uma declaração dessa doutrina ocorre nos trinta e nove artigos de religião da Igreja da Inglaterra: "O pecado original não reside nos que sucederam Adão (como os pelagianos falam em vão), mas é a falha e corrupção da natureza de todo homem, que naturalmente é engendrada da descendência de Adão; pela qual o homem está muito longe da retidão original, e por sua própria natureza está inclinado ao mal, de forma que o desejo da carne sempre é oposto ao do espírito; e, por conseguinte, em cada pessoa nascida nesse mundo, é merecida a cólera e a maldição de Deus. E essa infecção da natureza permanece neles, que são regenerados". Novamente: "A condição do homem após a queda de Adão é tal que ele não pode voltar e preparar-se por sua própria força natural e por suas boas obras, a crer e clamar por Deus. Portanto, não temos poder para fazer boas obras agradáveis e aceitáveis a Deus sem a graça de Deus por Cristo intercedendo por nós, para que possamos ter boa vontade, e trabalhando conosco, quando temos aquela boa vontade."

Os pontos de vista oficialmente declarados são de difícil aceitação para o estudante da Sabedoria Antiga. "o pecado original", mal-entendido como sendo o relacionamento sexual de Adão e Eva, é considerado como um inevitável acompanhamento do processo involutivo do espírito descendo à matéria, e, definitivamente, não como a maldade que deliberadamente acompanha cada ser humano que tem sido, desde então, condenado a nascer em pecado. Qualquer mancha que possa ter havido será finalmente deixada para trás, suas consequências sobre o corpo ou a alma não são permanentes. O processo inteiro de descenso, ou involução, é perfeitamente natural. Por um período, traz sofrimento e degradação, mas não pode ser realmente descrito como uma queda trágica. O fruto será o pleno conhecimento e a capacidade para manejar o mais potente dos poderes na Natureza e no homem – o divino poder para emanar Universos e tudo que eles contêm.

Com respeito à ressurreição do corpo, originalmente se acreditava que as partículas do corpo físico de cada homem subiriam magicamente da sepultura, seriam entrelaçadas em um corpo divino e levadas a viver no céu. A ressurreição de Cristo, por outro lado, significava que ele próprio ressurgiu verdadeiramente da morte e tomou outra vez o mesmo corpo de carne e osso. Esse corpo, ainda que intocável para Maria Madalena, foi mais tarde tocado por S. Tomé[37]. Cristo posteriormente ascendeu ao céu, onde permanecerá até o dia do seu retorno para julgar toda a humanidade.

---

[37] Jo 20:27.

Tomada alegoricamente, a ressurreição pode se referir à visão macrocósmica de que a evolução sucede naturalmente à involução. Pode se referir também à ressurreição microcósmica, a subida do homem do domínio da matéria para a liberdade da plena realização espiritual. Nesse sentido, o espírito do homem, também personificado pelo Cristo, torna-se ressurreto não fisicamente, mas em termos de consciência – livre das limitações da carne e do princípio egoístico da mente.

A doutrina da expiação por Cristo dos pecados da humanidade e por todos os indivíduos que "creem nele" é também suscetível de uma interpretação teosófica. Alcançar o ser crístico, ou Adeptado, por exemplo, traz plena e consciente realização da unidade com a natureza de Cristo dentro de cada ser humano. O símbolo de Cristo como noivo e a alegoria do casamento divino são apropriadamente usados para descrever essa unificação interior. A unidade alcançada, aquele que ascendeu emana e reparte com cada ser humano seu próprio poder espiritual, vida e consciência aperfeiçoados. Em variados graus, conforme a capacidade para responder, isso capacita o ser humano na vida física a resistir à tentação, renunciar ao "mundo", à carne e ao pecado e finalmente a realizar seu próprio Eu espiritual como um ser imortal e eterno.

Visto dessa maneira, a expiação [*atonement*] é um processo interior, uma unificação [*at-one-ment*]. É a transmissão da luz e fluir interior da vida espiritualizada e aprimorada, mais do que a transferência da água e do sangue[38]. É a sabedoria que é vertida das feridas de Cristo na cruz.

O pensamento é então conduzido para o Cristo Interno, a natureza e o princípio crístico interior – *Ātmā-Buddhi*[39] – em cada ser humano, o "Cristo em você" e o "Deus que realiza tudo em todos" de São Paulo[40]. Nosso Senhor, ele mesmo, afirmou para seus discípulos sua infalível presença no homem, "Eu estou no meu Pai e vós em mim, e eu em vocês" e, nas suas palavras sobre a cruz, falou para toda a humanidade: "Eis que eu estou convosco todos os dias, até a consumação dos séculos"[41]. Essa expiação interior não impede o funcionamento da lei de causa e efeito. A expiação não anula os efeitos da operação do *karma* sobre aqueles que tenham deliberada, obstinada e continuamente pecado, nem é capaz de "lavar suas almas até que elas estejam brancas como a neve" sem levar em consideração as consequências do mal cometido intencionalmente.

Esse enfoque leva-nos para perto do cerne do Cristianismo e igualmente de todas as religiões, pois a existência dentro do homem da presença de Cristo é, na verdade, a segurança de "salvação" do homem, ou obtenção final do espírito crístico. Essa ajuda divina foi dita, pelo Senhor, ser universal e implica em sua sabedoria, amor e compaixão por todos. Relembrando suas palavras: "Mas tenho outras ovelhas que não são deste aprisco: também devo conduzi-las, e elas ouvirão a minha voz; e haverá um só rebanho, e um só pastor[42]." Então o próprio Senhor Cristo

---

[38] Jo 19:34.

[39] Ver *Ātmā* e *Buddhi*, Glossário.

[40] I Cor 12:6.

[41] Mt 28:20.

[42] Jo 10:16 e 4:19.

considera todos seres como se fossem seu filho único. Sua preocupação por todos, nos é assegurada, nunca cessará, nem ele partirá da Terra até que todo ser humano alcance o espírito crístico, ou esteja "salvo", pois sua ajuda nunca cessa, nunca seca, mas sempre flui, nunca declina, mas está sempre no máximo. Nesse sentido, o termo *Cristo* significa também uma suprema sabedoria e amor operando como uma função dentro da profundeza do ser humano, o ser crístico pertencendo ao que está além e que é também interno, como a lua ou a flor refletida na superfície tranquila de um espelho.

Essa visão, embora imperfeitamente expressada aqui, eleva nosso tema acima das limitações do dogma, da doutrina e dominação. Alça o pensamento para aquele nível no qual Deus e homem existem como um, e onde o Senhor Cristo é revelado não só como um visitante divino na Terra há dois mil anos atrás, mas também como parte essencial do Ser espiritual do homem, o Cristo Interior.

Isso parece ser sustentado por São Paulo, que escreveu: "Cristo em vós a esperança de glória" e "eu sinto de novo as dores do parto, até que o Cristo seja formado em vós" e "Operai a vossa própria salvação com tremor e temor, pois é Deus quem opera em vós"[43]. Nesses e em outros escritos, São Paulo claramente divergiu da visão ortodoxa rabínica da Escritura como um relato na história da nação hebreia. Seres sobrenaturais, tais como Jeová e suas antíteses, desempenham papel importante na vida do povo judeu. Ao longo deste livro, ambos enfoques – o paulino e o histórico – foram devidamente considerados, sendo a ênfase, entretanto, colocada sobre a interpretação anterior, ou mística.

Os eventos importantes da vida de Jesus registrados no Novo Testamento podem ser especificados como seguem: sua preexistência[44]; o Nascimento em Belém; a fuga para o Egito; sua infância e juventude em Nazaré, seguida por ausência de informação até seu reaparecimento na primeira Páscoa em Jerusalém, quando tinha 12 anos; o Batismo, quando o Espírito de Deus desceu sobre ele em forma de pomba; a tentação e vitória no deserto da Judeia; a chamada de muitos discípulos e a operação de muitos milagres; as duas rejeições pelos cidadãos de sua cidade, Nazaré; a estada em Cafarnaum e, lá, o pronunciamento do Sermão da Montanha; a cura de muitas pessoas com várias doenças; o ensinamento por parábolas e duas profecias de sua morte iminente e Ressurreição; a Transfiguração na montanha; as visitas as suas amigas Maria e Marta em Betânia; a entrada triunfal em Jerusalém no domingo de ramos e sua lamentação sobre aquela cidade; as conspirações contra ele pelos sacerdotes e anciãos, de quem um de seus discípulos, Judas, recebeu pagamento para traí-lo; a lavagem dos pés dos discípulos; a Ceia do Senhor e a agonia sofrida no Jardim de Getsêmani; traição e prisão; três julgamentos distintos pelos judeus; os julgamentos romanos perante Pilatos e Herodes, seguidos pela condenação, flagelo, escárnio e crucificação depois de carregar sua própria cruz ao longo da Via Dolorosa em Jerusalém; fenômenos sobrenaturais na ocasião da morte; o sepultamento, a ressurreição e reaparição para muitas pessoas; a Ascensão ao céu e várias reaparições posteriores e a promessa final: ..."Eis que eu estou convosco todos

[43] Cl 1:27; Gl 4;15; Fl 2:12.

[44] Jo 1:1, 14.

os dias, até a consumação dos séculos." Esses eventos serão considerados historicamente e simbolicamente neste volume.

As palavras do Senhor, como chegaram até nós, são inspiradas e ricas em orientação prática de conduta na vida diária. O Senhor alertou que ele próprio deveria sempre ser lembrado como o Caminho, a Verdade e a Vida, o centro do mundo. Em divina compaixão, ele clamou: "Vinde a mim todos os que estais cansados e oprimidos e eu vos aliviarei. Tomai sobre vós o meu jugo, e aprendei de mim, que sou manso e humilde de coração; e encontrareis descanso para vossas almas. Porque o meu jugo é suave e o meu fardo é leve."[45] Ele também ensinou o ideal do serviço, dizendo: "...o maior dentre vós será o vosso servo"[46], e do amor: "O meu mandamento é este: que vos ameis uns aos outros, assim como eu vos amei. Ninguém tem maior amor do que este: de dar alguém a sua vida pelos seus amigos"[47]. Outros bem-conhecidos ensinamentos para orientação da humanidade abrangem: "Assim resplandeça a vossa luz diante dos homens, para que vejam as vossas boas obras e glorifiquem a vosso Pai, que está nos céus." "Não ajunteis tesouros na terra, onde a traça e a ferrugem tudo consomem, e onde os ladrões minam e roubam; mas ajuntais tesouros no céu, onde nem a traça nem a ferrugem consomem, e onde os ladrões não minam e roubam." "Portanto, tudo o que vós quereis que os homens vos façam, fazei-lho também vós, porque esta é a lei e os profetas." "Nem todo o que me diz: Senhor, Senhor! entrará no reino dos céus, mas aquele que faz a vontade de meu Pai, que está nos céus."[48]

Podemos imaginar o grande Iniciado hebreu, possivelmente vestido com uma roupa branca folgada, mas graciosa, algo mais alto do que a estatura da maioria do povo, andando ereto, com cabelos castanhos, pouca barba e bigode, feições suaves e olhos castanhos claros. Sobre suas maneiras, podemos supor que era em geral, meigo, atraente e profundo, ainda que capaz de uma grande austeridade, seu semblante dá a impressão de transformar-se, e sua pessoa tornar-se quase soberana e patriarcal em sua majestade, seus olhos severos e acusadores. Ocasionalmente, estenderia sua mão para frente como se num ato denunciatório, provocando, às vezes, um afastamento até mesmo nas pessoas mais chegadas a ele, como se sentissem queimadas pelo fogo.

Mais tarde, ele se sentaria sobre uma rocha ou uma pedra e cairia em silêncio, como se em meditação profunda dentro de si mesmo. Então, o humilde, o enfermo e o angustiado iriam aproximar-se dele com pedidos de graça para cura e ajuda espiritual. Isso nunca seria recusado e, em alguns casos, ele olharia para o suplicante do modo mais cativante, algumas vezes tocando, alguma vezes afirmando, sempre ajudando no limite de seus poderes, que eram realmente muito grandes. Crianças sempre evocaram seu mais carinhoso amor e interesse, e seus pais traziam-nas das cidades, aldeias e pequenos lares para estar perto dele e ser por ele abençoadas quando passava por estes lugares.

---

[45] Mt 11:28-30.
[46] Mt 23:11.
[47] Jo 15:12, 13.
[48] Mt 5:16; 6:19-20; 7:12; 7:21.

Em tudo isso, enquanto se reconhecia como um mensageiro da Fraternidade dos Adeptos e do Templo de Mistérios, no qual tinha sido Iniciado várias vezes, ele não pensava que uma grande religião seria fundada em seu nome e sobre suas palavras e ações. As formalidades da religião não lhe interessavam. De fato, reprovava-as veementemente pela forma como eram seguidas nas sinagogas e entre os rabinos de seu tempo.

Seus pés calçados de sandálias percorreram estradas, trilhas nos campos, margens de lagos e rios e também ruas de vilas e cidades. Sua Luz brilhou sempre ao seu redor e frequentemente se tornou visível como uma radiação, algumas vezes de uma intensidade deslumbrante. Nessas horas, na verdade, era suficiente estar perto dele ou tocá-lo para ser curado, seja de doenças da alma mortal ou do corpo. Interiormente ele estava sempre em paz, preservando um contentamento silencioso, fundado sobre o conhecimento de uma pessoa iniciada, que, na verdade, em sua identidade espiritual estava fora do alcance de todas adversidades e dos mais severos inimigos, por mais que seu corpo pudesse ser chamado a resistir. Agora e sempre, uma exaltação do espírito mudaria por completo sua conduta. Ele se tornaria mais distante, como se falasse de uma grande distância e através de um abismo mental. Estas eram as ocasiões em que o espírito do alto descia sobre ele, tal como alegoricamente descrito no relato do seu Batismo. Essa descida, porém, não ocorreu numa só ocasião, como ali sugerido, mas com muita frequência à medida que se tornava o veículo de incorporação da sabedoria divina e imortal.

Como um instrutor nato, como narram os evangelhos, ele retirava dos modos e experiências humanos dos seus ouvintes as analogias, similaridades e metáforas com as quais explicava suas ideias. Gostava de referir-se às mudanças das estações, ao dia e à noite, ao Sol, à lua e às estrelas. Ele mesmo, muito sensível a tais influências e fenômenos naturais, os fez símbolos de sua sabedoria e, espontaneamente, construiu parábolas baseadas neles e conectadas com as mudanças e condições da personalidade e da vida humana. As pessoas simples que se reuniram ao seu redor e ouviam-no estavam intimamente ligadas ao solo, à agricultura e aos processos de plantio, cultivo e colheita do fruto do seu trabalho.

Muito mais frequentemente do que foi registrado, natural e corretamente, ele procurava com seus discípulos a privacidade do campo ou dos lares de um ou mais deles. Nessas reuniões transmitia-lhes muito da sabedoria secreta que conhecia muito bem e admoestava gentilmente àqueles que porventura houvessem caído dos altos ideais do Discipulado. Ao mesmo tempo, encorajava-os e elevava-os por intermédio de sua presença e de suas palavras.[49]

Como aparece nos evangelhos, o Sermão da Montanha registra alguns dos ensinamentos que ele lhes concedeu, especialmente as denominadas “beatitudes”. Mas havia muito mais quanto às práticas desejáveis e restrições que os discípulos

[49] Vivendo, como eu tenho feito, desde a precoce meninice, em um amor devoto por Jesus e muito frequentemente em prolongados períodos de pensamentos sobre ele, como por exemplo, quando escrevendo meus livros sobre a Bíblia, tenho percebido a sua figura, formando-a em minha mente. Aventuro-me, pois, a incluir esta imagem neste ponto do texto especialmente porque, quando estava então escrevendo, a imagem do Mestre pareceu-me tornar-se tão viva e tão clara. (G.H.).

deveriam seguir. Por isso, a quem perseverava e persistia fiel, ele concedia uma parte de seus poderes internos e ligava-os intimamente com ele próprio. Naturalmente, nem todos que, então, atraiu para si permaneceram fiéis e vigorosos ao longo das exigências físicas e mentais da vida espiritual.

Começou, então, o estabelecimento, embora de forma simples e natural, daquilo que mais tarde veio a ser conhecido como os Mistérios de Jesus. Aquelas práticas foram levadas adiante e desenvolvidas nos últimos anos do seu ministério e foram continuadas depois da morte prematura do seu corpo físico. Os fragmentos gnósticos oferecem relatos fielmente acurados desses Mistérios, os quais, como em todos os casos, foram praticados com profunda discrição[50]. Nisso Jesus não estava agindo somente por conta própria, mas sob o comando da grande Fraternidade de Adeptos Instrutores da Terra. Um poderoso e, esperava-se, duradouro, impulso espiritual estava para ser dado à humanidade e civilização ocidentais, que estava àquele tempo se desenvolvendo. Egito e Grécia já estavam declinando em poder. Seus Mistérios estavam começando a perder sua primitiva pureza e, em consequência, sua habilidade de ser um canal para o poder dos hierofantes e da sabedoria esotérica. A ascensão e a queda do Império Romano eram natural e inteiramente conhecidas e previstas, assim como seria o relativo barbarismo e os anos de trevas que se seguiriam.

A missão de Jesus, então, assume um significado muito mais importante do que o que é dado pela religião exotérica, porque incluía a transmissão das instruções de Mistérios, o poder iniciatório e os ritos cerimoniais, que se esperava permaneceriam no coração das civilizações e nações do Oriente Médio e da Europa, crescendo e amadurecendo lentamente.

A missão de Jesus Cristo foi tragicamente encurtada, com o mundo sofrendo, assim, uma irreparável perda. Depois da morte do seu líder, era natural que os apóstolos e todos aqueles que haviam aceitado as mensagens de Cristo viessem a unir-se em uma pequena comunidade, que eventualmente veio a se tornar a Igreja Cristã. Eles formaram uma fraternidade num mundo hostil, porque somente em unidade poderiam encontrar força para colocar em prática o ensinamento do seu Mestre. Um relato do seu modo de vida é dado nos Atos dos Apóstolos:

At 2:42. E perseveraram na doutrina dos apóstolos, e na comunhão, e no partir do pão, e nas orações.

43. E em toda a alma havia temor, e muitas maravilhas e sinais se faziam pelos apóstolos.

44. E todos os que criam estavam juntos, e tinham tudo em comum.

45. E vendiam suas propriedades e fazendas, e repartiam com todos, segundo cada um havia de mister.

46. E, perseverando unânimes todos os dias no templo, e partindo o pão em casa, comiam juntos com alegria e singeleza de coração.

47. Louvando a Deus, e caindo na graça de todo o povo. E todos os dias acrescentava o Senhor à igreja aqueles que se haviam de salvar.

---

[50] Ver G.R.S. Mead, *Fragments of a Faith Forgotten*.

Reprimidos oficialmente, martirizados e desprezados pelos indivíduos, os cristãos primitivos, dessa maneira, permaneceram firmes na sua fé, que foi transmitida por intermédio deles para o mundo.

Infelizmente, esse período de profunda unidade espiritual, inspiração, experiência de vida e universalidade de perspectiva, desfrutado pelos primeiros líderes e suas congregações nos primeiros séculos, não durou. Gradualmente, essas águas da verdadeira vida deram lugar a um processo de cristalização de dogmas rígidos. Do nascimento da teologia e do credo, no terceiro e quarto séculos, brotaram intolerância e sectarismo. As escolas neoplatônicas fecharam depois do martírio de Hipátia [jovem filósofa neoplatônica, muito influente em Alexandria, assassinada pela multidão a mando da ortodoxia – NT], e o gnosticismo foi proscrito como heresia. Assim a sabedoria esotérica e a Gnose, ou Teosofia, foram amplamente perdidas para a cristandade ortodoxa, uma tragédia quase irreparável, sendo que alguns de seus efeitos persistem até a presente data.

Entretanto, a relativa falha desse plano é mais aparente do que real. É verdade que o eclesiasticismo, a teologia cristã ortodoxa, a disputa dentro das igrejas, e a ambição por dominação espiritual, política e religiosa nos primeiros séculos da era forçaram o esoterismo que Jesus comunicou a esconder-se cada vez mais profundamente. Não obstante, a investigação nos mistérios da Natureza e do homem continuaram, embora sob segredo e constante ameaça de denúncia às autoridades. Muitos Iniciados – renascidos dos primeiros períodos – foram se encarnando nas partes mais civilizadas do mundo ocidental. A lista deles é muito maior do que é historicamente conhecida, porque viveram e trabalharam em segredo, em parte por sua própria segurança e, parcialmente, em obediência ao ideal de humildade. Charlatões existiram entre eles – inevitável no presente estágio da evolução humana – e alguns deles se tornaram historicamente conhecidos. Isso não foi inteiramente desfavorável, posto que provaram ser um escudo para os verdadeiros Adeptos no trabalho por trás do véu de silêncio do Iniciado. Ordens e sociedades secretas e semissecretas surgiram mais tarde, inclusive a dos chamados filósofos do fogo, o rosacrucianismo e os alquimistas. Alguns membros desses grupos foram genuínos Iniciados, enquanto outros foram somente iniciantes, a serem arrastados na direção da grande busca que continuariam em vidas posteriores.

Ocasionalmente, *Arhats* e Adeptos escolhem nascer sob circunstâncias favoráveis e fundam centros para a busca da vida esotérica e da sabedoria[51]. Entre esses encontram-se Apolônio de Tiana, Christian Rosenkreutz e alguns dos seus discípulos, Lord Bacon, o líder platônico da Inglaterra, e aquele que escolheu aparecer sob o nome de Conde de St. Germain. Muito antes desses, Jesus de Nazaré não só curou multidões de doentes e instruiu-as, como também reacendeu as chamas do conhecimento espiritual oculto e as manteve vivas, deixando muito mais facilmente disponível, no plano físico, todos os aspectos da Tradição de Mistérios.

[51] *Arhat* – ver Glossário e Hodson, *A Sabedoria Oculta na Bíblia Sagrada*, p.443, Ed. Teosófica, Brasília.

Parte 2

A Anunciação – A Imaculada Concepção – O Nascimento – A Chegada dos Magos

Capítulo 2

Todo o episódio da Anunciação é suscetível de dupla interpretação. Uma dessas pode ser denominada a miraculosa, na qual a partenogênese ocorre por intermédio da divina intervenção, e a criança física chamada Jesus nasce de Maria. Embora isso não seja totalmente impossível, tal nascimento é melhor considerado como um exemplo da intrusão do sobrenatural e do divino numa narrativa supostamente histórica. Essa contradição pode ter sido introduzida com o fim de sugerir ao leitor a possível revelação da verdade debaixo de um véu de alegoria e simbolismo. Em ambos os casos – o milagroso ou o alegórico – a concepção e o nascimento são imaculados, sendo inteiramente espirituais.

Lc 1:26. E, no sexto mês, foi o anjo Gabriel enviado por Deus a uma cidade da Galileia, chamada Nazaré,

27. A uma virgem desposada com um varão, cujo nome era José, da casa de Davi; e o nome da virgem era Maria.

28. E, entrando o anjo aonde ela estava, disse: Salve, agraciada; o Senhor é contigo: bendita és tu entre as mulheres.

Como as histórias do nascimento de outros grandes Instrutores, tais como o do Senhor Shri Krishna e de Sidharta Gautama Buda, foram marcadas por visões proféticas e fenômenos sobrenaturais, assim também relatos do nascimento de Jesus incluíram descrições de eventos similares. Quase em contradição – ou talvez em adição – à descrição desses eventos como gravados por S. Mateus, em Lucas o anjo da Anunciação não apareceu para José, o futuro esposo, mas à própria Virgem Maria. Faz-se consequentemente uma digressão no comentário sobre o primeiro capítulo do Evangelho Segundo S. Mateus na Parte II deste livro, a fim de propiciar consideração ao relato registrado por S. Lucas, o qual começa como segue:

Lc 1:29. Ela ficou intrigada com essa palavra e pôs-se a pensar qual seria o significado da saudação.

30. O anjo, porém, acrescentou: "Não temas, Maria! Encontraste graça junto de Deus.

Nos relatos feitos por S. Mateus, a anunciação para José foi feita em um sonho, enquanto em Lucas ela ocorreu para Maria, quando ela estava evidentemente bem-acordada, um tanto embaraçada.

Lc 1:31. Eis que em teu ventre conceberás e darás luz a um filho, e por-lhe-ás o nome de Jesus.
32. Este será grande, e será chamado filho do Altíssimo; e o Senhor Deus lhe dará o trono de Davi, seu pai.
33. E reinará eternamente na casa de Jacó, e o seu reino não terá fim.
34. E disse Maria ao anjo: Como se dará isso, visto que não conheço nenhum varão?

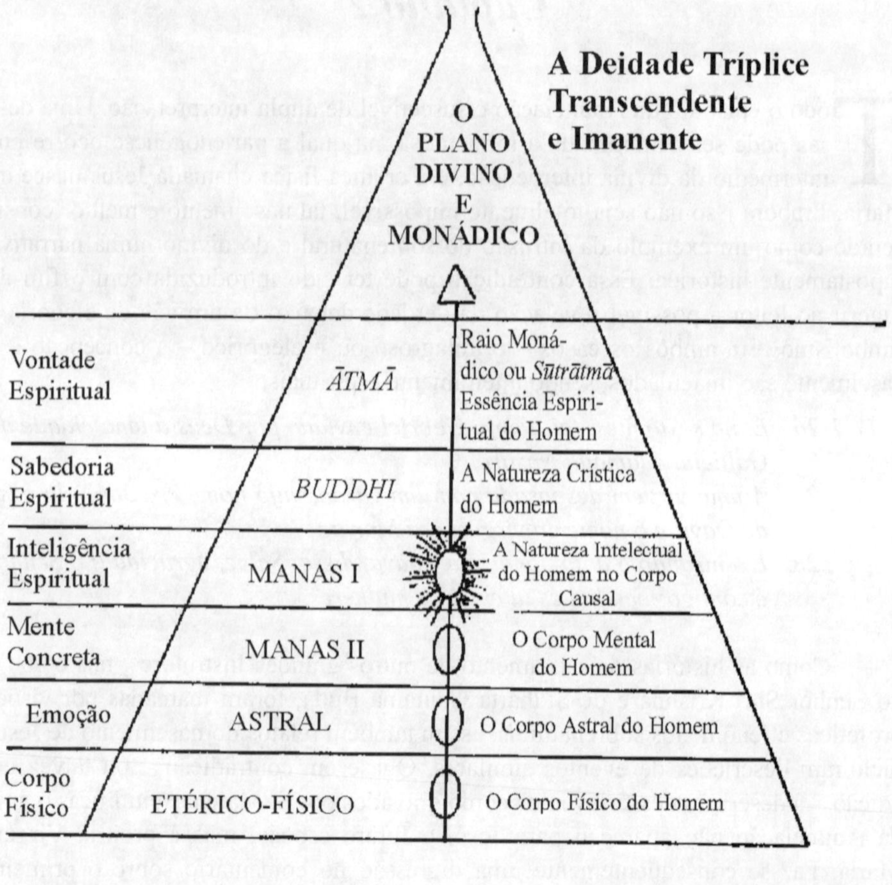

Esse evento é assim relatado para torná-lo aplicável ao processo da Cosmogênese, uma interpretação que está amparada, mesmo declarada, nos versículos de abertura do Evangelho Segundo S. João[1]. Alegoricamente, está sendo descrita a concepção e emanação de um Universo; pela interação do Espírito Santo e Maria

[1] *No princípio era o Verbo, e o Verbo estava com Deus, e o Verbo era Deus.* Jo 1:1.

(*mare*, ou mar de matéria), as potências criativas essenciais, positiva e negativa, são introduzidas no relato. Similarmente, o espírito-essência no homem e sua "veste de luz", "o manto de glória", ou corpo causal, são levados a uma união criativa, senão procriativa[2]. Da essência espiritual nasce um Universo, e Jesus, o futuro Cristo, personificando a natureza crística, ou sabedoria intuitiva no homem, é, na vestimenta de luz, despertado da latência para a potência, do embrionário para a condição de atividade ou nascimento[3].

Nessa visão a anunciação, a concepção e o nascimento de Jesus devem ser considerados menos como eventos históricos do que como mudanças profundamente interiores que ocorrem em cada ser humano na consecução de certa estatura espiritual, parcialmente personificada também por João Batista. Assim, os três eventos podem ser interpretados menos como tendo ocorrido em sucessão, e então limitados no tempo, do que como uma contínua regeneração e iluminação interiores que ocorre em todo mundo dos homens, não só em Nazaré ou Belém.

Ademais, esses eventos podem ser vistos como além do espaço e da situação geográfica, menos localizados do que globais, e ocorrendo menos para uma mulher apenas e mais para a Virgem Maria dentro de cada ser humano. Embora o evangelista no seu 34º versículo restrinja os eventos no tempo e no espaço e a uma determinada mulher, afastando temporariamente a alegoria do nascimento de um ser universal, a introdução do sobrenatural pode, todavia, ser permissivelmente considerada também como encerrando uma intenção alègórica.

Lc 1:35. E, respondendo o anjo, disse-lhe: Descerá sobre ti o Espírito Santo, e a virtude do Altíssimo te cobrirá com a sua sombra; pelo que também o Santo, que de ti há de nascer, será chamado Filho de Deus.

Maria é uma personificação da "vestimenta de luz", na qual a Divindade tríplice (o verdadeiro homem) está investida. Ela pode ser considerada como um veículo para a manifestação da inteligência espiritual no homem – a mente abstrata. Maria é o princípio maternal interior, potencial e mais tarde efetivo, dentro do qual o Cristo Interior em cada homem desperta para a vida. Depois disso, esse princípio nasce e gradualmente se desenvolve em toda a humanidade, "a medida da estatura da plenitude de Cristo"[4], o homem perfeito.

Cada um dos participantes pode ser tomado como personificação de um dos três aspectos do Eu divino em cada ser humano: o poder gerador da vontade divina é representado pelo arcanjo e suas palavras, a capacidade de conceber e produzir é personificada pela Virgem Maria, e a sabedoria divina é representada pela criança, Jesus. O anjo da Anunciação personifica o Habitante do Recôndito, a Mônada, ou o divino espírito-essência no homem. As palavras da Anunciação, de cujo poder elas

---

[2] Corpo Causal – ver Glossário. Ver também G.R.S. Mead, *The Hymn of the Robe of Glory* para uma explanação gnóstica.

[3] "Nascimento". Ver Gl 4:19. Antes do seu Batismo, o Senhor é citado neste livro pelo seu nome hebreu, Jesus. Depois disso, desde que ocorreu sobre ele a descida do Espírito Santo, ele é mencionado como Jesus o Cristo.

[4] Ef 4:13.

foram uma expressão, representam a manifestação da força de vontade positiva, o poder frutificador, a Palavra por cuja alocução o aparente milagre é realizado – a imaculada conceição.

No sentido cósmico, o produto desse "milagre" é o Universo, e no sentido humano é a concepção, nascimento e desenvolvimento da inata, mas até então embrionária, natureza crística do homem.

Três nomes são dados para a criança que está para nascer: Jesus, Filho do Altíssimo e Filho de Deus. O primeiro foi conferido ao menino ao nascer e por ele carregado ao longo de sua vida. A palavra Cristo, que foi adicionada como um segundo nome, não é entretanto um nome próprio; antes descreve um estado do ser, um degrau da estatura evolucionária e uma condição do corpo e da alma. Na Grécia antiga o termo *Christos*, "o ungido", era aplicado àqueles que tinham sido admitidos a um certo grau nos Mistérios Maiores. Iniciados que tinham alcançado esse grau, ou nível, eram inteiramente dedicados à senda espiritual da vida e ao serviço de Deus e da humanidade. Nesse sentido, eles eram "os ungidos", ou consagrados.

A vida histórica de Jesus, do momento de seu Batismo em diante, revela que ele foi, na verdade, em todos os aspectos e da forma mais plena, uma pessoa ungida, daí então seu nome, Jesus, o Cristo.

O relato de S. Lucas prossegue descrevendo a concepção de João Batista:

Lc 1:36. Eis que também Isabel, tua prima, concebeu um filho em sua velhice, e este é o sexto mês para aquela que era chamada estéril;

A concepção e o nascimento de João Batista foram profetizados para seu pai, Zacarias, pelo Anjo da Anunciação, o Arcanjo Gabriel, mas não houve sugestão de uma imaculada conceição. O menino foi normalmente concebido, muito embora sua mãe, Isabel, fosse avançada em idade e supostamente estéril. É digno de nota, entretanto, que, embora Isabel estivesse somente no seu sexto mês, o Arcanjo estava ciente do sexo da futura criança, a saber, masculino. De fato, há três elementos de abrangência sobrenatural no relato da concepção de João: o aparecimento do anjo a Zacarias em um sonho, os poderes supernormais de percepção e a previsão do sexo da futura criança.

Jesus e João estavam então ligados pelo compartilhar dos eventos da anunciação dos arcanjos e das profecias e de condições materiais bastante incomuns. Eles estavam também intimamente associados por antigas profecias que diziam respeito a ambos. Foi vaticinado que João apareceria primeiro como precursor e aprestador do caminho, e que Jesus o seguiria como o Senhor que fielmente trilharia aquele caminho, cumprindo a profecia e seu destino. Jesus, quando questionado por seus discípulos, confirmava esse enfoque; ele também afirmou que João Batista era a reencarnação do profeta "Elijah", ou "Elias que estava por vir"[5].

---

[5] Ml 4:5; Mt 17:10-13, e Mc 9:13. Ver também Geoffrey Hodson, *Reincarnation, Fact or Fallacy?* Cap. 4.

Arrisco sugerir que José, o suposto pai de Jesus, podia, por seu turno, ser uma reencarnação do José do Livro de Gênesis, de vez que ambos tinham o mesmo nome e eram também filhos de Jacó. A relação entre o profeta "Elijah" e João Batista pode também ser inferida pelo fato da similaridade de suas roupas, dieta e visitas ao deserto, ou regiões despovoadas.

João, tanto quanto Jesus, foi claramente uma figura predestinada, alegoricamente descrita, como também o foram o Senhor Buda e Jesus, por uma anunciação, seja por sábios fisicamente presentes, um membro das hostes angélicas ou um mensageiro do alto. Tais visitantes informam aos futuros pais – e especialmente à mãe – que um filho está prestes a nascer deles, o qual irá mostrar qualidades divinas e influenciar mui poderosamente a humanidade.

Na realidade, embora uma visita angélica não seja negada, isso significa que o Eu interior tinha alcançado o grau de desenvolvimento em que o caminho espiritual seria trilhado cedo na vida e seguido sem interrupção até a morte, com consequente entrada em uma fase evolucionariamente avançada. O próprio Ego determinava-se a um curso particular de conduta no seu próximo renascimento – a autoliberação completa das restrições concernentes à vida corpórea. Essas incluem a limitação do pensamento puramente racional; a argumentação e o egoísmo nascidos do engano da autosseparatividade [segundo o *Glossário Teosófico*, de H. P. Blavatsky, Ed. Ground, a separatividade seria "a ideia errônea de que a Alma, ou Eu, é distinta e independente do Eu único, universal e infinito", tendo sido qualificada como a "grande ilusão" – NT] ; o desejo, cuja satisfação tolda a consciência do cérebro; até mesmo a necessidade de futuros renascimentos na vida física. Isso, inevitavelmente, compele mais tarde ao amadurecimento, à disciplina, à educação e aos erros que os infantes e os jovens são propensos a cometer. A vida adulta também traz seus impulsos e tentações, enquanto a velhice é frequentemente acompanhada por um lamentável declínio na capacidade física e mental.

Egos avançados – geralmente aqueles que receberam Iniciação nos Mistérios Maiores em vida anterior – determinam que será colocado um fim a essas e outras degradações do espírito, que normalmente são inseparáveis da encarnação em corpos de carne e osso, emoção e mente. Essa decisão – a verdadeira Anunciação – é tão fortemente afirmada pelo Ego reencarnante que a mãe da criança em desenvolvimento em seu ventre torna-se consciente dela, sentindo que – orgulho maternal à parte – uma criança maravilhosa e magnífica está para nascer dela. Isso ela sabe interiormente, mas o conhecimento direto pode alcançá-la também de uma fonte externa, talvez como uma anunciação por um anjo.

A decisão interior nunca é, entretanto, tomada exclusivamente no sentido da libertação das degradações. Homens mergulhados na ignorância e que, além do mais, caem continuamente em erro e provocam reações de acordo com a lei devem similarmente ser salvos das tribulações da vida puramente mundana e da motivação terrena de viver. Então há também um marcado sentido de missão.

Interpretado simbolicamente, o deserto representaria um estado de mente árido, espiritualmente infrutífero e igualmente materialístico. A chegada de João no deserto e sua dupla chamada para um caminho espiritual de vida e preparação do caminho do Senhor habilitam-no a ser visto como uma personificação da crescente influência do Eu espiritual sobre a mente ainda não espiritual, notadamente na forma de consciência. Então, uma mudança de um modo de pensar e de viver autocentrados e materialísticos, "o isolamento", é realizada pelo poder do espírito que habita no homem, João Batista. Essa mudança é necessária antes da admissão nos Mistérios Maiores e antecede a passagem pelas fases de desenvolvimento interior, alegoricamente descritas como uma imaculada conceição e um nascimento do Cristo Criança, a mística Natividade. O Iniciado nasce de novo e torna-se merecedor do título de *Christos*, o ungido. Desse modo, João Batista prepara o caminho para a vinda do Senhor.

A conveniência desse simbolismo, assim como as personificações humanas do Eu tríplice imortal do homem, dá respaldo a uma interpretação alegórica dos eventos antes, durante e depois do nascimento de Jesus.

Lc 1:37. Porque para Deus nada é impossível.

Esse versículo só é de interesse porque ele faz crível ambas leituras, a histórica e a mística, dos relatos da Natividade de Jesus. Tais elocuções bíblicas podem ter o efeito de silenciar a voz da razão, visto que não existe critério pelo qual a onipotência divina possa ser medida; porque até mesmo as leis da Natureza tornam-se subservientes à divina vontade, a qual, como é biblicamente afirmado, pode torná-las inoperantes. A mente é, desse modo, privada de uma alternativa, já que a vontade de Deus é suposta ser todo-poderosa; pois o que seria, em caso contrário, uma ocorrência incrível e impossível de partenogênese em uma fêmea humana (Maria) é aqui afirmado, ainda que unicamente no especial caso singular de Jesus, o Cristo.

As exigências de razão, lógica e fatos são ignoradas, mesmo desprezadas, pois está presumivelmente estabelecido que essas veredas para o conhecimento não podem ser trilhadas por aqueles que recebem o ensinamento divino, ou espiritual, ao invés do puramente material. Se, entretanto, a história é considerada como alegórica, então a anunciação, a imaculada conceição e o milagroso nascimento – não só de Jesus vindo de Maria, mas da consciência crística dentro da parte mais elevada da inteligência de cada ser humano, qualquer que seja o sexo do corpo – tornam-se críveis, porque ocorrem dentro da natureza divina, mais do que da forma corporal do indivíduo humano.

Lucas 1:38. Disse então Maria: Eis aqui a serva do Senhor; cumpra-se em mim segundo a tua palavra. E o anjo ausentou-se dela.

Certa resposta intuitiva e passividade de mente são essenciais para uma iluminação mística e para o surgimento e desenvolvimento da intuição espiritual, ou discernimento implícito. Como Maria apresentou esses atributos necessários, ganha suporte a interpretação dos três eventos como sendo ocorrências profundamente interiores que acontecem dentro do recôndito ou, se preferido, das alturas – da natureza humana[6].

Lc 1:39. E naqueles dias, levantando-se Maria, foi apressada às montanhas, a uma cidade de Judá.
40. E entrou na casa de Zacarias, e saudou a Isabel.

Se a expressão "montanhas" for tomada como um símbolo topográfico de um elevado estado espiritual de consciência, então se obtém apoio para a leitura mística; após ser exaltado pela "Anunciação", o místico naturalmente se recolhe em um estado meditativo. A companhia de outros similarmente elevados em espírito está naturalmente associada, e assim Maria, recentemente impregnada do Espírito Santo, vai à presença de Isabel que, embora até então estéril e já avançada em idade, está prestes a se tornar a mãe de João (em "Ein Kerim" ou em qualquer lugar onde aquele evento possa ter acontecido[7]).

Lc 1:41. E aconteceu que, ao ouvir Isabel a saudação de Maria, a criança saltou no seu ventre, e Isabel foi cheia do Espírito Santo.
42. E exclamou com grande voz, e disse: Bendita és tu entre as mulheres, e bendito o fruto do teu ventre.

Iluminados reconhecem-se, e assim Isabel, a futura mãe de João Batista, percebeu a iluminada condição de Maria, a futura mãe de Jesus. Tudo o que se segue é descritivo das experiências internas das consciências mais elevadas daqueles que alcançam aquela estatura evolucionária, ou fase do desenvolvimento espiritual, na qual se desenvolvem faculdades e poderes supernormais. Na verdade, pode muito bem ser assumido que os mistérios da Iniciação e exaltações concomitantes e elevadas estão revelados alegoricamente em tudo aquilo que está descrito concernente à concepção e ao nascimento de Jesus e de João Batista. Se esse é o caso, dúvidas relativas à data e ao lugar do nascimento de Jesus e divergências nos vários relatos tornam-se insignificantes; um mistério que ocorre universalmente está sendo descrito, mais do que um evento histórico ou algo mais.

Lc 1:43. E donde me provém isso a mim, que venha visitar-me a mãe do meu Senhor?
44. Pois eis que, ao chegar aos meus ouvidos a voz da tua saudação, a criancinha saltou de alegria no meu ventre.
45. Bem-aventurada a que creu, pois hão de cumprir-se as coisas que da parte do Senhor lhe foram ditas.

Antes do nascimento de Jesus, os membros das duas famílias hebreias de Jesus e João passaram por experiências bastante similares. S. Lucas acentua os aspectos

---

[6] Mais corretamente "interiormente" *("Within")*.

[7] Ein Kerim é julgado ser o local de nascimento de João.

sobrenaturais da gravidez de ambas, a de Maria, que era imaculada, e a de Isabel, que ocorreu numa fase mais avançada da vida. Ambas experiências como descritas são tão intimamente relacionadas que se tornam suscetíveis de interpretações místicas. Sob essa ótica, Maria personifica a "vestimenta de luz", o "corpo espiritual" de S. Paulo, como já sugerido[8]. A idade avançada de Isabel pode significar idade evolucionária e o estágio de desenvolvimento espiritual, no qual algo similar a um nascimento interior está para ocorrer. Tanto ela quanto Zacarias eram "avançados em idade", significando que em cada um deles a alma tinha entrado na fase de desenvolvimento caracterizada pela adiantada maturidade. Isso é sugerido pelo fato de que as faculdades intuitivas de percepção, de profunda compreensão dos princípios espirituais e o poder de profecia apresentado por João, filho deles, são desenvolvidos somente após certa idade evolucionária ter sido atingida. Ambos os pais estavam então adiantados acima do normal e, assim, estavam aptos para dar nascimento a uma criança dotada com poderes incomuns.

Lc 1:45. Disse então Maria: A minha alma engrandece ao Senhor,
47. o meu espírito se alegra em Deus meu Salvador.
48. Porque atentou na humilhação de sua serva; pois eis que desde agora todas as gerações me chamarão bem-aventurada,
49. Porque me fez grandes coisas O Poderoso; e santo é o seu nome.
50. E a sua misericórdia é de geração em geração sobre os que o temem.
51. Com o seu braço obrou valorosamente; dissipou os soberbos no pensamento de seus corações.
52. Depôs dos tronos os poderosos, e elevou os humildes.
53. Encheu de bens os famintos, e despediu vazios os ricos.
54. Auxiliou a Israel seu servo, recordando-se de sua misericórdia;
55. Como falou a nossos pais, para com Abraão e sua posteridade, para sempre.

Esses versículos conhecidos como "A Glorificação", ou Hino da Virgem Maria, revelam e belamente retratam o estado mental e espiritual muito elevado de Maria, respaldando uma leitura mística do nascimento de Jesus.

Lc 1:56. E Maria ficou com ela quase três meses, e depois voltou para sua casa.

Embora historicamente exequível, o número três nesses versículos pode ser simbólico e referir-se de novo ao triplo Eu espiritual do homem – vontade divina, sabedoria e inteligência – dentro de suas vestiduras de luz. A casa, por sua vez, pode simbolizar os quatro veículos mortais (pensamento concreto, emoção, vitalidade e matéria física) para cuja consciência e limitação o Eu superior dos seres iluminados devem retornar entre fases de exaltação espiritual.

Lc 1:57. E completou-se para Isabel o tempo de dar à luz, e teve um filho.

[8] I Cor 15:44.

Todos nascimentos, seja da figura central de uma alegoria ou de outras estreitamente associadas, são suscetíveis de pelo menos três interpretações, duas das quais já foram discutidas: a emergência do cosmo a partir do caos, ou o início do processo de Cosmogênese (descrito de forma geral pelo próprio Salvador), e a transcendência da limitação da consciência e entrada em um estado mais exaltado. No homem, e especialmente nas mulheres que se tornam mães, esse processo geralmente envolve a obtenção de estados supramentais, particularmente sabedoria intuitiva. Uma terceira interpretação é a de que a própria história está sendo registrada, notadamente no nascimento de um Avatar, o veículo ou corpo escolhido no qual um aspecto ou um grupo de atributos da Divindade "descerá"[9]. Quando o milagre é introduzido na história pelas anunciações por arcanjos e concepções que são ou imaculadas ou fora da idade normal, a elevação da consciência esta sendo descrita, mas o real nascimento físico de uma criança maravilhosa é também expressado.

João Batista, como uma criança prodígio, por exemplo, tipifica o alvorecer, no homem, do poder de compreender os princípios subjacentes de qualquer assunto, especialmente os relacionados com a emergência das formas preestabelecidas na natureza das "ideias" arquetípicas divinas (como no sentido platônico). Quando esse poder desabrocha, o Eu interno assume crescente domínio do homem exterior. A consciência torna-se, então, dominante, e uma regra quase rígida de comportamento ético é imposta ao homem ou à mulher física exterior. Tal foi, em parte, a anunciação, a concepção e o nascimento de João Batista para sua mãe, Elisa, a idosa esposa de Zacarias.

Lc 1:58. E os seus vizinhos e parentes ouviram que tinha Deus usado para com ela de grande misericórdia, e alegraram-se com ela.

59. E aconteceu que, ao oitavo dia, vieram circuncidar o menino, e lhe chamaram Zacarias, o nome de seu pai.

60. E, respondendo, sua mãe disse: Não, porém será chamado João.

61. E disseram-lhe: Ninguém há na tua parentela que se chame por este nome.

62. E perguntaram por acenos ao pai como queria que lhe chamassem.

63. E, pedindo ele uma tabuinha de escrever, escreveu, dizendo: O seu nome é João. E todos se maravilharam.

Nesse ponto é importante lembrar que todas as personagens em tais alegorias do desabrochar espiritual significam partes da constituição de uma pessoa. No caso do nascimento de Jesus, o pai, José, representa a mente racional do homem depois de ter alcançado uma certa maturidade. A mãe, Maria, personifica o Eu interno com sua vestimenta de luz, consciente e ativa, particularmente no nível da inteligência abstrata. A criança recém-nascida Jesus retrata a nova fase de desenvolvimento na qual tudo aquilo que é representado pelo conceito da natureza crística no homem "nascerá", ou se tornará manifesto, desenvolvendo-se.

---

[9] Avatar – ver Glossário.

Jesus e João mostram diferentes estágios desse desenvolvimento. O próprio João, a reencarnação de Elias, que era um profeta e vidente[10], proclamava a proximidade da chegada de alguém muito maior do que ele, que iria "batizar com fogo e com Espírito"[11]. Ele representa o poder da mente profética e abstrata que se tornou ativa. Jesus, por outro lado, é retratado por S. João nos evangelhos como a própria encarnação da Sabedoria e, adicionalmente, a genuína manifestação da Palavra de Deus sobre a Terra[12]. Ele significa compaixão e percepção intuitiva. Se a concepção não for demasiadamente forçada, então esses dois, por sua vez, retratam diferentes fases de desenvolvimento do mesmo indivíduo; o primeiro, o alvorecer e, mais tarde, a plena manifestação dos poderes da natureza crística em todos os homens. A precedência temporal do nascimento de João Batista está estritamente de acordo com o processo evolucionário natural. Em outras palavras, o estado expandido e iluminado do intelecto humano (João) precede o desenvolvimento da capacidade de percepção direta intuitiva (Jesus). Essa esteve sempre presente, inerente, no Eu imortal, mas permanece latente, sem ser expressa, até que o necessário tempo evolucionário tenha transcorrido. Depois de seu despertar, a verdade será conhecida a partir do interior e não mais vinda de fora somente. O relacionamento posterior dos dois meninos como homens, o Batismo de Jesus no Jordão, corrobora essa visão; pois João ainda é apenas um homem, embora sobejamente dotado de percepção profética. Jesus, por outro lado, é apresentado como uma representação e manifestação da Suprema Divindade.

Os nascimentos de salvadores e heróis divinos e semidivinos representam o tempo propício do despertar. Daí, a insistência de Isabel e Zacarias para que seu filho fosse chamado João[13]. Dar à criança o mesmo nome do pai representaria repetição e assim ausência de adiantamento, enquanto o nome João (que encheu o povo de espanto) retratava o nascimento (manifestação interior e desenvolvimento) de um poder divino que, em termos de progresso evolucionário, era novo, ou recém-nascido.

Lc 1:64. E logo a boca se lhe abriu, e a língua se lhe soltou, e falava, louvando a Deus.

O súbito ou aparente milagre ou exibição sobrenatural da faculdade de falar de uma criança recém-nascida indica que, adicionalmente ao relato histórico, uma interpretação espiritual do evento seria empreendida. A capacidade de falar demonstrada por João Batista e a declaração de S. João de que Jesus era a manifestação da Palavra de Deus podem ser consideradas como ligando os dois garotos. Isso daria suporte adicional à possibilidade de que eles são apresentados como personificações de dois aspectos e estágios de desenvolvimento de um indivíduo, um ser humano muito evoluído.

---

[10] Mt 11:14.

[11] Mt 3:11.

[12] Jo 1:1-5.

[13] Forma inglesa de Johanan, "Jeová tem sido benevolente".

O restante desse capítulo pode ser lido tanto literal como misticamente, pois diz respeito às ações de Zacarias mais do que às de Jesus ou de João Batista.

Lc 1:65. E veio temor sobre todos os seus vizinhos, e em todas as montanhas da Judeia foram divulgadas todas estas coisas.

66. E todos os que as ouviam as conservavam em seus corações, dizendo: Quem será, pois este menino? E a mão do Senhor estava com ele.

67. E Zacarias, seu pai, foi cheio do Espírito Santo, e profetizou dizendo:

68. Bendito o Senhor Deus de Israel, porque visitou e remiu o seu povo,

69. E nos levantou uma salvação poderosa na casa de Davi seu servo.

70. E suscitou-nos uma força de salvação na casa de Davi, seu servo,

71. Para nos livrar dos nossos inimigos e da mão de todos os que nos aborrecem;

72. Para manifestar misericórdia a nossos pais, e lembrar-se do seu santo acordo,

73. E do juramento que jurou a Abraão nosso pai,

74. De conceder-nos que, libertados da mão de nossos inimigos, o serviríamos sem temor,

75. Em santidade e justiça perante ele, todos os dias da nossa vida.

Os versículos acima, por suposto registrando literalmente as elocuções de Zacarias sob a influência do Espírito Santo, constituem-se numa repetição da profecia do Antigo Testamento e na previsão pessoal do seu cumprimento. Não obstante, contêm muitas profecias patentemente falsas a cerca do futuro da nação hebreia; pois estava prevista uma imponente e segura posição entre as nações do mundo, em completa contradição com os eventos reais. O que, então, pode ser deduzido dessa profunda ignorância acerca do futuro por alguém tido como elevado em espírito e por isso capacitado a perceber acuradamente o futuro que subjaz à frente do povo judeu? Se, como antes, uma falsidade registrada em uma narrativa supostamente histórica indica uma revelação mística mais do que um fato histórico, então, sugere-se que a narrativa está descrevendo a condição de consciência de toda a raça humana na Terra e dos membros individuais daquela raça.

Por conseguinte, a experiência é vista mais como interna do que como objetiva e refere-se à futura realização de consciência pela própria humanidade, mais do que a uma preeminência particular a ser garantida a um pequeno grupo de pessoas por decreto divino. Essa realização pode bem ser descrita como messiânica, na medida em que ela inclui o despertar (ou nascimento) e o desenvolvimento contínuo no homem – na verdade em todos os homens – de um amadurecimento como o de Cristo e de compaixão por toda a humanidade[14]. A capacidade de conhecer a verda-

[14] Jo 10:16.

de diretamente – um outro sinal de um estado messiânico de consciência – estabelece-se em toda a natureza espiritual, intelectual e física do homem. Em vez de ter um aspecto predominando, ou tendo êxito na luta com um outro, o ser humano completo alcança equilíbrio na atividade e nas influências de todos os seus princípios. O homem integral era elevado espiritualmente e iluminado intelectualmente em condições muitíssimo superiores às da humanidade comum no tempo em que as profecias foram feitas (e, tragicamente, ainda é nos dias atuais).

Assim interpretadas, essas realizações são profetizadas para toda a humanidade, não só para os hebreus em oposição a todos os outros. É bem verdade, entretanto, que algumas pessoas e grupos, tais como aqueles reunidos ao redor de grandes Mestres ou avatares, alcançam essa estatura antes da raça humana como um todo. A harmonia entre as nações do mundo será estabelecida então e, em consequência, a posição de cada nação individual estará completamente assegurada; cada uma será respeitada e mesmo honrada pela comunidade das nações – uma idade messiânica na verdade.

Se esse enfoque é seguido, então, as revelações proféticas não são falsas profecias, mas descrições corretas do resultado da vasta abrangência do progresso evolucionário nas condições futuras mais elevadas do ser, para toda a humanidade. Todas as belas, mesmo poéticas, descrições desse futuro são, então, estritamente corretas quando pressagiadas pelos profetas, cujas consciências tornaram-se tão elevadas que realizações muito distantes da raça foram previstas.

João Batista, sobre cujo nascimento os êxtases proféticos e poéticos do seu pai foram pronunciados, é visto como uma personificação da inteligência humana para a qual a humanidade está evoluindo e irá alcançar. A criança Jesus e o maduro Jesus, o Cristo, a quem se referem Zacarias e, indiretamente, os seus precursores, personificam um estado do desenvolvimento humano ainda mais longínquo e mais elevado. Nesse estágio, o divino no homem e no Universo são conscientemente percebidos como aspectos de uma divindade[15]. Na verdade, isso pode muito bem ser descrito como uma visita do "Astro das alturas"[16].

---

[15] *Eu e meu pai somos Um.*

[16] Lc 1:78.

Capítulo 3

Com grande habilidade, S. João combina os poderes misteriosos e místicos do Deus Supremo cósmico e do Deus no homem com a narrativa histórica. Ele cria uma história épica na qual esses dois aspectos da Deidade manifestada são combinados com a pessoa e a história da vida de Jesus de Nazaré. A menos que essa triplicidade seja reconhecida, eu considero que as três linhas entrelaçadas tornam-se confusas e quase inextricavelmente misturadas nos relatos da vida de Jesus como o Filho de Deus. É somente quando os três fios são entendidos separadamente que a história imortal pode tornar-se totalmente compreensível.

Os fios relativos à evolução e à natureza da alma espiritual do homem à "medida da estatura da plenitude de Cristo"[1] é de especial valor para todos aqueles em que a faculdade intuitiva está desperta. Nesses, a busca mística começou, e eles aspiram a entrar pela "porta estreita" e a seguir o "caminho apertado"[2]. Para eles, os despertos espiritualmente entre os homens, a história da vida de Jesus está repleta de orientação para a obtenção de entendimento (das *logia* e especialmente do Sermão da Montanha) e para o viver diário entre os homens, do momento do evento interior da natividade mística até o da ascensão ao céu. Imaculada Conceição, Nascimento, Batismo, Transfiguração, Crucificação e Ascensão podem ser percebidos como descrições alegóricas do caminho seguido por cada ser humano desperto espiritualmente através de estágios, graus de iluminação e iniciações nos Mistérios Maiores[3].

Os diferentes evangelistas, especialmente S. João, estavam cientes, em vários graus, desses ensinamentos mais profundos e mais esotéricos. Eles estavam também obrigados pelos juramentos místicos a velar aquele conhecimento. Esses votos, ao mesmo tempo, os obrigavam a partilhar sábia e seguramente com seus companheiros (dos quais o albergue estava cheio) aquilo que lhes tinha sido revelado no segredo do ádito da Iniciação (parcialmente simbolizado pela estrebaria do albergue)[4]. Isso S. João faz nos versículos seguintes.

Jo 1:1. No princípio era o Verbo, e o Verbo estava com Deus e o Verbo era Deus.

---

[1] Ef 4:13..

[2] Mt 7:13; Mt. 7:14.

[3] Ver Hodson, *A Sabedoria Oculta na Bíblia Sagrada.* Cap. 15 a 17, Ed. Teosófica, Brasília.

[4] Lc 2:7.

2. *Ele estava no princípio com Deus.*
3. *Todas as coisas foram feitas por ele, e sem ele nada do que foi feito se fez.*
4. *Nele estava a vida, e a vida era a luz dos homens;*
5. *E a luz resplandece nas trevas, e as trevas não a compreenderam.*

Os autores ou autor do Evangelho Segundo S. João começa(m) a biografia de Jesus com três afirmativas gerais. Primeira, o nome do Deus do Universo é o "Verbo". Segunda, o jovem hebreu, cuja vida está para ser narrada, era uma manifestação daquele Verbo como Criador do Universo. A terceira afirmativa, no quarto versículo, sugere que esse mesmo Verbo criativo era também "a luz dos homens".

A palavra latina para a Divindade então denominada é *Verbum* e, em grego, *Logos*. Isso pode referir-se a um ensinamento baseado também nas Escrituras da religião egípcia antiga e naquelas sobre as quais a fé bramânica está fundamentada. Elas explicam que o processo de criação do Universo é desempenhado pela elocução, ou emissão de um poder da qualidade do som[5].

S. João também afirma que a deidade que ele denomina o Verbo preexistia antes que todas as coisas fossem feitas. Esse princípio entrou em existência ativa como um poder emanante e formativo, modelando a matéria do espaço virgem em formas concebidas na Mente divina e trazidas à expressão pelos sons da voz de Deus, ou pelo Verbo. Jesus, cuja vida deve ser relatada, é assim implicitamente referido como uma manifestação do Deus Supremo na forma humana[6], um veículo do Divino, um Avatar.

Embora o quarto versículo possa ser considerado somente como uma descrição do efeito da presença de Jesus sobre a humanidade, pode também ser aceito num sentido interior, ou místico, como pode tanta coisa nos evangelhos, particularmente nesse quarto versículo. Se essa última interpretação é aceita, então o Ser divino referido como "a luz dos homens" é a divina presença manifesta dentro de cada ser humano.

A adoção desse enfoque pode mudar totalmente a abordagem da aceitação da história da vida de Jesus, pois ela então parece ser nem inteiramente macrocósmica nem restrita à pessoa histórica de Jesus. Antes, como um poder e uma presença dentro do Ser interior de cada ente humano, ela é tanto universal quanto microcósmica[7]. Constantemente, devemos ter em mente que essas não são duas divindades separa-

---

[5] *Amen-Ra* e *Shabda-Brahman*.
[6] Jo 1:14.
[7] Macrocósmico, Microcósmico – ver Glossário.

das e distintas – o Verbo Supremo, ou o *Logos* criativo que trouxe o Universo à existência, por um lado, e a luz dos homens, por outro. Elas são uma e a mesma coisa, pois o divino dentro do homem e aquele poder sem nome responsável por todo o Universo e que preside sobre ele são eternamente e para sempre um. Expresso de outra maneira, a luz do Universo e a luz dos homens não são duas luzes, mas uma, por toda a eternidade.

A palavra plural homens parece indicar a repetição da concepção encontrada em outras Escrituras, nas quais essa luz brilha sobre o mundo não só de dentro de veículos escolhidos, tal como Jesus, mas brilha também dentro do Ser interior de toda a humanidade. Esse Deus interno é mencionado como "o Soberano Interior imortal assentado nos corações de todos os seres", "e como o Horus da Alma[8].

A doutrina da formação do Universo e de tudo que ele contém pela "fala", "voz", ou pelo "Verbo", não necessita ser especialmente enunciada aqui, uma vez que foi apresentada mais detalhadamente em um volume anterior de interpretações oferecidas sobre a Bíblia[9].

Jo 1:6. Houve um homem enviado de Deus, cujo nome era João.
7. Este veio para testemunho, para que testificasse da luz, para que todos cressem por ele.
8. Não era ele a luz; mas foi enviado para que testificasse da luz.

Podemos perguntar se a imediata introdução de João Batista dentro da narrativa muda seu conteúdo de uma combinação do macro e do microcósmico com o puramente histórico. O possível significado simbólico da estranha figura de João será considerado nas próximas páginas e plenamente tratado nos Capítulos 6 e 7 deste trabalho.

Jó 1:9. Ali estava a luz verdadeira, que alumia a todo o homem que vem ao mundo.

S. João reitera aqui que o *Logos* é luz, tanto macro como microcósmica. Essa luz resulta da automanifestação do *Logos* como uma presença brilhante e um poder que iluminam tanto o espaço pré-cósmico como a mente humana. Nesse versículo a aplicação humana está destacada, cada ser humano nasce no mundo físico portando uma luz interna.

---

[8] Segunda Pessoa da Tríade de Edfu. *Bhagavad-Gitā*; Ed. Teosófica, Brasília.
[9] Hodson, *A Sabedoria Oculta na Bíblia Sagrada.* Introd. e Cap. 25 a 30, Ed. Teosófica, Brasília.

Essa luz é também identificada com Jesus, o Cristo, e pode ser considerada como sinônimo de um atributo da alma espiritual do homem, a divindade nele, pela qual, segundo S. João, a senda da encarnação é iluminada. Esta é a verdadeira "Luz que ilumina todo homem que vem ao mundo". Se a narrativa é considerada alegoricamente, então o homem não percebe sua luz interior até que certa fase do progresso espiritual tenha sido atingida, descrita por S. Paulo como um nascimento místico[10].

Essa regeneração espiritual e psicológica, ou "renascimento", como Jesus se referiu a ela, é precedida por uma drástica, embora gradual, mudança na perspectiva da vida e na conduta do modo de viver diário[11]. O ser humano no qual essa concepção mística tenha ocorrido apresta-se para o consequente segundo nascimento pela autopurificação. João Batista pode ser tomado como uma personificação do chamado para fazer essa mudança, alcançando o homem exterior a partir de seu Eu interno por intermédio da voz da consciência. Então essa mudança é amplamente moral, e os hábitos ascéticos de vida atribuídos a João Batista, bem como sua convocação para preparar o caminho do Senhor retratam adequadamente essa influência. Expressa de outra maneira, o homem completamente mundano transforma-se, a partir do interior, num homem cada vez mais espiritualizado. João Batista é o precursor dessa mudança, por assim dizer, o Hermes que resgata Perséfone, a alma encarnada, do mundo subterrâneo[12]. Por isso, dele é dito no oitavo versículo que "Não era ele a Luz ; mas foi enviado para que testemunhasse aquela Luz".

O quarto evangelho começa de maneira a indicar que ambos, Jesus, o Cristo, e João, o Batista, eram personificações dos poderes interiores do homem. Assim entendido, o quarto evangelho não é somente a descrição em forma alegórica do modo espiritual de vida, mas também o apelo, pelo João Batista interior, para que a humanidade ingresse naquela vida.

Vale informar ao leitor deste livro que o seu autor não está desmentindo a historicidade dos quatro evangelhos, pois este não é o objetivo. Antes, ele vê neles abundantes, embora um tanto veladas, sugestões manifestas de um relato do progresso humano desde a pura materialidade até a vida espiritual.

Jo 1:10. Estava no mundo, "e o mundo foi feito por ele", e o mundo não o conheceu. (A frase entre aspas está, por um lapso, omissa no texto original, embora conste do citado Evangelho – NT).

11. Veio para o que era seu, e os seus não o receberam.

---

[10] Gl 4:19.

[11] Jo 3:3.

[12] Perséfone. Para uma plena exposição ver Hodson, *A Sabedoria Oculta na Bíblia Sagrada,* pp. 156 a 160, Ed. Teosófica, Brasília.

A Vida de Cristo

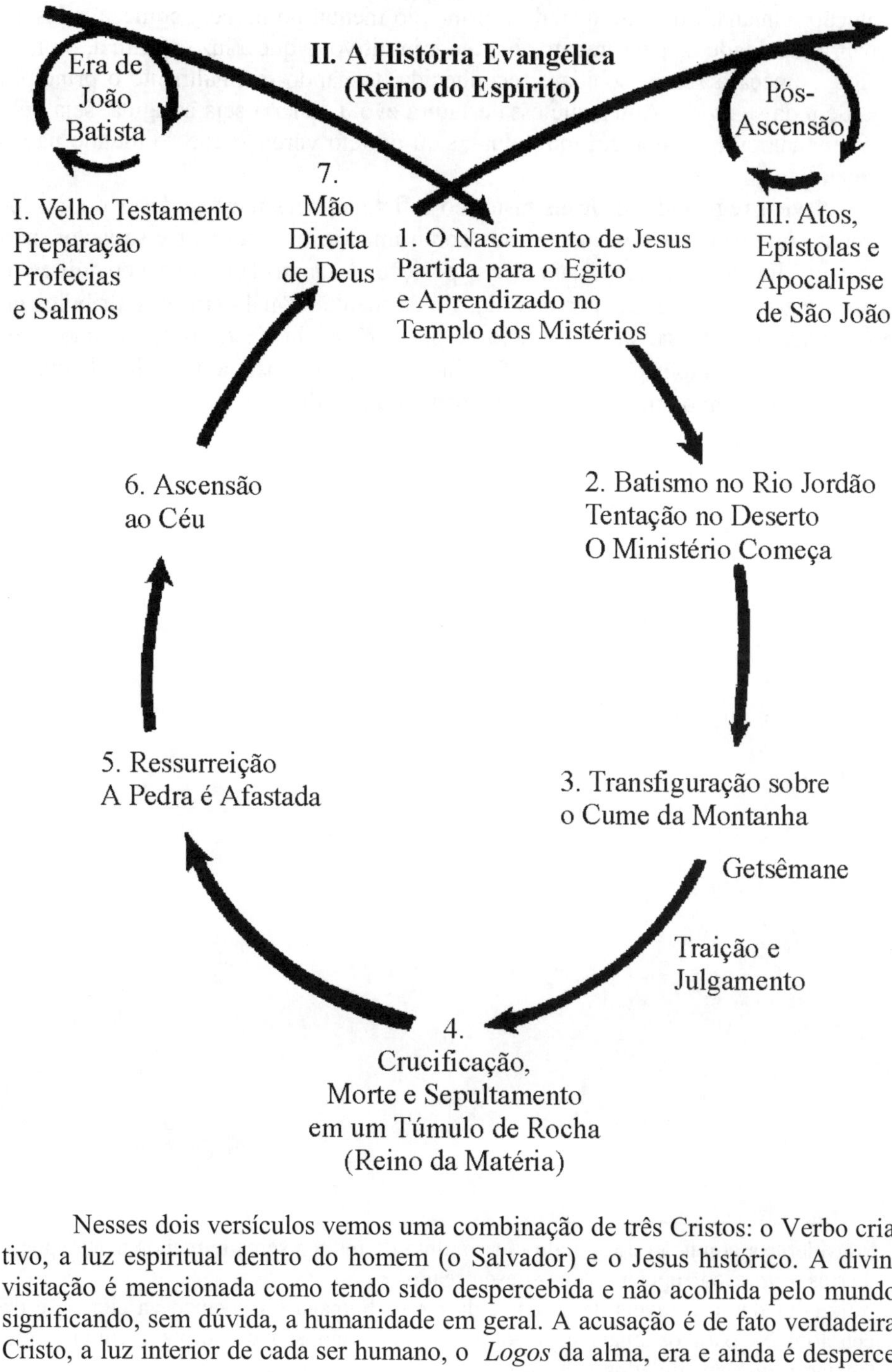

Nesses dois versículos vemos uma combinação de três Cristos: o Verbo criativo, a luz espiritual dentro do homem (o Salvador) e o Jesus histórico. A divina visitação é mencionada como tendo sido despercebida e não acolhida pelo mundo, significando, sem dúvida, a humanidade em geral. A acusação é de fato verdadeira: Cristo, a luz interior de cada ser humano, o *Logos* da alma, era e ainda é despercebido e recusado[13], o que talvez não seja estranho ao longo das primeiras fases da evolução humana. Somente quando o princípio mental no homem começa a desenvolver a faculdade de pensamento abstrato e intuitivo, é que a luz espiritual, ou monádica, começa a ser percebida e reconhecida, tornando-se finalmente o princípio guia de toda sua vida. Antes que essa estatura evolucionária seja atingida, seja pela raça humana ou pelo homem individual, será de fato verdade que "o mundo não o recebeu."

A vida registrada do Jesus histórico reflete aquelas mesmas fases do desdobramento intelectual e espiritual. Jesus como um Mestre, redentor e salvador, não foi aceito por aqueles que estavam em posição de autoridade, que personificam, como o fazem, o mando da personalidade e da mente formal com seus atributos de separatividade, autossatisfação, desejo de posse e orgulho[14]. Jesus foi notado e reconhecido somente por poucos, sua família, seus discípulos e amigos imediatos, os quais personificam o intelecto espiritualmente iluminado.

---

[13] Considerar a condição do mundo e a conduta de muitos seres humanos nesta época: guerras, crime, corrupção e vícios desenfreados.

[14] As qualidades favoráveis dessa parte da mente humana e o avanço da ciência e da tecnologia – para os quais elas contribuíram – não são de forma alguma negligenciados ou subestimados.

Capítulo 4

Dois propósitos, entre outros, foram preenchidos pelos antigos escritores da linguagem simbólica[1]. Um desses era transmitir conhecimento relativo às leis do ser, incluindo os princípios fundamentais da emanação dos Universos e tudo o que eles contêm[2], sua vitalização e evolução ao estágio mais elevado possível. O outro era indicar o caminho da Autoiluminação pelo pensamento franco na direção do entendimento e da experiência de um supremo fato da existência humana, a saber, que Deus no homem e Deus no Universo são um Deus[3]. Ambos propósitos podem ser discernidos nos evangelhos.

Muitos outros relatos de vidas de salvadores são similarmente descritivos de ciclos solares, iniciatórios e sazonais[4]. O início do inverno é emblemático da velhice, os meses mais escuros e mais frios referem-se à morte. Outrossim, anunciações e nascimentos referem-se à promessa e, mais tarde, à chegada da primavera. Naquela estação o Sol começa a reassumir sua luz, calor e poder de dar energia, e a vegetação, que estava inativa, desperta para uma nova vida. Metaforicamente, a Natureza renasce e volta visivelmente a vida na Terra.

Cada célula-embrião exibe fases um tanto similares. Antes da fertilização ela está inativa. A frutificação corresponde às anunciações, ou promessas de "nascimento". O ativo processo gerador indica a vida pré-natal, enquanto o produto final, o novo organismo, corresponde à natividade. Todas as diferentes fases do desenvolvimento indicadas por analogia estão sujeitas a certos perigos, como aconteceu com Jesus. Os eventos da vida de Jesus podem ser interpretados sob este ponto de vista.

O décimo oitavo versículo do primeiro capítulo do Evangelho Segundo S. Mateus foi escolhido para o início da minha interpretação preferida da vida de Jesus. Os versículos precedentes não são apropriados porque consistem totalmente de afirmações sobre a genealogia de Jesus através de José, o suposto marido de Maria. No entanto, como o versículo dezoito afirma que a criança foi concebida imaculadamente do Espírito Santo – e não naturalmente de José – a genealogia é inteiramente sem significado.

Mt 1:18. Ora o nascimento de Jesus Cristo foi assim: Estando Maria, sua mãe, desposada de José, antes de se ajuntarem achou-se ter concebido do Espírito Santo.

---

[1] Ver Hodson: *A Sabedoria Oculta na Bíblia Sagrada,* Introd., Ed. Teosófica, Brasília.

[2] *Ibid.*, pp. 198-200.

[3] Cf. Fl. 2:13, I Cor. 3:16 e 6:19; II Cor. 6:16.

[4] Kansa e Shri Krishna, Devadata e Gautama Buda, Sat e Osíris, os Titãns e Dionísio, Plutão e Perséfone, Loki e Baldur etc.

O versículo que descreve a atividade generativa e frutificante do Terceiro Aspecto da Trindade no interior da Virgem Maria afirma a ocorrência de um evento que é fisicamente impossível exceto por milagre. Quando interpretado como uma alegoria, entretanto, a afirmação é percebida como repleta de verdade espiritual.

Pode-se assumir que o autor desse evangelho (o único afirmando ser o nascimento imaculado) dificilmente começaria a relatar a história da vida de Jesus convidando seus leitores a aceitar uma afirmativa inacreditável sem debate ou profunda investigação. Ao contrário, penso que os autores pretendiam estimular a pesquisa mental e intuicional, por intermédio da inclusão de aparentes incredulidades e impossibilidades nas Escrituras. Lembramos as palavras de Moisés Maimonides citadas no começo deste livro e aquelas do Zohar, também anteriormente mencionadas, considerando as "verdades sobrenaturais e os segredos sublimes" escondidos sob o véu da alegoria e do símbolo. O leitor que está buscando esses segredos pode fazer uso dos métodos de interpretação descritos no meu livro *A Sabedoria Oculta na Bíblia Sagrada*. Ele pode meditativa e intuitivamente aplicar as chaves oferecidas para desvelar os significados espirituais, o método pelo qual todas as Escrituras devem ser lidas.

Como já discutido, Jesus o Cristo pode ser tomado como uma representação do poder e do pensamento (Verbo) pelos quais "Todas as coisas foram feitas"[5]. Sua concepção e nascimento são, por conseguinte, primeiramente apresentados desse ponto de vista cósmico.

Uma descrição do começo da Cosmogênese é feita no versículo sob consideração e no segundo versículo do Livro do Gênesis. No Gênesis, o agente masculino é aludido como o Espírito de Deus, e o princípio feminino indicado pelo símbolo da água, mas o significado é o mesmo em ambos relatos. Em termos de filosofia oculta, esse processo pode ser descrito como segue: o espírito-matéria não polarizado, e por conseguinte imutável, preexistia em um estado unitário no Absoluto[6]. Quando um Universo finito está para ser emanado do infinito sob lei rítmica, espírito e matéria tornam-se opostamente polarizados e interagem criativamente. O Universo é o resultado dessa união cosmogenética. Simbolicamente, como em Mateus, uma mulher concebe do Espírito Santo.

Explicado de outra maneira, a Inteligência divina – o Espírito Santo nesse versículo – que preside sobre a emergência de um Universo a partir do Absoluto, projeta um Aspecto de seu poder na região circunscrita, ou "mar" *(mare)* do espaço: "E o Espírito de Deus movia-se sobre a superfície das águas"[7]. A semente, ou ovo de um Universo, sua ideia arquetípica, adquire vida como um modelo dinâmico e embrionário.[8] O décimo oitavo versículo desse capítulo pode, pois, ser lido como uma descrição do primeiro estágio da Cosmogênese. As potências criativas mas-

---

[5] Jo 1:3.
[6] Absoluto – ver Glossário.
[7] Gn 1:2.
[8] Arquétipo – ver Glossário.

culina e feminina são personificadas pelo Espírito Santo e pela Virgem Maria respectivamente, enquanto a atividade formativa é indicada em termos de procriação humana. Assim, o puramente abstrato é apresentado em uma forma algo concreta e uma verdade espiritual, desse modo, é trazida parcialmente ao alcance do entendimento humano. Os autores são cuidadosos ao impedir uma interpretação materialista do assunto, relatando a divina intervenção na mais íntima circunstância na vida de um indivíduo, com isso produzindo uma imaculada concepção.

Um processo similar de criatividade espiritual é desenvolvido por duas potências no interior da natureza espiritual do homem. Essas são o mais puro espírito-essência – um raio do Deus Supremo – e a Individualidade imortal na sua "vestimenta de luz", o corpo espiritual referido por S. Paulo[9].

A faculdade de intuição espiritual jaz inativa, ou como uma semente, dentro dessa vestimenta da alma por todo o período em que o corpo físico, as emoções e a mente analítica do homem estão evoluindo. Num determinado momento, a mente alcança um grau de desenvolvimento em que pode começar a abarcar ideias abstratas. Essa capacidade estava dormente, virgem, sendo feminina em relação ao poder positivo da vontade espiritual do homem. Assim, o processo criativo universal desenvolve-se dentro da alma do homem; o germe ainda não fertilizado da intuição espiritual é frutificado pela ação do espírito no recôndito da mente abstrata virgem, "concebido", e mais tarde "nascido". O fruto dessa interação, o poder recém-nascido da intuição espiritual, é chamado a consciência crística. Alegoricamente, o Cristo é concebido dentro de Maria pela ação do Espírito Santo. O subsequente nascimento da consciência crística no homem tem sido denominado pelos místicos "o Natal da alma". Aparentemente foi a esse evento, mais do que o nascimento histórico de Jesus, que S. Paulo se referiu quando escreveu aos seus convertidos, "Meus filhinhos, por quem de novo sinto as dores do parto, até que Cristo seja formado em vós"[10]. Esses novos poderes são também personificados pelos salvadores infantis, e suas aparições retratadas como natividades – um artifício frequentemente usado, no qual um suposto evento externo descreve, na realidade, uma experiência interior[11].

Essa é a representação no interior do homem dos processos criativos divinos. Na verdade, uma nova faculdade nasce. Quando desenvolvida e amadurecida mudará radicalmente – até mesmo revolucionará completamente – toda a perspectiva do homem sobre a vida, pois ele verá então toda a criação, todos os seres e todas as coisas não mais como separados uns dos outros, mas como partes de um todo maior. O começo dessa fase da evolução humana é alegoricamente descrito naquele versículo de S. Mateus e também no segundo versículo do Livro de Gênesis.

Uma quarta pessoa é introduzida na história – José, noivo mas ainda não casado com Maria. Ainda que mais tarde pai por direito da criança, ele não participa

---

[9] I Cor 15:44.

[10] Gl 4:19.

[11] Pelos escritores da linguagem simbólica. Cf. os nascimentos de Shri Krishna, Gautama Buda e dos deuses, deusas e crianças semidivinas na mitologia.

da paternidade de Jesus. Isso é significativo se ele é considerado uma personificação da mente formal, concreta do homem. A mente de José era suficientemente desenvolvida para responder, mais do que negar, aos aparentemente ilógicos lampejos de iluminação que vinham da intuição; ele é portanto habilmente descrito como um homem justo. Ele não pode, entretanto, participar do nascimento ou concepção espiritual, porque a mente puramente lógica que ele personifica, por sua verdadeira natureza, não pode ser ativamente intuitiva. José, por conseguinte, e muito acertadamente, é somente o pai adotivo de Jesus. Nessa interpretação é resolvido o problema da improbabilidade extrema, quando não impossibilidade, de um nascimento virgem, pois está sendo descrito um desenvolvimento espiritual interior. Então, a concepção de Jesus, o Cristo, por Maria, é imaculada, como afirma o evangelista.

Mt 1:19. Então José, seu marido, como era justo, e não queria infamar, intentou deixá-la secretamente.

A ação de José poderia ser considerada menos como estritamente justa, como a palavra foi traduzida, do que como bondosa, tolerante e compassiva. Essas qualidades e suas expressões, não obstante os sentimentos pessoais, indicam uma pessoa amadurecida, e esse, na verdade, é o caráter de alguém em quem a intuição espiritual está prestes a se revelar e finalmente se desenvolver.

Mt 1:20. Enquanto assim decidia, eis que o anjo do Senhor manifestou-se a ele em sonho, dizendo: José, filho de Davi, não temas receber Maria, tua mulher, porque o que nela foi gerado vem do Espírito Santo.

Em uma interpretação cosmogônica, o espírito criativo (o Espírito Santo) e o espaço virgem (a Virgem Maria) unem-se para produzir um filho (Jesus Cristo) que representa o Universo recém-emanado e sua força de vida vitalizadora interior que tudo preserva. A Mente Universal empreende a tarefa de modelar e aprimorar as formas do Universo e de dirigir os processos "involucionário" e evolucionário. José pode ser tomado como uma personificação disso, a inteligência diretiva em toda a Natureza. O anjo do Senhor que apareceu a José personifica a influência, ou radiação, da nova atividade do Espírito Supremo, a luz do *Logos* que traz conhecimento da Ideia arquetípica; e, assim, alegoricamente, um anjo informa a José do plano divino.

Em termos de evolução puramente humana, todas as profecias pré-natais concernentes a nascimentos e missões de grandes seres que visitam a Terra e de todas anunciações referem-se a um processo profundamente interior. Os anjos significam a função geradora da vontade espiritual do homem desperto. Os pais que ouvem e respondem representam a mente ativa mas disciplinada, a consciência cerebral, e o corpo físico. A mãe é o princípio intermediário entre estes dois, o corpo causal, que se torna a Veste de Glória[12]. Então, esses versículos descrevem um raio

[12] Corpo Causal – ver Glossário. "Veste de Glória" é um título gnóstico para o Corpo Causal. Ver também G. R. S. Mead, *The Robe of Glory*.

(o anjo) da Mônada, ou o recôndito espírito-essência divino do homem (o Senhor), penetrando na mente dos homens altamente desenvolvidos (José). Compreendendo o significado da existência humana e do conhecimento da fase da evolução na qual o Eu interior está entrando, alcança-se então o homem exterior (outra vez José). O fato de que José não resistiu ao incrível anúncio proclamado pelo mensageiro angélico, além disso, indica sua maturidade e o alvorecer da intuição.

Sob a elevada exaltação do espírito que está sendo descrita e como resultado de sua estatura evolucionária, o homem espiritualmente desenvolvido torna-se cônscio do "Cristo em vós esperança de glória"[13], cuja existência é afirmada por S. Paulo.

A mente humana, no curso de sua evolução, tem muitos avisos e presságios desse evento, percebendo-se cada vez mais iluminada por lampejos reveladores de discernimento e conhecimento, independentemente dos processos mentais usuais. Finalmente, o espírito divino no homem torna-se tão poderoso e a evolução de sua mente abstrata e intuição tão avançada que ele reconhece seu poder. No reino das plantas isso corresponde à misteriosa formação do novo tecido que irá se tornar um botão, e do qual se desenvolverá a flor, fragrância e semente – a promessa de imortalidade. Dúvidas, argumentos e discussões a respeito da realidade dos relatos, datas, autores, genealogias contraditórias e da ascendência da origem de Maria e José desaparecem, como uma névoa na manhã de Sol, quando a verdadeira natureza da mensagem é compreendida.

Mt 1:21. E dará à luz a um filho e chamará seu nome Jesus; porque ele salvará o seu povo dos seus pecados.

Sempre que um texto sugere violação da lei, tais afirmações deveriam ser vistas como uma sugestão para que se olhe além do significado aparente, para uma possível revelação de sabedoria esotérica. A lei de causa e efeito, por exemplo, sob a qual cada ação humana traz sua reação precisamente adequada, alterada unicamente pelas ações intervenientes do autor, não pode jamais ser quebrada[14]. Nenhum poder no cosmo, nem mesmo da Deidade, pode interromper a operação dessa lei. Esse raciocínio é introduzido aqui para tornar claro que as expressões "salvador, salvação e salvar", relativamente a Jesus, não implicam o mais leve grau de ab-rogação da lei de ação e reação, sobre a qual o próprio Jesus tão firmemente insistiu e cuja existência S. Paulo também afirmou[15]. A ideia de que o homem pode de alguma forma escapar, anular ou ser salvo da operação dessa lei, quanto à conduta que gera efeitos adversos, é vista, assim, como sendo completamente errônea. Se alguém que está procurando a verdade permite que entre em sua mente a ideia de uma possível forma de escapar da lei de causa e efeito, então essa procura nunca

---

[13] Cl 1:27.

[14] *Karma* – ver Glossário.

[15] Mt 5:18 e 7:1; Gl 6:7: *Não erreis: Deus não se deixa enganar; porque tudo o que o homem semear, isso também ceifará.*

será bem-sucedida, pois haverá sempre uma área escura ou pelo menos uma deturpação na mente que impedirá a clara percepção da verdade e da lei.

O versículo sob consideração é de grande importância, não só no estudo da vida de Jesus, mas também da doutrina teológica cristã em geral. A profecia feita pelo anjo do Senhor para José, em sonho, de que Jesus "salvará o seu povo de seus pecados" infelizmente tem sido muito mal-entendida e interpretada, conduzindo ao gradual desenvolvimento e à insistência sobre a visão grosseiramente materializada da expiação vicária como essencial para a salvação. Esse erro manchou e desfigurou o pensamento cristão desde então, resultando na crença de que a lei de igual e oposta ação e reação não se aplica à conduta dos confessos e crentes cristãos.

Nenhum dano maior pode ser feito a um homem do que frustrá-lo de colher o que semeou, de ser avaliado de acordo com seus méritos, pois os frutos de dois importantes processos – educação pela experiência e desenvolvimento de um alto sentido moral – seriam perdidos para ele. A história do Ocidente desde o estabelecimento do Cristianismo como uma religião do estado indica que, a despeito de formidáveis exemplos ao contrário, esses dois desastres acometeram as nações cristãs. Temos simplesmente que levar em consideração as guerras e perseguições religiosas, inclusive a da mais terrível das instituições organizadas, a Santa Inquisição, para perceber os efeitos desmoralizantes dessa doutrina.

Todavia, salvadores visitaram a Terra e realizaram um "ministério de salvação". Tal salvação pode ser sumariamente descrita como a intensificação das atividades espiritual e moral, trabalhando dentro de um ser-humano, para que, então, ele seja salvo de uma autodegradação ainda maior, pelas influências espiritualizadoras e purificadoras exercidas pelos salvadores do mundo, tanto exteriormente, por suas vidas e ensinamentos, quanto interiormente, pelo partilhar de seus exaltados poderes espirituais com o Eu imortal de todo homem. Em vários graus, de acordo com a capacidade de resposta, o ser humano torna-se capaz de resistir à tentação e, finalmente, realizar o Ser espiritual como um Ser imortal e eterno.

Então, não só a "morte" do Salvador, mas também seu "nascimento", salva a pessoa de seus pecados, de pelo menos duas maneiras. Primeira, os poderes espirituais despertados da vontade e sabedoria, funcionando por intermédio da mente, reduzem a tendência à transgressão; segunda, eles capacitam o transgressor a adquirir o máximo benefício na forma de entendimento ganho das reações produzidas sob a lei. Uma consciência expandida e uma decisão de nunca mais agir dessa forma estão entre os resultados benéficos.

Vista desse modo, a expiação é um evento interior, uma unificação, que não evita a operação da lei de causa e efeito, pois é a presença de Cristo dentro do homem que assegura salvação, ou obtenção definitiva do Espírito Crístico, não a obliteração do *karma*. Nesse sentido, o termo Cristo significa suprema sabedoria e amor, operando como uma função dentro da profundeza do ser humano. Assim considerado, o Espírito Crístico refere-se ao que está além que também está dentro, como a lua refletida na superfície da água.

Certos místicos cristãos levaram o ensinamento mais adiante, dizendo como Angelus Silesius[16]:

Ainda que Cristo nasça um milhão de vezes em Belém
Se não nascer dentro de ti mesmo,
Tua alma permanecerá aflita.
A Cruz no Gólgota contemplastes em vão,
A menos que, dentro de ti mesmo, ela seja erguida outra vez.

Mt 1:22. *Tudo isso aconteceu para que se cumprisse o que foi dito da parte do Senhor, pelo profeta, que diz:*

23. *Eis que a virgem conceberá e dará à luz um filho, e chamá-lo-ão pelo nome de Emanuel, que traduzido é: Deus conosco.*

Experiências espirituais tais como essas são de natureza extremamente privada. É improvável que José tivesse comunicado seu sonho, no qual as palavras do anjo mencionavam a pureza da esposa prometida[17]. Somente "tagarelas" transmitiriam experiências espirituais e místicas; mas José, sendo sensato e maduro, não teria tal inclinação.

Sendo esse o caso, os leitores inclinam-se na direção de uma interpretação mais mística do incidente registrado. Nesse, Maria personifica as faculdades associadas com a intuição espiritual que começa a emergir de dentro da mente abstrata. Essa fase no desenvolvimento da alma humana consiste da promessa, com seu posterior cumprimento, do Cristo Interno ir adquirindo poder (nascendo) dentro do homem.

A mesma simbologia parece ter sido empregada pelos profetas de outrora, aos quais é feita referência nesses versículos, descrevendo precisamente os mesmos desenvolvimentos humanos. Emanuel, significando "Deus conosco", refere-se novamente ao poder de Deus desenvolvido dentro do homem, a intuição espiritual e a pura sabedoria, dos quais nascem o entendimento e a compaixão semelhantes aos do Cristo. A palavra *Emanuel* significa não só "que Deus esteja conosco", mas também "Deus está conosco", querendo dizer que esse fato é realizado. Emanuel, portanto, descreve um estado de consciência. Embora ela possa significar tanto uma oração como uma afirmação, seu significado místico corresponde à palavra sânscrita *Aum*, com todos seus sobretons graves interiores, incluindo a afirmação, nascida inteiramente da experiência, de que o espírito do homem é uma expressão, ou raio, idêntico ao do espírito do Universo.

Mt 1:24. *Então José, despertando do sonho, fez como o anjo do Senhor lhe ordenara, e recebeu a sua mulher.*

25. *E não a conheceu até que deu à luz seu filho primogênito; e pôs-lhe o nome Jesus.*

---

[16] Pseudônimo de Johann Scheffler: *The Cherubic Wanderer.*

[17] Mt 1:24.

O neófito recém-Iniciado sempre foi mencionado como sendo o bebê recém-nascido[18]. Mas não é sua pessoa física que é renascida. Antes, é seu Eu imortal, a natureza divina, que nasce no mais alto nível de consciência. Esse divino Eu recebeu tal poder capaz de transformá-lo em um novo ser, uma individualidade transfigurada. O anjo é o agente desse poder criativo, transmitido simbolicamente como som. Esse é o mesmo som, ou Verbo, pelo qual Universos são evocados[19], ou despertados de seus sonos de muitas eras sobre o leito da substância eterna, as águas da profundeza[20].

Nem a substância nem os seres humanos podem jamais ser considerados exatamente como os mesmos depois que essa frutificação interna (anunciação), concepção e nascimento tenham ocorrido. O receptor é renovado interiormente e, assim, "recém-nascido", "nascido pela segunda vez", ou "renascido" no sentido místico. Ao longo das narrativas evangélicas esse poder interior, misteriosamente nascido, é denominado Jesus Cristo, exatamente como nas Escrituras hindus, o *Bhagavad Purana*, o mesmo poder é chamado Shri Krishna.

A obediência de José, ao cumprir exatamente a instrução do anjo, retrata a maturidade, autocontrole, flexibilidade e intuição da mente do homem altamente desenvolvido. Não mais "uma assassina do Real"[21], a mente tornou-se a dócil, mas hábil agente da vontade interior. Simbolicamente, em sonho, José recebe instruções de um anjo, as quais cumpre no estado de vigília.

A efetiva autofertilização do óvulo pode não ser inteiramente impossível no futuro. A filosofia oculta abrange a ideia de que raças futuras de homens na Terra usarão naturalmente esse método de reprodução, enquanto em fase ainda mais adiantada da evolução humana, novos corpos físicos, nos quais almas humanas encarnam, serão criados pelo poder do pensamento. Os próprios processos reprodutivos sofrerão mudanças evolucionárias, e eles mostram obediência à lei de progressão cíclica. A primeira raça física de homens na Terra, personificada por Adão, foi andrógina e autorreprodutiva[22]. Quando, mais tarde, organismos sexualmente diferenciados (Adão e Eva) desenvolveram-se, o atual método de procriação tornou-se normal. Esse, outra vez de acordo com a filosofia oculta, gradualmente dará lugar, em nível mais elevado, a uma retomada da autorreprodução. Entretanto, a história da imaculada conceição de Jesus é, eu penso, melhor entendida no seu significado místico, porque, enquanto o esboço principal da história pode ou não ser historicamente verdadeiro, misticamente ele é inteiramente válido.

---

[18] Iniciado – ver Glossário.

[19] Ver Hodson: *A Sabedoria Oculta na Bíblia Sagrada,* p. 205, Ed. Teosófica, Brasília.

[20] Na Cosmogênese hindu, Vishnu descansa sobre o assento-serpente *(Ananta)* que flutua nas águas do espaço.

[21] Uma referência de um axioma oculto: "A mente é a grande assassina do Real. Deixai o discípulo matar o assassino". Os atributos não intuitivos, excessivamente argumentativos e materialistas da mente concreta contribuem para "assassinar" o Real, que significa Verdade Eterna.

[22] Ver Hodson: *A Sabedoria Oculta na Bíblia Sagrada,* pp. 214-215, Ed. Teosófica, Brasília.

Capítulo 5

Problemas de exatidão histórica, fontes literárias e autorias, por mais importantes que sejam para o estudante que interpreta a Bíblia ao pé da letra, perdem sua importância e poder de perturbar o devoto quando a vida de Cristo é interpretada como experiência mística, um nascimento que continuamente ocorre, à medida que os poderes inerentes da Mônada humana se desabrocham. Belém é colocada fora do tempo e do espaço como símbolo de um alto nível de percepção e do veículo pelo qual a alma do homem está ativa e cônscia do mais alto nível mental ou causal. A história é de pouca importância para o verdadeiro místico, porque ele descobriu que o misterioso desenvolvimento da planta a partir da semente, do homem a partir do ovo e do Adepto a partir do homem é expressão de um processo universal, não sendo, de modo algum, confinado, ou limitado, por um período, lugar ou pessoa particular. Enquanto os críticos discutem e acham suas dúvidas impossíveis de serem resolvidas, o místico sabe que está na presença do Deus Transcendente e Imanente; ele vê a Deidade manifestar-se mais plenamente como o divino no homem e, em consequência, adora o Cristo-menino recém-nascido em seu aspecto de Deus no homem e como homem, um Deus na Terra. Desse modo podem ser lidos os relatos dos primeiros dias de Jesus.

Mt 2:1. E tendo nascido Jesus em Belém da Judeia, no tempo do rei Herodes, eis que uns magos vieram do Oriente a Jerusalém,

2. Dizendo: Onde está aquele que é nascido rei dos Judeus? Porque vimos a sua estrela no Oriente e viemos adorá-lo.

Esses versículos podem ser interpretados como referindo-se a um ser humano espiritualmente avançado e às suas experiências durante a travessia pelo caminho da santidade para a meta da ascensão, ou do homem perfeito[1]. Belém (a casa do pão) torna-se a "vestimenta de luz", o veículo da alma espiritual que é o Habitante do Recôndito. Quando se inicia a fase do desenvolvimento na qual o homem exterior escolhe o caminho da santidade, o Eu interno começa o desabrochar (nascimento) da faculdade da percepção intuitiva direta. Ela é então tríplice: funciona como vontade espiritual, tipificada pelo anjo da Anunciação; inteligência espiritual, tipificada por Maria, e intuição e sabedoria espirituais, personificadas por Jesus[2].

A Natividade, por sua vez, representa o processo de despertar o poder ativo da natureza crística no homem. Esse estágio extremamente importante na evolução do Eu espiritual é assistido pelas inteligências altamente evoluídas, como são tantos outros processos da natureza. Os homens sábios (magos) vindos de longe, que são

---

[1] Is 35:8.

[2] Para uma interpretação mais completa veja Hodson, *A Sabedoria Oculta na Bíblia Sagrada,* Ed. Teosófica, Brasília.

ministros do *Logos* Solar e seus representantes oficiais neste planeta[3], personificam essas ações. Eles podem ser percebidos como assistindo também durante o "parto" místico, ou interior.

A estrela que atrai a atenção deles e guia-os para a cena da Natividade representa o poder espiritual adicional e a luz que brilha na alma avançada nesta fase do seu progresso em direção à perfeição[4]. À medida que a "gestação" mística avança para o nascimento do Cristo-menino interior, a aura torna-se mais ampla e mostra luminosidade crescente. Essa mudança continua até os estágios mais adiantados de desenvolvimento, tornando-se as "nuvens de glória" áuricas[5], nas quais o poder crístico, então plenamente desenvolvido e maduro, ascende metaforicamente ao céu para sentar-se à direita de Deus[6].

A primeira das cinco grandes Iniciações pelas quais o homem passa no limiar da super-humanidade está também descrita alegoricamente no relato do Nascimento de Jesus. Nesta versão, a estrebaria torna-se a sala da Iniciação, e a hospedaria, que está cheia, tipifica a vida mundana, "abarrotada", como estava, pelos homens do mundo. Nessa versão, os homens sábios (magos) são oficiantes no rito sagrado, e a estrela simboliza a presença do Iniciador Uno neste planeta[7]. Os dois relatos da Natividade[8] e as referências de S. Paulo ao Cristo Interno nascido no homem revelam um relato completo do místico e do oculto em forma alegórica[9].

As alegorias também podem ser interpretadas em termos da fisiologia oculta. Nesse sentido, são descritivas de transformações que ocorrem no corpo físico e no superfísico do homem durante a preparação para as grandes iniciações e a passagem por elas. Antes desse momento chegar, os poderes divinos residentes no homem estão relativamente inativos, e há pouca ou nenhuma percepção consciente deles. O principal dentre esses é a força-de-vida criativa, o poder ígneo pelo qual Universos são levados à existência, modelados e aprimorados[10].

Esse poder reside no homem, mas permanece como estava, por nascer, até que certa fase evolucionária seja alcançada. Então seu despertar para a atividade começa pela ação de outro poder divino no homem, o da vontade espiritual, que é completamente distinto do Fogo criativo. A vontade no homem procede do Primeiro Aspecto da Divina Trindade no homem, Deus o Pai, e nessa interpretação o fogo

---

[3] *Logos* e Doutrina do *Logos* – veja Glossário. Veja também Geoffrey Hodson, *O Reino dos Deuses* e *Lecture Notes of the School of the Wisdom*, Vol. 1, Cap. 16.

[4] Perfeição. Veja Hodson, *A Sabedoria Oculta na Bíblia Sagrada,* Cap. 6, Ed. Teosófica, Brasília.

[5] Lc 21:27.

[6] Mc 16:19.

[7] Veja Geoffrey Hodson, *Lecture Notes of the School of the Wisdom*, Vol. 1, Cap. 16, Sec. 4.

[8] Mt 1:18-25 e Lc 2:1-7.

[9] Veja Hodson, *A Sabedoria Oculta na Bíblia Sagrada,* Cap. 15-17, Ed. Teosófica, Brasília.

[10] *Kundalinī* – veja Glossário.

da criação é o Terceiro Aspecto, Deus o Espírito Santo. A evolução gradualmente provoca a expressão ativa da vontade espiritual no interior do homem, que tem como uma de suas funções descer, tocar e despertar o adormecido fogo criativo que reside na base da medula espinhal. Esse processo é alegoricamente descrito na Anunciação para José, Zacarias e Maria. Os dois homens representam a personalidade mortal, e Maria, a "veste de luz", o mais tênue dos corpos superfísicos do homem, no qual o Eu e a vontade espirituais do homem estão encarnados como desdobramentos do ser imortal[11]. A chegada do arcanjo da Anunciação e a intenção e o som de seu pronunciamento de palavras proféticas representam o descenso da força de vontade espiritual interior que está despertando.

O resultado da união entre a vontade espiritual e a inteligência espiritual no homem é, em princípio, duplo. O fogo sagrado na base da espinha é soprado até se tornar uma chama, ou atiçado até entrar em atividade[12], e a faculdade da intuição espiritual (o Cristo menino) – até agora germinalmente presente dentro da mente abstrata do homem – começa a tornar-se um poder ativo. Esses dois processos são complementares. O fogo ascendente torna o cérebro e a consciência no seu interior responsivos ao poder, à sabedoria intuitiva e ao conhecimento do Eu interior que está procurando expressão física. A faculdade intuitiva, incluindo a percepção implícita e a capacidade para realizar a unidade no meio da diversidade, encontra, desse modo, um veículo que se torna cada vez mais responsivo a ela na verdadeira nova vida do homem espiritualmente desperto.

O termo *imaculada conceição* não é impreciso quando aplicado a um processo profundamente espiritual de germinação (a Anunciação) interior. Segue-se a gestação, durante a qual o neófito altamente sensibilizado vive em retiro, geralmente no interior de um templo dos Mistérios Maiores, ou na casa do Mestre, que cuidadosamente o guarda. Essa tutela é necessária, pois existem perigos e, a menos que eles sejam evitados, uma espécie de "aborto" oculto poderia ocorrer. Considerável tensão é exercida sobre o sistema nervoso por causa do despertamento do fogo criativo. O próprio cérebro pode ser alternadamente sobreexcitado e muito entorpecido. A mente por sua vez pode se tornar clara, poderosa e iluminada pelos lampejos da penetrante intuição, acarretando o perigo do egoísmo e orgulho, como o de Herodes. Visões psíquicas também podem ocorrer e, até ele se tornar acostumado a elas, podem distrair e desencaminhar o neófito. Essas e outras experiências podem levar o aspirante a desviar-se do verdadeiro caminho espiritual, para tornar-se (por exemplo) uma incorporação do orgulho, ao invés de uma encarnação da humildade.

Evitados esses perigos, o nascimento místico ocorre naturalmente. O fogo criador ascende ao coração e à cabeça; a sabedoria espiritual e a divina compaixão transformam o neófito Iniciado em um servo divinamente inspirado de seus seme-

[11] Ego – veja Glossário.

[12] *Kundalinī*.

lhantes. Tão completa é a transformação que verdadeiramente um novo ser, como Cristo, nasce.

Mt 2:3. E o rei Herodes, ouvindo isso, perturbou-se, e toda Jerusalém com ele.
4. E, congregados todos os príncipes dos sacerdotes e os escribas do povo, perguntou-lhes onde havia de nascer o Cristo.

Os perigos descritos acima continuam a ameaçar os recém-nascidos. Misticamente interpretado, Herodes personifica a fonte interior de todos esses perigos. Também representa a resistência instintiva da matéria, tanto a deixar-se dominar pelo espírito, como a superar a inércia em direção à atividade. Os corpos mental, emocional e físico do homem são construídos de uma espécie sutil de matéria que tem tendências inerentes a resistir à manifestação da vontade espiritual, à mais pura sabedoria e à irrestrita atividade intelectual. As propriedades de egoísmo, desejo de manter posição, apetites físicos e indulgências habituais continuam a exigir gratificação.

De vez que o controle do espírito divino no interior do homem inevitavelmente prenuncia a subjugação dos corpos e a sua transmutação em canais genuinamente espirituais daquelas energias, que até então haviam produzido resultados indesejáveis, surgem ressentimento e oposição ativa[13]. Assim como Herodes temia perder seu poder como rei, também as partes mortais da natureza do homem temem perder sua liberdade e seu poder sobre seu Eu imortal. Em consequência, como Herodes, elas inclinam-se à destruição da vida recém-nascida.

Mt 2:5. E eles lhe disseram: Em Belém da Judeia; porque assim está escrito pelo profeta:
6. E tu, Belém, terra de Judá, de modo nenhum és menor entre as capitais de Judá; porque de ti sairá o Guia que há de apascentar o meu povo de Israel.

Embora essa inimizade possa adiar ou desfigurar a expressão do divino na natureza mortal do homem, este não pode ser destruído, uma vez que subsiste numa região fora do alcance da mente formal. Essa região é a "veste de luz", ou corpo causal, no interior da qual todos nascimentos espirituais ocorrem, a mãe, a Virgem Maria.

Até então, a mente havia controlado o homem, como Herodes controlava seu reino. À medida que aquele controle está sendo agora ameaçado, a esperteza, a astúcia e o engano, como descritos nesses versículos, são empregados. Simular deferência pode ser um assumido disfarce que esconde intenções sanguinárias. A mente humana, quando impregnada de individualismo possessivo, usa habilidades mentais para tentar descobrir o paradeiro do poder secreto ameaçador de sua longa domina-

[13] Essa transformação interna da natureza do homem constitui-se na verdadeira Alquimia.

ção do homem. Esses versículos indicam também que Herodes sabia somente por boatos do nascimento de Jesus e do aparecimento da estrela. O simbolismo é exato, pois a mente analítica não pode conhecer diretamente a pura sabedoria e a intuição espiritual, simbolizadas pela estrela e personificadas pelo Cristo-menino.

Assim como o adulto auxilia a criança recém-nascida, também os mais velhos evolutivamente assistem àqueles que são espiritualmente recém-nascidos. Em consequência, a força interior deles é aumentada e seus veículos externos mortais harmonizados. Adeptos e Iniciados – os homens sábios (magos) do Oriente e os pastores da alegoria evangélica – rodeiam o recém-Iniciado com seu poder protetor e, por meio de imponente cerimonial, invocam a ajuda divina e angélica para ele. Oportunamente, entretanto, o jovem Iniciado deve, como o escudeiro na Ordem de Cavalaria, "obter suas esporas" [superar sua impulsividade – NT], realizar sua fidalguia, pelo exercício de seus próprios poderes[14].

Entrementes, como indicam esses versículos, a aversão e resistência interior àquela realização estão se desenvolvendo. A autoafirmação e as partes até então tirânicas da natureza humana – mental, passional e física – decidem a morte daquilo que as ameaçam e a continuação de sua tirania.

Mt 2:9. E tendo eles ouvido o rei, partiram; e eis que a estrela, que tinham visto no Oriente, ia adiante deles, até que chegando, se deteve sobre o lugar onde estava o menino.

10. E, vendo eles a estrela, regozijaram-se muito com grande alegria.

11. E, entrando na casa, acharam o menino com Maria sua mãe, e, prostrando-se, o adoraram; e abrindo os seus tesouros, lhe ofertaram dádivas: ouro, incenso e mirra.

Os homens sábios (magos) vindos de longe, que temporariamente obedeceram a Herodes, podem ser vistos como representação das qualidades e dos atributos mais espirituais do homem, que são derivados da sua mais elevada natureza, o divino dentro dele, o qual na verdade está muito longe, ou afastado das indesejáveis expressões da natureza humana. Esses atributos estimulam o homem a procurar a verdade e a luz, que, quando encontradas, são reconhecidas e adoradas.

O número três aplicado aos homens sábios (magos) e a seus presentes refere-se simbolicamente à mais alta tríade da vontade espiritual, amor e inteligência, o desdobramento da alma imortal, espiritual. Cada um desses três aspectos é uma representação e reflexo, na alma espiritual do homem, de um aspecto da Deidade tríplice, a Santíssima Trindade. Cada uma é despertada para crescente atividade, como resultado tanto do desenvolvimento evolucionário como do rito solene da Iniciação.

A recém-nascida faculdade de percepção espiritual direta e de visão que desperta compaixão, faculdade esta que revela a unidade indivisível da vida no interior das formas, recebe uma porção, ou "presente", de um tipo particular de energia e

---

[14] Um representante no mundo exterior dos sucessivos graus dos Mistérios Menores e Maiores, como também na Francomaçonaria.

benção. Essa energia é inerente aos três aspectos da Deidade, bem como aos três componentes do Eu interior do homem. Quando a alma humana entra na fase de desenvolvimento que está sendo descrita, o divino na Natureza e no homem é levado a uma ação beneficente. A lei das correspondências conduz as forças do macrocosmo à crescente atividade no interior do homem, o microcosmo[15]. O Cristo interno, recentemente desperto, é o foco para a atividade interior, ou recepção desses poderes "externos", ou presentes.

Toda Natureza reage em suas formas espiritual, intelectual, dinâmica e física sempre que esse nascimento místico ocorre. Membros das hierarquias dos anjos, referidas em S. Lucas como um hóspede celestial que apareceu para os pastores, estão envolvidos[16]. Esses são os Eloins, ou inteligências associadas com as forças cósmicas. Eles despertam, para uma atividade crescente, o Deus recém-nascido no homem, sua divindade inerente. Também trazem seus presentes, que consistem de associação direta com as várias correntes de força da vida, representadas pelas diferentes ordens. Em termos de eletricidade, a grande estação geradora dessa energia consiste fisicamente do Sol e dos planetas e, superfisicamente, de suas contrapartes espirituais e regentes. O Iniciado é colocado em circuito com isso. Diferentes tipos de energia cósmica, ou correntes canalizadas pelos anjos, podem ser descritos como diferentes comprimentos de ondas nas quais a energia única é expressada em toda a Natureza e no homem, visível e invisível.

O poder cósmico, solar, planetário e atômico é parcialmente expresso como som, um vasto acorde composto de miríades de notas, cada qual com seus sobretons. Então, os anjos presentes na Natividade cantam apropriadamente suas angélicas canções; e, como o poder é único, o tema de seus sons é a unidade, harmonia, paz e boa vontade entre os homens.

Mt 2:12. E, sendo por divina revelação avisados em sonhos para que não voltassem para junto de Herodes, partiram para a sua terra por outro caminho.

Os três princípios espirituais a serviço da natureza interna do homem, a tríade superior, ou trindade, influenciam crescentemente o homem externo quando é feito progresso na direção do Adeptado. Os homens sábios (magos) visitam e falam com Herodes com um propósito específico, mas, simbolicamente, não permanecem no seu reino e aquilo que ele representa, partindo para suas próprias casas por outra rota.

O uso da fala na linguagem sagrada simboliza a transferência de poder espiritual de um nível para outro. Assim, os anjos de anunciação falam aos homens, da mesma forma como os homens sábios (magos) falaram a Herodes, mas nem anjos, nem homens sábios (magos) permanecem por muito tempo; eles se retiram para seus próprios misteriosos domicílios. Similarmente, é dito que Deus fala a patriarcas inspirados, profetas e videntes e, então, volta ao silêncio. Em tais casos uma

---

[15] Lei das Correspondências – veja Glossário.
[16] Lc 2:13.

comunicação mística entre as partes imortal e mortal da natureza humana está também sendo descrita.

> *Mt 2:13.* *E, tendo-se eles retirado, eis que o anjo do Senhor apareceu a José em sonhos dizendo: levanta-te, e toma o menino e sua mãe, e foge para o Egito, e demora-te lá até que eu te diga; porque Herodes há de procurar o menino para matá-lo.*

A experiência com um anjo ocorreu com José uma segunda vez, de acordo com Mateus. Depois de profetizar o nascimento de Jesus, o anjo veio outra vez e o preveniu do perigo e disse-lhe o que fazer para evitá-lo. A obtenção de qualquer experiência mística verdadeira ou de qualquer grande expansão de consciência é geralmente, senão sempre, seguida de um certo conflito. Quando em estado de exaltação, o neófito esquece-se temporariamente de seu corpo, suas exigências e necessidades. Em surgindo, essas parecem mais insistentes do que anteriormente, em contraste com o estado de elevação. Isso ocorre por causa de uma resistência instintiva exercida pela inércia da matéria e pelo medo instintivo de perda da liberdade para entregar-se aos desejos materiais. Herodes personifica essa resistência fundada na mentalidade egoística, nas emoções possessivas e sensuais e nas atividades e nos prazeres habituais do corpo.

Indubitavelmente, o controle do homem mortal sobre a vida do homem imortal no corpo é ameaçado, e seu fim está próximo. Essa mudança não ocorre sem um esforço ou uma tentativa organizada pela mente mundana de destruir o idealismo espiritual. Dois métodos de defesa contra essa resistência do interior são possíveis. Um é o ataque frontal contra os atributos indesejáveis; o outro é um desvio do foco da consciência sobre eles, para que sejam ignorados e tendam a morrer de inanição. O último método é aconselhado e foi seguido por Jesus, que, metaforicamente, escapou para o Egito. José, a mente, intuitivamente percebeu tanto o perigo como o modo de evitá-lo. Alegoricamente, um anjo o instruiu.

A interpretação de tais narrativas como descritivas de experiências interiores, iluminações e expansões de consciência é, passo a crer, tanto mais frutífera para o leitor quanto mais aplicável àquela experiência humana universal que, quando assim vista, os evangelhos retratam. Entretanto, essa concepção de anunciações e outras orientações recebidas de anjos não significa a exclusão da historicidade da narrativa nem da possibilidade da existência de ordens de anjos e de sua conversação com os homens. Na verdade, as mudanças de consciência mencionadas nestes comentários podem ser auxiliadas pelo sacerdócio angélico.

> *Mt. 2:14.* *E, levantando-se ele, tomou o menino e sua mãe, de noite, e foi para o Egito.*
>
> *15.* *E esteve lá até à morte de Herodes, para que se cumprisse o que foi dito da parte do Senhor pelo profeta, que diz: Do Egito chamei o meu Filho.*

A viagem de Jesus para o Egito é, sugiro, chamada erradamente uma fuga, já que várias outras interpretações das passagens são possíveis. Uma destas é discernível no Velho Testamento, cujos autores usaram o Egito como um símbolo de topografia para o estado mais denso da matéria, na qual a vida divina desce na sua jornada externa, ou involutiva, tornando-se, dessa maneira, severamente limitada. No sentido humano, o Egito representava então o corpo, no qual o Eu espiritual em desenvolvimento encarna-se durante sucessivos renascimentos, e onde está, na verdade, numa espécie de escravidão da carne, ou nos denominados lupanares do Egito.

No Novo Testamento, a ênfase é colocada no arco de retorno da jornada da Vida Una, no processo evolutivo da Natureza ao invés de no involutivo. O Egito então se torna um ponto de partida, até mesmo um trampolim, para a jornada do espírito humano em desenvolvimento, a alma imortal, de volta à sua Origem. Então, o Egito é um símbolo do estágio evolucionário e do estado de consciência no qual o homem, voluntária e conscientemente, embarca para aquela viagem que irá levá-lo rapidamente ao estado iluminado e, mais tarde, à realização de sua vida no Adeptado.

Em outra interpretação histórica do incidente da vida de Jesus, o Egito constitui-se na região da Terra onde existiam santuários dos Mistérios Maiores. A admissão a esses centros de Iniciação estava aberta a certos homens e mulheres suficientemente evoluídos, que se retiravam de suas ocupações na vida comum e passavam por algumas formas de treinamento e instrução. Se ao fim desse treinamento mostravam-se capazes e dignos, eram admitidos, através de ritos de Iniciação, como membros daquela fraternidade, conhecida como a Grande Fraternidade Branca.

Em consequência de tais experiências, a evolução era acelerada, e novos poderes intelectuais e teúrgicos, bem como profundos conhecimentos da vida humana, da cósmica e da planetária eram obtidos. As leis subjacentes à manifestação, involução e evolução da Vida divina na Natureza, os princípios básicos pelos quais os processos da Natureza ocorrem e o contato direto com ordens das hostes angélicas e seus líderes arcangélicos – tudo isso se tornava parte da consciência do Iniciado. Quando o treinamento terminava e a colação de grau espiritual tinha sido conferida, os novos Iniciados eram, então, enviados ao mundo exterior para cautelosamente ensinar o conhecimento que adquiriram; para encontrar e aceitar discípulos que poderiam treinar para o serviço e o progresso similares; e para elevar o nível de consciência e de vida da humanidade fora da rígida ortodoxia e na direção de níveis mais altos de pensamento e percepção direta da comunhão com Deus. A vida oculta interior de tais homens é sempre profundamente secreta e enquanto passam por seu treinamento vivem em retiro. Esse costume universal e antigo foi evidentemente seguido por Jesus, de quem não são dados registros até que apareça com a idade de doze anos. Os versículos sob consideração constituem uma breve e velada referência a essa parte da preparação de Jesus para sua grande missão.

Mt. 2:16. *Então Herodes, vendo que tinha sido iludido pelos magos, irritou-se muito, e mandou matar todos os meninos que havia em Belém, e em todos os seus contornos, de dois anos para baixo, segundo o tempo que diligentemente inquirira dos magos.*

Embora estivesse ao alcance de tais representantes de Roma, como Herodes, ordenar os assassinatos, que podem ter ocorrido de fato, a História não tem registro da ação descrita nesse versículo. Entretanto, os termos crianças e pequeninos são usados na linguagem sagrada para designar aqueles que foram recém-Iniciados. Talvez isso seja o que é pretendido aqui. Tais homens e mulheres atraem sobre si a fúria daqueles que detêm o poder temporal, quer eclesiástica ou politicamente. O assassinato de Iniciados tem manchado a história da humanidade, e o massacre de inocentes por Herodes pode ser lido como uma referência a este infeliz fato.

Inocência, pureza, simplicidade, espontaneidade e retidão são qualidades apresentadas pelos Iniciados, na verdade essenciais aos candidatos à Iniciação. Isso é em parte o significado das palavras de Jesus: "Em verdade vos digo que, aquele que não receber o reino de Deus como uma criancinha, não entrará nele"[17]. O reino do céu é um estado de consciência no qual a unidade do espírito do homem com o espírito do Universo é uma experiência contínua. Progresso evolucionário e cerimonial oculto elevam o Iniciado a esse estado, de forma que, nesse sentido, ele se torna "como uma criancinha".

A mente arrogante e egoísta (Herodes) resiste com frequência, de forma ativa, forçosa e mesmo aniquiladora, às mudanças na consciência, motivação e conduta provocadas pela entrada no estado de consciência do reino do céu. Então, alegoricamente, Herodes massacra os meninos.

Esse princípio universal é revelado por meio de alegoria em muitas Escrituras e mitologias mundiais. No relato grego da criação, Cronos, chefe de estado e pai dos que viriam a ser deuses, foi alertado de que suas crianças o deporiam, assim como ele, por seu turno, tinha deposto a seu pai, Uranus. Para impedir isso, Cronos devorava cada uma de suas crianças imediatamente após seu nascimento. Por um subterfúgio Zeus foi salvo.

Na Escritura hindu, o Rei Kansa foi alertado de que o filho de Devaki e Vasudeva depô-lo-ia e, em consequência, ele aniquilou criança após criança imediatamente depois do nascimento. Pela intervenção de seres supranormais – Mahadevas e Devas, as hierarquias de arcanjos e anjos – a oitava criança, Shri Krishna, foi salva. Quando cresceu ele se tornou o Salvador e Instrutor da humanidade. Herodes foi avisado de que nasceria em Israel uma criança que o deporia. Por essa razão ele massacrou os inocentes; mas, de novo, como se por divina intervenção, o menino Jesus foi salvo e tornou-se o instrutor espiritual de incontáveis milhões de pessoas.

Aqui também, por meio de narrativa alegórica, estão relatadas as privações que o espírito deve padecer, ou suportar, a inevitável pena, quando se torna manifesto na matéria. Além disso, quanto mais profunda a densidade da "substância material", maior a privação de poder. Shri Krishna, Jesus e Zeus, sendo salvos, podem possivelmente ser considerados como exemplos da vitória do espírito sobre a matéria, que é inevitavelmente alcançada logo que o processo criativo tenha sido Iniciado no primeiro "alvorecer". Nada pode efetiva e finalmente se opor à imersão do

[17] Lc 18:17.

espírito na matéria ou à evolução daquele mesmo espírito, um processo pelo qual se produz um salvador de homens ou, no caso da humanidade em geral, o Adeptado é alcançado. Então, eu considero que o poder completamente irresistível que provoca a emanação de Universos está revelado nessas imortais histórias.

A Mônada humana experimenta similarmente sucessivas privações quando se torna manifesta e toma corpo em matéria de sucessivos graus de densidade. Por fim, como é verdadeiramente profetizado nos mitos, a resistência da matéria será sobrepujada e a "divina criança" – poder, sabedoria e inteligência do Adepto – nasce. Ainda que tais alegorias possam parecer repulsivas quando somente o véu, ou cortina, é considerado, o princípio deliberadamente oculto por baixo é revelado àqueles que sabem como afastar o véu.

Mt 2:17. Então se cumpriu o que foi dito pelo profeta Jeremias, que diz:
18. Em Ramá se ouviu uma voz, lamentação, choro e grande pranto: Raquel chorando os seus filhos, e não querendo ser consolada, porque já não existem.

Tais interrupções na narrativa evangélica sugerem interpolações de palavras dos profetas hebreus com a finalidade de sustentar o messiado de Jesus. Jeremias, entretanto, poderia estar escrevendo sobre a luta interior entre a natureza superior e a inferior dos candidatos à Iniciação, fazendo referência à inevitável sensação de perda associada com a capitulação do eu, que acompanha a realização da união com Deus. Nesse caso, suas palavras são aplicáveis não só a Jesus, mas a cada Iniciado bem-sucedido.

Mt 2:19. Morto porém Herodes, eis que o anjo do Senhor apareceu num sonho a José no Egito.
20. Dizendo: levanta-te, e toma o menino e sua mãe, e vai para a terra de Israel; porque já estão mortos os que procuravam a morte do menino.

A segunda visita de um anjo a José é suscetível de interpretações similares àquelas aplicadas à primeira (Mt 2:13). No sentido histórico, como pai adotivo e guia do jovem menino, José saberia que a próxima fase do desenvolvimento e treinamento de Jesus seria melhor cumprida na sua terra natal, onde sua missão deveria ser realizada. Existiam comunidades essênias na Palestina nesse tempo, e os estudos e as preparações do jovem Iniciado podem bem ter ocorrido em uma ou mais destas.

Rumo à Palestina, sob orientação, José mudou a direção e o objetivo da jornada da família. Dizem, então, que eles se estabeleceram em Nazaré, supostamente para que se cumprisse uma antiga profecia, segundo a qual o Messias deveria ser um nazar. Uma referência à vida oculta de Jesus pode aqui ser discernida. Um nazareno é uma pessoa diferente, um homem consagrado, dedicado. Os nazarenos formavam um grupo de tais homens, celibatários que se submetiam a treinamento e disciplina ocultos um tanto similares aos dos essênios. O uso de cabelos compridos era permitido; Jesus é tradicionalmente descrito como tendo longos cabelos, bigode e barba. Por isso e pela vida de pureza e de serviço que mais tarde adotou, bem poderia ser descrito como um nazareno.

A Sabedoria Antiga sustenta que uma hierarquia de Adeptos dirige a vida neste planeta por detrás do cenário. Os planos da hierarquia, que presumivelmente incluíam o nascimento e treinamento de Jesus, seriam conhecidos pelo hierofante do templo no qual ele recebeu sua Iniciação. Pois a vida oculta do planeta é altamente organizada; um completo sistema de comunicação e colaboração entre os Iniciados do mundo e os Adeptos foi estabelecido há muito tempo. Se o hierofante ordenou o retorno de Jesus, sua orientação seria tão estritamente particular que somente poderia ser expressa na forma alegórica de um anjo orientando José. O retorno pode ter sido de acordo com um plano preestabelecido para a continuação do treinamento de Jesus e o cumprimento de sua grande missão.

Uma breve consideração sobre a missão de Jesus pode não ser fora de propósito aqui (ainda que mais tarde venha a ser dada maior atenção, quando, por exemplo, são interpretados o Batismo de Jesus e os eventos que se seguiram). A Sabedoria eterna – a religião una que subjaz a todas as crenças – inclui a ideia de que a humanidade que está evoluindo no planeta jamais é deixada sem orientação, apesar da pouca atenção que é dada a tal orientação durante certas fases, tal como na presente. Uma forma de orientação consiste na contínua iluminação das mentes dos homens pelos membros da Hierarquia dos Adeptos, pois estes sábios inundam os mundos superfísicos com impulsos espirituais, inspiração e iluminação. Também sob a influência dos Adeptos, seus discípulos – os grandes instrutores do mundo – transmitem aspectos da Sabedoria deles para a mente dos homens por intermédio de suas vidas, seus ensinamentos e seus escritos. Esse processo é contínuo, embora mais evidente em certos períodos da história do que em outros.

Além do mais, certos membros elevados da Hierarquia Oculta apresentam-se visivelmente na Terra em seus próprios corpos ou inspirando e agindo por intermédio de seus discípulos altamente evoluídos. O poder e a eficácia de tais visitas são, em certas ocasiões, grandemente realçados pela descida de um ou outro dos Aspectos, ou Pessoas, da Santíssima Trindade, ou *Logos* Solar. A mente e o corpo do representante humano devem ser cuidadosamente preparados, a fim de que possa resistir à tensão do poder que flui através do corpo quando as manifestações estão no auge. De acordo com a tradição gnóstica uma parte da missão destinada a Jesus era que servisse como veículo para tal visita e descida do alto[18], começando no período do Batismo nas águas do Jordão[19]. Admiti-se que essa preparação tenha começado no Egito e continuado na Palestina.

Mt 2:21. Então ele se levantou e tomou o menino e sua mãe, e foi para a terra de Israel.

---

[18] Veja C.W.King, *The Gnostic and Their Remains* (Londres: David Nutt, 1887), pp. 100-1.

[19] Mt 3:16.

22. *E, ouvindo que Arquelau reinava na Judeia em lugar de Herodes, seu pai, receou ir para lá; mas avisado em sonhos por divina revelação, foi para as partes da Galileia.*
23. *E chegou, e habitou numa cidade chamada Nazaré para que se cumprisse o que fora dito pelos profetas: ele será chamado Nazareno.*

Os perigos – interior, ou psicológico, e externo, ou objetivo – devidos ao medo e ao ódio dos autodenominados inimigos são outra vez referidos nesses versículos. Ambas espécies de perigos são bem reais, sendo encontradas por cada idealista e mais especialmente por cada discípulo e Iniciado, devido ao passo acelerado do progresso. Ninguém escapa desses perigos. A Sabedoria Antiga ensina que o homem encarna na Terra repetidamente, e a série de vidas sucessivas em que a aspiração desperta e ocorre a entrada na senda espiritual está particularmente repleta de perigos. Como a maturidade traz cautela e sabedoria em cada vida física, assim, nas últimas fases de desenvolvimento na vida espiritual, riscos são antevistos, resguardados e evitados. Entretanto, como algumas dificuldades são colheitas compensatórias de semeaduras adversas em vidas anteriores e, portanto, *kármicas*, elas não podem ser evitadas de forma alguma. Certos débitos devem ser pagos plenamente, como é indicado pelas adversidades descritas na história da vida de Jesus. Ademais, o progresso acelerado traz um aumento de resistência da própria matéria, particularmente aquela que compõe os corpos com seus hábitos, desejos e egoísmo remanescentes. Dificuldades também se originam de pessoas inflamadas pelo ódio insuflado por membros da Fraternidade Negra, os Senhores da Face Escura, que são os oponentes autoconstituídos da Grande Fraternidade Branca na Terra e de todos seus agentes entre os homens.

Dentro das restrições impostas pela lei de causa e efeito, cada neófito sincero é guiado, guardado e dirigido, visível e invisivelmente, pelos seus irmãos mais experientes na evolução. Esse é outro significado da anunciação e dos avisos recebidos dos membros das hostes angélicas ou de Deus. A Deidade aqui, entretanto, não é tanto o *Logos* Solar de todo o Universo, mas sua própria reprodução como Mônada, ou divino espírito-essência no homem. O *Logos* Solar está ocupado com vastas atividades relativas aos processos de involução e de evolução em todos os reinos da Natureza e suas incontáveis miríades de representações. Todavia, a possibilidade de intervenção pela Deidade Suprema de todo um Universo em favor de um homem não é negada de forma alguma, não importa quão improvável possa parecer. A sabedoria eterna ensina que a recepção da graça divina, qualquer que seja sua fonte, é uma realidade na experiência humana[20].

Comunhão com a Suprema Deidade é, na verdade, frequentemente declarada tanto no Novo como no Velho Testamento. Quanto mais altamente evoluído o participante humano, mais profundamente interiores tornam-se as experiências. O sentido da unidade com Deus aprofunda-se, para culminar em pleno conhecimento da unidade e identidade com aquele Ser eterno que preside sobre a evolução e habita dentro da alma de todos os seres criados.

[20] Cf. *Bhagavad-Gitā*, Décimo-segundo Discurso.

Parte 3

O Batismo

Capítulo 6

Se os termos da linguagem simbólica são aceitos, o rio simboliza a antiga "corrente" da qual cada candidato bem-sucedido se aproxima e na qual entra para atingir a regeneração espiritual, pelo ingresso na senda estreita que conduz à vida eterna. Essa denominada corrente tipifica a vida espiritual do Universo, que tudo permeia, e a presença interna da Fonte de toda vida, Deus, o Preservador. Entrar na corrente significa realização consciente da presença interior[1]. Cruzar a corrente refere-se a uma alegoria da plena obtenção da unidade e identidade com aquela Fonte, pessoal e universal. Então o Batismo de Jesus, como cada incidente descrito nas vidas dos seres elevados nas Escrituras inspiradas, tem profundos significados simbólicos.

Mt 3:1. E naqueles dias, apareceu João Batista pregando no deserto da Judeia.

2. E dizendo: arrependei-vos, porque é chegado o reino dos céus.

3. Porque este é o anunciado pelo profeta Isaías, que disse: Voz do que clama no deserto: Preparai o caminho do Senhor, aplanai as suas veredas.

Nova personagem é agora introduzida na história por S. Mateus, a saber, João Batista. Como discutido previamente, suas ações personificam as influências admonitórias, preventivas e espiritualmente despertantes exercidas sobre o homem externo pelo Eu interno desenvolvido. Ele representa o acordar do idealismo, o poder crescente da consciência e o presságio da intuição, ou a natureza de Cristo no homem. Até que a evolução alcance a posição onde a consciência é dominante, o homem permanece sem iluminação e inspiração. Essa condição é simbolizada por um deserto ou um lugar despovoado, significando um estágio de secura espiritual e aridez mental. Quando, entretanto, o Eu interno começa a assumir poder dominante e está em processo uma reforma de caráter e de conduta, esse estágio é apropriadamente descrito como a voz de um asceta clamando no deserto.

Algumas vezes a execução de música é usada para comunicar um significado similar. A flauta de Shri Krishna mostrou-se irresistível para homens e mulheres

[1] Como no Budismo.

nos caminhos ordinários da vida, posto que metaforicamente eles abandonaram tudo e o seguiram. Orfeu harmonizou e conquistou todos seres e coisas viventes que ouviram a música de sua lira. Medeia acalmou com encantamentos o sibilante, repugnante e imortal dragão de mil voltas que vigiava o velo de ouro[2], e o Senhor Shri Krishna dominou a inimizade da serpente negra, Kaliya, dançando sobre seus sete capuzes[3]. No fragmento gnóstico chamado *O Hino da Veste de Glória*, considerado pelos críticos literários ter sido escrito por Bardesanes, a parábola do filho pródigo é repetida, possivelmente pelo próprio Bardesanes, representado pela primeira pessoa. Lemos:

E eu comecei (então) a cativá-la,
A terrível Serpente respirando forte.
Eu embalei-a para dormir e descansar,
Cantando para ela o Nome de meu Pai,
O nome de nosso Segundo, (meu Irmão),
E (Nome) de minha Mãe, a Rainha do Oriente[4].

O canto religioso é uma exteriorização de tal convocação interior para as alturas espirituais, que, por sua influência harmonizante e edificante, pode auxiliar na resposta àquela chamada.

Mais tarde Jesus convocou seus discípulos e, ao ouvirem a sua voz, eles por sua vez, metaforicamente, "abandonaram suas redes e seguiram-no"[5]. Misticamente, os personagens divinos nas Escrituras do mundo representam o Habitante do Recôndito, a Mônada do homem (veja o gráfico no Capítulo 2), enquanto o "chamado" retrata o raio de instigante poder, a força de vontade, que a Mônada envia ou sussurra aos "ouvidos" do homem externo.

Mt 3:4. E o mesmo João tinha seu vestido de pelos de camelo, e um cinto de couro em torno de seus lombos; e alimentava-se de gafanhotos e de mel silvestre.

A roupa de pelo de camelo de João e sua comida de feijão gafanhoto e mel silvestre, que não depende de tirar uma vida, indicam a simplicidade e costumeira dieta vegetariana entre certas seitas daquela época. Esse regime é ainda seguido em quase todas comunidades e *ashrams* fundados com propósito de estudo das leis e submissão às regras de acelerado desenvolvimento espiritual oculto[6]. Tal modo as-

---

[2] Robert Graves, *The Greek Myths*, Vol. 2.
[3] *Bhagavad Purana.*
[4] G. R. S. Mead, *Echoes from the Gnosis*, (Londres e Benares: The Theosophical Publishing Society, 1908), Vol. 10. p. 23.
[5] Mc 1:18.
[6] *Ashram* (sânsc.). Uma construção sagrada, monastério ou eremitério para propósitos ascéticos, na Índia.

cético de vida foi também escolhido por Jesus, Buda e as encarnações de outros seres altamente desenvolvidos.

A missão de João Batista também indica uma necessidade fisiológica, isto é, que a entrega deve preceder a obtenção de maior poder. A roupa e o alimento de João simbolizam a simplicidade e o ascetismo que são adotados nessa fase da evolução humana, de acordo com essa lei. Indulgências, egoísmo, desejo de posse e hábitos que embrutecem devem ser superados, ou transcendidos, antes que a faculdade de intuição, ou qualidades do Cristo no homem, possa ser plenamente expressa. Novos poderes exigem novos sacrifícios. Vitórias espirituais demandam renúncias materiais.

Está também implícita aqui, embora não especificada, uma referência ao modo de vida e à missão de Elias, que foi tanto um protótipo de João como uma personificação do mesmo desenvolvimento interior e da mesma lei psicoespiritual.

Mt 3:5. Então ia ter com ele Jerusalém e toda a Judeia, e toda a província adjacente ao Jordão.
6. E eram por ele batizados no rio Jordão, confessando os seus pecados.

A existência de João Batista não pode ser confirmada nem negada em nenhuma outra base histórica disponível fora dos evangelhos. Todavia, a história é significativa na vida espiritual, pois a aceitação das decisões da consciência como guias completos para vida pode tanto remover um sentimento de culpa como evitar uma transgressão obstinada. Essa atitude pode bem ser considerada como um batismo, João representando a consciência, e as águas do Jordão representando as admonitórias e purificantes influências exercidas sobre o homem externo, seu caráter e modo de vida. Batismo cerimonial sem a adoção de alto padrão de moralidade pode ser uma mera impostura. O batismo interior emanado da parte espiritual da natureza do homem pode, por outro lado, ser uma força muito poderosa e uma influência edificante que afeta por completo a vida de alguém assim verdadeiramente "batizado". Ele, então, não necessita de sacerdote nem de água benta, tendo encontrado todo o necessário dentro de si próprio. Tal estado de mente é, entretanto, atingível somente por aqueles que alcançaram certo estágio no desenvolvimento da alma, um estágio no qual o espiritual está começando a dominar a parte material do homem – o estado do ser humano desperto interiormente.

Mt 3:7. E, vendo ele muitos dos fariseus e dos saduceus, que vinham ao seu batismo, dizia-lhes: Raça de víboras, quem vos ensinou a fugir da ira futura?
8. Produzi, pois, frutos dignos de arrependimento:
9. E não presumais, de vós mesmos, dizendo: Temos por pai a Abraão; porque eu vos digo que mesmo destas pedras Deus pode suscitar filhos a Abraão.
10. E também agora está posto o machado à raiz das árvores; toda árvore, pois, que não produz bom fruto é cortada e lançada ao fogo.
11. E eu, em verdade, vos batizo com água, para o arrependimento; mas aquele que vem após mim é mais poderoso do que eu; cujas alparcas não sou digno de levar; ele vos batizará com o Espírito

Santo, e com fogo.
12. *Em sua mão tem a pá, e limpará a sua eira, e recolherá no celeiro o seu trigo, e queimará a palha com fogo que nunca se apagará.*

A objurgação e a profecia proferida por João aos fariseus e saduceus podem ser interpretadas similarmente. A voz da consciência, se escutada, pode transmutar dureza de coração, materialismo e egoísmo nas virtudes de compaixão, espiritualidade e altruísmo. Primeiro, entretanto, deve haver purificação da natureza inferior, um processo que nesses versículos está simbolizado pela derrubada das árvores infrutíferas e seu lançamento no fogo. Tal arrependimento e autopurificação serão naturalmente seguidos por maiores e mais diretas manifestações do espírito no homem. João Batista alude a esse processo como batismo "com o Espírito Santo e com fogo".

A pessoa de João, seus trabalhos e suas palavras, então, resumem os pré-requisitos para o progresso espiritual e a obtenção do conhecimento e do poder ocultos. O autodespojamento e a entrega do eu inferior ao superior são essenciais para tal batismo com o espírito, significando a manifestação, dentro do homem exterior mortal, do poder de Deus interior e imortal. É introduzido o simbolismo dos elementos ar e fogo, também descritos como forças purificadoras. O Ar veio a ser considerado como um símbolo da faculdade intuitiva e o Fogo a mente que discerne[7]. Essas forças são na verdade eficazes, mesmo essenciais, quando empregadas conjuntamente com o processo de autopurificação, em preparação para a efetivação da presença e manifestação do poder crístico interior.

As palavras ditas por João aos fariseus junto ao Rio Jordão, pouco antes do Batismo de Jesus, são percebidas, então, como constituindo-se numa notável descrição do processo psicoespiritual necessário à consecução da iluminação, em todos os tempos e para todas as pessoas. Aplicadas ao progresso no caminho da evolução acelerada, elas também descrevem a atitude exigida da mente e a autodisciplina a serem adotadas pelo candidato por sucessivas iniciações. Na verdade, os processos normais de evolução trarão todos homens a esse estado de "batizado". Todavia, aspirantes que buscam alcançar as alturas espirituais mais rapidamente, a fim de melhor servirem, são movidos interiormente a provocar deliberadamente a necessária transformação do caráter e da conduta.

Voltemos agora ao Evangelho Segundo S. João. O autor ou autores do quarto evangelho aumentam o nosso entendimento do simbolismo. Eles evidentemente conduzem sua tarefa de registrar, para a posteridade, a história da vida de Jesus de Nazaré com intenções específicas, diferindo em muitos aspectos dos autores dos Sinóticos. O *Christos* cósmico, como Palavra criativa, ou poder divino formativo, e a mística presença, ou Cristo interno, em muitos seres humanos estariam combina-

---

[7] Cf. ITs. 4:17. São Paulo sugere que o elemento Ar corresponde ao nível da consciência no qual o Senhor é encontrado. Veja também Hodson, *A Sabedoria Oculta na Bíblia Sagrada,* Cap. 9, Ed. Teosófica, Brasília.

dos com o Salvador histórico dos homens. Jesus, o filho de Maria, devia ser mostrado como uma manifestação da Deidade Suprema, tanto em seus aspectos transcendentes como imanentes.

Em consequência, os episódios da vida de Jesus selecionados para inclusão foram aqueles que se prestavam a tal apresentação, embora fossem adicionados muitos que não são encontrados nos relatos dos outros três evangelistas. A história da vida é relatada de tal maneira que, adequadamente interpretada, retrata tanto a história do cosmo como a do homem. A evolução humana naturalmente recebeu maior atenção e foi descrita de forma a revelar estágios do desdobramento do princípio divino no homem. Isso se aplica ao período em que o homem estava passando por fases quase primitivas (por exemplo, a multidão gritando, "crucifica-o"[8]), pela entrada no caminho do Discipulado e pelos desenvolvimentos, interior e exterior, profundos que culminam na realização da estatura do homem perfeito, a verdadeira apoteose do período humano de evolução (Ascensão).

Leitores capazes do discernimento necessário seriam, então, esclarecidos quanto ao seu próprio ser, condição, progresso e destinação espiritual na realização do Espírito Crístico. Cada incidente relembrado – desde o ministério de João Batista (uma fase evolucionária avançada) até sua morte por decapitação e, em seguida, por eventos selecionados da vida de Jesus – foi relatado de tal forma que tanto o significado cósmico como o místico fossem revelados, ainda que simbolicamente.

O quarto evangelho é claramente o trabalho de um homem ou de um grupo de homens que era profundamente versado na doutrina do *Logos*. Eles também estavam bem-informados a respeito do modo de vida normal da presente humanidade e daqueles que estão progredindo à frente de seus semelhantes no caminho evolutivo. Pela ajuda de um Mestre, ou sábio espiritual, tais homens estavam mudando rapidamente na direção da realização do propósito a que se destina a evolução humana, descrito pelas experiências e ações do próprio Jesus.

Jo 1:29. No dia seguinte João viu a Jesus, que vinha para ele, e disse: Eis o Cordeiro de Deus que tira o pecado do mundo.

É dito nesse versículo que João Batista – quer historicamente, quer de modo puramente simbólico ou de ambos os modos – chamou a atenção do povo para que vissem o jovem que tinha aparecido entre eles como não sendo um mortal comum, mas uma verdadeira encarnação da Deidade Suprema. Isso pode ser considerado como descritivo do estágio de iluminação alcançado por um ser humano (João) em que ele percebe o cósmico no interior do humano, o divino dentro de um homem no limiar da divindade plenamente desenvolvida (Jesus, o Cristo). Iluminado, João chama a atenção dos outros, cujas mentes poderiam estar similarmente abertas, para a visão transcendente e para o exemplo vivo diante deles daquilo que eles se tornariam.

Isso é feito de forma simbólica, sendo o primeiro símbolo o Cordeiro de Deus. Enquanto geralmente o cordeiro recém-nascido evoca o conceito de imaculado, sem marca, espontâneo e infantil, para o povo judeu o pequeno animal tinha

[8] Mc 15:13.

outros significados. Entre esses estava a promessa da continuidade da existência tribal, já que seus antepassados eram um povo pastor. Não só era o cordeiro a posse mais altamente recompensadora que eles podiam ter, mas também era considerado como o mais valorizado presente ou sacrifício que eles podiam oferecer. Então, para os judeus, era um símbolo de extrema autoentrega em suposta adoração.

Num sentido semelhante, a Deidade por sua vez fez um sacrifício do seu próprio Filho, divinamente concebido e oferecido, a fim de que a mortalidade e a pecabilidade do gênero humano pudessem ser transcendidas e o homem redimido pelo Cordeiro de Deus. Embora para algumas mentes esse conceito do sacrifício literal de um cordeiro possa ser repugnante, ele é, no entanto, misticamente verdadeiro. Deus ofereceu uma parte de si mesmo, o Deus vivo profundamente escondido no interior de cada ser humano, para dar garantia de imortalidade final e salvação[9]. A tônica aqui não é colocada sobre a pessoa física de Jesus, mas sobre o fragmento sacrificado da natureza divina como realidade inerente, a imortal e sempre imaculada Presença de Deus em cada ser humano. Assim considerado, o Senhor do Universo permite que uma porção de si mesmo (seu "Filho") seja encerrada na forma, presa e entronizada na matéria. A palavra 'encerrada' pode perfeitamente ser usada com respeito à condição pré-cósmica da vida eterna.

Jo 1:30. Este é aquele do qual eu disse: Após mim vem um varão que foi antes de mim, porque já era primeiro do que eu.

Esse versículo é uma continuação natural da comunicação que João Batista estava fazendo ao povo ao seu redor. Aqui, outra vez, o fato de ele saber, pelo exercício da percepção superior e intuitiva, quem era Jesus indica que ele também pode ser tomado como uma personificação dos veículos da consciência humana, a "mente mais elevada", numa condição altamente evoluída.

Jo 1:31. E eu não o conhecia; mas, para que ele fosse manifestado a Israel, vim eu, por isso, batizando com água.
32. E João testificou, dizendo: E vi o Espírito descer do céu como uma pomba e repousar sobre ele.

Da mesma forma como S. Paulo escreveu sobre a Natividade de Jesus como um evento interior, ocorrendo na consciência e na natureza do homem[10], parece também que S. João escreveu sobre o Batismo em termos similares, fazendo de João Batista seu porta-voz.

João Batista, como ele próprio admitiu, era um profeta cujos poderes ainda não estavam perfeitamente desenvolvidos, posto que, embora Jesus tivesse estado diante dele um pouco antes, João, por um tempo, não o reconhecera. Similarmente,

---

[9] 2Cor 6:16.
[10] Gl 4:19.

o poder profético inerente ao Eu espiritual do homem na sua "vestimenta de luz" passa por gradual desenvolvimento e emerge como o poder de percepção direta, intuitiva. João evidentemente estava no limiar desse estado e, finalmente, reconheceu e proclamou a presença desse poder dentro de si mesmo, já que mais tarde reconheceu, reverenciou e batizou Jesus e, presumivelmente, "viu" o Espírito Santo descer sobre ele na forma de uma pomba.

A diferença na estatura espiritual está também indicada parcialmente pela posterior história de Jesus e João. João manifestou-se intrépida e francamente contra a maldade nos locais socialmente elevados e, assim, pagou com a vida, aparentemente sem um registro de outros serviços. Jesus curou os doentes, instruiu a humanidade nas realidades da religião, reafirmou o evangelho do amor altruísta e arrebanhou e treinou discípulos, depois do que, por sua vez, foi-lhe tirada a vida. Assim, os evangelistas apresentam Jesus como sendo mais elevado do que João e isso João reconhece, dizendo que era indigno de atar as sandálias do Mestre.[11] Entretanto, ambos presumivelmente permaneceram dentro da corrente da vida espiritual que tudo permeia, tipificada pelo Rio Jordão, e Jesus foi batizado por João, o homem mais velho assistindo ao mais jovem. Mais tarde, exceto nas comunicações por intermédio de outros e algumas referências por Jesus, os dois não mais se encontraram. João, entretanto, realizou seu *dharma* de convocar seus compatriotas ao arrependimento, batizando Jesus, denunciando o adultério e entregando sua vida, ao invés de mostrar-se subserviente ao poder temporal. As esplêndidas figuras de João Batista e de Jesus personificam todo aspirante que sempre se direciona à consecução do avanço evolucionário.

Jo 1:33. E eu não o conhecia, mas o que me mandou batizar com água, esse me disse: Sobre aquele que vires descer o Espírito, e sobre ele repousar, esse é o que batiza com o Espírito Santo.

Nesse versículo, João Batista misteriosamente se refere a um ser não nomeado e não identificado sob cuja direção ele cumpriu sua missão batismal. Esse presumido instrutor – ou possivelmente hierofante de um templo de mistério – preveniu que uma personagem elevada apareceria diante dele, reconhecível como alguém sobre quem o espírito poderia evidentemente ser visto descendo. Esse alguém elevado era nada menos que o Messias, cujo aparecimento os profetas de antigamente haviam previsto.

Nenhuma referência posterior é feita sobre essa misteriosa pessoa. Se a sugestão é permissível, pode ser vista uma alusão à existência de uma ordem na qual João tinha sido admitido e na qual ele tinha recebido instrução – talvez a dos essênios.

Jo 1:34. E eu vi, e tenho testificado que este é o Filho de Deus.

Nesse versículo, é descrita a visão plena. A real presença do Cristo, aqui como ao longo dos evangelhos, pode ser tomada como descritiva daquela fase da evolução do indivíduo na qual sua própria natureza crística lhe é revelada, com toda sua

[11] Mt 3:11.

influência iluminadora e curativa. Então, quando em sua genuína presença, João Batista percebe que Jesus era o Filho de Deus.

Jo. 1:35. No dia seguinte, João achava-se lá de novo, com dois de seus discípulos.
36. Ao ver Jesus que passava, disse: Eis o Cordeiro de Deus.
37. Os seus dois discípulos ouviram-no falar e seguiram a Jesus.
38. Jesus, voltando-se e vendo que o seguiam, disse-lhes: Que estais procurando? Disseram-lhe: Rabi, onde moras?[12]

Os versículos restantes desse primeiro capítulo do Evangelho Segundo S. João relatam, de forma quase histórica, o antigo e contínuo processo da descoberta de seu verdadeiro Instrutor espiritual por alguém que está preparado. A necessária preparação inclui tanto o alcance, pela alma imortal, da estatura espiritual exigida, como a busca pelo homem exterior de seu verdadeiro Mestre.

É geralmente encontrado de início um líder e sênior no caminho espiritual, e isso é exemplificado pelo relacionamento entre os aspirantes e João Batista, de quem eles tinham se tornado discípulos e amigos. Esse líder intermediário, ele próprio um iluminado, serve como guia ou mesmo ponte, suprindo a necessária ajuda na procura do homem por seu futuro Mestre. Uma vez que eles o tenham encontrado, o Mestre aceita o aspirante devidamente preparado como seu discípulo; simbolicamente, ele o leva para sua casa. Às vezes o Mestre revela que já conhecia e tinha observado o discípulo no sentido místico ou já o tinha visto "sob a figueira". Isso é um símbolo do processo da divina manifestação, das suas leis, do crescimento e do resultado, conforme retratado pela Árvore da Vida.

As respostas e reações do discípulo recém-aceito, diferindo segundo o temperamento e a experiência, são indicadas pelas conversas relatadas nos versículos remanescentes desse primeiro capítulo. Geralmente, em tais ocasiões, a visão interna do discípulo é aberta, mística ou objetivamente, ou ambas, e ele percebe a verdadeira grandeza espiritual de seu Mestre, sua missão como um messias para a humanidade e seu relacionamento com a Divindade, os arcanjos e anjos das hostes celestes.

Assim, precocemente na vida de Jesus, como narrado por S. João, ele é proclamado uma manifestação genuína do Verbo criativo, um representante na Terra da Deidade, tanto como um veículo, ou canal, quanto como um ser humano altamente evoluído e iluminado por seu próprio mérito.

Retornando ao relato de Mateus do batismo de Jesus por João, tornam-se manifestas outras conotações: cósmica, mística e oculta.

Mt 3:13. Então veio Jesus da Galileia ter com João, junto ao Jordão, para ser batizado por ele.

O registro da história por Mateus expressa que, quando as condições essenciais forem atendidas – a mente e o coração preparados – o homem aprende por experiência direta que ele próprio é um ser espiritual, imortal, eterno e livre. Ele também

[12] Rabi pode ser interpretado como "Mestre".

chega a conhecer a verdade adicional da identidade de seu próprio espírito-essência interior com a mesma presença divina dentro de todos os seres. Os frutos das suas encarnações passadas – as capacidades e faculdades desenvolvidas pela passagem por elas – tornam-se disponíveis para uso na vida presente. Simbolicamente, quando o trigo é separado da palha e armazenado no celeiro (versículo 12), a natureza crística revela-se ao homem mortal. Alegoricamente, Jesus vem a João da Galileia para o Jordão.

Mt 3:14. Mas João opunha-se-lhe, dizendo: Eu careço de ser batizado por ti, e vens tu a mim?

A natureza crística no homem é maior do que seu intelecto; a divindade interior é maior do que seu veículo. Além disso, a pura intuição é uma faculdade maior do que a inteligência abstrata. João, representando essa última, corretamente reconhece esse fato e humildemente o confessa.

Mt 3:15. Jesus, porém, respondendo, disse-lhe: Deixa por agora, porque assim nos convém cumprir toda a justiça. Então ele o permitiu.

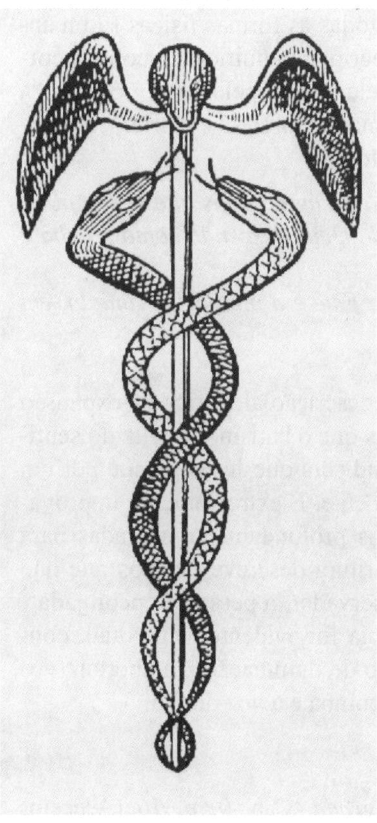

Se o relato de Mateus do Batismo de Jesus for lido literalmente, então, na verdade, a objeção de João é razoável e justa; pois, como uma encarnação da divindade, Jesus nada necessitaria, nem poderia apropriadamente receber o batismo das mãos de um homem tal como João, por mais iluminado e dedicado que ele pudesse ser. A insistência de Jesus parece, de fato, ser inoportuna, e a hesitação de João mais adequada.

Essa anomalia sugere significados subjacentes, muitos dos quais são possíveis. Rios, por exemplo, são algumas vezes usados como símbolos topográficos para a medula espinhal do homem, particularmente após a "eletrificação" pela força criativa universal conhecida como *kundalinī*. Essa energia, simbolizada nesse caso pela água no rio, está cuidadosamente revestida na medula espinhal do homem. Quando posta em crescente atividade, como resultado do desenvolvimento evolucionário natural – ajudada por certos exercícios ocultos ou passagem pelo rito de Iniciação – essa força flui ao longo da medula espinhal para dentro do cérebro, o qual é vivificado para produzir elevação de consciência no corpo físico. A fonte de tais rios simbólicos representam o centro e reservatório do poder criativo no sacro, enquanto o mar recipiente ou lago refere-se à cabeça, particularmente à porção central e glândulas perto do cérebro. O Rio Nilo é também usado como símbolo da *kundalinī*, assim como o Lago Vitória Nyanza e a região vizinha como fonte, e o delta e o Mar Mediterrâneo como recipiente. A figura do *dadu de tet,* usada tanto como medida do Nilo quanto como símbolo religioso, algumas vezes com braços e pernas humanos, assemelha-se à espinha dorsal, indicando, desse modo, o significado simbólico do Rio Nilo.

O represamento da corrente do Rio Jordão das suas nascentes no Líbano até sua entrada no Mar Morto é também característico de uso simbólico[13]. As águas dos rios fluem descendo das fontes para o estuário. Mas, quando o homem está ereto, toda força que ascende do seu sacro necessitaria fluir para cima, contra a gravidade, para alcançar o cérebro.

Em termos da linguagem sagrada, ser batizado nas águas de um rio é despertar plenamente a força criativa para que atue na cabeça e na coroa, conferindo estados de consciência espiritual ao neófito, então com poder (versículos 16 e 17). Essa interpretação está apoiada nos eventos supranormais que dizem ter ocorrido depois do Batismo de Jesus, pois um dos resultados de tal exaltação é tornar-se consciente da corrente de força de vida vitalizadora pela qual todas as formas físicas são mantidas e preservadas. O homem assim iluminado experimenta unificação com as correntes da vida que tudo preservam, simbolizadas pela água e pelo termo técnico "a corrente". O homem Jesus, distinto do *Logos* encarnado (Jo 1:1-5), entrou[14] na corrente, ou alegoricamente foi batizado nas águas do Jordão.

Mt 3:16. E, sendo Jesus batizado, saiu logo da água, e eis que se lhe abriram os céus, e ele viu o Espírito de Deus descendo como pomba e vindo sobre ele.

17. E eis que uma voz dos céus dizia: Este é o meu Filho amado, em quem me comprazo.

Esses versículos podem ser lidos como uma descrição alegórica da expansão da consciência e da realização da unidade com Deus que o batismo produz no sentido já indicado. Na narrativa, as palavras 'ele viu' indicam que Jesus passou por um estado interior de consciência pessoal, para ele somente. É extremamente improvável que Jesus revelasse tais experiências espirituais profundamente sagradas para um possível registro. Em tais casos, quando a Escritura descreve eventos que não podiam possivelmente ter sido conhecidos pelo observador, a pessoa é encorajada[15] a aplicar uma interpretação simbólica. A experiência foi evidentemente dual, consistindo da ascensão de sua consciência a um estado de iluminação – a abertura dos céus – e o descenso do poder espiritual e graça – a pomba e a voz do Pai.

---

[13] Ver Js 3:13-17.

[14] Ver Hodson, *A Sabedoria Oculta na Bíblia Sagrada,* Cap. 9, p. 76 (Aspectos Geográficos), Ed. Teosófica, Brasília.

[15] *Ibid.* Vol. l, pp. 93-98.

Os versículos podem bem ser lidos como descritivos dos efeitos interiores e místicos da passagem por uma das grandes iniciações. Barreiras que, até agora, haviam fechado e limitado o alcance da percepção da Fonte do ser são penetradas ou totalmente superadas. Como um prisioneiro escapa pelas portas abertas da prisão, assim, durante o rito iniciatório, o centro da autoconsciência no Iniciado é liberado das limitações, notadamente daquelas associadas com um sentido remanescente de individualidade separada e de pensamento autocentrado. Essas não mais prendem a consciência à Terra e às fronteiras da existência terrena. É como se os céus se abrissem, e a consciência fosse liberada. A consciência universal é obtida quando todas limitações mundanas se desfazem. A natureza inteira do homem assim iluminado é capacitada, como se sobre ele descesse a vontade de Deus, o verdadeiro espírito da Deidade. A escolha da pomba como símbolo dessa influência celestial sugere que, enquanto a ação do *Logos* tríplice estava presente, o Segundo Aspecto de pura Sabedoria era acentuado.

O jovem Iniciado hebreu, cuja vida está sendo contada nos seus aspectos mais ocultos, em certo período de sua vida (entre a segunda e a terceira iniciações, Batismo e Transfiguração), foi elevado em espírito além das realizações e expansões místicas que usualmente acompanham a Iniciação, pois ele também se tornou a figura central em um evento de significação planetária. Enquanto ele estava sendo batizado por João no Rio Jordão, toda sua natureza física, intelectual e espiritual tornou-se veículo para a Suprema Divindade, particularmente para o Segundo Aspecto, o *Christos*, pois Jesus, o homem, tornou-se harmônico com aquela manifestação da Deidade conhecida como o Cristo cósmico. Esse é descrito como o poder preservador e sustentador, sabedoria e amor, do *Logos* Solar, um poder divino e completamente impessoal eternamente derramado sobre todos os que vivem, como benção e vitalidade espiritual sustentadora. Ele é a força da vida misteriosa e onipresente da Deidade manifestada. Essa influência benigna deve ser considerada como aflorando do centro do Eu interno do homem, em vez de descendo de uma localização elevada no espaço.

Esse fluxo penetra em toda parte, mas não exclui a possibilidade de uma concentração direta da sabedoria e do amor divinos, temporariamente focalizados em um ser humano. Isso poderia ocorrer adicionalmente ao afloramento da influência espiritual do Segundo *Logos* realçada pela passagem pelos ritos iniciatórios[16].

Embora a doutrina de que tais "descidas" ocorram repetidamente possa não ser inteiramente aceitável para o Cristianismo ortodoxo, não obstante ela tem seu lugar na tradicional filosofia oriental. As descidas, ou Avatares, de Vishnu e Shiva são registradas no Hinduísmo como o meio pelo qual, respectivamente, o Segundo e o Terceiro Aspectos do *Logos* Solar exercem influências espiritualizantes sobre a vida que evolui no planeta e, particularmente, sobre a raça humana. As proclamações do Senhor Shri Krishna de que, em qualquer ocasião que houvesse uma decadência da honradez, ele, como o Segundo Aspecto do *Trimurti*, sempre voltaria

---

[16] *Ibid.* Vol. 1, Parte 6.

outra vez; do Buda, de que seria seguido por um sucessor chamado Maitreya; e do Cristo, pelos lábios de Jesus, de que visitaria a Terra outra vez[17], tudo se refere às manifestações cíclicas na Terra da Deidade Suprema do nosso Universo, o *Logos* Solar. Os ensinamentos mais transcendentes e as ações miraculosas de Jesus podem supostamente ter acontecido quando tal descenso era mais intenso. Isso pelo menos é sugerido no último versículo deste capítulo, o qual registra que uma voz dos céus falou, dizendo, "Este é o meu filho amado, em quem me comprazo".

Bem poderíamos citar, nesse particular, os escritos de H. P. Blavastsky que, referindo-se aos ensinamentos dos ofitas e dos nazarenos, disse: "por conseguinte, *Christos*, o perfeito, unindo-se com *Sophia* (sabedoria divina), desceu através das sete regiões planetárias, assumindo em cada uma delas uma forma análoga ... [e] entrou no homem Jesus no momento de seu batismo no Jordão. Daí em diante Jesus começou a operar milagres; antes disso ele tinha estado inteiramente ignorante de sua própria missão"[18].

[17] Mt 24:6-30 e Mc 13:1-6.

[18] H.P.Blavatsky, *A Doutrina Secreta*, Ed. Pensamento, São Paulo.

Parte 4

Começa o Ministério

Capítulo 7

Se os relatos fornecidos nos evangelhos são tomados literalmente, é bem claro que duas personagens distintas estavam envolvidas nas séries de eventos relatados: o proclamado Filho de Deus, ou Segundo Aspecto da Santíssima Trindade, e Jesus, o homem. Os versículos seguintes dão suporte a essa visão.

Mt 4:1. Então foi conduzido Jesus pelo Espírito ao deserto, para ser tentado pelo diabo.

A cronologia evangélica dos eventos, que coloca o incidente da tentação sucedendo ao Batismo, é um tanto estranha, a menos que seja feita deliberadamente; pois se Jesus fosse o Segundo Aspecto da Deidade na Terra, como tinha acabado de ser proclamado do céu, então a tentação, no significado comum da palavra, nunca poderia atingi-lo. Se, como a Sabedoria eterna ensina, o Universo e sua Deidade transcendente e imanente são considerados como passando por um processo de desenvolvimento, então essa Deidade, em cada um de seus três aspectos, deve, em Universos precedentes, ter evoluído muito além da possibilidade da tentação, pelo menos no sentido ortodoxo desta palavra. Na verdade, é blasfemo atribuir fraquezas humanas de qualquer espécie à Suprema Deidade de um Sistema Solar ou a seu Filho, e tal anomalia é uma das bem-conhecidas razões para se tomar certas passagens nas Escrituras mundiais como alegorias, mais do que no sentido literal ou histórico.

Evidentemente, então, não era o Verbo Encarnado, mas o homem Jesus propriamente, que, como os demais homens, estava sujeito alternadamente à elevação e à aridez e, então, se tornava suscetível à tentação[1]. Mesmo assim, o fato de que fracassaram todas as tentativas de desviá-lo de seu elevado idealismo e da realização de sua divina missão indica que ele não era, na verdade, um homem comum. Antes – de acordo com o tema deste trabalho – ele era um homem no limiar da consecução da "medida da estatura completa de Cristo"[2], passando através de sucessivas expansões de consciência, com naturais alternâncias intermediárias.

Muitas experiências contribuem para condições positivas e negativas na psicologia do homem. Nos estados negativos, as inclinações materiais tendem a tornar-

[1] Verbo encarnado – ver Jo 1:1-5.
[2] Ef 4:13.

-se mais acentuadas e o poder do idealismo espiritual declina. Essa última condição, descrita como sendo em uma região despovoada, ou deserto, e um terreno pedregoso, como na parábola do semeador[3], foi superada por Jesus, não obstante as sutis tentações a que fora submetido. Ele então personifica o estado de equilíbrio e harmonia entre as duas condições, positiva e negativa, ou "o par de opostos", um equilíbrio necessário à realização espiritual.

O diabo, a quem os nomes de Satã e Belzebu são também dados, é pela primeira vez introduzido no relato da vida de Jesus, nesse versículo. O diabo não é considerado pelos esoteristas como um ser singular, extremamente potente e sutil, direcionado para o mal e oposto a Deus, ou ao bem. Na verdade, ele não é considerado como realmente existente de forma alguma, particularmente como uma incorporação isolada da infâmia, da maldade e do desejo de seduzir a humanidade para o caminho do mal. Antes, ele representa tanto o próprio homem em seus aspectos mais "diabólicos", como a matéria com sua influência materializante, "despiritualizante" [neologismo que derivamos do original inglês *despiritualize*, que significa assumir feições terrenas, materiais e perda de energia espiritual – N.T.] e seu efeito obscurecedor, aprisionante sobre a mente humana.

Se esse enfoque é seguido, está sendo descrito, então, o conflito entre o espírito do homem e os seus revestimentos materiais, a consciência universal versus o intelecto preso na matéria. Esse é um conflito muito real, e nenhum homem pode escapar-lhe; porque o caminho de involução e evolução que a Mônada humana escolheu para seguir está inevitavelmente repleto de obstáculos, oposição e resistência[4]. Esses obstáculos são simbolizados pela figura simbólica de Satã, que é a escuridão em oposição à luz, restrição em oposição à liberdade, egoísmo contra a abnegação, e vontade própria em contraste com a autoentrega à Vontade universal. Ele tem sido descrito como "a sombra de si mesmo que o homem vê quando se vira de costas para a luz".

O episódio da tentação de Jesus pode então ser tomado como uma alegoria dos seus conflitos, embora, mais especialmente, como uma fase da batalha na qual a vitória, a ser finalmente obtida, já está próxima. Jesus, consequentemente, é um homem no limiar da super-humanidade, dotado de poder espiritual, prestes a ser autoliberado do aprisionamento da matéria, da carne, do desejo e do egoísmo. Embora tais fraquezas tenham sido transcendidas até então, de modo que não ocorre batalha real e o demônio é rejeitado imediatamente, a vitória final somente é obtida na Ressurreição do túmulo e na Ascensão ao céu.

Mt 4:2. E, tendo jejuado quarenta dias e quarenta noites, depois teve fome.
3. E, chegando-se a ele o tentador, disse: Se tu és o Filho de Deus, manda que estas pedras se tornem pães.

---

[3] Mt 13: 4-9.
[4] Ver Hodson, *A Sabedoria Oculta na Bíblia Sagrada,* Cap. 13-14, Ed. Teosófica, Brasília.

Na linguagem simbólica, a retirada da consciência do corpo e de suas exigências é um significado atribuído ao jejum, enquanto a fome, por seu turno, refere-se à ardente aspiração da alma humana para fundir-se à sua Fonte. Os místicos jejuam, passam fome e sede por Deus e por tudo que o Deus Supremo significa. Eles também mortificam a carne, esperando desse modo obter liberação dos vínculos materiais e do eu, a meta final. O número quarenta, que por redução pode ser tratado como o quatro, refere-se aos aspectos materiais da natureza humana, e mais particularmente aos quatro veículos mortais – físico, vital, emocional e mental[5] – que necessitam ser refinados, para que as limitações que impõem ao Eu espiritual sejam reduzidas e finalmente superadas. O período de jejum de Jesus no deserto significa, então, negação das exigências e dos atributos dos quatros aspectos mortais do eu. O Eu divino então governa, e o eu material é ignorado, quase não existindo. Enquanto tal condição é normal no homem perfeito, no homem ainda imperfeito ela deve ser provocada pelo exercício da vontade, pela contemplação do divino, ou pelos procedimentos do *yoga,* a ciência da transcendência da dualidade e realização da unidade[6].

Mt 4.4. E ele, porém, respondendo, disse: Está escrito: Nem só de pão viverá o homem, mas de toda a palavra que sai da boca de Deus.

Mostra-se aqui que o materialismo deve ser superado. A consciência do místico deve tornar-se impenetrável a tudo que o diabo representa, inclusive os apetites físicos.

Pão na linguagem simbólica significa verdade espiritual, ou sabedoria esotérica transformada em experiência direta e conhecimento. Essa verdade é alcançada pela virtude da "levedura" da sabedoria espiritual no homem e é, por assim dizer, aprontada pelo fogo de Deus ativo dentro dele. O grão pode ser comparado ao fato fundamental, ou verdade básica, que é "moído" entre as mós, superior e inferior, da mente abstrata e da formal. Assim preparada, a verdade espiritual é ativada dentro da consciência pelo Eu espiritual do homem para tornar-se como a massa contendo levedo, finalmente tornada pronta para ser assimilada – alegoricamente "comida" – pela exposição ao fogo do intelecto. O resultado é o verdadeiro pão da vida, a saber, a sabedoria espiritual, ou o conhecimento esotérico absorvido como alimento da alma. De modo que é a "palavra que sai da boca de Deus". Antes desse alimento essencial poder ser obtido, as exigências e os desejos da natureza mortal devem ser negados (jejum) e todas as tentações, não importa quão sutis, devem ser resistidas com êxito. Nesse processo o diabo é transformado em uma ficção.

Um desenvolvimento adicional do simbolismo é possível. Um ocultista treinado possui o conhecimento e o poder pelos quais produz objetos físicos fenomenalmente. O vasto depósito da Natureza, algumas vezes mencionado como a "alma do mundo", o *Akasa*[7], está a sua disposição, uma inesgotável mina na qual ele

[5] *Ibid*., Vol. 1, Parte 1, Cap. 6.

[6] Ver Geoffrey Hodson: *A Yoga of Light*.

[7] *Akasa* – ver Glossário.

aprende a trabalhar e da qual o próprio material da Terra é retirado. Nesse sentido pedras podem ser transformadas em pão por meios ocultos.

O exercício de tal poder para a gratificação pessoal constituiria uma "queda" oculta. A tentação nesse sentido, isto é, a tentação para exibir poderes ocultos deve ser definitivamente resistida e vencida, ou melhor, sobrepujada. Cada ser humano que obtém o conhecimento que confere poder é confrontado com a possibilidade do seu uso, tanto para si como para o bem da humanidade. O engodo do poder, da riqueza, da posição e do prestígio é excessivamente grande. Muitos sucumbem, uns poucos resistem, enquanto para um pequeno número nem mesmo existe inclinação para ser tentado. Cada aspirante à rápida consecução da perfeição deve confrontar-se e passar com sucesso pelo teste mais exigente, que se apresenta de muitas formas. A tentação de Jesus no deserto é uma descrição alegórica dessa experiência universal.

Mt. 4:5. Então o diabo o transportou à cidade santa, e o colocou sobre o pináculo do templo,

6. E disse-lhe: Se tu és o Filho de Deus, lança-te daqui abaixo; porque está escrito: Que aos seus anjos dará ordens a teu respeito; e tomar-te-ão nas mãos, para que nunca tropeces em alguma pedra.

Essas palavras dificilmente podem ser tomadas literalmente. O processo mágico de carregar um homem pelo ar do deserto até Jerusalém e fazer com que fosse colocado em segurança em um dos pináculos do templo, embora talvez possível, seria extremamente difícil e teria certamente criado um tumulto, se tivesse acontecido durante o dia. Além disso, o texto sugere que Jesus estava em conflito com o diabo e, portanto, teria resistido às tentativas de tal transporte mágico e mesmo perigoso. A ausência de qualquer outra pessoa que pudesse ter atuado como registrador do incidente também apoia a necessidade de uma interpretação do significado. Evidentemente, a cidade sagrada, o templo e seu pináculo têm significados simbólicos.

Qual é então o significado? Estão sendo descritas provavelmente uma condição da consciência e uma posição na evolução. A cidade sagrada é um símbolo da "vestimenta de luz" na qual a trindade do Eu imortal do homem está vestida, algumas vezes denominada de corpo causal. A experiência da cidade santa é a obtenção da consciência de si próprio como divino, eterno e assim imune à morte. Essa realização consciencial será natural para toda a raça (humana) em fase evolucionária apropriada. Ela pode, entretanto, ser realizada em uma fração daquele tempo pela prática apropriada do *yoga*[8] – e pelo trilhar fiel do "caminho da santidade"[9]. Existem certos perigos quando esse caminho é seguido e a realização vem antes do desenvolvimento natural; estes estão exemplificados no episódio da tentação de Jesus no deserto. A consciência de Deus faz com que o homem se sinta como Deus e, se não for profunda e verdadeiramente humilde em sua natureza, o orgulho pode tomar

[8] Ver Geoffrey Hodson: *A Yoga of Light*.

[9] Is 35:8.

conta dele. Ele pode ser tentado a mostrar seus poderes espirituais a fim de satisfazer seu orgulho e isso, eu penso, está simbolizado na proposição feita pelo diabo.

Um templo da cidade é seu centro espiritual; o templo em Jerusalém é um símbolo do Eu espiritual do homem, o *Logos* da alma. O pináculo do templo representa o mais alto pico de elevação de consciência alcançável em qualquer momento. Ele também representa o Habitante do Recôndito, a própria Mônada. O mais alto nível de realização é assim descrito na alegoria da presença de Jesus sobre o pináculo do templo na cidade santa. A tentação de usar mal tal realização e os poderes que a acompanham parece ser muito improvável. Entretanto, ela pode ocorrer e ocorre, sendo o orgulho um dos últimos grilhões superados pela alma avançada. Mesmo no limiar do Adeptado, formas extremamente sutis de sedução para exibir poder podem provocar uma queda.

A natureza do teste está parcialmente descrita nas palavras de abertura da tentação: "Se tu és o Filho de Deus". O Iniciado pode nesse estágio tão prontamente demonstrar faculdades supranormais, mesmo poderes como os de Deus, que qualquer desafio pode evocar tal demonstração. Nessa ocasião, e também diante de Pilatos[10], Jesus se conteve, como devem fazer todos Iniciados bem-sucedidos.

Essa tentação também indica a exigência típica da mente analítica de que princípios eternos e verdades abstratas devam ser traduzidos em termos puramente lógicos, conceituais e tridimensionais. Em outras alegorias relativas a essa demanda insistente, o conhecimento do nome dele ou do dela é exigido de uma das personagens. Lohengrim deu seu nome para Elizabeth que tinha perseverado mas, em consequência, posteriormente desapareceu[11]. Como Lohengrin advertira, tal particularização do universal envolve inevitavelmente severas restrições, de forma que pode resultar em perda total.

O diabo também personifica a mente formal com todos seus atributos de separatividade, orgulho e tirania. Esses resultam em expressões extremas e, a menos que o neófito esteja plenamente emancipado e possa sustentar inteiramente a consciência espiritual, há o perigo de uma queda. "Prove que divindade, eternidade e imortalidade existem" exige a mente, também representada por aqueles que zombaram de Jesus na Cruz, desafiando-o a que se salvasse. "Demonstre seus poderes ou seja acusado de impostor" clamam tanto a mente quanto a multidão, tentando o Iniciado para que se autojustifique.

Um significado puramente físico pode ser também percebido. Riscos para o corpo podem cercar o Iniciado que está trilhando o caminho da santidade. Seres maldosos, agentes da Fraternidade das Trevas[12], esperam a oportunidade para seduzir, injuriar e mesmo destruir fisicamente o homem. Morte por aparente acidente é um dos perigos a serem defrontados no caminho. Mesmo o homem iluminado pode

---

[10] Mt 26:53.

[11] Lohengrin and Elisabeth – ilustrada na ópera de Wagner *Lohengrin.*

[12] Ver Geoffrey Hodson: *Lecture Notes of the School of the Wisdom* Vol. 1, p. 509 e seq.

confiar demasiadamente na disponibilidade da assistência oculta e assim experimentar dano e morte.

> *Mt 4:7. Disse-lhe Jesus: Também está escrito: Não tentarás o Senhor teu Deus.*

Jesus, como uma pessoa e como representante de cada Iniciado bem-sucedido, estava tão firmemente estabelecido em sua consciência espiritual que a sua parte material (o diabo) não tinha poder para desviá-lo de seu centro espiritual, pois, por longo tempo de prática regular, Jesus havia superado as exigências de sua natureza mortal. De forma espontânea, natural e invariável todas as suas respostas e reações ao seu tentador demonstravam que ele estava completamente estabelecido no reino da realidade eterna. Cada aspirante deve similarmente se estabelecer na "cidadela" de sua natureza espiritual, o divino em si, e no reconhecimento de que a mesma divindade existe em todos os homens. Então, nenhum poder acima no céu ou abaixo na Terra (ou mesmo no inferno como um estado de consciência) pode, com sucesso, atacar o eu espiritualizado, mas também universalizado, sabendo que há somente um Eu espiritual em todo o Universo. Na verdade, cada ser humano pertence a uma raça espiritual que é sem divisão (paredes) de nenhuma espécie.

Nesse versículo, Jesus não só permanece impassível pela tentação e pelo engodo armado para ele pelo diabo, ele também censura o diabo pela impiedade e falta de reverência. A mente (diabo) está sendo disciplinada pelo seu usuário, o pensador interior. Esse processo deve continuar até que a resposta espiritual torne-se habitual.

> *Mt 4:8. Novamente o transportou o diabo a um monte muito alto; e mostrou-lhe todos os reinos do mundo, e a glória deles.*
>
> *9. E disse-lhe: Tudo isso te darei se, prostrado, me adorares.*

Autoridade, poder, posses e prestígio estão, na verdade, ao alcance de um homem que é mais evoluído do que seus semelhantes. Ele pode obter liderança pelo exercício de poderes altamente intuitivos e intelectuais e pelo uso deliberado de forças magnéticas para influenciar a mente da massa, e seus dons serem aclamados. Muitos daqueles que trilham o caminho de santidade caem sob esse teste. Aqueles que assim falharem, com certeza descobrirão eventualmente a transitoriedade do mundano, dos tronos terrestres e do apoio das massas. O olhar penetrante do homem espiritualmente iluminado percebe o vazio das coisas materiais, a instabilidade de todo poder temporal e a falsidade de toda glória externa. A vergonha que advém da capitulação age também tanto como um instrutor quanto como um impedimento. Todo aquele que é colocado em altos cargos ou que alcança eminência intelectual ou espiritual – o topo da montanha a que o diabo levou Jesus – deve tomar sua decisão, fazer esse teste recorrente, vida após vida, até que para ele tenha se tornado impossível falhar.

Mt 4:10. Então disse-lhe Jesus: Vai-te Satanás, porque está escrito: Ao Senhor teu Deus adorarás, e só a ele servirás.

Existe um momento na vida das nações e dos indivíduos quando deve ser feita uma escolha entre o certo e o errado, mesmo entre o mais elevado e o mais rasteiro. O Iniciado que aspira à realização do Adeptado adiante da raça defronta-se com esse teste ácido, na sua mais aguda forma, como indicam os relatos das suas variadas tentações[13]. Embasado no conhecimento da realidade última, o neófito é protegido contra todas seduções do mundo ilusório[14]. Assim, Jesus finalmente repudia Satã e afirma a adoração do princípio divino e o serviço a um Deus supremo, transcendente e que habita no interior, como a única meta digna de homens iluminados e aspirantes.

Mt 4:11. Então o diabo o deixou; e eis que chegaram os anjos e o serviram.

Eventos narrados como acontecimentos singulares nas vidas de salvadores e heróis são geralmente descritivos de processos que continuam por muito tempo e que são repetidos muitas vezes. Se é aceito que, como explanado anteriormente, o deserto é representativo de um estado de consciência, e o diabo é um sentido exagerado de separatividade do ego e do eu, então a assim chamada tentação foi uma experiência interior que prossegue ininterruptamente através de muitas vidas na Terra. Conflitos, tentações, frustrações, fracassos e eventuais vitórias não estão limitadas a nenhum período particular em nenhuma vida particular. Eles são ensaiados e praticados nos estágios da vida com resultados variados, até que finalmente um desempenho perfeito seja conseguido.

Isso se aplica mais especificamente ao processo de superação do natural (e, nos estágios precedentes, mesmo desejável) sentido de individualidade e de extirpação, repetidas vezes, do inevitável egoísmo que ele produz. Quando se aproximam novas e mais avançadas fases de evolução, e elas são adentradas, esses estados mentais e impressões físicas desvanecem-se muito naturalmente, embora hábitos arraigados devam ainda ser repetidos. Finalmente, é obtida a plena libertação do eu. A existência da pessoa é reconhecida como expressão de um Ser Supremo ou Ser Total. Então a pessoa experimenta a bem-aventurança de um estado altamente elevado de consciência, não limitado e não obscurecido por nenhuma restrição e de comunicação com os aspectos divinos de todos os seres. Esse acontecimento é descrito alegoricamente no versículo anterior, que relata que o diabo abandonou Jesus e que, a seguir, Jesus foi servido pelos anjos.

Jo 2:1. E ao terceiro dia, fizeram-se umas bodas em Caná da Galileia, e estava ali a mãe de Jesus.

---

[13] Cf. Sansão e Dalila (Jz 13): Davi e Bath-sheba (2Sm 11:12); Herodes e Jesus (Mt 2:16); Pedro (Mt 26:69-74); Judas Iscariotes (Mt 26:14, 47 e 27: 5).

[14] Real e irreal. Cf. Hodson, *A Sabedoria Oculta na Bíblia Sagrada,* p. 265, Ed. Teosófica, Brasília.

A dualidade mencionada anteriormente é bem-exemplificada no relato de S. João do "milagre" da transformação da água em vinho, na festa de casamento na aldeia de Canã. O relato pode, na verdade, ser reconhecido como um exemplo tanto de revelação espiritual sob a forma de alegoria como de seu ocultamento nas coisas insignificantes por trás do véu da história e do simbolismo. Apoio para esse enfoque pode, talvez, ser obtido do fato de que João, o mais místico dos quatro evangelistas e o único que identifica Jesus, o Cristo, com o Deus criativo, ou Verbo, é o único que inclui a história da festa do casamento em Canã em seu relato da vida de Jesus.

Na linguagem mística em que os evangelhos foram escritos – bem como, na verdade, muitos dos livros do Velho Testamento – o evento puramente físico de um casamento está investido de um significado profundamente interno. Isso tem sido referido como "o casamento celeste" e a união totalmente consciente do eu mortal de qualquer místico com sua natureza divina profundamente interior.

Num certo estado de evolução, frequentemente assistido por um Mestre Adepto, obtém-se a certeza de que o eu mortal, pessoal – que, até então, havia sido considerado como a identidade real – não é, de fato, mais do que um veículo e manifestação do verdadeiro Eu espiritual. Essa realização é habilmente descrita como um casamento, uma vez que é obtida uma fusão verdadeira da mente formal com a inteligência espiritual do homem. Essa descrição por meio de alegoria parece ter sido o propósito do autor, que no primeiro versículo desse capítulo afirma que a mãe de Jesus estava presente. Como dito anteriormente e indicado no diagrama ilustrativo, o princípio feminino, ou mãe, em casamentos e nascimentos, personifica a inteligência espiritual do homem e mais especificamente, a "vestimenta de luz" na qual está envolto o chamado corpo causal. Todas as outras pessoas presentes personificam seres humanos em vários estágios de desenvolvimento – desde os anfitriões, aparentemente pais da noiva, que negligenciaram o aprovisionamento do vinho necessário, até o próprio Jesus, que executou a transmutação.

Jo 2:2. Jesus foi convidado para as bodas e os seus discípulos também.

Se continuarmos essa interpretação do incidente, então Jesus representa o Mestre Adepto e o princípio sabedoria, ou natureza crística, dentro do Eu imortal do homem. Os discípulos, por sua vez, personificam o veículo físico, emocional e mental purificado, ou "disciplinado", de um ser humano avançado, em cujo Eu interno o suposto milagre está prestes a ocorrer. Esse consiste da transmutação dos elementos sensuais na natureza mortal – água – no vinho da pura sabedoria. A partir de então, desejo pessoal e amor possessivo tornam-se amor universal, impessoal por todos os seres.

Jo 2:3. E quando eles desejavam vinho, a mãe de Jesus lhe disse: Eles não têm vinho.

O reconhecimento da falta de vinho ou de sua necessidade descreve também aquela fase do desenvolvimento humano em que é experimentado um anseio por sabedoria. Essa percepção implícita é mais profunda do que o conhecimento adquirido e é derivada da inteligência espiritual, ou princípio maternal do Eu mais elevado, Maria. Assim, é apropriado que a mãe de Jesus chame a atenção para a necessidade de vinho.

Jó 2:4. Disse-lhe Jesus: Mulher que tenho eu contigo? Ainda não é chegada a minha hora.
5. Sua mãe disse aos serventes: Fazei tudo quanto ele vos disser.

A ambos Maria percebe intuitivamente: a necessidade do milagre externo – se a história é assim lida – e a realização interior, mística. A obediente personalidade externa, nesse caso os serventes, torna disponíveis os meios pelos quais a transmutação pode ser efetuada.

Jo 2:6. Havia ali seis talhas de pedra para purificação dos judeus, cada uma contendo de duas a três medidas.

Se um símbolo numérico deve ser reconhecido aqui, ao invés de uma mera descrição, então o número seis pode ser considerado como uma referência aos seis princípios na Natureza e no homem, como representado pelo selo do Rei Salomão, ou os triângulos equiláteros entrelaçados. O triângulo que aponta para cima representa a tríplice divindade, enquanto o que aponta para baixo retrata seu reflexo e manifestação no Universo material e no corpo mortal do homem. Tal interpretação é apropriada, visto que a elevação da consciência do homem, enquanto desperta em sua natureza mortal tríplice, necessariamente estaria intimamente ligada ao tríplice Eu espiritual.

Se é objetado que, de uma mera trivialidade, os seis vasos, muito mais está sendo concluído, pode muito bem ser lembrado que nas alegorias inspiradas que retratam o conhecimento místico profundo e que, portanto, conferem poder, a descrição é enriquecida com a inclusão de símbolos reconhecidos, tanto objetivos quanto numéricos, a fim de despertar a atenção e a intuição do leitor para a revelação mística.

Jo 2:7. Disse-lhes Jesus: Enchei d'água essa talhas. E encheram-nas até à borda.
8. E disse-lhes: Tirai agora, e levai ao mestre-sala. E levaram.
9. Quando o administrador ["ruler"] *da festa provou a água transformada em vinho, não sabendo donde viera, (se bem que o sabiam os serventes que tinham tirado a água;), o administrador* ["governor"] *da festa chamou o noivo,*

O ato de beber o vinho implica a plena absorção, pela natureza do indivíduo, de poderes resultantes da transmutação do sensual em sabedoria espiritual e vontade. O "milagre" pode também ser considerado como descritivo de mudanças provocadas na estrutura cerebral física quando a natureza crística se manifesta como um poder disponível no mundo físico (como retratado pela real presença de Jesus na festa de casamento). Várias porções do cérebro e de suas glândulas associadas são profundamente afetadas por essa realização. O cérebro e o cerebelo e a glândula pituitária e a pineal, até então espiritualmente não responsivos, começam, quase milagrosamente, a transmitir à consciência de vigília verdades espirituais relativas à natureza mais elevada do homem e do Universo.

Vinho na linguagem simbólica significa sabedoria espiritual e poderes que se tornam disponíveis ao homem ou à mulher em que a iluminação tenha se tornado parte da experiência do despertar consciencial. A Vila de Caná, e particularmente a casa e mesmo a sala na qual a festa de casamento tem lugar, corresponde à estrutura óssea, ou crânio, onde o cérebro está encerrado, enquanto a cerimônia de casamento que acabou de ocorrer retrata a fusão íntima da consciência das partes mortal e imortal do homem. Apenas sob essas condições, podem se tornar manifestos os poderes e as faculdades da natureza de Cristo; o resultado não raramente parece ser um milagre aos olhos dos observadores. Todo o evento, então, sob várias formas, é evocativo da passagem de uma pessoa suficientemente evoluída pelas fases de Autoiluminação que conduzem à realização da vida humana no Adeptado.

A passagem por essas fases – algumas vezes acompanhadas por dificuldades psicológicas e fisiológicas – é geralmente facilitada pela admissão a um templo dos Mistérios Maiores e pelas iniciações nas mãos do hierofante, ou administrador do templo. O isolamento e o cuidado protetor que estão disponíveis em tais templos são planejados também para ajudar o Iniciado em qualquer tensão que possa aparecer, quer no cérebro ou no sistema nervoso ou nos corpos superfísicos e suas contrapartes psicológicas.

O vinho é também um símbolo universalmente utilizado tanto para os ensinamentos dados pelos Mistérios Maiores como para a condição de ser sábio depois que tais ensinamentos tenham sido assimilados, ou depois que o vinho tenha sido bebido. As estranhas palavras *ruler* e *governor* introduzidas na narrativa [traduzidas por "administrador da festa" – N.T.] também podem indicar o administrador chefe de um templo particular.

Essas interpretações do evento mostram-se úteis para conciliar as objeções expressas algumas vezes de que Jesus, o Cristo, representando o estado espiritual e o modo de vida mais elevados, não iria provavelmente encorajar o consumo de álcool, que quando tomado em excesso é causa de muita miséria humana e degradação. A interpretação mística tem suporte também sob esse ângulo.

Jo 2:10. E disse-lhe: Todo homem serve primeiro o bom vinho e, quando os convidados já estão embriagados, serve o pior. Tu guardaste o bom vinho até agora!

11. Este início de sinais, Jesus o fez em Caná da Galileia e manifestou a sua glória e os seus discípulos creram nele.

O estudante da filosofia oculta notará com interesse que, no relato de S. João, Jesus inicia seu ministério com a execução de um milagre, nesse caso na presença de discípulos recentemente aceitos. As palavras de fechamento do décimo primeiro versículo, se tomadas objetivamente, podem indicar parte do propósito do milagre, isto é, o de auxiliar os novos e despreparados discípulos a terem confiança em seu Mestre, com base em suas próprias observações e na comprovação dos poderes ocultos do Mestre.

Jo 4:27. E nisto vieram os seus discípulos, e admiraram-se de que estivesse falando com uma mulher; todavia nenhum lhe disse: "Que procuras?" ou: "O que falas com ela?"

Na sequência do ministério de Jesus, ele é encontrado conversando com uma mulher de Samaria. Os discípulos não estavam evidentemente presentes durante essa entrevista muito privada e pessoal, relativamente à qual o autor do evangelho provavelmente não estava informado. O fato de que os discípulos não fizeram perguntas quando chegaram à cena na qual seu Mestre, um judeu, fora encontrado numa conversação aparentemente íntima com uma samaritana sugere sua compreensão imediata da natureza do episódio.

Jo. 4:28. Deixou pois a mulher o seu cântaro e foi à cidade, dizendo a todos,
29. Vinde, vede um homem que me disse tudo quanto tenho feito; porventura não é este o Cristo?
30. Saíram pois da cidade e foram ter com ele.

O treinamento que Jesus tinha presumivelmente recebido durante os primeiros anos de sua vida e a proteção e inspiração do Espírito Santo no Batismo capacitou-o a alcançar a mente da mulher de Samaria com ensinamentos esotéricos (a "água viva") e obter sua aceitação pelo exercício de poderes supernormais de percepção. Quando estava então convencida, ela levou a grande nova da existência física do Messias ao seu próprio povo, resultando no incremento de sua audiência.

Jo 4:31. E entretanto os seus discípulos lhe rogaram, dizendo: Mestre, come.
32. Porém ele lhes disse: Tenho para comer um alimento que vós não conheceis.
33. Então os discípulos perguntavam uns aos outros: Trouxe-lhe porventura alguém algo para comer?
34. Jesus disse-lhes: Meu alimento é fazer a vontade daquele que me enviou e realizar a sua obra.

A analogia com a água da vida, representando a sabedoria espiritual, é agora estendida para incluir a ideia da forma de sustento que, por sua vez, não é física, mas intelectual e espiritual. "A comida que vocês não conhecem" retrata simbolicamente o conhecimento das leis do Ser, da missão de Jesus para a humanidade e do poder ou da vontade de Deus necessários para sua realização".

Nesse período de sua vida – como até sua morte – Jesus é descrito por S. João como tendo alcançado um elevado estado de iluminação espiritual e poder, como convém ao "Verbo que se fez carne e habitou entre nós"[15]. Sob a exaltação de tal experiência interior, a necessidade por alimento físico tenderia a declinar grandemente, senão mesmo a desaparecer completamente.

Jo 4:35. Não dizeis vós que ainda há quatro meses até que venha a ceifa? Eis que eu vos digo: Levantai os vossos olhos, e vede as terras que já estão brancas para a ceifa.

As estações do ano e as atividades agrícolas naturais apropriadas a cada uma delas são tratadas simbolicamente, sendo as limitações sazonais normais sobrepujadas. O tempo físico e o tempo superfísico diferem entre si, assim é que a ceifa e a colheita podem seguir-se quase imediatamente à semeadura das sementes espirituais; os ensinamentos de verdades eternas e a transferência de poderes espirituais podem despertar, quase imediatamente, a intuição nos que os recebem. Talvez a colheita a que Jesus se referiu consistisse da iluminação da mulher de Samaria e o lograr a difusão de seus ensinamentos junto ao seu povo.

Jo 4:36. Já o ceifeiro recebe o seu salário e recolhe fruto para a vida eterna, para que o semeador se alegre juntamente com o ceifeiro.

Frequentemente durante sua missão, Jesus escolhe nos seus ensinamentos analogias com as atividades agrícolas da maioria de seus ouvintes. Semear e colher traz muitos frutos na forma de conhecimento e sabedoria percebidos intuitivamente. Além do mais, o poder é obtido para ser usado inteligentemente com o fim de suprir necessidades espirituais e materiais da humanidade, sendo esses dotes interiores referidos como "salários".

Jo 4:37. Porque nisto é verdadeiro o ditado: um é o que semeia e outro o que ceifa.

38. Eu vos enviei a ceifar onde vós não trabalhastes; outros trabalharam e vós aproveitastes os seus trabalhos.

Ou os incidentes aqui foram mal relatados ou o documento original é mal traduzido ou verdades profundamente espirituais estão sendo reveladas. Embora essas instruções pareçam ser levianamente injustas, parciais e contraditórias, pode-se discernir um significado subjacente se as palavras "semear" e "ceifar" forem tomadas como puramente metafóricas. Jesus pode ter falado a seus discípulos simbolicamente e, no entanto, também muito diretamente quando lhes disse que ceifaram ou se valeram da semeadura ou trabalho de outras pessoas. Como discípulos de um Mestre divinamente inspirado e altamente evoluído, eles tinham se tornado parte da vida oculta, a tradição oculta secreta sobre a Terra.

---

[15] Jo 1:14.

Aqueles que, em qualquer ocasião, seguem esse caminho colhem verdadeiramente onde outros semearam. Desde os tempos mais remotos, mesmo nos primórdios da vida humana sobre o planeta, homens e mulheres pesquisaram e intuitivamente descobriram não só verdades eternas, mas também os métodos e processos pelos quais aquelas verdades poderiam ser intelectualmente realizadas e aplicadas à vida. Essa semeadura metafórica das sementes de sabedoria ainda continua, resultando que cada novo principiante no caminho – e os discípulos naquele tempo eram recém-chamados – beneficia-se das pesquisas e descobertas de seus predecessores.

Portanto, nenhum aspirante sincero e abnegado, esforçando-se para compreender os princípios subjacentes que governam tanto a vida material quanto a espiritual, jamais estará só, ou totalmente dependente de seus próprios esforços, pois seu instrutor ou Mestre gradualmente lhe revela a sabedoria inerente e adquirida das idades. Essa, por sua vez, constitui-se em colheitas de semeaduras anteriores nesse "campo" altamente especializado – a colheita do conhecimento diretamente realizado, a sabedoria adquirida pessoalmente e a força de vontade aplicável à vida espiritual e à ordinária do homem altamente desenvolvido. Nesse sentido, cada discípulo sob instrução do Adepto colhe onde não semeou. Se aqueles ensinamentos de Jesus a seus discípulos são interpretados assim, então nem a mais leve injustiça ou infringência das regras sob as quais a justiça está baseada podem ser vislumbradas. Esse enfoque está seguramente apoiado no fato de que a leitura puramente literal indica uma séria injustiça.

Jo 4:39. E muitos dos samaritanos daquela cidade creram nele, pela palavra da mulher, que testificou: Ele me disse tudo o que fiz!

Poder-se-ia ter a impressão de que o raciocínio teria terminado um tanto abruptamente; mas a instrução era dada aos discípulos para torná-los trabalhadores no mesmo campo. Os resultados de tais trabalhos e de tal missão são, por isso, descritos em termos de aumento de percepção da Sabedoria Antiga e bem assim do número dos que iriam procurar, encontrar e trilhar o antigo caminho. Portanto, a mulher de Samaria falou a seu povo dos poderes e da sabedoria de Jesus.

Jo 4:40. Indo pois ter com ele os samaritanos, rogaram-lhe que ficasse com eles; e ele ficou ali dois dias.
41. E muitos mais creram nele, por causa da sua palavra.
42. E diziam à mulher: Já não é pelo teu dito que nós cremos; porque nós mesmos o temos ouvido, e sabemos que este é verdadeiramente o Cristo, o Salvador do mundo.

Os cidadãos de Samaria que ficaram para ouvir Jesus e, em consequência, foram iluminados representam os homens e as mulheres que através das idades finalmente encontraram sua própria luz e descobriram sua própria verdade. Apesar de ajudados pelo estudo dos ensinamentos dos predecessores, sua definitiva convicção é devida à iluminação interior e muito intuitiva da mente. Na história evangélica esse poder espiritual individual, sabedoria e capacidade para auto-harmonização são personificados por Jesus, o Cristo.

Se é adotada uma interpretação puramente mística de todo o episódio, então a mulher de Samaria personifica a alma espiritual imortal em evolução do homem em sua vestimenta de luz, enquanto Samaria e seu povo personificam o homem mortal de mente, emoção e corpo físico. O encontro com Jesus no poço de Jacó pode assim ser visto como uma descrição alegórica do despertar para a atividade perceptiva do princípio da sabedoria dentro do Eu espiritual. Isso conduz finalmente à iluminação da mente e do cérebro do homem exterior por aquela sabedoria, simbolizada por Jesus como a água viva.

Nesse enfoque, toda a história é descritiva da experiência interior de uma pessoa – ou melhor de cada pessoa – que procura e consegue encontrar aquelas verdades que os predecessores descobriram – não uma sabedoria puramente mundana, mas uma verdade espiritual percebida (água de um poço), relativa à Vida eterna, sobre a qual os mundos fenomênicos estão baseados.

Jo 4:43. E dois dias depois partiu dali e foi para Galileia.
44. Porque Jesus mesmo testificou que um profeta não é honrado em sua própria pátria.
45. Quando, pois, chegou à Galileia, os galileus o receberam, tendo visto tudo o que ele fizera em Jerusalém, por ocasião da festa: pois também eles tinham ido à festa.

O lugar de nascimento do Salvador e o povo que lá vive representam tanto as contumazes tendências da mente e do cérebro como a familiaridade pessoal que podiam impedir o reconhecimento que estava garantido a Jesus fora de Nazaré. Essas rejeições e aceitações podem se referir especialmente às atitudes de diferentes membros de uma família na qual uma grande alma nasce, por exemplo, Osíris, Typhon, Buda e Devadatta.

A Galileia, entretanto, com seu belo lago, praias, montanhas vizinhas e seu povo pode também ser imaginada como retratando uma condição da mente que é favorável à iluminação espiritual, ou percepção intuitiva em geral. Pode também significar reconhecimento nascido da experiência interna de um instrutor espiritual, e a sabedoria que ele ou ela ensina.

Jo 4:46. Ele voltou novamente a Caná da Galileia, onde transformara água em vinho. E havia ali um funcionário real, cujo filho estava enfermo em Cafarnaum.
47. Ouvindo dizer que Jesus viera da Judeia para a Galileia, foi procurá-lo e rogava-lhe que descesse e curasse seu filho, que estava à morte.
48. Então Jesus lhe disse: Se não virdes sinais e prodígios, não acreditareis.
49. O funcionário real disse-lhe: Senhor, desce, antes que meu filho morra!

50. *Disse-lhe Jesus: Vai, o teu filho vive. E o homem creu na palavra que Jesus lhe disse e partiu.*
51. *Ele já descia, quando os seus servos vieram-lhe ao encontro, dizendo que o seu filho vivia.*
52. *Perguntou, então, a que horas ele se sentira melhor. Ontem, à hora sétima, a febre o deixou.*
53. *Reconheceu, então, o pai ser precisamente aquela a hora em que Jesus lhe dissera: O teu filho vive; e acreditou, ele e todos os da sua casa.*
54. *Jesus realizou este segundo milagre, ao voltar da Judeia para a Galileia.*

Esse belo e dramático relato descreve um poder obtido por todo Adepto ao superar as barreiras normais de lugar e de distância e agir, quer sobrenormal ou naturalmente, em outra parte de um país ou mesmo do mundo. O Eu espiritual plenamente desenvolvido transcende limites que fisicamente separam posições geográficas. Distância, por conseguinte, não oferece separação e não se apresenta como obstáculo à manifestação do eu do Adepto ou da projeção do seu poder.

A cura do filho do régulo realizada a distância constitui-se em demonstração dessa capacidade, a superação do espaço. Também é introduzida na narrativa a sincronicidade no tempo, na medida em que os servos relatam ao funcionário real que a febre deixou o seu filho e a recuperação começou no exato momento em que Jesus havia pronunciado as palavras "teu filho vive".

A história também se presta a uma interpretação mística. A natureza de Cristo, mesmo que ainda não ativa, ou aparente, está todavia presente como parte da composição de cada indivíduo. Normalmente o homem é inconsciente de seu poder interior e, como a história conta, pode mesmo ser impedido de obter tal autoconhecimento por causa da "febre" metafórica ou atividade excessiva e radical da mente, das emoções e do corpo, sintomas da doença do filho do nobre homem. A febre é adequada, pois essa excessiva excitação da personalidade pode preocupar de tal forma a mente que se torna incapaz de silêncio interior – o retorno à saúde no sentido místico – que é o precursor essencial da iluminação, uma condição além da mente e do corpo. Da mesma forma como Jesus acalmou a tempestade no auge da tormenta na Galileia, assim, nesse caso, ele diminuiu a febre que o filho do régulo apresentava. Por causa disso, o filho foi salvo da "morte" do declínio espiritual.

Em tal leitura, o pai personificaria, na história, a intuição inata do homem e a condição da mente que resulta do desenvolvimento evolucionário no qual a verdade pode ser buscada e percebida internamente. José, o pai adotivo de Jesus, retrata essa mesma estatura mental evoluída. Entretanto, as interpretações, mística e psicológica, dos incidentes registrados da vida de Jesus não pretendem de forma alguma excluir a historicidade do quarto evangelho.

Jo 5:1. Depois disto havia uma festa entre os Judeus, e Jesus subiu a Jerusalém.

2. Existe em Jerusalém, junto à Porta das Ovelhas, uma piscina que, em hebraico, se chama Betesda, com cinco pórticos.

3. Sob esses pórticos, deitados no chão, numerosos doentes, cegos, coxos e paralíticos ficavam esperando o movimento da água.

4. Porquanto um anjo descia, de vez em quando, à piscina e agitava a água; e o primeiro que ali descia, depois do movimento da água, sarava de qualquer enfermidade que tivesse.

Pelas praias de um lago, nas ladeiras das montanhas ou nas ruas da cidade, nessa fase de sua vida, Jesus continuou seu compassivo sacerdócio, curando os doentes. Nesse quinto capítulo a localidade muda do campo para a cidade, dos campos da Galileia para a cidade-capital de Jerusalém. Ainda, a despeito da mudança, os "milagres" de cura continuam. A cena ao lado da piscina de Betesda é na verdade lamentável, porque "numerosos doentes, cegos, coxos e paralíticos" ficavam reunidos ali esperançosos, ardentemente aspirando à cura. Porém, aparentemente, só um deles estava destinado a ser curado.

Embora um evento sobrenatural não possa ser inteiramente descartado, a história é tão improvável e os incidentes tão inusitados que a interpretação simbólica é encorajada. Para alcançar esse efeito, vale lembrar que a incredibilidade e a incongruidade são algumas vezes introduzidas em uma narrativa supostamente histórica. Por exemplo, incongruamente, apenas uma pessoa de toda a multidão devia ser curada, a despeito da presença e ação de um anjo.

Qual então deve ser o significado dessa estranha piscina, da multidão de doentes esperando, da misteriosa agitação das águas por um anjo e do fracasso de todos os suplicantes, a não ser um, de serem curados? Talvez os doentes personifiquem a quase totalidade da raça humana, pois não são quase todos desprovidos de boa saúde, quando julgados pelas condições de suas mentes, de suas emoções e de suas relações com suas condutas? Ser curado, nesse sentido, implica que os ditames da consciência sejam seguidos dia a dia na conduta de vida. E quando essa prática não é seguida, as "águas" da vida humana são agitadas de fato, não tanto externamente por um anjo, mas interiormente pela ação daquela lei que S. Paulo descreveu como semear e colher, e que os sanscritistas antigos denominaram *karma*[16].

Jo 5:5. Encontrava-se aí certo homem, doente havia trinta e oito anos.

6. Jesus, vendo-o deitado e sabendo que já estava assim há muito tempo, perguntou-lhe: Queres ficar curado?

7. Respondeu-lhe o enfermo: Senhor, não tenho quem me jogue na piscina, quando a água é agitada; ao chegar, outro já desceu antes de mim.

---

[16] O *karma* é às vezes considerado como as agitações produzidas quando uma pedra é atirada na água, que continuam até serem neutralizadas.

8. *Disse-lhe Jesus: Levanta-te, toma o teu leito e anda!*
9. *Imediatamente o homem ficou curado. Tomou seu leito e se pôs a andar. E esse dia era sábado.*

Dois exemplos do sobrenatural são trazidos à história. Primeiro, Jesus por meio de visão interior reconheceu que o homem prestes a ser curado tinha aguardado por muito tempo, na esperança de ser o primeiro a entrar na piscina. Segundo, por seu divino poder, Jesus curou o homem enquanto ele jazia sobre seu leito. Tais ações estão literalmente dentro do poder do Adepto quando o *karma* permite, e Jesus realmente pode ter realizado um milagre. Entretanto, a própria narrativa também se presta a uma interpretação alegórica, descritiva da consecução de iluminação espiritual, intelectual e pessoal ou cura, nesse caso, da mente em particular.

A paralisia do corpo de que esse homem padecia significa a condição da mente humana que se torna tão rígida e imóvel que faz quase impossível as funções da razão e da intuição. Essa é uma paralisia da pior espécie, que é muito comum entre as multidões de homens. Entretanto, quando o Ser interior se torna suficientemente evoluído para motivar a pessoa a reconhecer a sua incapacidade e desejar agir no sentido de libertar-se dessa paralisia (valer-se da cura na piscina), e quando a natureza crística interior (Jesus) é suficientemente poderosa para livrar a mente de sua impotência paralítica, então o indivíduo é curado, ou torna-se integral. Esse efeito psicológico, essencialmente interno, livra de suas aflições o corpo e o cérebro-mente rígido e intolerante. Simbolicamente, o paciente está apto a responder ao comando interno: "Levanta-te, toma tua cama e anda." A liberdade de movimento, ou de atividade mental, é restaurada pela ação direta da sabedoria intuitiva despertada.

Orientação adicional pode ser obtida do fato de que o paciente reconheceu sua invalidez e, em sendo interrogado por Jesus, descreveu suas outras dificuldades. Assim, ele tanto reconheceu a deficiência quanto estava esperançoso de recuperar-se da condição de "paralisado". Isso pode referir-se àquilo que algumas escolas julgam como a primeira necessidade na obtenção da Autoiluminação – um sincero e mesmo intenso anseio por aquela integridade que se segue ao conhecimento de sua própria natureza divina e união com Deus. A ascensão da natureza crística ao poder produz uma autocorreção e auto-harmonização em toda a personalidade. Essa ação é alegoricamente descrita nos evangelhos por todas as curas aparentemente milagrosas de doentes e pelos ressuscitamentos daqueles que haviam sido declarados como mortos. Em outra parte, o próprio Jesus ensinou sobre essa necessidade, aconselhando todos aspirantes a pedir, a buscar e a bater à porta, a qual, quando aberta, conduz à Sala da Verdade[17].

Um anjo agitando as águas da piscina de Betesda implica um estado de consciência que não é mais rigidamente material, mas que busca e está aberto para as partes da natureza humana invisíveis ou espirituais.

---

[17] Lc 11: 9, 10.

Se, no entanto, a história é lida como uma descrição do aparentemente milagroso, então a intenção pode ter sido a de apresentar os ensinamentos da filosofia oculta relativos à agitação das águas por um agente invisível. O verbo agitar, considerado nesse caso, significaria carregar as partículas da água com uma qualidade especial de energia – magnetizando-as então, para usar outro termo – de forma que uma pessoa entrando na água pudesse ser curada de uma doença física. Também, é possível que a intensidade da energia, ou grau de magnetização, fosse suficiente para curar apenas uma pessoa, que exauriria a força.

Assim, uma interpretação literal do relato, entendido como descritivo de uma piscina física real dentro da cidade de Jerusalém e das duas ações sobrenaturais – uma de tempos anteriores por um anjo e outra por Jesus – somente se torna possível se se admite o milagre.

Jo 5:10. Então os judeus disseram àquele que tinha sido curado: É sábado, não te é lícito levar a cama.
11. Ele respondeu-lhes: Aquele que me curou, ele próprio disse: Toma tua cama e anda.
12. Perguntaram-lhe pois: Quem é o homem que te disse: toma tua cama e anda?
13. E o que fora curado não sabia quem era; porque Jesus se havia retirado, em razão de naquele lugar haver grande multidão.
14. Depois Jesus encontrou-o no templo e disse-lhe: Eis que já estás curado; não peques mais, para que te não suceda alguma coisa pior.
15. E aquele homem foi e anunciou aos judeus que Jesus era o que o curara.
16. E por esta causa os judeus perseguiram Jesus e procuraram matá-lo; porque fazia estas coisas no sábado.

S. João põe em acentuado contraste aqui a atitude de Jesus frente aos seus concidadãos. Por um lado, Jesus curando e ajudando sem considerar as rígidas regras, ou a teologia cristalizada. O povo, por outro lado, considerando mais importante os regulamentos do que a restauração da saúde de um ser humano sofredor. Para os ortodoxos, a inclinação para o formalismo vem primeiro, enquanto para o ser perfeito o formalismo não tem absolutamente nenhum espaço.

Percebe-se aqui, igualmente, as primeiras indicações de que a inimizade a Jesus já podia existir por parte dos judeus ortodoxos e, mais especialmente, dos rabinos. Finalmente, como revelam os evangelistas, o antagonismo mostrou-se suficientemente forte para provocar a cessação prematura de sua missão.

Pode-se também discernir nesses versículos o enunciado de Jesus de dois importantes princípios que governam a saúde ou doença dos seres humanos: primeiro, o estado da mente da pessoa – e, assim, a conduta em relação à voz da consciência – poderia influenciar diretamente a condição de seu corpo; e, segundo, que a doença era o produto da transgressão da lei, ou "pecado". As palavras "vai, não peques mais" pareciam, na verdade, indicar que a condição de paralisia do homem que fora curado era o resultado de ações anteriores sob a lei de causa e efeito, a qual

Jesus, mais tarde, afirmou mais diretamente, bem como S. Paulo[18]. Grandes instrutores que precederam Jesus repetidamente enunciaram essa lei – de que as ações são seguidas por reações apropriadas, segundo uma sequência na qual os efeitos seguem as causas, modificados por ações intermediárias.

Jo 5:17. E Jesus lhes respondeu: Meu Pai trabalha até agora, e eu trabalho também.
18. Por isso, os judeus ainda mais procuravam matá-lo, porque não só quebrantava o sábado, mas também dizia que Deus era seu próprio Pai, fazendo-se igual a Deus.
19. Retomando a palavra, Jesus lhes disse: Em verdade, em verdade, vos digo: O Filho, por si mesmo, nada pode fazer, mas só aquilo que vê o Pai fazer; tudo o que este faz, o Filho o faz igualmente.
20. Porque o Pai ama o Filho e lhe revela tudo o que faz; e lhe mostrará maiores obras do que estas, para que vos maravilheis.
23. A fim de que todos honrem o Filho, como honram o Pai. Quem não honra o Filho, não honra o Pai que o enviou.

Muitos dos versículos remanescentes no Livro de João descrevem Jesus como Filho do Pai e como uma unidade com Ele. Embora Jesus possa parecer ter estado proclamando um relacionamento especialmente privilegiado com Deus, a quem ele designa meu Pai, não obstante, aquilo o que ele afirma também se aplica a cada ser humano, embora poucos possam estar apercebidos disso. Uma estatura evolucionária extremamente avançada e, em consequência, uma plena realização da filiação de Deus, um apostolado e uma íntima realização da dependência de Deus estão refletidas na réplica que S. João relata.

O próprio Jesus insinuou mais de uma vez que cada homem é um deus, e S. Paulo afirmou que cada ser humano tem um corpo natural e um corpo espiritual[19]. Essas e outras afirmações similares sobre a inata divindade de cada ser humano harmonizam-se com as descrições da natureza plena do homem encontradas nas Escrituras de outras crenças mundiais. O segundo Aspecto do *Trimurti-Vishnu* hindu – é descrito nas Escrituras como "O Soberano Imortal Interior sediado nos corações de todos os seres"[20]. S. Paulo escreveu: "Não sabeis vós que sois o templo de Deus e que o Espírito de Deus habita em vós?" Outras citações são: "Cristo em vós, esperança de glória" e "... assim também operai a vossa salvação com temor e tremor; porque é Deus quem opera em vós ..."[21]. O próprio Jesus declarou a realização dessa unidade profundamente interior com Deus nas seguintes palavras: "Eu e meu Pai somos um"[22]. Portanto, cada homem é definido como um deus por sua própria natureza, uma Mônada, ou unidade de essência divina, uma centelha dentro de Uma Chama, que no Cristianismo é denominada Deus. Essa divindade interior é a reali-

[18] Mt 5:18; 7:1, 2; Gl 6:7.
[19] 1 Cor 15:44.
[20] *Bhagavad-Gitā.*
[21] 1 Cor 3:16; Cl 1:27; Fl 2:12, 13.
[22] Jo 10:30.

dade última de cada ser humano. Jesus estava, então, reivindicando para si não mais do que aquilo que é verdadeiro para todos homens, consistindo a diferença somente no grau pelo qual essa verdade é conscientemente concebida, tornando-se um princípio reinante e fonte de orientação e poder. Infelizmente, em homens espiritualmente não iluminados a realização é inexistente ou vacilante, enquanto em Jesus ela era completa e contínua. Pode-se mesmo ser levado a questionar se essas palavras foram na verdade proclamações públicas, visto que elocuções diretas não parecem sábias. Não é possível que elas fossem instruções privadas dadas a seus discípulos e outros companheiros mais íntimos?

Nos versículos em consideração, Jesus afirma esse conhecimento e sua importância nas vidas, presente e futuras, de um ser humano. Por conseguinte, eles transmitem tanto uma descrição verdadeira do próprio homem como os efeitos sobre a vida humana, presente e futura, da realização do parentesco com o Deus uno, que é, num sentido espiritual, o Pai de todos.

Capítulo 8

Como no caso de outros instrutores espirituais e reveladores da sabedoria eterna, Jesus seguiu a prática de conseguir atenção, senão o consentimento, realizando aparentes milagres. Desse modo a intuição dos beneficiados pode ser aberta para dar crédito às profundas verdades espirituais que, se não fosse assim, poderiam ter sido rejeitadas e estar além da compreensão intelectual. Quando o crédito e a convicção são ganhos por tal método, então um indivíduo ou mesmo um grupo pode se tornar receptivo a profundas ideias concernentes à vida espiritual interna do homem.

Os milagres, como os de alimentar as multidões e andar sobre a água, que ocorreram antes dos acontecimentos que se seguem no Livro de João, são omitidos aqui porque estão inteiramente cobertos pelos capítulos vinte e vinte e um.

Jo 6:47. Em verdade, em verdade, vos digo que aquele que crê em mim tem a vida eterna.
48. Eu sou o pão da vida.
49. Vossos pais comeram o maná no deserto e morreram.
50. Este é o pão que desce do céu, para que não pereça o que dele comer.
51. Eu sou o pão vivo descido do céu. Quem comer deste pão viverá eternamente. O pão que eu darei é a minha carne, que eu darei pela vida do mundo.
52. Disputavam, pois, os judeus entre si, dizendo: Como nos pode dar este a sua carne a comer?
53. Jesus, então, lhes disse: Em verdade, em verdade, vos digo que, se não comerdes a carne do Filho do Homem e não beberdes o seu sangue, não tereis a vida em vós.
54. Quem come a minha carne e bebe o meu sangue tem a vida eterna e eu o ressuscitarei no último dia.

Exatamente como foi feita uma distinção anterior entre água física e água "da vida", também, nesses versículos, faz-se uma distinção entre pão natural e pão espiritual. Os israelitas no deserto, vale lembrar, tinham sido salvos da inanição pela descida do maná, e a multidão em Cafarnaum tinha, há pouco, também milagrosamente, sido alimentada por Jesus, a partir de somente cinco pães. Num discurso muito longo Jesus se identifica com o pão "vivo" ou celestial[1].

---

[1] Ver Hodson, *A Sabedoria Oculta na Bíblia Sagrada,* Cap. 9, traz um alfabeto da linguagem sagrada, havendo interpretação do simbolismo de montanhas, números, pão e peixe, Ed. Teosófica, Brasília.

Claramente, a palavra pão é simbólica e pode ser interpretada como referindo-se à natureza imortal do homem (céu) e aos seus atributos. O pão físico, por outro lado, refere-se à natureza mortal do homem e aos seus atributos, notadamente àquele da morte inevitável. As palavras de Jesus podem, dessa forma, ser interpretadas como recomendação a que se coma o "pão da vida", significando participar na vida da natureza espiritual do homem com sua imunidade à morte. Aquele que pensa e vive somente como um ser humano natural de carne e sangue está destinado a morrer, enquanto aquele que se determina na realização de natureza espiritual intrínseca, sempre-existente, nunca morrerá nesta natureza, seu verdadeiro Eu. Jesus, então, se oferece como mediador entre esses dois aspectos do homem, o divino ou "Pai que está no Céu" e a natureza corpórea, somente à qual o homem está normalmente atento. Esses versículos podem, assim, ser lidos tanto como um ensinamento a respeito da constituição do homem quanto como uma exortação à autodescoberta.

Jesus proclamou-se metaforicamente composto daquela carne e daquele sangue que, quando consumidos, conferem vida imortal. Tomado literalmente isso é quase repugnante, na medida em que sugere uma forma de canibalismo, e S. João afirma nesse relato que membros do público e alguns de seus discípulos pararam de segui-lo. Entretanto, se Jesus é considerado não só como uma personagem histórica, mas também como uma personificação do "Cristo em vós", ou o poder místico, vida e conhecimento da natureza espiritual do homem, então, as palavras de Jesus, que de outra forma são difíceis de entender, tornam-se compreensíveis.

Nesse ponto, pode-se acrescentar que o conhecimento da natureza da morte corporal e da vida eterna, ou da ressurreição, era tema central de alguns dos ensinamentos dados secretamente nos templos dos Mistérios como no Egito, na Grécia e em civilizações anteriores. Um estudo de filosofia oculta e das breves declarações sobre o assunto da morte que Iniciados desses templos permitiram-se fazer indicam que, durante a cerimônia de Iniciação, o Iniciado perde a consciência, entra em transe ou figurativamente "morre". Enquanto seu corpo está então inconsciente, seu Eu interno, livre do corpo, está completamente consciente de seu Ser divino e eterno, de natureza imortal e, assim, de sua imunidade à morte. Retornando ao corpo, ou sendo "ressuscitado dos mortos", o Iniciado rememora a experiência pela qual passou. A partir de então, a morte não mais o aterroriza, pois ele sabe por experiência que ele mesmo não pode morrer. Nas cerimônias dos Mistérios Menores, tudo isso é feito simbolicamente, sendo a morte somente figurativa, ao invés de envolver a perda de consciência.

Ao se rememorar essas tradições a respeito dos Mistérios antigos com suas modernas representações e ler esse sexto capítulo, nota-se a estreita semelhança entre as duas fontes de conhecimento. Isso apoia a possibilidade de que as ações e o conhecimento de Jesus, durante essa fase inicial de seu ministério, embora transmitidos simbolicamente, podem se referir aos ensinamentos secretos dos templos dos Mistérios antigos. Essa ideia é reforçada pela impossibilidade de compreensão de uma leitura literal das afirmações de Jesus[2].

---

[2] Ver Hodson, *A Sabedoria Oculta na Bíblia Sagrada,* Cap. 3, Editora Teosófica, Brasília.

Jo 6:66. Desde então, muitos dos seus discípulos tornaram para trás e já não andavam com ele.

Se for perguntado por que Jesus – como nos versículos deste capítulo – falou de si próprio em termos que inevitavelmente afastaria o público e até mesmo alguns de seus discípulos, talvez possa ser respondido que esses ensinamentos são os do santuário e, portanto, apropriados somente para certos graus em um templo de Mistérios. Os ensinamentos não são de forma alguma aplicáveis à maioria da humanidade; pois neófitos sob treinamento entenderiam e beneficiar-se-iam deles, enquanto para o público presente naquela hora eles poderiam parecer verbosidade sem sentido ou reivindicações egoístas de uma missão divina.

Jo 2:12. Depois disto, desceram a Cafarnaum, ele, sua mãe, os irmãos e os seus discípulos e ali ficaram apenas alguns dias.
13. Estando próxima a Páscoa dos Judeus, Jesus subiu a Jerusalém.
14. No templo, encontrou os vendedores de bois, de ovelhas e de pombas e os cambistas em suas bancas.
15. Tendo feito um chicote de cordas, expulsou todos do templo, com as ovelhas e os bois; lançou ao chão o dinheiro dos cambistas e derrubou as mesas
16. e disse aos que vendiam pombas: Tirai tudo isso daqui; não façais da casa de meu Pai uma casa de comércio.

O incidente bastante notável, referido geralmente como a purificação do templo, pode ser considerado tanto literal quanto misticamente. A primeira hipótese parece um tanto improvável, na medida em que um costume muito lucrativo e estabelecido por longo tempo somente seria modificado com formidável dificuldade por um homem, por maior que fosse seu zelo. Os comerciantes eram muitos e por conseguinte bem preparados para resistir às tentativas de qualquer pessoa para tombar suas mesas e encerrar seus negócios. Essa opinião é fortalecida pelo fato de que Jesus era um homem jovem e aparentemente um completo estranho em Jerusalém e no templo. Normalmente, apenas aqueles oficialmente revestidos de autoridade civil ou sacerdotal teriam o poder de expulsar os comerciantes do templo e perturbar seu meio de vida. Assim mesmo, resistência legal e pessoal provavelmente seria oposta pelos comerciantes, ultrajados com a interferência e determinados a proteger seus negócios. Entretanto, Jesus tinha sido batizado recentemente e estava capacitado espiritualmente a poder operar milagres, e algumas de suas forças teúrgicas podiam ser manifestadas, especialmente quando sua indignação era provocada.

Se tomado como alegórico, então o incidente é rico em simbolismo. O templo, por exemplo, representa o homem mortal de mente, emoção e corpo, no interior do qual a divina presença, *Shekinah*, ou Mônada, está entesourada no Santo dos Santos. A crueldade e a ambição por ouro, inseparáveis da venda e matança de animais sacrificiais, significariam a degradação do templo. Assim, um mal profundamente enraizado deveria ser erradicado do homem mortal, e isso é alcançado quando o Eu espiritual, personificado por Jesus, o Cristo, começa a encarregar-se do homem corpóreo, como retratado pela sua presença no templo.

O incidente pode também descrever um passo necessário na preparação do Discipulado, bem como na participação na vida comum, espiritual e religiosa. Jesus estava escolhendo e aceitando discípulos, e sua ação descreve o alcançar da aptidão para aquele privilégio, por intermédio da purificação do corpo físico, pela eliminação dos hábitos e costumes não-espirituais estabelecidos. A história da vida de Judas Iscariotes, particularmente em seus últimos meses, oferece um dramático exemplo dos resultados do fracasso em realizar essa purificação, especialmente da cobiça que causou sua ruína. Quer estivesse registrando história ou não, S. João estava revelando certas leis da vida espiritual e, particularmente, as que afetam o progresso no caminho da santidade.

Jo 2:17. E os seus discípulos lembraram-se do que está escrito: O zelo da tua casa me devorará.

Esse versículo revela que os discípulos recentemente aceitos tinham acompanhado Jesus e, assim, testemunhado sua purificação do templo e o zelo com o qual ela fora realizada. Esse zelo é também essencial para o sucesso em alcançar a verdadeira revolução de caráter e modo de vida que é necessária para o êxito no caminho do Discipulado.

Jo 2: 18. Os judeus interpelaram-no, então, dizendo: Que sinal nos mostra para assim agires?
19. Respondeu-lhes Jesus: Destruí este templo, e em três dias eu o levantarei.
20. Disseram-lhe, então, os judeus: Quarenta e seis anos foram precisos para se construir esse templo, e tu o levantarás em três dias?
21. Ele, porém, falava do templo do seu corpo.
22. Assim, quando ele ressurgiu dos mortos, seus discípulos lembraram-se de que dissera isso, e creram na Escritura e na palavra dita por Jesus.

Se o relato é aceito literalmente, a ação de Jesus de novo provocou protesto. Suas respostas àqueles que protestavam são claramente mostradas por S. João como indicando uma revelação mística, pois o versículo vinte e um torna claro que Jesus "falou do templo de seu corpo." O versículo vinte e dois conduz a história na direção da Ressurreição de Jesus e outra vez parece salientar o valor de uma leitura metafórica do notável acontecimento.

Jo 2.23. Enquanto estava em Jerusalém, para a festa da Páscoa, vendo os sinais que fazia, muitos creram em seu nome.

Se, como tem sido indicado, a divina missão de Jesus como manifestação do Espírito Santo tinha de fato começado depois de seu Batismo, então seria possível para ele fazer milagres a partir de então, os quais provavelmente foram efetuados.

Jo. 2.24. Mas Jesus não tinha confiança neles, porque os conhecia a todos
25. e não necessitava de que o informassem sobre homem algum, porque conhecia o que havia no homem.

Nesses dois versículos, S. João escreve como se tivesse acesso às ideias privadas de Jesus, posto que ele descreve o estado mental de Jesus e suas reservas quanto às pessoas ao seu redor. Porém, naquela ocasião, S. João, tido como autor desse Evangelho, não havia sido convocado para o Discipulado. Uma vez que essas opiniões extremamente reservadas, baseadas talvez em introspecção profética, jaziam fundo no recesso da mente de Jesus, sendo muito improvável que viessem a ser expressas verbalmente, surgem algumas dúvidas a respeito da confiança nesse Evangelho como um registro da vida de Jesus o Cristo. Na verdade, como já sugerido, o leitor é mesmo deixado em dúvida, se a purificação do templo ocorreu na realidade ou foi apenas simbólica.

Jo 3:1. Havia, entre os fariseus, um membro do Sinédrio chamado Nicodemos.
2. Ele veio ter com Jesus, à noite, e lhe disse: Rabi, sabemos que és Mestre, vindo de Deus, pois ninguém pode fazer os sinais que fazes, se Deus não estiver com ele.
3. Jesus lhe respondeu: Em verdade, em verdade, te digo: que aquele que não nascer de novo não pode ver o reino de Deus.

A resposta de Jesus a Nicodemos indica que Jesus falou, e João gravou suas palavras em um sentido místico e, definitivamente, não como uma realidade física. A expressão nascer de novo pode ser lida como uma referência à doutrina da reencarnação ou uma mudança interior que produz efeitos de natureza tão dramática que o indivíduo quase se torna outra pessoa. De acordo com os registros, Jesus se referiu à reencarnação apenas em uma ocasião – Elias renascido como João Batista[3]. A expressão 'ver o reino de Deus' significa uma iluminação interior. Portanto, uma leitura mística parece ser aqui mais apropriada. Então, nascer outra vez, no sentido em que o ensinamento era dado, não significava um retorno ao útero da mãe e o renascer daí, mas um renascimento em nível de consciência mais elevado do que o normal, que percebe apenas as leis e os eventos físicos.

Da mesma forma como o nascimento de Jesus foi precedido pelo apelo ao arrependimento e à autopurificação pronunciado por João Batista, também a purificação do templo (mente e corpo) precedeu apropriadamente a iluminação de Nicodemos e a obtenção de instruções do Mestre. O estado infantil de pureza, significando espontaneidade e naturalidade, é, em outra parte, referido por Jesus como essencial

[3] Mt 11:14.

à obtenção da visão interior, ou renascimento. Em suas palavras, "aquele que não receber o reino de Deus como uma criança, não entrará nele[4]." A tradição oculta refere-se a essa autorregeneração profunda, interior, como uma Iniciação, palavra que significa tanto um retorno aos primeiros princípios ou a um novo começo. As palavras de Jesus podem então, permissivelmente, ser interpretadas como significando: "a não ser que um homem seja Iniciado ele não pode ver o reino de Deus."

Por mais ortodoxos que fossem os oficiais que testemunharam os milagres de Jesus, o membro do Sinédrio chamado Nicodemos estava pessoalmente convicto, embora preferisse revelar esse fato "à noite". Quer seja uma pessoa verdadeira ou uma personificação da mente humana no limiar da iluminação, ele fez uma colocação muito natural, em termos puramente lógicos. Mas Jesus aparentemente desejava elevar o pensamento de Nicodemos acima das limitações do raciocínio lógico da mente, para um domínio mais alto de consciência, em que princípios imutáveis são compreendidos e verdades subjacentes são realizadas. O incidente é assim relatado por S. João a fim de produzir uma descrição mais valiosa daquilo que é essencial para obtenção de introspecção intuitiva e de percepção puramente espiritual, a saber, a transcendência das limitações do raciocínio lógico e mesmo da mente argumentativa.

Jo 3:4. Disse-lhe Nicodemos: Como pode um homem nascer, sendo já velho? Poderá entrar uma segunda vez no ventre de sua mãe e nascer?
5. Respondeu-lhe Jesus: Em verdade, em verdade, te digo; quem não nascer da água e do Espírito não pode entrar no Reino de Deus.
6. O que nasceu da carne é carne, o que nasceu do Espírito é espírito.
7. Não te admires de eu te haver dito: necessário vos é nascer de novo.

As palavras de Jesus foram e ainda são um apelo à capacidade de percepção intuitiva, à qual Jesus se referia simbolicamente como "água" e "espírito". Aqui a mente é conduzida na direção da parte da natureza humana mais profunda e mais interna, o espírito divino, que é a realidade no interior, aquele Espírito Santo que é dito ter descido sobre Jesus no Batismo[5], mas que pode também ser considerado como irradiando e sendo nascido dentro dele. Esse é o renascimento espiritual pelo qual passa todo místico bem-sucedido, uma Iniciação na verdade, quer esta seja de fato conferida dentro do retiro sagrado de um templo dos Mistérios ou signifique uma transformação psicológica do ponto de vista e maneira de vida de alguém que tenha obtido visão espiritual.

A instrução muito íntima de Nicodemos dada por Jesus, registrada somente por S. João, foi sem dúvida acompanhada por uma explanação plena e por uma elevação induzida de consciência, como é costume quando um neófito recebe instrução de um Mestre. Assim, Nicodemos, na presença de Jesus, ouvindo suas palavras e sendo influenciado pelo som e poder de sua voz, deve, por suposto, ter tido experi-

---

[4] Lc 18:17.

[5] Jo 1:33.

ência e conhecimento diretos de que Jesus era na verdade um ser divino, vindo à Terra para a salvação da humanidade. A crença no Filho de Deus manifestado externa e objetivamente na pessoa visível de Jesus pode originar-se de uma aceitação intuitiva quase imediata.

Jo 3:8. O vento sopra onde quer, e ouves o seu ruído, mas não sabes de onde vem nem para onde vai. Assim acontece com todo aquele que é nascido do Espírito.

Embora todo o extraordinário episódio possa ser lido e aceito literalmente e entendido de acordo com pontos de vista ortodoxos, ele também é rico em alusões espirituais. A comparação do vento aparentemente caprichoso com as experiências do homem quando elevado em espírito é, na verdade, muito adequada, pois, como Jesus instruiu Nicodemos, a experiência espiritual é supramental e não obedece necessariamente às exigências da razão, mas eleva a mente a domínios onde as leis da natureza física não operam.

Jo 3:09. Nicodemos perguntou-lhe: Como isso pode acontecer?
10. Jesus respondeu-lhe: És o Mestre de Israel e não sabeis isto?

Novamente, Nicodemos, como uma personificação da mente formal, é incapaz de seguir o Mestre no reino da consciência, onde as leis da natureza objetiva parecem não se aplicar, pois da mesma forma como há leis e processos apropriados para uma simples gota d'água, também existem outras que se aplicam ao vasto oceano como um todo, com suas extensões aparentemente sem origem e sem limite por toda a Terra.

Evidentemente Nicodemos era merecedor do título de "um Mestre de Israel", sem dúvida no sentido religioso e no filosófico e, por conseguinte, devia ter se tornado cônscio dos significados mais esotéricos das Escrituras e, por intermédio da oração, começado a entrar nos níveis espirituais de consciência.

Jo 3:11. Em verdade, em verdade, te digo: falamos do que sabemos e damos testemunho do que vimos, porém não recebeis o nosso testemunho.

Talvez, a fim de tranquilizar e mesmo fortalecer a fé de Nicodemos, Jesus afirma que ele próprio entrou nos níveis mais altos de percepção de que fala. Logo, presumivelmente, seria merecedor de crédito e seus ensinamentos deveriam ser recebidos com o maior respeito possível e prontamente acreditados.

Jo 3:12 Se não acreditais quando vos falo das coisas da Terra, como acreditareis quando vos falar das coisas do céu?

Se todo o relato é interpretado como descritivo de uma experiência interior, então Jesus fisicamente presente personifica o Divino Eu interno do homem, enquanto Nicodemos, por sua vez, retrata a mente concreta com suas vantagens e desvantagens. Suas limitações tornam-se óbvias pelas dificuldades experimentadas por Nicodemos em entender e assimilar os ensinamentos do Mestre.

O cuidado com que Jesus se empenha em iluminar a mente de Nicodemos é de especial interesse, tanto para aqueles que buscam um grau mais elevado em consciência como para os que estudam os ensinamentos de sábios e Mestres de Sabedoria. As dificuldades preliminares podem ser muito grandes, visto que existe uma barreira – um verdadeiro véu na verdade – entre a mente formal do homem e a abstrata. Esse véu geralmente pode ser penetrado quando Cristo, ou a natureza intuitiva do homem, vem em auxílio da mente.

Jo 3:13. Ora, ninguém subiu ao céu, a não ser aquele que desceu do céu, o Filho do Homem, que está no céu.

O espírito divino existente no homem nos níveis mais internos da natureza humana – "céu" – é aqui apregoado, como é também a possibilidade de ascensão àquelas alturas e o iluminado retorno aos mundos da mente e do corpo.

Jo 3:14. Como Moisés levantou a serpente no deserto, assim é necessário que seja levantado o Filho do Homem,

Nesse versículo, novamente, a linguagem é reconhecidamente usada no sentido figurado. A serpente levantada por Moisés sobre a cruz no deserto é aqui mencionada para se constituir em um paralelo com o próprio Senhor Cristo. No capítulo anterior, o templo de Jerusalém era considerado pelos discípulos como um símbolo do corpo do Senhor. Aqui a serpente é algo similarmente usado.

Se os ensinamentos da filosofia oculta são aplicados nessa passagem, então ela se refere aos poderes dentro do corpo do homem por meio dos quais o despertar espiritual pode ser alcançado. Esse poder consiste de uma energia que também é inerente à Deidade e à Natureza. No homem ele está oculto dentro da espinha dorsal, ao longo da qual ele sobe para o cérebro, por meio de um caminho espiralado, ou serpentino. Por conseguinte, esse poder é referido como "A Serpente de Fogo"[6]. Quando essa força criativa e procriativa é sublimada, desde as partes inferiores até as superiores do corpo humano, o cérebro torna-se suficientemente sensibilizado e sua mentalidade inerente suficientemente iluminada para capacitar o homem interno a compreender as verdades espirituais. O símbolo, a metáfora e a alegoria daí em diante indicam significados não concernentes ao mundo material e objetivo, mas aos aspectos espirituais e subjetivos da consciência humana. Se Nicodemos tivesse alcançado esse estado, então as referências feitas por Jesus sobre o renascimento não teriam evocado o conceito de retorno ao útero de sua mãe. Ao contrário, com seu cérebro-mente incendiado e iluminado, ele teria percebido instantaneamente os significados mais metafísicos e místicos, a saber, nascimento para uma perspectiva inteiramente nova ou espiritual.

A história do Velho Testamento sobre a serpente de bronze é suscetível de uma interpretação similar[7]. A suposta doença dos israelitas refere-se às limitações

---

[6] *Kundalinī.*

[7] Nm 21:9.

da mente humana e da perspectiva mental, enquanto a elevação da serpente pode razoavelmente ser vista como um símbolo da elevação do poder serpentino criativo, capacitando o homem a ingressar em estados de consciência supramentais, puramente espirituais. Um uso similar do símbolo da serpente é encontrado no relato da transformação da vara de Aarão em uma serpente diante do Faraó[8], razão pela qual foi permitido aos israelitas sair da escravidão no Egito. Aqui a escravidão significa a subjugação da mente e das emoções aos desejos do corpo e de sua gratificação – os assim chamados "prostíbulos" do Egito.

Considerado dessa maneira, o relato do encontro entre Jesus e Nicodemos, incluindo a conversa que tiveram, pode ser entendido como descrevendo, por intermédio de alegorias, as limitações normais, materialistas ou objetivas da mente humana; a inteligência espiritual, crística, sobrenatural do homem (Jesus e seu ensinamento místico); e os meios pelos quais a primeira pode se tornar responsiva à última, por meio da elevação do poder serpentino. A menos que assim interpretados, os versículos em tela são tão difíceis de compreender que o pleno alcance de sua significação é virtualmente impossível.

Jo 3:15. Para que todo aquele que nele crê não pereça, mas tenha a vida eterna.

A elevação do Filho do Homem a que Jesus se refere pode ser entendida como uma profecia da crucificação ou mesmo da ascensão final. A última parece ser mais apropriada, posto que está implícita uma elevação de consciência. A afirmação de Jesus de que a vida eterna seria fruída pode também se relacionar à experiência direta do Eu imortal do homem, a alma espiritual, que, contrariamente ao corpo, não morre.

Jo. 3.16. Porque Deus amou o mundo de tal maneira que deu seu filho unigênito, para que todo aquele que nele crê não pereça, mas tenha a vida eterna.

O termo Deus poderia aqui merecer consideração especial. Ele pode se referir ao "Deus vivo" no interior do homem[9], o habitante do recôndito, a centelha divina, a Mônada. A partir daí o poder da Iniciação torna-se manifesto, conferindo ao Iniciado conhecimento de sua própria natureza eterna e de que em seu verdadeiro Eu nunca pode morrer. Reconhecidamente, tal leitura difere muito da adotada pela teologia cristã ortodoxa e tradicional com sua ênfase sobre uma Deidade externa, um Filho apresentando-se visivelmente e um ministério de salvação da alma.

Deus, como usado aqui, pode também significar aquelas dimensões no interior do cosmo sobre as quais Deus presumidamente preside. Isso inclui a totalidade das estrelas, nebulosas, galáxias e tudo que elas contêm, bem como uma Deidade mais especialmente interessada na humanidade do planeta Terra. Uma humanidade de adoradores admissivelmente usaria o termo Deus para referir-se a um Poder cri-

---

[8] Ex 7:10.

[9] 2Cor 6:16.

ador divino, a uma vida divina interior, que tudo sustenta, e a uma Inteligência divina diretora. Em tal conceito, Deus é tríplice na natureza de suas atividades, porém uno em sua existência real, que é tanto transcendente ao cosmo em seu todo, como nele imanente. A essa definição seria indubitavelmente acrescentado o conceito de uma Fonte atemporal, ilimitada e inesgotável de tudo o que sempre foi, é e sempre será. Tal Deidade cósmica incorporaria na sua oniabarcante compaixão à humanidade de um simples planeta, particularmente da Terra. Com esse conceito de deidade, a emanação de uma expressão do divino na Terra, o amor compassivo pela raça humana é concebível. Isso expressa parcialmente a visão da teologia cristã ortodoxa que está baseada nesses versículos.

Porém, literalmente, essas afirmações são quase sem significado. Na medida em que o homem, como uma manifestação do puro espírito, ou Deus, e feito à sua imagem, é imperecível em sua própria natureza, o imenso sacrifício, implícito numa leitura literal, é completamente desnecessário. Preferivelmente, o versículo pode ser lido como descritivo da manifestação da natureza crística no homem com consciência corpórea, ou mortal. Alcançada essa natureza, a pessoa iluminada obtém a certeza de que, como um ser espiritual, ela jamais morrerá. A morte pode tomar o corpo em seu abraço gelado, mas nem a própria morte nem o medo da morte será mais possível para aquele que alcançou a consciência crística. Todo o episódio pode ser lido com uma descrição alegórica da evolução acelerada de uma pessoa que se encontre ou no curso natural ou que tenha encontrado o Mestre, sendo por ele guiado ao portal de um templo de Mistérios para receber a Iniciação. Isso confere experiência direta do significado da morte e da imortalidade do Eu espiritual do homem. Nicodemos pode ter sido uma dessas pessoas iluminadas.

Jo 3:17. Pois Deus não enviou seu Filho ao mundo para condenar o mundo, mas para que o mundo seja salvo por ele.

18. Quem nele crê não é condenado; quem não crê já está condenado, porque não acreditou no nome do Filho único de Deus.

19. E a condenação é esta: Que a luz veio ao mundo mas os homens amaram mais as trevas do que a luz, porque as suas ações eram más.

20. Pois quem faz o mal odeia a luz e não se aproxima da luz, para que suas obras não sejam descobertas.

21. Mas quem age segundo a verdade aproxima-se da luz, para que se manifeste que suas obras são feitas em Deus.

Como afirmado por S. João nesses versículos, o nascimento, a missão e a morte de Jesus tinham supostamente o simples motivo de salvar a humanidade por intermédio dele. O significado das palavras *salvo* e *condenação* e a presumida intenção divina precisam ser considerados.

Salvo subentende a existência e a ameaça de um perigo, nesse caso presumivelmente a condenação das almas da humanidade. Interpretadas literalmente, as

Escrituras poderiam ser entendidas como significando que as almas são condenadas por descrença.

Com toda reverência, proponho que o conceito de condenação não está de acordo com a decisão de Deus de "criar o homem à Sua imagem" "para ser imortal, e o fez à imagem de sua semelhança"[10]. Se essas elocuções bíblicas são aceitas literalmente, então a raça humana está liberta de toda contingência da má conduta. Além disso, a morte espiritual e a condenação eterna não podem existir para o homem, uma vez que ele é imortal e eterno por sua verdadeira natureza.

Esse aparente, ainda que inevitável dilema é resolvido se a ação e a intenção divinas assim descritas são aceitas como o nascimento místico de poder, sabedoria, compaixão e inteligência divinos, inerentes à natureza da humanidade. Essa opinião, além disso, harmoniza-se com as elocuções de S. Paulo: "Cristo em vós, esperança de glória" e "operai a vossa própria salvação com temor e tremor. Porque Deus é o que opera em vós[11]". Sábios, videntes e profetas, através dos tempos, têm dado testemunho de que a sua iluminação foi devida à realização *interior* da existência da divina presença. Na Escritura hindu, Yddisthira proclama: "Tu não és Shri Krishna. Tu és o Soberano Imortal Interior assentado no coração de todos os seres[12]". Então, a dúvida se o Deus que supostamente salva é um Ser cósmico ou a Deidade mais pessoal, ocupada com a humanidade no planeta Terra, perde seu significado, na medida em que está implícito o poder divino interior em toda Natureza e, por conseguinte, nas almas dos homens.

A palavra *condenação* requer interpretação sob esse enfoque; pois o sentido da palavra, como Jesus presumivelmente a teria usado, não implica que Deus condene por causa da descrença, mas sim, por causa do estado de não iluminação, uma conduta e perspectiva puramente materialistas baseada nisto. *Condenação,* nesse sentido, pode ser inferida das palavras bíblicas: "a luz veio ao mundo, mas os homens amaram mais as trevas do que a luz, porque as suas ações eram más."

A palavra que, naqueles versículos, está traduzida como *crença* não deve ser entendida como crença firmada a partir de uma fé cega, porque tal crença, embora talvez considerada meritória eclesiasticamente, pode ter pequeno ou nenhum poder de produzir a iluminação interior e os seus efeitos sobre a conduta a que Jesus aparentemente se refere. Assim, presume-se que Jesus pretende uma crença fundada sobre a experiência espiritual direta, pessoal. Essa deve ser obtida pela elevação da mente àqueles reinos da consciência humana onde a natureza crística, ou "O Filho de Deus", está fundada no homem e pela sua penetração nesses reinos. A passagem completa, assim interpretada, torna-se a descrição dos efeitos de tais conhecimentos diretos que resultam da iluminação mística, até o ponto em que "O Verbo que se fez carne" torna-se diretamente conhecido[13]. O resultado é uma verdadeira transfiguração, tanto da mente como da conduta de vida. Em tal caso o indivíduo não pode, em

---

[10] Gn 1:26; Sb 2:23.

[11] Fl 2:12-13.

[12] *Bhagavad-Gitā.*

[13] Jo 1:14.

nenhum sentido, estar sujeito à condenação, quer por Deus quer pelo homem. Finalmente, como o versículo vigésimo primeiro indica, ações, mais do que palavras, conduta, mais do que a afirmação de crença, constituem o teste final de merecimento do indivíduo.

Jo 3:22. Depois disto, foi Jesus com seus discípulos para o território da Judeia e permaneceu ali com eles e batizava.

23. João também batizava em Enom, perto de Salim, pois lá a água era abundante e muitos se apresentavam para serem batizados.

24. Porque João ainda não fora encarcerado.

O versículo vinte e quatro pode, talvez, ser considerado como de interesse simbólico. Se, como antes sugerido, prisão, na linguagem simbólica, descreve um estado mental de uma mente fechada e não iluminada, então João, naquela fase de sua carreira, estava em um estado iluminado. Essa conclusão é apoiada pelas palavras de João deixadas no fim do capítulo.

Se seu posterior aprisionamento e decapitação foram devidos à queda da graça, o que parece ser bastante improvável no caso de alguém com sua visão profética e percepção espiritual, esses eventos são de significado simbólico para inibir o livre fluxo de ideias intuitivamente percebidas. A cabeça como símbolo desse estado da mente é removida, e o materialismo egoísta, argumentativo, de um período precedente, é substituído pela percepção intuitiva direta.

Jo 3:28. Vós mesmos sois testemunhas de que eu disse: Não sou eu o Cristo, mas fui enviado adiante dele.

34. Pois aquele que Deus enviou fala as palavras de Deus; pois não lhe dá Deus o Espírito por medida.

35. O Pai ama o Filho e tudo entregou em suas mãos.

Esses versículos, como o resto desse capítulo, consistem amplamente de uma repetição da afirmação de João Batista a respeito dele mesmo como precursor e de Jesus como o Messias que tinha vindo. Com a extrema humildade nascida da visão espiritual, João se apresenta como um ser humano modesto, com a missão de preparar o caminho para o Senhor. Realmente, na presença de Jesus, João anunciou-o como sendo o Filho de Deus.

Jo 3:36. Aquele que crê no Filho tem a vida eterna; mas aquele que não crê no Filho não verá a vida, mas a ira de Deus sobre ele permanece.

As palavras de encerramento do discurso de João aos seus discípulos e às pessoas ao redor dele indicam duas condições do intelecto humano, a mundana e a espiritual. Esse conceito é estendido para incluir a realização da natureza imortal do Eu divino no homem, pois esse é referido por João como "o Filho (que) tem a vida eterna."

Jo 4:1. Quando o Senhor entendeu que os fariseus tinham ouvido dizer que Jesus fazia e batizava mais discípulos do que João,

Esse versículo, que consiste da primeira parte de uma frase, refere-se à natureza, ou presença dual de Jesus, pois uma distinção é feita entre o Senhor e Jesus. Caso isso seja intencional, como deve ser assumido, então João, de novo, afirma ser Jesus um veículo humano e representativo da Suprema Deidade, ou Senhor. Além disso, o espírito divino protetor é mostrado como estando realmente no comando, posto que no terceiro versículo, que completa a sentença, Jesus deixa a região logo após, por causa da oposição dos fariseus, indo para a Galileia, que significa consciência universal.

Jo 4:2. (ainda que Jesus mesmo não batizasse, mas seus discípulos,)

Lembramos aqui a transmissão de poder, por Jesus, aos seus discípulos, ocorrida durante o Pentecostes, e a sua promessa de que tudo quanto buscassem fazer em seu nome seria feito[14]. Aparentemente, o próprio Jesus não realizava a cerimônia batismal externa, mas a deixava para seus discípulos que, sem dúvida, batizavam em seu nome.

Jo 4:3. Deixou a Judeia e foi para a Galileia.
4. E era necessário passar por Samaria.

Em que pese os espaços geográficos e reais visitados terem sua importância, especialmente quando considerada a interpretação literal dos evangelhos, a Palestina torna-se o mundo inteiro para aqueles que percebem o significado simbólico dos vários locais. Assim, Jesus passou pela Judeia, onde alguns questionamentos e mesmo oposição com relação às suas atividades tinham surgido, e foi para a Galileia.

A Judeia representa, então, uma dose de separatividade e mesmo de conflito na mente do Iniciado que está passando pelos estágios finais do progresso para a perfeição. Para evitar distrações do propósito central de sua última encarnação humana, uma retirada é feita para a Galileia onde reina a paz. Esses e outros lugares visitados representam estados de consciência pelos quais todos Iniciados passam, a natureza dos quais é indicada pelas atitudes das pessoas nessas localidades.

Jo 4:5. Chegou, então, a uma cidade de Samaria, chamada Sicar, perto do terreno que Jacó tinha dado a seu filho José.
6. Ali se achava o poço de Jacó. Jesus, pois, cansado da caminhada, assentou-se junto ao poço. Era isso quase a hora sexta.

Sicar, assim, se torna um símbolo topográfico para o estado de consciência que inclui o inseparável esforço para impor e apressar a paz do desabrochar evolutivo. O ensejo para aliviar aquele esforço pela contemplação da Sabedoria Eterna é simbolizado pela água do poço. Esse refrigério da alma é colocado à disposição pelos precursores, sábios, que precederam àquele que agora trilha o caminho. Esses são personificados por Jacó e seu filho José, Iniciados de épocas anteriores.

---

[14] Jo 16:23, 24, 26.

O número sete simboliza a conclusão de um ciclo ou de um círculo na espiral ascendente da alma na direção da perfeição. O número seis pode ser interpretado como referindo-se a uma fase anterior, próxima à realização final, simbolizada pela Ascensão de Jesus. A declaração é, portanto, adequada, porque Jesus descansou junto ao poço de Sicar na hora sexta, pois somente três anos se passaram até sua triunfante Ascensão para a mão direita de Deus, em seu significado místico de autolibertação da separatividade e completa absorção na vida essencial do Universo.

Jo 4:7. Veio uma mulher de Samaria tirar água. Disse-lhe Jesus: Dá-me de beber.

Como foi posteriormente aclarado pelo próprio Jesus, a água é usada como um símbolo do suprimento inesgotável e sempre disponível da Sabedoria eterna, a água da verdade.

Jo 4.8. (Porque os seus discípulos tinham ido à cidade comprar comida).

Esse versículo, inserido entre parênteses na narrativa, tanto pode indicar que se pretendia uma interpretação histórica literal dos versículos seguintes, bem como, mais misticamente, que um estado de isolamento é essencial para o autorrefrigério pelo beber das "águas da vida". Assim, Jesus estava só no poço onde encontrou a mulher de Samaria.

Jo 4:9. Disse-lhe, pois, a mulher samaritana: Como, sendo tu judeu, pedes de beber a mim, que sou mulher samaritana? (porque os judeus não se comunicam com os samaritanos).

A pergunta feita pela mulher mostra que Jesus parecia um judeu. Isso nos fornece um dos raros indícios, talvez o único, quanto à sua aparência. Evidentemente, quanto ao físico, ele era um jovem hebreu típico daqueles tempos.

A mulher de Samaria pertencia a outra raça que habitava o mesmo país. Os dois povos evidentemente não tinham cooperação doméstica nem comercial naqueles dias. Mas, para seu espanto, Jesus desconsiderou essa situação e imediatamente pediu de beber a ela, superando assim quaisquer divisões entre os dois grupos.

Jo 4:10. Jesus lhe respondeu: Se conhecesses o dom de Deus e quem é que te diz: Dá-me de beber, tu é que lhe pedirias e ele te daria água viva!

Desse versículo em diante, o episódio muda da possibilidade histórica para o definitivamente místico. A água da vida refere-se evidentemente a um elemento espiritual interior que pode saciar a sede por conhecimento, sabedoria e verdade. Jesus também se refere a si próprio não como um homem mortal comum da raça hebreia, mas como um hierofante, capaz de conceder esses dons de Deus, ou água da vida.

Jo 4:11. Ela lhe disse: Senhor, tu não tens com que a tirar e o poço é profundo; de onde, pois, tiras esta água viva?

Como no caso de Nicodemos, um participante na conversação representa a pessoa normalmente acostumada a usar só a mente mundana e os sentidos corporais. Falhando no reconhecimento da genuína presença à sua frente, especialmente no início, ela observou a falta de um balde e de uma corda. Gradualmente, como os últimos versículos mostram, a visão interna da mulher samaritana começa a abrir-se e finalmente ela compreende que está na presença de um profeta.

Esse evento também pode descrever a realização da Autoiluminação por um aspirante (a mulher que estava procurando água) ou dos degraus da Iniciação durante a qual o neófito é induzido pelo hierofante a experimentar sua própria natureza divina (o poço) e a inexaurível capacidade de sua força de vida espiritual (água).

Jo 4:12. És, porventura, maior que o nosso pai Jacó, que nos deu este poço, do qual ele mesmo bebeu, como seus filhos e os seus animais?

As tendências e limitações da mentalidade objetiva, o raciocínio mental, continuam a obstruir ou, pelo menos, adiam a entrada no estado místico e, assim, a mulher pergunta a Jesus sobre questões muito naturais, mas puramente físicas, a respeito dele e do poço.

Jo 4:13. Jesus respondeu e disse-lhe: Qualquer que beber desta água tornará a ter sede;

14. Mas aquele que beber da água que eu lhe der nunca terá sede, porque a água que eu lhe der tornar-se-á nele uma fonte d'água jorrando para a vida eterna.

Jesus persiste e, gradualmente, a visão divina é aberta dentro da mente buscadora. A água, utilizada como um símbolo nesse evento, muda seus significados simbólicos usuais: o espaço comum no macrocosmo e as emoções humanas no microcosmo. Aqui, entretanto, a expressão a '*água da vida*' significa a verdade percebida por meios intuicionais e supramentais. A afirmação é, portanto, completamente correta, de vez que quem quer que beba da água comum está claramente autocondenado à sede contínua e recorrente, pois a emoção, exceto em suas mais elevadas formas, nunca pode satisfazer-se nem mesmo saciar-se, exceto temporariamente, porquanto ela é inevitavelmente seguida de mais sede.

A água da vida, por outro lado, satisfaz as mais altas aspirações do coração e da mente do aspirante, porque, como sabedoria genuinamente espiritual, ela confere realidades inalteráveis, verdades eternas e também faculdade para compreendê-las. Como essas derivam-se do princípio da sabedoria espiritual, ou natureza crística no homem, o Salvador fala verdadeiramente, ainda que de maneira simbólica, à mulher de Samaria, que personifica o homem mortal em busca da verdade.

Adequadamente, Jesus e a mulher encontram-se num poço, pois um poço é tanto um recipiente de água como uma fonte da qual ela pode ser tirada. Além do mais, esse poço em particular possuía poderes especiais, na medida em que estava associado com um patriarca e sábio de tempos passados. Isso significa as águas da vida da Sabedoria eterna descobertas e transmitidas à humanidade pelos sábios antigos. Assim visto, o incidente descreve um processo que ocorre no interior mais profundo do ser humano já no limiar do despertar espiritual. A mulher de Samaria personifica todos aqueles aspirantes à luz e à verdade que, através dos tempos, vêm sedentos a um poço a fim de aplacar sua sede.

Infalivelmente, de acordo com venerável costume, quando um aspirante está pronto, um Mestre aparece e dá instrução relativa à senda da iluminação interior, as águas vivas.

Jo 4:15. Disse-lhe a mulher: Senhor, dá-me dessa água, para que eu não tenha mais sede nem tenha de vir mais aqui para tirá-la!

A aspirante reage e compreende que tal sede não pode ser saciada num poço e que poços exteriores não são mais necessários. Na luz da presença do Mestre, ela observa e reconhece que a verdade está no interior.

Jo 4:16. Jesus disse: Vai, chama o teu marido e volta aqui.
17. Não tenho marido, respondeu a mulher. Jesus lhe disse: Falaste bem: não tenho marido;
18. pois tiveste cinco e o que agora tens não é teu marido; nisto falaste a verdade.
19. Disse-lhe a mulher: Senhor, vejo que és um profeta.

Jesus mostrou conhecimento muito particular a respeito da mulher de Samaria, o qual possivelmente ele não poderia ter sabido em condições normais, porque revelou a ela fatos de sua vida doméstica e marital. Essa revelação de poderes sobrenaturais de percepção cumpriu seu objetivo de atrair a atenção e abrir a intuição, pois, mais tarde, a mulher reconheceu-o como profeta e não só o escutou com a mente aberta, mas também trouxe muitos outros até ele para que recebessem sua sabedoria. O incidente teve o efeito de atrair grande número de pessoas para ouvir Jesus, habilitando-o, assim, a cumprir sua missão tempestivamente.

Os maridos podem ser considerados como personificações das potências monádicas, expressas como vontade, sabedoria, inteligência, emoção, consciência e ação física. Entretanto, talvez nesse caso, possam ser melhor considerados como seres humanos reais que tiveram seu papel na vida da mulher de Samaria, como Jesus discerniu ocultamente.

A fusão do fato material com o milagre, como nessa história, dá margem a uma interpretação simbólica não só do episódio na sua totalidade, como dos vários diálogos e ações dos participantes. Se a mulher teve ou não casada cinco vezes ou mais é menos importante do que o ensinamento concernente às águas da vida; do que a iluminação conferida à mulher para que ela reconhecesse Jesus como sendo o Messias e do que a receptividade do povo de Samaria aos seus ensinamentos. Como ele mesmo disse mais tarde, esse último evento ofereceu novas oportunidades para cumprir sua divina missão recebida do Pai que está no céu. Além disso, foi durante esse incidente que Jesus admitiu e mesmo proclamou que ele era o Messias cujo aparecimento os primeiros profetas tinham previsto.

Jo 4:20. Nossos pais adoraram neste monte, mas vós dizeis que em Jerusalém é que se deve adorar.
21. Jesus lhe disse: Acredita-me, mulher, vem a hora em que nem neste monte nem em Jerusalém adorareis o Pai.

Nesses versículos Jesus eleva o procedimento de adoração além das limitações de tempo e espaço. A consecução da iluminação espiritual e a adoração, ou culto, de sua Fonte divina são independentes da altitude terrestre ou de quaisquer das cidades do mundo, embora sagradas.

Jo 4:22. Vós adorais o que não conheceis; nós adoramos o que conhecemos, porque a salvação é dos judeus.
23. Mas vem a hora – e é agora – em que os verdadeiros adoradores adorarão o Pai em espírito e verdade; pois tais são os adoradores que o Pai procura.
24. Deus é espírito e aqueles que o adoram devem adorá-lo em espírito e verdade.

A passagem revela, numa declaração maravilhosa, que o Pai no Céu deve ser tomado menos como uma Deidade externa do que como uma Presença espiritual no interior de cada homem e no Universo. Jesus faz a diferença entre uma deidade pessoal e talvez antropomórfica e o Poder Espiritual onipresente para ser adorado de maneira ideal. Cultuando-O, o adorador pode aproximar-se e mesmo descobrir dentro de si próprio aquilo que ele indica pela afirmativa de que "Deus é um Espírito." É aí na natureza interior das coisas que o divino deve ser descoberto, adorado e revelado.

Todas as religiões, todas as ideias e práticas religiosas são, assim, transformadas na busca e consecução da união mística entre o espírito do homem e o Espírito que é Deus. Por essas palavras, a história evangélica, e mais especialmente o quarto evangelho, reitera e também revela a Sabedoria Eterna concernente à Fonte parental divina de tudo que existe, o Espírito Universal. Isso sempre foi considerado e ensinado por místicos como a verdade essencial, ainda que ilusória e sem forma, a respeito da natureza divina.

Jo 4:25. A mulher lhe disse: Sei que o Messias (que se chama Cristo) está para vir. Quando ele vier, nos anunciará tudo.
26. Disse-lhe Jesus: Eu, que falo contigo, sou ele.

Esses dois versículos revelam mais a experiência espiritual interior do que a sua confirmação supostamente histórica e externa. Jesus se dizendo o Messias pode ser interpretado historicamente, mas a iluminação da mulher é mística. Também o uso do termo Cristo como um nome lança alguma dúvida sobre a historicidade da passagem e, assim, ampara uma interpretação mística. O termo Cristo, derivado da tradição de mistério, é mais do que um nome descrevendo uma condição, "o ungido", ou consagrado, que não seria provavelmente conhecido por uma humilde dona de casa de Samaria.

A manifestação do Messias e a elevação dos povos hebreus acima do restante da humanidade, segundo a antiga profecia, contrasta fortemente com a ignominiosa morte de Jesus após três anos e meio de ministério. Também está em contradição com o lugar e a condição dos Judeus entre seus conterrâneos desde os dias de sua vinda. A dificuldade é amplamente superada se a era messiânica por vir implica um estado de elevação espiritual e iluminação intelectual, a ser encontrado por toda a humanidade no curso da evolução da raça humana. Isso, além do mais, não está totalmente limitado a algum tempo futuro, mas é continuamente prenunciado por indivíduos que entram no estado místico na dianteira da raça e recebem uma revelação, ou visitação, do divino. A mulher de Samaria, para quem Jesus se revela, personifica tanto os místicos contemporâneos como a humanidade iluminada de idades futuras.

Jesus, por sua vez, retrata a Fonte da divina revelação dentro da humanidade, o Eu espiritual; e o poço antigo, com seu contínuo suprimento de água, representa tanto um estado de consciência como um templo dos Mistérios que não foi feito com as mãos.

Agora voltemos ao Evangelho Segundo S. Mateus para continuar o relato da missão de Jesus.

Mt 4:12. Ao ouvir que João tinha sido preso, ele voltou para Galileia
13. e, deixando Nazaré, foi morar em Cafarnaum, à beira-mar, nos confins de Zabulon e Neftali,
14. para que se cumprisse o que foi dito pelo profeta Isaías, que diz:
15. Terra de Zabulon, terra de Neftali, caminho do mar, região além do Jordão, Galileia das Nações!
16. O povo que jazia nas trevas viu uma grande luz; aos que jaziam na região sombria da morte surgiu uma luz.
17. A partir desse momento, começou Jesus a pregar e a dizer: Convertei-vos, porque está próximo o Reino dos céus.

João Batista tinha sido preso e, logo após, Jesus repete parte da mensagem de João, supostamente em cumprimento de certas passagens proféticas no Livro de Isaías[15]. João, como vimos, representa a influência espiritualizante e disciplinadora do Eu interno sobre o homem externo. Seu ministério descreve a condição da alma humana que responde naturalmente ao chamado para um modo de vida mais puro, mais elevado, a fim de que o divino possa tornar-se manifesto e fortalecer o homem externo.

[15] Is 9:1-2.

A humanidade não alcançou, entretanto, esse estágio, e isso aplica-se particularmente aos detentores de poder como Herodes. Esses homens "aprisionam" o João Batista dentro deles mesmos, eles se tornam surdos à voz do poder redentor interior e continuam a submeter-se à fascinação de uma vida puramente mundana. Se a voz da consciência é repetidamente despercebida, a mente tende a tornar-se surda a seu chamado, até que eventualmente o chamado torne-se tão insistente que não pode ser ignorado por mais tempo e, por fim, supere a não resposta da mente. Então Jesus continua a missão preparatória interrompida de João Batista, pregando por sua vez: "Convertei-vos, porque está próximo o Reino dos céus."

Mt 4:18. E Jesus, andando junto ao mar da Galileia, viu dois irmãos: Simão, chamado Pedro, e seu irmão André, que lançavam a rede ao mar, pois eram pescadores.

19. E disse-lhes: Segui-me e eu vos farei pescadores de homens.

A presença do Filho de Deus na Terra como o principal ator nesse episódio, sua escolha de duas pessoas para serem admitidas no mais sagrado dos relacionamentos, a resposta imediata deles, tudo sugere algo mais do que um encontro puramente natural e uma ocupação mundana. Em uma interpretação mística, Pedro e André, os primeiros discípulos, representam o princípio remidor dentro do homem, aquela qualidade que mais rapidamente responde a um chamado das alturas interiores. A ocupação deles como pescadores dá um indício da verdadeira natureza daquela qualidade, pois o peixe é um símbolo do divino, de amor como o de Cristo, de ternura, de compaixão e desejo de aplacar a dor. Pescar implica que aqueles atributos já estejam desenvolvidos e encontrando expressão naqueles qualificados para o Discipulado. O serviço que surge da compaixão e de um sentido de responsabilidade pelo bem-estar dos outros é um dos mais elevados atributos do homem. O espírito divino, personificado por Jesus, "chama" e alcança o homem externo por intermédio daquelas qualidades. Habilmente, então, os dois discípulos são descritos como pescadores.

Todos grandes Mestres que visitaram a humanidade, inclusive Jesus, seguiram essa prática de ensinar publicamente às multidões e reservada e cuidadosamente a estudantes selecionados. Pode-se presumir, entretanto, que seus discípulos foram mais do que doze, sendo esse número, sem dúvida, escolhido em concordância com a técnica e o método da linguagem simbólica, pois o número doze representa a completude, a totalidade e o pleno desabrochar no homem das doze qualidades zodiacais[16]. O Discipulado com um Mestre Adepto é planejado por ele para acelerar a obtenção dessa perfeição de doze aspectos.

Mt 4:20. Eles, deixando imediatamente as redes, o seguiram.

Se é aceita a interpretação mística anterior desse evento, então a cessação do trabalho remunerado que os tinha capacitado a se sustentarem e a seus dependentes

[16] Características humanas representadas pelos signos do Zodíaco.

é compreensível. O versículo precedente indica que Pedro e André, por seu turno, foram se tornando cada vez mais sábios e instrutores de sabedoria, simbolicamente "pescadores de homens". A ação de abandonar suas redes indica, então, uma ênfase deliberada e definitiva sobre valores espirituais em detrimento dos materiais na condução de suas vidas. Essa expressão pode também ser interpretada como se referindo ao dever do discípulo de, cautelosamente, notar aqueles em quem as condições do Discipulado existem, associarem-se com estes e, quando adequado, apresentá-los ao Mestre. Simbolicamente, esse procedimento constituir-se-ia na "pesca" e "captura" daqueles prontos para entrar pela porta estreita.

O abandono do modo de vida anterior foi instantâneo, indicando que já tinham alcançado um estágio de realização e atingido um grau de iluminação que tornava suas respostas óbvias, exterior e interiormente, inevitáveis e consequentemente instantâneas, pois uma vida de Discipulado vivida na presença do instrutor é para tais homens e mulheres o mais desejável modo de vida – na verdade o único[17].

Graus de desenvolvimento estão indicados pelas respostas diversas dadas a Jesus e à sua missão por aqueles que entraram em contato com ele. Os mais altamente desenvolvidos seguiam-no e serviam-no imediatamente e de forma inquestionável. Outros ouviam-no como que assombrados[18], enquanto alguns viam nele um oponente ao poder que detinham e, consequentemente, perseguiam-no. Outros ainda zombavam e escarneciam de seus sofrimentos e de sua aparente incapacidade de livrar-se deles.

Mt 4:21. Continuando a caminhar, viu outros dois irmãos: Tiago, filho de Zebedeu, e seu irmão João, no barco do pai Zebedeu, a consertar as redes. E os chamou.
22. Eles, deixando imediatamente o barco e o pai, seguiram-no.

A rede é usualmente interpretada como um símbolo da mente formal do homem com sua capacidade dual para receber sabedoria (pegar peixe) e de coletar fatos objetivos (pegar e prender o peixe). Ela também significa desejo de posse, cobiça e acumulação que surgem de um acentuado senso de individualidade separada. Alegoricamente, tanto esse hábito como o de dependência teimosa do pensamento concreto exclusivo devem ser superados por aqueles desejosos de se tornar discípulos, pois a compreensão dos princípios, processos e das leis subjacentes à manifestação da natureza divina do homem é dependente da função da inteligência abstrata. Autoemancipação das restrições do pensamento puramente conceitual e, consequente, universalização da consciência estão implícitas na resposta imediata dos primeiros quatro discípulos[19].

---

[17] Cf. *Upanishad*: "Não há absolutamente nenhum outro caminho."
[18] E.g. Mt 19:16-23, o nobre jovem rico.
[19] Cf. Mt 4:18-19 e Mc 10:28.

O barco é o símbolo dos meios de locomoção ou de ação usados pela consciência, representada pelos passageiros e pela tripulação[20]. Uma embarcação é, então, o corpo, ou veículo, espiritual, intelectual ou físico ou todos estes. Embora proveitoso, um barco é inevitavelmente restritivo, na medida em que limita seus passageiros no tempo e no espaço. Consequentemente, embarcar num navio é algo como nascer num corpo. Deixar o barco voluntariamente, como os discípulos fizeram, indica liberação das restrições e obtenção de uma certa liberdade, nesse caso, particularmente de perspectiva mental ou redução, a um mínimo, da ilusão da autosseparatividade. Essa liberdade é uma das qualidades que distinguem o homem e a mulher que estão prontos para o Discipulado.

O pai e seu barco podem representar as valiosas condições de ser encarnado e de possuir um lar e segurança. Mas eles também significam as restrições sobre o pensamento e a ação que um ambiente habitual pode impor. O discípulo é alguém que é capaz de superar as limitações do passado, da tradição e dos hábitos físicos e mentais. Tiago e João, os filhos de Zebedeu, tinham claramente alcançado essa condição evolucionária e, em consequência, ao escutar o chamado do Mestre, "eles, deixando imediatamente o barco e o pai, seguiram-no."

Um discípulo é assim uma pessoa que é capaz de entrar em um novo mundo de pensamento para cruzar fronteiras estabelecidas e, mesmo não seguindo os procedimentos científicos, pensar além das limitações de fatos provados e aparentemente aceitos, passando a condições dimensionais mais elevadas de percepção. Um fenômeno particular é para ele não mais um fato isolado, mas a expressão de uma Ideia universal. Princípios interessam-no muito mais do que fato e fenômeno, e ele desenvolveu o poder de perceber e compreender leis fundamentais. Quando, portanto, um ser super-humano, um Mestre, aproxima-se e chama-o, ele responde imediatamente.

Assim, estão descritos nesses extraordinários versículos, por meio de alegoria e símbolo, as fases da evolução humana, qualidades dos seres humanos, a vida mística interior dos devotos e o aparecimento dos princípios redentores internos.

Mt 4:23. Jesus percorria toda a Galileia, ensinando em suas sinagogas, pregando o Evangelho do Reino e curando todas enfermidades e moléstias entre o povo.

Embora a personagem histórica, o iluminado Jesus que servia de canal para energias superiores, cumprisse de fato a sua maravilhosa missão de movimentar-se entre o povo, ensinando e curando, também pode ser vislumbrada uma descrição clara de um desenvolvimento psicológico no homem. Misticamente interpretado, quando o centro de autoconsciência se estabelece no mais alto intelecto profético e está aberto à sabedoria e ao poder de níveis ainda mais elevados (está batizado), então o homem mortal torna-se iluminado, capacitado, unificado e "curado". A natureza crística dentro do homem harmoniza-se e, quando necessário, cura o ser hu-

---

[20] Ver Hodson, *A Sabedoria Oculta na Bíblia Sagrada,* Cap. 9, p. 76, Ed. Teosófica, Brasília.

mano mortal, representado nesses versículos pelo povo. Todos esses estados dentro de um indivíduo são influenciados pelo espírito divino interior, o Cristo interno, porque esse princípio do homem passa pelas mesmas experiências, como Jesus nos evangelhos. Metafisicamente, a Mônada humana que desabrocha nasce, cresce, é batizada, resiste a tentações e prossegue para redimir o homem externo. Discordâncias são assim harmonizadas e as fraquezas substituídas pelos poderes. Então, nesse sentido místico, a missão de cura do Remidor interno está completa.

Embora essa potência coordenadora e harmonizante repouse no interior de todo homem, a evolução da humanidade não entrou ainda na fase em que a natureza crística está suficientemente desenvolvida para assumir poder e predominância sobre o homem puramente mortal. Algumas pessoas avançadas, entretanto, entraram nessa experiência à frente da raça, enquanto um reduzido número – os "justos que chegaram à perfeição"[21] – já alcançou a meta de evolução para a humanidade terrestre. Então, em essência, há três classes de seres humanos: aqueles cujo desenvolvimento vem ocorrendo a uma velocidade normal, aqueles que estão adiantados e outros que já alcançaram a perfeição. Existem variações dentro das duas primeiras categorias e são representadas em alegorias inspiradas pela massa da população e pelos heróis e discípulos, respectivamente. A figura central em tais alegorias usualmente personifica o Adepto.

Mt 4.24. O seu renome espalhou-se por toda a Síria, de modo que lhe traziam todos os que eram acometidos por doenças diversas e atormentados por enfermidades, bem como endemoninhados, lunáticos e paralíticos, e ele os curava.

Cada uma dessas doenças tem sua correspondência com uma desordem psicológica particular. Ser possuído por um demônio refere-se à predominância no homem das qualidades animalescas e irracionais, materiais, resultante da expressão excessiva de certas paixões e desejos humanos e indulgência com eles. Uma verdadeira obsessão por seres e influências maléficas, entretanto, não é descartada. Formas interiores e externas podem ser combinadas em uma pessoa e produzir verdadeiro tormento e mesmo atributos satânicos. Obsessão por uma ideia fixa pode tornar uma pessoa completa ou parcialmente insana naquele aspecto onde a ideia e a sua expressão estão focalizadas. A paralisia psicológica, por sua vez, pode ser descrita como uma condição na qual o controle e a direção do corpo e da mente são instáveis, extremamente variáveis em grau e, ocasionalmente, ausentes.

Embora o progresso evolucionário normal venha a remover essas enfermidades, elas podem ser corrigidas pela ação de um poder divino, sabedoria e inteligência despertados dentro do paciente. Esse poder purificador e curativo não se torna disponível, entretanto, até que uma fase adiantada de evolução seja adentrada. Na verdade, todas dificuldades dos homens, quer externas ou internas, são naturais em sua presente condição e permanecerão assim até que ele as supere. Esse processo

[21] Hb 12:23.

pode ser acelerado e o homem pode libertar-se do mal, apressando seu progresso evolucionário com a ajuda daqueles que já avançaram a um estágio posterior. Essa é a vida do Discipulado, a denominada vida interior, o caminho da cruz. Convocar e treinar discípulos é colocar os atributos humanos sob a influência do divino no homem e, desse modo, substituir a ignorância pela sabedoria, transformar a discórdia em concórdia, a indocilidade em controle, a sensualidade em pureza e o orgulho em humildade.

Mt. 4:25. Seguiam-no multidões numerosas vindas da Galileia, da Decápole, de Jerusalém, da Judeia e da região além do Jordão.

Cada verdadeiro reformador (e mesmo alguns que talvez não sejam tão verdadeiros) desfruta períodos de aclamação pública, como aconteceu com Jesus nesse maravilhoso tempo de sua vida. Os inimigos da reforma, aqueles que estão entrincheirados em posições rentáveis, não despertaram ainda para o sentido de perigo e de ciúme acompanhados pelo medo da perda do prestígio e do poder. Os defensores aclamam o Cristo e, aparentemente, os inimigos ainda dormem.

Jesus, tendo recebido a descida do Espírito Santo, estava brilhando com Seu esplendor, exibindo completo domínio sobre os desejos mundanos e o elemento material na natureza humana. Ele tinha começado a dar expressão aos grandes poderes de que tinha sido dotado. Por tudo isso ele era um perfeito exemplo de um Iniciado dos Mistérios Maiores. A Suprema Divindade tinha se tornado ativa nele; uma manifestação do poder divino pela causa da humanidade estava ocorrendo. Ante ele achava-se o mundo dos homens: ignorantes porque não tinham ainda descoberto a verdade ou porque eram deliberadamente mantidos neste estado por aqueles que detinham a autoridade. Os homens que buscavam a sabedoria e aqueles doentes da mente e do corpo (ou de ambos) eram atraídos em sua direção, vindos de perto e de longe, e ele os iluminava e curava. As provas de força ainda não tinham começado. A grande tragédia de um sublime instrutor a ser perdido fisicamente para o mundo ainda estava longe. A sombra da cruz não havia ainda pairado sobre Jesus, o Cristo, o ungido.

modesto, aceitando o ... porém pode libertar-se do ..., apresentando seu interesse ... como ... aqueles que já ... a mostra do ... Dessa ... de ..., a ... da ... o ... da cruz. Conseguem ... os atributos humanos ... do ... e ... dessa ... , ... a ... da ... , ... na ... , ... e ... em ... em ... humilde.

2 Tm 1.13. Seguindo o modelo ... da Palavra de Deus, ... a fé e o amor ... Jesus.

[illegible]

Cada ... reformador ... (... que ... trocar a ... de uma ... da ... que ... com ... e ... da vida. Os ... da ... , ... em ... , ... para o ... e ... acompanhados pela ... do ... do ... e ..., ... ao ... de ...

... tendo ... a descida do Espírito Santo ... com Seu ... , ... completo ... dos ... e o ... material ... humano. ... a ... que ... de ... tinha ... Por ... de ... pela ... de um ... Mas ... a ... em ... da ... este ... de ... da ... ... de ... que ... a ... e ... que ... com ... o que ... Os ... que ... e ... de ... em ... de ... de ... que ... a ... de ... a ser perdido ... para o mundo ... na ... sombra da ... da ... o ...

Parte 5

O Sermão da Montanha

Capítulo 9

As bem-aventuranças são elocuções de aforismos imemoriais que constituem o coração dos ensinamentos dados por cada verdadeiro Mestre espiritual a cada discípulo. O progresso na senda de realização acelerada, o caminho da santidade, ou o caminho estreito, depende tanto da percepção espiritual como da aplicação das imponentes ideias que elas apresentam. S. Mateus descreve as circunstâncias que levaram à sua declaração por Jesus.

Mt 5:1. E Jesus, vendo a multidão, subiu a um monte, e, assentando-se, aproximaram-se dele os seus discípulos;

Após prolongado auxílio às multidões, evidentemente se tornou necessário uma autorrenovação. O monte das bem-aventuranças, levantando-se das costas ocidentais do Mar da Galileia, foi há muito tempo indicado como a elevação na qual Jesus pregou. Entretanto, o monte também significa que ele se recolheu à sua consciência superior, presumivelmente contemplou o divino dentro de si mesmo e do Universo[1], levou para perto de si os membros do círculo interno de seus amigos e compartilhou com eles aforismos da Sabedoria Eterna que ele incorporou em sua vida, como seus ensinamentos demonstram claramente.

O episódio pode também ser tomado como um alegoria descritiva do processo de alquimia espiritual, da purificação, do refinamento e da transmutação da natureza mortal completa do homem, do "chumbo" no fino "ouro" interior de imaculada espiritualidade. O desejo egoísta é finalmente extirpado, a autoexistência é transcendida, e o poder terreno é reconhecido como um objetivo sem valor, sendo na verdade um obstáculo para a autoaquisição de poder espiritual. As qualidades antigas da sabedoria discernente, do desapego, da ausência de paixão, do desinteresse pessoal ou mesmo da indiferença, combinadas com um amor sublime e altruísta por tudo que respira, por todos aqueles que têm esperança e sofrem – tornam-se poderes na vida do salvador e servidor da humanidade, o futuro Adepto.

[1] Ver Hodson, *A Sabedoria Oculta na Bíblia Sagrada*, Cap. 9, pp. 92-93, Ed. Teosófica, Brasília.

Provavelmente não nos tenha sido passado a totalidade do grande sermão, mas, felizmente, sua mensagem completa está disponível nas Escrituras que preservam o ensinamento de outros seres iluminados e o modo de vida deles[2]. Jesus exemplificou o espírito do Sermão da Montanha por toda a sua vida e principalmente no Getsêmani, onde, com extrema autorrenúncia, disse: "não seja feito como eu quero"[3]. Isso, certamente, foi o máximo de altruísmo, o topo daquele "monte", do qual, misticamente, o grande sermão foi pregado.

Mt. 5:2. E pôs-se a falar e os ensinava, dizendo:

3. Bem-aventurados os pobres em espírito, porque deles é o Reino dos céus.

Esses notáveis aforismos podem ser considerados como descritivos da senda para a iluminação plena e da atitude de vida daqueles que a seguiram até o fim. A palavra bem-aventurança indica um estado interior de consciência obtido por intermédio do deliberado autodespojamento do eu. Isso é alcançado ou como resultado do desenvolvimento natural ou provocado pela prática da ciência do *yoga*[4], particularmente a obtenção da completa ausência de paixão nascida da realização da unidade com a essência espiritual do Universo. Portanto, não significa exclusivamente o recebimento de bem-aventuranças de cima ou de fora, mas também o estado elevado de bem-aventurança, imortalidade ou liberação das restrições terrenas, a condição daqueles que se tornaram plenamente iluminados e perfeitos e, assim, imortais.

A expressão '*pobre em espírito*' refere-se à completa ausência de egoísmo e de orgulho, que foram substituídos pela humildade e modéstia perfeitamente naturais. Na verdade, a percepção de existência como um ser separado foi totalmente transcendida, permanecendo somente a realização da unidade com a Vida universal. Uma noção exagerada de autoexistência como individualidade específica que parece conferir opulência impede inevitavelmente a obtenção da consciência universalizada. Mas agora os atributos humanos normais, que surgem da crença no eu separado, não mais existem.

A segunda frase indica o resultado dessa emergência da crisálida do egoísmo. Com a liberdade completa dentro da existência universal, é alcançada a totalidade e a infinitude do ser, como a borboleta que está livre no ar. Para o homem, o estado de crisálida, com suas vantagens temporárias e suas limitações, foi perdido, mas essas vantagens são repostas pela maior liberdade de um estado mais elevado de existência, ainda que desfrutado impessoalmente. Nesse versículo esse estado de consciência é descrito como o reino do céus.

---

[2] E.g. *A Luz da Ásia; Bhagavad-Gitā; Viveka-Chudamani – A Joia Suprema da Sabedoria,* Ed. Teosófica*; Lao-tse; Tao-te-Ching.*

[3] Mt 26:39.

[4] Ver Geoffrey Hodson, *A Yoga of Light.*

Mt 5:4. Bem-aventurados os que choram, porque eles serão consolados.

As afirmações de que consistem o Sermão da Montanha oferecem garantia de que a entrega do eu não traz perda, mas ganho, de um ponto de vista superior. Essa mesma verdade brilha nas páginas da grande literatura religiosa e filosófica dos povos antigos e, como afirmado, é particularmente notável na do Hinduísmo, Budismo e Taoísmo. Embora os aspirantes à sabedoria oculta e espiritual tenham descoberto essa verdade, a maior parte da humanidade está longe de tê-la alcançado na atual fase da evolução, porque a mente, apesar de suas magníficas capacidades intelectuais, apresenta também as qualidades de avidez, egoísmo e orgulho *(ahamkara)*[5]. Uma atitude altruísta e não possessiva está sendo perpetuamente negada pelas nações e pelos indivíduos, sendo então a causa raiz dos males que atormentam a humanidade. A aplicação do Sermão da Montanha às ocupações terrenas e, igualmente, pessoais é a única solução para os problemas críticos enfrentados pelo gênero humano atualmente.

Embora aqueles que estão de luto (aqueles que pranteiam) sofram, a verdadeira abnegação traz em si o conhecimento de que o ser amado que partiu ainda vive, ainda ama e ainda partilha os segredos do coração e da mente. A morte não é um mistério para aqueles que alcançaram a fase evolutiva descrita nesses versículos, pois eles o resolveram pela experiência direta da imortalidade de seu próprio Eu espiritual, assim como o de todos os homens. Estão apoiados, por conseguinte, menos em auxílio externo do que em conhecimento interior.

Mt 5:5. "Bem-aventurados os mansos, porque eles herdarão a Terra."

Traduções para o inglês de tais aforismos vindos de qualquer língua antiga devem, quase inevitavelmente, ser imperfeitas e incompletas e podem, portanto, conduzir a enganos. Aqui a mansuetude não significa de forma alguma fraqueza. Refere-se, mais apropriadamente, a uma atitude frente à vida na qual a autoafirmação está totalmente ausente. Aqueles que são verdadeiramente iluminados nunca experimentam a mais débil necessidade de afirmarem-se. Eles sabem que somente o Eu Supremo, o único Eu do Universo, existe, sendo a percepção humana de individualidade pessoal uma ilusão que eles transcenderam. O consequente enfoque para viver e associar-se com outros não significa submissão hipócrita nem tampouco modéstia e humildade artificiais. Antes é completamente livre de toda exigência, mesmo de quaisquer anseios por respostas que gratificariam o orgulho ou o bolso. Ainda que o fato possa parecer estranho e contraditório, o resultado é a obtenção de uma realeza interna e uma realização de abundância interior perpetuamente disponível para satisfazer todas as necessidades: mental, espiritual e mesmo, algumas vezes, material.

Mt 5:6. Bem-aventurados os que têm fome e sede de justiça, porque eles serão fartos.

---

[5] *Ahamkara* – ver Glossário.

Quando alguém lê essa apresentação sem-par dos grandes aforismos e medita sobre eles, pode ser levado em pensamento àquelas reuniões privadas e muito íntimas em que Jesus instruía seus discípulos preferidos nos caminhos da vida espiritual. Tal privacidade não é arranjada pelos Instrutores espirituais com a finalidade de privar o público da Sabedoria divina, mas somente para proporcionar condições sob as quais instrução avançada possa ser dada a um pequeno grupo de discípulos escolhidos, a quem o Mestre, indubitavelmente, percebe estar pelo menos no limiar do estado desejável de consciência e próximo da fase de evolução na qual os ideais se tornarão possíveis e praticáveis. Esse ensinamento altamente especializado não poderia ser dado proveitosamente por Jesus para todas as pessoas que se juntavam ao seu redor. Mal-entendida, mal-interpretada e aplicada erradamente pelas pessoas não intuitivas, a instrução poderia parecer implicar ausência de qualquer esforço, entrega à passividade e mesmo recomendação prematura à renúncia do mundo. Isso poderia somente conduzir ao desastre, à frustração, à mágoa e à pobreza. Homens pseudoespirituais, escapando do trabalho do mundo, tornam-se zangões, um dreno na comunidade e um obstáculo à evolução deles mesmos.

O texto pode não parecer inteiramente merecedor tanto das sublimes ideias como de sua apresentação aos discípulos, a menos que se compreenda que a linguagem está propositadamente cifrada, iludindo os espiritualmente não instruídos, mas plenamente compreensível aos discípulos. Herdar a Terra, por exemplo, significa ter o domínio da matéria, da existência material e portanto do próprio corpo físico. Numa fase particular do desenvolvimento espiritual e oculto, a matéria física cessa de ser um oponente que resiste à vontade do neófito. Ele a conquistou, arrancou seus segredos e penetrou no seu âmago, que é o poder cósmico. Então, livre das limitações da matéria, ele metaforicamente herda a Terra com todas as suas possibilidades e poderes.

A grande descoberta não é de forma alguma fácil. Com todo o seu ser, coração, mente e espírito, o aspirante bem-sucedido busca o conhecimento que é poder. Ele aspira com intenso ardor, empenha-se com a mais firme determinação, bate à porta com implacável vontade, movido internamente para conhecer a verdade e então aplicar aquele conhecimento para o aperfeiçoamento da vida. Nesse sentido, ele tem fome e sede de justiça, significando sabedoria pura e sua perfeita aplicação à vida diária. Esse versículo assegura a todos aspirantes que essa justiça é plenamente alcançável. Na verdade, todo o sermão descreve parcialmente a atitude de mente essencial a tal consecução. Essa atitude surge naturalmente da transcendência da ideia do eu e da separatividade. Os discípulos estavam sendo treinados, como são todos os discípulos, para obter a consciência da Existência Total, a totalidade única do Ser. Os versículos das bem-aventuranças descrevem a maneira de enfocar a vida que daí resulta. A perfeição deve ser procurada determinadamente. A autocentralização e o egoísmo devem ser transcendidos. Conhecimento espiritual, sabedoria e poder devem se tornar a meta de todo esforço.

Mt 5:7. Bem-aventurados os misericordiosos, porque eles alcançarão misericórdia.

Os sermões para o público em geral são usualmente formulados e recebidos como orientação para a conduta na vida, e o Sermão da Montanha pode assim ser estudado, muito embora seus ensinamentos sejam difíceis de se aplicar na vida diária no mundo. Entretanto, ele também descreve os resultados do desabrochar espiritual. Aqueles que se tornaram iluminados, como se tivessem sido "ungidos", estão naturalmente plenos de compaixão e portanto são misericordiosos. Eles se tornaram a personificação da misericórdia no sentido do amor compassivo por tudo aquilo que vive, sofre e está em dificuldade. Então, o versículo provê orientação para vida, ratifica a lei de causa e efeito e descreve um estado de consciência.

Mt 5:8. Bem-aventurados os puros de coração, porque eles verão a Deus.

Pureza de coração é uma condição espiritual e, na verdade, uma condição muito elevada, particularmente quando considerada como um estado de completa liberação do desejo pessoal de qualquer espécie. Em tal estado, o coração está aberto somente numa direção, para fora, sem nenhum fluxo para dentro sendo esperado ou possível. Desse ponto de vista mais elevado, constitui-se em impureza de coração o atributo profundamente arraigado da consciência humana que gera a expectativa de um retorno, ou pagamento, por cada ação.

O homem está acostumado a esperar retorno para cada esforço e cada ação, particularmente quando outros são beneficiados. Essa proposta de vida não pode ser judiciosamente condenada ou mesmo criticada. O homem deve viver. Ele necessita alimento e abrigo para seu corpo, expressão para suas emoções e o dar e receber ideias para sua mente. Ainda que inconscientemente, as pessoas e as nações fundam suas relações mútuas nesse princípio de dar e receber equilibradamente. Se há um benefício, então muito melhor.

Quando, entretanto, um novo nível de consciência é alcançado, o motivo de ganho pessoal e mesmo de recompensa justa declina como uma força impulsionadora da ação. Na verdade, no novo e mais elevado nível de percepção, a aparente divisão entre aquilo que é meu e o que é dos outros é vista como sendo uma ilusão. Ela desaparece, com nada separando as vidas dos seres umas das outras. O benefício próprio torna-se sem sentido, a autoentrega torna-se uma atitude perfeitamente natural na direção da humanidade e o único modo razoável de viver. Essa é a verdadeira pureza de coração, e aqueles que a obtiveram conhecem o Ser divino único em todos os Universos, todos os seres e todas as coisas. Nas palavras do Instrutor: "os puros de coração ... verão a Deus."

Embora colocada aqui como a sexta entre as virtudes, a pureza de coração é a grande essência de todas elas, pois sem abnegação pura todos as outras são vãs. O simples pensamento de alguma recompensa, embora espiritual, mancha e, em certa medida, nega as outras virtudes. Também obstrui o caminho para a consciência crística de unidade com todos os que vivem.

Mt 5:9. Bem-aventurados os pacificadores, porque eles serão chamados filhos de Deus.

Na medida em que todos os homens são espiritualmente filhos de Deus e legitimamente assim designados, os termos usados pelo Mestre devem ter aqui um significado especial. Os verdadeiros pacificadores, certamente, são aqueles que estabeleceram a paz dentro de si mesmos. Isso envolve duas condições: um relacionamento completamente harmonioso entre o homem exterior e o seu Eu espiritual, e harmonia entre seu ser total e a Vida interior, pela qual o Universo é impregnado, vitalizado e sustentado. Motivos, pensamentos, palavras e ações egoístas e cruéis são dissonantes. As pessoas em quem condições discordantes são habituais nem são pacíficas consigo mesmas nem estão em paz com a vida eterna que as envolve e permeia. Elas não podem, portanto, merecidamente ser chamadas pacificadoras, ou filhas de Deus, no tocante a suas condutas e ao estado interior.

Calma sem agitação, serenidade interna e paz de coração e mente são essenciais para o progresso no caminho da santidade. Isso produz paciência, clemência e perdão, cada um dos quais contribui para aquele equilíbrio interior que também pode ser descrito como paz. Sob tais condições, o homem pode se tornar consciente de sua natureza divina, manifestar suas qualidades e poderes divinos e ser, nesse sentido, considerado filho de Deus.

Mt 5:10. Bem-aventurados os que sofrem perseguição por causa da justiça, porque deles é o Reino dos céus.

Medo de perseguição é natural, e poucos homens estão prontos para expor-se à hostilidade em defesa de "uma causa justa". Ocasionalmente, entretanto, surgem homens e mulheres que estão destemidamente dispostos a proclamar o que consideram como verdade e a enfrentar corajosamente todas as consequências. Autossacrifício e prontidão para enfrentar perseguição por uma causa justa, em nome da verdade, são qualidades que abrem o caminho de comunicação entre o homem e a Deidade.

Mt 5:11. Bem-aventurados sois vós, quando vos injuriarem e perseguirem e, mentindo, disserem todo o mal contra vós por minha causa.

12. Exultai e alegrai-vos, porque é grande o vosso galardão nos céus; porque assim perseguiram os profetas que foram antes de vós.

Como certas plantas em um jardim florescem antes de outras, e como certas árvores em um pomar frutificam precocemente na temporada, assim as almas espirituais dos homens estão em diferentes estágios de desenvolvimento. Algumas já produziram seus frutos, outras estão em flores ou em botão, enquanto a grande maioria ainda só tem folhas. Almas avançadas possuem conhecimentos que não estão diretamente disponíveis a outras almas de menor estatura. Elas, portanto, destacam-se como diferentes, são procuradas como instrutores pela minoria e desprezadas e perseguidas pela maioria. Sua perspectiva, seus motivos e, em alguns aspectos, sua conduta são incompreensíveis. Caso elas instruam, seus ensinamentos parecerão heréticos e poderão provocar desconfiança, medo e, para algumas pessoas, oposição ativa, pois as próprias fundações da civilização e, especialmente, da ortodoxia parecem ser atacadas e postas em perigo. A defesa por meio do ataque pode então ocorrer, levando à perseguição e mesmo ao assassinato, como tem sido demonstrado ao longo da História. A vida de Cristo, como narrada nos evangelhos, é um exemplo dessas tendências e de sua trágica consumação.

Esses versículos asseguram àqueles que sofrem perseguição que sua persistência na retidão não é vã. Eles são abençoados, especialmente no sentido de que entram em união consciente com toda a vida, apesar da diversidade de suas formas. Corpo e cérebro não podem mais aprisioná-los; as tendências separativas da mente não podem mais isolá-los de seus semelhantes. A morte perdeu seu poder sobre eles, porque estabeleceram seu centro de vida e de consciência não no corpo mortal, mas no Eu espiritual indestrutível e imortal. Os sábios e seus discípulos são homens felizes na Terra, pois suportam em paz, mesmo quando a população ao seu redor está sendo dizimada pela guerra. Essas almas avançadas são abençoadas, na verdade, assim como aquelas que são suficientemente sábias para buscar seus conselhos e sentar-se a seus pés.

Mt 5:13. Vós sois o sal da Terra; e se o sal for insípido, com que se há de salgar? Para nada mais serve senão para se lançar fora e ser pisado pelos homens.

A expressão '*sal da Terra*' foi-nos transmitida, através dos séculos, no uso comum, como significando as pessoas da mais alta e excelente qualidade, as melhores. O dito original, entretanto, expressava outro significado, que é o da verdadeira essência das coisas, ou da natureza mais interior. Embora o discípulo pareça para as demais pessoas, particularmente para as não iluminadas, ter permanecido o mesmo que antes do seu Discipulado, de fato ele está profundamente mudado, pelo fato de sua natureza mais interior, seu Eu espiritual, ter-se revelado para seu cérebro-mente. A revelação aprofunda-se à medida que o Discipulado continua e desenvolve-se, uma vez que este não permanece estático em nenhum sentido.

Enquanto essa evolução acelerada do Eu interno e o desenvolvimento apressado do homem externo continuar normalmente, com o primeiro obtendo domínio crescente, então tudo está bem e, metaforicamente, o sal conserva seu sabor. Quando, entretanto, o homem externo perde o contato com o seu Eu interior ou a ele renuncia, ainda que o *status* aparente seja mantido, o Discipulado torna-se uma fraude sem sentido. Sob tais condições o sal perde seu sabor. O homem externo não mais se interessa pelo Eu interno e dele pode mesmo retrair-se. Um fracasso oculto, contra o qual é dada advertência, é o resultado inevitável.

Quando esses e outros aforismos foram transmitidos aos discípulos no início de seu caminho no ocultismo, cada um era indubitavelmente seguido por comentários e muitas repetições. Os antigos registros, entretanto, somente legaram os próprios conceitos e em forma um tanto enigmática.

Mt 5:14. Vós sois a luz do mundo. Não se pode esconder uma cidade edificada sobre um monte.

No treinamento oculto a expressão luz do mundo refere-se à essência espiritual interior, o Eu espiritual do Universo e do homem. O neófito é treinado regularmente para afirmar e, assim, eventualmente, conhecer por experiência direta a manifestação da luz espiritual e universal dentro de si próprio como o núcleo de seu próprio ser. Isso é parcialmente alcançado pelo método de afirmação no qual o devoto declara: "eu sou o Eu Espiritual, este Eu sou eu" ou "eu sou a luz universal, esta luz sou eu" ou, mais simplesmente, "EU SOU AQUILO, AQUILO SOU EU"[6]. No versículo em exame, Jesus assegura essa verdade aos seus discípulos, indubitavelmente os encorajando e ajudando a descobrir e compreender plenamente a "luz verdadeira" dentro de si próprios.

Essa luz verdadeira não é, naturalmente, uma fonte física de iluminação. Ela é mais apropriadamente uma manifestação, ou modo de percepção, do espírito divino dentro do homem. A elevação espiritual, ou a exaltação do *yoga*, é experimentada frequentemente como a entrada num Universo que consiste somente de luz. Não há formas nem seres são vistos, não existem divisões, e sombras e contrastes são inconcebíveis. O sentido de individualidade separada desaparece ou se reduz a um mínimo, e somente a luz universal subsiste. O devoto conhece a si próprio e "a luz do mundo."

A percepção espiritual de luz perpétua está indicada no incidente do prolongamento do dia por Josué[7], e na promessa pronunciada por Isaías: "Põe-te de pé, brilha, porque tua luz é chegada, e a glória do Senhor raia sobre ti."[8]

O simbolismo muda na segunda sentença desse versículo. Uma vez que morros e montanhas na linguagem simbólica referem-se à exaltação e aos estados espirituais de consciência, a expressão "cidade edificada sobre um monte" pode ser interpretada como o veículo do Eu espiritual, o *karana sharira* da filosofia hindu, o corpo causal, a veste imortal da alma espiritual. Enquanto o sal e a luz do mundo se referem à essência do ser da humanidade, a cidade no monte designa o veículo por intermédio do qual aquela essência é expressa no nível do intelecto profético e abstrato. De fato, é verdade que os frutos de tal percepção não podem ser ocultados. Moisés, ao descer do Monte Sinai, não sabia que sua face resplandecia, embora aqueles que o viram percebessem o fato[9].

Mt 5:15. Nem se acende a candeia e se coloca debaixo do alqueire, mas no

[6] Ver Geoffrey Hodson, *A Yoga of Light*.
[7] Js 10:13.
[8] Is 60:1 e 60:19-20.
[9] Ex 34:29.

velador e assim ela dá luz para todos que estão na casa.
16. *Assim resplandeça a vossa luz diante dos homens, para que vendo as vossas boas obras, eles glorifiquem vosso Pai que está nos céus.*

Como era seu costume, Jesus usava analogias simples na expressão de seus ensinamentos. A instrução adicional foi dada aos discípulos para que partilhassem com as demais pessoas aquilo que eles tinham descoberto e recebido. A importância e o efeito de dar plena expressão à percepção intelectual e espiritual são afirmados. Por pelo menos três justificativas a luz recebida deve ser repartida. A primeira é pela ajuda à humanidade. O exemplo inspira outros e capacita-os a perceber o divino no servo inspirado da humanidade. O Deus no homem muito raramente brilha através de seu revestimento físico e é tão raramente visto que expressões desse brilho nos modos de vida e nas demonstrações elevadas e nobres de sabedoria e poder são de grande benefício aos observadores, privilegiados por estarem presentes.

A segunda razão para compartilhar é, então, que a verdade e a luz possam continuamente fluir através do homem iluminado, vitalizando-o e mantendo aberto os canais interiores pelos quais mais conhecimento e luz possam ser recebidos. O fracasso nisso conduz a adiamento inevitável do progresso, a um obscurecimento da mente e a uma forma de estagnação psicoespiritual – que definha e desanima quase como uma morte.

Em terceiro lugar, cada vez que o espírito divino no homem brilha através de seus veículos, principalmente o físico, seu poder sobre a personalidade cresce. Canais são cavados e alargados sempre que a espiritualidade caracteriza a conduta pessoal. Como o exercício apropriado provoca o crescimento dos músculos, assim também a expressão material contínua do espírito no homem aumenta em poder. O Pai que está nos céus é um nome para esse espírito, a Mônada, o princípio capacitativo que exalta a natureza humana, por intermédio de quem ele se manifesta.

Mt 5:17. Não penseis que vim destruir a lei ou os profetas. Não vim revoga--los, mas dar-lhes pleno cumprimento.

Essas palavras de Jesus para seus discípulos parecem estar descrevendo sua missão e explicando qualquer iconoclastia que possa ter expressado. Por essas palavras procurou não destruir a sabedoria herdada pelos hebreus, a Torá, a Lei, mas libertar sua expressão de incrustações. Interpretações do Velho Testamento asseveradas dogmaticamente, em particular dos livros mosaicos, tinham erigido uma ortodoxia um tanto rígida e conduzido a erros inequívocos. A missão de Jesus foi cumprir a lei pelo desafio à ortodoxia da época e liberar as mentes responsivas dessas severas restrições. A destruição de falsas concepções naturalmente ocorreu quando ele deu expressão à sua pura sabedoria. Ele mesmo estava livre nesse sentido e tinha alcançado experiência interior duradoura da lei, ou pura sabedoria. Então sua pessoa, sua vida, suas palavras e suas ocupações foram o cumprimento perfeito da lei.

Mt 5:18. Porque em verdade vos digo que, até que o céu e a terra passem, nem um jota ou um til se omitirá da lei, sem que tudo seja cumprido.

O dominante e onipresente poder da pura verdade é aqui afirmado. A sabedoria essencial, o coração esotérico do Judaísmo – como de todas outras religiões – está acima de disputa, incontestável, indestrutível. Vive quando tudo desmorona; está presente em seus renascimentos, ciclo após ciclo; é infalível.

Em outro sentido sugerido pelos versículos que se seguem, a lei de causação está particularmente referida. O efeito deve seguir-se à causa, tanto quanto à noite se segue o dia, através de interminável série de tais sequências, porque a lei de ação e reação transcende a limitação de tempo, espaço e substância, eterna ainda que inativa durante períodos da noite criativa.

Mt 5:19. Aquele, portanto, que violar um só destes menores mandamentos e ensinar os homens a fazerem o mesmo, será chamado o menor no reino dos céus. Aquele, porém, que os praticar e os ensinar, esse será chamado grande no reino dos céus.

Esses versículos não só contêm sabedoria filosófica e ética, mas também afirmam as regras do *yoga*. Como o reino dos céus significa um estado exaltado de consciência, a frase descreve o estado normal de percepção do Eu espiritual do homem, particularmente a combinação da inteligência abstrata com a intuição. Esse estado não pode ser alcançado se o homem externo e mortal é um transgressor deliberado. Escolher a transgressão como uma política de vida erige intransponíveis barreiras entre o homem interno e o externo e veda o reino dos céus à consciência cerebral. Portanto, uma das leis que governam a Autoiluminação está enunciada nesse versículo.

A experiência do estado de consciência do reino dos céus depende parcialmente da harmonia interior. Mente e emoção devem estar razoavelmente sintonizadas uma com a outra, e ambas unificadas com a essência-espiritual interior. Isso vincula a sincera rendição do homem externo ao Deus interior. A passagem que conduz da terra para o céu está então aberta. Por outro lado, as transgressões criam discórdia e enfraquecem as respostas da psique aos impulsos do Eu superior, que é desse modo mantido fora do cérebro. O grau de Autoiluminação, então, depende consideravelmente do grau de harmonia do sentimento e do pensamento que é estabelecido e mantido pela conduta correta, baseada em motivos impessoais.

O Nobre Caminho Óctuplo do Budismo e o Sermão da Montanha não só são descrições de modos de conduta, como também são, e muito mais, afirmação da lei, descrições da ação impessoal da lei de causa e efeito; eles definem condições de pensamento, motivo e ação que são essenciais à obtenção de estados espirituais de percepção. Nenhuma dessas condições pode ser ignorada ou deliberadamente desconsiderada sem a redução no grau de Autoiluminação.

São muitos os níveis de consciência que podem ser obtidos pelo homem por intermédio da meditação e contemplação, e são diferentes as experiências a eles associadas. O mais sagrado, elevado e maravilhoso estado consiste na máxima e final absorção na ritmicamente pulsante e fortemente luminosa vida inerente no Universo – ainda que sem perda completa de identidade. Isso é o *Paranirvana*, ou grandeza no reino dos céus, nos termos aqui usados. Tal morador do Nirvana, embora em um corpo, está imaculado, sem pecado, perfeitamente harmonizado em todos os níveis de sua existência, consciência e ação. Entretanto, nesse sentido, os seres humanos podem entrar no reino dos céus, a despeito dos seus defeitos, embora a altura alcançada venha ser muito menos transcendente. Tal homem é aqui descrito como "o menor no reino dos céus."

Tais colocações comparativas não são o resultado de julgamentos por seres externos, como examinadores em sistemas educacionais. Deus não é para ser considerado como um guardião das portas do céu ou como um juiz decidindo os destinos de diferentes pessoas. Isso ocorre em concordância com a lei impessoal que governa não só as reações que surgem da conduta humana, mas também de realizações espirituais. A lei penetra profundamente no âmago tanto da vida humana como da universal, e nenhum nível de existência está isento do princípio de ação e reação. As condições físicas são, de fato, produzidas pela conduta física, mas os instrutores da lei mostram também sua operação sobre aqueles que aspiram à vida superior e à consciência mais elevada. O próprio homem provoca e determina a condição de sua alma pela sua motivação e conduta e sua habilidade ou inabilidade para entrar nos estados de percepção espiritual.

Mt 5:20. Porque vos digo que, se a vossa justiça não exceder a dos escribas e fariseus, de modo nenhum entrareis no reino dos céus.

Nesse versículo são descritas as barreiras intransponíveis para a obtenção da iluminação: a hipocrisia e sua irmã gêmea, a falsidade. Essas estão personificadas pelos escribas e fariseus, membros da comunidade judaica daquele tempo. Subjacente a ambas qualidades está a da impureza de coração, que visa habitualmente obter vantagem.

A presença desse caráter indesejável torna impossível o alcance da condição de harmonia interior que resulta da obediência às leis de conduta correta. O hipócrita é continuamente discordante com sua própria essência interior e com o seu relacionamento com a Natureza e com os seus semelhantes. Ainda que externamente ele possa apresentar a aparência de bem-estar material, internamente está em guerra. Se ele represa esse conflito, então seu eu subconsciente torna-se crescentemente carregado com as dissonâncias subjacentes. Essas eventualmente se tornarão tão predominantes e fortes que podem invadir sua vida e mente consciente. Sob tais condições, corre o risco da desintegração de sua mente pessoal. Inevitavelmente, a aparência externa de bem-estar desintegrar-se-á ante as forças discordantes e antagônicas dentro dele. Assim auto-obstruído e autorrestrito nenhum homem pode alcançar o estado de consciência descrito como o reino dos céus, cuja culminância é o Nirvana.

Mt 5:21. Ouvistes que foi dito aos antigos: Não matarás; aquele que matar terá que responder em juízo.

22. Eu, porém, vos digo: Todo aquele que se encolerizar contra seu irmão terá de responder em juízo; aquele que chamar: Cretino! estará sujeito ao julgamento do Sinédrio; aquele que lhe chamar: Louco terá de responder ao julgamento na geena de fogo.

Se lida literalmente, a condenação de alguém ao fogo do inferno simplesmente por chamar outro de louco seria destituída de justiça, de razão e especialmente de piedade. Não pode, portanto, ser considerada como uma ordenação divina. Mais apropriadamente os versículos se referem à perspectiva e ao caráter fundamentais do indivíduo. O Cristo, nesses ensinamentos, penetra muitíssimo mais profundamente na conduta humana e no caráter e condições da psique do que qualquer legislador humano. O que o homem faz depende do que o homem é, e é a condição interior de coração e mente que o Mestre espiritual declara ser decisiva no tocante ao destino.

Tanto o reino dos céus como seu oposto, a geena de fogo, são frases que descrevem estados de consciência e condições psicológicas. Um está baseado na realização da unidade e o outro em sua negação, na motivação e na conduta; eles são, respectivamente, condições de unificação e de desintegração. Nenhum dos dois deve ser considerado realmente como um lugar que tenha existência objetiva nos mundos visíveis ou nos invisíveis.

Mt 5:23. Portanto, se estiveres para trazer a tua oferta ao altar e ali te lembrares de que o teu irmão tem alguma coisa contra ti,

24. deixa a tua oferta ali diante do altar e vai primeiro reconciliar-te com o teu irmão; e depois vem e apresenta a tua oferta."

Nessas elocuções, o Senhor alcança o âmago tanto da natureza humana, com suas tendências à hipocrisia, como a obtenção da percepção espiritual, que é impossível para aqueles que são deliberadamente separativos e insinceros. A harmonia interior e o relacionamento harmonioso com os outros, combinados, são mostrados como sendo muito mais importantes do que atos externos de adoração. Por um lado, é de pouca valia aproximar-se do altar simbólico com oferendas e negar, por outro, aquilo que o altar representa. Quando continuado e ignorado, um rompimento com um semelhante pode tornar vazia mesmo a maior das demonstrações externas de moral e de méritos religiosos. Um cancela o outro, não só no domínio da prática, mas, muito mais, no processo de obtenção da realização espiritual descrita como o reino dos céus.

Essa realização não resulta de julgamento pela Deidade, mas da ação da lei natural. Na verdade, a maravilhosa afirmação concernente ao reino dos céus começa pela enunciação da lei dada no versículo dezoito.

Mt 5:25. *Assume logo uma atitude conciliadora com o teu adversário, enquanto estás com ele no caminho, para não acontecer que o adversário te entregue ao juiz e o juiz ao oficial de justiça e, assim, sejas lançado na prisão.*
26. *Em verdade te digo que de maneira nenhuma sairás dali, enquanto não pagares o último centavo.*

A moralidade é dinâmica; o jogo e a interação de forças formam a base da denominada lei moral. Até certo estágio de desenvolvimento humano, o homem age moralmente em obediência à instrução e pelo receio de consequências. Por fim, sua vida é naturalmente moral, pois o homem espiritualmente iluminado preocupa-se pouco em conformar-se à moralidade, porque a delinquência se tornou para ele completamente estranha. Ele conhece os efeitos produzidos sobre si próprio quando assume conduta discordante. A harmonia é valorizada como o mais rico tesouro, e preservá-la interiormente e no relacionamento com os semelhantes é de importância primacial, pois isso é exigido não só para se entrar, mas também para subsistir-se perpetuamente no reino dos céus.

A hostilidade é discordante, destruidora da harmonia externa e da interna. O aspirante espiritual neófito refreia sentimentos hostis contra as outras pessoas e procura neutralizar a hostilidade sentida contra ele por qualquer pessoa. Concordar com um adversário, tanto mental quanto verbalmente, reduz sua hostilidade. O adágio que diz serem necessários dois para haver uma disputa expressa não só um fato óbvio, mas também uma verdade oculta. Uma pessoa no caminho é movida pelas tendências naturais não só em direção à paz e à preservação da harmonia, mas também para prevenção ou modificação de efeitos adversos da lei. O conselho dado pelo Senhor é, por conseguinte, tanto moral como oculto, e é de grande importância sob ambos aspectos.

A lei é personificada pelo juiz, por facilidade indubitável de apresentação. Na verdade, do ponto de vista espiritual, o juiz, o policial e a prisão existem somente como lei natural e como efeito de sua operação sobre aqueles que se tornam faltosos. O versículo vinte e seis repete a poderosa afirmação do versículo dezoito: a lei de causa e efeito não pode ser evitada e os resultados devem seguir-se às causas até que a harmonia quebrada seja restabelecida ou aumentada pelas ações benéficas. Embora as ações intervenientes afetem ambos os processos, ninguém pode conseguir a libertação da prisão metafórica, até que tenha pago o preço, até o último centavo.

Mt 5:27. *Ouvistes que foi dito aos antigos: Não cometerás adultério.*
28. *Eu, porém, vos digo: todo aquele que olha para uma mulher com desejo libidinoso já cometeu adultério com ela em seu coração.*

Esses versículos são bem-conhecidos, tendo sido motivo de muitas interpretações e aplicações e recebido aceitação universal. Sua verdade é autoevidente, especialmente dentro do contexto do capítulo como um todo. O ensinamento está em outra parte enunciado nas palavras: "Como o homem pensa em seu coração, assim ele é"[10]. Isso mostra que a moralidade não deve ser meramente superficial; ela deve penetrar na verdadeira raiz da natureza humana, pois a mente descontrolada, indisciplinada e, ainda mais, viciosa é, na verdade, a fonte e causa da maldade humana. Na medida em que a mente governa o homem, tais estados mentais, entre outros, podem conduzir às trevas e mesmo à morte. Sob a lei, a garantia de felicidade, tanto quanto a causa da dor, provém da mente, pois a prescrição do Senhor aplica-se igualmente às ações virtuosas e às depravadas. Ambas originam-se da mente humana.

Nesses versículos é apresentada uma moralidade extraordinariamente elevada. A avaliação da conduta humana deixa de concentrar-se exclusivamente na ação para incluir também a intenção, que é tomada com o mesmo peso. Não obstante exigente, o ensinamento na sua penetrante retidão é de grande importância, particularmente para aqueles que aspiram a transmutar o desejo e a progredir rapidamente no sentido da realização do propósito da existência humana, o desenvolvimento de todas as faculdades inerentes ao homem. O ensinamento será a regra aceita pelas gerações posteriores, nas quais o foco das atividades da vida será elevado do físico para os níveis mentais. Assim, a humanidade futura estará centrada na combinação de suas faculdades espirituais e mentais. Consequentemente, o desejo terá sido superado.

Mt 5:29. Caso o teu olho direito te leve a pecar, arranca-o e lança-o para longe de ti, pois é preferível que se perca um dos teus membros do que todo o teu corpo seja lançado na geena.

30. Caso tua mão direita te leve a pecar, corta-a e lança-a para longe de ti, pois é preferível que se perca um dos teus membros do que todo o teu corpo seja lançado na geena.

Aqui novamente a linguagem é metafórica, porque muito dificilmente qualquer grande instrutor espiritual aconselharia a automutilação como um meio de purificação. Outra vez, seguramente, a atenção é voltada para a mente e, mais especificamente, para os pensamentos, os planos e as conspirações indesejáveis, cujo crescimento e desenvolvimento são tolerados aí. O erro, a estupidez, o preconceito, o orgulho e a ignorância podem aumentar constantemente naquelas mentes em que são permitidas sua livre expressão, sua ação desinibida. A conduta externamente moral pode ser hipócrita, existindo muitas espécies de vícios no interior do coração e da mente. Como esses vícios podem se corromper ou desenvolver-se em malignidade, é na verdade essencial que eles sejam extirpados.

Se isso não é feito em tempo hábil, muito do poder mental do homem pode se desvirtuar para fins desprezíveis que levam à conduta ignóbil, os quais, sob a lei, trazem sofrimento ou, metaforicamente, lançam o malfeitor no inferno (um estado de miséria, enquanto o céu é um estado de felicidade). A cirurgia, portanto, deve ser feita sobre cada hábito mental adverso ou sobre cada parte da composição humana.

---

[10] Pr 23:7.

O bisturi do cirurgião é a vontade de aço que corta da mente, e também da conduta, os "órgãos doentes" e as "malignidades mentais". A analogia é suscetível de ainda maior desenvolvimento e aplicação. Por exemplo, a ordem e técnica na sala de operação e a calma, a habilidade e a precisão do cirurgião podem servir como exemplos do método ideal.

Essas elocuções do Senhor apontam para certa qualidade de caráter, uma condição mental que pode ser definida como retidão, perfeitamente aplicável por cada pessoa na tarefa de autocorreção a qualquer custo. Aqueles que podem ou tencionam seguir os ensinamentos do Senhor não devem se deter em nada quando está em jogo a purificação da alma e a iluminação. Na verdade, a inteireza, a integridade e a máxima sinceridade são essenciais para o sucesso na higiene médica e mental.

Mt 5:31. Foi dito: Aquele que repudiar a sua mulher, dê-lhe uma carta de divórcio.

32. Eu, porém, vos digo: todo aquele que repudia a sua mulher, a não ser por motivo de fornicação, faz com que ela adultere; e aquele que casa com a repudiada comete adultério.

Essas palavras, se corretamente traduzidas e conservadas fidedignamente pelos séculos, oferecem um ponto de vista sobre o qual cada pessoa deve tomar sua própria decisão, qualquer que seja a opinião e a ação subsequente. A qualidade do pensamento é outra vez o de ser direto, quer tenha sido ou não aceitável nas cambiantes atitudes e circunstâncias maritais durante o longo período da era cristã. Essas palavras devem ter sido um tanto revolucionárias na época de sua alocução, pois colocam a responsabilidade de tais circunstâncias maritais diretamente sobre o homem. Isso pareceria ser particularmente notável no tempo em que o *status* da mulher era geralmente de inferioridade em relação ao do homem. Nos dias atuais, entretanto, igual responsabilidade na liberdade para agir e julgar é, talvez, preferida.

Mt 5.33. Ouvistes também que foi dito aos antigos: Não perjurarás, mas cumprirás os teus juramentos para com o Senhor.

34. Eu, porém, vos digo: não jureis em hipótese alguma; nem pelo Céu, porque é o trono de Deus,

35. Nem pela Terra, porque é o escabelo de seus pés, nem por Jerusalém, porque é a Cidade do Grande Rei,

36. nem jures pela tua cabeça, porque tu não tens o poder de tornar um só cabelo branco ou preto.

37. Seja o vosso sim, sim, e o vosso não, não. O que passa disso vem do Maligno.

O grande Reformador estava indubitavelmente atacando as atitudes cristalizadas, os hábitos nacionais rígidos de pensamento e costumes, visando libertar os homens dessas restrições. Ao fazer isso ele atingiu a raiz do erro, liquidou as complicações e afirmou a importância da simplicidade. Um homem deve ser fiador de suas palavras: se ele diz sim, ele quer dizer sim em todos os sentidos, e se ele diz não, então a negativa é inteiramente correta. Pode-se entender bem que tal enfoque poderia suscitar hostilidade e, ainda assim, o portador da luz deve proferir a verdade, custe o que custar.

De novo, o ensinamento pode ser aplicado na vida interior do homem e na sua busca da verdade, onde exatidão e retidão, bem como simplicidade, são essenciais ao pleno sucesso.

Mt 5:38. Ouvistes que foi dito: Olho por olho e dente por dente.
39. Eu, porém, vos digo: não resistais ao mal; antes, àquele que te fere na face direita oferece-lhe também a outra.

O método de ensinar por antíteses é empregado e, outra vez, o conselho foge ao padrão de conduta aceito, baseado na lei mosaica. O contraste, e mesmo a incompatibilidade, entre a reação aceita e natural e a orientação do Senhor é destacado aqui. Considerada sob o ponto de vista da visão comum, a retaliação de qualquer espécie é não só permissível, mas desejável. O contra-ataque é o melhor meio de defesa.

As leis da vida espiritual indicam o contrário. Não só são aconselhadas a ausência de defesa e de retaliação, mas, estendendo o princípio, parece como se fosse recomendada a repetição do ataque, convidada pela não ação. Do ponto de vista puramente terreno, o conselho é, na verdade, difícil tanto de entender como de ser colocado em prática. Consequentemente, pode-se concluir que isso não é pretendido. Como as máximas do Sermão da Montanha, esse grupo de ideias é oferecido ao espiritualmente inclinado que aspira à consciência mais elevada e, especialmente, àquela harmonia interior e exterior, essencial à sua consecução.

Filosoficamente, nenhum homem é inimigo de outro; todos são instrumentos e agentes da lei de causa e efeito. O homem filosoficamente inclinado não se ressente de uma agressão, mas calmamente a identifica como produzida por ele mesmo contra si próprio, sob a ação daquela lei. Ele sabe, além disso, que se retribuir a agressão, aumentando desse modo a violência, ele está somente perpetuando a inimizade e tornando o acordo mais difícil de ser estabelecido. O indivíduo que se permite não apenas se sentir provocado, mas também contragolpear, quer mental ou fisicamente, comete erro grave. A disciplina da não reação à pressão externa e a preservação, sob todas as circunstância, do equilíbrio interior são essenciais, porque, então, é estabelecida a perfeita harmonia, e ela governa o pensamento e a conduta. O aspirante, portanto, permanece calmo, impassível e sem represália a cada assalto à cidadela de sua consciência mais interior. Com sua muralha de calma filosófica, mantida pela não ação, aquela cidadela é inexpugnável.

Essa recomendação é, reconhecidamente, um conselho de perfeição para a maioria das pessoas e só é aplicado totalmente pelo Adepto. Isso acontece porque a pessoa comum ainda não concebeu nem encontrou seu próprio centro de existência e consciência. O neófito faz dessa descoberta um objetivo primordial, e, quando ele começa a obter sucesso, a calma interior e o autocontrole são obtidos mais facilmente do que antes. Oposto ao aparente significado do versículo trinta e nove, isso não implica fraqueza ou capitulação a um suposto inimigo externo. Ao contrário, o poder da mente e o inflexível autocontrole são essenciais ao sucesso.

No *yoga*, o centro de existência do ser humano é reconhecido como fundamentalmente inseparável do espírito universal, e o iogue busca experimentar isso em plena consciência. Além disso, ele pratica a manutenção dessa experiência durante suas horas de vigília. Isso é de grande ajuda porque o espírito do Universo é mantido em equilíbrio dinâmico. A realização da unidade com esse espírito provoca a participação do iogue na calma dinâmica e na harmonia ativa. Portanto, nenhum verdadeiro iogue permitir-se-ia introduzir a discórdia no campo de sua consciência. Consequentemente, ele não reage a distúrbios adversos, quer surjam na sua mente ou no seu exterior. Simbolicamente, ele oferece a outra face.

Também, do ponto de vista puramente prático, esse, afinal, é o procedimento mais sábio. A harmonia é a verdade, e a agressão é um equívoco. Contanto que o erro não se vincule a outro e assim ganhe vida, ele fracassará, a verdade sempre prevalecerá por fim, como a antiga máxima declara. Firmemente estabelecido nessa crença, o homem sábio pode permitir-se enfrentar a discórdia com a harmonia, preservando o silêncio.

Quando se trata apenas da própria pessoa, sempre que a discórdia chegue, quer do interior ou do exterior, o método é recolher-se imediatamente ao centro de perfeito equilíbrio e lá permanecer. A prática regular, apesar das dificuldades, instituirá esse hábito, até que finalmente a harmonia e a não reação exterior sejam respostas naturais e instintivas. Esse é o ideal do *yoga* e um dos mais difíceis de alcançar.

A situação é, entretanto, radicalmente alterada quando outra pessoa ou grupo é atacado. Aplica-se, então, uma nova lei ou regra de conduta. Essa pode ser descrita como proteção e defesa nascidas da compaixão, idealmente livres da paixão. Sob tais condições, que envolvem um princípio ou o bem-estar dos outros, o conselho de Sri Krishna à Arjuna, “Luta, ó Partha”, indica a conduta correta[11]. Embora alguém possa ser relativamente indiferente ou calmo quanto a seu próprio interesse, ele não pode idealmente ser pacifista diante das necessidades de outros.

Mt 5:40. E àquele que quer demandar-te em juízo, para tirar-te a túnica, deixa-lhe também a capa.

O esoterista não recorre à lei em sua própria defesa quando injustamente atacado. Ele sabe que, por fim, a verdade irá prevalecer, qualquer que seja o julgamento terreno. Ele sabe também que a adversidade aparentemente não merecida sempre produzirá benefício, mesmo que este não seja almejado. Além disso, ele não tem posses. Para ele, túnica ou capa constitui parte do vestuário transitório do corpo físico, que é conhecido como sendo somente uma vestimenta emprestada da Natureza. Com essa compreensão, o apego a bens terrenos é superado. Quando, entretan-

[11] *Bhagavad-Gitā.*

to, a túnica e a capa de outro é obtida de forma injusta ou ilegal, então ele reconhece o dever superior de defender a vítima e, se houver necessidade, de restaurar a propriedade e de auxiliar a lei na captura do criminoso.

O próprio Senhor Cristo confirmou a lei, quando, com chicote e repreensão pública, expulsou do templo aqueles que profanavam seus recintos sagrados, vendendo mercadoria por lucro. Um importante princípio está contido aí, refere-se à extensão do poder espiritual e à influência da intenção desonrosa de ganho no domínio da política e do comércio. Muito frequentemente esse princípio é ignorado e mesmo flagrantemente negado por aqueles que têm influência nas religiões do mundo.

Mt 5:41. E, se qualquer te obrigar a caminhar uma milha, vai com ele duas.

Nessa, como em outras partes de tais ensinamentos, é prescrita uma atitude de mente mais do que uma conduta efetiva. Da atitude autocentrada, do desejo egoístico e da autopreocupação aguda podem resultar a recusa até mesmo para "caminhar uma milha", exceto por satisfação ou proveito pessoal. O treinamento para a obtenção da abnegação, ao qual o aspirante se submete, provoca dissolução gradual do atributo de egoísmo mental separativo. A abnegação torna-se um atributo profundamente enraizado e permanente da atitude e conduta pessoais do homem assim autoliberto. Ainda que possa parecer inútil e mesmo indesejável para a mente mundana, ele é de extrema importância para o aspirante espiritual, desde o primeiro momento em que coloca seus pés sobre o antigo e estreito caminho.

A atitude de autodefesa, autoafirmação, posse e insistência agressiva nos supostos direitos pessoais foi construída por centenas de vidas. Ela foi, na verdade é, realmente necessária para a preservação da individualidade e da vida pessoal e familiar. Quando se está próximo do caminho, esse agregado do passado deve ser desfeito e dissolvido. Essa é a mensagem do maravilhoso Sermão da Montanha. Esse é o significado desses ensinamentos aparentemente difíceis do Senhor.

Mt 5:42. Dá a quem te pedir e não te desvieis daquele que quiser que lhe emprestes.

As próprias noções de dar e de emprestar dependem de um sentido de posse pessoal, de ter, na verdade, algo para dar e emprestar. Em todos os assuntos terrenos esse sentido é bem-fundado, mas no progresso rápido para o Adeptado a percepção de posse pessoal deve desaparecer. No início, essa é uma atitude da mente adotada de forma um tanto, mas não inteiramente, artificial. Na verdade, o neófito necessita constantemente repudiar o egoísmo, do qual o desejo de posse depende. No seu pensamento mais íntimo, no profundo recesso de sua mente, depois que todas considerações terrenas tenham recebido a devida atenção, ele os renega e recusa considerar-se separado dos outros homens e do Universo no qual tudo vive. Os dois encontram-se no íntimo da mente do aspirante, de forma que, no devido tempo, o fato da identidade espiritual com a essência interna do cosmo torna-se uma verdade realizada, um fato óbvio da existência. Depois disso, solicitações de doações e empréstimos são respondidas naturalmente, ainda que segundo o grau imposto pelo bom senso terreno. Na verdade, quando esse desenvolvimento tiver ocorrido, haverá pouco ou nenhum sentido em dar ou emprestar qualquer coisa. Quem está liberado do acentuado sentido do eu reconhece-se como um administrador dos suprimentos que estão disponíveis para todos.

Mt 5:43. Ouvistes que foi dito: Amarás o teu próximo e aborrecerás o teu inimigo.

44. Eu, porém, vos digo: Amai a vossos inimigos, bendizei os que vos maldizem, fazei bem aos que vos odeiam e orai pelos que vos maltratam e vos perseguem.

Nesses versículos o ideal ultrapassa a aplicação de bens e de ações materiais para atingir uma atitude de coração e mente. Em toda sua vida física, nos seus mais profundos e secretos pensamentos e intenções, o neófito deve ser impregnado do ideal de abnegação, de identidade com tudo que existe. Quando isso é alcançado, os ensinamentos do Sermão da Montanha tornam-se manifestações perfeitamente naturais e espontâneas das condições de consciência do aspirante. A compreensão da unidade preenche a totalidade do ser do homem iluminado. Num sentido não artificial ou hipócrita, ele verdadeiramente ama todos os homens por causa de sua percepção desse parentesco com eles. Se eles são inimigos ou amigos em seus revestimentos físicos, é em grande parte decidido pela operação da lei causativa. A verdade efetiva a respeito deles é que eles são irmãos em uma mesma família e, num sentido profundo, expressões da mesma vida-espírito. Quaisquer que sejam as ações externas dos homens, em seus eus interiores, eles são intimamente aparentados, mesmo com aqueles que podem ferir.

Sabidamente essa é uma atitude muito elevada, uma alta realização. Para o Adepto ela é a única possível. Ela é parte do significado do levantamento do Cristo crucificado. A crucificação e morte são, pois, representações, física e simbólica, da dissolução do sentido do eu e da elevação da consciência acima das ilusões e dos erros que elas conduzem, e das quais a maioria da humanidade é vítima. O Sermão da Montanha é proferido de tal altura, nesse caso de uma montanha.

Mt 5:45. Deste modo vos tornareis filhos do vosso Pai que está nos céus, porque ele faz nascer o seu Sol igualmente sobre maus e bons e cair a chuva sobre justos e injustos.

A paternidade de Deus e a irmandade do homem não são meros dogmas da teologia ortodoxa, embora frequentemente sejam assim consideradas. Elas são verdades vitais e dinâmicas concernentes à unidade da Vida ou, de fato, uma verdade manifestada como princípios gêmeos. Assim, o Sol como símbolo de beneficência eterna brilha sobre todos, e a chuva da graça espiritual desce igualmente sobre o justo e o injusto. Sobre essa verdade está baseada a conduta aconselhada no Sermão da Montanha.

Mt 5:46. Com efeito, se amais aos que vos amam, que recompensa tendes?

Não fazem também os publicanos a mesma coisa?

Aqui uma certa fundamentação é utilizada como ajuda no entendimento do alto ideal. O progresso depende, disse o Senhor, de elevar-se a conduta acima do nível que é esperado daqueles ainda não despertos espiritualmente, simbolicamente os publicanos. O conselho "amai-vos uns aos outros" pode somente ser adotado por aqueles que tenham alcançado certa proporção de harmonia interior, sinceridade e altruísmo, porque, sem estes, a autocentralidade e a autoproteção ocupam uma área muito grande e deixam pouco ou mesmo nenhum lugar para o interesse nos outros, para não dizer nada de amor por eles.

Mt 5:47. E se saudais apenas os vossos irmãos, que fazeis de mais? Não fazem também os publicanos a mesma coisa?

Estão aqui prescritos o reconhecimento e a cortesia a todo homem de qualquer grau, ou estado, de pecado ou de inocência. O reconhecimento e o interesse conferido àqueles de bem ou mesmo de elevada posição e padrão na comunidade são devidos a todos, superiores ou inferiores, santos ou pecadores. A verdadeira fraternidade é realizada internamente e expressa externamente para com todos os homens.

Mt 5:48. Sede vós perfeitos, como é perfeito o vosso Pai que está nos céus.

Tanto os antigos rituais de mistério como os dos dias atuais que deles derivam informam os neófitos do destino de todos os homens – a perfeição – e adjura-os a agir assim no presente para acelerar seu cumprimento.

O Senhor Jesus Cristo, vale lembrar, estava falando da experiência direta da verdade interna da identidade absoluta do princípio de vida em todos os seres. Mesmo enquanto as palavras jorravam de seus lábios e eram captadas pelos ouvidos e mentes de seu extasiado público no lado montanhoso da Judeia, ele próprio estava assentado no eterno, fundado na realização da unidade espiritual de tudo no interior do Universo e de tudo aquilo que ele contém. Essa percepção espiritual conferida por suas palavras incluíam não apenas significados para a mente, mas um fogo e uma convicção nascidos de seu próprio conhecimento interior.

A cena pode ser pintada em pensamento meditativo. Imaginamos a figura do Senhor vestido de branco, em pé, com grande dignidade que chegava à majestade, enquanto o espírito descia sobre ele. Sentada no chão, a multidão de homens fixava-o atentamente, enquanto seus amigos mais chegados, discípulos, parentes e pessoas próximas ao Discipulado ouviam a voz que falava como nenhum homem antes falou. As curtas e simples sentenças proferidas por aquela voz maravilhosamente modulada alcançavam, através dos ouvidos físicos e das mentes terrenas, até os aspectos mais divinos da consciência humana. Embora de difícil aplicação nas experiências da vida diária, quando ele fala os ensinamentos parecem fáceis de compreender e mesmo óbvios para todos aqueles em estágio avançado. Assim ele, o Instrutor dos homens, revelou o verdadeiro coração da verdade: que todos os homens são um em sua essência mais interior.

Capítulo 10

O grande Sermão da Montanha não é somente um discurso ético, não só uma descrição de um ideal de supremo altruísmo, mas também uma descrição da senda que conduz à realização do Deus Supremo dentro do homem. É, de fato, uma dissertação sobre a antiga ciência do *yoga* e suas qualificações.

Mt 6:1. *Guardai-vos de praticar a vossa justiça diante dos homens para serdes vistos por eles. Se o fizerdes, não recebereis a recompensa do vosso Pai que está nos céus.*

2. *Por isso, quando deres uma esmola, não te ponhas a trombetear em público, como fazem os hipócritas nas sinagogas e nas ruas, com o propósito de serem elogiados pelos homens. Em verdade vos digo: já receberam a sua recompensa.*

Nesses versículos, o Senhor coloca insistentemente ênfase sobre a motivação. Aqui são prescritas a total sinceridade, a completa autenticidade e a honestidade de mente e coração. A caridade, bem como todas as doações, devem ser somente pelo motivo de dar por amor à humanidade e para ajudar os que necessitam. Um motivo primário ou mesmo secundário para ganhar-se a estima por se ser um homem caridoso macula a pureza tanto da caridade como do amor, pelos quais ela é inspirada. A caridade com os olhos na popularidade e no prestígio é quase sem valor do ponto de vista do benefício ao doador.

Dar espontaneamente é liberar um poder além da mente e do coração. Em consequência, forças do interior profundo do Eu recôndito encontram canais por intermédio dos quais fluem, capacitando e iluminando, desse modo, a mente e o coração. Semelhante doação abençoa o doador e evoca uma resposta do "Pai que está nos céus", o habitante do recôndito, a Mônada humana. Essa expansão e o desdobramento produzido pelos atos de amor e autodoação verdadeiramente sacrificial são, na verdade, os efeitos naturais sobre o doador, sua recompensa. O recebedor também se beneficia não só materialmente, mas também da harmonia que é estabelecida. Tal doação é, ademais, uma semeadura, à qual se segue naturalmente uma apropriada colheita, de acordo com a lei. Essas vantagens, idealmente, não teriam lugar no coração do doador que dá pela vontade de dar, por motivo de amor e unicamente para ajudar seu semelhante. Tal é o alto ideal de dar.

Como, no entanto, o homem moderno alcançou seu atual lugar na Natureza pelo exercício, ao longo de muitas encarnações, da cautela, do cuidadoso planejamento e do trabalho executado com o objetivo de ganho – o que é essencial para a autopreservação e a habilidade para o cumprimento das obrigações – dificilmente morre a causa profundamente arraigada da autocentralidade. Nisso consiste a tarefa e a dificuldade com que se defrontam aqueles que se purificam do eu por causa do amor.

A chave para essa consecução é a compreensão da natureza ilusória do inerente sentido de autoidentidade, que é ilusória porque a essência espiritual, da qual cada Mônada humana é uma manifestação, é a mesma em todos. Quando isso é realizado, mesmo a ideia de que uma dádiva está sendo oferecida é substituída por aquela do partilhar uma provisão universal da qual o homem é um administrador. O carregador de água não supre a água que ele entrega. Aquele que oferece calor e luz não é pessoalmente responsável ou louvável por essas dádivas. Ele somente as faz disponível; não as cria, e elas não são somente dele. Em termos cristãos, elas são do Senhor e, portanto, seriam dadas impessoalmente em seu nome e somente em seu nome. Ao tempo em que aplica esse princípio para a caridade, Jesus também enuncia o ideal para cada ato.

Mt 6:3. Antes, quando deres uma esmola, não saiba a tua mão esquerda o que faz a tua direita,

4. para que a tua esmola fique em segredo; e o teu Pai, que vê em segredo, te recompensará publicamente.

"Dê e esqueça" tem sido promovido como o verdadeiro ideal em todo sacerdócio, quer espiritual, verbal, material ou nas combinações destes. A alternativa deve consistir de um esquema de barganha, embora muito escondido mesmo de si próprio. Tais conceitos de *quid pro quo*, compra dos divinos favores, e do dar um bem externo por uma recompensa interna são, na verdade, totalmente estranhos ao ideal ao qual Jesus se referia.

Também, levando-se em consideração o *karma*, é bastante doentio o egoísmo subjacente ao prestar-se um serviço, o dar com o fim de receber. A motivação é mesmo mais influente do que a ação no que diz respeito à operação da lei do plantar e colher. A bênção divina, a divina ajuda e os benefícios materiais divinamente distribuídos não podem ser comprados por nenhum meio. Eles, entretanto, resultarão inevitavelmente de uma vida de amor desapegado e de serviço altruístico. A recompensa do Pai indica, então, a reação da lei.

Mt 6:5. E, quando orardes, não sejais como os hipócritas, porque eles gostam de fazer oração pondo-se em pé nas sinagogas e nas esquinas, a fim de serem vistos pelos homens. Em verdade vos digo: já receberam a sua recompensa.

Ostentação e meditação são mutuamente incompatíveis. Se a oração é considerada como uma comunicação interior com o Deus interno, "a esperança de glória", então o sucesso depende da integridade de coração. Se um homem ora a Deus para que outros homens vejam sua devoção, "Deus" nem ouvirá nem responderá, porque a forte, ainda que sutil, ideia de vantagem pessoal imporá uma barreira impenetrável entre o externo e o interno, o humano e o divino no homem. A taça oferecida para receber a divina graça – o vinho da sabedoria e do amor – deve estar vazia de tudo mais. A cuidadosa limpeza dos vasos sagrados no altar simboliza essa verdade.

Uma lei é então exposta, a lei que governa o processo de Autoiluminação. É descrito como o elevado *yoga*, difícil na verdade de praticar-se. Um Instrutor mundial deve sempre ensinar os mais elevados ideais – nesse caso o serviço e a oração em que o eu esteja ausente.

Mt 6:6. Mas tu, quando orares, entra no teu aposento e, fechando a porta, ora a teu Pai que está em oculto; e o teu Pai, que vê secretamente, te recompensará.

A completa privacidade está descrita nesse versículo, um dos requisitos de realização consciente do divino interior. Isso é necessário, não só para nos livrarmos da ostentação, mas também com a finalidade de liberar a mente das influências e distrações externas. A aura luminosa que envolve o homem não deve ser influenciada pelas forças áuricas dos outros. Também, o delicado processo de sintonizar o cérebro-mente com a mente espiritual e, desse modo, com o próprio espírito que habita o interior, deve ser desembaraçado e livre de interferência.

O silêncio, a privacidade, o isolamento e a segurança inviolável estão entre as necessidades externas para se encontrar e comungar com o Deus entronizado no homem. Quando essas e outras condições são encontradas, aquela presença interior revelar-se-á – talvez como um sussurro, uma palavra ou um chamado, talvez como uma luz ou a percepção de uma verdade. Essa é a "recompensa".

Mt 6:7. Nas vossas orações não useis de vãs repetições, como fazem os gentios, porque entendem que é pelo palavreado excessivo que serão ouvidos.

O silêncio, ainda que a ideia possa parecer estranha, é essencial para o sucesso da oração; porque a oração nem é uma solicitação nem uma declaração verbal. Na verdade, ela é a comunhão silenciosa entre o Pai e o filho, Deus e o homem. Ainda que o homem aflito possa elevar sua voz e seu coração ao mais alto que ele conheça, orando por ajuda, o homem procurando luz nada pede. Ele sabe que necessita apenas abrir seus olhos interiores, a fim de perceber a luz que brilha dentro e por todo tempo. A visão exterior deve ser obscurecida; os ouvidos devem estar indiferentes aos sons do mundo; a língua deve estar quieta – a menos que cantando o Nome Sagrado – para que seja ouvida a voz interior. A mera repetição não provocará essa consumação ou recompensa, ainda que as orações verbais, inteiramente sinceras, de aspiração e de adoração possam servir para preparar o caminho. Mas, depois, o silêncio deve prevalecer.

Mt 6:8. Não sejais como eles, porque o vosso Pai sabe do que tendes necessidade antes de lho pedirdes.

Como o Sol brilha perpetuamente com seu máximo poder, assim o divino dentro e fora da Natureza e de todos os homens está perpetuamente automanifestado no mais alto grau possível. Além disso, exatamente como as nuvens criam véus entre o Sol e o homem, nuvens internas criam obstáculos entre a mente e o cérebro. A aparente ausência da luz do Sol, físico ou mental, é uma ilusão, pois que o Sol externo e o interno brilham perpetuamente de eternidade a eternidade. O problema jaz então no próprio homem, e está ao seu alcance dissipar todas as nuvens que velam a luz de seu olho interno.

Da mesma forma como nas orações dirigidas ao Sol visível não é obtido aumento de seu brilho, assim também, normalmente, não é recebido benefício adicional nas orações com pedidos ao Sol espiritual, Deus, o Pai, a divina presença, poder e luz em cada átomo e dentro da natureza interna do homem. Na verdade, é quase impossível para essa divindade aumentar o grau de sua manifestação beneficente, pois a divina manifestação está sempre no seu máximo.

A oração, entretanto, pode ter valor se remove as nuvens da mente e os véus das emoções e eleva o nível de receptividade acima dessas regiões, para altitudes nas quais o brilho divino possa ser percebido. A oração mais eficaz, o mais potente ato de *yoga*, consiste menos em tentar "trazer para baixo" poder adicional e luz do que em abrir a mente, a emoção e o corpo em entrega e receptividade ao divino. Assim como a chuva cai refrescantemente sobre as plantas, concedendo umidade, sem discriminar qualquer uma em particular, a chuva celestial é suprida universalmente por uma Providência completamente beneficente, que não necessita ser induzida por nenhum homem.

Mt 6:9. Portanto, orai desta maneira: Pai nosso que estás nos céus, santificado seja o vosso Nome.

A antiga prece, conhecida no Cristianismo como a Oração do Senhor, deve ser considerada menos como um pedido a uma Deidade externa em benefício da humanidade do que como uma elevação da mente e do coração ao divino dentro do homem, "o Pai nos céus", o Eu recôndito do homem. Como a divina presença na Natureza, essa divindade é expressa de três modos e essa oração recorre aos três. A palavra Pai refere-se à essência recôndita, o espírito puro do homem; Céus, como o seu *habitat,* refere-se ao veículo de sua manifestação, a natureza de Cristo no homem. O nome, de fato santificado, refere-se à inteligência diretiva dentro da Mente divina, pela qual todas as coisas são moldadas. A trindade é então evocada. Na Natureza ela é o Pai, o Filho e o Espírito Santo, enquanto no homem ela é representada pelo poder deífico, pela sabedoria e pela inteligência. A oração começa, então, por uma alocução ou afirmação que eleva o pensamento do devoto ao tríplice Eu dentro dele, o Pai no interior do seu céu, cujo nome é Santidade.

Mt 6:10. Venha o teu Reino, seja realizada a tua Vontade na Terra, como é realizada nos Céus.

11. O pão nosso de cada dia dá-nos hoje.

> 12. *E perdoa-nos as nossa dívidas, como também nós perdoamos aos nossos devedores.*
> 13. *E não nos induzas à tentação, mas livra-nos do mal. Porque a ti pertencem o Reino, o Poder e a Glória para sempre. Amém.*

No versículo treze da Versão Autorizada em inglês, tanto o registro das palavras do Senhor na primeira sentença, como também a tradução, são evidentemente falhos. Nenhuma pessoa atenta, nenhum filósofo, ninguém que tenha qualquer compreensão da natureza de Deus poderia possivelmente considerar que o divino Ser possa conduzir alguém deliberadamente ao mal, como está implícito no pedido para não fazê-lo. Além do mais, a influência da presença espiritual, dos atributos e dos poderes dentro do homem devem ser sempre tomados como infalivelmente benéficos, inspiradores e purificadores. Se alguém acredita de alguma forma em uma Deidade, quer dentro da natureza do homem, quer num mundo transcendente, então tal deve ser na verdade o caso. O Pai nos Céus, o soberano Senhor do Universo para quem a grande oração é dirigida, deve ser concebido como sempre impelindo cada homem para a probidade; nunca seria necessária oração alguma para que Deus se abstivesse de tentar o homem e para livrá-lo das transgressões.

Qual, então, deve ser o significado do pedido? A oração completa pode, sugiro, ser considerada legitimamente como uma invocação ao Eu superior do devoto para tornar mais próxima a comunicação com sua natureza mortal, que no ato da oração é alçada em pensamento na direção do Eu divino. O reino de Deus, no seu sentido microcósmico, é a verdadeira Individualidade em sua "vestimenta de luz", o Ego no corpo causal. Esse é o instrumento da consciência universalizada, agente das operações da divina Mente e veículo do tríplice Eu. A oração invoca os atributos do Eu interno, particularmente em seu estado universalizado, dentro da mente formal, assim esta pode similarmente se tornar iluminada.

Os filósofos têm concordado no sentido de que a fonte do mal intencional no homem deve ser encontrada nas tendências separativas e egoístas da mente formal. Essa é na verdade a real tentadora, e contra sua influência sobre a motivação e a conduta é buscado auxílio na inteligência interior, universalizada e abstrata. Até que isso se inicie e a perspectiva mental seja mudada de uma base pessoal egoísta para a universalidade, os mais altos níveis de consciência não podem ser alcançados durante as horas de vigília. Então, a primeira invocação, que se segue à afirmação da existência do tríplice Eu, é dirigida aos dois aspectos da mente humana. A mente abstrata e a formal primeiro se encontram, depois se combinam e, finalmente, são unidas. Esse é o "casamento celeste" e a vinda do reino de Deus no interior da mente ativa. Em termos cabalísticos, o véu entre elas, o *paraketh*, deve não só ser rasgado[1] mas, finalmente, deve desaparecer por completo, depois do que o homem iluminado tem apenas uma mente e uma perspectiva e atividade mental – aquela do Eu imortal.

---

[1] Mt 27:51.

As famosas palavras "O pão nosso de cada dia dá-nos hoje" não se referem ao trigo e ao pão, mas ao verdadeiro pão da vida, a essência espiritual do Universo e do homem, aquele divino "sustento" pelo qual eles existem e são mantidos. A oração pelo pão diário pode então ser interpretada como uma afirmação de que o poder interno, ou a força de vontade do homem, pode se tornar cada vez mais corporificado no correspondente veículo mortal, o corpo físico. Tal apoio pode, na verdade, ser metaforicamente assemelhado a um suprimento de alimento, o próprio pão da vida.

Lido literalmente, o versículo doze é quase sem sentido, uma vez que, na verdade, nesse particular, não pode haver perdão por um Deus externo dos erros cometidos pelo homem, embora uma pessoa possa desculpar outra pela ofensa que recebeu. Segundo a alocução de Jesus e de S. Paulo[2], a operação da lei de causa e efeito não pode, de forma alguma e para nenhuma pessoa, jamais ser sustada ou mesmo interrompida, salvo por ações que modifiquem as realizadas pelo mesmo ator, quer prejudicial ou benéfica pelo que lhe toca[3]. Por conseguinte, está indicado o restabelecimento da completa harmonia – tanto interiormente entre os veículos, como externamente com a Natureza e com os homens. A invocação está dirigida ao ideal de harmonia, bondade e empatia, o princípio da sabedoria no Eu superior, a fim de que estes atributos possam ser expressos mais completamente nas atividades das emoções, com isso mantendo e, se for necessário, restaurando a tendência à harmonização, ou ao perdão.

Visto que a ação da lei de causa e efeito que produz dor surge do princípio universal da perpétua re-harmonização sempre que necessária, o estabelecimento de uma tendência natural em direção à harmonia é uma grande vantagem. A atividade causadora de dor provocada pelo pensamento, sentimento, pela palavra e ação será menos provável, e será natural a ação que resulta em felicidade. Menos dor e mais prazer ao autor resultará, então, sob a lei impessoal. Pelo fortalecimento e ampliação da ligação entre o Deus supremo tríplice no homem e seus veículos externos, a oração (na verdade uma meditação) é projetada para provocar a Autoiluminação e a absorção definitiva do material no interior dos componentes espirituais da natureza humana – o propósito subjacente da grande alocução. Um processo interior está sendo instituído para superar as resistências da mente concreta, do corpo físico e da vida diária – estimulada e continuada pela meditação diária tanto quanto pelo progresso natural da evolução. A frase "seja realizada a tua vontade na Terra, como é realizada no céu" indica essa consumação. O tríplice Eu interior foi invocado para os correspondentes aspectos do tríplice homem exterior, a força de vontade divina para o corpo, a sabedoria para as emoções e a inteligência para a mente.

---

[2] Mt 5:18 e Rm 12:19.

[3] Ver Geoffrey Hodson, *Lecture Notes of the School of Wisdom*, Vol. 1.

A mente, a emoção e o corpo podem ser representados por um triângulo com a ponta para baixo, um reflexo na matéria do triplo Eu superior, que é simbolizado como um triângulo apontado para cima. Normalmente as duas bases, representando os dois aspectos da mente, estão separadas. Uma conexão é gradualmente formada entre eles, até que finalmente o triângulo inferior move-se para cima para se combinar com o superior. O símbolo dos triângulos entrelaçados expressa bem tanto o intento como os resultados dessa grande oração, a consumação de todo o *yoga*, que é então visto como um desenho geométrico[4]. A oração pode então ser traduzida como: Possa a vontade, a sabedoria e a inteligência divinas, que eu sou, manifestar-se por intermédio de minha mente, coração e corpo, para produzir harmonia interior dentro de mim e inspirar-me a fazer a reparação de tudo que for prejudicial para aquela mesma triplicidade em qualquer outro ser ou forma.

A invocação é encerrada com uma afirmação de entrega: "Porque a ti pertencem o reino, o poder e a glória, para sempre. Amém", que expressa bem o resultado desejado. Com a capacidade de raciocínio preservada e exercitada, a consciência tornou-se centrada na realização da unidade com a Trindade Sagrada. As tendências argumentativas e individualísticas da mente foram temporariamente subjugadas, a natureza inteira sendo, então, oferecida sem reservas como um veículo para o divino. A consumação está completa. As tríades superior e inferior são combinadas em uma. Isso é finalmente afirmado pelas palavras de encerramento: "Assim seja", ou "Amém."

[4] O triângulo entrelaçado dentro do círculo representa o Adepto, cujo "signo" é o Selo de Salomão.

Mt 6:14. Porque, se perdoardes aos homens as suas ofensas, também vosso Pai vos perdoará.

O coração e os sentimentos do homem estão aqui referidos diretamente. Quando humilde e compassivo, nem abrigando nem expressando ressentimento, o indivíduo torna-se isento de erro. Nessas circunstâncias pouco ou nenhum *karma* adverso é gerado. Quando uma ação prejudicial é dirigida contra alguém, se ele nem sente nem age com ressentimento, o circuito é fechado. Se, entretanto, tal ideal elevado não está ainda plenamente estabelecido no coração, então o rancor e a injúria podem conduzir a pensamentos e ações ressentidos e mesmo ao desejo por vingança. Assim, uma discórdia secundária torna-se um conflito importante. O ciclo, em consequência, não é de forma alguma encerrado nem será até que a troca cesse e os efeitos produzidos pela dor tenham seguido as causas que produziram a dor, sob a ação da lei. Então e somente então será restaurada a harmonia ou, em termos da oração, as transgressões serão "perdoadas", significando compensadas. Essa resposta não é sempre fácil de obter.

O assunto tem profundas implicações filosóficas. Se tanto a vida universal quanto a humana são governadas pela lei, então ninguém pode jamais ferir nenhuma pessoa injustificadamente[5]. Em todos os casos, aquele que é ferido agiu no passado de tal maneira que se tornou suscetível de um ataque exatamente proporcional. O Eu interno, sempre isento de erro, não pode de forma alguma ser prejudicado, quer exterior ou interiormente. Fundado nessa convicção e mantendo-se firmemente nessa realização nascida da experiência, o verdadeiro filósofo é pessoalmente indiferente ao mais virulento ataque e abuso. Sábio e generoso, ele lastimará a adversidade que o atacante infelizmente está gerando para si próprio. Essa preocupação com os outros está exemplificada nas palavras do Cristo proferidas na cruz com referência àqueles que dele escarneceram, torturaram e finalmente crucificaram-no: "Perdoa-os Pai, porque eles não sabem o que fazem."

Isso é valioso como um exemplo magnífico de perdão pessoal sob extrema provocação, sem dúvida uma oração espontânea em intenção de seus atormentadores. No entanto, em termos das afirmações de Jesus e S. Paulo sobre a inevitabilidade da lei[6], a súplica dificilmente pode ser considerada como tendo efeitos benéficos sobre aqueles responsáveis pela crucificação[7]. As ações foram deles e, portanto, sobre eles as reações apropriadas devem ser precipitadas inevitavelmente. Somente assim pode haver a possibilidade de um princípio de justiça operativa no mundo e, portanto, equidade para o homem.

Reconhecidamente, tal calma imperturbável enquanto sofria tortura e tal compaixão para com os torturadores são quase sobre-humanos. Todavia, o ensinamento foi dado pelo grande Mestre e é também aceito como um ideal do caminho

---

[5] Ver Geoffrey Hodson, *Reincarnation, Fact ou Fallacy?*
[6] Mt 5:18 e Rm 12:19.
[7] Ver Geoffrey Hodson, *Reincarnation, Fact ou Fallacy?*

da santidade. Na verdade, sua aceitação e aplicação vivencial foram proclamadas por grandes Instrutores como essenciais àqueles que entrarão pela "porta estreita" e trilharão o "caminho apertado"[8]. Tal generosidade, abnegação e poder para persistir impassível diante de uma tempestade depende tanto do desenvolvimento evolucionário como do autocontrole obtido por intermédio de autodisciplina sistemática.

Mt 6:15. Se, porém, não perdoardes aos homens as suas ofensas, também vosso Pai não vos perdoará as vossas ofensas.

Os registradores do ensinamento original do Cristo e seus tradutores tenderam, ao longo de suas narrativas, a personificar a lei universal como um Deus pessoal. Além disso, apresentaram esse princípio eterno como sendo o Primeiro Aspecto do *Logos* em sua manifestação como emanador. Assim, o termo Pai é usado ao invés de lei, acentuando o monoteísmo dos Hebreus e atribuindo ao Senhor o papel de um pai de família. Isso deve certamente ser visto como completamente errôneo. Impessoal, e assim incapaz de escolha ou preferências, a lei nem pode premiar nem perdoar; porque a ação produz a reação apropriada nos níveis em que foi concebida e cumprida. A personificação de leis e processos impessoais podem não ser inúteis ao trazer ideias abstratas dentro do limite da mente, mas, dificilmente, uma leitura literal é aceitável para a pessoa filosoficamente orientada. Contudo, as ideias enunciadas nos versículos catorze e quinze representam ideais elevados de conduta humana. O perdão está seguramente ao alcance de todos.

Entretanto, deveria ser lembrado que o Mestre estava se dirigindo aos discípulos e aos que seriam discípulos, não só aqueles de seu próprio tempo, mas os de todos os tempos. Esses são homens e mulheres na senda para o Adeptado, quando o grande ciclo da vida humana alcança seu término e um completo e final equilíbrio do *karma* é realizado. Quando esse processo se completa antes do tempo normal, esse equilíbrio exige autonegação e autoentrega e pode ser acompanhado por dor considerável. A Paixão no julgamento e a Crucificação de Jesus exemplificam esse sofrimento. Os que aspiram a ser discípulos são alertados para refrear a geração de adversidades adicionais, para que isso não produza um grilhão que prenda seus pés quando trilharem a senda ascendente. Isso se aplica particularmente aos ataques aparentemente injustificados, sendo a superação do ressentimento ajudada pelo conhecimento de que estes ataques são apenas respostas a atividades causativas anteriores.

Mt 6:16. Quando jejuardes, não tomeis um ar sombrio como fazem os hipócritas, pois eles desfiguram o rosto para que seu jejum seja percebido pelos homens. Em verdade vos digo: já receberam a sua recompensa.

A afirmação de que uma represália ou "recompensa" divina seguir-se-ia à insinceridade na vida religiosa pode parecer inicialmente algo extremo, mas examina-

[8] Mt 7:13.

da detidamente fica claro que a hipocrisia, embora possa ser temporariamente benéfica nos interesses mundanos, por fim será causadora de adversidades, tanto na vida mundana como na espiritual. À parte os efeitos mais imediatos, uma vez desenvolvida ela pode se tornar um hábito. Na primeira ocasião, a mente é adversamente afetada e, por intermédio dela, o caráter. Ações hipócritas podem então seguir-se umas às outras sem serem reconhecidas como tais, e a hipocrisia pode insinuar-se tão sutilmente no caráter e na ação a ponto de ser quase irreconhecível, estabelecendo-se como uma tendência da mente. A pureza de coração então diminui e a conduta pode se estender a uma série de manobras falsas visando o ganho pessoal. A partir de então, uma das mais importantes de todas as qualidades que regem o sucesso na vida espiritual, a saber, a integridade, é substituída por sua oposta, embrutecendo, desse modo, todo o grande empreendimento. Indubitavelmente, isso é parte do pensamento do Mestre relativamente a uma recompensa.

Mt 6:17. Tu, porém, quando jejuares, unge a cabeça e lava o rosto,
18. para que os homens não percebam que estás jejuando, mas apenas o teu Pai, que está em oculto; e o teu Pai, que vê em oculto, te recompensará.

A necessidade de extrema integridade, sinceridade e autenticidade na vida material e espiritual é expressa outra vez. Esse ensinamento pode parecer excessivamente repetitivo, tanto nesse como em outros sermões de Jesus. Isso acontece porque a insinceridade e a hipocrisia são tão predominantes a ponto de serem aceitas indiscriminadamente e mesmo desculpadas. De certa forma elas são quase inseparáveis da prática religiosa humana externa e cerimonial. Aparentemente isso era observável então, como o é agora. Assim, a orientação e a advertência poderiam não estar sendo dadas com excessiva frequência nem repetidas e ouvidas em demasia em nossos dias, sendo sempre aplicáveis quando a religião é praticada como uma atividade externa, visível e corporativa.

A natureza inteira deve entregar-se ao ato de devoção. Tanto na realidade quanto metaforicamente, o corpo deve ser purificado e a cabeça raspada. Assim e somente assim pode alguém trilhar a senda da mente mortal para a imortal e, então, para a divina presença que está no interior. Sob esse prisma, aquela presença revelar-se-á, e sua luz brilhará na mente mortal e no coração do devoto. Tal, supõe-se, é a resposta – aqui chamada uma “recompensa”.

Assim vista, a advertência dada tem não só implicações éticas, mas também místicas. Na presente época, o véu entre o homem interno e o externo, entre as mentes mortal e imortal, é normalmente quase impenetrável. Completo esforço é requerido do homem para superar sua resistência e, eventualmente, para dissolvê-la. Tais hipocrisias, como a adoração pública com o fim de parecer santo diante de outras pessoas – um espetáculo externo que não é acompanhado pela atitude interior – constituem-se em obstáculos à tentativa de penetrar esse véu.

Se nos é permitido fazer um comentário adicional, esse grande sermão também ensina que a verdadeira religião é idealmente uma procura inteiramente interior, particular e mesmo secreta e uma união com Deus na Natureza e no homem. O divino está com certeza intimamente próximo, esperando, como o Mestre disse, em outra parte, mas somente pode ser conhecido quando o coração e a mente são totalmente sinceros e verdadeiros. É evidente, não é, que seus opostos devam inevitavelmente rejeitar aquilo que é de fato a própria Verdade? A mente insincera nunca poderia reconhecer uma expressão da verdade inerentemente pura e perfeita. Nessa parte do sermão, o Mestre acentua esse fato.

> *Mt 6:19. Não ajunteis tesouros na Terra, onde a traça e a ferrugem tudo consomem e onde os ladrões minam e roubam.*
>
> *20. Mas ajuntai tesouros no céu, onde nem a traça nem a ferrugem consomem e onde os ladrões não minam nem roubam.*

É de primacial importância, quando se estuda o Sermão da Montanha, relembrar que ele é dirigido principalmente àqueles que estão se aproximando e aspirando a um modo espiritual de vida ou já ingressaram nele. A menos que isso seja lembrado, os ensinamentos podem ser considerados como inteiramente impraticáveis e então ignorados. Isso seria uma grande perda, porque a verdadeira essência da sabedoria, o coração da filosofia espiritual, está contida na grande alocução.

Se aplicados somente à vida material e aos afazeres mundanos, esses versículos podem, na verdade, parecer aconselhar e encorajar a imprudência. Dirigidos aos discípulos, entretanto, eles aconselham um reconhecimento da distinção entre aquilo que é real no sentido filosófico, significando permanente, e aquilo que é irreal, ou impermanente, transitório. O transitório, com sua fascinação pelo prazer e satisfações passageiras, pode engodar o corpo e a mente. Assim seduzidos, os aspirantes, particularmente aqueles ingressados recentemente no "caminho da santidade", são capturados na armadilha da excessiva ênfase na vantagem material e no prazer. Entretanto, uma vez reconhecida essa distinção entre o real e o irreal, a motivação e a conduta são inevitavelmente influenciadas. O reconhecidamente necessário e essencial à preservação de alguém ou de sua família e à segurança nos problemas materiais não mais ocupa totalmente a atenção, já não é mais a única meta ou propósito de vida.

Depois de a proteção ter sido razoavelmente assegurada, o homem sábio estuda as verdades relativas aos aspectos espirituais da natureza humana e pondera sobre a natureza de sua alma. Gradualmente a ênfase muda. A ação física efetiva ainda continua, mas torna-se crescentemente relegada no que concerne à vida terrena. O interesse e desenvolvimento culturais, artísticos e filosóficos ocupam uma posição de importância crescente até que, eventualmente, se tornam predominantes. A contemplação do centro eterno de tudo que existe, inclusive ele próprio, ocupa mais e mais o tempo e o pensamento. Finalmente, ocupa sozinha a arena da vida e do pensamento do homem espiritualmente desperto, o discípulo aceito. Então ocorre uma progressão gradual e perfeitamente natural do mundano para o pensamento e o interesse puramente espirituais. Dessa forma o homem ajunta metaforicamente para si "tesouros no céu".

Quais são, então, esses tesouros? Eles são os poderes da alma, distintos daqueles do corpo e da personalidade externa. Incluem a capacidade para exercer um controle decisivo sobre as atividades da consciência, a qualquer nível de percepção e ação. A vontade e o pensamento, ambos desenvolvidos num alto grau, combinam-se numa autoridade absoluta e numa autocracia interior para as quais não há apelação.

A sabedoria inata é desenvolvida em percepções abrangentes das verdades primordiais. O intelecto, então, penetra automaticamente nas causas subjacentes de qualquer situação, grupos de fatos ou, na verdade, de qualquer fato isolado. Os processos do pensamento começam pelo interior do princípio subjacente e prosseguem para o exterior para avaliar as variadas expressões daquele princípio. Então, o intelecto superior da pessoa assim desenvolvida interpreta impecavelmente cada evento e cada ideia; leis e processos naturais e itens do conhecimento – especialmente aqueles que parecem se contradizer – são abarcados pela mente e compreendidos pela inteligência superior.

Talvez o maior de todos tesouros nos céus seja a capacidade para perceber e reconhecer, em todos os momentos, o princípio unificador do Universo, aquele que une todas as diversidades, preserva-as em harmonia e é, de fato, a realidade de suas existências. Quando esse tesouro é alcançado, o homem é transfigurado, e sua vida no mundo é transformada. Interiormente, ele é iluminado e dotado das dádivas do espírito, enquanto externamente suas relações com todos outros seres são expressões de um amor compassivo, ainda que impessoal.

Habilitados e iluminados pelas faculdades da alma, os discípulos, Iniciados e Adeptos são, de fato, ricos, pois eles reconhecem e procuram a verdadeira riqueza do homem e avaliam tudo o mais de acordo com isso. Eles distinguem infalivelmente o falso do verdadeiro, o transitório do eterno, o real do irreal.

Mt 6:21. Porque onde estiver o vosso tesouro, aí estará também o vosso coração.

O grande sermão fala da primeira necessidade para o progresso na espiritualização, a saber, o interesse e a aspiração, ambos desenvolvendo-se gradualmente numa decisão ardente. Sem isso pouco ou nenhum progresso pode ser feito para acelerar o desenvolvimento.

Esse interesse dificilmente pode ser desenvolvido artificialmente; está além da aparência. Despertado do interior de uma pessoa, é uma das mais notáveis indicações de progresso evolucionário em direção às grandes alturas espirituais. Ele é muito mais importante do que um grande poder intelectual ou do que qualquer realização física.

O interesse pela vida espiritual deve, então, ser considerado como um dos grandes marcos ou divisas na senda trilhada pelo homem em direção ao Adeptado. Ele somente nasce na mente da pessoa quando tiverem ocorrido dois desenvolvimentos interiores, que são a percepção inteiramente consciente do Eu divino e do poder daquele Eu ao encontrar a mente e produzir aspiração às alturas. No momento em que o homem mortal diz "eu aspiro com ardor a progredir rapidamente, a fim de alcançar o Discipulado e o Adeptado" todas as coisas tornam-se possíveis, inclusive a abertura interior e o avanço na senda da santidade. A importância do interesse sincero dificilmente pode ser mais enfática.

Mt 6:22. A lâmpada do corpo é o olho. Portanto, se o teu olho estiver são, todo o teu corpo ficará iluminado.

Aqui o grande Instrutor inicia a exposição de outro aspecto das qualidades requeridas para trilhar-se com sucesso a senda da santidade: a sinceridade de caráter e conduta e o unidirecionamento na aspiração às alturas espirituais. Qualquer coisa menos do que isso resultará em lento e intermitente progresso na ascensão ou mesmo fracasso.

Reconhecidamente, essas características devem sofrer um processo de crescimento. Não se pode esperar que elas estejam plenamente desenvolvidas desde o início. Naturalmente, os aspirantes podem hesitar na primeira vida em que esses novos atributos de sua natureza externa começam a influenciar seus pensamentos e, através deles, suas ações[9]. Mesmo se falhar no conflito com seu passado, seu *karma* e suas exigências físicas, a aspiração pelas alturas manifestar-se-á crescentemente vida após vida. O poder interno continua crescendo mais fortemente, até que chega aquela encarnação na qual ele se torna uma resolução única, bem-organizada e totalmente direcionada para obtenção de sucesso. Então as exigências desses versículos serão atendidas. Simbolicamente, seu olho é são e, assim, "todo o seu corpo ficará iluminado."

Mt 6:23. Se, porém, teus olhos forem maus, o teu corpo será tenebroso. Se, portanto, a luz que em ti há são trevas, quão grandes serão as trevas!

Naturalmente, a linguagem desses versículos é metafórica. Aqui o "olho" representa a mente e a atitude mental, tendências, hábito de pensar e a visão de vida. Mais do que qualquer outro princípio do homem, a mente com suas motivações influencia o caráter e a conduta do homem físico. Se a atitude mental é correta, então, tudo o mais tornar-se-á correto, ainda que gradualmente. Ao contrário, se a mente é insincera, tíbia, insegura quanto à evolução acelerada para a perfeição, isso levantará uma barreira quase intransponível entre o impulso espiritual e sua crescente expressão na vida diária.

A mente separada do Eu espiritual pode ser quase como um demônio, tentando o homem a trair sua consciência, tanto no relacionamento com os outros como na conduta. A mente nesse estado pode também desviar o interesse do espiritual para o material, da verdade para a mentira, do permanente para o transitório e da unidade e integridade psicológica para diversos desejos e estados conflitantes. Nes-

---

[9] Assume-se aqui a evolução do homem para o ser crístico por meio de sucessivas vidas na Terra.

se sentido, então, o olho pode ser mau e, em consequência, todo o corpo ser pleno de "trevas".

Mt 6:24. *Ninguém pode servir a dois senhores, porque ou há de odiar a um e amar o outro, ou se dedicará a um e desprezará o outro. Não podeis servir a Deus e a Mamom.*

Aqui se repete o cerne dessa parte do Sermão da Montanha com respeito à inteireza de coração. Embora, de maneira gradual, o neófito deve tornar-se interiormente seguro de que é Deus e não Mamom que clama por sua alma. Muito embora possa ser obrigado, por dever, a estar no mundo e preocupado com seus afazeres, torna-se cada vez menos do mundo, considerando-o finalmente como nada mais do que uma valiosa escola. Desde então, o desejo por riqueza e poder materiais e as ações necessárias para obtê-los continuarão a seduzi-lo no caminho da verdade e, caso ele caia, porá em perigo seu progresso espiritual. A salvaguarda contra esse risco, como postulado pelo grande Mestre, é a sinceridade, a unidade de propósito e a plena adoção de um objetivo ou meta espiritual.

Mt 6:25. *Por isso vos digo: Não vos preocupeis com a vossa vida, quanto ao que haveis de comer, nem com o vosso corpo, quanto ao que haveis de vestir. Não é a vida mais do que o alimento e o corpo mais do que a roupa?*

Jesus, evidentemente, percebeu entre as classes mais abastadas de seu tempo um costume arraigado de sobrelevar o valor das posses materiais e de negligenciar os princípios espirituais subjacentes, ou reduzir grandemente o interesse neles. Infelizmente, esse erro, que tinha existido por muito tempo antes de seus dias, iria, como ele pressagiou, continuar a existir depois. Suas palavras podem não ter chegado até nós inteiramente inalteradas, entretanto é razoável assumir que ele teria protegido seus ensinamentos contra o mau entendimento e a má aplicação. Já que uma interpretação literal desses versículos sugere atitudes inexequíveis nas coisas do mundo, lassidão e negligência das leis físicas da vida e dependência deliberada dos outros, está claro que é pretendido um significado metafórico. É admissível, então, que o versículo possa ser lido como se referindo à ênfase, ao invés de total dedicação, em certas ocupações da vida de alguém. O agudo interesse no corpo e na vida puramente física devem ser gradualmente substituídos pela completa dedicação ao modo espiritual de viver. As regras usuais da conduta física, incluindo as de natureza prática, devem ser ainda obedecidas, mas estas são meros exercícios na vida física, ou expressões da arte do viver terreno. O aspirante cuida de seu corpo exatamente como lubrifica uma máquina em obediência às leis físicas conhecidas. Idealmente, ele realiza essas atividades preservativas para corresponder às exigências naturais. Ele não se torna absorvido apaixonadamente nos processos de preservação nem leva ao extremo nenhuma ação física autobeneficente. Ele conserva o corpo em boa forma para que ele possa servi-lo melhor – e isso é tudo. Instruções similares são dadas na filosofia do *yoga* para exercitar o discernimento, o desprendimento e a imparcialidade com relação aos problemas materiais.

As carências com respeito à vida do espírito, ao enriquecimento da alma e ao sustento da mente com a verdade podem ser plenamente satisfeitas naquele celeiro e armazém ilimitado que é o aspecto espiritual da Natureza. Assim como a abundância pródiga dos germens de vida é observada fisicamente nas sementes das plantas e árvores e nos semens dos organismos superiores, também o grande "Pai-Mãe" de tudo, generosamente, supre espiritual e superfisicamente cada necessidade da alma do homem. O conhecimento disso é parte da Sabedoria secreta dos tempos e, quando descoberto, pode-se contar com ele muito naturalmente. O esforço impaciente é substituído pela serenidade da plena segurança de um suprimento generoso de tudo que o interior necessita. Finalmente, isso se reflete na conduta da vida física. A paixão imoderada pelo poder e pela riqueza é substituída por um modo ordenado de viver, no qual o anseio indevido não tem lugar. Tal, na verdade, é o caminho para a paz de coração e mente.

Mt 6:26. Olhai para as aves do céu; não semeiam, nem colhem, nem ajuntam em celeiros. E, no entanto, vosso Pai celeste as alimenta. Ora, não valeis vós mais do que elas?

Como era costume, o Mestre evocava analogias com a Natureza a fim de ilustrar seus ensinamentos. Em suas palavras originais, quer tenha personificado a Natureza como o divino Pai, ou Divindade paternal, aqui ele considera a Divindade como sinônimo da própria Natureza que, na verdade, é simplesmente uma manifestação da onipresente Fonte de tudo que existe. Geralmente, ainda que talvez não em cada situação particular e sob todas as condições climáticas, a Natureza provê prodigamente a toda vida animada. Similarmente, esse mesmo princípio está contido em si mesmo e penetra todos os mundos com as necessidades por vida espiritual e superfísica, generosamente supridas.

Quando essa analogia com a Natureza desenvolve-se a partir de um conceito mental, numa experiência vital de consciência – como na prática do *yoga* – a Fonte infinita é misteriosamente percebida como estando no próprio homem. Mais misteriosamente ainda, ele se percebe, de fato, como sendo idêntico àquela Fonte. Desse ponto de vista, é errônea a ideia de um fluxo externo de suprimento das necessidades da existência. É dado, então, um exemplo da diferença entre o funcionamento do cérebro-mente do homem e do seu intelecto superior. A mente concebe a fonte e o suprimento como duas coisas separadas, enquanto a inteligência superior considera-os como um só estado de ser; porque não há nem dentro nem fora na consciência de Deus, nem há tal dualidade como fonte e suprimento.

O princípio do suprimento inesgotável no interior é descoberto pelo homem iluminado por Deus. Essa experiência consciencial expulsa o medo e toda ansiedade e confere serenidade. Nesse sentido, somente como uma atitude mental, deve o homem "não se preocupar com sua vida".

Mt 6:27. Quem dentre vós, com as suas preocupações, poderá acrescentar um côvado à sua estatura?

Aqui uma outra analogia pertinente é inspirada na Natureza – a do crescimento das formas orgânicas. Esse processo natural está, em geral, fora do controle do homem e não é influenciado pelo pensamento; na verdade, quanto menos o homem se preocupa com isso melhor. Similarmente, uma atitude de desprendimento é imposta em todos os processos normais da Natureza, a cada nível. O grande sermão pode seguramente ser considerado como descritivo de tal atitude da mente frente à vida. Isso é valioso para todos e totalmente essencial para o aspirante que busca obter a iluminação espiritual, para quem os ensinamentos do Senhor são especialmente endereçados. A ênfase exagerada no aprovisionamento de posses materiais produzirá inevitavelmente enfraquecimento do verdadeiro propósito da vida, que é alcançar a iluminação.

Outra vez, os ensinamentos não devem ser encarados como conselho para negligenciar necessidades tais como a nutrição e o cuidado com o corpo, mas, em vez disso, para evitar o erro da atenção indevida às necessidades.

Mt 6:28. E com a roupa, por que andais preocupados? Aprendei dos lírios do campo, como crescem, e não trabalham e nem fiam.

29. E, no entanto, eu vos asseguro que nem Salomão, em todo o seu esplendor, se vestiu como um deles.

Mais outra bem-escolhida analogia com a Natureza é usada por Nosso Senhor para instruir os neófitos na obtenção de uma postura especial frente à vida espiritual. São diferenciados dois enfoques de vida e dois modos de viver: a atenção indevida ao vestir e à aparência pessoal externa e, em contraste, a simplicidade e a naturalidade.

De novo, o ensinamento não pode ser tomado literalmente, em especial por aqueles que são obrigados pelas circunstâncias a viver no mundo exterior. O Sermão da Montanha descreve um enfoque para a vida e, definitivamente, não um modo de vida ou detalhes para aplicação; porque, naturalmente, o descuido afetado, a irresponsabilidade e o deixar-se ir à deriva sob o argumento de naturalidade somente podem conduzir ao desastre, material e espiritual. Em uma encarnação que permite o retiro num eremitério, ou *ashram*, e onde o clima permite, a extrema simplicidade no vestir é obviamente desejável. Ademais, são impostos tanto o desvio da atenção a tais exterioridades como a concentração na luz interior, já que, por tal meio, as distrações da mente e do corpo são reduzidas ao mínimo.

É discernível uma instrução igualmente mais profunda e mais sutil. Os processos naturais pelos quais o reino das plantas está lindamente vestido, como no caso da família do lírio, também ocorrem no homem; mas, sendo dotado da mente, pode interferir no processo pelo poder de seu pensamento, que pode se intrometer desarmoniosamente naquilo que deveria ser deixado à Natureza. A fim de acompanhar seus companheiros, ele se veste, mobília e decora sua casa e mune-se do mais moderno meio de transporte, empregando, desse modo, tempo e dinheiro que poderia ser gasto mais vantajosamente. Ademais, complica sua vida e mesmo se empobrece. Assim, ao invés de estar contente com as simples necessidades de um modo de vida digno e culto, estabelece condições que inevitavelmente distraem sua atenção das necessidades espirituais, culturais e físicas.

Embora a atividade mental possa produzir complexidade indevida, o pensar correto sobre a conduta na vida traz uma simplicidade muito desejável. A espontaneidade, a naturalidade não imposta, permite o livre jogo das forças da vida. O homem espiritualmente iluminado sabe que a própria vida suprirá abundantemente todas as suas necessidades. Ele deixa para a força da vida o trabalho que a ela é designado efetuar, enquanto ele se preocupa com a tarefa que fixa para si próprio – a realização de uma maior iluminação e perfeição[10]. Aqueles que já são mais avançados na humanidade e também os que pelo *yoga* tenham obtido uma visão intuitiva da vida já estão aplicando esses princípios no seu dia a dia; pois a humanidade está evoluindo. No seu devido tempo, os ensinamentos do Sermão da Montanha serão aplicados por todos bem naturalmente.

Mt 6:30. Pois, se Deus assim veste a erva do campo, que hoje existe e amanhã será lançada no forno, não vos vestirá muito mais a vós, homens de pouca fé?

31. Não andeis pois inquietos, dizendo: Que comeremos ou que beberemos ou com que nos vestiremos?

32. (Porque todas estas coisas os gentios procuram). De certo vosso Pai celestial bem sabe que necessitais de todas estas coisas.

33. Mas buscai primeiro o reino de Deus e a sua justiça e todas estas coisas vos serão acrescentadas.

34. Não vos inquieteis, pois, pelo dia de amanhã, porque o dia de amanhã cuidará de si mesmo. Basta a cada dia o seu mal.

Aquele que desejasse acelerar seu progresso no caminho da perfeição deveria estudar cuidadosamente as palavras de sabedoria dadas à humanidade há tanto tempo e quase miraculosamente preservadas até os dias atuais. Ele deveria aprender a reconhecer as leis enunciadas. Então, poderá ser-lhe confiado aplicar inteligentemente as qualidades de ausência de paixão e desapego às coisas do mundo material com seus prêmios e recompensas.

Se o Mestre é acusado de exagerar a importância dos valores e objetivos puramente espirituais, então deveria ser reconhecido que isso é muito menos prejudicial do que seu oposto. Além do mais, as próprias exigências do corpo e da vida física, clamando irresistivelmente por satisfação, geralmente tendem a compensar qualquer desequilíbrio. Corretamente entendido, todo o sermão e, especialmente os versículos de fechamento, constituem-se numa magnífica alocução.

---

[10] Cf. *Sede vós pois perfeitos, como é perfeito o vosso Pai que está nos céus.* Mt 5:48.

Capítulo 11

Os homens mais adiantados na evolução sempre procuraram neutralizar o materialismo e inculcar o reconhecimento de valores espirituais. O Sermão da Montanha, um magnífico esforço nessa direção, é reconhecido como conselho sábio na verdadeira tradição de orientação oculta para ser estudado e aplicado na vida por aqueles que queiram acelerar seu progresso no caminho da santidade.

Mt 7:1. Não julgueis, para que não sejais julgados.
2. Porque com o juízo com que julgardes sereis julgados e com a medida com que tiverdes medido vos hão de medir a vós.

O Senhor, embora ainda oferecendo conselho a respeito das atitudes ideais da mente e do coração, agora muda de tema. Ainda que inicialmente não enunciando a lei de causa e efeito ele, não obstante, procede à descrição de sua operação, mostrando que as ações e reações estão intimamente relacionadas. A ênfase desse versículo é colocada menos sobre a conduta. Um elevado padrão moral é prescrito, e é dada uma razão prática para sua consecução: falhar em agir de acordo com um alto código ético produzirá um efeito correspondente adverso sobre o ator.

O ensinamento é levado ainda mais longe no segundo versículo desse capítulo, que indica exatidão matemática na operação da lei: o grau de julgamento adverso está em estrita concordância com a ação de julgar. Filosoficamente considerado, esse pronunciamento é notável, porque é mostrada uma lei universal, uma sequência natural e inevitável de causa e efeito, governando cada experiência do homem da maneira mais precisa. Se a medida da reação é exatamente proporcional à da ação precedente, como o Senhor Cristo afirma, então, na verdade, uma lei universal inescapável regula cada circunstância particular da existência de cada homem. Assim, o universal e o particular encontram-se com extrema precisão – uma memorável ideia.

Na exposição dessa lei, o processo de ponderação é geralmente indicado por analogia. Na apresentação egípcia, o coração do ator era comparado com o peso de uma pena. São Paulo usou uma ilustração agrícola: a ação como a semeadura e a reação como a colheita consequente, segundo a natureza da semente plantada. Em todos ensinamentos desse tipo são consistentemente afirmadas a exatidão, precisão e meticulosidade da operação.

O Mestre Jesus foi de um sentido mental eminentemente prático, tanto mais porque reconheceu a simplicidade essencial das mentes de seus ouvintes. Sempre que ele ensinava um princípio abstrato, raramente deixava de mostrar sua aplicação na experiência comum humana, que podia facilmente ser apreciada e entendida. Assim, ensinou que qualquer que possa ser o julgamento que você faça de um homem e de seu modo de vida, também você e sua conduta tenderão a ser julgados. Seja agradecido e provavelmente você receberá, por sua vez, agradecimento. Condene e a condenação será possivelmente sua sorte. Esses modos de tratar os outros são tanto automáticos como precisos.

No entanto, se o assunto for considerado muito mais profundamente e em termos de um gradual desenvolvimento do caráter por meio dos modos habituais de pensar, então os juízos desfavoráveis, as censuras aos outros podem estabelecer discordância, resultando em tendências cada vez mais fortes à crítica contrária. Esses juízos dão o tom e, dessa forma, falseiam as avaliações do caráter e da conduta das outras pessoas e estabelecem, nesse quadro, as qualidades indesejáveis de separatividade, superioridade e o rompimento dos elos de unidade que deveriam ligar toda humanidade. Dessa forma, o Senhor aconselha a todos estabelecerem o hábito da valorização e do pensamento amável, mesmo beneficente, acerca dos outros, quer sejam importantes ou humildes, pecadores ou santos.

Mt 7:3. Por que reparas no cisco que está no olho do teu irmão, quando não percebes a trave que está no teu?

Embora a conduta aqui recomendada seja indubitavelmente a mais sábia e a melhor, o reconhecimento inteligente das boas e das más qualidades nos outros e o pensamento e a ação sensatos e seguros com base nele não devem ser de jeito algum descartados. As individualidades humanas variam não só em suas características inerentes, mas também na expressão de suas qualidades em momentos diferentes. Obviamente, há ocasiões em que alguém deve "julgar" outros, por exemplo, quando os escolhendo para cargos de confiança ou admissão em grau de intimidade. Uma avaliação da integridade de caráter, por exemplo, não só é permissível, mas necessária. A observação atenta dos outros, particularmente daqueles com quem se está em estreito contato, não é de forma alguma um erro. Na verdade, sem ela a pessoa seria enganada por todo lado. Deve ser evitada, entretanto, a condenação com base insuficiente e conducente a uma injustiça. E isso não só porque tal ação seria tanto injusta como cruel, mas também porque seria inevitavelmente seguida de uma adversidade similar.

Não obstante, o grande Mestre advertiu que tais avaliações deveriam começar pela pessoa que as tivesse feito. Um reconhecimento franco de suas próprias limitações geralmente preveniria ou reduziria a severidade das críticas às qualidades adversas dos outros. O conselho é levado mais além pelo grande Instrutor. A ação baseada na auto-observação deve vir primeiro. Dever-se-ia olhar para suas próprias qualidades e fraquezas indesejáveis e removê-las antes de criticar e condenar destrutivamente as qualidades desfavoráveis nos outros.

Esse ensinamento do grande sermão deve, portanto, ser considerado muito cuidadosamente e pesado com exatidão na balança da mente. Depois disso, pode ser cuidadosa e diretamente aplicado à conduta de vida.

Mt 7:4. Ou como dirás a teu irmão: 'Deixa-me tirar o cisco do teu olho', quando tu mesmo tens uma trave no teu?

Para muitos isso é um conselho de perfeição. Duas dificuldades encontram-se no caminho de sua aceitação e aplicação. A primeira é a da análise desinteressada e imparcial do próprio caráter, seguida do pleno reconhecimento dos atributos menos desejáveis que ela revela. A segunda dificuldade surge da má vontade natural de submissão às necessárias disciplinas e à cirurgia que a remoção das faltas frequentemente demanda. A inércia, a apatia, a facilidade e o conforto de continuar nas causas e nas ações costumeiras contribuem para a resistência à autopurificação. Entretanto, o discípulo e o que virá a ser discípulo estão ansiosos para remover os obstáculos interiores ao progresso acelerado a que aspiram. Alguns podem mesmo ser muito drásticos, excessivamente severos – um erro que conduz ao ascetismo desequilibrado.

Quer aplicado à vida do homem do mundo ou a do neófito espiritual, o conselho tão maravilhosamente recebido e transmitido é de igual modo valioso. Na verdade, ele parece quase demasiadamente óbvio em sua simplicidade. Tão logo, entretanto, seja sinceramente feita a tentativa de aplicação em si próprio, percebe-se que o conselho não é nada simples e nada fácil de ser adotado.

Mt 7:5. Hipócrita, tira primeiro a trave do teu olho e, então, verás bem para tirar o cisco do olho do teu irmão.

Aqui a instrução é levada mais adiante e reforçada. A cegueira em si mesma, embora pequena, inevitavelmente impede a pessoa de examinar imparcial, clara e cuidadosamente o caráter das outras. A perspectiva é inevitavelmente colorida e assim interpretada de modo parcialmente incorreto, em virtude dos defeitos do observador e de seus meios de observação. É-nos dada, então, uma razão adicional para o reconhecimento e a extirpação das nossas próprias faltas antes de presumirmo-nos capazes de pronunciarmo-nos sobre as falhas alheias.

Mt 7:6. Não deis aos cães o que é santo, nem atireis as vossas pérolas aos porcos, para que não as pisem e, voltando-se contra vós, vos estraçalhem.

O tema do ensinamento, uma vez mais, muda tão abruptamente que se pode suspeitar de uma lacuna no registro original ou nas suas cópias. Esse versículo proclama uma máxima profundamente oculta. Segredo no que diz respeito ao conhecimento do poder é imposto estritamente, e é dada uma advertência contra a insensata disseminação pública das verdades que conferem poder. Talvez o grande Instrutor tenha constatado que as mais sutis e elevadas ideias que tinha exposto não foram entendidas nem tomadas na devida consideração. Podem mesmo ter sido recebidas com escárnio.

Tais verdades são comparadas a pérolas; os porcos significam aqueles que, por falta de progresso na evolução, estão incapacitados de compreendê-las. A longa história das numerosas tentativas de instruir e guiar a humanidade nos caminhos da paz e da felicidade pelas revelações da lei espiritual justifica a advertência. Quase inevitavelmente a multidão não desenvolvida e, assim, ignorante, não consegue compreender a motivação do revelador ou as verdades reveladas. Tais pessoas tendem a julgar a conduta dos outros em termos de sua própria autopreservação, autointeresse e maneiras puramente egoístas de pensar e agir. Eles são completamente incapazes de ver e apreciar, num verdadeiro instrutor, uma estatura maior do que a deles próprios, um propósito não maculado pelo autointeresse. Essa incapacidade e o ressentimento instintivo podem levar uma multidão ignorante a ir contra e maltratar, senão destruir, um instrutor das verdades espirituais e da lei moral fora de suas compreensões.

Um significado sempre mais profundo pode ser discernido na advertência dada nesse versículo. Aos neófitos aceitos, discípulos e Iniciados das Escolas de Mistérios são ensinadas certas verdades profundamente ocultas. De acordo com o grau de desenvolvimento deles e da passagem pelas etapas dos Mistérios, recebem instrução prática a respeito das forças ocultas e inteligências associadas e dos modos de empregá-las. Em mãos erradas esse conhecimento pode ser excessivamente perigoso, tanto para aquele que prematuramente o revela como para aquele que prematuramente o recebe. Na arte religiosa egípcia, a estátua da criança Horus Harpocrates, com o dedo nos lábios, retrata um membro recém-Iniciado nos Mistérios Maiores, indicando seu gesto a necessidade de silêncio.

Mesmo assim, podem surgir ocasiões nas quais um Instrutor deve falar, embora a condenação e a punição, até de morte, sejam o resultado. Jesus deve ter sabido disso e pode mesmo ter antevisto sua própria experiência de morte quando procedeu ao pronunciamento das palavras desse versículo.

Mt 7:7. Pedi e vos será dado; buscai e achareis; batei e vos será aberto;
8. pois todo o que pede, recebe; o que busca acha e ao que bate se lhe abrirá.

A advertência para a manutenção de reserva relativamente a tal verdade e conhecimento pode parecer o fechar a porta na cara do buscador e o fechar a boca daquele de quem o conhecimento é buscado. Nesses versículos o Mestre enfoca o mesmo assunto do ponto de vista de quem está procurando a verdade, luz e admissão aos Mistérios mais profundos do conhecimento e da própria vida.

Está descrita nesses versículos a maneira pela qual as barreiras podem ser ultrapassadas e as bocas fechadas levadas a falar: bater persistentemente à porta do templo metafórico da verdade e apelar insistentemente por orientação de um instrutor da verdade. Iniciados dos Mistérios, menores e maiores, movimentam-se continuamente entre os homens, quer sejam reconhecidos ou não. Cada um deles tem o dever de procurar, encontrar e responder aos futuros neófitos, sinceros buscadores da verdade. Eles não podem fechar seus ouvidos para nenhum apelo por luz nem podem se recusar a ensinar aqueles que lhes pedem com ardor e com vontade. Embora sempre com discernimento, os possuidores das chaves do conhecimento submetem-se ao dever sagrado de usá-las para destrancar os depósitos de sabedoria para aqueles que batem, procuram e pedem.

Tais respostas externas são complementadas pelas mudanças interiores do aspirante. O Eu interior responde ao grito do homem externo por luz e à sua determinação de encontrá-la. Um aprofundamento da compreensão dos aspectos esotéricos e das implicações ocultas do ensinamento religioso existente, um alargamento da empatia pelas demais pessoas, das oportunidades para servir e das faculdades especiais para dar são amplamente encontradas dentro de si mesmo pelo homem desperto espiritualmente. Sua procura, pedido e batida devem ser com o coração puro, sem pensamento de ganho pessoal e com prontidão para partilhar tudo quanto possa ser proveitoso. Assim desperto, determinado e com os olhos fixos na elevação espiritual, cada aspirante está seguro do sucesso final na grande busca por luz, verdade e poder.

Mt 7:9. Quem dentre vós dará uma pedra a seu filho, se este lhe pedir pão?

Em linguagem metafórica, o grande instrutor faz aqui a diferença entre o pão da sabedoria esotérica e a pedra da simples tradição, dogma e ortodoxia. Exatamente como nenhum pai daria uma pedra a um filho para amenizar sua fome, nenhum verdadeiro instrutor repetirá meramente a tradição recebida, quando solicitado a entregar a verdade da vida.

Mt 7:10. Ou pedindo-lhe um peixe, lhe dará uma serpente?

O mesmo ensinamento é expresso por meio de outra analogia, contrastando o comível com o não comível. A grandiosidade do Senhor Cristo como Instrutor é revelada através da facilidade com que assim ilustra e faz inteligíveis quaisquer ideias abstratas, por intermédio de analogias baseadas nas coisas familiares e nos processos e objetos naturais.

Para muitos de seus ouvintes a ideia de uma sabedoria de vida e um ensinamento religioso essenciais pode ter sido bem nova. Isso acontecia porque, em muitos casos, eles não conheciam nenhuma outra doutrina além da ortodoxia, amplamente baseada na lei mosaica. Uma parte da missão de Jesus era alargar a visão das pessoas em tais assuntos e, em assim fazendo, quebrar o domínio do poder sacerdotal e das rígidas interpretações das Escrituras sobre suas mentes. A necessidade de reforma era muito grande, e a perspectiva da grande multidão, sem dúvida, tornou-se muito mais liberal, despertando novamente a inimizade da instituição estabelecida, de seus líderes e sacerdotes associados. A totalidade da casta sacerdotal daquele tempo se levantou contra ele e tirou-lhe a vida. Isso, entretanto, não aconteceu antes desse sermão ter sido pregado e uma grande luz derramada na mente da humanidade.

Mt 7:11. Ora, se vós que sois maus sabeis dar boas dádivas aos vossos filhos, quanto mais o vosso Pai, que está nos céus, dará coisas boas aos que lhe pedem!

Os essênios do tempo de Jesus estavam bem-informados a respeito da filosofia hindu e do Budismo. O conceito de *karma* era bem-conhecido deles; porque negociantes e instrutores do Oriente estavam constantemente viajando pela Palestina naqueles dias. Jesus, tendo sido bem-treinado entre os essênios na sua mocidade, deve ter se tornado imbuído dessa doutrina. Na filosofia oriental daqueles dias, como no presente, a lei universal jamais foi de algum modo personificada. Em certas ocasiões, entretanto, ou as palavras de Jesus foram alteradas ou ele deliberadamente personificou a lei como um Deus atento, para fazê-la mais inteligível. O Pai nos Céus desse versículo é, na verdade, estreitamente análogo à função da lei de causa e efeito. As reações seguem-se às ações, tão impessoal e naturalmente como todas outras leis e forças da Natureza produzem seus efeitos. A atração e repulsão magnéticas não são, em nenhum sentido, resultado da intrusão ou interferência na Natureza. Elas ocorrem porque são manifestações da verdadeira lei da existência, a verdadeira natureza e estrutura do Universo manifestado. Da mesma forma, ensinam os sábios orientais, a ação humana produz reação sob a lei natural, aparentemente personificada por Jesus como um divino Pai nos Céus.

Mt 7:12. Tudo aquilo, portanto, que quereis que os homens vos façam, fazei-o vós a eles, porque isso é a Lei e os Profetas.

A impessoalidade, a universalidade e a inevitabilidade de tal lei é aqui estabelecida inequivocamente. A Deidade não é colocada como responsável pelos resultados das ações dos homens ou pelo princípio que governa os relacionamentos humanos. Na verdade, esse versículo pode ser decisivamente citado como uma declaração da fundamental lei natural. Ajudar os outros é encontrar ajuda disponível nas horas de necessidade; ferir os outros é convidar, mais ainda receber, prejuízo igual. Além disso, as mais leves gradações e combinações de diferentes tipos de conduta provocam efeitos exatamente proporcionais.

Por exemplo, se um homem golpeia outro, arremessando-o ao chão, três ações podem seguir-se. O ofensor pode dar na vítima uma pancada adicional, até mesmo matá-la; pode sentir arrependimento e expressá-lo através da ajuda, do levantar e do cuidar da pessoa então golpeada; ou pode ignorá-la, abandonando-a a sua sorte. Cada uma dessas ações afetaria os resultados do primeiro golpe, quaisquer que fossem os seus níveis: mental, emocional, verbal, físico ou uma combinação de vários destes.

Caso um segundo golpe, talvez fatal, seja dado após o primeiro, então a reação seria ainda mais grave. Caso a compaixão conduza à reparação sincera e à prestação de toda ajuda possível, então a reação ao primeiro golpe seria proporcionalmente reduzida. Na verdade, poderia mesmo ser neutralizada, especialmente se a ajuda continuasse mesmo depois que todos os efeitos do golpe tivessem desaparecido e um permanente e bem-sucedido acordo para ajuda fosse estabelecido. No terceiro caso, quando a vítima é ignorada, abandonada ao sofrimento e mesmo à morte, os efeitos integrais ou mesmo aumentados da ação serão sentidos pelo autor, visto que, como diz a máxima já familiar, atos de omissão que produzem sofrimento podem trazer adversidades. Tal, na verdade, é a lei, como enunciada pela sucessão de sábios, filósofos e santos que visitaram e instruíram a humanidade.

Aqui, outra vez, o Cristianismo ortodoxo tem duplamente enganado a humanidade: por falhar na proclamação desse processo natural como sendo uma lei do Universo e por afirmar dogmaticamente o oposto. De acordo com a visão ortodoxa, embora um ser humano possa profunda e deliberadamente, por vício ou crueldade, transgredir a lei divina e humana, os resultados podem ser frustrados e a lei negada pela fé no suposto fato da expiação vicária.

Um desserviço muito grave à humanidade é inerente ao dogma da Redenção, que num erro extremo foi colocado no coração da teologia cristã. Isso ocorre porque a própria doutrina é falsa e, na verdade, os homens são encorajados a ceder a toda espécie de fraqueza, pela certeza de que não haverá resultados dolorosos, quer neste mundo ou no outro. As mentes humanas são, em consequência, doutrinadas com a falsidade, e é afastado da humanidade o incentivo à autodisciplina, produzido pelo conhecimento de que o efeito se segue à causa. A penosa condição do mundo ocidental desde o tempo de Jesus, e particularmente na época atual, pode bem ser o resultado parcial do duplo efeito da doutrina da remissão dos pecados.

Sob essa lei não pode haver barganha, assim como uma oração a Deus não pode mudar as leis sob as quais planetas, sóis e Universos prosseguem em seus movimentos através do espaço. A morte de Jesus, apesar da sinceridade da crença, não pode de forma alguma, nem no menor grau, desviar, mesmo por um fio de cabelo, a operação da lei que assegura justiça.

O moderno Cristianismo ortodoxo comete um erro ao enfatizar a Salvação e remissão dos pecados, ao invés de fazê-lo sobre a sabedoria que é a *Logia* que Jesus deu ao mundo. Assim como para os budistas instruídos o *dharma* é o presente do Buda à humanidade, também os cristãos instruídos deveriam considerar os ensinamentos de Jesus, por sua vez, como sua grande dádiva.

Mt 7:13. Entrai pela porta estreita, porque larga é a porta e espaçoso o caminho que leva à destruição. E muitos são os que entram por ele.

14. Estreita, porém, é a porta e apertado o caminho que conduz à vida. E poucos são os que o encontram.

Outra vez ocorre uma mudança abrupta de assunto, sugerindo igualmente a perda de passagens intermediárias ou a sua supressão deliberada. Todavia, pode ser concebida uma conexão entre a compreensão intelectual daquilo que a lei de causação opera infalivelmente e a entrada no caminho da santidade. Em parte, a escolha do novo caminho de vida nasce de uma compreensão puramente mental das leis e dos princípios naturais fundamentais. Essa descoberta consciencial, no devido tempo, compensa inevitavelmente a visão terrena de vida e o modo de viver consequente. Essa mudança pode ser descrita como a conformidade inteligente com as leis do ser e a cooperação com os processos da Natureza agora compreendidos. A mudança de atitude e sua implicação na conduta podem ser excessivamente drásticas, dramáticas e mesmo aparentemente egoístas e negligentes. O impulso que surge do interior da mente é, entretanto, muito forte para ser resistido. A pessoa assim inspirada em seu interior não tem literalmente escolha. Ela deve entrar pela porta estreita e viver de acordo com o denominado caminho apertado.

Entretanto, o impulso não é somente do intelecto, mas também do coração – a intuição e a emoção conjugadas. A vontade, também, se torna incitada pela ação do Eu superior desperto, ativo e que assume o domínio sobre a natureza mortal pessoal.

Nos versículos treze e quatorze, certas palavras são usadas em um sentido especial que ultrapassa o literal. A afirmação de que a entrada no caminho largo conduz à destruição e no caminho apertado à vida é merecedora de exame atento. O homem, vivendo no meio dos assuntos do mundo e forçado continuamente a tratar de seus próprios interesses, não pode reconhecer um caminho largo ou uma porta estreita que conduz a um caminho apertado nem pode entender termos tais como *vida* e *destruição*. Para ele tudo é vida até o momento da morte, e todos os caminhos referem-se à vida terrena. Então, o significado é claramente metafórico.

Por um erro de registro ou de tradução ou mesmo uma alteração no texto por algum teólogo pode ter sido erradamente inserida a palavra *destruição*. Se aplicada ao espírito do homem, sua verdadeira individualidade, a palavra no seu significado comum é inaceitável, porque a divindade no recôndito do homem, sua essência espiritual pura, é absolutamente indestrutível. Nada em todo o Universo no tempo e no espaço pode afetá-lo adversamente ou muito menos destruí-lo. Mesmo que o indivíduo físico externo, consistente e deliberadamente, ao longo de várias vidas, siga o caminho do materialismo, da sensualidade e da tirania, tipificado aqui pelo caminho largo, o divino Habitante do interior permanece inafetado quanto à existência e bem-estar eternos. Ainda que a personalidade externa de um homem continue deliberadamente a viver como se fora uma pessoa meramente física ou mesmo siga o caminho da maldade, o Ser espiritual, em sua "vestimenta de luz", recolhe qualquer faculdade que tenha sido possível colher e a carrega, juntamente com os efeitos residuais daquela vida, para uma personalidade física posterior.

Então, a destruição não se refere à alma do homem, mas sim a dois motivos particulares para viver, ou modos de vida, cada qual com seu efeito sobre aquele que os escolheu. A porta estreita refere-se a um modo disciplinado, senão ascético, de vida. O caminho estreito refere-se ao "caminho do fio da navalha" do Hinduísmo, com armadilhas e perigos de cada lado, no qual, ao trilhá-lo, o homem adere rigorosamente a certas regras de vida. A preferência por tal forma de vida controlada e direcionada acelera a evolução daqueles que a adotam. A Iniciação e o Adeptado são desse modo alcançados antes do resto da humanidade, como acontece também a certos estados espirituais de consciência apropriados àquelas realizações. Por outro lado, uma vida puramente terrena e, mais especificamente superlicenciosa, que reconhece apenas a personalidade física, raramente conduz ao despertar do conhecimento do Eu divino, a alma imortal. Consciente da inevitável mortalidade, tal pessoa move-se para a morte sem compreensão da imortalidade da alma. Para essa condição a palavra destruição é usada do modo descrito. Um caminho é estreito e outro é largo; os discípulos escolhem aquele e os não discípulos este. Numa mente iluminada não pode existir nenhum traço de louvor ou julgamento a respeito dessa preferência. Ela é o resultado de um processo natural. Exatamente como o botão produz uma planta em flor no tempo e na estação certos, assim o botão do ser crístico forma-se e, mais tarde, desabrocha na alma do homem. Antes de chegar esse momento, entretanto, não pode haver botão nem planta nem o despertar da alma.

É bem verdade que presságios e insinuações de mudança podem ocorrer. Na verdade, várias vidas terrenas podem passar antes que a decisão seja tomada. A ratificação na conduta física pode ser gradual e mesmo sofrer resistência pelo corpo físico e pela mente governada pelos hábitos. Essa se torna menos e menos efetiva, como se estivesse sendo consumida pelo fogo do Eu recém-desperto. Finalmente, ocorre a mudança total em determinada vida, com frequência como uma completa conversão, uma revolução interior, até mesmo com aparência de fanatismo. A decisão é então irrevogável. A resistência do corpo e da mente, condicionados pelo hábito, já desgastada, é rapidamente superada, sendo estes subjugados. O caminho estreito é então escolhido e trilhado até o fim, embora sejam grandes as dificuldades e sérias as quedas. Começou a abertura incipiente do botão e a formação profundamente interior do Adeptado.

Essa é uma fase esperada do desenvolvimento humano e, quando adentrada, é prontamente reconhecida pelo futuro Mestre, o Adepto guardião. Isso é exemplificado pelas ações de Jesus e dos denominados pescadores. O Mestre reconheceu neles a condição de despertos e convidou-os para o Discipulado. Eles responderam sem hesitação, "deixaram tudo e seguiram-no".

Em termos consciênciais, a afirmação de que o caminho estreito conduz à vida é verdadeira para a pessoa que o percorre; porque quando o caminho é trilhado, a percepção de si mesmo como um ser puramente espiritual é gradualmente obtida. Normalmente, as personalidades desintegram-se paulatinamente após a morte, enquanto a consciência individual, o Ego, o veículo do espírito, permanece. O Iniciado reconhece-se como imortal e eterno, como uma identidade puramente espiritual, um raio do Eu Supremo. A morte do corpo significa muito pouco para aquele inteiramente firmado nessa compreensão nascida da experiência direta, obtida no seguir as regras de vida expostas no Sermão da Montanha. Ele compreende que a morte é mais a perda do nome e da forma; visto que a alma espiritual vive continuamente, evoluindo através da longa série de vidas terrenas, cada uma com seu nascimento físico e morte. Nesse sentido, pelo menos, entrar pela porta estreita e trilhar o caminho estreito que "conduz à vida" significa a vida eterna, ou consciência da imortalidade.

Ocorre exceção ao processo natural da morte naqueles homens e mulheres que avançaram no caminho da santidade à fase em que as naturezas e os veículos emocionais e mentais não se desintegram. Isso é um dos efeitos produzidos pela passagem no rito de Iniciação nos Mistérios Maiores, pois o toque do tirso nas mãos de um Adepto hierofante penetra esses veículos com uma quantidade suficiente de fogo do espírito para torná-los imortais. Depois disso, eles não morrem, sendo conservados pelo menos até que o Adeptado seja alcançado. Nesse sentido profundamente oculto, o Iniciado ganha a vida eterna, relativamente falando.

Possivelmente, implicações ainda mais profundas podem ser percebidas na expressão *vida*. Aqueles Adeptos que voluntariamente decidem deter um corpo físico são capazes de conferir-lhe longevidade incomum. O corpo não aparenta envelhecer, continua com maturidade jovial e eficiência muito além do período normal, por muitos séculos de fato e é deixado de lado unicamente de acordo com a própria decisão e vontade do Adepto. Muito embora seus corpos morram, não ocorre declínio no pleno despertar espiritual que eles, como seres divinos e imortais, alcançaram. Isso pode também estar incluído no termo *vida*, pois dois significados podem ser dados à palavra, a saber, a realização plenamente consciente da eternidade da alma espiritual e a obtenção de extrema longevidade do corpo.

Como um essênio treinado e um membro Iniciado dos Mistérios Maiores praticados no Egito naquele tempo, o grande Reformador hebreu, que veio a ser conhecido como Jesus Cristo, deve ter conhecido esses fatos. Seus instrutores ensinaram-lhe esses fatos, e ele mesmo – grande gnóstico que era, usando essa palavra no seu significado mais elevado – teria aprendido esses mistérios por experiência direta. A partir dessas considerações parece suficientemente claro que, embora muitos o tenham ouvido, o Sermão da Montanha foi transmitido principalmente como um guia para o Discipulado e a Iniciação, para aqueles que realmente tinham passado pela porta estreita e estavam trilhando o caminho apertado. De fato, é verdade que são muito poucos os que encontram esse caminho.

Mt 7:15. Guardai-vos dos falsos profetas, que vêm a vós disfarçados de ovelhas, mas por dentro são lobos ferozes.

Uma das muitas armadilhas ao longo do caminho apertado é ser desencaminhado por aqueles de motivação egoísta, impura, que reivindicam ser instrutores espirituais. O perigo é muito real e surge do contato com dois diferentes tipos de pessoas. Um desses consiste de homens ou mulheres que desejam obter prestígio e, dessa forma, poder, simulando sabedoria espiritual, fazendo ostentações ocultas e reivindicando terem sido designados como guias. A outra espécie é ainda mais perigosa porque representa as forças da escuridão. Essa consiste de homens e mulheres maus que deliberadamente firmam suas vontades contra o processo evolucionário, que procuram degradar os seres humanos para que eles prontamente caiam como vítimas e que atacam especialmente os neófitos no caminho estreito. Na verdade, "são lobos ferozes".

Felizmente, os verdadeiros instrutores e sua orientação também existem e estão disponíveis. Essas orientações, tais como o Sermão da Montanha, consistem não só da revelação das leis da vida espiritual, mas também de um aviso contra as armadilhas, inclusive daquelas aqui denominadas falsos profetas.

Mt 7:16. Pelos seus frutos os conhecereis. Por acaso colhem-se uvas dos espinheiros ou figos dos cardos?

Aqui é dada orientação para distinguir-se o falso do verdadeiro instrutor. O neófito deveria examinar de perto as motivações interiores, o caráter e o modo de vida da pessoa que se propõe a revelar verdades espirituais. Adicionalmente, a intuição dele ou dela, guiada pelo intelecto, deve permitir-se funcionar plenamente, de forma que a sinceridade de propósito possa ser percebida e a insinceridade descoberta. Onde houver o mais leve sinal de simulação, o neófito deve estar rigorosamente em guarda, sempre aplicando a razão pura para cada item da instrução.

Como era seu costume, o grande Mestre utiliza outra vez, aqui, uma analogia com a Natureza, da horticultura. Da mesma forma como as uvas não nascem em espinheiros e os figos não são colhidos dos cardos, também a verdade não pode ser encontrada no hipócrita nem a orientação sã naqueles que enganam deliberadamente .

Mt 7:17. Do mesmo modo, toda árvore boa dá bons frutos, mas a árvore má dá frutos ruins.

Quando a espiritualidade pura está sob consideração e as qualificações de um pretenso instrutor das verdades espirituais estão sendo avaliadas, a perseguição de um só fim – nesse caso o propósito mais elevado – constitui-se em ácido teste. O verdadeiro instrutor tem somente um motivo para instruir e, na verdade, para viver, a saber, ensinar a verdade mais elevada e mais profunda que conhece. Sempre que seja percebido um segundo motivo, uma dualidade de propósito, a dúvida deve existir na mente do futuro educando. O propósito secundário deveria então ser investigado; somente se ele se harmoniza como o ideal, o verdadeiro Mestre teria sido encontrado.

A intenção é aqui enfatizada, pois a palavra bom significa genuíno, sincero, verdadeiramente iluminado e livre de desejo pessoal. A expressão má, por outro lado, significa o oposto dessas qualidades e, ainda mais, a ausência dessas qualidades no caráter daqueles que buscam explorar, em seu próprio benefício, sua pequena quantidade de entendimento. Enquanto essa última é permissível ou mesmo necessária nos assuntos materiais, ela é definitivamente um mal dentro de um sistema de orientação espiritual, quer de um instrutor isolado ou de um grupo organizado.

O desejo de proveito pessoal – benefício pessoal de qualquer espécie – está profundamente arraigado em cada ser humano e de forma natural por esta razão. A necessidade de manter a vida e a liberdade força o homem nesse sentido. Mesmo um genuíno conselheiro da humanidade, um instrutor de verdades espirituais, pode ceder ao encanto da recompensa pessoal, quer de bens, financeira ou de prestígio.

O motivo de ganho pessoal corrói a pureza de coração. Todo aluno vem a ser considerado não só como um recebedor de instrução, mas também como uma fonte de riqueza. A escolha dos ricos, a influência mental para doar generosamente e outras sutis maquinações desfiguram, assim, a pureza da motivação; o unidirecionamento foi perdido. A sabedoria intuitiva e a compreensão delicada e precisa começam a diminuir e o sentido de unidade com o aluno é reduzida ao mínimo. Mesmo homens e mulheres que passaram pelas mãos de um verdadeiro instrutor puro de coração, com o tempo, podem se tornar autodegradados em pessoas de negócio, com o suposto *status* oficial de sabedoria como seus artigos.

Erros mais profundos e mais prejudiciais podem também afligir a alma do futuro instrutor e, mais especificamente, do autointitulado guru. Ele ou ela pode ofender e corroer a honra, a probidade e a moralidade daqueles sob seu cuidado. Um relacionamento espiritual torna-se então degradado em algo carnal, trazendo dano muito grave para um aluno confiante e portanto vulnerável. Na verdade, como esse versículo indica, tais falsos profetas vêm em pele de cordeiro, mas internamente são lobos ferozes.

Aqueles que procuram sabedoria e orientação para entrar pela porta estreita deveriam tomar, portanto, cuidado especial na escolha e aceitação de um instrutor, levando em conta os testes mencionados anteriormente. Sinais de deterioração seriam também discernidos e o instrutor seria repudiado imediatamente se o desmerecimento for constatado. Isso não é ingratidão, nem excesso de criticismo. Antes, é sábia a cautela relativamente a questões envolvendo não só a vida presente, mas também as futuras e a velocidade e o direcionamento do progresso no sentido da libertação.

Na era de escuridão do presente período histórico, o egoísmo e autointeresse predominam inevitavelmente. Na verdade, eles são virtualmente impostos à humanidade por causa das dificuldades, necessidades e perigos inseparáveis da vida física. Consequentemente, verdadeiros Mestres tendem a ser raros e os falsos são muitos. Sábia, portanto, é a orientação do Mestre contra eles. Visto que isso é especialmente verdadeiro hoje, quando muitos estão despertando para a busca da verdade, a advertência é até mesmo mais apropriada do que era no período em que foi dada.

Mt 7:18. Uma árvore boa não pode dar frutos ruins, nem uma árvore má dar bons frutos.

Uma verdade básica é aqui apresentada, de novo através de uma analogia com a Natureza. Ainda que às vezes bem-intencionado, o explorador insincero e interesseiro do conhecimento oculto nunca pode servir como portador de esclarecimento para a mente buscadora. Ele pode ensinar certas leis, mas a iluminação interior da mente depende de influência em níveis mais elevados. Isso o mau instrutor não pode provocar.

No caso do pastor de almas genuíno, puro de coração e humilde, que procura apenas dar ajuda, os resultados benéficos de seu ministério estão virtualmente assegurados. Não só ele pode partilhar a sabedoria que adquiriu, mas também ser usado como um veículo para influências superiores. Nesse assunto de ser um canal, a sinceridade de propósito e a pureza de coração são de primacial importância.

Mt. 7:19. Toda árvore que não produz bons frutos é cortada e lançada ao fogo.
20. É pelos frutos, portanto, que os reconhecereis.

Uma breve súmula, fortemente enunciada e exposta com precisão, encerra a advertência contra os falsos profetas, dirigida àqueles que procuram a luz interior e a verdade espiritual. O Senhor foi muito incisivo acerca deles, seus caminhos malignos e o perigo potencial que constituem para o mundo e, particularmente, para os homens e as mulheres que estão despertando. O método para descobrir sua verdadeira natureza é estabelecido nesse versículo, a saber, observar os efeitos de suas atividades para julgá-las por seus frutos. Não há espaço para concessão. A menos que os frutos sejam bons, a sociedade deve ser protegida dos agentes do mal, mesmo num grau extremo; eles devem ser eliminados ou "cortados e lançados ao fogo".

Mt 7:21. Nem todo aquele que diz 'Senhor, Senhor' entrará no Reino dos céus, mas sim aquele que pratica a vontade de meu Pai que está nos céus.

Pelo método de antítese, é enunciado aqui um princípio fundamental do caminho de vida verdadeiramente espiritual – o da autoentrega. Essa lei de vida mais elevada está entre as maiores dificuldades a serem obedecidas, porque a autoentrega não pode ser realizada artificialmente. Um dos estados mais profundamente interiores, ele não pode ser presumido ou fingido. A mais leve artificialidade no assunto declara e revela falsidade, como indicado nesse versículo. Dizer meramente "Senhor, Senhor" não induzirá o estado de consciência implícito e expresso na rendição à vontade de Deus.

A exaltação interior, inspiração e bem-aventurança consciencial, ou o estado do reino dos céus, o desenvolvimento e a prática do *yoga*, combinados, serão alcançados por todos os homens quando passarem pela fase evolucionária apropriada. A negação da vontade própria e o desinteresse no eu e no desejo pessoal também surgem no homem muito naturalmente, assinalando a chegada de um certo estágio de desenvolvimento. Para esses a iluminação e a bem-aventurança podem ser obtidas antes do tempo normal que toca à humanidade como um todo.

Similarmente, a Natureza produzirá um botão em uma roseira, e ele se abrirá em cores, forma, dimensões e fragrância estritamente de acordo com sua classe ou espécie, na devida estação. O horticultor, entretanto, pode forçar o adiantamento do tempo de florescência e da produção de fruto e da semente numa planta. No entanto, flor, semente e fruto serão estritamente de acordo com a espécie. Igualmente, na evolução da consciência humana, embora a exaltação interior seja passível de ser forçada, ela será essencialmente natural e verdadeira para a espécie humana e para a própria pessoa que então a realiza.

Mt 7:22. Muitos me dirão naquele dia: Senhor, Senhor, não foi em teu nome que profetizamos e em teu nome que expulsamos demônios e em teu nome que fizemos muitas maravilhas?

O mesmo tema continua aqui. A autoproclamação e o autoelogio que não estão fundados na verdadeira luz e na experiência interior são julgados sem valor, sendo pura hipocrisia. Essa afirmação penetra profundamente no coração da natureza humana, além das palavras e da mente, dentro daquela verdade de vida que é uma expressão do Deus no homem.

Mt 7:23. Então, sem rodeios, eu lhes direi: Nunca vos conheci; apartai-vos de mim vós que praticais a iniquidade.

Embora o grande Instrutor fale aqui de sua própria presença diante de um pretendente injusto e falso, ele também personifica a própria Verdade. O falso profeta e o autoproclamado vidente que não tem visão falham inevitavelmente, pela pura força dos eventos e da natureza da Verdade.

Um homem que não tenha alcançado o despertar espiritual não pode, por muito tempo, reivindicar com sucesso tê-lo conseguido. Mais cedo ou mais tarde, sua vida, seu comportamento, seu olhar, suas palavras e seus trabalhos revelarão aquilo que é e mostrarão aquilo que não é. A sinceridade e autenticidade estão entre os mais fortes poderes. Sua presença é autorrevelada, não necessitando de reivindicação. Sua ausência conduz inevitavelmente à frustração, quer nesse mundo ou no próximo, nessa vida ou numa futura encarnação.

É certamente muito apropriado que o grande sermão que expôs as leis da vida espiritual devesse terminar com a apresentação da autenticidade máxima e a insistência sobre ela. Tal vida exige completa sinceridade em tudo que a ela diz respeito e no seu impacto sobre os outros.

Contudo, o componente de conveniência e o desejo de permanecer bem perante os seus companheiros – quase naturais na vida terrena – são as maiores dificuldades a erradicar e superar. Eles podem se arrastar e insidiosamente penetrar o pensamento e a razão, até que o próprio homem falhe em reconhecê-los pelo que são, mentiras finamente veladas. A menos que sejam notados, podem tornar um bom homem num hipócrita.

Mt 7:24. Assim, todo aquele que ouve estas minhas palavras e as põe em prática será comparado a um homem sensato que construiu a sua casa sobre a rocha.

25. Caiu a chuva, vieram as enxurradas, sopraram os ventos e deram contra a casa, mas ela não caiu, porque estava alicerçada na rocha.

Esses versículos e esse resumo expressam claramente a ideia por analogia. Exatamente como a estabilidade de qualquer edifício depende da firmeza de suas fundações, assim também a estabilidade da vida interior do homem e a certeza e a segurança com que trilha o caminho estreito dependem de uma imaculável sinceridade e autenticidade, bem como da pureza de coração e de vida. Sem isso os ventos da dúvida e as enxurradas do medo, do desejo e das fraquezas humanas provocarão hesitação em seus passos. A menos que sejam erradicados, a mentira e a falsidade levá-lo-ão a parar, não progredir, ou retornar a um estado pior do que começou.

Daqueles que entram levianamente no caminho – especialmente aqueles ainda governados pelas regras da vida terrena, aceitando o oportunismo – dificilmente se pode esperar que compreendam suas dificuldades e perigos. Isso, inevitavelmente, conduzirá a quedas perigosas. Deve ser esperado fracasso temporário pela falta de controle sobre as pressões da vida interior e da exterior. Mas, negar deliberada e flagrantemente, ao longo da vida, os ideais, depois de pretender tê-los aceito, é muito mais perigoso. A preferência continuada e regular por padrões puramente mundanos, depois de se ter entrado no caminho, constitui-se na fundação na areia, enquanto o oposto constitui-se na fundação na rocha.

Esse conflito ocorre no interior mais profundo do coração humano por muitas vidas antes de, finalmente, o Eu divino interior obter vitória sobre o homem mortal exterior. Colocada simplesmente, a tarefa do aspirante no caminho da santidade é combinar os dois aspectos da natureza humana – o físico e pessoal e o divino – de forma que o deus governe o homem. Esse domínio do espírito sobre a matéria no ser humano revela-se pela escolha da vida na senda. Ainda que a dominação do espírito cresça firmemente onde reina a autenticidade, ela não será completa até que o Adeptado seja atingido. Isso não pode ser diferente e não há expectativa de que deva ser. Haverá inevitavelmente quedas e fracassos ao longo do caminho. O segredo do sucesso definitivo consiste da decisão interior, irrevogável e determinada de alcançar a realização espiritual e o espírito de sinceridade e veracidade como propósito de conduta de vida.

Mt 7:26. Por outro lado, todo aquele que ouve estas minhas palavras, mas não as pratica, será comparado a um insensato que construiu a sua casa sobre a areia.

27. Caiu a chuva, vieram as enxurradas, sopraram os ventos e deram contra a casa, e ela caiu. E foi grande a sua queda!

Colocado de forma simples, a pedra é a sinceridade e a areia é a hipocrisia. Onde aquela existe todas as coisas podem ser alcançadas, apesar das limitações da humanidade. Onde a última persiste, o fracasso ameaça continuamente ou é inevitável.

Não obstante a clara e marcante distinção efetuada pelo grande Instrutor, a questão não é, de fato, tão final quanto poderia parecer. O ser humano estando no mundo tem que viver sua vida, e esse processo é caracterizado pela variabilidade. Decisões claras e finais que não permitem variações e não experimentam mudanças são muito raras no pensamento e na conduta humanos. As intenções podem ser extremamente boas e inteiramente devotadas por muitos anos e mesmo vidas. Entretanto, a estrutura bem-intencionada pode ser temporariamente distorcida pelas influências de vidas anteriores (frequentemente bastante remotas), mudanças astrológicas refletidas dentro da pessoa, má saúde, frustrações e infortúnios. Semelhantemente, um navio pode mudar seu curso quando influenciado por fortes correntes, ventos, desatenção do timoneiro ou caprichos da bússola. Descoberto, o erro pode ser logo corrigido e, de fato, conduzir a um maior cuidado e atenção por parte do navegador e do timoneiro. Tais desvios não precisam de forma alguma por em perigo a segurança do navio ou a chegada ao seu destino.

Da mesma forma, desvios temporários na subida do monte pela rota íngreme e direta de nenhum modo expõem a segurança do alpinista ou o sucesso da expedição. O caminho menos inclinado e mais fácil pode ser temporária ou permanentemente escolhido. O atalho íngreme pode ser escolhido sob o impulso das experiências interiores ou do impacto de eventos externos.

Para retornar ao símile usado pelo Senhor, mesmo uma fundação sólida como uma rocha pode exibir fraquezas a serem reparadas; e uma fundação na areia pode ser fortalecida pela colocação de pedras, quando suas fraquezas tornam-se evidentes. Para os seres de natureza humana abaixo do nível de Adepto, as decisões e suas ratificações raramente são definitivas, se é que existem decisões finais. Além disso, o espírito no homem é irresistível; sua vitória sobre a matéria está assegurada.

Mt 7:28. Aconteceu que, ao terminar Jesus estas palavras, as multidões ficaram extasiadas com o seu ensino,

29. porque as ensinava com autoridade e não como os seus escribas.

Aqui, definida em uma frase vinda de tempos remotos, está a diferença entre um eclesiástico que fala de acordo com a ortodoxia e um homem iluminado, falando de sua própria experiência e conhecimento. A personagem original, parcial e imperfeitamente revelada pelo Jesus dos evangelhos, falou, de fato, com a autoridade de sua própria experiência. Ele foi um agente e representante da Fraternidade de homens e mulheres iluminados que tinham sido Iniciados nos Mistérios Maiores, uma pequena sociedade. Ele foi um grande expoente de sua sabedoria esotérica.

Desses versículos pode ser obtida uma imagem, quase um retrato, do grande Reformador. Ele era um homem jovem que se movia entre as massas com a segurança de alguém de posse de profundo conhecimento e do poder que este confere. Além do mais, ele era obviamente treinado para viver exatamente de acordo com aqueles princípios e leis da vida superior enunciados no seu grande sermão. Cada palavra e gesto, expressão da face, movimento e o porte do corpo, todos teriam revelado sua posição como um homem entre homens e seu *status* na evolução como um ser superior. A autoridade com que falou, nascida da experiência pessoal, da pureza de sua vida e do poder que irradiou, atraiu a população.

Inevitavelmente, isso provocou intenso ciúme e hostilidade no clero firmado no poder, pois ali estava um estranho, um homem do povo, sustentando com sucesso conhecer mais e ensinar mais sabiamente do que os próprios doutores da lei e da religião hebraica. Quando, além do mais, ele pareceu desprezar crenças e leis antigas e dogmas religiosos estabelecidos, esse antagonismo assumiu grandes proporções.

Sem dúvida, ele sabia que o pronunciamento desse sermão colocá-lo-ia imediatamente em perigo, porque seguramente nenhum homem pode atacar a ortodoxia, de modo especial em religião, sem chamar a atenção e excitar a hostilidade daqueles empenhados em defendê-la. Quando, ademais, seus ofícios e rendimentos são ameaçados, o antagonismo torna-se ativo e de fato perigoso. O pronunciamento do sermão pode, portanto, ser legitimamente considerado como uma ação que contribuiu grandemente para a hostilidade oficial que envolveu Jesus e, finalmente, provocou sua morte prematura.

Todavia, o grande sermão vive, assim como a pessoa de Jesus, nos corações de incontáveis milhões, enquanto aqueles que provocaram seu assassinato estão esquecidos ou são execrados. Infelizmente, o mesmo destino, originado dos mesmos fatos, ameaçou e ainda ameaça historicamente àqueles que seguiram as pegadas de Jesus como transmissores da Sabedoria das Idades e de suas aplicações na conduta de vida, tanto espiritual quanto secular.

Parte 6

Milagres de Cura

Capítulo 12

Quase todos os incidentes registrados nas biografias de grandes Mestres do mundo e de visitantes divinos na Terra são suscetíveis de interpretações e de diferentes tipos de experiência mística. Algumas delas podem ter uma base factual, histórica, enquanto outras não. Em ambos os casos, todos os incidentes são verdadeiros se tomados como eventos, cenas e atos no drama da alma. Isso é verdadeiro também quanto aos milagres e curas realizados por Jesus. Em muitos outros lugares da Bíblia, especialmente nos relatos de milagres do Cristo, é apresentado o poder quase onipotente da divina presença no homem, personificada por grandes seres, é reportada a advertência feita no sentido de se buscar, encontrar e colocar no poder, ou entronizar, aquela recôndita presença, que se torna completa depois. Na verdade, no seus aspectos mais místicos, a Bíblia pode ser legitimamente considerada como exposição de uma forma especial de exercícios e de realizações espirituais que podem muito bem ser denominados "o *yoga* da presença."

Mt 8:1. E descendo ele do monte, seguiu-o uma grande multidão.

Interpretado em termos da linguagem simbólica, conclui-se desse versículo que as verdades e leis do Sermão da Montanha foram dadas quando Jesus estava em um estado de elevação consciencial no qual as verdadeiras leis do ser são percebidas[1]. Sua aplicação na conduta de vida, objetivando a felicidade humana e a obtenção acelerada de pleno desabrochar do princípio crístico, é também percebida e transmitida para os homens pelo grande Instrutor.

Seus ouvintes também tinham sido elevados, de forma que eles, por sua vez, não só ouviam a voz do Instrutor, mas realizavam interiormente a verdade de suas palavras. Assim, em termos místicos, a experiência de ambos, instrutor e ouvintes, ocorria num estado de elevada consciência. A intuição espiritual pura, personificada pelo Cristo, revelava verdades fundamentais fora do limite de tempo e do espaço. A mente assim iluminada, retratada por Cristo como Instrutor, conduz a sabedoria e a orientação resultantes ao cérebro e ao corpo, dando desse modo direção perfeita

[1] Ver Hodson, *A Sabedoria Oculta na Bíblia Sagrada*, Cap. 9, p. 91, Ed. Teosófica, Brasília.

para a conduta de vida. A multidão nessa alegoria – se o relato do incidente pode ser assim considerado – representa a grande variedade de seres humanos e de qualidades e características de cada homem individualmente.

O *yoga* do conhecimento está descrito em termos da religião universal, e os frutos de sua prática bem-sucedida estão claramente definidos. A história do Sermão da Montanha pode então ser tomada como uma exposição de *jnana-yoga*, o caminho da iluminação através da alumiação da mente a partir de níveis supramentais de consciência, ou as alturas da montanha.

Esse modo de olhar para o evento de forma alguma o diminui do ponto de vista histórico. Sem dúvida, o grande Instrutor, durante todo seu breve ministério, arrastou muita gente para as encostas das montanhas, bem como para os vilarejos e as cidades onde lhes falou, partilhando a sabedoria que tinha percebido e recebido. Não apenas uma, mas muitas vezes, essa cena deve ter acontecido, como também durante os ministérios de outros membros da estirpe imortal de Instrutores da humanidade, os Instrutores divinos que sucessivamente visitam a Terra e a humanidade.

Mt 8:2. Quando, de repente, um leproso se aproximou e se prostrou diante dele, dizendo: 'Senhor, se queres, tens poder para purificar-me'.
3. E Jesus, estendendo a mão, tocou-o dizendo: 'Eu quero, sê purificado'. E imediatamente ele ficou livre da lepra.

A menos que controlada, a lepra é uma doença mortal, que corrói a carne e só termina com a morte. Ela é, portanto, um símbolo da mortalidade. O Eu divino do homem, por outro lado, é imortal e, por sua íntima combinação com a mente, as emoções e a consciência física, pode conferir-lhes extrema longevidade, senão plena imortalidade. Tomado como uma alegoria, o milagre, registrado como seguindo-se imediatamente à descida de Cristo da montanha, descreve o estado de totalidade, ou completa unificação de todos os aspectos da natureza humana, espiritual e material, de forma que a doença é desafiada e a morte afugentada.

Há também uma lepra da mente, o abrigar e expressar pensamentos deletérios, supercríticos, hostis e irados como um hábito mental. Isso também é eliminado, quando eventualmente a influência unificante e iluminante do Eu espiritual alcança, inunda e penetra a mentalidade sadia do homem. Poderia parecer que isso somente pode acontecer como resultado de um desejo expresso por ajuda para superação e eliminação do mal corrosivo. Assim, o leproso buscou o Cristo, que o tocou e curou. A busca, ou indagação, baseada na confissão sincera e humilde do erro, capacitou o Eu recôndito a agir visivelmente, alcançando, ou simbolicamente tocando, a mente. Aquele contato direto foi suficiente, como é sempre, para curar a terrível doença.

Mt 8:4. E Jesus lhe disse: Cuidado, não digas nada a ninguém, mas vai mostrar-te ao sacerdote e apresenta a oferta prescrita por Moisés, para que lhe sirva de prova.

Em mais de uma ocasião Jesus instruiu àqueles em quem tinha efetuado um milagre a manter silêncio. Isso está em concordância com o costume universal observado por aqueles que vêm como grandes Instrutores da humanidade. A pura sabedoria é sua dádiva, e não buscam fama quando a distribuem, sabendo que ela não é de sua propriedade, ainda que percebida dentro deles próprios.

Milagres podem ser realizados principalmente pela compaixão por aqueles que sofrem ou, em alguns casos, para servirem de evidência da posse do poder que a sabedoria confere. Notoriedade como um fazedor de milagre, uma outra razão para realizar milagres, é o menor dos objetivos, enquanto a iluminação das mentes dos homens é o maior.

No Sermão da Montanha, Jesus tinha encorajado modificação, senão infração, da lei mosaica, particularmente com respeito à retaliação em reação à injúria. A multidão seguiu-o e aclamou-o. Ele estava indubitavelmente ciente de que a raiva e a inveja da classe sacerdotal seria desse modo despertada. Não desejando nada para si próprio e talvez buscando contemporizar, instruiu o leproso para apresentar-se ao sacerdote e seguir a lei mosaica de reconhecimento e oferenda material pelos favores espirituais obtidos. Após essa doença da alma e do corpo, inevitavelmente fatal, ter sido curada, a vida externa deveria conformar-se à lei natural, eclesiástica e espiritual, tanto psicológica como fisicamente. Daí a advertência para ir ao sacerdote.

Mt. 8:5. E, entrando Jesus em Cafarnaum, chegou junto dele um centurião rogando-lhe

6. e dizendo: Senhor, o meu criado jaz em casa paralítico e violentamente atormentado.

Embora esse registro do segundo grande milagre de cura tenha, sem dúvida, base histórica verdadeira, uma interpretação mística da história também é possível. Quando a natureza crística do homem alcança a maturidade e torna-se um poder evidente dentro dele, a unificação de toda sua natureza e, portanto, a saúde é um dos resultados. O Cristo externo, andando entre as pessoas, ensinando e curando-as, personifica o princípio crístico desperto, ou manifesto, e maduro em um homem espiritualmente evoluído. Quando essa fase da evolução é alcançada, milagres aparentes, espantosos aos olhos do mundo, podem bem ser realizados. O maior de todos os milagres também se torna possível: a transmissão do poder espiritual ao homem físico exterior, que desse modo se torna "ungido", um curador e salvador de homens.

Tal pessoa iluminada torna-se naturalmente curada no sentido do estabelecimento da completa harmonia em toda a sua natureza mortal; ela está íntegra, curada interna e externamente. Em consequência, nenhuma desarmonia nem doença pode continuar existindo nela. Exatamente assim era o próprio Jesus, como também o é cada pessoa igualmente ungida. Visto desse modo, todo milagre pode ser entendido como a descrição de uma manifestação de poder do verdadeiro Eu espiritual, como um resultado pelo qual várias desordens – lepra, entorpecimento, paralisia, cegueira e mesmo a própria morte – são dominadas.

Além disso, cada uma dessas doenças é representativa e típica de um falso estado da mente e de um erro de perspectiva da vida. Um homem pode sofrer da lepra do ódio, da paralisia da indecisão e da falta de confiança, de cegueira da luz espiritual. Embora a orientação e a terapia externas possam ajudar na superação dessas dificuldades, a cura real deve vir do interior.

Os escritores que usaram a linguagem simbólica estavam atentos à existência de feridas e doenças interiores e psicológicas, bem como de suas curas efetivas. Eles revelaram esse conhecimento quando orientaram a humanidade por meio de alegorias e símbolos. De qualquer forma, esse enfoque é aceitável para todos os estudantes de Escrituras mundiais, tais interpretações místicas podem prover iluminação à mente e mesmo pistas, senão completa revelação, quanto aos meios de autocura.

Mt 8:7. E Jesus disse-lhe: Eu irei e lhe darei saúde.

O modo de cura está revelado no relato desse incidente e, em especial, nesse versículo. O centurião que abordou o Senhor representa a mente que alcançou uma fase de desenvolvimento em que o ser humano começa a compreender e buscar o espírito interior – o estágio no qual a imperfeição é reconhecida e uma estatura e entendimento mais elevados são pretendidos. Se o candidato fosse um soldado comum, ele representaria o homem normal, sem iluminação. Ele é, entretanto, um oficial superior no comando da tropa, representando alguém com algum avanço comparativamente ao resto da humanidade no que toca ao seu desenvolvimento evolutivo.

O servo simboliza o corpo físico com seus apetites naturais, atitudes frente à vida, tendências e limitações. Quando o cérebro-mente não está iluminado, o corpo está doente no sentido da ausência da plena expressão do espírito nos estados mentais e na conduta física.

Quer seja considerada histórica ou misticamente, entra em cena uma personagem divina, o Senhor Jesus Cristo. Ele reconhece a nacionalidade do centurião e sua posição no exército ou, em sentido místico, na evolução. Da mesma forma, como nesse versículo, Jesus, personificando a natureza crística dentro de cada homem, responde ao centurião com a promessa de visitar seu servo, a natureza divina, sempre presente no interior do homem, responde imediatamente à aspiração e ao chamado da personalidade mortal através da mente. Assim, Jesus estava prontamente disponível, como estava o Jesus físico que caminhava tranquilamente pela Judeia.

Mt 8:8. O centurião respondeu-lhe: Senhor, não sou digno de receber-te sob o meu teto; basta que digas uma palavra e o meu criado ficará são.

Esse versículo alude à fé nascida da iluminação profunda e do reconhecimento da presença e do poder divinos. É também sugerida a humildade, tanto quanto o reconhecimento do poder do Eu interior oculto para transcender as limitações terrenas. A onipresença é na verdade um atributo do divino na Natureza e no homem. O centurião compreende isso nessa dramática história e demonstra sua crença, afirmando que o Senhor não necessita fazer nenhum movimento no espaço físico.

Na humildade do centurião está implícita sua entrega e prontidão para buscar a ajuda de um membro de uma raça supostamente inferior, a dos derrotados hebreus. Nesse estado de mente e coração, nasce o entendimento, a percepção intuitiva é desperta e desenvolvida, e a consciência torna-se manifesta na personalidade exterior que, em consequência, é unificada e iluminada. Simbolicamente, o servo é curado pelo emprego de poder miraculoso; o corpo é curado a distância.

A frase "digas uma palavra" pode indicar a compreensão das potências do som, particularmente da voz do Deus interno, para produzir efeitos externos. Embora essa frase possa ter sido apenas uma maneira de falar, ela é, não obstante, significativa do ponto de vista oculto. Uma forma de comunhão e transmissão de poder e sabedoria, comparável à fala, ocorre em certas experiências e transformações místicas. As frases "o suave sussurro", "a divina voz" e "O Verbo" referem-se a essa manifestação do espírito interior para a mente e o coração do místico. A doutrina do *Logos* pode também estar implícita ou inferida. De acordo com essa doutrina, na formação de Universos, a Mente Universal manifesta-se como o agente formador que atua através de um poder espiritual da qualidade vibratória do som.

Mt 8:9. Com efeito, também eu estou debaixo de ordens e tenho soldados sob o meu comando, e quando digo a um: Vai!, ele vai, e a outro: Vem!, ele vem; e quando digo ao meu servo: Faze isto, ele o faz.

Pelas declarações em que demonstra sua completa fé em Jesus e o seu próprio poder temporal, o centurião contrasta a condição de sua mente com a sua atitude frente aos assuntos terrenos. O orgulho do poder pessoal e militar resultante de seu posto não teve permissão para invadir sua vida mental e espiritual. Nessas ele era humilde e subordinado, o que lhe possibilitou reconhecer Jesus como um Mestre entre os homens e colocar sua inteira confiança nos poderes espirituais de Jesus. Isso provê uma lição valiosa para todos aqueles que buscam a iluminação espiritual e a consequente cura da sua natureza exterior.

Nessa história, como em muitas outras da Bíblia, as leis da vida espiritual e as necessidades de iluminação espiritual estão enunciadas por meio de histórias descrevendo supostos, e em alguns casos reais, eventos. O centurião personifica assim um ideal. Ainda que sendo um homem investido da autoridade que ele mesmo descreve, ele é, entretanto, humilde e discernente em sua mente e coração. Por conseguinte, simbolicamente, seu servo foi curado a distância. Em termos da experiência mística, a natureza crística no seu interior foi capacitada, por intermédio de uma atitude mental útil, a alcançar e iluminar, ou curar, sua natureza mortal, incluindo especialmente o cérebro-mente.

A disposição para receber está refletida nas circunstâncias materiais daqueles a quem as revelações místicas ocorrem. A origem humilde pode indicar, por analogia, a humildade de mente e a liberação do orgulho e da ostentação. No outro lado da escala social, a realeza – ainda que tendo pouca ou nenhuma relevância nos problemas espirituais – pode indicar orgulho de nascimento e posição que se tornaram adequadamente controlados. Em ambos os casos, bem como em todos estágios intermediários possíveis, as condições de coração e mente devem ser discernidas. Quando a mente se volta para o Mestre oculto da alma, como aconteceu com o centurião, a resposta é sempre a mesma: "eu virei e curarei ...".

O império romano era o poder por trás do centurião, que mantinha seu posto em seu nome. Roma, portanto, representa a mente superior, em que estão contidos os princípios e fundamentos sobre os quais a mente e o corpo estão baseados. O imperador é o Senhor de todos e representa a inteligência divina funcionando através do Eu interno e do homem externo.

Os processos de colonização, em seu significado místico, implicam na consecução do domínio do Eu interno sobre mente e corpo com suas miríades de células e partes – povos subjugados.

Mt 8:10. Ouvindo isso, Jesus ficou admirado e disse aos que o seguiam: Em verdade vos digo que, em Israel, não achei ninguém que tivesse tal fé.

Esse equilíbrio entre a pura espiritualidade e o poder e a responsabilidade terrenos é realmente raro, não só em Israel, mas em todo o mundo dos homens. No seu longo desenvolvimento evolucionário, a raça humana está passando por uma fase na qual o individualismo e também a soberba, atributos da mente, estão aflorando. Infelizmente essas qualidades tendem a impedir a expressão da faculdade intuitiva. Embora a humanidade, assim, durma espiritualmente na escuridão mental, alguns indivíduos, aqui e acolá, ultrapassam a barreira erguida por tais hábitos mentais, obtendo uma vida e visão espiritual mais amplas. Uma vez que esses indivíduos são raros (felizmente, o número deles cresce), o contato com eles pode produzir uma resposta que S. Mateus descreve como a admiração de Jesus. Na verdade, ele pode não ter ficado admirado no sentido comum da palavra. Antes, dotado como era de perceptividade divina, imediatamente discerniu a rara condição mental espiritualizada do centurião.

Grande número de pessoas deve ter sabido de sua presença no país, número menor deve tê-lo visto, e um número bem menor ainda se aproximou e procurou sua ajuda. Uma minoria foi mais adiante e tornou-se seu discípulo comprometido. Nessas gradações de aproximação com Jesus, os evangelistas também apresentam as fases da evolução mental e espiritual do homem. O mundano e o sábio terreno não percebem nenhuma suposta presença espiritual dentro deles ou não estão interessados nela. Os buscadores são aqueles que admitem os apelos do caráter místico daquela presença. Aqueles que foram curados e ressuscitados da morte representam os regenerados, para quem a questão da vida espiritual torna-se gradualmente uma maneira espiritual de viver. Os discípulos são aqueles que conhecem o divino dentro deles e estão irrevogavelmente comprometidos com sua realização cada vez mais plena, bem como na mais completa e permanente entrega de suas vidas externas para sua perfeita expressão.

Mt 8:11. *Mas eu vos digo que virão muitos do Oriente e do Ocidente e se assentarão à mesa no Reino dos céus, com Abraão, Isaac e Jacó.*

Aqui é aludida a universalidade da iluminação espiritual, à medida que esses versículos registrem corretamente as palavras do Mestre. O centurião era um romano, um representante de uma raça odiada de conquistadores e opressores. Além do mais, ele próprio era um oficial do exército de ocupação. Porém ele era iluminado. Hebreus estritamente ortodoxos teriam dificuldade em aceitar, mesmo depois de tal demonstração, a possibilidade de que um soldado romano pudesse possuir e exibir tal sabedoria capaz de maravilhar o Instrutor. Jesus, entretanto, afirmou que a sabedoria não conhece barreiras de nação ou classe, de Ocidente ou Oriente. Qualquer homem, de qualquer lugar da Terra, pertencente a qualquer religião ou a nenhuma, pode tornar-se iluminado e, após a morte, encontrar beatitude. Metaforicamente, sentaria com Abraão, Isaac e Jacó no Reino dos céus.

Mt 8:12. *Enquanto os filhos do Reino serão postos para fora, nas trevas, onde haverá choro e ranger de dentes.*

O oposto também é dito ser verdadeiro nesse versículo. Aqueles nascidos entre a raça "escolhida" podem, não obstante, cair nas trevas, exatamente como os membros de qualquer outra nação ou raça. A pura sabedoria não olha pessoas; assim também a tolice, a ignorância e o pecado podem se manifestar em qualquer homem, em qualquer lugar, mesmo em Israel. Essa deve ter sido uma doutrina muito surpreendente para seus ouvintes quando Jesus expôs esse tema.

Mt 8:13. *E Jesus disse ao centurião: Vai! Como creste, assim te seja feito! Naquela mesma hora o criado ficou são.*

A conclusão do episódio demonstra a verdade do ensinamento de Jesus. A completa confiança e fé do centurião em Jesus resultou na cura de seu servo. Muitas de tais curas físicas foram indubitavelmente produzidas pelo grande Instrutor na Palestina. Os evangelistas bem podem ter estado registrando fatos, embora subordinados à memória e à repetição oral de eventos ocorridos meio século ou mais no passado.

Contudo, a história contém certos elementos que indicam uma intenção mística e o uso da linguagem simbólica. Entre esses estão o pedido de cura por um oficial romano a um membro de uma raça derrotada, um povo desprezado por alguns romanos; a suposta admiração de Jesus que, como uma pessoa divina, perceberia imediatamente o estado de consciência que o centurião atingiu; e a cura a distância, como se por milagre ou poder mágico. As intervenções divinas, deve-se ter em mente, geralmente indicam a intenção do autor em aplicar um significado moral ou místico.

Mt. 8:14. *Entrando Jesus na casa de Pedro, viu a sogra deste, que estava de cama e com febre.*

15. Logo tocou-lhe a mão e a febre a deixou. Ela se levantou e pôs-se a servi-lo.

Muda a simbologia, mas a revelação é a mesma. O reconhecimento do poder e presença divina interior acalma a mente febricitante, esfria e tranquiliza as emoções excitadas ou exageradas, de forma que o corpo e a mente alcançam equilíbrio.

Mais uma vez, uma interpretação mística é sugerida pela intervenção divina e meios mágicos. Apesar da inclusão de parentes na história, Pedro, que já tinha alcançado o Discipulado, é o objeto da alegoria, se o incidente é assim considerado. A casa de Pedro é seu corpo, o lugar onde habita o Eu espiritual expresso como mente e emoção. Sua esposa é a Natureza e os atributos físicos ou mentais e emocionais, a manifestação do poder do espírito interior naqueles níveis. A sua sogra é a condição nervosa e psicológica, nesse caso perturbada, febricitante, acalorada.

São relatados incidentes na vida do apóstolo Pedro que indicam que ele pode ter sofrido de desequilíbrio. Tais reações, como seu ardente protesto à profetizada paixão e morte do Senhor e sua negação e incapacidade para andar na água para se encontrar com o Cristo podem possivelmente ser interpretadas como indicações de que alguma falta de equilíbrio ainda permanecia em sua natureza, embora tenha provado ser um grande discípulo.

O remédio para tal condição está indicado nesse incidente. É comungar com a divina presença, simbolicamente convidar para sua casa os aspectos divinos de sua própria natureza, seu Eu espiritual superior. Nesse estado exaltado de consciência, simbolizado pela presença do Cristo na casa, o equilíbrio e normalidade são restaurados. A perturbação na casa, a ansiedade da esposa e a doença de sua mãe – cada uma com seu significado místico – são todas sucessivamente tratadas. É restaurada a harmonia, resultando numa boa administração da casa.

Mt 8: 16. Ao entardecer, trouxeram-lhe muitos endemoninhados e ele, com sua palavra, expulsou os espíritos e curou todos os que estavam enfermos.

Tais atribulações são suscetíveis de interpretação nos termos referidos anteriormente. No entanto, algumas doenças mentais e psicológicas podem ser causadas ou intensificadas pela presença de forças ou de seres maléficos obsedintes. O poder divino no interior do homem levado à consciência pessoal plena pode exorcizar ou eliminar os agentes perturbadores. Isso não contraria a possibilidade de qualquer Adepto curador prontamente curar em quaisquer das duas condições. No exorcismo de indesejáveis entidades obsediantes a situação é cuidadosamente examinada, algo como um médico que diagnostica uma doença. A intimidade desenvolvida entre o invasor e sua vítima é avaliada, bem como a natureza do ser indesejado, quer humano ou não humano, e os meios mais efetivos de expulsá-lo e, finalmente, se livrar dele.

Em certos casos a intimidade é tão estreita que a cirurgia oculta pode pôr em perigo a vida do paciente. Em tal caso, o exorcismo é feito gradualmente. Se isso não for assim, então a necessária quantidade de força de vontade é instantaneamente aplicada para separar a conexão psíquica e expulsar o invasor ofensivo e inoportuno. Se ele é somente uma forma-pensamento temporária levada para dentro do ser e vitalizada pela atividade criativa humana, um tanto divina – como por exemplo através de magia cerimonial – então ela pode ser explodida ou destruída de outra maneira. Isso não poderia se constituir em um assassinato, uma vez que não está presente nenhum princípio evolucionante. Entretanto, um agente humano obsessor desincorporado não pode sofrer a destruição de sua forma astral ou superfísica. Ele deve ser forçosamente expulso e proibido de retornar, sendo também a aura da vítima lacrada contra ele. Outro procedimento é forçar uma condição ou incorporação diferente para o ser obsediante. Essa geralmente consiste de alguma forma subumana de vida e substância tal como a de um porco, como mencionado num versículo posterior.

O agente para esse poder curativo é indicado pela afirmação de que Jesus curou o doente pela sua palavra. A potência oculta do som pronunciado com conhecimento e intenção pela voz está sugerida aqui. O mantra *yoga* da filosofia oriental e a doutrina do *Logos*, acentuada por S. João e pelos autores do Gênesis, estão relacionados.

Mt 8:17. A fim de se cumprir o que foi dito pelo profeta Isaías: Levou as nossas enfermidades e carregou as nossas doenças.

Embora as palavras e as obras de Jesus na Palestina fossem suficientes para firmá-lo como um visitante divino dotado de poderes e sabedoria sobrenaturais, os evangelistas ou escritores posteriores procuraram fortalecer essa posição, mostrando essas palavras e obras como o cumprimento da antiga profecia. Deve ser lembrado, entretanto, que os próprios profetas escreveram tanto mística como historicamente. Eles também podem ser lidos como descrevendo os desenvolvimentos interiores que ocorrem no homem espiritualmente desperto.

O profeta Isaías descreve certas experiências místicas: as iluminações interiores pela luz perpétua, a transcendência da morte, a compreensão da imortalidade e a harmonização completa de todos os aspectos da natureza humana. Algumas partes da natureza do homem podem estar em conflito com as qualidades superiores e até mesmo as ameaçar. Isaías se refere a essas partes como os animais de rapina e outras criaturas perigosas. Sua famosa afirmação de que "o lobo morará com o cordeiro" descreve a completa harmonização de todos os poderes e atributos da natureza superior e inferior do homem[2].

Grandes videntes escreveram para todos povos em todos os tempos, muito embora usando uma pessoa ou uma época exemplificativa. Isaías assim escreveu não só sobre a vinda de Jesus, o Messias, mas sobre todo aquele que chega à verdadeira experiência mística e é Iniciado na sabedoria e nos Mistérios ocultos. Os evangelistas também combinam o místico com o histórico, usando a linguagem de símbolos com esse propósito.

---

[2] Is 11:6-9.

Mt 8:18. Vendo Jesus que estava cercado de grandes multidões, ordenou que partissem para outra margem do lago.

19. Então se chegou a ele um escriba e disse: Mestre, eu te seguirei para onde quer que vás.

20. Ao que Jesus respondeu: As raposas têm tocas e as aves do céu, ninhos; mas o Filho do Homem não tem onde reclinar a cabeça.

Essa interpretação é corroborada pela resposta de Jesus ao escriba, pois, na verdade, para um certo estágio de desenvolvimento espiritual ou quando é alcançado um certo grau nos Mistérios, o místico está figurativamente desabrigado e geralmente sem posses. Algumas vezes isso é uma condição física, como na condição do habitante da floresta da psicologia hindu. Algumas vezes, pode referir-se somente a um estado de mente caracterizado pela completa libertação do desejo de posse e de qualquer desejo mundano. O Iniciado torna-se então um viandante, um sábio instrutor, cujo lar está nos corações de seus semelhantes[3]. Essas condições internas e externas estão bem-descritas nas palavras do Mestre registradas no vigésimo versículo.

Mt 8:21. Outro dos discípulos lhe disse: Senhor, permite-me ir primeiro enterrar o meu pai.

22. Mas Jesus lhe respondeu: Segue-me e deixa que os mortos enterrem os seus mortos.

Na linguagem simbólica, os mortos são aqueles em quem nenhuma centelha viva de espiritualidade e idealismo puro ainda arde para influenciar a conduta da vida diária. Essas pessoas estão figurativamente mortas do ponto de vista puramente espiritual, que se refere em grande parte ao grau de iluminação e controle que o Eu interno traz para o homem externo.

Tais pessoas devem ser ajudadas preferencialmente de forma genérica, ao invés de individualmente como pessoas particulares com quem os discípulos estão mais preocupados. A elas é oferecida a religião ortodoxa, cujas determinações éticas, tais como os Dez Mandamentos, satisfazem suas necessidades espirituais razoavelmente bem. Sem dúvida, são pessoas admiráveis e boas, mas ainda não estão aptas para beneficiar-se da sabedoria ou da vida esotéricas.

Tais elocuções um tanto contundentes de Cristo – muitas delas registradas nos evangelhos – podem também ser consideradas descritivas de uma certa aproximação do caminho do Discipulado e da realização acelerada. Essa é a atitude de alguém completamente determinado, unidirecionado e com preocupação quase exclusiva com o grande objetivo espiritual, com as tarefas e os deveres do discípulo e com a obtenção da sabedoria pura. Considerações materiais e mesmo laços familiares ficam em segundo plano no pensamento e na vida do discípulo que, todavia,

[3] *Parivrajaka* – Wanderer.

habilmente cumpre os deveres indispensáveis. A perseguição de qualquer objetivo terreno, se é para ser bem-sucedida, requer essa qualidade de unidirecionamento e, portanto, de exclusividade, particularmente com respeito aos assuntos e às pessoas não relacionados com a iniciativa. Se isso é verdadeiro e necessário na vida terrena, deve ser ainda muito mais na vida espiritual. O esforço para acelerar o processo evolucionário que ocorre no interior da alma espiritual e para alcançar um estado de iluminação espiritual à frente da humanidade redunda inevitavelmente em grandes exigências sobre aquele que busca o sucesso.

A necessidade de propósito único pode estar implícita na aparentemente severa admoestação de Cristo ao discípulo. Nesse sentido a orientação pode bem ser assim interpretada como: "Mantenha por completo sua mente na vida espiritual e no Mestre. Há outros cuja tarefa é realizar os deveres mais mundanos e materiais. Todas comunidades têm pessoas encarregadas e subordinadas para a execução de enterros. Deixe aquela tarefa para eles e concentre-se na sua própria obra, que é a de ser discípulo perfeito."

Esse aspecto da vida esotérica deve parecer bastante severo para aqueles cujas motivações são formadas por considerações terrenas e mais pessoais. Se as afirmações de Cristo estão corretamente relatadas e traduzidas, poder-se-ia estar completamente seguro de que nenhuma insensibilidade nem negligência de dever filial poderiam jamais ser inculcadas por um verdadeiro Mestre e Instrutor da humanidade.

Mt *8:23. Depois disso, entrou no barco, e os seus discípulos o acompanharam.*
24. E, nisso, houve no mar uma grande agitação, de modo que o barco era varrido pelas ondas. Ele dormia.
25. Os discípulos então se chegaram a ele e o despertaram, dizendo: Senhor, salva-nos, estamos perecendo!
26. Disse-lhes ele: Por que sois tão covardes, homens fracos de fé? Depois, pondo-se de pé, conjurou severamente os ventos e o mar. E houve uma grande bonança.

De acordo com a tradição esotérica, tal manifestação de poder taumatúrgico está bem dentro da capacidade de um Adepto plenamente realizado. Quando, ademais, seu poder é realçado por uma manifestação interior de um Aspecto do Deus Supremo, então toda a Natureza é obediente à sua vontade. Essa relativa onipotência aplica-se aos elementos: terra e água, ar e fogo. Esses, com as inteligências menores ou maiores intimamente associadas com suas expressões físicas e superfísicas, estão sob o controle direto do Adepto, pois os denominados elementos, juntos a um quinto, são poderes manifestados, ou *shaktis*, do Deus Supremo e, portanto, diretamente obedientes à divina Vontade. Visto que a vontade do Adepto está agora conscientemente entregue à única Vontade e com ela fundida e identificada, cada expressão daquela Vontade e de seus poderes objetivos são prontamente dirigidos por ele, menos de fora e mais do interior.

O ocultista treinado se reconhece permeado e cercado por esses poderes, forças e agentes que se manifestam invisivelmente; para ele o Universo está repleto deles. Na verdade, quase poderia ser dito que o Universo em sua existência mais subjetiva consiste de forças invisíveis, sendo formadas delas e por elas, um produto do funcionamento destas forças.

A substância essencial do elemento terra com todos os seus vários componentes, cada qual com sua própria constituição e desenho molecular, é uma das cinco manifestações maiores de uma energia que emana de um grupo de frequências variadas de uma estação de poder. Do ponto de vista oculto, cada átomo físico, no verdadeiro sentido da palavra, que é indivisível, é ele mesmo uma estação geradora localizada. O átomo executa uma função dual, transmitindo a energia dos níveis superiores aos inferiores, tornando-se nesse processo uma espécie de estação geradora. Isso é também a verdade da substância, da constituição e das unidades últimas dos quatro elementos (terra, água, ar e fogo). Essa tremenda atividade ocorre em todo o Universo, que, nesse sentido, está eletricamente ativo, carregado de energia e sendo um veículo, ou condutor, para esta energia.

Os físicos atômicos desde os tempos mais remotos têm reconhecido que a substância última do Universo é energia, força que flui constantemente. Isso produz efeitos inumeráveis que, entrando em várias combinações, influenciam os sentidos dos animais e dos homens, produzindo o Universo objetivo que eles experimentam: iluminado, audível, tangível, odorífero e que produz sabor. Ao passo que o químico descobre e compreende parcialmente esse fato, o Adepto cientista reconhece-o como uma experiência contínua na consciência. Esse profundo conhecimento, combinado com a vontade e o pensamento virtualmente irresistíveis, capacita-o a afetar todas essas manifestações, seja pelo influenciar dos sentidos dos observadores ou pelo controle dos próprios elementos. Se, portanto, o relato do acalmar da tempestade pelo Cristo, que exercitou seu poder vocalmente, deve ser interpretado literalmente como o registro de um milagre, também ele é compreensível e aceitável como tal para o estudante de ciência oculta.

O devoto cuja religião está fundada menos na compreensão do que na fé e que se interessa pouco ou nada pelo *modus operandi* aceita prontamente tais manifestações extraordinárias como fatos concretos, perfeitamente dentro da capacidade do seu adorado Senhor, ou Mestre espiritual. Outros menos interessados nas inspirações ocultas ou nas manifestações da devoção pura podem ler o relato como descritivo de experiências místicas, particularmente das mudanças produzidas dentro da consciência interna e externa do homem. Visto desse modo, o incidente tão breve e concisamente relatado pode ser entendido como a descrição da evolução do homem. A mente do homem se torna o verdadeiro cenário tanto da tempestade como da intervenção milagrosa de um poder superior. Uma fase particular e muito importante é acentuada, a saber, a do despertar espiritual e dos seus resultados mais imediatos.

Transcorreram longas eras de desenvolvimento evolucionário. O barco da vida do homem exterior veleja. O capitão, a mente, comanda a embarcação de acordo com as regras estabelecidas que são suficientes para o cumprimento da sua tarefa. A vida física do homem continua de geração em geração e vida após vida. As águas da vida mantêm na sua jornada a embarcação de seu Deus Supremo interior – o Universo material. A lei natural preserva tanto o Universo como o homem mortal.

A tempestade consiste dos ventos da dúvida e das ondas do desejo e o perigo com que estes ameaçam a embarcação física da vida do homem. Ele reconhece as incertezas e a instabilidade de uma base puramente material de viver. Tensões inevitáveis e eventos incontroláveis indicam a existência de forças e leis até agora despercebidas e desconhecidas. Gradualmente, entretanto, uma tempestade figurativa começa a formar-se na mente humana. Simbolicamente, são observadas variações da bússola.

A tempestade mental ganha força quando a mente se torna determinada a encontrar estabilidade no meio da instabilidade das ocupações terrenas. Conceitos familiares e ideias aceitas perdem cada vez mais sua validade e muitos são rejeitados. O homem desenvolve uma vontade firme de conhecer e, por intermédio do conhecimento, obter estabilidade inabalável e uma paz incontestável. Essa fase é caracterizada por duas percepções: o reconhecimento da instabilidade e da insegurança de uma vida que depende apenas do suporte material e da satisfação emocional; e o discernimento de que a estabilidade e a segurança somente podem ser encontrados nos domínios do supramental e do espiritual. Só a dependência do mundo material, do conhecimento material e do poder material não pode resolver o enigma da existência nem revelar a verdade que serve como fundamento inabalável para o pensamento e a ação.

Os discípulos quando tensos representam aspiração, determinação e despertar da intuição, e como resultado do estresse a grande descoberta é feita. A frase chave no relato de S. Mateus é o apelo dos discípulos: “Senhor, salva-nos, estamos perecendo.” Quando metaforicamente esse apelo surge do interior do coração e da mente de um homem, começa uma nova fase evolucionária para ele. A mente formal deliberadamente se abre para a luz e verdade das fontes profundamente interiores até então desconhecidas e desconectadas. A manifestação do espírito no homem e seu domínio sobre a matéria é representada pelo emergir do Senhor Cristo do sono no interior do barco. Como ele está adormecido e aparentemente inconsciente da crise, até ser despertado por um pedido de ajuda, assim também o poder espiritual do homem conforma-se em seu próprio mundo, cumprindo somente a vida automática que preserva as funções. Simbolicamente, o Cristo que dorme é despertado pelos discípulos expostos ao perigo ao tentarem pilotar o barco numa tempestade. Os discípulos compreendem que apenas um Ser pode salvá-los na sua grave emergência, o divino Mestre quando desperto do sono. Ele responde a esse apelo e demonstra completo controle sobre os elementos ar e água. Ocorre um encontro, seguido por uma união; espírito, mente e cérebro tornam-se uma entidade de consciência. As tempestades mentais da dúvida, da revolta contra a ignorância, impotência e instabilidade se desvanecem. Reina a paz, a verdadeira paz do eterno.

Embora a resposta seja imediata nessa história, muitas vidas podem ser necessárias à transferência do interesse e da segurança materiais para padrões de conduta e pensamento espirituais. Essa mudança normalmente não pode ser iniciada ou forçada por um agente externo. Algumas vezes despertar temporariamente prenuncia o grande evento, mas sua influência não é mantida como inicialmente. As vidas sucedem-se, cada qual com seus testes e suas tempestades, suas vitórias e alegrias. Gradualmente a grande transferência ocorre. Verdades ocultas e espirituais, leis e padrões morais tornam-se aceitos. Em consequência, a natureza tempestuosa e a insegurança da vida são substituídas pela tranquilidade mental e descoberta interior de um poder espiritual inabalável, uma rocha dos tempos na verdade. Isso corresponde à presença do Cristo como Mestre e a aceitação de seu chamado para o Discipulado.

Se os próprios autores registraram o incidente do acalmar da tempestade com a intenção de também descrever tais desdobramentos e realizações místicas, é questão que admite pelo menos a sugestão de uma resposta afirmativa, porque a introdução de uma presença divina e miraculosa e de um poder mágico para produzir efeitos sobrenaturais pode ser tomada como indicação de tal intento e como justificação de tal interpretação. Se esse não é o caso, se foi pretendida a aplicação impessoal da história, então o valor do relato é grandemente reduzido, para dizer o mínimo, pois se torna apenas parte da biografia de Jesus e da história do povo judeu de quase dois mil anos atrás. Entretanto, há muita evidência literária interna de que, como os autores de certos livros e passagens do Velho Testamento, os evangelistas eram cabalistas instruídos e, portanto, bem-versados na tradição oculta do Judaísmo esotérico.

Mt 8:27. Os homens ficaram espantados e diziam: Que homem é este, que até os ventos e o mar lhe obedecem?

Esse versículo que encerra o incidente revela o elemento de prodígio que, misturado a outros, caracteriza o estado da mente do bem-sucedido buscador de luz e verdade espirituais como fundamentos verdadeiros da vida.

Mt 8:28. Ao chegar ao outro lado, ao país dos gadarenos, vieram ao seu encontro dois endemoninhados, saindo dos túmulos. Eram tão ferozes que ninguém podia passar por aquele caminho.

29. E eis que se puseram a gritar: Que existe entre nós e ti, Jesus, Filho de Deus? Vieste aqui para nos atormentar antes do tempo?

No incidente na vida de Jesus que se seguiu àquele do acalmar da tempestade, homens possuídos de demônios foram contatados e um milagre de exorcismo foi executado. Admissivelmente, tal exorcismo é um poder disponível do Adepto, e Jesus deve tê-lo possuído. Uma interpretação literal é tão interessante quanto instrutiva, embora careça de orientação para aplicação por quaisquer outras pessoas que não os atores envolvidos. Tomado como uma alegoria, entretanto, muito pode ser aprendido de valor direto para todos os homens, de todos os tempos, e especialmente para aqueles que estão simbolicamente "possuídos por demônios". Para receber essa iluminação, é forçoso lembrar que, como sempre, quando se está interpretando alegorias inspiradas, deve-se considerar o incidente como um todo descritivo de uma pessoa apenas, não de duas ou de três, personificando cada ator os atributos e as ações da pessoa.

Assim os dois homens representam a mente e o corpo. O passado com seus incidentes, aflições, memórias e *karma* resultante estão adequadamente representados pelos demônios obsedantes saídos do túmulo. O túmulo é uma condição de consciência, particularmente da mente, na qual o homem está totalmente inconsciente do seu Eu espiritual. Nesse estado ele está como morto e enterrado.

Assim, privado da luz e do poder da sua própria natureza interna, o homem está, na verdade, à mercê de seu próprio passado, do qual é grandemente o produto. Essa condição, entretanto, não dura para sempre. A evolução continua e a vida se desenvolve perpetuamente. Como na história, o tempo do verdadeiro Eu manifestar-se para a mente aproxima-se por fim. Nos termos alegóricos dessa passagem, o Cristo atravessa para o outro lado do lago e chega à presença dos dois homens possuídos de demônios.

Uma ação extremamente decisiva é adotada por aqueles homens. Eles se aproximam e falam com Cristo inquisitivamente, mas com aparente hostilidade. Um aspecto da mente humana ressente-se da incursão ao seu interior e da intervenção do poder e da luz espirituais. Isso nasce parcialmente do medo que surge da compreensão instintiva de que, quando a luz da intuição ilumina o cérebro-mente, o domínio da personalidade pela mente possessiva, arrogante e materialística cessa sem demora. A zombaria de um dos ladrões crucificados ao lado do Senhor é descritivo desse ressentimento e atitude mental zombeteira.

A resistência por parte do homem externo pode continuar por várias vidas. Inevitavelmente virá, entretanto, aquela vida na qual o Eu interno mostra-se mais poderoso do que a mente materialista e as emoções sensuais – os dois homens possuídos – e seu domínio está no fim. Alegoricamente, o Cristo aparece em cena e exorciza os demônios. O fato de que os dois homens reconheceram Jesus como o Filho de Deus indica o desenvolvimento de certa perceptividade espiritual e também de progresso evolucionário para um estado de espiritualidade pura e de auto-exorcismo das restrições e erros passados.

Mt 8:30. Ora a certa distância deles havia uma manada de porcos que estava pastando.

31. Assim os demônios lhe imploravam, dizendo: Se nos expulsas, manda-nos para a manada de porcos.

32. E ele lhes disse: Ide. Eles, saindo, foram para os porcos e logo toda a manada se precipitou no lago por um despenhadeiro e morreram nas águas.

O processo de autopurificação e sua conclusão bem-sucedida estão descritos aqui. Os atributos da natureza humana mais grosseiros, cruéis e indesejáveis estão representados pelos demônios. Também simbolizados pelos porcos, eles pertencem ao aspecto animal do homem. A essência dos veículos mais sutis pelos quais eles estão representados é do tipo grosseiro de matéria astral, congênito com uma tendência instintiva viciosa – suína na verdade[4]. Esse tipo de matéria é também exorcizada da aura humana, deixando-a pura. A essência mesma, entretanto, se une aos tipos mais grosseiros e densos de matéria astral livre, sugerido pela corrida dos porcos despenhadeiro abaixo. Os porcos obsediados são, de forma alegórica, corretamente levados a precipitarem-se no mar, visto que na linguagem simbólica o mar e a água são geralmente emblemas da emoção humana e do plano emocional, ou mundo astral.

Seja pelo curso natural da evolução ou pela adoção de medidas rigorosas, como na prática do *yoga*, o egoísmo e a sensualidade são transcendidos e ficam fora da visão da consciência normal. Eles podem conformar-se, por um tempo, em regiões abaixo do portal da plena consciência em uma condição subalterna, mas finalmente serão extirpados por completo, deixando a pessoa autopurificada livre deles. Quando o Eu interior, ou natureza crística do homem, aproxima-se do campo da consciência humana, esses males são gradualmente substituídos pela espiritualidade e autodomínio. Quando aquele estágio final for alcançado, a liberação ou salvação terá sido obtida. O ser humano liberado está então imaculado e imune às impurezas.

Tal interpretação não exclui o fato da existência objetiva da obsessão, das entidades maldosas, nem nega a possibilidade delas serem expulsas por alguém dotado do conhecimento e do poder necessários. As cerimônias executadas por aqueles que foram investidos desse poder ou por quem desenvolveu sua própria vontade no grau necessário podem exorcizar tais demônios pela força do pensamento e palavras de poder.

O exorcista que, porém, ainda é só um homem deve geralmente empregar frases e símbolos, ou sinais de poder, como demonstra um estudo dos rituais de exorcismo e exibições de cura. O Adepto, se decide usar linguagem audível, necessita pronunciar uma só palavra para comandar a saída. Assim, Jesus realizou o exorcismo pronunciando a ordem "Ide". Proferida por um Adepto, e expressando sua vontade, essa palavra é irresistível, representando um comando final.

Quer as entidades expulsas fossem formas-pensamentos ou seres humanos incorpóreos, eles tinham que obedecer, voltando em seguida aos níveis inferiores do mundo astral, ao qual pertencem por sua própria natureza.

Uma interpretação literal do relato é inaceitável porque nenhum Adepto destrói vida desnecessariamente. Na verdade, os denominados demônios poderiam facilmente ter sido eliminados de uma maneira que não fosse prejudicial ou provocasse a morte de uma forma de vida subumana. A partir dessas considerações, a interpretação mística dessa dramática narrativa e seu uso pelo leitor é mais aceitável. Isso é particularmente assim quando é percebida a adequação de tal concepção.

---

[4] Astral – ver Glossário.

Mt 8:33. Os que os apascentavam fugiram e, dirigindo-se à cidade, contaram tudo o que acontecera, inclusive o caso dos endemoninhados.

34. Diante disso, a cidade inteira saiu ao encontro de Jesus. Ao vê-lo, rogaram-lhe que se retirasse do seu território.

Quando a mente humana se torna perceptiva da divina presença interior e solicita sua manifestação mais plena, então tanto a maldade inata como as inclinações maldosas desenvolvidas perdem a sua influência e finalmente são expulsas. Isso restaura a pureza e a integridade no indivíduo iluminado.

A maior parte das pessoas da Terra é ainda incapaz de entender tal aproximação mística e interior de Deus. Muitos instintivamente recuam diante dessa revelação e das renúncias que eles erradamente supõem devem seguir-se. Alguma autopurificação e autodisciplina estão necessariamente envolvidas; alguma determinação é requerida para superar hábitos indesejáveis. Mas o impulso para fazer isso surge do interior do devoto espiritualmente desperto, de forma que aqueles elementos de escuridão e ruína são mais propriamente ultrapassados do que dolorosamente renunciados.

Entretanto, no presente estágio da evolução humana neste planeta, a humanidade está despreparada para tal iluminação espiritual e entrega pessoal. Quando, portanto, um chamado alcança os ouvidos de tais homens e os primeiros impulsos interiores espiritualizantes começam a ser sentidos, podem surgir ressentimentos. Então a pressão perturbadora, ou chamado, pode ter acesso negado na vida e na conduta do homem em seu corpo e nas preocupações terrenas. Isso pode ser a referência psicológica e mística contida nesses dois versículos, os quais contam que toda uma cidade pediu a Jesus "que se retirasse do seu território."

Capítulo 13

O ministério de Jesus, como registrado nos evangelhos, foi evidentemente único na história mundial de aparecimentos na humanidade de visitantes espirituais. Apenas ele fez da cura dos doentes uma parte constante e característica de sua missão. O Senhor Buda renunciou seu principado e seu reino, depois de ver com seus próprios olhos várias formas de sofrimento humano. Sua resposta foi, contudo, não tanto curar os indivíduos, mas obter a iluminação concernente às verdadeiras causas e à prevenção permanente e cura do sofrimento humano.

É digno de nota o fato de que os três outros evangelistas não fizeram referência a muitos eventos registrados por S. João, possivelmente por uma ou outra das seguintes razões: falta de conhecimento por parte dos autores; retenção deliberada da informação, por medo de que conhecimento secreto oculto pudesse ser revelado; ou reconhecimento dos perigos do mau uso das verdades que conferem poder. Todas essas razões contribuíram para as lacunas na história de Jesus durante esse e outros períodos.

Mt 9:1. E, entrando em um barco, ele atravessou para a outra margem e foi para a sua cidade.

2. Aí lhe trouxeram um homem doente de paralisia agitante [essa moléstia é um dos sintomas do parkinsonismo, doença cerebral em que o rosto apresenta-se imóvel, havendo ademais uma considerável rigidez muscular, mas verificam-se também tremores da cabeça e dos membros; a palavra inglesa é palsy, *traduzida quase sempre por paralisia – NT] deitado num catre. Jesus, vendo tão grande fé, disse ao enfermo: Filho, tem bom ânimo; os teus pecados te são perdoados.*

O Adepto na ciência oculta é virtualmente onipotente com respeito ao mundo físico, à vida física e ao jogo e à interação das forças naturais. No estágio em que se encontra, pode parecer que ele transcende e supera as restrições impostas à vida pela forma e suspende as operações de certas leis aparentemente fixas. Nenhum ser, embora elevado, pode abolir a lei natural; o Adepto é capaz de temporariamente inibir sua operação, principalmente sobre ele mesmo, mas também sobre outros. A faculdade de levitação é um exemplo desse poder.

Quando outra pessoa é afetada, o relacionamento dessa pessoa com a Natureza é fator decisivo. Ninguém pode, por exemplo, ser aliviado da doença se ainda está numa condição de discordância com o princípio da vida. Algum alívio pode ser dado, mas somente em estrita consonância com o limite da discórdia.

O homem curado da paralisia tinha passado pelas fases de retribuição que se seguem à ação discordante antes da liberação final do débito. Se não tivesse sido assim, nem mesmo Jesus poderia tê-lo curado inteiramente.

Se, entretanto, os salvadores históricos representam um poder interno, um agente espiritualizante no interior do homem, então sua ação pode modificar a atitude subsequente e a conduta discordante do ator e provocar uma rápida neutralização da atribulação. A iluminação interior pode ser produzida, capacitando o transgressor a harmonizar-se novamente com a Natureza e com as pessoas contra quem ele tinha pecado. Essa também é uma ação que produziria seus resultados, um dos quais poderia ser acelerar a cura.

Afora isso, o próprio tempo produz finalmente uma restauração da harmonia. As forças contraditórias consequentemente se exaurem, quando então tal harmonia sobrevém naturalmente. A cura, se milagrosa ou médica, é dependente dessa recuperação da harmonia. O olhar penetrante de um verdadeiro vidente capacita-o a perceber se isso ocorreu ou não. A expressão "os teus pecados te são perdoados" pode, então, simplesmente significar que causa e efeito estão quase equilibrados, que a infelicidade está naturalmente próxima do seu fim ou já findou. Um ato de harmonização espiritual sabiamente dirigido e poderoso é, assim, suficiente para trazer de volta o paciente para o caminho correto e, assim, para a libertação do infortúnio.

Se o relato do milagre oferecido nesses versículos é tomado historicamente, então as palavras do Cristo podem ser lidas como afirmações de que essa rearmonização foi, nesse caso, completa. Embora, geralmente, possa haver demora antes que um organismo vivo reassuma a normalidade, quer do ambiente ou da condição interior, um Adepto é capaz de operar a recuperação muito rapidamente.

Os termos *fé* e *perdão* usados no texto podem ser entendidos apropriadamente como rearmonização. Isso aplica-se tanto exteriormente, no relacionamento com outras pessoas, como interiormente, no relacionamento do homem com sua própria alma; quando a dívida está paga, a harmonia prevalece, externa e internamente. Esse princípio aplica-se igualmente na conduta harmoniosa e harmonizante que resulta em bem-estar pessoal e circundante, bem como harmonia e paz psicológica e espiritual. Assim considerado, o relato do milagre pode ser entendido como uma ilustração da existência e da operação da lei de causa e efeito e de um poder do Adepto para discernir a condição de qualquer ser humano em relação àquela lei.

Se, entretanto, o incidente é tomado como uma alegoria, então outras verdades estão reveladas. A paralisia agitante é um movimento incontrolável de todo o corpo ou um tremor de certos membros. Considerada assim, uma vida trêmula é aquela que não é dirigida do interior, um modo de vida descuidado, inteiramente material, desequilibrado e instável. Na verdade, é a condição da maioria dos homens na presente fase do desenvolvimento humano, de tal forma que a humanidade pode ser considerada como trêmula.

Entretanto, para uma minoria isso não é assim. Aqueles que estão mais avançados do que o resto da humanidade são movidos cada vez mais do interior, inflamados pelo idealismo, disciplinados e refreados em corpo e mente segundo um conjunto de ideais. Eles voluntariamente reconhecem o governo da lei e o respeito por ela. Ainda que a maioria possa ver os benefícios da lei civil e possa obedecer suas determinações, eles não estão ainda completamente imbuídos do ideal da ação correta por seu próprio mérito. A História revela que essa, na verdade, é a condição do grosso da humanidade. Um sinal de avanço evolutivo é a aceitação do correto por seu próprio mérito, ao invés do benefício pessoal. Isso vem da natureza crística no interior do homem, quer seja ou não conscientemente compreendida. Gradualmente a compreensão surge, o Deus vivo revela-se à mente e ao coração sensíveis. A ação descontrolada e maldirigida cessa, e a pessoa está espiritual e psicologicamente curada.

Mt. 9:3. Ao ver isso, alguns dos escribas diziam consigo: Está blasfemando.
4. Mas Jesus, conhecendo os seus pensamentos disse: Por que tendes esses maus pensamentos em vossos corações?
5. Com efeito, que é mais fácil dizer: Os teus pecados te são perdoados, ou dizer: Levanta-te e anda?
6. Pois bem, para que saibais que o Filho do Homem tem poder na Terra de perdoar pecados (disse então ao paralítico): Levanta-te, toma teu catre e vai e para casa.

Jesus tinha pressentido os pensamentos e ficou ciente das palavras dos escribas. Em resposta, ele evidenciou o milagre da cura repentina, sugerindo que as palavras de perdão e de cura eram, de fato, a mesma coisa. Na verdade, esse é objetivamente o caso, na medida em que o milagre não poderia ter sido operado, a menos que os efeitos das ações que provocavam a doença tivessem sido exauridos, conduzindo ao retorno da harmonia. Compreendendo isso, Jesus pronunciou as palavras de cura e, depois disso, o homem sendo curado, levantou-se e foi para sua casa.

Esse milagre ocorre na própria cidade de Cristo. Na linguagem dos símbolos, a cidade tipifica a "vestimenta de luz", no interior da qual o espírito está encarnado. Quando o espírito no interior dessa vestimenta é efetivamente compreendido pelo cérebro-mente, o homem exterior é transformado, integrado e, portanto, "curado".

A instrução ao homem curado da doença de Parkinson é suscetível de interpretação similar. Ir para sua casa é, nesse sentido, recolher-se no interior do Eu interno, para estabelecer-se lá em consciência e ser motivado a agir a partir daquela posição e daquele veículo de percepção do Eu manifestado. Assim, a natureza crística no interior do homem manifesta-se à personalidade exterior, unifica seus, até então, diversos elementos, confere-lhes coesão, direção inteligente e controle de movimento. A condição de paralítico é então substituída por uma certa medida de autocontrole, autodirecionamento propositado e integridade.

O relato da sequência do milagre começa no terceiro versículo desse capítulo, no qual é dito que os escribas declaram ser blasfemo o proclamado perdão de pecados. Eles representam os atributos de inveja, materialismo, desdenho, cinismo e crítica destrutiva da mente analítica do homem.

A mente humana inclui duas faculdades distintas, a de abstração e a de pensamento concreto, ou crítico. O poder de exame separado, crítico e de avaliação de qualquer ideia ou plano das atividades práticas da vida é tão natural quanto valioso. Assim usado, nenhuma falha pode ser encontrada na capacidade própria nem na sua aplicação consistente, detalhada e precisa para solução de problemas materiais e na conduta de vida.

Se, no entanto, ideias abstratas e percepções intuitivas são submetidas à análise inadequada, particularmente com uma inclinação para a hostilidade, então os entendimentos mais profundos e suas eventuais aplicações no processo e nas experiências do pensamento podem ser embrutecidos. Isso é especialmente verdadeiro nas primeiras fases da Autoiluminação, quer considerando níveis de entendimento mundanos ou espirituais. O silêncio mental, ou melhor, uma atitude mental de espera, é mais conducente ao surgimento de ideias novas e criativas e ao funcionamento da ideação espiritual. Essas não podem se enraizar, desenvolver-se e florescer na mente se são criticamente analisadas desde o começo.

Nos relatos de S. Mateus da cura, por Jesus, do homem acometido de tremores, os escribas e sua ação combinada personificam esse atributo mental. Essa hostilidade nasce do medo de que a admissão das ideias emergentes possa levar à perda de poder, influência e função diretiva na conduta da vida física. Nesse sentido, a mente formal assemelha-se a um ditador de um estado autoritário. Tal dirigente não pode e não ousa tolerar nenhuma interferência de outros no seu despotismo ou sugestão de controle sobre ele, porque se isso prosperasse a sua ditadura eventualmente terminaria. No que concerne à manutenção de seu sistema e ao controle das mentes cegas de seus membros, a ortodoxia religiosa estreita e defensiva está precisamente na mesma posição. Todo dogmatismo em assuntos religiosos surge do medo e desse impulso para o poder e sua preservação.

Jesus, por outro lado, personifica a sabedoria completamente fluente, livre e pura dos níveis além da mente analítica, individualista e que busca poder. Todo o drama da vida do Cristo pode ser compreendido como uma alegoria do conflito entre esses dois aspectos da natureza humana. O espírito interno do homem, de onde a sabedoria pura alcança seu eu externo, conduz sempre à novidade, ao novo nascimento e à recepção de novas ideias. Na medida em que essas ideias inspiram novos conceitos de vida e modos de pensar e agir, elas inevitavelmente ameaçam as formas estabelecidas de pensamento e as religiões ortodoxas. Os inimigos dos salvadores e dos heróis, nas grandes alegorias, personificam a resistência, enquanto os próprios salvadores e heróis personificam sempre os novos impulsos espirituais, a iluminação espiritual viva e as ideias criativas. Devadatta, Kansa, Set e Herod, como também Satã em certos aspectos, representam esses atributos e ações mentais, como afirmado antes. O conflito é inevitável, e todas as batalhas nas alegorias mundiais – inclusive a guerra no céu, *Kurukshetra, Armageddon*, os combates mais pessoais entre representantes da luz e da escuridão, homens e bestas predadoras – exemplificam esse contínuo conflito.

Ainda que para o taumaturgo a própria demonstração de cura milagrosa fosse conclusiva, não deixando espaço para discussões posteriores, para o filósofo isso pode não ser, de fato, assim. Os dois enfoques pertencem a dois níveis de consciência e ação diferentes, embora interconectados. Na visão do filósofo, a aparente assunção por Jesus do poder para perdoar pecados põe em dúvida a exatidão do próprio registro, pois nenhum sábio iluminado seria culpado de alegar poder para ab-rogar essa lei, porque o próprio Universo como um todo está fundado sobre o princípio da qual ela é derivada. O documento original, as várias traduções pelas quais passou no processo de ser copiado e, mais especialmente, a honestidade e integridade dos copistas e tradutores são questionadas. Infelizmente, teólogos e mesmo homens ignorantes têm mexido no texto da Bíblia e em nenhuma parte mais do que nas palavras dos quatro evangelhos. Os relatos dos eventos e das afirmações, por conseguinte, podem estar muito desvirtuados ou bastante incompletos. Declarações que contrariam a razão e negam princípios imutáveis devem ser lidas com discernimento para que a compreensão seja alcançada.

Na medida em que a Bíblia, em comum com outras Escrituras, contém muitas de tais incongruências, a interpretação mística desfruta de grande força, proporcionando, como o faz, a única reconciliação possível.

Mt 9:7. E, levantando-se, foi para casa.

Fisicamente, essa é somente a continuação da descrição do milagre de cura. Misticamente, quando um aspirante espiritual vai para casa, ele retorna à sua Fonte. Um Adepto pode ajudá-lo grandemente nisso, tanto guiando-o ao longo da senda de retorno como partilhando intimamente seu próprio estado de iluminação. De fato, o verdadeiro Adepto curador não só inicia a ação curativa no corpo que está doente, mas faz o habitante do corpo compreender a unidade com o Eu espiritual. Depois que a ação e a reação tenham sido igualadas e contrabalançadas ou quase isso, esses dois procedimentos unem-se para restaurar a harmonia interior e a saúde corporal.

A ação de Jesus, a ser considerada posteriormente, de misturar o barro com sua própria saliva e colocá-lo sobre os olhos de alguém que era cego, recuperando-lhe a visão, é um exemplo do uso, pelo Adepto curador, de medidas materiais, colocando substância de sua própria pessoa em efetivo contato com aquele que apelou para ser curado.

Espírito e matéria são coexistentes, coeternos e coativos. O espírito é dependente da matéria para sua manifestação. Na doença, a matéria dos corpos humanos está numa condição anormal e, portanto, dificulta a manifestação plena e harmoniosa nela e por intermédio dela das influências, forças e poderes espirituais. Isso aplica-se também às experiências místicas em estado de vigília. As células e a substância cerebrais estão relacionadas com a consciência elevada, como está também a matéria dos corpos sutis. Genialidade, inspiração e iluminação interiores são dependentes de uma receptividade intensificada do cérebro (como instrumento da mente), que envolve uma condição de sua substância. *Yoga,* oração e contemplação envolvem não só a expansão da consciência, mas também a condição e a função das moléculas e células do corpo físico e das energias dos veículos superfísicos. A ação da vontade e do pensamento por meio da pronúncia de palavras de poder, nas fases preliminares de autoexaltação, afetam tanto a consciência como a matéria de seus veículos.

Isso também se aplica à cura espiritual na qual se efetua a correção de anormalidades na condição e função da substância dos veículos afetados. Um maldenominado milagre de cura, embora seja simples na aparência, pode ser de fato uma operação bastante complicada. Nela está envolvida matéria de vários graus de densidade dos corpos mental, emocional, etérico e físico do homem. Em doença grave, tal como um tremor ou paralisia, a anormalidade pode estar presente em todos esses veículos; ela deve, portanto, ser corrigida em todos eles. Isso requer grande conhecimento oculto e a aplicação de força, segundo princípios ocultos em que os Iniciados são instruídos.

Pode existir patologia profunda no interior da psique do homem, acarretando um estado anormal da matéria de que os corpos astral e mental são constituídos. Um verdadeiro desvio molecular em relação ao normal pode existir e é este, o aspecto material da doença, que o curador oculto deve corrigir. Embora alguns dos milagres de cura de Jesus, como de outros sábios, apresentem-se como simples ou como atos isolados, na realidade procedimentos bastante complexos estariam presentes. Naturalmente, os que os registraram dificilmente poderiam relatá-los ou mesmo conhecê-los, na medida em que os processos interiores são invisíveis.

Os denominados milagres são milagrosos somente por causa do desconhecimento das leis sob as quais os efeitos são produzidos. Realizações científicas atuais teriam parecido milagrosas em épocas anteriores, mas são o resultado da aplicação do conhecimento adquirido mais recentemente. A analogia não é, entretanto, exata, uma vez que as causas de tais acontecimentos, como a cura espiritual, não são, e nunca podem ser, percebidas e conhecidas fisicamente. A humanidade eventualmente reconhecerá e aprenderá a usar essas forças, como as empregam os Adeptos, da mesma forma como as energias físicas de potências cada vez maiores estão sendo utilizadas pelo homem moderno. Quando isso ocorrer, os efeitos produzidos pelo seu uso não parecerão mais milagrosos do que parecem ser hoje os muitos usos da eletricidade.

Mt 9:8. Vendo o ocorrido, a multidão maravilhou-se e glorificou a Deus, que deu tal poder aos homens.

Um ato de magia pode demonstrar os poderes do mago, serve para ilustrar uma verdade filosófica e atrair aqueles que podem estar céticos quanto à validade daquela verdade. A execução do milagre de cura, que é perfeitamente natural e que sem dúvida ocorreu, é dita aqui produzir exaltação e adoração nos seus observadores.

Se, por outro lado, o Cristo dos evangelhos é em grande parte, senão inteiramente, uma personificação do poder espiritual e da Presença no interior do homem, então todos os milagres que são executados podem ser interpretados como os efeitos da realização espiritual sobre o devoto que medita. Há, na verdade, uma doença da alma, tanto quanto do corpo. O poder, a voz e a presença realizada do Deus Supremo dentro do homem, o Verbo feito carne, restauram a clara visão da alma, purificam e controlam a emoção e a sanidade mental e produzem a eficácia da vida física. A completa correção e o resultante alinhamento e sensibilização dos veículos do homem e da matéria do cérebro físico produzem certamente uma elevação do espírito. Tal realização traz a exaltação de uma alegria interior, a adoração do Deus Supremo interior e a integração psicoespiritual. Essa ação remediadora e beneficente do espírito sobre o homem é o maior de todos os milagres e a mais poderosa de todas as mágicas. Ela pode resultar num excesso de alegria pela experiência da consciência de Deus.

Mt 9:9. Indo adiante, viu Jesus um homem chamado Mateus, sentado na coletoria de impostos e disse-lhe: Segue-me. Este, levantando-se, o seguiu.

O antigo e contínuo processo de seleção de um discípulo por um Adepto Instrutor está descrito aqui. Desde a infância da raça humana neste planeta, sua evolução tem sido guiada, o seu progresso resguardado, nos períodos de perigo e dificuldade, por auxílio, invisível e visível, de homens mais experientes na evolução. Sem aparecer, a Fraternidade de Adeptos tem exercido uma influência diretiva e protetora sobre a mente e as emoções do homem. Visivelmente, seres elevados dentre eles têm visitado fisicamente a Terra e se apresentado em certas regiões restritas e para povos escolhidos.

Além do mais, dois tipos particulares de homens e mulheres têm sido selecionados para aceitação e treinamento como discípulos. Um tipo consiste daqueles que alcançaram estágios de desenvolvimento acima do normal para seu tempo. Como eles são potencialmente muito proveitosos para a humanidade e para a Fraternidade dos Adeptos, ajuda especial lhes é oferecida, na forma de uma associação íntima com um instrutor espiritual. O outro tipo consiste daqueles que sentiram vibrando fortemente dentro de si uma aspiração por experiência espiritual e uma determinação para obter conhecimento e saber diretamente acerca dos princípios e das leis subjacentes da vida universal, planetária e humana. Os últimos, seja deliberadamente ou não, expressaram um apelo no interior de suas mentes por entendimento e orientação espiritual. Tal chamado nunca é deixado sem resposta. Quando prova ser tanto genuíno quanto persistente, um Adepto Instrutor observa-o e com grande sabedoria escolhe um método de resposta. No início, essa pode ser totalmente mística, podendo ser também bastante objetiva, como o chamado dos discípulos do Buda ou do Senhor Cristo.

A breve descrição do chamado de Mateus contém a significante declaração de que, em ouvindo as palavras "segue-me", ele levantou-se e seguiu-o. Nisso está retratada a resposta instantânea de espírito a espírito afim e o imediato reconhecimento do Instrutor pelo discípulo que finalmente encontrou seu Mestre. Quando a busca é sincera e a descoberta verdadeira, a resposta é sem hesitação. A vida do Discipulado torna-se a única verdadeira e, consequentemente, a única desejável. Assim como seus companheiros discípulos do Cristo, Mateus entrou no antigo caminho, tendo ouvido o chamado e se ajoelhado aos pés do Mestre.

Mt 9:10. Aconteceu que, estando Jesus à mesa em casa, vieram muitos publicanos e pecadores e se sentaram com ele e seus discípulos.

Quando homens muito avançados e seres sobre-humanos visitam o mundo da humanidade comum, mostram indiferença por modos de conduta e certas atitudes convencionais da mente. Como a sua realização espiritual está à frente da normal, essa atitude provoca ressentimento e resistência. Dúvidas, críticas e condenações surgem nas mentes que são ou muito ignorantes para compreender ou temerosas quanto a seu próprio prestígio e posição. Essa hostilidade não incomoda em absoluto o visitante divino, cujo único propósito é entrar em contato e comunhão íntimos com a humanidade. Isso é simbolizado pela entrada na casa e pelo partilhar a comida em uma companhia mista.

Duas atitudes opostas são mostradas no relato desse incidente. Uma é o propósito exclusivo do instrutor, cujo objetivo é bastante independente das associações de casta e padrão social. A outra atitude é a adotada por aqueles que, inconscientes da existência de tais propósitos espirituais, estão presos e perdidos espiritualmente em seus próprios conceitos artificiais a respeito da sociedade e das relações humanas. Os seres iluminados que chegam e servem à humanidade não dão importância às distinções artificiais, porque estão interessados no desabrochar da presença espiritual, para a qual o corpo físico é um templo – embora muito frequentemente prove ser um túmulo.

Nisso, também, está retratada toda a natureza do ser humano por meio de personificações. O Cristo é o princípio divino; os discípulos são os atributos mais elevados e nobres, qualidades e capacidades, principalmente intelectuais. Os denominados publicanos e pecadores representam o desejo natural e, mais particularmente, aqueles seus aspectos que ainda não foram reformados e regenerados. A casa é o corpo físico e a aura, o campo ou envoltório de força que o envolve, no interior dos quais todos os aspectos da natureza humana estão reunidos.

O processo de regeneração está alegoricamente retratado. Os princípios divinos, o Cristo, os mais nobres e mais disciplinados atributos, e a natureza animal do homem mais inferior entram em estreito relacionamento, partilhando da mesma refeição. Assim interpretado, isso significa que foi alcançado um estágio de desenvolvimento no qual o Eu interno está iluminando e espiritualizando o homem externo. A mística Presença de Cristo é notavelmente sentida; sua influência é reconhecida e aceita. Os aspectos materiais e espirituais da natureza humana combinam-se intimamente, e um modo de vida espiritual está prestes a ser Iniciado.

Mt 9:11. Os fariseus, vendo isso, perguntaram aos discípulos: Por que o vosso Mestre come com os publicanos e os pecadores?

O ingresso num modo de vida crescentemente espiritual sempre se defronta com a resistência interna do aspirante e de sua família, amigos e membros da sociedade na qual vive. Os fariseus personificam essas resistências. Interiormente, os hábitos, costumes e receios de que sejam perdidas posições e prazeres menos valiosos podem levantar uma barreira considerável. Nesse sentido, os fariseus estão no interior de todos os homens. Tal desafio, queixa e questionamentos aparecem e devem ser enfrentados e superados.

Mt 9:12. Jesus, porém, ouvindo, disse-lhes: Não necessitam de médico os sãos, mas sim os doentes.

As ações e as palavras de Jesus, nessa ocasião e em muitos dos eventos registrados de sua vida, indicam a consecução e o uso habitual de um nível de consciência que não era normal nos seus dias e não foi ainda alcançado pela maior parte da humanidade. Essa consecução é supramental e assinala a entrada e o avanço em um estágio de evolução que pode legitimamente ser descrito como novo. Até que esse estágio seja alcançado, a mente é o único árbitro e juiz da oportunidade da conduta. Duas características mentais, rigidez e separatividade, dificultam esse "novo modo de vida", pois esses atributos devem ser superados, assim como outras restrições mentais de perspectiva. Embora a maioria da humanidade atual esteja limitada mentalmente por certas qualidades restritivas, os homens mais avançados estão livres delas. Flexibilidade e universalidade consciencial marcam o desenvolvimento do princípio da sabedoria no homem, que é personificado pelo Cristo. Os homens avançados começam a ver o mundo como um todo, a humanidade como uma família, todos os homens como irmãos. O retrato ou relato do Cristo sentado à mesa com publicanos e pecadores representa o poder desenvolvido de perceber a unidade no meio da diversidade e de ser totalmente indiferente às divisões ilusórias de casta e convenção. Há líderes raciais entre os homens de hoje que também exemplificam essa visão e são precursores de uma nova humanidade que está surgindo.

Uma parte da função daqueles grandes seres, que periodicamente visitam a Terra e a humanidade, é estimular e acelerar o crescimento, na mente mundial, do princípio da sabedoria, ou natureza crística no homem. A real presença deles tem esse efeito, desse modo ajudam aqueles que podem responder a um estado de consciência que vê os homens e a Natureza a partir do interior e que observa em funcionamento o princípio de vida interior que desabrocha. A visão deles não é limitada pelas formas externas, com suas divisões e diferenças temporárias.

A sabedoria pura e direta leva tais sábios ao âmago dos problemas humanos e a solucioná-los. Isso está evidenciado na resposta do Cristo aos fariseus dada nesse versículo: "Não necessitam de médico os sãos, mas sim os doentes."

Mt 9:13. Ide, pois, e aprendei o que significa: Misericórdia é o que eu quero, e não sacrifício. Com efeito, eu não vim chamar justos, mas pecadores ao arrependimento.

A réplica de Cristo não só responde às críticas dos fariseus, mas convida-os a descobrir a verdade por si mesmos. É buscado o ideal de bondade e compaixão humanas que está acima das ofertas sacrificiais formais em adoração no templo. Como na parábola da ovelha perdida, o Cristo descreve uma parte da missão de um ser divino que visita o mundo dos homens. Isso, ele disse, é para ajudar especialmente aqueles em grandes necessidades, aqueles que estão caindo à margem da evolução, cuja força está definhando, a virtude declinando e a percepção espiritual sendo perdida. Tais homens e mulheres evocam a divina compaixão e ajuda, e não julgamento e condenação.

Da mesma forma como o médico e o reformador podem e cuidam mais especialmente daqueles que estão doentes do corpo e da mente, assim um sábio inspirado vem ajudar aqueles que estão doentes da alma, magoados e cansados, com o coração submetido ao estresse e à tentação da vida física.

Misticamente interpretado, isso implica que a vontade e a inspiração interiores dos instáveis e dos pecadores podem ser restauradas pela manifestação da sua natureza crística interior. A ordem "Ide, pois, e aprendei o que significa" constitui-se em um apelo por aquela busca interior, pelo espírito da divina compaixão e amor. Esse espírito subjaz no interior de todos os homens e brilha resplendente em um salvador do mundo, especialmente em favor dos caídos da humanidade.

Mt 9:14. Por esse tempo, vieram procurá-lo os discípulos de João com esta pergunta: Por que razão nós e os fariseus jejuamos, enquanto os teus discípulos não jejuam?

15. Jesus respondeu: Por acaso podem os amigos do noivo estar de luto enquanto o noivo está com eles? Dias virão quando o noivo lhes será tirado; então, sim, jejuarão.

16. Ninguém põe remendo de pano novo em roupa velha, porque o remendo repuxa a roupa e o rasgo torna-se maior.

17. Nem se põe vinho novo em odres velhos; caso contrário, estouram os odres, o vinho se entorna e os odres ficam inutilizados. Antes, o vinho novo se põe em odres novos; assim ambos se conservam.

A disciplina espiritual e física do jejum é mostrada aqui como um meio e não como um fim. Na medida em que os discípulos estavam com o Mestre e intimamente unidos com ele, a meta de realização de sua presença tinha sido alcançada. Jejuar, portanto, não era mais necessário para eles. As regras que governam o treinamento em qualquer aspecto de vida e para qualquer atividade humana aplicam-se também à vida espiritual. Quando uma meta particular foi alcançada, os métodos de treinamento que propiciaram o sucesso não mais necessitam ser aplicados rigorosamente. Todavia, um certo ascetismo flexível e uma rigorosa aderência a princípios ainda prevalece.

O princípio de unidirecionamento e completude de intenção e ação é inculcado por intermédio de duas analogias. A tentativa de remendo e o esforço para combinar um pouco do novo modo de vida com o velho somente podem conduzir ao insucesso. A entrega deve ser completa, o coração totalmente puro. A senda da autoliberação torna-se gradualmente o único e completo motivo para viver. Essa é uma das leis mais difíceis para uma vida mais nobre do aspirante, particularmente o neófito. Afortunadamente, a mudança pode ser feita de forma gradual. A própria aspiração indica que o Eu interior está ativo dentro do homem exterior. Consequentemente, a difícil necessidade de dedicação total do coração, da mente e do corpo pode ser satisfeita.

Em muitas frases da Bíblia essa lei está enunciada. A esposa de Ló tornou-se petrificada porque olhou para trás enquanto fugia do passado. A tendência é bastante natural e não assume importância excessiva nos primeiros estágios da vida de um neófito. Finalmente, entretanto, as velhas pretensões morrem, as antigas tendências para a indulgência são superadas e todo o ser torna-se uma personificação da vontade de realização. O unidirecionamento, como Cristo sugere, é o único caminho para as alturas espirituais.

Mt 9:18. Enquanto Jesus lhes falava sobre essas coisas, veio um chefe e prostrou-se diante dele, dizendo: Minha filha acaba de morrer. Mas vem, impõe-lhe a mão e ela viverá.

Na verdade, quando se lê os relatos dos milagres de Cristo, pode-se facilmente ser transportado em pensamento para a cena real. O Instrutor errante, acompanhado por seu séquito, encontra aqueles que estão sofrendo de várias enfermidades. Pelos seus poderes espirituais e ocultos ele cura alguns deles, seja pelo seu toque, suas palavras ou por uma manifestação silenciosa de poder curativo. O homem Jesus, um ocultista altamente treinado, um vidente e um mago, tinha alcançado estatura evolucionária elevada e grau iniciatório. Estava, portanto, bem ao alcance de seus poderes discernir a origem das doenças e mesmo da morte e, sob certas condições, corrigi-las.

De duas maneiras é possível para um Adepto executar a ressurreição. Quando a morte é somente aparente, porque o corpo está mergulhado em coma muito profundo, a centelha de vida ainda não se extinguiu de fato, a causa física desse estado pode ser corrigida e a consciência interior restaurada, a mente torna-se outra vez operativa no corpo. Posteriormente, a pessoa despertará, tendo sido restaurado, gradual ou imediatamente, o pleno funcionamento do mecanismo de consciência em cada nível. É quase exclusivamente em tais circunstâncias que um Adepto efetuará o aparente milagre. O *karma* do paciente, da sua família e de outras pessoas intimamente a ele relacionadas é o fator decisivo na decisão do Adepto de ressuscitamento e do grau de funcionamento imediato e posterior do Eu interno no corpo. Antes de agir, o Adepto apura a situação *kármica*, para o que está capacitado, e então atua de acordo com ela.

Contudo, se a morte de fato aconteceu, e a conexão entre o Eu interno e o corpo tiver sido definitivamente rompida, então uma ação completamente diferente se torna necessária. Outra vez o Adepto vidente deve examinar as condições físicas e superfísicas, atentar para a situação *kármica* e agir adequadamente. Se decide prosseguir, a ligação magnética entre o Ego e o homem externo, o "cordão de prata", é restaurada e o habitante original retorna ao corpo abandonado. Algumas vezes outro Ego pode vincular-se ao corpo. Condições *kármicas* e conexões intricadas estão presentes em tal procedimento, podendo ser necessária a consulta a um agente do Governo Interno do Mundo. As incumbências desse agente incluem a supervisão da administração da lei do *karma* em colaboração com autoridades ainda mais elevadas, os Senhores do *Karma* revelados na literatura oculta.

Em ambos os casos, o cérebro deve receber um poderoso estímulo de uma subida forçada da força de vida criativa, a *Kundalinī-Shakti,* para dentro da cabeça. Ao mesmo tempo o centro de força na coroa da cabeça deve ser reaberto nos planos etérico e físico, e o mecanismo completo da consciência em todos os planos deve ser reativado. O grau e as posições necessários dependem da condição da pessoa, condição essa que o Adepto operador terá cuidado de verificar. Quando esses dois processos tiverem sido completados com sucesso, o Eu interno é puxado por uma certa afinidade magnética com o corpo e induzido a retornar à vida física outra vez. Quando é introduzido um novo Ego, é escolhido um que tenha perdido seu próprio corpo prematuramente em termos de anos, como por exemplo por uma morte "acidental".

Os relatos bíblicos de tais eventos podem ter um significado psicoespiritual. No código da Bíblia a palavra morte é usada para descrever um estado de completa inconsciência sobre qualquer coisa que não seja o físico, a ignorância de experiência espiritual e a consequente negação de sua existência. O coma e o sono referem-se ao eclipse temporário, no que toca à consciência física, do seu Eu interno, seu esplendor e outras influências. Em ambos os casos é a mente do homem que está realmente morta e assim permanece até que a morte natural ocorra, a menos que a iluminação restaure a percepção e vivacidade espirituais.

Isso pode acontecer de diversas formas. Os processos naturais de evolução, através de longas eras, sensibilizam a matéria de que consistem o cérebro e o corpo mental, de forma que o espírito no interior torna-se conhecido por experiência direta. De vez em quando, um desastre ou choque racial, nacional ou pessoal pode abalar de tal forma as fundações de uma crença puramente mundana e material a ponto de provocar, pelo desespero, a sua renúncia e a admissão de sua não confiabilidade e falsidade. Isso proporciona ao Eu interior uma oportunidade de revelação das realidades espirituais dentro do cérebro-mente, como se pela ação da graça divina. Quem experimenta esse processo volta-se, então, para o interior, a única fonte possível de ajuda.

Um terceiro modo pelo qual o entorpecimento do cérebro-mente pode ser superado é pela prática do *yoga*, consistentemente incorporada à vida diária. Isso inclui a meditação sobre o divino em certas horas e o permear cada ação da vida diária com aspirações espirituais e totalmente altruísticas, particularmente aquelas nas quais os outros estão envolvidos. Essa prática provoca forçosamente a sensibilização do cérebro e da mente à força de vontade e ao entendimento intuitivo constantemente transmitidos pelo Eu interno.

Não obstante, outro modo de renovar a vida deriva-se da total falência ou algo ainda pior que decorre de atos desesperados. Nesse caso o princípio crístico, o *Ātmā* divino, como que força sua passagem para a consciência da personalidade, que então se torna iluminada e espiritualmente viva. As alegorias de um salvador que responde a uma súplica para intervir e ressuscitar alguém que está morto descrevem geralmente essa situação.

Qualquer que seja a causa ou causas, o efeito é de fato levantar o homem exterior de uma condição de entorpecimento espiritual, de viver como morto. As experiências místicas resultantes e o modo pelo qual elas são obtidas estão descritos pelas palavras chaves usadas como símbolos de condições de consciência. A casa do falecido, por exemplo, refere-se ao corpo físico e a seu estado normal de consciência física. A pessoa falecida representa a mente formal em um estado de total ignorância das leis espirituais subjacentes e do verdadeiro usuário da mente, o Eu espiritual oculto.

Surge então um visitante divino, quer sob a aparência de um curador ou de um mensageiro que, tal como Hermes, tira Perséfone do inferno[1]. Em tais alegorias, a palavra falada representa o poder transmitido, que, como uma influência vitalizadora, desperta a mente para realização do conteúdo espiritual do Universo e do homem. Isso, na verdade, é como uma ressurreição da morte, uma ressuscitação e restauração da vida.

Mt 9:20. Enquanto ia, certa mulher, que sofria de um fluxo de sangue fazia doze anos, aproximou-se dele por trás e tocou-lhe a orla da veste,

21. pois dizia consigo: Será bastante que eu toque a sua veste e ficarei curada.

22. Jesus, voltando-se e vendo-a, disse-lhe: Ânimo, minha filha, a tua fé te salvou. Desde aquele momento a mulher ficou curada.

No sentido cósmico mais amplo, isso se refere a uma fase na evolução do Universo na qual a Terra toca o céu e o céu toca a Terra – a espiritualização da matéria ocorreu no estágio onde o espírito (Jesus) e a matéria (a mulher) estavam se tornando unificados. A influência constritiva, maculante e mesmo degradante da matéria sobre os seres espirituais (a doença) reduz-se, então, a um mínimo.

A perda do fluido vital físico, o sangue, sem dúvida através do órgão gerador, descreve a condição que precedeu aquela fase; pois então a força de vida criativa é desperdiçada. Por toda essa fase precedente, a matéria em geral e o corpo físico dos seres humanos estão privados da harmonizante influência regenerativa do espírito. Esta condição é típica das denominadas idades de escuridão, maiores ou menores, através das quais, em progressões cíclicas, os Universos e seus componentes passam inevitavelmente. No estágio descrito no incidente, essa condição adversa é superada, deixada para trás, seu simbólico efeito ruinoso não mais se nota. Alegoricamente, a mulher está curada.

---

[1] Ver Hodson, *A Sabedoria Oculta na Bíblia Sagrada*, p. 63, Ed. Teosófica, Brasília.

Em termos de evolução meramente humana, a mulher doente representa a humanidade autodegradada que, acentuando o material e o sensual, negligencia e mesmo nega o espiritual e o intuicional. Felizmente para a humanidade, essa condição, ainda que bastante durável, é finalmente superada. No devido tempo, os processos evolutivos normais conduzem o homem interno e o externo a um relacionamento íntimo, tal como está indicado pelo símbolo do Selo de Salomão. O Eu interior, no qual a vontade e a sabedoria espirituais tornaram-se suficientemente desenvolvidas, revela-se ao homem mortal, motivando-o a aspirar à integridade espiritual. Então, a mulher doente busca ser curada pela realização do divino Eu.

Nesse estágio de desabrochar da vida pessoal de um homem e de uma mulher, a regeneração do externo é executada pelo poder e pela presença realizada do Eu interior. Então e somente então, o ser humano, satisfeito consigo mesmo, está realmente integrado, um ser completo em quem espírito e matéria estão conscientemente unidos e interagem ou se completam mutuamente. Assim o homem externo torna-se iluminado, purificado e integrado pelo toque e pelas palavras do Eu interno, personificado por Jesus o Cristo.

Interpretado ocultamente, está descrito por essa alegoria o estágio em que o aspirante encontra o Mestre e por ele é iluminado. A doença da mulher refere-se ao descontentamento divino que impele um ser humano a esse estágio de evolução, que purifica e controla sua pessoa externa e seu modo de vida e descobre tanto a presença interior como o Mestre que o guiará na senda da vida espiritual.

Como a história conta, tal aspiração é sempre respondida. A verdadeira confissão do erro devido à sobrevalorização dos motivos materiais – a doença – e a busca resoluta baseada na intuição, ou mesmo na influência do próprio Mestre, levam a encontrá-lo. Inicialmente isso é algo limitado, a mulher somente toca por trás a roupa do Cristo. Mas, em resposta, o Mestre volta-se e exercita o poder da Palavra. A sentença expressando sua plena aceitação do pedido do aspirante indica o estabelecimento de uma relação íntima entre Mestre e discípulo, bem como entre o ego e a personalidade.

A roupa do Cristo é um símbolo da radiante vestimenta de luz, na qual a divina presença está encarnada nos níveis espirituais da consciência. Tocá-la é simbolicamente penetrar nos níveis externos daquele estado do ser e, desse modo, liberar o poder do habitante interior, tornar-se ciente da orla da consciência divina. Posteriormente, isso conduz à plena consciência e ao intercâmbio mútuo entre o homem imortal e o mortal que, em consequência, torna-se integrado.

A ponte entre o homem mortal, material, e o Adepto Instrutor é, então, alegoricamente descrita como consistindo da compreensão da imperfeição, da doença e da aspiração para chegar aos seus pés. A busca da mulher, seu conhecimento intuitivo de que ele existe e que quando encontrado irá curá-la, o toque de sua roupa, uma humilde receptividade de sua influência, escutando suas palavras e sendo depois aceita no interior de sua consciência, tudo isso é descritivo das mudanças que ocorrem dentro do aspirante e das expressões de conduta que se seguirão.

Essa é a senda imutável para a qual não há alternativa, conduzindo da vida normal rotineira e do mundo do homem para os mundos supranormais, sobressensuais dos homens perfeitos. Ele ou ela que na plenitude de seu coração trilham aquela senda, ou cruzam aquela ponte ligando os dois mundos, chegam infalivelmente ao seu destino, que é a presença do Mestre e a recepção de sua sabedoria e poder integrante.

Se aquela história é cuidadosamente estudada em sua aplicação na prática da ciência do *yoga*, a mulher que está doente também representa a mente e o cérebro, como seu órgão psicológico. Não iluminado e, por conseguinte, perdendo tempo e força vital, quando a senda evolutiva é trilhada muito vagarosamente, ele necessita urgentemente da iluminante e aclaradora presença e influência recebida conscientemente da vontade, sabedoria e inteligência espirituais, a natureza crística. A busca do curador corresponde à percepção intuitiva de que a fonte de perfeição e de cura jaz no interior, consistindo no fato da divina presença interior. Essa presença deve ser encontrada e "tocada", levemente no início – a mulher somente tocou a bainha da roupa dele. O cérebro está ainda insuficientemente iluminado, sensível ou responsivo para que possa capacitar seu possuidor a realizar o poder crístico na consciência de vigília. Depois disso, não obstante, o Mestre "volta-se" e fala com ela; o poder crístico é conhecido face a face; o iogue ouve a palavra do divino no interior. Isso culmina na plena revelação experimentada no interior do cérebro que esteja inteiramente cônscio tanto da presença do espírito eterno, que é o verdadeiro homem, como desta identidade.

Essa compreensão somente pode ser alcançada por uma busca ativa, que toma a forma de prática da arte e da ciência da Autoiluminação. Pelo domínio da permanência do pensamento na fonte da luz interna, com o propósito de tornar-se identificado com ela, um fluxo constantemente crescente é produzido do fluido vital (prana) e do fogo e energia procriativos universais que sobem e fluem do corpo para dentro do cérebro *(kundalinī)*. Isso melhora a capacidade para o pensamento metafísico e a sensibilidade à influência do Eu divino interior. Outro resultado consiste da "descida" daquela Presença, realizada pelo iogue de vários modos, segundo o temperamento e outras características básicas. Pela meditação do iogue, o Deus Interior pode se tornar conhecido como poder e força de vontade interiores irresistíveis; como intuição e sabedoria espirituais que crescem regularmente; como compaixão e ternura profundas pela divindade incorporada em todos outros, especialmente naqueles que sofrem e naqueles empenhados numa busca similar; como experiências de unidade e identidade; como luz e iluminação dentro da mente e do cérebro. Uma ou mais dessas qualidades – eventualmente todas – assumem poder crescente na vida interna e externa do devoto que, em consequência, é harmonizado, integrado ou, nos termos da história, é curado pela fé.

Então, como em outros casos, os relatos de milagres nas Escrituras, principalmente os de cura, proporcionam a descrição de experiências e iluminações interiores, particularmente as que ocorrem com as pessoas que reconhecem e confessam suas limitações e empenham-se sinceramente em superá-las. Os doentes que, em sua grande necessidade, buscam por um curador divino e nele confiam, encontram-no e são curados.

Mt. 9:23. Jesus, ao entrar na casa do chefe e ver os flautistas e a multidão em alvoroço,
24. Disse-lhes: Retirai-vos todos daqui, porque a menina não morreu: está dormindo. E riam-se dele.
25. Mas, assim que a multidão foi removida para fora, ele entrou, tomou-a pela mão e ela se levantou.
26. A notícia do que aconteceu espalhou-se por toda aquela região.

Aqui, como em outros lugares, o Evangelho de S. Mateus foi mutilado. Na verdade, as cópias dos documentos originais e as referências a eles foram em grande parte alteradas pela passagem através de muitas e variadas mãos. Em alguns casos as mudanças aconteceram por descuido, em outros foram feitas com boas intenções, no sentido de melhorar a forma literária. Infelizmente, tem havido casos de falsificação, omissão e acréscimo deliberados.

O relato da recuperação da aparente morte da filha do chefe foi originalmente precedido por um versículo introdutório agora perdido, de forma que é abrupta a transição entre a história da mulher curada e a atual[2]. Todavia, tanto do ponto de vista oculto quanto do místico, o incidente mesmo como relatado é pleno de interesse. No primeiro enfoque, Jesus, como um ocultista treinado, perceberia imediatamente que a menina estava apenas aparentemente morta, o cordão de prata não se havia rompido ainda, e o cérebro ainda estava ativo.

Embora possa não ter sido feita referência, a lei de causa e efeito desempenha um papel quase decisivo em tal aparente milagre. Nesse, tanto os membros da família como a pessoa em transe estão enredados, pois a condição e a experiência de todos resultam daquela lei. Numa vida anterior, provavelmente, todos haviam gerado o infortúnio, possivelmente provocando a morte de outra pessoa. A pessoa em transe poderia ter na verdade dado o golpe mortal.

Se o ato foi puramente pessoal, deliberadamente executado para satisfazer o ódio, um desejo por vingança ou outro instinto sanguinário, então a ressuscitação do transe seria improvável. O *karma* não permitiria uma intervenção oculta[3]; as mãos do curador seriam atadas, por assim dizer. Se o assassinato foi um ato oficial efetuado no cumprimento de uma ordem superior, mas com alguma satisfação pessoal, ou o *karma* estava quase resolvido, então a intervenção poderia ocorrer, de acordo com a grande lei.

Se lido como a descrição da recuperação do idealismo e da espiritualidade temporariamente perdidos, então a convocação verbal para levantar-se e a ação de tomar a jovem pela mão referem-se ao contato efetivo e intimamente interior entre os eus interno e externo. A voz é uma expressão do espírito recôndito e o tomar a mão representa sua manifestação no corpo. Como resultado, são alcançados a restauração da consciência espiritual, a iluminação e controle da personalidade pelo Ego.

---

[2] Mc 5:22 (Jairo).
[3] Ver Hodson, *Lecture Notes*, p. 180.

Tanto na aplicação literal da história como na mística, a influência essencial é a da Presença Crística despertada e capacitada, seja como um visitante físico ou como um poder espiritual interior.

Mt. 9:27. E, partindo Jesus dali, puseram-se a segui-lo dois cegos, que gritavam e diziam: Filho de Davi, tem compaixão de nós!
28. Quando entrou em casa, os cegos aproximaram-se dele. Jesus lhes perguntou: Credes vós que tenho poder de fazer isso? Eles responderam: Sim, Senhor.
29. Então tocou-lhes os olhos e disse: Seja feito segundo vossa fé.
30. E os seus olhos se abriram. Jesus, porém, os admoestou com energia: Cuidado, para que ninguém o saiba.
31. Mas eles, ao saírem dali, espalharam a sua fama por toda aquela região.

Nas interpretações místicas de todos os milagres de Cristo, a Judeia com seus variados cenários, lugares e pessoas, representa a Consciência do Ego e seus numerosos atributos. A presença de Jesus o Cristo na Terra retrata o poder divino interior, a essência espiritual recôndita, que é o esplendor da Mônada. Os suplicantes por cura retratam a natureza mortal, pessoal, com várias dificuldades e limitações, particularmente carência de iluminação espiritual.

Nesse exemplo, os dois homens cegos representam, por um lado, a mente e as emoções associadas e, por outro, o corpo físico. Foi alcançada uma fase de evolução em que a existência da luz espiritual é reconhecida e sua ausência na mente e no cérebro compreendida e lamentada. É retratado, então, o homem como buscador da luz espiritual – o homem que compreendeu que toda luz mundana é somente escuridão, e que aqueles que não conhecem outra luz são na verdade cegos. Intuitivamente desperto para essa cegueira e limitação, o ser humano nesse estágio determina-se a procurar e encontrar a luz espiritual, para tornar-se pessoalmente iluminado. Assim, os dois cegos suplicam a Jesus, como o Filho de Davi, o princípio divino, por piedade para com eles e por sua condição mentalmente obscurecida. O reconhecimento da linhagem real de Jesus pode possivelmente ser uma referência à própria Mônada como a fonte original e, assim, ao progenitor do poder crístico.

A entrada de Jesus na casa dos homens cegos indica o ingresso naquela fase da vida mística do homem em que a Presença real, interior é parcialmente compreendida pela consciência de vigília, pois a casa, nesse sentido, significa a mente, o cérebro e o corpo como a casa física do Eu interior.

A pergunta direta de Jesus a respeito da fé nele indica a necessidade de um reconhecimento intelectual e intuicional da existência interior, em cada um, do poder e da presença divina. Os dois homens afirmaram seu pleno reconhecimento da luz interior e a completa confiança em seu poder para iluminar. Isso é decisivo para que a iluminação seja obtida. Sem isso como base para a aspiração e a disciplina espirituais, a busca será de difícil realização. A procura deve ser fundada no contato real entre o *Ātmā* interior, ou espírito, e o homem exterior, a despeito do fato de que os efeitos totais ainda não tenham sido alcançados.

Os olhos são símbolos da mente abstrata e concreta e, quando cegos, do estado de não iluminação. O toque da mão de Cristo, que proporcionou a cura, refere-se à proximidade do poder interior com a mente e descreve o resultado do pleno contato que provoca a iluminação. Então, simbolicamente, os olhos dos homens cegos foram abertos.

O fato de que Jesus admoestou os dois homens para que não revelassem a sua ação e a experiência deles refere-se a uma profunda lei espiritual: experiências interiores e ocultas perdem parte de sua eficácia e poder quando inadequadamente reveladas e inoportunamente discutidas. A iluminação mental é o resultado de um misterioso processo da Natureza – de um segredo em operação na essência espiritual interior do homem, o Cristo – no laboratório da mente humana. O sucesso exige uma dose de quietude, discrição e silêncio, na medida em que o próprio processo possui esses atributos. Assim, torna-se melhor o silêncio para aqueles em que o processo está ocorrendo. Isso aplica-se principalmente aos conhecidos casuais, mas nem tanto aos amigos íntimos que estão similarmente buscando e tenham começado igualmente a ser iluminados.

Mt. 9:32. Logo que saíram, eis que lhe trouxeram um endemoninhado mudo.
33. Expulso o demônio, o mudo falou. A multidão ficou admirada e pôs-se a dizer: Nunca se viu coisa semelhante em Israel!

O paciente nesse caso exibe sintomas de duas doenças, mudez e um grau de insanidade. A possessão por um demônio era oferecida e aceita como uma explicação de tais desordens psicológicas entre os antigos, mas, de fato, raramente tinha fundamento. Embora tal diagnóstico possa não ser inteiramente descartado, a angústia emocional aguda devido à incapacidade de falar, ou uma forma de esquizofrenia é também possível ou talvez mais provável.

Qualquer que possa ter sido a verdade, o relato desse milagre, embora seja breve, sugere que sua inclusão na narrativa é mais por propósitos históricos do que simbólicos. A linguagem na qual S. Mateus reporta o incidente sugere que ele considerou-o historicamente. No sentido místico, entretanto, a mudez indica incapacidade para dar expressão física aos ditames e à inspiração derivados da parte espiritual da natureza humana. Tal pessoa pode na verdade ser capaz de falar e ainda ser mudo nesse sentido, sendo seu raciocínio e linguagem inteiramente mundanos. Há na verdade inúmeras pessoas, mesmo nestes dias, sofrendo dessa limitação, que pode surgir das condições no lar, companhias, ambiente na infância e de seus efeitos sobre a mente e a visão de vida. A imaturidade é outra causa possível para essa limitação. No curso da evolução, entretanto, a parte mais espiritual do homem, personificada pelo Cristo, influencia crescentemente a mentalidade e assim o modo de vida. Em consequência, aquela mudez espiritual dá lugar à autoexpressão espiritual.

A possessão pelo denominado demônio constitui-se em outra e completamente distinta condição patológica do cérebro-mente. A invasão dos veículos mental ou emocional do homem por um ser hostil superfísico é uma possibilidade e, quando ocorre, pode causar incapacidades físicas, inclusive demência. Almas humanas desencarnadas ou seus "cascões", vítimas de morte súbita, seja por suicídio, um decreto da justiça ou de um acidente, permanecem por algum tempo em áreas do mundo inferior; estão em estreita proximidade espacial com a superfície da Terra e podem ter afinidade psicológica com pessoas angustiadas ou débeis mentais. Tais entidades podem fixar-se na psique daqueles que são mediunicamente inclinados. Um ocultista que possui a percepção e o poder necessários, tal como Jesus, está capacitado a expulsar tal intruso, após o que o mal físico pode rapidamente ser curado. A mudez pode ser considerada como um efeito bastante incomum de tal obsessão, sendo o termo "possuído de um demônio" mais propriamente descritivo de uma condição psicológica anormal. Considerado misticamente, o contato mais estreito do Eu interno espiritual com o cérebro-mente da pessoa diminuiria automaticamente a irracionalidade e aumentaria o grau de inteligência na conduta da vida.

Embora componentes de fato histórico e de superstição sejam reconhecidos nesse breve relato, as condições psicológicas da mudez e da obsessão podem ser vistas como resultados de más ações passadas. A mudez, por exemplo, uma condição da inexpressividade, de incapacidade para traduzir o pensamento por meio da palavra, pode resultar do silêncio imposto por decreto *kármico*. A mudez física pode estar associada com e mesmo causada por várias formas de restrições psicológicas para a plena expressão do Eu. Uma dessas afeta a expressão do sentimento de amor, circunstância na qual a pessoa que ama está de língua presa, severamente limitada, cerrada, por assim dizer, em uma prisão psicológica de absoluta incapacidade física para expressar amor. Isso pode, talvez, ser o *karma* de excessiva promiscuidade em vidas anteriores.

Há também uma condição psicológica caracterizada por um bloqueio mental que torna o sofredor incapaz de autoexpressão quanto a ideias metafísicas. Isso pode ser uma reação *kármica* pelos votos de silêncio quebrados em vidas anteriores. Como um membro de um Templo e Escola de Mistérios, certos votos de silêncio tinham sido feitos e por fim rompidos. O denominado conhecimento sagrado e mesmo verdades ocultas recebidas sob juramento tinham sido proposital ou descuidadamente revelados. No caso anterior, mais particularmente, uma restrição peculiar de autoexpressão pessoal é parte do resultado *kármico*. Outros aspectos de tal castigo merecido podem ser a incapacidade de encontrar e ser admitido em uma escola oculta ou uma cegueira mental que impede a mente de reconhecer tanto a própria escola como a sabedoria que ela ensina. Ademais, há uma condição mais ou menos natural de inexpressividade no que diz respeito a ideias metafísicas.

Nesse incidente o homem mudo representa a personalidade severamente limitada, enquanto o Cristo personifica o Eu espiritual interior, particularmente em seu aspecto de poder. A vontade espiritual realizada (a presença reconhecida de Cristo) exercita tal poder sobre a mente e o cérebro embotados que os obstáculos à expressão do Eu tornam-se gradualmente menos efetivos e finalmente desaparecem.

Então, quando o poder espiritual manifesta-se e revela-se no interior do indivíduo, uma expressão livre e plena do Eu interior no exterior é alcançada. Simbolicamente, um mudo é curado pela ação oculta do Cristo.

Mt 9:34. Os fariseus, porém, diziam: É pelo príncipe dos demônios que ele expulsa os demônios.

A natureza humana é bem-descrita pela afirmativa de que as multidões se maravilhavam, enquanto os fariseus diziam que Jesus realizou a cura e o exorcismo através da atividade do demônio. Há uma atitude da mente humana que reage, algumas vezes bastante violentamente, contra aquilo que está fora de sua compreensão e domínio. A demonstração de poder oculto e espiritual pode despertar esse tipo de mentalidade sob a forma de hostilidade autoprotetora. Aqueles que realizam milagres pelos poderes que estão além do alcance de tais materialistas são, em consequência, frequentemente acusados de fazer isso pela ação do demônio.

Tais inimigos do homem podem ser tanto exteriores como interiores. Ambos representam resistência, restrição e, em casos extremos, o desejo de destruir. Se externos, estes são homens hostis; se interiores, são atributos, qualidades de caráter, maneiras habituais de pensar e agir que distorcem e constringem a expressão do Eu espiritual do homem na sua natureza física.

Na Escritura inspirada, os fariseus, como outros declarados inimigos, podem representar quaisquer daquelas resistências. Os fariseus no Novo Testamento personificam a resistência à mudança, a decidida afirmação da superioridade e da veracidade derradeira dos modos estabelecidos do pensamento e dos dogmas religiosos. Esses são os fariseus de todos os tempos, de todas as Escrituras, mitos e alegorias, nas quais eles nunca deixaram de aparecer, porque os autores Iniciados conheciam perfeitamente esse atributo da humanidade e seus modos de expressão mais gerais.

Os fariseus são apresentados nesse versículo como tentando sujar a reputação de Jesus e assim solapar sua influência. O espírito nele está em conflito com o deles e pode por algum tempo ser frustrado, em parte pelo medo do desdém público e em parte pela ausência de estatura evolutiva que confere coragem e constância na causa da verdade. Esse versículo, ainda que seja curto, expressa todas essas considerações, muitas das quais são resumidas pela palavra que tem se tornado parte de algumas linguagens, a saber, farisaico.

Jesus representa regiões da consciência que ainda estão fora do alcance da compreensão e do conhecimento. Os suplicantes por cura e aqueles que se recuperam são símbolos de tais pessoas proeminentes, mas ainda limitados pela intolerância e pelo materialismo. Pela ajuda do Eu interno, a natureza crística interior, eles se tornam libertos de suas limitações intelectuais. A luz raia sobre suas mentes, o entendimento alcança seus ouvidos mentais e a paralisia mental deles, concernente às verdades espirituais, é superada. A rigidez de mente é substituída pela flexibilidade e abertura a respeito de ideias metafísicas.

Essas mudanças tremendamente benéficas em geral acontecem de forma gradual, embora os estágios finais de Autoiluminação possam ocorrer com velocidade dramática. A iluminação pode ocorrer como se fosse em um instante. Na linguagem sagrada essas experiências interiores são descritas na forma de ações comoventes de salvadores visitantes.

Mt 9:35. Jesus percorria todas as cidades e aldeias, ensinando nas sinagogas e pregando o evangelho do reino, enquanto curava toda sorte de doenças e enfermidades.

Como em todas experiências humanas, há épocas de máxima realização, como também de restrição e declínio, por essa razão na história registrada de Jesus houve momentos em que sua missão alcançou grandes alturas e sucessos. Esse versículo registra um desses períodos. Aqui vemos Jesus no auge do seu poder e sucesso. Apesar da escuridão ameaçar e as forças personificadas pelos fariseus tramarem sua destruição, o grande salvador dos homens prossegue seu divino ensinamento indiferente e impassível. A festa de Domingo de Ramos está baseada nas experiências de tais épocas. Na verdade, a maré da missão de Jesus estava em seu ponto máximo.

Essa lei aplica-se também à vida interior, espiritual, do homem. Na verdade, não há uma circunstância na história imortal da vida de Jesus que não tenha sua expressão na vida de cada ser humano, como também na de cada nação. Existem meses ou anos na vida dos seres humanos quando a aspiração espiritual, o idealismo e a determinada aplicação dos mesmos na vida diária são fortemente sentidas e realizadas com sucesso. Esse é o momento, seguindo o exemplo de Jesus e de outros grandes Mestres, para aproveitar tais oportunidades e dar plena rédea às influências mais elevadas então em operação. Felizes são aqueles para quem esse versículo é uma descrição verídica tanto da vida interior como da exterior.

Mt 9:36. Ao ver a multidão, teve compaixão dela, porque estava cansada e abatida como ovelhas sem pastor.

37. Então disse aos seus discípulos: A colheita é grande, mas poucos os operários!

38. Pedi, pois, ao Senhor da colheita que envie operários para a sua colheita.

Essas palavras pronunciadas aparentemente depois de uma série de atos de cura espiritual, embora aplicáveis ao período em que proferidas, expressam uma verdade quase atemporal. Elas se constituem em diagnóstico de uma necessidade mundial que existiu e ainda existe.

Até agora, ao longo da presente fase de desenvolvimento intelectual do homem – que dura há pelo menos um milhão de anos e ainda continuará por milhares – o individualismo acentuado trouxe pecado e tristeza para o gênero humano. As dimensões de ambos têm sido há muito tempo enormes e estão crescendo presentemente. A mente do homem pode ser imaginada diagramaticamente como consistindo de camadas ou estratos de tipos de mentalidade. Quando uma dessas se torna mais ativa do que as outras, ela tende a obscurecer a luz destas e a produzir desequilíbrios mentais. O extraordinário progresso tecnológico do homem moderno foi alcançado ao grande preço do obscurecimento da luz da moralidade, consciência e espiritualidade. A realização mecânica, e assim chamada científica, preenche a visão mental, excluindo o sentido de responsabilidade moral no uso correto dos resultados de tais desenvolvimentos. Esse é um fator que contribui para a atual condição do ser humano na Terra.

A humanidade está na verdade abatida pela grave falta de sabedoria espiritual e de conhecimento, esotérico e exotérico, dos propósitos e das leis da vida humana na Terra e como podem ser aplicados nos processos do viver humano. *Avidya,* ou ignorância, causa os graves erros da humanidade, e o conhecimento é tanto o antídoto como a cura. Todavia, a despeito da riqueza de ensinamento que os irmãos mais velhos, os trabalhadores, têm continuamente colocado à disposição, a carência ainda é premente.

Nessa interpretação, a colheita é a própria humanidade e particularmente as nações e os indivíduos sofredores: o oprimido, o preso, o torturado, o elemento criminoso e aqueles que sofrem doenças físicas e mentais, inclusive sofrem do mal da psicologia das massas.

Afortunadamente, homens e mulheres iluminados também existem na Terra e estão exercendo sua influência benéfica e elevando suas vozes em um apelo para que se substituam tais pecados, como o uso destrutivo dos produtos do avanço científico e de suas aplicações, por propósitos e metas construtivos. Todos que podem se tornar capazes de falar, elevando as vozes e usando a escrita para que a humanidade reconheça outros objetivos e realizações totalmente construtivos, servem poderosamente à humanidade nesse período crítico da história. Esses ceifadores são homens e mulheres sábios, autoiluminados, dedicados e compassivos. Eles vão desde os "homens justos tornados perfeitos," os Adeptos planetários, passando por instrutores, educadores e estadistas inspirados que lidam com as multidões e as grandes questões, até todos aqueles que, frequentemente despercebidos nas várias ocupações da vida, servem devidamente a seus semelhantes. As palavras dos homens sábios podem iluminar a mente, e a vida dos homens dedicados pode tocar e inspirar o coração.

Felizmente, o número deles cresce tanto quanto, infelizmente, aumenta a necessidade por mais e mais deles. Videntes, santos e Adeptos, ou homens perfeitos, têm sempre surgido das fileiras da humanidade. Eles continuam a aparecer, mas ainda são muito poucos em proporção à enorme e crescente demanda por sua influência e serviços. O "caminho da santidade", o caminho estreito que conduz à vida eterna, está aberto, está sendo encontrado e trilhado, ainda que por uma minoria muito reduzida de seres humanos por enquanto. Eles, entretanto, são de grande importância para a raça humana, fora de toda proporção com o número deles. Sua eficácia vem da superação da condição de serem meros aprendizes, para tornarem-se autoiluminados, e pelo aprofundar da perspicácia, conhecendo a verdade diretamente. Visto que o Cristo estava se dirigindo a seus próprios discípulos, parece razoável assumir que estava se referindo à vida oculta da humanidade na Terra e aos neófitos, aos discípulos, verdadeiros Iniciados nos Mistérios Maiores, e aos Adeptos, que são a flor da raça humana.

Interpretadas desse modo, as palavras do Cristo constituem-se em uma convocação enviada a todas as pessoas, não só para o serviço e sacrifício em suas vidas, mas também – usando outra analogia – para buscar e encontrar o Mestre e por intermédio dele tornarem-se "pescadores de homens." Assim, o formidável capítulo encerra-se com um apelo do Mestre dos Mestres para que um crescente número de homens e mulheres ingressem num modo de vida motivado pela abnegação e caracterizado pela autopurificação, autodisciplina, serviço à humanidade e especialmente pela busca do Mestre e da sabedoria espiritual da qual ele é a personificação. É profundamente verdadeiro hoje, como há dois mil anos, que a colheita está pronta, mas os trabalhadores são poucos.

Parte 7

Cristo e Seus Apóstolos

Capítulo 14

Jesus, a maravilhosa personificação do amor divino na forma humana, alcançou a maioridade, exibiu poder, sabedoria e inteligência supernormais e atraiu para si um grupo de discípulos. Para esses ele comunicou sua sabedoria – como no Sermão da Montanha – e ensinou o conhecimento secreto. Ele manteve esse último escondido da multidão sob o véu da alegoria e do símbolo, apresentado-o como parábola. Aos seus discípulos ele também concedeu uma parte de seu divino poder e graça, para que depois de sua morte física eles estivessem capacitados para continuar sua missão, com o resultado de que a religião cristã apareceu e continua a existir.

Certas palavras de Nosso Senhor a seus discípulos que firmam a dualidade de sua mensagem podem bem ser lembradas quando esse capítulo for considerado, pois, quando inquirido pelos seus discípulos sobre por que ensinava ao povo por parábolas, ele replicou: "A vós vos é dado saber os mistérios do reino de Deus, mas aos que estão de fora todas estas coisas se dizem por parábolas"[1]. Essa dualidade de método – direto e alegórico – não é em parte alguma mais aparente do que nos versículos cujas interpretações estão prestes a serem oferecidas. Neles – assumindo que o Senhor foi corretamente reportado – a verdade pura, a sabedoria revelada, é liberada aos discípulos que ele considerava entre aqueles a quem era "dado saber os mistérios do reino de Deus." Quando os versículos forem estudados, é muito importante que essa dualidade – direta e alegórica – nos ensinamentos de Nosso Senhor seja guardada na mente.

Mt 10:1. Chamou os doze discípulos e deu-lhes autoridade de expulsar os espíritos imundos e de curar toda a sorte de males e enfermidades.

Quando um Sistema Solar ou quaisquer de seus componentes alcança a fase de evolução na qual o puro espírito, ou *Ātmā,* torna-se o poder e a presença dominantes, com todos os planos e veículos densos subservientes a ele, o mal desaparece. Cada forma de discórdia é substituída pela harmonia e pela total purificação da nódoa da matéria, completamente controlada pelo espírito. Simbolicamente, o Cristo está presente como o reconhecido Mestre, e os discípulos recebem o poder

[1] Mc 4:11.

crístico, cada um deles representando um veículo e um atributo da consciência humana.

Toda vez em que a Mônada-Ego alcança essa fase de desenvolvimento antes do tempo normal, o mesmo fenômeno ocorre. As grandes iniciações poderosamente realçam a presença *ātmica*. Durante a fase do Discipulado, silenciosamente e despercebido, o Mestre emprega, em todos os níveis, uma influência espiritualizante sobre a consciência e os veículos dos discípulos, preparando-os desse modo como candidatos à Iniciação. O trabalho do guru[2], em seu sentido mais elevado, como expresso pelos grandes *rishis*, inclui tal ajuda preparatória, que é também favorecida pelos ensinamentos e pelas tarefas dadas aos discípulos. Assim ajudado e capacitado interiormente, o discípulo realiza gradualmente, como estados interiores de ser, as condições descritas nesse versículo.

Embora o treino regular e normal dado pelos Adeptos Instrutores a seus discípulos esteja parcialmente descrito, o versículo pode ser também interpretado num sentido místico. Tais discípulos são escolhidos dentre aquelas pessoas em que os aspectos espirituais da natureza humana estão começando a predominar sobre suas tendências materiais. O poder de Cristo desperta ou nasce neles como resultado do desenvolvimento evolutivo e da prática regular da contemplação, bem como de uma conduta e um modo de vida meditativos.

Quando essa fase é alcançada, as condições na natureza pessoal descritas como espíritos imundos, males e enfermidades são automaticamente melhoradas, para finalmente desaparecerem. O Cristo interior, desperto e ativo, bane a impureza e harmoniza as discórdias. Isso resulta menos de um ato deliberado, do que do resultado natural da espiritualidade aumentada no pensamento e na vida e da manifestação crescente do Deus-Interior na pessoa física. Na verdade, nenhum espaço é deixado para aquilo que é carnal e dissonante em uma personalidade que está sendo preenchida pela divina presença encarnada.

Além do mais, cada ocultista, significando alguém tocado pelo fogo de *Ātmā* e que estuda a ciência oculta, oportunamente se torna dotado do poder de expulsar entidades obsediantes reais de pessoas e lugares. A faculdade e as técnicas do exorcismo e da cura envolvem uma transmissão de poder do instrutor ao discípulo e da instrução em seu uso efetivo. Como inferido, habitantes impuros e desagradáveis dos mundos superfísicos realmente existem e podem obsediar a pessoa viva. Geralmente são, mas nem sempre, pessoas desencarnadas que foram más durante suas vidas físicas e continuam a sê-lo depois da morte, pelo menos por uns tempos. Tais seres podem prender-se aos veículos superfísicos de suas vítimas, sendo principalmente a natureza emocional usada como uma espécie de residência. Ocultistas treinados são capazes tanto de ver tal entidade invasora como de expulsá-la, selando depois a aura da vítima contra intrusões posteriores. Igualmente, males e enfermidades causados por tais obsessores, como também por outras influências físicas e

---

[2] Guru – Instrutor.

psicológicas, podem ser diagnosticados e curados pelos discípulos de um Adepto Instrutor.

Tal treinamento é tanto místico quanto oculto. A natureza interior do discípulo, o Habitante do Recôndito, é descoberta e chamada à atividade, e uma medida muito maior de poder espiritual do próprio Mestre torna-se disponível ao discípulo, por meio de uma fusão mística das suas individualidades. Além do mais, o discípulo recebe, em geral, um treinamento oculto preciso na aplicação do poder que resulta na autopurificação e na cura espiritual.

O íntimo relacionamento entre os Adeptos Instrutores e seus discípulos escolhidos forma, então, uma parte da constante, não obstante secreta, vida espiritual e oculta seguida por uma pequena minoria de seres humanos neste planeta. Em épocas anteriores nas quais as tendências materiais do homem eram mais fortes do que as espirituais, era necessário treinamento especial para capacitar aqueles que estavam à frente da raça humana para entender e vivenciar a senda do desenvolvimento acelerado.

O poder de curar e expulsar aquilo que é impuro é levado a termo no fim de um Sistema Solar, em um discípulo quando ele alcança o Adeptado, e no mundo dos homens nas fases correspondentes da evolução racial[3].

Os leitores que estejam interessados em Astrologia talvez possam levar em especial consideração a seguinte aplicação tentativa desta ciência num aspecto da vida de Cristo. No sentido cósmico, os doze apóstolos representam as inteligências cósmicas associadas com os centros de poder zodiacais[4] e as forças, influências e poderes zodiacais que afetam o homem como indivíduo e como raça humana. Esses centros são um mistério profundo, especialmente na medida em que os astros de cada um dos signos do zodíaco não têm relacionamento espacial ou eletromagnético aparente com os outros. A combinação deles em uma suposta unidade não tem base no fato astronômico, salvo aqueles que podem parecer mover-se sincronicamente.

A doutrina oculta sugere que esse conhecimento foi parte da contribuição dos primeiros instrutores e progenitores espirituais do homem. Isso recebe algum suporte do fato de que nomes, formas e influências emanantes similares, embora nem sempre idênticos, são atribuídos a cada um dos signos por povos amplamente separados, tanto no tempo como na localização de suas civilizações. O sistema teria sido bem-conhecido pelos cabalistas instruídos no período em que os evangelhos foram escritos.

Quando a ciência da Astrologia é corretamente usada e os aspectos são corretamente interpretados, é oferecida forte evidência – senão prova – da realidade das influências supostamente emanantes dos grupos de estrelas mencionados. Aspectos astrológicos podem estar relacionados a várias condições tais como as característi-

---

[3] Para uma explicação da evolução racial assim considerada, ver Geoffrey Hodson, *Lecture Notes of the School of the Wisdom,* Vol. 1, Cap. 14.

[4] Inteligências Cósmicas, Regentes ou Planetas – ver H. P. Blavatsky em *A Doutrina Secreta*.

cas humanas, as tendências para agir de uma maneira particular, liberdade ou resistência à tendência geral dos eventos, quer seja relativamente aos indivíduos, às nações ou à raça humana como um todo. O assunto é pelo menos digno de investigação e tem, na verdade, obtido atenção e respeito de grandes mentes.

Permutas de forças eletromagnéticas estão ocorrendo por todo o cosmo. Algumas dessas forças podem ser detectadas por instrumentos modernos. A ciência oculta ensina que, além do mais, forças superfísicas são irradiadas de corpos celestes, inclusive da Terra e de cada coisa sobre ela, orgânica ou inorgânica[5]. Adeptos de épocas anteriores estavam cientes desses fatos e possuíam conhecimento organizado a respeito de sua natureza e fontes. Esse conhecimento da interação das influências estelares foi organizado por eles em uma ciência, um fragmento da qual foi revelado aos Iniciados de períodos anteriores. Esses, por seu turno, levaram os aspectos mais materiais da ciência para o povo, em parte para preservar na mente da raça o conhecimento do fato de que o Universo e o homem consistem de mais do que a mera matéria física e formas materiais. A Astrologia, de fato, é uma das formas mais efetivas para apresentar essa verdade às mentes receptivas.

O número de discípulos, doze, sugere tanto um significado solar como cósmico, relativamente à pessoa do Cristo. Em primeiro lugar, ele não teria necessariamente se limitado a somente doze discípulos, mas quase certamente teria escolhido um número maior de homens e mulheres da nação hebreia que se sentiram atraídos para ele e seguiram-no. As várias comunidades ocultas ativas naquele tempo, tais como a dos essênios, dos ebionitas e dos nazarenos, todas teriam membros que já estavam seguindo a vida do Discipulado. Eles estariam muito provavelmente a serviço de Jesus, especialmente depois da descida do espírito sobre ele no Batismo. Ademais, haveria possivelmente outros ingressados recentemente na vida interior e mesmo alguns de lugares distantes, que viriam receber a bênção e ficar por algum tempo na presença do grande Mestre vivo.

Os discípulos de Jesus totalizando somente doze, as doze tribos de Israel e de seus patriarcas, os doze trabalhos de Hércules e outras classificações duodecimais na antiga literatura – todas constituem-se em referências às influências duodecimais físicas e superfísicas e às suas características correspondentes no interior da raça humana na Terra[6]. Por exemplo, Judas Iscariotes, que provocou a prisão, o julgamento, a morte e por fim a Ascensão de Jesus, personifica o planeta Saturno e o signo de Escorpião. Ele representa a influência da mente analítica com suas características favoráveis e desfavoráveis. Personifica também os efeitos aprisionantes e insensibilizadores da matéria sobre o espírito do homem. O desenvolvimento evolutivo conduz finalmente ao controle e à ressurreição do homem desse domínio da mente e da matéria.

Em termos de evolução planetária e racial, os doze signos e suas várias personificações na literatura alegórica representam fases e estágios do desenvolvimen-

---

[5] Ciência Oculta – ver Glossário.

[6] Ver Geoffrey Hodson, *Lecture Notes,* Vol. 1, Cap. 13.

to da consciência humana. Esses processos seguem uma série de doze ciclos, nos quais a suposta influência de cada signo segue o anterior na predominância e nos eventos típicos. Esses ciclos são repetidos muitas vezes através da evolução da raça humana, como revelaria um estudo aprofundado da História com essa chave. A época de Cristo, por exemplo, representa e tem sido caracterizada pelas qualidades do signo de Peixes e por seus dois planetas regentes. É suposto por alguns astrólogos que Aquário está agora deslocando a influência aparentemente declinante de Peixes.

O homem em sua natureza global tem em si as forças e as inteligências dos doze signos zodiacais e de seus planetas regentes e está intimamente em harmonia com elas. Em seu desenvolvimento interior, ele tira da latência para a atividade esses doze poderes e capacidades. Os doze discípulos personificam esses atributos de cada homem, enquanto o próprio Senhor Cristo, que é o Mestre deles, representa o Sol, o espírito no interior, a fonte de luz e verdade.

Os incidentes registrados nos evangelhos são suscetíveis de uma interpretação em três partes, com uma tríplice revelação da verdade – histórica, cósmica e mística. Elas como que revelam três Cristos: o histórico visitante da Terra, o *Logos* solar e a Mônada do homem. Da mesma forma como o privilégio do Discipulado é sobretudo, mas não inteiramente, concedido com o fim de acelerar o desenvolvimento dos discípulos, assim a grande alegoria dos doze aspectos pode ser considerada como descritiva do desenvolvimento dos sistemas solares, das raças de homens na Terra e de indivíduos em particular. A evolução dessas três ordens de criação é descrita, em termos da linguagem sagrada, como o sentido subjacente das supostas aventuras e experiências do povo em pauta.[7]

Cristo no meio dos discípulos, guiando-os e conduzindo-os pelo exemplo, ensinando, dançando, cantando e revelando-se espiritualmente, reflete, na Terra, o *Logos* de um Universo em relação com seus componentes. Similarmente, o Senhor Shri Krishna como divino músico no centro do círculo das dançarinas *gopis,* como o parceiro místico de cada um deles no *Rasa-Lila,* é um retrato do mesmo fenômeno. Assim também, com simbolismo diverso, estão Mestre e discípulos em toda Escritura mundial autêntica. Autores inspirados unem desse modo o céu e a Terra e descrevem princípios celestiais na forma de acontecimentos terrenos, trazendo-os, assim, ao alcance das mentes humanas.

Mt 10:2. Estes são os nomes dos doze apóstolos: primeiro Simão, também chamado Pedro, e André, seu irmão; Tiago, filho de Zebedeu, e João, seu irmão;

3. Felipe e Bartolomeu; Tomé e Mateus, o publicano; Tiago, o filho de Alfeu, e Lebeu, apelidado Tadeu;

4. Simão, o Cananita, e Judas Iscariotes, aquele que o traiu.

[7] Ver Hodson, *A Sabedoria Oculta na Bíblia Sagrada,* pp. 67-68, Ed. Teosófica, Brasília.

Na presença do Mestre Adepto tanto as qualidades interiores profundas do Eu interno como as características básicas e mais sutis da personalidade dos discípulos tornam-se evidentes. O Mestre, com sua visão penetrante e perfeita voltada para o discípulo, vê esses atributos completamente. Eles também tendem a emergir e tornar-se aparentes aos próprios discípulos. Em consequência, o Mestre conhece e entende o discípulo perfeita e completamente, e o discípulo começa a se conhecer.

Essa natureza verdadeira, tanto do interior como do exterior do homem, tem sua própria autoexpressão, ou nome, em termos ocultos. O Mestre sabe esse nome e pode informar o seu caráter ao discípulo num certo estágio do progresso espiritual. Simbolicamente, e algumas vezes de fato, o discípulo também recebe um nome místico.

Num sentido oculto mais profundo, esse nome serve como um meio de comunicação, particularmente do Mestre para o discípulo. O Mestre faz com que as frequências vibratórias do nome soem em si mesmo ao dirigir seu pensamento ao discípulo, particularmente quando fisicamente ausente. Então, através do pronunciamento do nome, seja mental ou fisicamente, ele se põe na mais íntima conexão possível com o discípulo, prendendo a atenção do homem exterior, fortalecendo tudo aquilo que é mais elevado e melhor no discípulo e evocando seu Eu real. Em ocultismo até mesmo o nome e o sobrenome das pessoas são considerados importantes e são usados cuidadosamente, em parte pelos motivos antes mencionados. Nesse versículo os nomes místicos de doze dos discípulos de Jesus são dados.[8]

Mt. 10:5. Esses doze enviou Jesus com estas recomendações: Não tomeis o caminho dos gentios, nem entreis em cidade de samararitanos.
6. Dirigi-vos, antes, às ovelhas perdidas da casa de Israel.
7. Dirigindo-vos a elas, proclamai que o Reino dos céus está próximo.

Esses versículos podem ser considerados como de autenticidade dúbia. No seu significado superficial parecem fora do contexto, contradizendo a universalidade do pensamento de Jesus, como exemplificada em outros versículos. Ele mesmo, de qualquer forma, considerava sua missão como universal e estendendo-se definitivamente além das restrições de raça ou tempo, inclusive a sua própria.[9] Entretanto, a regeneração e a revivificação da fé dos hebreus, o retorno ao aprisco daqueles que tinham se retirado ou descuidado de sua práticas ou crenças, podem bem ter sido considerados de primacial importância. Não obstante, os discípulos e o apóstolo Paulo realmente levaram a mensagem que Jesus lhes transmitiu por todo o Mundo Mediterrâneo e, na verdade, sem distinção de raça ou religião.

Tanto como um estado de consciência quanto uma condição interior do Eu espiritual do homem, o reino dos céus está sempre bastante próximo, pois ele é, de fato, um contínuo atributo da consciência da alma espiritual do homem. Esse estado de ser inclui bem-aventurança consciencial e completa e imperturbável serenidade,

[8] Boanerges foi um nome místico dado a Tiago e a João, por exemplo. Mc 3:17.
[9] Jo 10:16.

baseadas sobre a absoluta certeza da eternidade e assim da imortalidade do Eu interior. Também, uma duradoura e perpétua compreensão da unidade de toda a vida e de suas inumeráveis personificações caracteriza a consciência espiritual. Isso implica a ausência do mínimo sentido de divisão, ou separação, de quaisquer dessas personificações – uma condição que é intraduzível e indescritível em termos do pensamento conceitual. Deus como a essência recôndita e núcleo de toda existência, inclusive da própria natureza do homem, está sempre presente no exterior e no interior. Além do mais, a consciência espiritual não conhece a escuridão, uma vez que outro de seus atributos consiste da luz perpétua. Essas condições não são questionadas como conclusões razoáveis nem são contestadas pelo ponto de vista oposto, pois este último não pode existir para o Eu interno.

O âmago do ensinamento de Jesus, como de todos outros grandes esoteristas, consiste de uma afirmação da existência do Eu divino, da referência ao seu estado de ser e da exortação para que se tornem conscientes dele e finalmente se mantenham de maneira permanente nele. Nesses termos, é verdadeiramente ensinado que o reino dos céus está, na verdade, "dentro de vós".

Mt 10:8. Curai os doentes, ressuscitai os mortos, purificai os leprosos, expulsai os demônios. De graça recebestes, de graça dai.

Os rudimentos são ensinados primeiro aos discípulos e, depois, as verdades e revelações mais profundas da ciência oculta. A aplicação regular dessas ideias e ideais na meditação, na conduta e na motivação dá-lhes validade e realidade que depois disso não podem jamais ser perdidas. Além de tal ensinamento oral, os Instrutores que aceitam e treinam discípulos iniciam e aceleram certos processos evolucionários. O Mestre estabelece, ainda, uma conexão interativa – na verdade identificação – espiritual e magnética entre si mesmo e cada um de seus discípulos nos aspectos espirituais de suas naturezas. Isso assegura intercomunicação e torna o discípulo engajado num posto avançado da consciência do Mestre e num veículo para o seu poder. Um resultado é tornar o discípulo um canal para as forças ocultas do Mestre, que fluem através e ao redor do devoto como uma emanação radiante e divina, uma benção que o acompanha aonde quer que vá.

O discípulo pode também efetuar as proezas dos Adeptos por intermédio de tais poderes. Esses incluem a cura de doentes, quer estejam presentes ou ausentes, purificação de leprosos, ressuscitamento de mortos e o exorcismo ou expulsão de demônios, sejam reais ou apenas psicológicos. O Mestre pode intervir, e frequentemente o faz, no trabalho dos discípulos, usando seus veículos como canais de cura e de forças curativas. Além disso, o discípulo pode deliberadamente invocar e tornar-se um canal de graça e poder curativo do Instrutor. Ele pode estabelecer tais condições em si próprio e, então, invocar a ajuda do Mestre num caso particular, seja para um indivíduo ou um grupo de pessoas. Esse poder de mediação é conferido ao discípulo por um Instrutor, que usa um procedimento oculto para o estabelecimento da sintonia exigida e para a transmissão de poder. As palavras desse versículo sugerem que o Senhor Cristo conferiu essas faculdades ocultas e espirituais particulares aos seus discípulos quando os instruiu no trabalho indicado por suas palavras, para que os discípulos expressassem e representassem sua presença ao cumprirem a missão para a qual ele os chamou.

Outro método de cura que faz parte do relacionamento entre discípulo e Instrutor Adepto resulta do treinamento na ciência oculta. A fisiologia oculta é ensinada, e o fluxo de energias vitais e de forças eletromagnéticas do corpo físico é estudado por meio da clarividência que o estudante desenvolve. Além do mais, é estudada a anatomia dos corpos superfísicos sob condições normais e patológicas e, ainda diretamente, por meio de clarividência treinada, ativa. O diagnóstico das condições física, vital e psicológica, torna-se então possível. Frequentemente é obtida uma compreensão intuitiva da situação como um todo, mais propriamente do que dos detalhes.

Ademais, são ensinados procedimentos corretivos. Esses incluem a projeção de certas forças ocultas, por meio da força de vontade do pensamento, a fim de superar dissensões e restaurar a harmonia, tanto nos órgãos como em suas funções. Em caso de entidades invasoras e obsediantes superfísicas – seja elemental, ou pensamento produzido por corpos superfísicos descartados ou seres humanos falecidos com plena consciência – os intrusos psíquicos são desalojados.

A expressão "dai de graça" pode ser interpretada como significando não só servir os outros sempre que requisitado, mas também ajudar a humanidade sem pensar em si próprio. Essa última é uma ponderação importante, pois o discernimento deve ser usado sempre em todas as ações físicas, especialmente naquelas de ajuda, sem o que o corpo seria enfraquecido ou mesmo destruído. A atitude de autoesquecimento serve como uma proteção.

Está também indicada uma lei oculta e espiritual. O estudante que se torna um recipiente do poder e da benção do Mestre deve, por sua vez, transformar isso em ajuda ao seu semelhante. Se tais poderes são estocados, ou acumulados, para uso pessoal, ao invés de serem extravasados através dos corações abertos para alívio da humanidade sofredora e para iluminação das mentes obscurecidas, então o suprimento e o influxo diminuem e, por fim, cessam completamente. Essa injunção pode então ser considerada não só como uma instrução imediata, mas também como um aviso e uma afirmação da lei.

Mt 10:09. Não leveis ouro, nem prata, nem cobre nos vossos cintos
10. nem alforje para o caminho nem duas túnicas nem sandálias, nem cajado: pois o operário é digno do seu sustento.

Esse conselho representa o ideal ascético milenar para todo discípulo, a saber, a completa renúncia das posses terrenas, referindo-se especialmente à atitude mental de completo desapego aos objetos dos sentidos e de indiferença a posses pessoais. A pobreza, quando escolhida deliberadamente pelo discípulo, expressa tanto um estado de consciência quanto de evolução, no qual o desejo foi reduzido a um mínimo e o sentido de posse e a cobiça substituídos por um grau crescente de desinteresse quanto a sua pessoa e a sua vida pessoal. Na verdade, essas são condições essenciais para o Discipulado e, mais especificamente, para os estágios posteriores da senda do desenvolvimento acelerado. Elas culminam na total indiferença no que toca à própria pessoa.

O verdadeiro discípulo despojou-se física e, em especial, mentalmente do engano de que as posses em si mesmas possam dar poder ou prazer. O único reino sobre o qual o indivíduo verdadeiramente espiritual deseja controle é sua natureza humana, em particular sua mente. Ele está contente em deixar tudo o mais no mundo sob a direção e na posse de outros a quem seja destinado.

Ainda que possa parecer estranho para o não iniciado, ele pode possuir propriedades e riquezas. Entretanto, irá usá-las para o benefício de outros e para prover-se com o necessário para seu trabalho e modo de vida escolhido. Aí eventualmente chega um momento, numa determinada encarnação, em que as posses se tornam cansativas e obstáculo para o alcance da iluminação interior e da liberação final das cadeias do eu e do egoísmo. Então tudo é renunciado, a ostentação dá lugar à simplicidade, as exigências externas são reduzidas a um mínimo e, muito frequentemente, a solidão de um retiro é buscada e encontrada. A partir desse momento a ordem de Jesus a seus discípulos é seguida literalmente. No Oriente, tais buscadores podem se tornar mendigos e sustentar-se pelo uso da tigela e do copo de esmola.

A sabedoria judiciosa é de extrema importância em tais planos de renúncia ao mundo e à mundanidade e de rebaixamento ao estado de um mendicante que possui apenas o estritamente necessário. O corpo, por exemplo, deve ser alimentado, vestido e abrigado. A menos que dotado de poderes sobrenaturais, o discípulo deve antes de tudo suprir essas necessidades para a continuação da vida, mesmo se reduzidas ao mínimo.

A lei oculta tem sido sempre a de que a renúncia, nascida da compreensão da realidade espiritual, deve achar expressão em todos os hábitos e nos aspectos visíveis da vida diária do discípulo. Embora cada verdadeiro discípulo tenha alcançado indiferença relativamente aos efeitos de sua aparência sobre os outros, ele reconhece uma responsabilidade pessoal para manter diante do mundo os ideais que ensina. A mente terrena julga de acordo com padrões e aparências mundanas. Na medida em que o ideal inclui o recrutamento de outros, a consideração dessa tendência muito natural é também parte da vida do Discipulado. Novos aspirantes devem ser atraídos e não repelidos, como poderiam ser, por hipocrisia ou discrepância entre a prática pessoal e a doutrina. Nesse importante assunto, a vida externa do discípulo deve ser justa, sincera e verdadeira, não só para influenciar as mentes dos outros, mas pelo amor à verdade.

Então, as posses pessoais, as roupas e as finanças serão mantidas num mínimo sensato, sendo o discernimento empregado sempre em obediência a essa regra. O manto amarelo e a tigela de esmola do monge budista, o manto açafrão, o rosário, o cajado e a culinária e vasos cerimoniais do hindu *sannyasi* (o homem santo), e a simplicidade de Elias e João Batista, tudo isso exemplifica a obediência a esses ideais de desapego e ausência de paixão.

Essa regra pode também ter sido planejada para ser uma salvaguarda contra aquela cupidez em que Judas Iscariotes caiu. O poder espiritual e a aura magnética de um discípulo aceito podem se mostrar atrativas a outros. A doação de presentes constitui-se numa reação natural, e a sede por lucro pode ser despertada pelo recebimento deles. A consciência pode ser nublada por fundos acumulados além das necessidades dos anos presentes e futuros do discípulo e de seus dependentes. Qualquer tendência para a avareza exacerbada pelo recebimento de presentes deve ser estritamente evitada. Os objetos referidos nesses versículos podem, então, ser considerados tanto reais como símbolos do estado ideal da mente.

Mt 10:11. *E quando entrardes numa cidade ou numa aldeia, procurai saber de alguém que seja digno e permanecei ali até vos retirardes do lugar.*

A vida oculta e o espírito secreto deste planeta têm seus devotos, aspirantes e seguidores mais avançados vivendo insuspeitamente em diversas partes do mundo. Embora possam parecer sem notoriedade aos olhos do mundo ou mesmo algo excêntricos segundo padrões populares, eles, todavia, representam oásis nos desertos do materialismo e do egoísmo e centros onde refúgio e isolamento estão disponíveis aos Instrutores Adeptos e a seus discípulos viajantes. Quando o discípulo viaja no curso de seu ministério dedicado à humanidade e em resposta aos chamados de serviço do seu Mestre, ele é também previamente informado de tais colegas devotos ou rapidamente os descobre. Em alguns casos esses são advertidos de sua chegada. Em outros ele tem de fazer uma discreta averiguação, buscando seus irmãos e, quando adequado, colocando-se aos cuidados deles.

Além de observarem reciprocamente o modo de vida e as características pessoais, tanto o visitante como o anfitrião reconhecem o valor ou a falta de valor um do outro pelo uso dos sentidos espirituais que se aguçaram no curso do treinamento.

Mt 10:12. *Ao entrardes nalguma casa, saudai-a.*

13. *E, se for digna, desça a vossa paz sobre ela. Se não for digna, volte a vós a vossa paz.*

Um estado de desarmonia existe inevitavelmente em algum grau onde seres humanos se congregam e vivem juntos. Parte da missão dos ocultistas é reduzi-la, por suas ações e sua presença, e aumentar a harmonia.

Embora cada discípulo verdadeiramente aprovado e ocultamente aceito por um Instrutor Adepto seja naturalmente e algumas vezes inconscientemente um centro de paz, a potência desse centro é aumentada pelo ato consciente de invocar e estabelecer uma paz interior profunda. O Adepto é uma encarnação daquele estado de ser e de consciência completamente harmonizado que é habilmente descrito como "a paz de Deus que excede toda compreensão"[10]. Quando um discípulo realiza um ato oculto de harmonização, a paz do Mestre é transferida e conduzida por intermédio do discípulo e de sua aura ao seu ambiente. Tal auxílio deliberado afeta

[10] Fl 4:7.

tanto a vizinhança como os habitantes da casa, segundo o grau de receptividade e o estado natural deles, bem como a condição de suas psiques no momento da invocação de saudação.

A instrução para restringir a benção de paz e a saudação à casa que for digna e negá-la à indigna merece uma explicação. *Digna* nesse contexto pode ser traduzida como uma condição de receptividade às influências espirituais. Como é limitada a quantidade de energia disponível do discípulo que é doadora de paz, harmonizante e curativa, ele é aconselhado a usá-la com discernimento e visando à sua provável efetividade; porque é uma lei da vida espiritual que tais forças e capacidades devam ser sempre usadas para obtenção de resultados máximos com o mínimo esforço.

Mt 10:14. Mas, se alguém não vos recebe e não dá ouvidos às vossas palavras, saí daquela casa ou daquela cidade e sacudi o pó de vossos pés.

Embora, no reino do espírito, o Eu interior em todos os homens seja parte do único Eu, a humanidade está dividida fisicamente em personalidades separadas e diversas. Os discípulos estão espiritualmente conscientes daquela unidade que está subjacente à diversidade. Todavia, como homens e mulheres práticos eles também reconhecem não só as diferenças das pessoas, mas as diferenças de graus de desenvolvimento, bondade de coração e receptividade das influências espiritualizantes e da instrução filosófica. Na medida em que muitas pessoas são ainda materialistas em suas vidas pessoais e somente a minoria está receptiva e procurando por sabedoria espiritual e filosófica, a rejeição de tal auxílio é muito mais comum do que a recepção e a gratidão. O discípulo é, em consequência, aconselhado a empregar grande discernimento na escolha daqueles a quem ele oferece os tesouros da sabedoria espiritual. O princípio da necessária conservação de energia deve ser aplicado. O desperdício de energia deve ser evitado e a força conservada para aqueles que geralmente estão buscando orientação e estão prontos para aceitá-la. Se corretamente traduzida, a última sentença daquele versículo pode ser considerada sob essa luz.

Somente nesse sentido, nunca em um espírito de condenação e separatividade, o discípulo seleciona o receptor da benção e da sabedoria do seu Mestre. Em nenhuma circunstância ele jamais adotaria uma atitude de desunião com qualquer de seus semelhantes nem deixaria de ajudar aos mais inferiores sempre que a ajuda pudesse ser benéfica.

Mt 10:15. Em verdade vos digo que o dia do Juízo será mais tolerável para Sodoma e Gomorra do que para aquela cidade.

Nesse ponto pode haver alguma dúvida legítima quanto a se o Senhor Cristo foi de fato a fonte desse versículo. Pois, na sua presente forma, a injunção pareceria demasiadamente severa e de veracidade filosoficamente duvidosa. Essa injunção não parece estar em conformidade com as regras da vida espiritual, que estão fundadas na unidade de tudo que vive ou na prática dessas regras com o discernimento nascido do amor. Quando essa passagem é comparada com as palavras de Cristo relativas às suas torturas na cruz, "Pai, perdoa-lhes, porque não sabem o que fazem"[11], a dúvida sobre sua autenticidade é um tanto fortalecida

Nenhum homem pode ser condenado porque se recusou, ainda que com desprezo, a receber um visitante espiritual e sua mensagem; pois, em grande parte, sua cegueira é mais um marco da presente estatura evolutiva. Nenhum homem pode ser também imparcialmente condenado ou submetido à punição severa por causa da juventude espiritual. Similarmente, um jovem escolar também não poderá provavelmente corresponder aos ensinamentos da Matemática avançada ou dar as boas-vindas a um professor daquele ramo da ciência. Isso é devido menos ao desmerecimento do que à juventude e ao seu estágio nos processos da educação.

Mt 10:16. Eis que eu vos envio como ovelhas entre lobos. Por isso, sede prudentes como as serpentes e mansos como as pombas.

Na intimidade sagrada em que os discípulos de um Adepto Instrutor são admitidos, a aura protetora do seu Mestre envolve-os. Todos são elevados, em alguma medida, nos seus estados normais de consciência, transcendidos até o grau em que sejam responsivos. As poderosas radiações eletromagnéticas e espirituais e as forças da aura intensamente luminosa do Adepto aumentam a frequência dos corpos e das auras dos discípulos, quando eles estão na presença do Mestre. Entretanto, quando ocorre a partida do Mestre, há uma tendência, na maioria dos casos, para reversão ao estado anterior. A menos que a meditação e a oração sejam praticadas regularmente e bem-sucedidas, as taxas vibratórias físicas e superfísicas de individualidade do discípulo são consideravelmente diminuídas. Ele sempre mantém, entretanto, uma aguçada sensibilidade em diversas direções e em intensidades diferentes. Quando ele está fora no mundo, essas condições tornam o discípulo extremamente vulnerável.

Esse versículo pode ser considerado como orientação aos discípulos quanto aos seus próprios estados interiores de ser e aos impactos do mundo sobre eles. Metaforicamente, eles são como ovelhas entre lobos, entre homens que são indisciplinados em seus modos de vida e ávidos em sua ganância por poder e riqueza. Aspirantes espirituais tornados sensíveis podem ser presas fáceis para tais homens. Podem mesmo ser feitas tentativas de usar a sua aparente simplicidade e o encanto de sua espiritualidade para fins egoísticos.

O Mestre coloca os discípulos em guarda contra tais perigos, prevenindo-os para serem sábios e absterem-se de toda forma de violência. Sua influência cautelosa e protetora será, entretanto, estendida a eles, porque isso é parte do significado do mais sagrado de todos os relacionamentos possíveis – aquele entre Instrutor e discípulo. Não obstante, a partida do Mestre pode se constituir num teste rigoroso e, em consequência, apresentar o perigo de uma queda espiritual.

Essas palavras de Jesus são tão aplicáveis hoje quanto foram quando proferidas. A maior sedução a que pode sucumbir um discípulo que vive no mundo exter-

[11] Lc 23:34.

no é a da riqueza e da liberdade e do poder mundanos que ela parece proporcionar. Na verdade, muitos são aqueles membros dos santuários espirituais que partiram em missões externas e sucumbiram ao fascínio das riquezas, a mais sutil das tentações. A posse de bens materiais pode produzir a ilusão de que a segurança financeira pode compensar a perda da integridade oculta e espiritual. Esse é um erro profundo, como descobriram aqueles que abandonaram a senda da retidão pelos caminhos da luxúria supridos pelo dinheiro, aquela "gazua que nunca falha."

Mt. 10:17. Guardai-vos dos homens: eles vos entregarão aos sinédrios e vos flagelarão em suas sinagogas.

18. E, por causa de mim, sereis conduzidos à presença de governadores e de reis, para dar testemunho perante eles e perante as nações.

É dada aqui uma advertência. Um libertador das mentes dos homens está incessantemente em conflito com aqueles que poderiam aprisioná-lo dentro dos grilhões do pensamento estabelecido, dos métodos de adoração e mesmo da conduta diária na vida. Uma grande e notável mudança é produzida na consciência dos discípulos de um Adepto Instrutor. Em consequência, eles veem e conhecem cada vez mais o espírito das Escrituras e o significado místico das doutrinas e dos cerimoniais. Quando ensinam isso a outros, uma realização interior da essência da religião encontra inevitavelmente expressão. Para tais iluminados a verdade interior faz-se clara, e eles a transmitem como os santos e profetas sempre fizeram, não obstante com uma certa sabedoria e tomando precauções.

Pode ser bastante acentuada[12] a diferença entre os ensinamentos de alguém que fala com a liberdade interior que resulta da experiência espiritual e os daqueles que estão restritos à letra morta da Escritura. A solidez de uma doutrina parece ser injuriada por alguém verdadeiramente iluminado que transcendeu as restrições desta doutrina. A menos que sua linguagem seja escolhida muito criteriosamente e suas palavras reprimidas, ele pode parecer estar atacando diretamente as religiões ortodoxas. Na verdade, ele pode mesmo sentir-se deliberadamente chamado a agir assim, como fez Jesus.

Além do mais, a sabedoria e o entendimento do Adepto, particularmente quanto às necessidades espirituais dos homens e como elas podem ser atendidas, são tão profundos e penetrantes que ofuscam aqueles que não possuem tais atributos e capacidades. Entretanto, o instrutor espiritual verdadeiro deve cumprir sua missão libertadora, visto que ele foi enviado ao mundo para isso.

O Mestre está, nessas palavras, advertindo seus discípulos contra a ira e o ódio, aconselhando-os para que sejam cautelosos e para que falem a verdade no momento necessário.

Mt 10:19. Quando vos entregarem, não fiqueis preocupados em saber como ou o que haveis de falar. Naquele momento vos será indicado o que deveis falar.

---

[12] Cf. Mt 7:29.

A discussão e o debate e mesmo o sucesso em ambos são sem valor em tais circunstâncias. Isso acontece porque geralmente nem o sacerdote nem o governante abordam a experiência mística ou a verdade filosófica com uma mente aberta. É, por conseguinte, impossível convencê-los ou mudar aquelas atitudes mentais em que, desde sua juventude, foram educados. Outrossim, a discussão pode inflamar-se, ainda que atingindo apenas o adversário, e o calor agitar as emoções, causando confusão. Os discípulos foram aconselhados a evitar esses erros, a refrear o exercício excessivo da mente analítica. Entretanto, o instrutor inspirado e iluminado adquire habilidade no uso do pensamento analítico, para que sua ausência não possa inibir o cumprimento de sua função de despertar a intuição espiritual.

Mt 10:20. porque não sereis vós que estareis falando naquela hora, mas o Espírito de vosso Pai é que falará em vós.

O Pai cuja voz fala de dentro refere-se ao espírito divino interior no homem, o Deus vivo para o qual o homem exterior é um templo, como foi escrito por são Paulo[13]. Essa Autoiluminação interior em plena consciência física não deve, em nenhum sentido, ser confundida com a prática de mediunidade espírita, que é anátema para o ocultista e para o verdadeiro discípulo. As duas diferem profundamente, na medida em que o mediunismo acarreta a entrega do autocontrole a outro, enquanto a iluminação interior envolve o pleno autocontrole e Autoiluminação.

Contudo, os pensamentos do Adepto Instrutor podem ser projetados na mente do discípulo e encontrar expressão em suas palavras quando ele ensina, pois que o Instrutor associa sua própria consciência à do discípulo, de forma que a interação entre eles pode ter lugar sempre. Quando puro de coração e com a mente tranquila, o discípulo sintoniza-se com seu instrutor. Consequentemente, ele pode, em vários níveis, estar consciente dos pensamentos do seu instrutor e assim testar suas próprias ideias concernentes aos assuntos sob exame.

Os quatro evangelistas abstêm-se de descrever qualquer detalhe do treinamento psicológico e espiritual que os discípulos de Jesus receberam de suas mãos, porque isso é muito privado e é sempre guardado como um segredo quase divino, exceto pelos apóstatas. Nesses versículos, entretanto, é feita alguma referência a essa parte do relacionamento entre discípulo e Mestre.

Mt 10:21. O irmão entregará o irmão à morte e o pai entregará o filho. Os filhos se levantarão contra os pais e os farão morrer.

Todo neófito espiritual, todo verdadeiro discípulo, todo Iniciado que se entregou à Vida una, ou entrou na "corrente", deve estar preparado para as adversidades referidas nesses versículos. Cada um está desenvolvendo um estado de consciência e entrando numa fase evolutiva muito além da normal para seu tempo. Em

[13] 2Cor 6:16.

consequência, a real atmosfera que o rodeia, bem como suas palavras, seus trabalhos e sua completa atitude em relação à vida, parecem, mesmo para sua própria família, estar em conflito com aqueles do mundo. Místicos e ocultistas bem-sucedidos tendem a parecer aos olhos de seus semelhantes como tolos a serem desprezados ou sonhadores não práticos e absolutamente não confiáveis, sem valor no mundo dos homens. Além disso, as doutrinas que eles inevitavelmente recomendam, embora verdadeiras, podem parecer como danosas e mesmo perigosas para a comunidade, especialmente para aqueles que estão investidos de autoridade e poder e determinados a permanecer assim.

De alguma forma pode haver justificativa para essas atitudes. O desinteresse em assuntos materiais, sejam grandes ou pequenos, e a má-vontade em fazer um esforço para ter sucesso pode dar a impressão de inutilidade ou mesmo de instabilidade mental. A atitude frente à vida em que certos atributos e poderes têm valor desprezível provoca inevitável antagonismo na pessoa que os considera totalmente essenciais. O neófito espiritual percebe outros níveis de consciência e de atividade que são de importância muito superior aos do mundo; ele sabe trazer para esses níveis as recompensas de paz e felicidade, enquanto as experiências inseparáveis de objetivos puramente materiais somente podem trazer guerra e miséria, como a história registrada tão claramente demonstra.

Infelizmente, essa oposição entre homens espiritualizados e mundanos pode ocorrer, e de fato ocorre, em relacionamentos íntimos, como indica esse versículo. Pai, mãe, irmão e irmã, a despeito do amor familiar, são todavia homens e mulheres de seus dias e épocas, enquanto o neófito espiritual pertence a outra época completamente diferente, que será alcançada no futuro pela denominada pessoa comum. Jesus, conhecendo bem isso, preveniu então seus próprios discípulos antes deles saírem para a confusão do pecado, da tristeza e do mundanismo. Prevenidos e assim armados, eles são enviados em suas missões.

A despeito dessa advertência, dois dos discípulos designados falharam, um deles temporariamente e o outro definitivamente. Pedro negou seu Senhor à noite, mas se recuperou quando o dia amanheceu, e a voz do Eu interior, como consciência, foi ouvida e respondida pelo remorso sincero e autorredenção[14]. Judas, por outro lado, tornando-se prisioneiro de sua própria cobiça ainda não curada, falhou e, finalmente, tirou sua própria vida[15].

Tais são, na verdade, alguns dos testes e perigos a serem inevitavelmente enfrentados pelos homens que, interiormente inspirados, de forma deliberada trilham a senda do progresso acelerado e encontram-se movidos por ideais de vida associados com o caminho estreito.

Mt 10:22. Sereis odiados por todos por causa do meu nome. Aquele, porém, que perseverar até o fim, esse será salvo.

[14] Mt 26:69-75.
[15] Mt 27:5.

O Cristo continua a ensinar e a advertir seus discípulos, em preparação para a missão deles como mensageiros de sua sabedoria e aspirantes ao seu estado de espírito crístico. O ensinamento é profundamente esotérico, embora também aplicável em menor grau a todos que procuram se livrar dos modos de vida convencionais e estabelecidos. No caso do discípulo profundamente comprometido e já desperto espiritualmente, a separação entre ele próprio e seus semelhantes alarga-se a tal ponto que, por fim, se torna um verdadeiro abismo. Ele pode, em consequência, vir a ser considerado como um estranho, um estrangeiro, mesmo por aqueles que o amam muito em outros aspectos. Isso é quase inevitável no caso daqueles discípulos que, não tendo sido chamados para a segregação dos retiros espirituais ou para a casa dos seus Mestres, partem e misturam-se com seus semelhantes movidos por seu amor a eles. Ao fazer isso, o desligamento do mundo e a aparente incompetência deles em assuntos materiais podem provocar inimizade e mesmo desprezo. Embora essas experiências provoquem inevitavelmente dor, elas não intimidam o discípulo que tomou sua irrevogável resolução; pois ele está sendo impelido a agir assim em resposta a uma iluminação interior. Isso é produzido no cérebro-mente pela ação de seu Eu imortal em desenvolvimento, cuja influência é realçada pelo Mestre.

Mt 10:23. *Quando vos perseguirem numa cidade, fugi para outra. E se vos perseguirem nesta, tornai a fugir para uma terceira. Em verdade vos digo que acabareis de percorrer as cidades de Israel até que venha o Filho do Homem.*

Israel aqui representa o mundo através do qual, como mensageiros, os discípulos acreditados continuamente seguem seu caminho, ensinando. A população do mundo é muito grande e as suas cidades muito numerosas, e o materialismo e a lascívia grosseiros são comuns em quase todas elas. Instrutores Iniciados e seus discípulos comprometidos são, por outro lado, comparativamente poucos. O sucesso em espiritualizar a vida da humanidade na Terra nesta época não é, consequentemente, de provável êxito. Essa atividade deve, entretanto, continuar, pois é uma parte do serviço em nome de toda a raça humana dos "homens justos tornados perfeitos", da Fraternidade de Adeptos.

A evolução continua ao longo de todo o período de tal serviço e finalmente trará a maioria dos homens na Terra para a condição já alcançada pelos discípulos. A natureza crística, até agora adormecida na humanidade, move-se em seu descanso e finalmente despertará e assumirá o comando do homem externo[16]. Essa é uma possível interpretação das palavras do Cristo registrada nesse versículo, "até que venha o Filho do Homem."

[16] A natureza crística já está ativa e desperta num crescente número de pessoas. Daí a Aliança das Nações, as Nações Unidas, a Cruz Vermelha Internacional e todos os movimentos mundiais para ajuda da humanidade sem o cunho de vantagem nacional ou pessoal.

Embora a vinda de um visitante real, um Avatar, esteja também referida e presumivelmente venha a ocorrer, a menção a essa mudança de consciência está também incluída na alocução. A presença visível de um ser divino na Terra, como um Instrutor entre os homens, é suplementada pelo despertar e o desenvolvimento da divindade interior dentro de cada ser humano. O advento e o ministério de um Instrutor, embora poderoso, devem inevitavelmente estar restritos ao período de tempo durante o qual seu corpo é mantido ativo. Muito embora sejam produzidos efeitos profundos e seja exercida uma influência duradoura mostrada pela sua presença na Terra, a real e certamente mais valiosa vinda, ou Natividade, do Filho do Homem ocorre dentro da natureza humana e não está, portanto, limitada no tempo e no espaço. Não só essa iluminação espiritual interior então começa e perdura, como também aumenta em plenitude com o passar dos tempos. Finalmente, a maioria da humanidade terá alcançado o nível de desenvolvimento indicado, o advento do Filho do Homem terá ocorrido como uma experiência mística vivenciada por uma grande parte da humanidade. Tal realização é independente da presença ou ausência de um Instrutor, pessoal ou racial, embora seja sempre valiosa tal presença.

Mt 10:24. Não existe discípulo superior ao Mestre, nem servo superior ao seu senhor.

25. Basta que o discípulo se torne como o Mestre e o servo como o seu senhor. Se chamaram Belzebu ao chefe da casa, quanto mais chamarão assim aos seus familiares?"

Esses dois versículos indicam os íntimos relacionamentos que são estabelecidos entre um verdadeiro Adepto Instrutor e seu discípulo. Assim como um instrutor é caluniado e atacado por causa do ensinamento libertador que representa e doa, também o discípulo receberá certamente a mesma hostilidade, ainda que em menor escala. A analogia é que a reputação do servo, aos olhos de seus semelhantes, depende da posição do senhor. Naturalmente, a intimidade é muito maior no caso do discípulo e do Mestre porque aquele relacionamento não é somente físico, mas também da mente e do espírito.

Todo esse discurso também se refere à fase de evolução em que as influências espiritualizantes começam gradualmente a assumir domínio sobre a matéria e sobre as formas do Universo, bem como da personalidade mortal do homem[17]. A Vida divina, desabrochando na Natureza no arco ascendente, torna-se manifesta nos veículos de densidade cada vez menor (ver diagrama, p. 51). Igualmente, no homem, o princípio espiritual interior, o Eu imortal, começa a permear a manifestação da natureza crística autoconsciente. Isso gradual e crescentemente torna-se percebido pelo homem no seu corpo físico e pode conduzir a uma inquietação, um sentimento de remorso e culpa, quanto a ações indesejáveis executadas antes que a iluminação começasse. Ao mesmo tempo, podem ser experimentados tanto uma re-

[17] Ver Geoffrey Hodson, *Lecture Notes,* Vol. 1, p. 359.

pentina e breve iluminação quanto um desejo profundamente interior para escapar dos embaraços da carne.

Quando essa fase aparece pela primeira vez numa nação, uma visita divina geralmente ocorre. Um membro da hierarquia dos homens perfeitos, alguém que obteve uma estatura imponente, toma sobre si o peso da carne e vive entre as pessoas, ensinando-as e inspirando-as tanto por suas palavras como por seu exemplo, apressando assim a evolução da raça. No caso do indivíduo humano, o Mestre revela-se, diretamente ou por intermédio de um discípulo autorizado, para despertar o aspirante. A Senda do Discipulado é assim adentrada, e é feita deliberadamente pelo discípulo a tentativa de aumentar o grau de espiritualidade em sua vida diária e de libertar sua mente da ilusão da autosseparatividade.

Quer esse fenômeno seja universal, racial (como nas visitas de Gautama Buda para os hindus ou de Cristo para os hebreus) ou pessoal, sempre ocorre uma intensa resistência. Essa obstrução toma muitas formas, externas e internas. Na ciência oculta essa resistência é referida como "O Guardião do Umbral", que tanto é o guardião dos portais quanto a obsessão cruel e constritora que procura bloquear o progresso subsequente, matando o idealismo que está brotando[18]. Ela ocorre ao longo de todo o processo evolucionário normal, durante o Discipulado e, especialmente, durante a passagem pelas três primeiras iniciações.

Externamente, a própria aura da pessoa espiritualmente desperta pode irritar aqueles que lhe prestam atenção, pois seu modo de vida e de falar, indicativos de idealismo elevado, podem contrariar as pessoas. Esse antagonismo pode tomar formas violentas, como está demonstrado na história de todo Avatar e instrutor espiritual que visitou a Terra[19]. Interiormente, as próprias células do corpo do neófito exigem, podendo mesmo clamar em pânico, a continuação das indulgências anteriores com a intemperança. A mente por sua vez de forma automática, como também conscientemente, resiste à universalização e agarra-se determinadamente a sua atitude dominante de individualidade separada, pessoal.

Mais particularmente, o ensinamento a propósito da resistência e da hostilidade seria, mais tarde, exemplificado na vida do próprio Cristo, pois ele foi caluniado, atacado, traído, torturado e assassinado. Nesse exemplo a resistência da matéria ao espírito e da personalidade mortal do homem à influência sobre ele de sua própria natureza divina são dramatizadas com grande discernimento, habilidade e sabedoria. Na verdade, a história evangélica é uma revelação do conhecimento espiritual e oculto das mais felizes dentre todas as muitas revelações alegóricas.

Mt 10:26. Não tenhais medo deles, portanto. Pois nada há de encoberto que não haja de revelar-se, nem de oculto que não haja de saber-se.

---

[18] O Guardião do Umbral – ver H. P. Blavatsky, *A Doutrina Secreta*.

[19] Cf. Shri Krishna e o Rei Kansa, Gautama Buda e Devadatta, e Jesus e o Rei Herodes.

O triunfo final da luz e da verdade e, por conseguinte, dos portadores da luz e dos condutores da verdade, está aqui assegurado pelo Senhor, o qual promete que a mais secreta sabedoria será, um dia, conhecida por todos. Aquilo que agora é esotérico tornar-se-á conhecido e, portanto, exotérico, realidade para toda a humanidade, embora distante o dia de tal aceitação e entendimento universais. O conhecimento oculto está escondido apenas para própria proteção do homem. O poder obtido de forma prematura é inevitavelmente perigoso. Quando a mente e o coração estão disciplinados e iluminados com a realização da unidade, o perigo de acidente ou mal-uso não mais existe. O Senhor assegura aos seus escolhidos que esse dia inevitavelmente chegará, com isso confortando-os e apoiando-os na preparação para as tribulações que virão.

Mt 10:27. O que vos digo às escuras, dizei-o à luz do dia; o que vos é dito aos ouvidos, proclamai-o sobre os telhados.

Depois o Mestre dá ordem aos discípulos para destemidamente cumprirem sua missão, mesmo com o risco de suas próprias vidas. O ensinamento a eles revelado, como mensageiros escolhidos e aceitos, deve ser transmitido aos seus semelhantes, porque isso é parte do dever sagrado do servo dedicado e do ouvinte da verdade, esotérica ou exotérica. O Senhor parecia estar prevenindo e ao mesmo tempo apoiando seus seguidores, com receio de que, em face do antagonismo das multidões, eles pudessem recusar ou diluir demasiadamente o ensinamento que receberam.

Mt 10:28. Não temais os que matam o corpo, mas não podem matar a alma. Temei antes aquele que pode destruir a alma e o corpo no inferno.

O Mestre já assegurara aos discípulos a sua unidade com eles e a sua proteção. Nesse versículo ele os adverte contra aqueles trevosos senhores do mal, que são os autoconstituídos inimigos da humanidade. Eles são astutos e peritos nas artes do engano e da destruição da alma ao conduzi-la à maldade. Os discípulos tornam-se o alvo especial do ódio e do ataque deles, e Jesus coloca seus próprios apóstolos em guarda. Ele próprio passou com sucesso pelas tentações e conheceu bem todos os perigos naturais e os sutis engodos com que os homens maldosos procuram derrubar e destruir os portadores da luz no mundo.

Mt. 10:29. Não se vendem dois pardais por um asse? E, no entanto, nenhum deles cai por terra sem o consentimento do vosso Pai!
30. E até mesmo os cabelos de vossa cabeça estão todos contados.

A maior proteção contra o mal, de fora e de dentro, consiste na realização da divina Onipresença. Criaturas comuns e humildes como os pardais são usadas para indicar que, mesmo nelas, o espírito de Deus está manifesto. Muito mais numerosos do que os pardais são os cabelos das cabeças humanas. Contudo, diz o Mestre, mesmo neles, Deus está entesourado. Ele poderia ter acrescentado que Deus está presente em cada átomo de cada forma por toda a Natureza. Com muito mais razão, então, ele diz que Deus se torna manifesto em cada ser humano como a luz e a vida de sua existência. A realização intelectual e mística dessa verdade é a certeza da proteção e do amparo contra os poderes do mal, seja do exterior ou do interior.

Mt 10:31. Não tenhais medo, pois valeis mais do que muitos pardais.

Na escala da existência e no meio da multidão de criaturas e seres, o homem situa-se no topo dos reinos conhecidos da Natureza. Ele é o mais elevado produto – uma individualidade autoconsciente, autodiretora; o divino está mais plenamente manifesto e expresso nele. Não obstante, Deus está também presente nos reinos subumanos da Natureza e protege e cuida deles, percebendo metaforicamente a queda de cada pardal.

O registro desse longo discurso de aconselhamento e consolo aos discípulos está, quase certamente, incompleto. Anotado de memória, provavelmente muito depois de proferido, deve ter sido prejudicado tanto na rememoração como no registro. Embora apresentado por S. Mateus como uma fala contínua, pode bem ter sido a junção de partes rememoradas de inúmeras palestras, tais como as que todo Mestre Adepto faz, de tempos em tempos, para seus discípulos.

Pode-se estar seguro de que nas casas e sobrados, nos bosques sombreados e nas praias de lagos e nos pequenos córregos, talvez no próprio Rio Jordão, Jesus reuniu seus discípulos na intimidade e aconselhou-os. Suas palavras devem ter ficado profundamente impressas em suas mentes, de forma que a memória escrita delas pode ter sido razoavelmente acurada. Entretanto, muito deve ter sido também esquecido ou considerado como desnecessário para registro. Além do mais, também devem ter havido ensinamentos profundamente esotéricos que lhes foram recomendados guardar secretamente no interior de seus corações, verdades para serem vividas mais do que para serem repetidas. Presumivelmente, devem ter sido dados ensinamentos sábios mais profundos do que os livremente revelados, relativamente às experiências físicas e psicológicas que surgem no início da senda do desenvolvimento acelerado[20].

Mt 10:32. Todo aquele, portanto, que se declarar por mim diante dos homens, também eu me declararei por ele diante de meu Pai que está nos céus.

Essa garantia de completa assistência espiritual e do poder sustentador prometido àqueles que são fiéis e leais à sua missão é também suscetível de interpretação profundamente interior. Nessa passagem Jesus, o Cristo como Instrutor, combina-se com o princípio crístico do homem. Assim visto, o "Pai nos céus" torna-se a Mônada.

[20] Ver Hodson, *A Sabedoria Oculta na Bíblia Sagrada,* Cap. 31-39, Ed. Teosófica, Brasília.

Na verdade, a ligação essencial entre o homem externo, que desfruta a vida do mundo, e a existência interior, ou Mônada, é a natureza crística em cada indivíduo, a influência que, de forma crescente embora gradual, torna-se manifesta exteriormente naqueles que estão no estágio evolutivo do Discipulado. Isso é revelado como ardente aspiração, devoção profunda e um transbordante amor por toda a humanidade. O efeito visível da Mônada é aumentado pelo fato de que o Mestre mesclou intimamente sua própria natureza crística com a do discípulo.

Mt 10:33. Aquele, porém, que me renegar diante dos homens, também eu o renegarei diante do meu Pai que está nos Céus.

Uma leitura literal desse versículo parece ser de difícil aceitação. Tomado misticamente, entretanto, uma profunda verdade é revelada. O homem em quem o princípio crístico está inativo é, por enquanto, incapaz de contatar o poder espiritual e a iluminação intelectual de seu Eu recôndito ou ser por eles alcançado. Portanto, ao invés da ação pessoal de um Mestre, está sendo descrita uma fase evolutiva e as experiências e possibilidades a ela associadas.

Mt 10:34. Não penseis que vim trazer paz à Terra. Não vim trazer paz, mas espada.

35. Com efeito vim trazer divisão entre o homem e seu pai, entre a filha e sua mãe, entre a nora e sua sogra.

36. Em suma: os inimigos do homem serão os seus próprios familiares.

37. Aquele que ama pai ou mãe mais do que a mim não é digno de mim. E aquele que ama filho ou filha mais do que a mim não é digno de mim.

Uma interpretação literal desses versículos, especialmente se aplicado aos homens e às mulheres que vivem normalmente sua vida diária, apresenta o Senhor Cristo como um semeador da discórdia até entre membros da mesma família, vivendo na mesma casa. Na verdade, apresentaria Jesus descrevendo-se como um guerreiro e até mesmo um destruidor, armado com uma espada e trazendo sofrimento e morte à humanidade. Na medida em que isso está inteiramente em desacordo com seu caráter, totalmente contrário ao espírito encarnado de amor que é o Senhor Cristo, torna-se impossível uma leitura ao pé da letra. Ele – como todos outros instrutores espiritualmente iluminados – seria incapaz de perturbar deliberadamente a vida familiar e de jactar-se de ser de grande importância e mais digno de amor e lealdade do que pai, mãe, irmã e irmão.

Esotericamente, entretanto, os versículos podem ser lidos como enunciações de verdades da maior profundidade. De fato, as interpretações exotéricas e esotéricas são mais severamente contrastantes nesses versículos do que em qualquer outra parte. O estudante é, consequentemente, advertido a ler mais do que superficialmente, buscando a verdade oculta.

Jesus estava naquele instante falando diretamente a seus discípulos, homens inteira e profundamente dedicados, e preparava-os para aquilo a que foram chamados. Nessas instruções Jesus fez a própria descrição de sua missão e de seu relacionamento com os dois tipos de homens: aos discípulos, ensinando "os mistérios do reino de Deus", e aos outros, falando por parábolas[21]. O mistério do reino de Deus inclui o conhecimento da natureza sobrenatural e espiritual, dos poderes e das faculdades do homem e do desenvolvimento forçado deles, bem como suas motivações e modos de vida.

Quando interpretados desse modo, então está sendo descrita uma qualidade de caráter. Essa é a unidirecionalidade, a completa unidade de propósito, expressa como a determinação de não admitir que nenhuma pessoa, embora chegada e amada, nenhuma qualidade indesejável de caráter, nenhum desejo pessoal e nenhuma circunstância que possa ser controlada venham interpor-se entre o capacitado e inflamado aspirante e a sua meta. Da mesma forma como o sucesso nas grandes aventuras exige similar exclusividade de concentração, também o atingimento da perfeição humana à frente dos demais, um empreendimento espiritual muito mais difícil, demanda igualmente total comprometimento.

Pode ser entendido que uma perseguição obstinada do modo de vida diferenciado de um discípulo poderia provocar divergência ocasional com os membros da sua família. Mesmo assim, a passagem necessita ser lida e aplicada com grande discernimento. Além da unidirecionalidade, a sabedoria capaz de discernimento é um atributo do homem desenvolvido[22], como também são o amor impessoal e a consideração pelos outros. A delicadeza extrema caracterizaria, portanto, a expressão da irrevogável opção do discípulo em seus relacionamentos com aqueles mais chegados e queridos. Internamente, entretanto, e quando estão envolvidos grandes princípios, a possibilidade de compromisso está fora de cogitação para ele.

Também está indicado nesses versículos o desinteresse pessoal pelas coisas do mundo e suas recompensas e por todos relacionamentos humanos que possam obstar os objetivos escolhidos. A completa ausência de paixão no que diz respeito às ocupações e posses pessoais é apresentada como um ideal essencial[23].

O registro das palavras de Jesus pode não expressar completamente a sua declaração, pois que ele, como outros Instrutores espirituais, provavelmente faria de forma menos drástica sua declaração de princípios, ainda que as apresentando com clareza inconfundível. Entretanto, a sucinta e poderosa alocução registrada no versículo trinta e quatro persiste rigorosamente verdadeira, porque o processo de sair de uma vida baseada em interesses mundanos e objetivos puramente materiais realmente necessita uma operação definida, quase cirúrgica. Essa "separação" pode parecer mais drástica para observadores que não estejam igualmente tocados do que para a pessoa realmente submetida à operação; pois, mental e psicologicamente, a operação tornou-se um procedimento perfeitamente natural, inevitável na verdade. O mundo desaparece para ele, como também o interesse nas coisas do mundo. Ele

---

[21] Mc 4:11.

[22] A palavra sânscrita *Viveka* expressa esse ideal. Ver Sankaracharya, *Viveka-Chudamani – A Joia Suprema da Sabedoria,* Ed. Teosófica.

[23] A palavra sânscrita *Vairagya* expressa esse ideal completamente. Ver *Viveka-Chudamani – A Joia Suprema da Sabedoria* e *Bhagavad-Gitā.*

viu a glória da luz interior. Experimentou a bem-aventurança da unidade, da união das partes internas de sua natureza revelada, à sua mente. A partir desse momento, como diz uma antiga Escritura: "Não há outro caminho a seguir"[24]. A atitude de crescente unidade de propósito é também adotada de forma completamente natural. Na verdade, pode ser dito que ela toma posse do homem, e não que o homem a adota por escolha pessoal.

Verdadeiramente, nenhum agente externo pode causar em qualquer ser humano a mudança decisiva, da vida do mundo para outra dedicada à espiritualidade e ao serviço da humanidade, como descrita nos versículos relembrados nesse capítulo. Tal mudança e tais escolhas, quando feitas sinceramente, vêm do interior e são os resultados perfeitamente naturais da entrada na fase de avanço evolutivo. A Mônada naquele estágio capacita e ilumina o Eu interior desabrochado, que, por seu turno, apossa-se do homem exterior. Assim, pode-se considerar que o Senhor estaria descrevendo uma atitude interna da mente, ao invés de um modo de conduta.

Se, entretanto, for argumentado que os homens e as mulheres comuns do mundo serão os principais leitores de obras tais como os evangelhos, e que dessa leitura pode resultar a ruptura da vida familiar ou pelo menos posto em perigo o amor da família, então duas possibilidades devem ser consideradas. Na primeira, o Senhor estava falando somente para seus discípulos. Na segunda, os evangelhos podem ser inexatos, porquanto foram escritos talvez um século ou mais depois dos eventos. Uma vez que alegoristas Iniciados participaram na produção dos quatro evangelhos, pode seguramente ser dado maior peso à primeira dessas duas possibilidades, pois, como uma enunciação da atitude ideal da mente e das leis que governam a evolução acelerada, os versículos devem ser considerados como verdadeiras joias de sabedoria, obras-primas – mesmo em se tratando de traduções – descrevendo a vida oculta e sobre ela dando orientação. Leis exatamente similares estão delineadas nas Escrituras de outras crenças mundiais, notavelmente no Hinduísmo, Budismo, Taoísmo e Sufismo[25] – que descrevem a autodisciplina quase férrea e o unidirecionamento extremo, ditos serem essenciais ao sucesso na obtenção de estatura evolutiva elevada, à frente da raça.

Mt 10:38. Aquele que não toma a sua cruz e não segue após mim não é digno de mim.

A cruz que cada verdadeiro discípulo e Iniciado deve carregar é descritiva do isolamento, opróbrio e escárnio que Jesus suportou e que cada discípulo deve receber e tolerar. O Gólgota moderno é o próprio mundo, a crucificação é mais do coração e da mente do que da carne física. Chicotadas, coroa de espinhos, pregos e lan-

---

[24] *Upanishads.*

[25] *Os Brahmasutras, Yoga-Sutras, Bhagavad-Gitā, Viveka-Chudamani* são exemplos do Hinduísmo; Sr. Edwin Arnold em *A Luz da Ásia* e outros trabalhos; Lao-Tse, no *Tao-te-Ching*, parcialmente traduzido em Hodson, *Lectures Notes*, Vol. 1, Cap. 15, Parte 6; Fields, trad., *Confession of Al Ghazzali.*

ça são, não obstante, reais e torturantes. Eles parcialmente simbolizam os efeitos dos pensamentos, das palavras e das ações da humanidade sem iluminação, em cujo exclusivo interesse a grande ascensão é iniciada e o cume finalmente alcançado.

As palavras do Cristo são somente ecos das "palavras" do Eu recôndito, que finalmente tomam conta de sua personalidade mortal até então teimosa, desperdiçadora de tempo, autoindulgente. Para sua realização, o processo necessita de inúmeras vidas terrenas[26]. Finalmente, o controle interior é estabelecido, o homem externo subjugado e dominado em obediência consentida, porque então está inflamado com a aspiração e vontade do Eu interior.

Mt 10:39. Aquele que acha a sua vida, vai perdê-la, mas quem perde a sua vida por causa de mim, vai achá-la.

Na Natureza, as coberturas exteriores, conchas, cascas e membranas de envolvimento são quebradas quando o germe-semente, até então incluso no interior, começa a reproduzir sua geração. Isso também ocorre no interior do homem renascido espiritualmente. A casca envolvente da autoconfiança, da autoproteção e da individualidade gananciosa perdem o poder sobre a consciência interior divinamente expandida e que frutificou espiritualmente. Muito naturalmente, tal pessoa começa a preocupar-se menos e menos com sua personalidade anterior autocentrada e cada vez mais com o Eu divino mais abarcante, encarnado na raça humana como um todo, e com a vida una, encarnada em todos os reinos da Natureza, pois que agora experimenta a unidade com tudo.

Quando, entretanto, essa mudança de atitude começa pela primeira vez a afetar sua visão de vida, o neófito experimenta a tendência para voltar aos motivos e modos de pensamento anteriores. Essa é a fase evolutiva em que o verdadeiro Instrutor espiritual aparece, dando conselhos e fortalecendo o impulso interior para o altruísmo. Essa duas influências, a mudança interna e a ajuda do Mestre, finalmente levam o discípulo a um estado de mente em que a "perda" da autosseparatividade que o acompanha, na qual ele, até então, acreditava, é completamente superada pelo "ganho" espiritual interior. Ele descobre dentro de si mesmo que a renúncia real ao autointeresse conduz não à perda, mas a uma realização para qual não pode conceber nenhum horizonte ou limite, pois universalizou seu centro de autoconsciência.

Essa gradual e memorável transformação de perspectiva finalmente leva o discípulo ao Adeptado. Tendo-o então alcançado, funde-se conscientemente no oceano ilimitado da Vida interior do Universo. A partir de então, pode dizer com o Senhor Cristo e com igual realização plena: "eu e o Pai somos um." Sua existência humana é assim concluída ao alcançar a humanidade perfeita. Tornou-se um ser super-humano, um "homem justo tornado perfeito", tendo alcançado a "medida da estatura da plenitude de Cristo[27]."

---

[26] Ver Geoffrey Hodson, *Reincarnation, Fact or Fallacy?*

[27] Ef 4:13.

Assim, os ensinamentos contidos nesse versículo fecundo, que revelam o segredo interno de progresso na senda do desenvolvimento rápido, tornam-se plenamente manifestos nele, que antes fora homem e agora se tornou homem perfeito. O segredo é que o homem outrora existente, quando através de longos períodos de evolução tornou-se conhecido de si próprio, deve morrer a fim de que o novo homem possa viver. Todas as mortes alegóricas e figurativas registradas na Escritura e legitimadas nos ritos iniciatórios solenes referem-se a essa verdade maior.

Mt 10:40. Quem vos recebe, a mim me recebe, e quem me recebe, recebe ao que me enviou.

Em tais elocuções, Jesus está falando como manifestação da Vida una, um Avatar de fato, em quem desceu, como uma presença inspiradora, um Aspecto do *Logos* Solar. Ele também está falando como um Mestre Adepto ao seu discípulo, pois, uma vez que aquela sagrada relação esteja plenamente estabelecida, a unidade entre eles é próxima e pessoal na verdade. Eles são de fato um, não só por compartilharem a Vida una, mas por causa da combinação da consciência e de veículos sutis em uma íntima concordância. Tais discípulos levam consigo a presença de seu Mestre aonde quer que vão, enquanto, por sua vez, participam, na medida de suas capacidades, da vida e do trabalho do Mestre. Como o Mestre, por assim dizer, acompanha-os por toda parte do mundo externo, eles também estão como ele em tudo o que faz. Assim, no sentido literal, quando um discípulo é recebido, seja mental, fisicamente ou ambos, o Mestre também é recebido.

Essa presença interior do Adepto pode ocasionalmente se tornar manifesta, como às vezes acontece, seja como uma atmosfera ou uma ação, uma influência ou palavras proferidas que talvez mudem a vida dos que as recebem.

Mt 10:41. Quem recebe um profeta na qualidade de profeta, receberá a recompensa própria de um profeta. E quem recebe um justo na qualidade de justo, receberá a recompensa própria de um justo.

É feita aqui distinção de caráter profundamente oculto entre um profeta, vidente, ou discípulo de um Adepto, por um lado, e um homem justo, por outro. A palavra traduzida como profeta pode ser tomada no sentido de vidente treinado em ocultismo, alguém que está conscientemente associado a um Instrutor Adepto e servindo como seu agente no mundo dos homens. Em tal homem, o autocentrismo e o autointeresse, como influências motivadoras para a ação, declinaram muito. Ele vive cada vez menos para o eu e mais para o próximo. A lei de causa e efeito devolve as reações nos mesmos níveis em que as ações são executadas[28]. O discípulo é movido espiritualmente em tudo o que faz, pois as reações físicas ocorrem e afetam sua vida física, enquanto os seus principais efeitos – recompensas, como são erroneamente traduzidos nesse texto – vêm em benefício de sua natureza espiritual e, por intermédio desta, do Eu espiritual de toda a humanidade. Portanto, as reações de suas ações e palavras entre seus semelhantes afetarão mais seu Eu imortal interior

[28] Mt 5:18, 7:1-2; Gl 6:7.

do que sua natureza material externa. Posto simplesmente, o bem que ele faz beneficiará mais sua alma imortal que seu eu físico.

O cidadão geralmente bom, embora vivendo moralmente e tendo em mente o bem-estar da comunidade, vê e conhece pouco mais do que o mundo material. Nesse caso, as reações tenderão a alcançá-lo e influenciá-lo principalmente num nível superficial, trazendo bem-estar material que o beneficiará pessoalmente. Embora tal pessoa esteja apenas começando a despertar espiritualmente, ela ainda está pouco ciente da origem de sua boa sorte. Todavia, ela se percebe tornando-se cada vez mais interessada pelo bem público.

Também existem outras distinções entre os dois tipos de seres humanos. O denominado profeta tem uma vida secreta, partilhada somente pelos colegas discípulos. Ele está em comunhão com seu Mestre, esteja ele fisicamente presente ou não. Como vimos, está sob treinamento direto de seu Mestre, como exemplificado no Sermão da Montanha. Ademais, com variados graus de consciência, está agindo sob as ordens de seu Mestre. Sem pensar no eu, ele é um ajudante, um curador e instrutor de seus semelhantes em nome de seu Mestre.

Essa vida interior é extraordinariamente privada e sagrada para ele, não sendo permitido nem mesmo a seus parentes mais próximos partilhar dela, pois eles são incapazes disso. Na verdade somente aqueles que, como ele próprio, entraram pela "porta estreita" e estão trilhando o "caminho apertado" podem compreender um estado de consciência e um modo de vida apropriado ao Discipulado e dele participar.

Capítulo 15

A possibilidade de autodesenvolvimento acelerado, a forma de produzi-lo, e a vida experimentada por aqueles que tiveram sucesso são como um tríplice fio dourado de sabedoria, estendendo-se pelas mitologias e Escrituras do mundo. Lembramos, por exemplo, os trabalhos de Hércules, a viagem de Ulisses, o rapto e salvamento de Perséfone, os assassinatos do minotauro e da Medusa, o livramento de Andrômeda, a vida e morte de Balder e de Siegfried, a escravidão e o êxodo dos israelitas no Egito e na Babilônia e as vidas de Joshua, Sansão e Jó. Embora assim retratado de muitos modos, é na realidade o único caminho interior no qual, ao ser trilhado, as limitações humanas são transcendidas e a perfeição crística manifestada. Muitos versículos dos evangelhos referem-se a essa senda.

Mt 11:2. João, ouvindo falar, na prisão, a respeito das obras de Cristo, enviou a ele os seus discípulos,
3. A dizer-lhe És tu aquele que há de vir, ou devemos esperar outro?
4. Jesus respondeu-lhes: Ide contar a João o que estais ouvindo e vendo:
5. Os cegos recuperam a vista, os coxos andam, os leprosos são purificados e os surdos ouvem, os mortos ressuscitam e aos pobres é anunciado o evangelho.
6. E bem-aventurado aquele que não ficar escandalizado por causa de mim!

Como mensageiro e precursor enviado para preparar o caminho para o Messias, João é apresentado como uma figura histórica e como uma reencarnação de Elias. Em seu modo de vida, vestir-se, alimentar-se e por seu evangelho de autopurificação, João, na verdade, muito se assemelha ao profeta do Velho Testamento. O aprisionamento por Herodes e mais tarde a decapitação não estão, entretanto, em completa harmonia com a ideia que se tem do profeta Elias apresentada no Velho Testamento, pois Elias foi o homem preservado e protegido por Deus que ascendeu aos céus numa carruagem de fogo, permitindo que seu manto caísse sobre seu sucessor, Eliseu[1]. Um homem como esse, dotado de poderes teúrgicos, não seria vencido por um governador romano transitório. A anomalia é, entretanto, resolvida se a história é considerada alegoricamente.

João, o Batista, na prisão, representa a influência restritiva e espiritualmente obscurecedora, sobre o homem, da mente excessivamente analítica, crítica e orgulhosa – uma prisão potencial na verdade; pois sob sua influência, a sabedoria espiritual fica de fora e as faculdades intuitivas são "aprisionadas" ou mesmo paralisadas. Desnecessário dizer que não só as qualidades indesejáveis da mente restringem a

[1] 2Rs 2:11, 13.

influência do Eu superior sobre a natureza mortal, mas também as forças emocionais no homem, paixão e desejo, quando se admite sua expressão inadequadamente. Essas forças e o veículo no qual surgem, o denominado corpo astral[2], e através do qual expressam-se originalmente, são personificados por sua vez por Salomé, a dançarina que provoca e gratifica os instintos sexuais do rei. Os discípulos representam a natureza mental e emocional disciplinadas e dedicadas do homem, enquanto a multidão não iluminada, suas cidades e mesmo o próprio país caracterizam o corpo físico e os estados de consciência puramente materiais.

Na linguagem sagrada da alegoria e do símbolo, o drama da Iniciação com suas aflições, provações e triunfos é apresentado como se no palco da vida; no presente exemplo, a Judeia de uns 2.000 anos atrás. A história é entretanto atemporal, os eventos acontecem sempre quando homens e mulheres autotreinados e inspirados passam pela morte e ressurreição figuradas, através das quais são descritas experiências associadas com a passagem pelos graus dos Mistérios Maiores. Ainda que o relato da Escritura possa parecer objetivo, a experiência é totalmente interior, o drama desenvolve-se dentro da alma do homem desperto. Esses seres humanos regenerados, os Iniciados de todos os tempos, não são mais espiritualmente cegos, coxos, leprosos, surdos, mortos ou empobrecidos. Como indicado no quinto versículo, todas essas limitações desaparecem. Elas pertencem às restrições da humanidade mortal, durante a fase que precede a regeneração espiritual. Quando essa última ocorre, a presença do Cristo é misticamente experimentada e consequentemente cessam todos os sofrimentos.

Mt 11:7. Ao partirem eles, começou Jesus a falar a respeito de João às multidões: Que fostes ver no deserto? Um caniço agitado pelo vento?

Nesse ponto no relato lembrado e registrado da missão de Jesus, ele começa a preparar as mentes de seus ouvintes para um pronunciamento a respeito de João, o Batista. Nesse versículo o Senhor proclama que o aparecimento de João não foi um fenômeno normal como um caniço agitado pelo vento, mas que possuía um significado sobrenatural.

Mt 11:8. Mas que fostes ver? Um homem vestido de roupas finas? Mas os que vestem roupas finas vivem nos palácios dos reis.

O ensinamento é reforçado por meio de questões retóricas, o sentido das quais é mostrar a marcante diferença entre João, o Batista, e um homem ou uma mulher do mundo, particularmente alguém dotado de riqueza e pertencente à aristocracia. João não era como essas pessoas, disse o Senhor, referindo-se ao fato de que ele preferiu morar no deserto, usar roupas simples e viver das plantas que estavam ao seu redor, como os homens santos fizeram desde tempos imemoriais.

[2] Astral – ver Glossário.

Mt 11:9. Então, que fostes ver? Um Profeta? Eu vos afirmo que sim, e mais do que um profeta.

A elevada estatura espiritual de João, o Batista, é afirmada aqui, bem como a verdade da declaração a respeito da sua missão no mundo. A despeito da simplicidade da linguagem, esses versículos possuem uma dramática qualidade. Pode-se quase ver a cena e ouvir as palavras do divino orador, como ele inicialmente superou os falsos juízos e então afirmou a verdade. João era de fato um profeta e muito mais do que um profeta, um real precursor.

Mt 11:10. É dele que está escrito: Eis que envio o meu mensageiro à tua frente; ele preparará o teu caminho diante de ti.

Aqui, como em outras ocasiões, o Mestre se refere às Escrituras hebreias, particularmente à Tora, ou Lei[3]. Ele também confirma as profecias, pois o profeta Malaquias tinha escrito sobre o reaparecimento de Elias para preparar o caminho do Messias, a esperança dos judeus assegurada por longo tempo[4]. Jesus afirma que, no seu sentido mais pessoal, a profecia dos tempos antigos estava sendo cumprida naqueles dias. Na verdade, João era tanto o mensageiro esperado como o preparador do caminho para a vinda do Senhor.

Mt 11:11. Em verdade vos digo que, entre os nascidos de mulher, não surgiu nenhum maior do que João, o Batista, e, no entanto, o menor no Reino dos céus é maior do que ele.

Essa alocução, um tanto misteriosa e mesmo aparentemente contraditória, é explicável quando se admite a existência do reino humano e do super-humano da Natureza. João excede mesmo os maiores homens em estatura. Porém, quando comparado com aqueles "homens justos tornados perfeitos", que vivem no estado espiritualizado de consciência descrito como o reino dos céus, João é "o menor no reino dos céus"; pois, embora grande, ele ainda era apenas homem. Os homens perfeitos que surgiram da humanidade e alcançaram a estatura dos reinos espirituais são mesmo incomparavelmente maiores do que os maiores gênios, videntes e profetas, porque estes são apenas membros do reino humano e são ainda homens entre homens.

Mt 11:12. Desde os dias de João Batista até agora, o reino dos céus sofre violência dos que querem entrar, e violentos se apoderam dele.

Aquele que alcança o Adeptado à frente da raça apodera-se, na verdade, à força do reino dos céus, até mesmo pela *violência* (significando: *vontade interior*, N.T.). A vontade interior do homem, o poder da divindade interna, despertou e não

[3] O Pentateuco.
[4] Ml 4:5.

tolera recusa. O indivíduo absorve-se numa única ideia: eliminar rapidamente tudo aquilo que é imperfeito em si próprio e, assim, obter a perfeição.

Mt 11:13. Porque todos os profetas bem como a Lei profetizaram, até João.
14. E, se quiserdes dar crédito, ele é Elias que havia de vir.
15. Quem tem ouvidos para ouvir, ouça.

Desnecessário dizer, o ensinamento que Jesus secretamente transmitiu a seus discípulos não estava incluído na história evangélica. Podemos assumir seguramente, entretanto, que esse ensinamento consistia em parte do esoterismo que somente é revelado de boca a ouvido e no isolamento em que os grandes instrutores e seus discípulos sempre se retiram. Aí as parábolas não são mais usadas, a simbologia é deixada para trás. Os vigorosos poderes pelos quais os Universos são formados, as leis sob as quais são construídos, evoluem e finalmente se recolhem, não são mais personificados por deuses, deusas, heróis, patriarcas e suas esposas. Diretamente e com a visão concedida ao serem proferidas as palavras de poder, o conhecimento foi conferido aos poucos escolhidos. Todavia, nesses versículos e nas passagens registradas em outras partes dos evangelhos, algumas das *Logia,* ou palavras diretas aceitas como tendo sido proferidas por Jesus, foram rememoradas e transmitidas, de discípulo a discípulo, muitos anos após o próprio Instrutor ter partido.

Os discípulos foram instruídos sobre o ciclo inferior de nascimento, morte e renascimento, pelo qual o espírito no recôndito do homem desenvolve seus poderes no mais alto grau[5]. Os discípulos foram também inteiramente informados de que as formas materiais de autoexpressão devem, por sua vez, ser finalmente desenvolvidas como instrumentos de perfeita receptividade e máxima beleza.

Assim, Jesus, ao menos em uma ocasião (versículo catorze), afirmou aos discípulos que, em obediência a essa lei, João, o Batista, era na verdade um reaparecimento num novo corpo, uma reencarnação do Eu espiritual, que anteriormente tinha estado encarnado sob o nome de Elias. Da forma como o registro foi transmitido, esse processo refere-se somente ao grande profeta e sua última encarnação. Entretanto, aos discípulos fora dada evidência objetiva da eficácia em todos os homens da lei cíclica universal. Embora para a ortodoxia dos hebreus isso fosse evidente heresia, para os seguidores dos ensinamentos secretos da Cabala o funcionamento da lei cíclica era e ainda é bastante bem-conhecido.

O apelo do Mestre foi, entretanto, não apenas à mente, mas também à intuição, a sabedoria do coração. O último daqueles três versículos apela ao ouvinte para receber não só as palavras, mas a própria verdade por trás e no interior das palavras, pois todo ensinamento de mistério é dirigido não só ao intelecto, embora seja valioso para a mente, porém muito mais às percepções e respostas intuitivas mais profundas que surgem do aspecto sabedoria do Eu recôndito.

A doutrina do renascimento tinha alcançado os países mediterrâneos a partir do Oriente e do Extremo Oriente, tendo sido trazida por mercadores, missionários e

[5] Ver Geoffrey Hodson, *Reincarnation, Fact or Fallacy?*

pelos instruídos na Doutrina Secreta quando viajavam de suas pátrias para o Ocidente. Os essênios conheciam-na, bem como os Iniciados dos Mistérios egípcios. Jesus, como um deles, estava portanto bem-instruído na ideia e assim capacitado a comparti-la com os poucos escolhidos, de quem nunca esperava traição a sua pessoa ou aos ensinamentos mais esotéricos e não ortodoxos que ministrara. Dentre esses ensinamentos estava toda a doutrina dos ciclos, universal e humano, ensinada somente no santuário.

A necessidade de segredo era muito grande naquele tempo e lugar. Era perigoso revelar qualquer coisa não ensinada na Tora, como Jesus mais tarde percebeu, sendo a morte a penalidade. Pois Jesus ensinou não só a lei dos renascimentos, mas outra muito mais heterodoxa, a natural divindade do próprio homem, que cada um é uma verdadeira manifestação do puro espírito conhecido como Adonai.

Mt 11:16. A quem vou comparar esta geração? Ela é como crianças sentadas nas praças, a desafiarem-se mutuamente:
17. Nós vos tocamos flauta e não dançastes! Entoamos lamentações e não chorastes!

O Senhor prosseguiu comparando os buscadores de sabedoria, os discípulos do Mestre, com os homens do mundo, a multidão no seu estado normal de desenvolvimento, sendo os últimos vistos muito desfavoravelmente. Esse contraste é mais acentuado neste capítulo, pois Nosso Senhor confia a seus discípulos a sabedoria secreta e censura àqueles que nem a conhecem nem se importam com ela. Ele retrata esses últimos como estando sentados nas praças, indicando que o maior interesse deles era, de certa forma, o que fazer com o dinheiro e como obtê-lo. Eles também pedem colaboração uns aos outros, mas inutilmente, pois cada um está preocupado com seus próprios interesses. Aquilo que era verdade naqueles dias ainda o é atualmente. Isso é parte da tragédia do mundo no *Kali Yuga* da quinta raça raiz[6], porque neste ciclo a mente tanto começa a dominar o coração como a obscurecer a luz da intuição.

Com sua visão oniabarcante o Mestre discute e revela a seus discípulos, em particular, a situação do mundo e a condição do grosso da humanidade. Todavia, para as pessoas no mundo em geral, ele foi todo amor, como demonstram os maravilhosos versículos que encerram este capítulo.

Mt 11:18. Com efeito, veio João, que não come nem bebe, e dizem: Um demônio está nele.
19. Veio o Filho do Homem, que come e bebe, e dizem: Eis aí um glutão e beberrão, amigo de publicanos e pecadores. Mas a sabedoria é justificada por seus filhos.

---

[6] *Kali Yuga* (sânsc.) – Idade das Trevas. De acordo com os ensinamentos bramânicos e budistas, cada raça raiz passa por quatro idades: ouro, prata, cobre e ferro. Esta última é referida como *Kali* ou trevas. Ver Hodson, *Lectures Notes*, Vol. 1, Cap. 14.

A inabilidade da matéria cega e da mente humana obscurecida para perceber a estatura superior e a sabedoria iluminada daqueles que trazem luz ao mundo também está aqui referida. Assim, o ascetismo de João, o Batista estando em contraste acentuado com o modo de vida geral um tanto licencioso, foi mal-interpretado e ridicularizado. Ainda quando o próprio Senhor comportou-se externamente na mais estrita conformidade com aqueles padrões, foi estigmatizado e mesmo condenado como sendo superdesregrado. O destino de João, o Batista, e do próprio Senhor é o mesmo de quase todos os outros grandes Instrutores e mensageiros Iniciados que visitaram o mundo, particularmente no Ocidente.

Os povos orientais, cujas mentes tornaram-se saturadas com as ideias metafísicas das suas antigas Escrituras, que especialmente incluem a existência na Terra de seres superiores, os *Rishis* e *Mahatmas*, foram menos ignorantes e assim mais receptivos a seus visitantes celestiais, os Avatares. Shri Krishna, Buda e Shri Shankaracharya viveram o período escolhido de suas vidas em relativa tranquilidade e seus ensinamentos foram de fato apreciados e preservados. O impulso material característico do homem moderno, o espírito científico, com sua determinação para descobrir e revelar os segredos recônditos da matéria, a ênfase na atividade mais do que na quietude contemplativa, à qual é adicionada aceitação quase servil da letra das Escrituras – tudo isso torna o homem ocidental despreparado para aceitar aqueles que falam aos níveis supramentais, revelando sabedoria e ética mais elevadas do que a deles.

Entretanto, como este capítulo e os evangelhos geralmente revelam, os buscadores, neófitos e discípulos existiram naquele tempo e procuraram os pés do Mestre. Hoje, felizmente, seu número é muito maior, bem como seu poder para influenciar as condições e o pensamento do mundo. O ideal e, em considerável extensão, a prática da cooperação mundial são um dos resultados, enquanto o incremento nos movimentos esotéricos, válidos ou não, é outro exemplo da mudança que está gradualmente levando a uma busca mundial. Ao tempo do Senhor tais movimentos foram muito poucos. Entre os buscadores uns poucos descobrem e adotam a Religião Sabedoria e chegam aos pés do Mestre. Isso continuará e aumentará com a passagem da maré do progresso.

Mt 11:20. *Então começou a verberar as cidades onde havia feito a maior parte dos seus milagres, por não se terem arrependido:*

21. *Ai de ti, Corazim! Ai de ti, Betsaida! Porque se em Tiro e Sidônia tivessem sido realizados os milagres que em vós se realizaram, há muito se teriam convertido, vestindo-se de cilício e cobrindo-se de cinza.*

22. *Mas eu vos digo: O Dia do Juízo será mais tolerável para Tiro e Sidônia do que para vós.*

23. *E tu, Cafarnaum, por acaso te elevarás até o céu? Antes, até o inferno descerás. Porque se em Sodoma tivessem sido realizados os milagres que em ti se realizaram, ela teria permanecido até hoje.*

24. *Mas eu vos digo que o Dia do Juízo será mais suportável para a terra de Sodoma do que para vós.*

25. Por esse tempo, pôs-se Jesus a dizer: Eu te louvo, ó Pai, Senhor do céu e da Terra, porque ocultaste estas coisas aos sábios e doutores e as revelaste aos pequeninos.
26. Sim, Pai, porque assim foi do teu agrado.

Esses versículos estão entre muitos outros das Escrituras que podem legitimamente ser considerados, de maneira geral, pelo que apresentam textualmente. Num espírito adequado, nascido do reconhecimento de sua grandeza, certas cidades da Judeia receberam com devido respeito a presença do Senhor, os seus ensinamentos e modos de vida. A essas ele louvou. Outras cidades, muito embora parecendo responder a seus conselhos, na realidade continuavam em seus indesejáveis caminhos anteriores. O Senhor censurou-as e, além disso, profetizou sua ruína, que aconteceu mais tarde.

Se, entretanto, os versículos são considerados fora do tempo e do espaço e lidos num sentido mais universal, então as cidades e seus povos simbolizam tanto certos tipos de seres humanos quanto as características comuns de quase todos os homens. Como é frequentemente o caso, as pessoas sofisticadas e aparentemente eruditas tornam-se tão preocupadas com seu próprio intelectualismo que não respondem às revelações da sabedoria intuitiva e da ética simples que ela revela. Os homens aparentemente ignorantes, por outro lado, referidos com frequência como os pequeninos, em virtude da grande quietude e mesmo vazio de suas mentes, são capazes de responder aos sussurros da sabedoria profunda de suas almas. Os ideais de pureza de vida e de autorrestrição dos desejos têm para eles grande atratividade. O Senhor profetizou-lhes boa sorte.

A divisão da humanidade em dois tipos distintos, os letrados e os relativamente iletrados, não deve, entretanto, ser levada muito longe, pois, naturalmente, a aprendizagem profunda pode ser valiosa. A compreensão intelectual nascida de estudos profundos e de pesquisa continuada da verdade pelas mentes inquiridoras não precisa, necessariamente, constituir-se em barreira à percepção da Verdade em si mesma. Tampouco, a erudição não impossibilita necessariamente que a mente bem-informada seja responsiva à iluminação supramental. Naturalmente, da mesma forma, a falta de instrução não deve ser considerada como requisito indispensável à iluminação espiritual. A humildade e um espírito de abnegação e pesquisa dedicada aos mistérios da vida podem bem ser incorporados à busca interior profunda dos segredos recônditos da alma humana e à descoberta do verdadeiro Eu do homem.

Mt 11:27. Tudo me foi entregue por meu Pai, e ninguém conhece o Filho senão o Pai, e ninguém conhece o Pai senão o Filho e aquele a quem o Filho o quiser revelar.

As Escrituras mundiais, que consistem de compilações por muitas mãos, revelam-se por meio de algumas mudanças bruscas de tema e de estilo. Possivelmente, esses versículos podem ser um exemplo de tais alterações, tanto de autoria como de assunto, muito embora seja discernível uma certa sequência de ideias. Interpolações também podem ter sido acrescentadas por mãos posteriores, como suporte de dogmas teológicos de determinado período da história eclesiástica,.

Aqui é mencionado um dos mais profundos de todos ensinamentos esotéricos, embora infelizmente a ortodoxia cristã tenha tendido a interpretar e representar erradamente o significado secreto das palavras atribuídas ao Senhor. Esse erro, constantemente repetido, surge do costume de personalizar ideias essencialmente impessoais. A frase "ninguém conhece o Pai senão o Filho e aquele a quem o Filho o quiser revelar" ilustra essa prática. Essas palavras e outras que ocorrem no Novo Testamento têm sido tomadas como sugerindo que o Senhor Jesus Cristo foi e permanece o único mediador entre o homem e Deus e, além do mais, que todos os que nasceram e vivem fora da fé cristã estão despojados de sua mediação e, assim, não podem conhecer o Pai. Exatamente o oposto, naturalmente, é verdadeiro. Todos os homens de todos os tempos e raças são seres espirituais em virtude de sua verdadeira natureza e existência. O Espírito uno, conhecido pela cristandade como Deus, que habita em todos os homens, é de fato a Fonte da existência humana e a garantia de salvação, significando evolução até "a medida da estatura da plenitude de Cristo."

Nesse versículo o Filho é muito menos uma personagem, embora grande, que aparece num período, num lugar e numa forma humana, do que a divina sabedoria, a vida e o amor de Deus impessoal e onipresente. No homem essa presença serve como mediador entre o material e o espiritual nele, sua mente e luz eterna. O divino pronunciamento repetido aqui nesse versículo pode ser recebido como verdadeiro se a palavra *Filho* é entendida como a voz divina, a natureza crística interior, o Cristo no recôndito, que é o verdadeiro revelador e salvador de toda a humanidade. Como S. Paulo frequentemente insistiu, esse é o "Cristo em vós, a esperança de glória"[7].

Mt 11:28. Vinde a mim todos os que estais cansados sob o peso do vosso fardo e eu vos darei descanso.

29. Tomai sobre vós o meu jugo e aprendei de mim, porque sou manso e humilde de coração, e encontrareis descanso para vossas almas,

30. pois o meu jugo é suave e o meu fardo é leve.

A transição continua: da censura dos primeiros versículos até a alocução de uma verdade espiritual. Não é mais o Senhor advertindo e conclamando certos tipos humanos a arrependerem-se de seus modos pecaminosos. Agora ele se oferece, em palavras da mais sublime beleza, como refúgio e descanso para toda a humanidade.

Nisso fala a voz daquele que é verdadeiramente o Ungido, o *Christos,* que permanece unido com o Eu espiritual de cada membro da raça humana. Aqui fala também o Instrutor mais pessoal, embora maravilhoso e perfeito, que visitou a Terra há dois mil anos como Jesus, o Cristo. Ambas manifestações, a cósmica e a super-humana, revelam compaixão e compreensão divinas e quase maternais do sofrimento e da necessidade. Assim tocado, o real Cristo interior sempre se oferece

[7] Cl 1:27. Ver também, 1Jo 3:24 e Jo 14:20, *estou em meu Pai e vós em mim e eu em vós.*

como consolador, Instrutor e fonte infalível de descanso e vigor para todos os homens e mulheres que viveram e que sempre viverão em nossa Terra.

O homem perfeito que se emancipou das limitações da natureza puramente humana, que transcendeu todas limitações e fraquezas humanas e alcançou a plena expressão do poder divino, descobre, na verdade, que o fardo da vida foi aliviado de seus ombros[8]. Tal ser é livre, é Mestre da vida e da morte e é de tal forma dotado de divina onipotência que as tarefas normalmente executadas pelo homem são cumpridas sem esforço.

Tal ser iluminado e elevado não está, entretanto, muito afastado e retirado da vida comum das pessoas de todas as classes da sociedade. Ao contrário, essa verdadeira realização serve-lhe para estar constantemente atento e sensível às necessidades, aos esforços e aos sofrimentos daqueles que, no presente estágio, são mais jovens do que ele na evolução. Eles são como suas crianças, e ele os ama, quer sejam pecadores ou santos. Ademais, ele se oferece a todos como o verdadeiro e infalível refúgio, irmão mais velho e companheiro em todas as obrigações da vida humana.

Um significado místico não deve ser negligenciado, entretanto, pois finalmente cada ser humano apoia-se e utiliza-se de seu inerente ser crístico como uma fonte infalível de vigor e conforto, tanto para si próprio como para seus semelhantes.

Aqueles que traduziram, editaram e organizaram em capítulos e versículos os antigos manuscritos fizeram-no bem, parece-nos, ao fechar este capítulo, de dura desaprovação, com palavras descritivas de bom aconselhamento cristão, autoentrega e amor oniabarcante.

---

[8] Ver Hodson, *Lectures Notes*, Vol. 1, Cap. 16. De acordo com a filosofia oculta o Adeptado pode ser obtido tanto por homens como por mulheres.

Capítulo 16

As autoridades rabínicas tentaram demonstrar que Jesus era imputável por causa dos autoelogios quase ilimitados. Ele nunca reivindicou ser o rei dos Judeus, como fora acusado. Sua alegação de ser Filho de Deus foi torcida, deturpada e levada para o campo pessoal. Ela foi tomada como uma proclamação de que ele era na verdade um representante de Deus, um Filho de Deus, trazendo o poder e a verdade de Deus para a humanidade. Essa suposta glorificação de si mesmo estava entre as primeiras de sua elocuções, que juntamente com outras foram urdidas para dar suporte, com aparente legalidade, às acusações feitas contra ele posteriormente.

Embora as palavras de Jesus talvez fossem suscetíveis de tal implicação, elas tinham duplo significado. Um sentido consiste meramente da conclusão de um silogismo; o outro pode ser presumido pela referência ao fato de que Jesus, em comum com todos os homens, era um Filho de Deus em virtude da divina presença dentro si e de sua origem, a saber, a própria Deidade. Assim considerados, todos os homens são filhos de Deus. Entretanto, essa ideia contrariava o Judaísmo puramente exotérico e rigidamente ortodoxo da época. Afora os cabalistas e membros de outras comunidades ocultas secretas, os rabinos ensinavam que Jeová era uma Deidade externa e nada sabiam de sua automanifestação como a alma recôndita de cada ser humano. Para eles as palavras de Jesus soavam como blasfêmias e poderiam ser usadas contra ele caso viesse a ser detido e levado a julgamento. O Mestre estava, entretanto, numa categoria especial, de vez que, durante o tempo em que viveu, ensinou e fez curas no meio de seu povo na Palestina, sabia por experiência direta e interior que era divino em sua verdadeira natureza. Em certas ocasiões, essa compreensão era às vezes revelada sem intenção ou deliberadamente expressa em palavras.

Mt 12:1. Por esse tempo, Jesus passou, num sábado, pelas plantações. Os seus discípulos, que estavam com fome, puseram-se a colher espigas e a comê-las.

2. Os fariseus, vendo isso, disseram: Olha só! Os teus discípulos a fazerem o que não é lícito fazer num sábado!

3. Mas ele respondeu-lhes: Não lestes o que fez Davi e seus companheiros quando tiveram fome?

4. Como entrou na Casa de Deus e como eles comeram os pães da proposição, que não era lícito comer, nem a ele, nem aos que estavam com ele, mas exclusivamente aos sacerdotes?

5. Ou não lestes na Lei que com os seus deveres sabáticos os sacerdotes violam o sábado e ficam sem culpa?

6. *Digo-vos que aqui está quem é maior do que o Templo.*
7. *Mas se soubésseis o que significa: Misericórdia é que eu quero e não sacrifício, não condenaríeis os que não têm culpa.*
8. *Porque o Filho do homem até do sábado é senhor."*

Esse episódio, mesmo numa tradução algo imperfeita, exemplifica a diferença entre a letra que mata e o espírito que dá luz e vida. Corretamente entendido é de grande importância, indicando a natureza e os atributos dos dois aspectos da mente humana. Um desses está diretamente relacionado com o mundo material e com os aspectos puramente materiais da vida do homem. Em consequência, a atenção é dirigida para o significado literal das palavras faladas ou escritas. Essa tendência é valiosa quando usada com discernimento. Ela pode ser de muita utilidade, principalmente em todos os negócios seculares. Tem, entretanto, a desvantagem de que a concentração sobre o material e o literal torna a mente indiferente, ou fechada, a uma resposta intuitiva, como indicam os versículos anteriores.

As censuras dos sacerdotes nesses versículos, à medida que fossem genuínas e sinceras, mais do que uma armadilha deliberada, justificavam-se pela leitura literal dos Dez Mandamentos e de outras injunções contidas na Tora. Do mesmo modo as Escrituras do mundo podem, não obstante, tornar-se barreiras para a iluminação espiritual, quando a leitura de sua letra morta é a única aceita e aplicada. A réplica de Jesus, empregando o idioma e o ponto de vista do aspecto e da atividade mais abstratos do intelecto humano, deixa claro que uma interpretação literal pode ser levada a extremo. A necessidade de alimentar-se deve ser satisfeita em qualquer dia da semana, não sendo cometido nenhum pecado em tais ocasiões. Essa foi a visão mais abrangente que Jesus sustentou através de referências bíblicas.

Se o incidente é interpretado misticamente, então os fariseus que criticavam, ao mesmo tempo em que armavam uma cilada, personificam a característica material da mente analítica e astuta do homem. Há evidência de que esses sacerdotes temiam e mesmo odiavam esse jovem compatriota, pois sua influência e seus visíveis milagres estavam liberando o povo do domínio possessivo da religião ortodoxa, que os fariseus e suas ações também personificam. Jesus, por sua vez, representa a natureza divina do homem, enquanto a fome dos discípulos tipifica a ânsia pela verdade das mentes despertas espiritualmente, simbolizada, por seu turno, pelas espigas. O alimento espiritual e intelectual estava sendo ansiosamente buscado, e isso é sempre assim quando o despertar interior causa um afastamento, até mesmo uma repulsa, ao exoterismo das religiões e de suas Escrituras.

A mente formal pode resistir ao ensinamento esotérico e produzir argumentos em apoio à sua resistência. A mais espiritual e profética natureza sintetizante do intelecto humano toma e "come" os grãos dourados da verdade. O divino no interior, o Cristo místico, por sua vez, tanto recomenda como estimula a fome por luz e vida espirituais. O quadro dos discípulos, jovens e idosos, andando com seu Mestre pelo milharal maduro, iluminado pelo Sol, é de fato uma bonita imagem e, além do mais, uma linguagem simbólica, que reflete a beleza e a liberdade da relação entre a mente e o espírito, o homem e Deus, o discípulo e o Mestre.

O episódio encerra-se com uma afirmação de Jesus de que ele era na verdade mais do que homem, sendo uma encarnação consciente do Espírito de Deus, e que assumia, por essa razão, o título místico de "Filho do homem." Podemos estar certos de que essa declaração foi feita só com o objetivo de abrir as mentes de seus ouvintes. Ele buscava penetrar com sua sabedoria e verdade a opacidade e a escuridão com as quais a ortodoxia tinha, por muito tempo, cegado os rabinos, que deveriam ter sido fonte de luz espiritual.

Mt 12:09. Partindo dali, entrou na sinagoga deles.

10. Ora, ali estava um homem com a mão atrofiada. Então perguntaram-lhe, a fim de acusá-lo: É lícito curar aos sábados?

11. Jesus respondeu: Quem haverá dentre vós que, tendo uma ovelha e, caindo ela numa cova em dia de sábado, não vai apanhá-la e tirá-la dali?

12. Ora, um homem vale muito mais do que uma ovelha! Logo, é lícito fazer o bem aos sábados.

13. Em seguida, disse ao homem: Estende a mão. Ele a estendeu e ela ficou sã, como a outra.

14. Então os fariseus, saindo dali, tramaram contra ele, sobre como o matariam.

Interpretada historicamente, a pergunta ardilosa é parte da conspiração, frequentemente registrada nos evangelhos, que tentava provar ser Jesus um violador da Lei de Moisés, a Tora hebreia. Se os inimigos pudessem provar somente que isso tinha sido feito abertamente à luz do dia, então eles poderiam submetê-lo à sua assembleia e condená-lo. Como registrado, o motivo não era tanto preservar a Lei mosaica e tradicional a respeito do sábado, mas flagrar Jesus infringindo-a diante de testemunhas, ainda que fosse de início apenas verbalmente. Pode mesmo ser assumido que o doente foi deliberadamente procurado e trazido diante de Jesus num dia de sábado, a fim de confundi-lo e persuadi-lo a uma violação da Lei. Sua sabedoria mostrou-se superior a essa esperteza, pois, por meio da famosa analogia do pastor e da ovelha perdida, ele confundiu completamente seus adversários.

Então aconteceu o próprio milagre, a saber, a instantânea restauração da mão paralisada e murcha do homem, de tal forma que ficou "como a outra." Evidentemente, a efetiva restituição da vitalidade e da capacidade de transmitir sinais do tecido humano pode ocorrer por meio do poder teúrgico do Adepto. As células mortas podem ser trazidas à vida e à atividade. Assim, o incidente pode ser lido como uma revelação tríplice. Primeira, está relatado um evento histórico na vida de Jesus. Segunda, o fato demonstra que a sabedoria pura, como personificada por Jesus, pode iluminar e, quando necessário, confundir a mente analítica, a despeito de seus atributos de esperteza e determinação para conservar o poder dominante, como no sacerdócio. Terceira, está claro que a ciência oculta, como estudada e praticada por um homem perfeito, capacita-o a alcançar efeitos terapêuticos muito acima da capacidade da ciência médica daqueles ou dos dias posteriores, até mesmo da presente época.

Se, além disso, é buscada uma interpretação mística e feita uma tentativa de percepção e aplicação do significado espiritual de tal evento, então deveria ser lembrado inicialmente que todos os dramáticos incidentes ocorreram dentro de uma sinagoga. Qual é então o significado desse cenário particular? Na linguagem sagrada, o templo é um símbolo do corpo e da natureza física do homem, como São Paulo afirmou[1], e das influências ao seu redor; ele é sagrado na verdade, na medida em que o Deus interior, embora profundamente velado, está entesourado no homem. Dentro da sinagoga estavam pessoas de vários tipos e de diferentes condições, cada uma personificando uma parte da totalidade do homem e também os vários atributos humanos, a estatura evolutiva e os estados da mente e do coração[2]. De novo, Jesus representa o divino no homem, e os seus discípulos imediatos e os seguidores fiéis personificam o intelecto intuitivo, enquanto os astutos sacerdotes e fariseus representam os atributos desonestos e conspiradores da mente que busca o poder. O homem com a mão atrofiada, por seu turno, tipifica as ilusões e licenciosidades sensuais que, inevitavelmente, levam à conduta irracional e errônea e ao mal-uso das faculdades subjetivas.

Mais particularmente, ele também representa o homem no estágio em que é ainda incapaz de realizar ou colocar em prática os ideais que tenha concebido. A mão que serviria a seus semelhantes está impotente para assim agir, simbolicamente seca. Ele é o idealista pleno de sonhos, cujo limitado desenvolvimento impede-o de executá-los. Não obstante, está espiritualmente desperto (na presença de Cristo) num certo grau e necessita somente uma espiritualidade adicional no que toca à sua consciência física. Ele encontra Jesus, o Cristo, significando que do seu interior ocorre o derramamento adicional do poder divino, compaixão e graça curativa. Ele ouve as palavras de Jesus, "a voz tranquila e baixa" interior. Obedece ao seu comando, estica sua mão e, imediatamente, está curado. Alcançou aquela estatura evolutiva na qual é, então, capaz de externar na sua vida diária os princípios e ideais que concebeu intelectualmente.

Assim considerado, o incidente revela que, quando finalmente a natureza e a presença crísticas tornam-se ativas no interior do homem – simbolizadas pela presença física de Jesus – as espertezas inferiores fracassam em seus objetivos, e o engano é dissipado e substituído pela verdadeira percepção. Em consequência, a conduta, tipificada pela mão do homem assim iluminado, torna-se perfeita, curada ou integrada.

Tais interpretações dos incidentes descritos nos livros sagrados dão-lhes significado perpétuo e duradouro, ao mesmo tempo em que resultam num valioso conselho àqueles que os leem receptivamente. Tal conselho pode ser exposto como segue: o puro espírito está no seu interior; busque-o, colocando sua mente numa

---

[1] I Cor. 3:16.

[2] Ver Hodson, *A Sabedoria Oculta na Bíblia Sagrada*, Cap. 9, Ed. Teosófica, Brasília.

condição de receptividade espiritual, como numa sinagoga; reconheça inteiramente suas enfermidades e erros, ou estenda sua mão ressecada. A Autoiluminação seguir-se-á no devido curso, corrigirá seus erros, dará efetividade a sua conduta e o integrará outra vez.

O versículo catorze, além disso, indica que a prática do retiro no interior do santuário da alma, por meio da oração e da contemplação, deve ser regularmente mantida. Os atributos humanos adversos não se anulam por uma simples experiência de consciência exaltada, pois eles foram estabelecidos por muitos anos, mesmo por muitas vidas, de expressão e desenvolvimento que são normais. Metaforicamente, os fariseus continuarão a buscar maneiras pelas quais possam destruir tanto a experiência de iluminação e liberação quanto a sua Fonte interior. Hábitos restritivos só podem ser extirpados vagarosamente, com esforço e pela vida simbólica na sinagoga ou templo, no interior do qual o divino é reconhecido e adorado.

Mt 12:15. Ao saber disso, Jesus afastou-se dali. Muitos o seguiram, e ele os curou a todos.
16. E os proibia severamente de torná-lo manifesto.

Como registrado nos evangelhos, a vida de Jesus revela muitos exemplos de sabedoria e de conduta desejável, especialmente por aqueles que poderiam alcançar a iluminação. Um exemplo é mostrado na recusa ao conflito aberto, tanto quanto possível, com os inimigos da verdade. Outro é não fazer demonstração dos poderes ocultos dos Adeptos; Jesus "os proibia severamente de torná-lo manifesto." O progresso na senda da autorregeneração é sempre acompanhado pelo desenvolvimento de novas faculdades e de aumento do poder e graça espirituais. O reconhecimento e mesmo o louvor desses poderes e faculdades constituem-se numa tentação para demonstrá-los, resultando egoísmo e orgulho. Tais erros, especialmente o do orgulho, devem ser cuidadosamente evitados, como está apontado nas ações e nas palavras de Jesus registradas nesses versículos. Ele curava muitos, impedia-os de que o fizessem conhecido e, então, retirava-se.

Mt 12:17. a fim de que se cumprisse o que foi dito pelo profeta Isaías:
18. Eis o meu Servo, a quem escolhi, o meu Amado, de quem minha alma se agrada. Porei o meu Espírito sobre ele e ele anunciará o Direito às nações.
19. Ele não discutirá, nem clamará; nem sua voz nas ruas se ouvirá.
20. Ele não quebrará o caniço rachado nem apagará a mecha que ainda fumega, até que conduza o Direito ao triunfo.
21. E no seu nome as nações porão sua esperança.

Quer as citadas palavras de Isaías sejam ou não consideradas como descrições proféticas a respeito do caráter do Messias, a orientação dada nesses versículos é de valor máximo para todos aqueles que almejarem alcançar uma elevada estatura espiritual e intelectual.

A sabedoria, quando devidamente apresentada pela conduta e pelo aconselhamento, pelo exemplo e em conformidade com o preceito, impõe-se inteiramente por si mesma. Há, entretanto, na estrutura humana uma estranha tendência a ressentir-se do ensinamento que conflita com as ideias preconcebidas e estabelecidas e mesmo a opor-se-lhe poderosamente. Essa tendência acentua-se quando o medo também surge. Isso acontece, por exemplo, quando algumas posses valiosas e o prestígio possam ser perdidos, caso o conselho recebido torne-se uma regra dominante na conduta da vida. Jesus, na verdade, sempre exemplifica o método mais sábio possível de iluminação da mente humana e da destruição da ignorância e dos erros a que ela inevitavelmente conduz. Ele foi amável, persuasivo e, quando possível suave, ao apresentar suas ideias, ainda que firme e enérgico quando a ocasião exigia. Em consequência, como o versículo vigésimo primeiro indica, ele e seu nome, apesar do grande ressentimento dos judeus, tinham a confiança dos gentios.

Mt 12:22. Então trouxeram-lhe um endemoninhado cego e mudo. E ele o curou, de modo que o mudo podia falar e ver.

O relato desse milagre, breve e direto, pode tanto ser lido sob o ponto de vista histórico como místico, da mesma forma como ocorre aos outros denominados milagres[3]. Uma interpretação mística é possível quando os relatos são interpretados como efeitos produzidos na mente ou nas emoções pela realização da presença do Ser Crístico no interior de alguém que tinha sido, até então, mentalmente cego ou excessivamente opiniático ou sofrido de depleção por longo tempo, ou pelo efluxo das energias físicas e vitais. Como já explicado, a mudez, nesse sentido, pode corresponder a uma deficiência mental relativamente ao processo de meditação sobre o divino no interior, ou "mudez" mística. A alma está, por assim dizer, muda perante o espírito que reside no recôndito. Consequentemente, o corpo está privado de comunicação entre o homem externo e o interno.

A ausência de contato pode ser devida à longa e continuada suspensão da oração e da meditação, de forma que a faculdade de comunicação interna é perdida, ou à falta do necessário desenvolvimento evolutivo do Eu interno. Nesse último caso, sob circunstâncias normais, haveria pouco ou nenhum desejo, nenhuma aspiração à experiência mística e à elevação da consciência física para além do pensamento ordinário nos afazeres mundanos. Quando, entretanto, o Eu espiritual, personificado pelo Cristo, torna-se estimulado por várias causas, seja permanente ou temporariamente, ele, que tinha sido mudo interiormente, consegue "falar" com o Deus interior. Finalmente, a evolução conduzirá o Eu interno, de forma natural, à condição na qual estará suficientemente vigoroso para alcançar e influenciar o cérebro-mente. Mais tarde, em resposta ao impulso interior, a vida meditativa é adentra-

[3] Embora os fenômenos produzidos pelos poderes supranormais possam parecer miraculosos, são sempre, entretanto, o resultado do exercício consciente do poder da vontade, combinado com o conhecimento das forças superfísicas da Natureza, sob leis ainda não descobertas pela ciência. São, portanto, erradamente chamados milagres.

da. Em ambos os casos, o estado iluminado de consciência é alegoricamente descrito como uma cura milagrosa – uma restauração da visão, por exemplo – pela presença de um ser divino.

Quando o *karma* permite, um alto Iniciado nos Mistérios Maiores, tal como presume-se que Jesus tenha sido, especialmente quando inspirado pelo Espírito de Deus[4], é capaz de exorcizar uma entidade obsediante e curar a cegueira e a mudez, bem como muitas outras aflições físicas. A aura de um ser de tal elevação e a influência do poder de que é sempre um veículo podem, assim, iluminar a mente e o coração do sofredor para que sejam removidos os obstáculos físicos e psicológicos, resultando na restauração da perfeita saúde. Além disso, quando outras condições permitem, a aura magnética de tal ser é capaz de curar sem esforço consciente, como está exemplificado no incidente em que Cristo cura a mulher que sofria de um fluxo de sangue por doze anos[5]. Nesse caso, somente a estreita aproximação e o contato com suas roupas foram suficientes para curá-la, onde todos os esforços dos médicos até então tinham falhado. É interessante que Cristo estava ciente do fluxo de força curativa que resultou do toque de sua roupa, pois que exclamou: "Quem me tocou?"[6].

Pode-se assumir que resultados *kármicos* de sérias ações desarmônicas anteriores, como por exemplo a crueldade extrema ou o abuso do corpo em devassidões, poderiam ser superados, sob a lei *kármica*, se o Adepto verificasse que o indivíduo que estava sofrendo receberia, naquele instante, grande benefício do Ego pela restauração do pleno uso do corpo até o fim daquela encarnação particular. O cumprimento do destino e a consumação das ações que provavelmente contribuem para o bem-estar da raça humana seriam exemplos de condições causativas sob as quais as barreiras para as curas "milagrosas" poderiam ser forçosamente superadas. Tais casos são raros, poder-se-ia imaginar, e normalmente o papel da lei é decisivo em todas as circunstâncias.

Milagres visíveis de cura executados por um Adepto, tal como Cristo, ainda que benéficos e úteis, são puramente terrenos e, portanto, temporários. A cura do despertar interior é espiritual e assim duradoura.

Mt 12:23. Toda a multidão ficou espantada e pôs-se a dizer: Não era este o Filho de Davi?

24. Mas os fariseus, ouvindo isso, disseram: Ele não expulsa demônios senão por Belzebu, príncipe dos demônios.

As bíblias do mundo podem realmente ser consideradas com descrições, por meio de alegorias e símbolos, da natureza dos homens e dos seres super-humanos. Nelas, o homem é mostrado como tendo quase todos os atributos típicos da natureza humana geral e realizando as ações que deles se originam, revelando-se, assim, a

---

[4] Como no Batismo. Ver Mt 3:15-17.
[5] Mt 9:20-22.
[6] Lc 8:43-48.

humanidade tanto sob o ponto de vista nacional quanto individual. Contrastando, o aconselhamento e a conduta dos seres super-humanos indicam qualidades que vão bem além daquelas da humanidade em geral. Essa combinação de descrições alegóricas das ações do homem e do super-homem é que dá parcialmente as características especiais delas, valor e interesse aos escritos religiosos, dos mais antigos e verdadeiros registros ao mais recente, isto é, o Alcorão.

Os frustrados fariseus, representando a fraqueza humana comum, eles mesmos incapazes de explicar ou de executar os prodígios de cura realizados por Jesus, tentam desacreditá-lo, atribuindo-os ao poder demoníaco, ou possessão. Desse modo, esperam reduzir a admiração do povo pelo recém-surgido Instrutor e a sua aclamação, que ameaçava solapar-lhes a autoridade e assim reduzir seu poder e prosperidade.

O presente comentário não exclui a possibilidade da existência de agentes na Natureza que surgem para funcionar como oponentes ao progresso evolutivo do homem. Ao contrário, eles admitidamente existem, consistindo em sua maioria de seres humanos que, metaforicamente, se vendem ao "demônio" do poder pessoal e de seu benefício ilimitado. Na verdade, são encontrados continuamente no caráter humano adversários e hostilidades. A vontade de agir no interesse dos outros é também, muito frequentemente, oposta ao desejo de agir exclusivamente para si, pois esses são os dois grandes antagonistas, o par básico de opostos. O versículos sob consideração apresentam exemplos de cada um deles nas pessoas de Jesus e dos fariseus, respectivamente.

Mt 12:25. *Conhecendo os seus pensamentos, Jesus lhes disse: Todo reino divido contra si mesmo acaba em ruína e nenhuma cidade ou casa dividida contra si mesma poderá subsistir.*

A presença sobre a Terra de um ser divino e sua manifestação sob a forma humana, como supostamente teria ocorrido, produz sempre dois efeitos opostos. Um, é despertar a inimizade daqueles que, por seus próprios objetivos, determinam-se a preservar o *status quo;* o outro, é evocar o reconhecimento favorável, seguido pela conduta apropriada. Esses dois efeitos estão personificados, primeiro pelos fariseus, que se determinaram a destruir Jesus, e, segundo, pela multidão que o seguiu. Aqueles foram deixados na escuridão exterior de seu próprio ódio, enquanto os últimos foram iluminados e curados, seja metafórica ou realmente.

A hostilidade do clero é compreensível, pois os sacerdotes estão saturados de ortodoxia. Jesus, cedo em sua missão, constituiu-se numa ameaça ao domínio espiritual, mental e material deles. Ali estava um homem de origem humilde, o filho de um carpinteiro, sem grau ou título eclesiástico, e não reivindicando nenhum, que se consorciou com o povo em geral. A notável retidão de suas respostas a cada acusação e sua óbvia posse de poderes espirituais, que nenhum deles possuía, deve ter provocado apreensão.

Na verdade, Jesus enfrentava-os firmemente em seus próprios campos religiosos e no raciocínio dialético, e o versículo oferece exemplo do último. Nele, Jesus é apresentado como tendo demolido, pela clareza de raciocínio, o argumento absurdo e a acusação dos rabinos de que ele realizou o ato beneficente de cura do doente como um agente do senhor dos abismos, Belzebu. Colocado, assim, em justaposição, ações beneficentes e poderes demoníacos são obviamente contraditórios; se o demônio curasse o enfermo e ensinasse sabedoria à multidão, então ele não mais poderia ser classificado como mau. Pode-se prontamente entender que as derrotas públicas aumentaram a raiva e deram origem à irritação daqueles que se colocaram como seus oponentes, aumentando, além do mais, a hostilidade e a determinação de derrotar Jesus e destruir o seu trabalho.

Mt 12:26. Ora, se Satanás expulsa a Satanás, está divido contra si mesmo. Como, então, poderá subsistir seu reinado?
27. Se eu expulso os demônios por Belzebu, por quem os expulsam os vossos filhos? Por isso, eles mesmos serão os vossos juízes.
28. Mas, se é pelo Espírito de Deus que eu expulso os demônios, então o Reino de Deus já chegou a vós.

Os grandes Instrutores que visitam o mundo usualmente não proclamam o que são nem o fez Jesus. Mas deve seguramente ter havido ocasiões quando tal revelação ocorreu. Seus discípulos sabiam claramente quem ele era e, consequentemente, sem hesitação, responderam a seu chamado. Aqui está registrado uma das raras ocasiões quando, por sugestão, mais do que por afirmação, Jesus pode ser considerado como revelando seu verdadeiro Eu e a fonte e o propósito reais de sua missão. Colocando-nos intuitivamente na cena desses eventos, podemos imaginar que, quando ele falou as palavras "pelo Espírito de Deus", uma luz pode ter brilhado no seu interior e ao seu redor. As pessoas mais simples e mentalmente abertas podem ter visto aquela luz e sido levadas a crer nele como um mensageiro do alto.

Mt 12:29. Ou como pode alguém entrar na casa de um forte e roubar os seus pertences, se primeiro não o amarrar? Só então poderá roubar a sua casa.

Seja nos atalhos do caminho, à margem da estrada ou nas ruas da aldeia, Jesus mostrou-se capaz de recorrer quase instantaneamente à notável capacidade de cura que tão obviamente possuía. Para curar num olhar, numa palavra ou num toque, como fez Jesus, é necessário já se ter tornado detentor do conhecimento e do poder diretamente percebidos e conscientemente aplicados e não os meramente tradicionais ou bíblicos. Na verdade, todo argumento contra a existência e a posse de um poder espiritual é demolido em face da demonstração do exercício real daquele poder. Como era seu costume, Jesus chamou atenção para essa verdade pelo uso de uma analogia muito apropriada – qual seja a de um homem forte e de sua casa.

Mt 12:30. Quem não está comigo, está contra mim, e quem não ajunta comigo, dispersa.

É impossível estar completamente certo da linguagem real usada por Jesus ao proclamar seu ensinamento da divina presença no interior do homem e do reconhecimento direto daquela presença no seu interior. Aparentemente, o registro encerra a afirmação de Jesus de que esse ensinamento era a verdade final, e que todo aquele que asseverasse diferentemente estaria em erro. Daí sua declaração: "Quem não está comigo [como a personificação da verdade], está contra mim".

Nesse episódio pode-se discernir uma parte do ensinamento especial que Jesus parece ter concedido – ou pelo menos oferecido – às pessoas de sua época. Ele veio despertá-las para o fato da própria divindade nelas e para a possibilidade de estarem conscientes dessa realidade, como ele próprio estava. Na verdade, seus milagres podem, assim, ser considerados como demonstração do fato de que ele exorcizou e curou pelo poder do Deus interior e não pelo poder do demônio, como tinha sido acusado. Que ele era, na verdade, um Príncipe da Luz está também demonstrado pelo fato de que sua influência persiste por dois mil anos e ainda não mostra sinal de enfraquecimento. O que quer que os representantes atuais dos rabinos de outrora possam dizer e fazer, inúmeras pessoas de seu povo entraram em relação direta com ele, experimentando a união mística, ou "casamento divino". Somente um grande e iluminado Senhor da Luz, pode-se razoavelmente assumir, poderia ter infundido dessa forma o poder espiritual, como fez o Senhor Jesus Cristo.

Mt 12:31. Por isso vos digo: Todo pecado e blasfêmia serão perdoados aos homens, mas a blasfêmia contra o Espírito Santo não será perdoada.

Esse versículo e na verdade cada um dos quatro evangelhos retratam o Mestre sob ótica tríplice: como um ocultista, realizando milagres aparentes; como um místico, afirmando a unidade espiritual do homem com Deus; e como reformador, insistindo que é pelos pensamentos, pelas palavras e obras do homem que sua real natureza é revelada. Muitas vezes, por todo seu ministério, como os registros produzidos pelos evangelistas indicam, Jesus, determinada e continuamente, desvendava as pretensões externas enganosas e os procedimentos formais da sociedade e da religião, bem como revelava os padrões profundos, verdadeiros e decisivos pelos quais um ser humano e uma nação devem ser julgados. Mesmo em assuntos religiosos, onde deveria aflorar absoluta sinceridade, ele evidentemente descobriu que a hipocrisia prevalecia naquele tempo – e infelizmente ainda prevalece.

Lá, em meio a sua implacável investigação da essência da verdade dos assuntos sobre os quais fala, quase como se deliberadamente inserido, está o versículo sob consideração. As palavras registradas nesse sentido quase parecem ensinar que, enquanto o pecado e a blasfêmia, no seu significado usual, podem ser desculpados, a blasfêmia contra o Espírito Santo deve permanecer sem perdão, para sempre. O homem vive na presença ativa do Espírito Santo, um Aspecto da Deidade cósmica e solar autoexpressa, o *Logos* manifestado, ativo como um poder redentor. O Senhor Jesus parece acentuar e sublinhar o significado e a importância dessa sagrada e gloriosa presença que está tanto fora como no interior de todos os homens. Pensamentos e palavras que blasfemem contra essa presença provocam aparentemente uma retaliação, embora impessoal, que produz efeitos adversos profundos e de longa duração. Como filósofo, Jesus pode estar presumivelmente falando aqui não de julgamento divino, mas da operação impessoal da lei de causa e efeito.

Qual pode ser a natureza de tal injúria de alguém que blasfema contra o Espírito Santo? Como a Mente divina e sua atuante força inerente altamente espiritual estão contidas na expressão "o Espírito Santo", então é sobre a estrutura e a capacidade mental humana correspondentes que o resultado da blasfêmia deliberada é precipitado. Os efeitos devem alcançar e restringir gravemente o intelecto ou a mente do blasfemador, criando óbices à sua iluminação interior e autoexpressão através da palavra e da ação.

A mente humana expressa-se em vários níveis. Algumas palavras e obras são essencialmente físicas, outras contêm emoções e delas se derivam, enquanto ainda outras são planejadas de modo deliberado no interior da mente. O *karma* é muito mais complexo do que possa indicar a sua simples descrição. Os efeitos são sempre adequados às suas próprias ações, mas são afetados pelo nível em que surge o impulso, ou decisão, de agir. Quando uma ação é expressão somente da parte mortal da natureza humana, então as reações são restritas àquele nível. Quando a natureza imortal e espiritual do homem está envolvida como força e motivação que dirige as palavras e ações, então os efeitos favoráveis ou adversos penetram muito mais profundamente. O nível mais profundo é o da pura essência espiritual, o Espírito Santo no homem. Quando esse Terceiro Aspecto da Deidade é deliberadamente injuriado, desprezado e objeto de blasfêmia plena de intenção, então, na verdade, os efeitos são sempre muito mais sérios. Não só tais atos e blasfêmias afetam o homem mortal e mesmo o Ego no corpo causal, mas também penetram o Eu recôndito. Reconhecidamente, esse Deus interior está além de qualquer adversidade. Todavia, sua oportunidade de autoexpressão e, portanto, de desenvolvimento pode ser aumentada, diminuída ou mesmo inteiramente frustrada.

À parte a condenação pela blasfêmia, filosoficamente é insustentável sugerir que qualquer ação, mesmo quando constantemente repetida, seja para sempre imperdoável e inesquecível. Pode-se ser perdoado por questionar os escritores antigos, tradutores e editores responsáveis pelos registros das palavras de Jesus, embora não se possa questioná-lo. Deverá chegar o tempo em que sob a lei compensatória os efeitos produzidos pelas causas deverão se expressar. Por fim, o blasfemador se tornará iluminado, cessando assim de blasfemar. Os efeitos dos erros precedentes encontrarão compensação e, mais tarde, será estabelecido um harmonioso retorno ao equilíbrio, embora possa ter sido profunda a transgressão[7].

---

[7] Ver Hodson, *Reincarnation, Fact ou Fallacy?*

Os efeitos imediatos e mesmo de longo prazo da blasfêmia, referidos por Jesus, devem ser evidentemente severos e prolongados. A humanidade é, por conseguinte, advertida muito seriamente contra as blasfêmias e os erros que delas surgem. O pecado em ignorância, o erro durante a experimentação e a aversão temporária aos processos da Natureza e à sociedade humana podem ser naturais, mas a blasfêmia deliberada, de longo alcance e penetração contra o poder e a presença interiores divinos, nos quais o homem vive, move-se e tem o seu ser, é um "pecado" do qual somente pode se redimir após longas eras .

Mt 12:32. *Se alguém disser uma palavra contra o Filho do homem, ser-lhe-á perdoado, mas se disser contra o Espírito Santo, não lhe será perdoado, nem neste mundo, nem no vindouro.*

Nessa época e entre os povos civilizados, o pecado grave da denominada blasfêmia, que inclui a recusa deliberada de tudo aquilo que é mais sagrado e elevado na Natureza e na humanidade, está se tornando cada vez menos uma característica conhecida. Ela ocorre, entretanto, sendo a denominada "Missa Negra" um exemplo. Outro consiste de pensamentos, palavras e ações que deliberadamente desviam as mais puras influências e aspirações espirituais em cumprimento a objetivos diabólicos, ou satânicos, projetados para prejudicar e mesmo destruir o melhor na natureza humana. Os magos negros de todos os tempos, os *dugpas* (seita de feiticeiros no Tibete – NT) e os adoradores do demônio pertencem à classe dos homens primitivos completamente autodegradados que entraram na senda negra. As denominadas blasfêmias contra o Espírito Santo, que foram tão severamente condenadas por Jesus, devem incluir tais perversões, maldades e descida deliberada nas formas mais negras e sujas de maquinações e atividades malvadas.

Uma vez que uma pessoa aspire às alturas espirituais, uma evolução acelerada começa a ocorrer dentro dela. Ele ou ela abre-se, expande-se, floresce. Inversamente, quando uma pessoa, seriamente e com intenção consciente, entra num caminho de egoísmo, sem considerar os princípios morais e os efeitos de suas ações sobre os outros, começa então o que poderia ser chamado "retrocesso"[8]. Contradições, inibições do desenvolvimento e endurecimento progressivo do coração são alguns dos resultados. Esses podem se tornar de tão longo alcance a ponto de influenciar a condição do Ego por todo o resto do *Manvantara*[9]. Nesse sentido, então, a blasfêmia contra o Espírito Santo pode ser descrita como um pecado imperdoável, especialmente quando está sendo proferida uma advertência muito séria[10]. A lendária fi-

[8] Degeneração. A filosofia oculta não consagra a possibilidade de retrogradação. É admissível, entretanto, que possam ocorrer sérios atrasos.

[9] *Manvantara* – ver Glossário.

[10] Nos comentários, de que consiste amplamente esse livro, é considerada a tradução inglesa usada na *Authorized King James Version*. As más traduções, os enganos de memória, registros e mesmo falsificações deliberadas são, entretanto, reconhecidas como possibilidades. Ver a "Introdução."

gura de Mefistófeles personifica parcialmente esse mal e indica a maneira pela qual as pessoas más buscam espalhar sua própria doença moral. Por outro lado, todo genuíno aspirante à espiritualidade e à descoberta do verdadeiro Eu move-se com velocidade acelerada, com asas nos pés, ao longo do caminho do desenvolvimento rápido para o cume da montanha evolutiva, quer seja chamada Olimpo ou *Kailas.*

Mt 12:33. Ou declarais que a árvore é boa e o seu fruto é bom, ou declarais que a árvore é má e o seu fruto é mau. É pelo fruto que se conhece a árvore.

A pedra fundamental sobre a qual o cosmo objetivo e finito está estabelecido consiste de uma cadeia de causação inquebrantável, cada elo da qual é tanto um efeito de causas precedentes, como causa em relação aos efeitos que devem se seguir. Todos indivíduos são tanto mantidos seguros como protegidos e educados pela operação desse princípio.

Jesus, nesse versículo, está explicando como a lei de causação penetra profundamente no interior da natureza humana. Como ele diz, uma pessoa com coração verdadeiramente bom, agindo com os melhores motivos que pode conceber, consistentemente movido pelo amor e pela pura bondade, produz efeitos que se manifestam naquela região interior de onde surgem as motivações. Então os bons, amáveis e nobres motivos para as ações seguidas consistentemente constroem, mental, psicológica e fisicamente, o caráter da pessoa através dos anos. Ele ou ela se torna uma pessoa boa, amável e nobre. A nobreza e mesmo a santidade da natureza são desenvolvidas. Isso é completamente independente das ações resultantes e de seus efeitos na arena da vida física, onde somente condições harmoniosas e úteis são geradas.

De acordo com os registros, o grande Instrutor continuou a dizer que o inverso também é verdadeiro. Os motivos cruéis, desonestos e torpes, quando consistentemente seguidos, constroem de forma inevitável qualidades correspondentes no caráter, na mentalidade e na visão do agente, embora elas possam parecer corretas em sua aparência externa. Além disso, toda vez que a prática do bem ou do mal é seguida, então o caráter humano, a qualidade inata do Ego, é correspondentemente afetada mais profundamente. Em última instância, a individualidade real emerge inevitavelmente. De uma alma malvada e ruim, surgem o mal e a ruindade. De uma alma pura e sábia, a pureza e a sabedoria emanam. Daí suas palavras que, como muitas outras, chegaram até o presente: "Pelos frutos os conhecereis"[11].

O problema da extensão ou do grau do resultado também necessita ser estudado. Naturalmente, a frequência ou habitualidade com que um motivo encontra expressão no pensamento e na conduta determina o efeito sobre o caráter. As leis morais raras vezes podem ser quebradas e essa intermitência influencia tanto as reações sob a lei de causa e efeito como o desenvolvimento do caráter. Além disso, tais erros ocasionais podem ser entremeados com boas e nobres ações, inspiradas pelo Eu interior. Podem também ser cometidos sem razões egoísticas. As ações nobres e

[11] Mt 7:20.

boas reduzem os efeitos adversos das ações com motivos contrários. Assim, em suas operações interiores, o *karma* torna-se uma espécie de equação que está continuamente mudando, mesmo dia a dia, hora a hora.

A analogia com a horticultura – uma entre as muitas usadas por Nosso Senhor – é valiosa já que, até o momento de sua morte, uma árvore pode se recuperar da enfermidade e das limitações do desenvolvimento. O vírus pode ser erradicado; as condições das raízes podem ser melhoradas com condições benéficas e um pronto suprimento de nutrientes e água. Assim é também com a maravilhosa "árvore" viva que é o homem. Até o último momento, ainda que o mal tenha estado tão arraigado a ponto de se tornar quase não erradicável, o mais degradado ser humano pode ainda ter uma chance. A menos que a voz da consciência tenha sido tão consistentemente negligenciada e mesmo escarnecida, gerando surdez espiritual – que pode ser descrita como "morte pessoal" – a faísca de vida da Chama Una pode ainda ser abanada, tornando-se num fogo efetivo[12]. Em casos raros, onde essa autossalvação não é possível, então os efeitos inevitavelmente se seguem às causas, e o círculo de involução e evolução no reino humano deve ser trilhado de novo[13].

Mt 12:34. Raça de víboras, como podeis falar coisas boas, se sois maus? Porque a boca fala daquilo de que o coração está cheio.
35. O homem bom, do seu bom tesouro tira o bem, mas o homem mau, do seu mau tesouro tira o mal.

A completa falsidade de atitude dos fariseus deve ter estado evidente, tanto no tom de suas vozes como na sua bem-conhecida conduta. O termo *farisaico* chegou aos nossos dias como descritivo da extrema hipocrisia, particularmente na maneira de se expressar e na falsidade no falar. Quer a analogia seja justa ou injusta para a antiga seita dominante de sacerdotes, o Mestre evidentemente se encontrou com frequência na presença de pessoas para quem a intenção e o discurso estavam só levemente relacionados, com pouca ou nenhuma consideração para com a verdade e voltadas completamente para o ardil, o engano e as palavras macias que velavam más intenções. Na presença deles e diante de todo o povo, ele arrancou-lhes a máscara de falsidade e anunciou a condenação criada por eles mesmos, que os aguardava como um resultado da sua conduta. Contudo, a análise penetrante da natureza humana encerrada nesses dois versículos não era completamente condenatória nem limitada no tempo e no espaço e, tampouco, aplicava-se a um povo particular. Ao contrário, o Senhor estava revelando uma profunda sabedoria que se aplica a toda humanidade, particularmente na presente *Kali Yuga*[14].

Cabe a todos, e particularmente aos neófitos espirituais, observar cuidadosamente e trabalhar seus caráteres, de forma que as virtudes desenvolvidas não sejam meramente superficiais, mas venham a se estabelecer também como parte de todo o

[12] Centelha – a Mônada; Chama Una – a Suprema Deidade.
[13] Ver Hodson, *Lecture Notes*, Vol. 1, Cap. 2.
[14] *Kali Yuga* (sânsc.) – a Idade das Trevas.

seu ser. Isso implica em autenticidade, sinceridade e na completa crença na virtude em si mesma, não só como uma qualidade mostrada por conveniência, pois tal caminho traz perigo para alma, que pode ser corrompida pela insinceridade, inconsistência e procedimento e fala dúbios. A instrução é também necessária porque é possível desgarrar-se, um tanto inconscientemente, no meio desses erros, particularmente quando pressionado por condições adversas da vida diária.

Todas tentativas de gozar a vida espiritual e o progresso no caminho da santidade serão sempre abortadas completamente sob tais condições de desonestidade, pois todas as aparentes virtudes, mesmos as boas ações, perdem significado e importância quando mascaram uma falsidade. Em outra ocasião o Senhor deu aos infelizes que caem nesse erro o título de "sepulcros caiados"[15].

Mt 12:36. Mas eu vos digo que de toda palavra inútil que os homens disseram, darão contas no dia do juízo.
37. Pois por tuas palavras serás justificado e por tuas palavras serás condenado.

O Mestre apresenta aqui um padrão muito elevado de conduta humana. Ao mesmo tempo, pronuncia uma advertência a respeito da importância da palavra falada para o orador, não só no presente mas também no futuro. Ele fala como um filósofo ocultista, alguém que conhece, por exemplo, que o poder que distingue os homens dos animais – e na verdade de todas as outras criaturas – é a capacidade para expressar o pensamento em palavras. Tal realização, que resulta da evolução eterna, carrega consigo uma responsabilidade muito pesada, pois enquanto as palavras descuidadas, ditas por brincadeira, são de pouca ou nenhuma importância, como anteriormente explicado, cada palavra e frase pronunciadas com seriedade carregam um poder e uma energia, dos quais devem inevitavelmente resultar efeitos significativos.

Nesse sentido, uma palavra deve evidentemente ser considerada como tendo a mesma potência de uma ação, e a fala como uma ação que produzirá sua reação, apropriada tanto à intenção interior como ao significado presumido. Evidentemente o destino e o caráter são moldados não só pela conduta visível, objetiva e pelos seus efeitos sobre os outros, mas também pelas conclusões da mente, os pensamentos formulados e as palavras que lhe são associadas. Quando lemos a imortal história, estamos na presença de uma ciência da vida que nos ensina alguns princípios sobre os quais a felicidade e a infelicidade humanas estão baseadas em diferentes graus.

A expressão "dia do juízo" é erradamente imaginada como se referindo a um tempo particular – ou mesmo a um momento – quando ocorrerá o fim deste mundo. Acredita-se equivocadamente que, no governo divino do Universo e nos julgamentos relativos ao destino dos homens, a acusação, o julgamento e a sentença devem ser postergados até algum término vagamente concebido da vida objetiva. Essa é uma das falácias do Cristianismo ortodoxo e, na verdade, muito prejudicial.

---

[15] Mt 23:27.

A verdade é que cada dia é um dia de julgamento, e quase se pode acrescentar que cada hora é a hora do destino. Nenhum magistrado externo senta-se ou sentará para julgar o homem como indivíduo ou como raça. O homem é sempre seu próprio juiz e, por suas intenções interiores, palavras e ações, ele e somente ele pronuncia sua sentença. No entanto, da mesma forma como os prisioneiros podem ter as sentenças comutadas e serem postos em liberdade condicional, também, quando a conduta posterior gera novas causas, os decretos e as sentenças mudam, tornando-se adequadamente mais duros ou mais suaves. Essas sutilezas não foram aparentemente enunciadas pelo Mestre, que ensinou verdades centrais e, de acordo com os registros que nos chegaram, entregou ensinamentos relativamente simples e facilmente inteligíveis.

Quando tais cenas registradas nas histórias evangélicas são retratadas, vê-se também a presença dos neófitos e discípulos que Jesus arrebanhava ao seu redor – seu círculo interno de pupilos, por assim dizer. Todas as máximas, padrões que se aplicam em geral ao homem e à mulher do mundo, têm propósito especial e significado profundo para o aspirante espiritual, pois os poderes interiores que estão se desenvolvendo conferem significado adicional para a motivação e a conduta. Portanto, em conjunto com a grande alocução do Sermão da Montanha, esses ideais da vida espiritual e os ensinamentos relativos ao denominado caminho do fio da navalha dão substância adicional e direção ao aspirante espiritual. Isso foi mesclado com orientação geral e mesmo com censuras transmitidas ao público como um todo.

Mt 12:38. Nisso, alguns escribas e fariseus tomaram a palavra dizendo: Mestre, queremos ver um sinal feito por ti.

39. Ele replicou: Uma geração má e adúltera busca um sinal, mas nenhum sinal lhe será dado, exceto o sinal do profeta Jonas.

40. Pois como Jonas esteve no ventre da baleia três dias e três noites, assim ficará o Filho do homem três dias e três noites no seio da terra.

À parte as interpretações cabalísticas e gnósticas, deve ser lembrado que os relatos da vida de Jesus nos quatro evangelhos foram remendados em conjunto com as memórias transmitidas oralmente a um historiador original. As pessoas viriam a ele com histórias que se lembravam ou que eram transmitidas no interior de grupos e de famílias. Nada foi, de fato, escrito no tempo em que Jesus estava vivo, e o primeiro anotador dos eventos de sua vida era completamente dependente do material de tais fontes. Isso é uma explicação das aparentes quebras de sequência encontradas nos diferentes evangelhos, ainda que certa continuidade seja evidente. Se não está explícito, isso é discernível na resposta atribuída a Jesus, quando da solicitação de um sinal. Embora seus inquiridores estivessem procurando confundi-lo ou colocá-lo numa cilada, ele não foi de jeito algum enlaçado, pois que falou num sentido místico profundo a respeito de sua própria morte e seu reaparecimento três dias após. Suas palavras, portanto, constituem-se numa profecia de eventos físicos.

Outros significados da misteriosa alocução do Senhor podem ser alcançados. A história da entrada de Jonas no interior de um grande peixe[16] a que Jesus se referiu é suscetível de pelo menos duas interpretações relacionadas à morte de Jesus. Pode, portanto, ser proveitoso referir-se a essa alegoria.

Numa interpretação, Jonas e Jesus personificam o principal ciclo de vida da consciência manifestada e do Princípio de Vida evolutiva no Universo, caracterizado pela passagem através de sete fases de descida e de ascensão. A terceira, a quarta e a quinta fases envolvem a penetração mais profunda da consciência e do Princípio de Vida na substância física sólida, na sua jornada involutiva, alcançando a mais sólida condição de substância e espaço: a própria matéria física, simbolizada pelo peixe. Esse processo pode ser aludido como a descida ao centro da Terra pelo denominado "Filho do Homem." O caminho evolutivo é então Iniciado, o Princípio de Vida aparece submergido nas profundezas da matéria, e seus corpos sensíveis tornam-se conscientes nos níveis mental e supramental. Essa fase está simbolizada pelo ar ou espaço acima da terra seca sobre a qual o corpo de Jonas foi levantado e o de Jesus ressuscitado, após três dias e três noites de seu enterro, segundo as Escrituras. Assim, um Princípio de Vida abstrato está representado numa forma concreta pela personificação de uma figura central num drama. Tal interpretação é baseada na linguagem usada pelos escritores antigos desses assuntos, pois eles se referiam aos períodos de atividade objetiva como dias e aos períodos de manifestação subjetiva e relativo descanso como noites[17].

O segundo possível significado da história, quando aplicado tanto a Jonas quanto a Jesus, constitui-se numa revelação, por meio de símbolo e alegoria, de um dos segredos da Iniciação, como sugerido anteriormente. Nos primeiros tempos e em civilizações mais antigas, os Mistérios Menores e Maiores eram instituições públicas, não obstante as próprias revelações dos Mistérios permanecerem secretas, como ainda permanecem até os dias atuais. Nos Mistérios Maiores, em que a alegoria dá lugar à realidade, o próprio candidato era levado – no breve espaço de três dias e três noites ou algum outro período de tempo escolhido – a representar uma parte do processo involutivo e evolutivo da Natureza. Ele ou ela era induzido a deitar-se sobre uma cruz, o símbolo do Universo físico, com seus quatro quadrantes do espaço representado pelos braços da cruz da matéria. Isso era a crucificação cerimonial representada sobre o corpo do candidato, que simbolizava a própria Vida Una, tornada inconsciente no ponto mais baixo do Universo material, o mundo físico. O candidato não era pregado, mas amarrado à cruz e, depois disso, levado pelo hierofante à condição de inconsciência física, ao transe de fato. Simbolicamente, a Vida divina dorme no reino mineral da Natureza, a condição mais densa de substância universal e da matéria planetária, também representada pelo túmulo na rocha em que Jesus foi sepultado[18]. Quando esse período se encerra, a Vida desenvolve a sensibilidade, tornando-se finalmente autoconsciente e capaz de experiência mística

[16] Jn 1:1-9.

[17] Ver Hodson, *A Sabedoria Oculta na Bíblia Sagrada*, Ed. Teosófica, Brasília.

[18] Mt 27:60.

no homem. Assim, o Iniciado é despertado e levantado da cruz. Assim também Jonas e Jesus foram ressuscitados e livres de suas mortes figurativas. Dessa maneira uma interpretação oculta do Nascimento e do Batismo indica que Jesus tinha realmente passado por esse rito sagrado e estava destinado a passar por outros, sendo a história de sua Transfiguração, Paixão, Crucificação e Ressurreição uma descrição alegórica do final cerimonial que precedeu, e ainda precede, a autoiniciação no Adeptado.

Um significado ainda mais profundo pode ser discernido em muitas alegorias nas quais o símbolo do peixe é empregado: aquele estado de percepção espiritual no qual a unidade absoluta e eternamente inquebrantável é realizada. Isso é referido como o estado de consciência de peixe, e Iniciados e salvadores são designados como "pescadores" de outros seres humanos. Jesus chamou seus discípulos a este ofício e submeteu-os ao treinamento que os levaria, por sua vez, aos Mistérios e à entrada na consciência de peixe[19].

A realização da unidade conduz ao serviço pelo bem da humanidade, nascido da compaixão pelos que sofrem. Isso também está retratado pelo símbolo de peixe, sendo Jesus seu representante perfeito. Como revelou nesses versículos, ele próprio está destinado a experimentar de novo, e ainda mais profundamente, a exaltação espiritual da absoluta combinação ou dissolução no oceano infinito da Vida do Universo.

Mt. 12:41. Os habitantes de Nínive se levantarão no Julgamento, juntamente com esta geração, e a condenarão, porque eles se converteram pela pregação de Jonas. E eis está aqui quem é mais do que Jonas!

42. A Rainha do Sul se levantará no Julgamento juntamente com esta geração e a condenará, porque veio dos confins da terra para ouvir a sabedoria de Salomão. E eis está aqui quem é mais do que Salomão!

43. Quando o espírito imundo sai do homem, perambula por lugares áridos, procurando repouso, mas não o encontra.

44. Então diz: Voltarei para a minha casa, de onde saí. Chegando lá, encontra-a desocupada, varrida e arrumada.

45. Diante disso, vai e toma consigo outros sete espíritos piores do que ele, e vêm habitar aí. E, com isso, a condição final daquele homem torna-se pior do que antes. Eis o que vai acontecer a esta geração má.

De novo se apresenta outra falta de continuidade. Das sublimes alturas da profecia de exaltação espiritual, Jesus é levado incontinenti a proferir uma oração condenatória à ortodoxia e à malversação do povo de seu tempo. Ele os censura e quase parece vaticinar a destruição de Jerusalém e a dispersão do povo Judeu, destinadas a ocorrer pouco tempo depois de sua partida.

Deve ser lembrado que Jesus estava cumprindo pelo menos três funções físicas. Primeiro, ele transmitiu ao povo hebreu, e por meio deste, a Sabedoria eterna, concentrando-se em alguns dos princípios da existência cósmica e humana de que

[19] *Segui-me e eu vos tornarei pescadores de homens.* Mc 1:17.

consiste aquela Sabedoria. Esses são encontrados principalmente nas denominadas *Logia,* tais como o Sermão da Montanha e outras elocuções divinas. Em segundo lugar, foi um reformador e preveniu o povo contra as maldades tão prevalecentes na sua nação àquele tempo. Na verdade, poderia parecer que ele realmente castigou seu povo com palavras de condenação e profecias de desastres, mesmo de perdição, como nos versículos em consideração. Evidentemente, ele também anteviu o desenrolar dos eventos que foram a causa da dispersão do povo hebreu. Muito brevemente, o templo viria a ser destruído, Jerusalém capturada e ocupada, a Palestina tornar-se-ia uma província romana, e os judeus seriam dispersos pelo mundo. Jesus associou, como causa e efeito, o estado de baixa moral das classes média e superior, por um lado, e os desastres iminentes, de outro. Essa fase de seu ministério abrange a suavização da antiga Lei Mosaica do olho por olho e dente por dente, a denominada Lei de talião, pois ele a substituiu pela perfeita justiça temperada com misericórdia e enfatizou a importância do amor ao próximo que conduz à caridade ativa para com todos.

A terceira função do Mestre foi selecionar, entre a massa de pessoas comuns de seu tempo, aqueles em que discernira estatura evolutiva mais elevada. Esses eram os membros mais evoluídos da raça humana, alguns deles alunos numa vida anterior, e todos oferecendo condições que lhes conferiam suscetibilidade para o treinamento espiritual e o desenvolvimento oculto. A última função define seu papel como Instrutor divino, ministrando em geral para todos, mas selecionando uns poucos para serem recebidos como seus discípulos.

Em várias elocuções Jesus usou o método metafórico, como nesses versículos, onde o povo de Nínive e a rainha de Sabá (do Sul) simbolizavam tanto o castigo quanto as ameaçadoras tropas romanas.

Mt. 12:46. Estando ainda a falar às multidões, sua mãe e seus irmãos estavam fora, procurando falar-lhe.

47. Alguém lhe disse: Eis a tua mãe e os teus irmãos que estão aí fora e procuram falar-te.

48. Jesus respondeu àquele que o avisou: Quem é minha mãe e quem são meus irmãos?

49. E, apontando para os discípulos com a mão, disse: Aqui estão a minha mãe e os meus irmãos,

50. Porque aquele que fizer a vontade de meu Pai que está nos Céus, esse é meu irmão, irmã e mãe.

Ainda que as palavras registradas possam soar ásperas e não condizentes com os sentimentos filiais, revelam, todavia, uma verdade esotérica profunda, que é concebida tanto como um estado de consciência quanto um ideal apropriado para a vida de todo ser humano espiritualmente desenvolvido, seja neófito, discípulo ou Iniciado. O estado de consciência é inteiramente universal. Todas as coisas e todos os homens são igualmente considerados como sendo veículos para a Vida divina una dentro deles. Coloca-se mais ênfase sobre a vida interior do que sobre as substâncias diferenciadas e as formas variadas através das quais ela se expressa fisicamente. Na verdade, quando se é elevado em espírito na experiência consciente de união com a Vida do Universo, a unidade indivisível e que a tudo permeia é assim completamente realizada, obliterando tanto a memória como a percepção de formas separadas. O iluminado sente-se virtualmente desaparecer como entidade isolada. Em algum lugar bem no fundo de sua consciência pode permanecer uma experiência remota e tênue de sentimento de eu. No entanto, essa lembrança nem ao menos pode ser antecipada ou introduzir-se na experiência de unidade que se aprofunda permanentemente, como a de um oceano infinito sem nem mesmo estrutura atômica. Então, a relação familiar física tende a desvanecer-se comparativamente à universalidade do estado exaltado. A alocução do Senhor poderia ser considerada, na verdade, como uma comparação entre os dois estados – o puramente espiritual e o puramente físico – colocando tão grande ênfase sobre o primeiro, que o último virtualmente desaparece, mas não por completo.

No ideal de obediência ao conselho *sede vós pois perfeitos,* deve-se dar importância crescente ao conceito de humanidade como um todo e reduzida relevância à sua própria família, nação ou raça[20]. Em especial, não devem surgir apegos meramente físicos entre os servidores da humanidade e a humanidade como um todo. Cada discípulo torna-se um cidadão do mundo, levando toda a humanidade no seu coração, sem reservas.

As generalizações em tais assuntos podem parecer frias e insensíveis, até mesmo severas e ameaçadoras. O estado mais ampliado de mente é muito mais do que aquilo. Os versículos precedentes indicam que Jesus estava num estado exaltado, altamente profético e pleno de poder espiritual. Não se pode deduzir que ele perderia essa condição após a interrupção de seu discurso. Pode-se, entretanto, estar certo de que, quando a comunicação ao povo tivesse terminado, sendo retomada a normalidade do corpo físico, o amor familiar encontrava sua plena expressão. Em épocas de descanso e repouso do corpo, Jesus, como todos os iluminados, deve ter sido delicado e amável para com todos e, especialmente, com os membros de sua família. Não obstante, haveria sempre uma tendência para ele cair num estado meditativo, no qual estaria temporariamente retirado do seu ambiente. Seus companheiros aprenderiam a apreciar e respeitar aqueles silêncios e cuidar para que ele não fosse perturbado.

Um aparente paradoxo está contido no incidente da clara rejeição de Jesus à sua mãe e aos seus irmãos, por um lado, enquanto, por outro, ensinava insistentemente a importância do amor, que exaltou como o mais elevado ideal nas relações humanas. Outro exemplo é a pregação do amor universal sem preferência pessoal, em oposição à justa indignação dos grandes Instrutores contra os homens maus e a maldade pelas quais são responsáveis. Nesse contexto, portanto, o Eu espiritual interior, mesmo de um homem muito mal, é considerado tão amado quanto o Eu interior de qualquer outro ser. Tal amor é impessoal e sem exigências e assim tem algo das qualidades espirituais e universais.

---

[20] Mt 5:48.

Parte 8

A Parábola do Semeador e Sua Interpretação. A Alimentação de Cinco Mil E o Mandamento de Cristo

Capítulo 17

Durante a apresentação de uma parábola, um Instrutor espiritual considera em sua mente e nos seus planos, ao mesmo tempo, a sabedoria oculta encoberta por ela. Um processo dual é então desenvolvido. Por meio da voz do Instrutor, uma história é contada à multidão e, ao mesmo tempo, é feito um apelo à intuição e à mente. O resultado ideal desse método é que os ouvintes compreendam o significado interno das fábulas, mitos e parábolas enquanto o Instrutor estiver contando-as. Ademais, os evangelhos registram que Jesus, na verdade, explicava a doutrina subjacente de forma provavelmente mais profunda do que os registros escritos revelam. Há muito a ser aprendido de parábolas tais como as registradas por S. Mateus neste capítulo.

Mt 13:1. *Naquele dia, saindo Jesus de casa, sentou-se junto ao mar.*

2. *Em torno dele reuniu-se uma grande multidão. Por isso, entrou num barco e sentou-se, enquanto a multidão estava de pé na praia.*
3. *E disse-lhes muitas coisas em parábolas: Eis que o semeador saiu a semear*
4. *e, ao semear, uma parte da semente caiu à beira do caminho e as aves vieram e a comeram.*
5. *Outra parte caiu em lugares pedregosos, onde não havia muita terra. Logo brotou, porque a terra era pouco profunda.*
6. *Mas, ao surgir o Sol, queimou-se e, por não ter raiz, secou.*
7. *Outra ainda caiu entre os espinhos. Os espinhos cresceram e a abafaram.*
8. *Outra parte, finalmente, caiu em terra boa e produziu fruto à razão de cem, sessenta e trinta por um.*
9. *Quem tem ouvidos, ouça!*

A parábola do semeador não é apenas uma exposição perfeita, em forma alegórica, de verdades profundas, mas também um exemplo clássico do uso da linguagem sagrada com esse propósito. Sua interpretação ou a tradução que se seguiu receberão posterior consideração.

A cena evocada é tanto autêntica como bonita, porque ao leitor é permitido visualizar um grande ajuntamento de pessoas da Palestina no meio das montanhas e das planícies, vestidas com as roupas da época, aproximando-se de Jesus a fim de vê-lo, ouvir sua voz e receber seu ensinamento. Como fazia frequentemente, Jesus tirava suas comparações e analogias da Natureza e das atividades das pessoas que se reuniam ao seu redor. Quão fácil deve ter sido para eles imaginar o que ele descrevia e seguir as ações da história, que começou com as palavras: "Eis que um semeador saiu a semear." Portanto, quando Jesus falava, eles se sentiam perfeitamente à vontade na atmosfera mental em que ele os colocava e em ouvir o que era uma história de suas próprias vidas e experiências familiares. Nesse caso, é apresentado não mais do que um relance da notável capacidade de Jesus de atrair sua audiência e trazê-los para perto de si. De fato, a autenticidade dessa parte da história evangélica parece estar completamente estabelecida quando se lê.

Na verdade, entretanto, nenhuma ação física estava sendo descrita. Antes, como demonstra sua interpretação posterior, estavam sendo descritos, em forma simbólica, os estágios de evolução e as condições apropriadas da mente. Realmente, o Mestre podia até mesmo estar se servindo de suas próprias experiências com os tipos de pessoas que tinha encontrado e de suas diferentes reações à sabedoria que procurou lhes transmitir. Deve ter havido muitos que estavam totalmente despreparados e, portanto, completamente desinteressados tanto das verdades simples como da sabedoria profunda e esotérica que era parte de suas conversações e discursos. Outros, talvez, podem ter ouvido com certa displicência, tendo o seu interesse só levemente atiçado e a sua curiosidade desperta somente de forma débil. O ensinamento real significaria pouco ou nada para eles, especialmente após ter silenciado a sua voz e os seus ouvintes terem retornado a seus afazeres diários. As palavras estavam acima deles e as ideias eram abstratas em comparação com os duros fatos de suas vidas diárias e com os interesses amplamente materiais. Essas são as pessoas referidas por S. Marcos: "... aos de fora todas estas coisas se dizem por parábolas"[1].

Poucos devem ter obtido plena compreensão e dado resposta. Para eles foi revelado o significado interior das parábolas e de outros ensinamentos. Dentre esses Jesus escolheria discípulos, descobrindo sua prontidão, tanto pela visão espiritual direta de suas estruturas internas quanto pelas respostas à sua pessoa e mensagem.

Mt 13:10. Aproximando-se os discípulos, perguntaram-lhe: Por que lhes falas em parábolas?

11. Jesus respondeu: Porque a vós foi dado conhecer os mistérios do reino dos céus, mas a eles não.

[1] Mc 4:11.

Essa resposta à questão que os discípulos fizeram muito naturalmente suscita uma averiguação a respeito da diferença entre um discípulo e um não discípulo, um aluno de um Instrutor Adepto e um cidadão comum. Um discípulo tanto está desperto espiritualmente como manifesta isso em consciência e ação, e ele se empenha num juramento solene irrevogável de lealdade à verdade, ao seu Mestre e ao segredo.

O Discipulado diz respeito à estatura evolutiva, não só na vida em que é alcançado, como também numa série de vidas em que o avanço e o desabrochar do Eu espiritual, cada vez mais, expressam a espiritualidade como uma característica implícita. Realizações e posições mundanas, busca de prazeres onde apenas os sentidos estão envolvidos e as tendências para agir egoisticamente – tudo isso declina nas séries de vidas que estão para culminar na descoberta do Instrutor e na aceitação por ele. Embora, no início, um conflito interior – uma Armagedon mística – seja experimentado, gradualmente todas as sensações de renúncia declinam, sendo substituídas por escolhas perfeitamente naturais e espontâneas das fontes culturais, intelectuais e espirituais de felicidade. O mundo nos seus aspectos óbvios e materiais perde seu domínio sobre a mente e o coração de tal indivíduo, enquanto, ao mesmo tempo, a necessidade humana de felicidade, bem-estar e desenvolvimento espiritual ocupa crescentemente seu interesse e atividades. O aspirante torna-se um servo de seus semelhantes. Isso é indicado pela declaração de que, antes de serem chamados, alguns dos discípulos de Jesus eram pescadores e um era médico. Ser um pescador, símbolo dos atributos humanos de compaixão, amor e serviço impessoal, conduz à salvação e, finalmente, à estatura do homem perfeito. O médico oculto cura não só os corpos, mas as almas, pelo treino, ensinamento e pela orientação no caminho do Discipulado daqueles que estão buscando a luz sagrada da verdade. Ele se empenha em estabelecer o sentido de unidade daqueles que estão buscando sua ajuda ou que são levados a ele para orientação no viver a vida perfeita. Esses processos de desabrochar interior, as mudanças de interesse, motivação e caráter e as ações benéficas resultantes constituem-se no sinal daqueles que estão se aproximando do estágio evolutivo do Discipulado e, ainda mais, daqueles que alcançaram e passaram adiante dele – os Iniciados da humanidade.

O Mestre, com sua percepção penetrante, geralmente sabe quando essas aspirações são sentidas pelo homem exterior. Quando o aspirante merece confiança para guardar sua palavra, especialmente para manter segredo, uma certa garantia é solicitada e dada. A natureza dessa obrigação inclui a promessa de empenho em seguir o caminho da santidade até o seu fim no Adeptado, de manter sagradas as coisas que são sagradas, defendê-las do profano e, tanto quanto a natureza humana permita, viver uma vida de pureza, sem egoísmo, sem ofensa e de serviço sabiamente dirigido ao interesse do seu semelhante.

Tais homens e mulheres são selecionados, ensinados e treinados pelos Instrutores Adeptos, de acordo com um costume muito antigo e universal. Quando eles progridem e demonstram razoável fidelidade, os ensinamentos ocultos são-lhes revelados. Eles aprendem os segredos ocultos dos poderes, processos e partes componentes do Universo e do homem, ou como disse Jesus: "a eles é dado conhecer os mistérios do reino dos céus."

Mt 13:12. Pois àquele que tem, lhe será dado e lhe será dado em abundância, mas ao que não tem, mesmo o que tem lhe será tirado.

13. É por isso que lhes falo em parábolas: porque veem sem ver, e ouvem sem ouvir nem entender.

É razoável que o leitor julgue que o versículo doze contém um sério erro no relato e na tradução ou é uma alocução tão enigmática que excede o entendimento humano ordinário. Verdadeiramente, qualquer que possa ser o significado e a ideia que Jesus pretendia apresentar, a sentença parece ser quase inteiramente contraditória por si mesma. Mesmo assim, sob a linguagem enigmática é possível discernir um sentido de grande importância.

O versículo pode ser considerado como se referindo à percepção e à intuição espirituais e à sabedoria que resulta do funcionamento correto destas duas faculdades. Nesse sentido, é verdade que sabedoria conduz à sabedoria adicional. A percepção espiritual funciona como um catalisador que induz a uma transformação mais rápida do conhecimento em sabedoria. A intuição pura capacita aqueles que a possuem e usam-na sabiamente a penetrar fundo nos mistérios ocultos da vida, nos propósitos subjacentes da Natureza e nas influências e motivações profundamente enraizadas por trás da conduta e da personalidade humanas. O sábio reconhece a Verdade como algo mais do que só um conjunto de verdades distintas. Ele compreende os processos pelos quais gradualmente ocorre a emanação do Universo, dos sistemas solares e de todos os seus componentes; e existe uma tranquilidade em meio a sua compreensão cada vez mais profunda, no interior da qual o conhecimento continuamente cresce. Então, é válido dizer da sabedoria que quanto mais a pessoa a tem mais ela cresce.

Por outro lado, a mente que está absorvida principalmente na coleta de conhecimento factual, que valoriza isso mais do que uma compreensão cada vez mais abrangente e mais profunda daqueles princípios, dos quais os fatos são somente uma manifestação temporária, amealha só um pouco da sabedoria eterna, as verdadeiras riquezas da alma. Além disso, a mente humana pode tornar-se tão concentrada na natureza objetiva e nos fatos discutíveis e mesmo demonstráveis a ponto de perder o pouco de sabedoria que possa ter começado a desenvolver. O versículo pode possivelmente ser lido nesse sentido, especialmente a sentença de encerramento.

Analogias e metáforas são necessárias, a fim de atrair a atenção dos homens e das mulheres iletrados ou não instruídos, absorvidos com eventos externos à lei e aos processos ocultos da Natureza em operação na evolução humana e mesmo na vida diária. Metáforas, analogias, alegorias e parábolas têm função dual. Ambas se referem às verdades poderosas e aos processos Iniciados na mente dos ouvintes, os quais levarão à compreensão das leis naturais que estão sendo reveladas. Um símbolo pode se tornar uma força dinâmica, quando objeto de meditação com vista ao descobrimento de seu significado.

Um dos mais antigos métodos de colocar em atividade a sabedoria inerente do Eu interno do homem é ministrar um choque de má compreensão, confusão mental e obscurecimento. É estranhamente verdadeiro que quando a mente formal está assim paralisada num estado de vacuidade e silêncio, nem que seja por um só momento, a iluminação pode repentinamente surgir. Um dos fatores essenciais de tal Autoiluminação é o silêncio mental temporário, uma quietude ativa – se a expressão for permitida – em que se verifica que a paz permeia toda a região da consciência humana. Em si mesmo isso é um fruto valioso da prática da contemplação absorta. É também a condição na qual se percebe mais tarde que a luz da sabedoria despertou. Isso ocorre menos como um momento deslumbrante, repentinamente ofuscante, do que como uma iluminação quieta e contínua, como se gerada de uma chama eterna.

Os discípulos são homens e mulheres em quem a chama eterna da sabedoria foi acesa. Essa "lâmpada" nunca pode ser acesa em alguém por nenhuma mão externa. É um brilho natural e profundamente interior da Luz eterna do Universo dentro do Eu interno do homem verdadeiramente iluminado. Os discípulos dos Adeptos são então diferençados de seus semelhantes, sendo, portanto, capazes de perceber a verdade direta, de receber de seus Mestres o conhecimento que podem compreender sem usar mal. É bem verdade que um Judas sempre pode surgir entre eles, enquanto outros podem abandonar a vida do Discipulado, talvez pelo restante de uma encarnação. Esses são os riscos que cada Mestre e Instrutor deve enfrentar e de que deve se resguardar tanto quanto possível.

Mt 13:14. É neles que se cumpre a profecia de Isaías, que diz: Certamente haveis de ouvir, e jamais entendereis. Certamente haveis de enxergar, e jamais vereis.

15. Porque o coração deste povo se tornou insensível. E eles ouviram de má vontade, e fecharam os olhos, para não acontecer que vejam com os olhos, e ouçam com os ouvidos, e entendam com o coração e se convertam e assim eu os cure.

16. Mas felizes os vossos olhos, porque veem, e os vossos ouvidos, porque ouvem.

Fica evidente nesses versículos que eles registram, embora simbolicamente, parte do ensinamento dos Mistérios que Jesus concedeu a seus discípulos em completa privacidade. Um dos segredos desse ensinamento deve, em consequência, ser considerado como tendo ocorrido no suposto evangelho original de que se derivaram versões posteriores. Jesus velou a revelação em mística discrição, especialmente nos versículos em consideração, onde os olhos e os ouvidos referidos não são os do corpo, mas os da mente.

A perceptibilidade mental – não só para a instrução verbal direta, mas também com respeito às experiências e realizações conscientes – mostra-se requisito indispensável para a recepção dos Mistérios do Reino de Deus. Sem isso, os ensinamentos esotéricos parecem ser inevitavelmente a mais absoluta tolice, a extrema estupidez. Até mesmo inverdades deliberadamente enganadoras são algumas vezes perpetuadas para proteger os outros de graves equívocos, que levam à grave má conduta. A raiva pessoal, surgida de um sentido humilhante de incapacidade de entendimento, ou a mistificação podem levar a ações adversas.

O ignorante que "tem olhos, mas não vê, e ouvidos, mas não ouve" interpreta muito mal as palavras do Instrutor e as razões para proferi-las. O versículo quinze dá um dos motivos para esse embotamento de percepção, a saber, o temor de que os conceitos religiosos estabelecidos, os costumes e os hábitos sejam perturbados e seja encontrado um novo modo de cultuar. O ignorante, relutando então a ser convertido, fecha seus olhos mentais à luz da verdade e seus ouvidos às palavras da sabedoria. Eles, na verdade, dificilmente ousam fazer diferente, e assim suas reações são previsíveis. Mais tarde, em sua ascensão na escada evolutiva, buscarão ardentemente e desenvolverão a capacidade de encontrar e compreender a sabedoria, que nas primeiras fases estava fora de seu entendimento. A imaturidade do Ego que os impede de alcançar os Mistérios será um dia superada. Mais tarde, uma mão amiga irá conduzi-los à entrada do santuário. Os discípulos, por outro lado, já tinham alcançado aquele estágio que lhes permitia receber os Mistérios do Reino de Deus face a face.

Mt 13:17. Em verdade vos digo que muitos profetas e justos desejaram ver o que vedes e não viram, e ouvir o que ouvis e não ouviram.

De novo, as referências são menos para os órgãos dos sentidos e mais para as condições da mente humana, particularmente aquelas resultantes da mente aberta e da sabedoria intuitiva da maturidade evolutiva. Na mente do Instrutor espiritual não há elemento de condenação ou mesmo censura das almas mais jovens, somente há o reconhecimento dos diferentes estágios de abertura e de desenvolvimento do homem e as características que lhe estão associadas.

Mt. 13:18. Ouvi, portanto, a parábola do semeador.

19. Todo aquele que ouve a Palavra do Reino e não a entende, vem o Maligno e arrebata o que foi semeado no seu coração. Este é o que foi semeado à beira do caminho.

20. O que foi semeado em lugares pedregosos é aquele que ouve a Palavra e a recebe imediatamente com alegria,

21. mas não tem raiz em si mesmo, é de momento: quando surge a tribulação ou a perseguição por causa da Palavra, logo sucumbe.

22. O que foi semeado entre os espinhos é aquele que ouve a Palavra, mas os cuidados do mundo e a sedução da riqueza sufocam a Palavra e ela se torna infrutífera.

23. O que foi semeado em terra boa é aquele que ouve a Palavra e a entende. Esse dá fruto, produzindo à razão de cem, de sessenta e trinta.

Quatro fases sucessivas na evolução da mente humana e no desenvolvimento geral estão descritas por meio da alegoria e do símbolo. A alegoria da ação usual do fazendeiro deve ter sido familiar para a maioria dos presentes desde a tenra infância. Jesus, então, habilmente, toca seus ouvintes com as ideias que desejava apresentar. Naqueles dias, sem dúvida, a semeadura era feita manualmente e um quadro claro de um homem executando sua ação familiar surgiria de imediato na mente dos presentes. A harmonia e a comunicação eram assim estabelecidas entre o orador e o público.

A "semente" é interpretada pelo Mestre como a Verdade ou a Palavra, e a "beira da estrada" descreve os interesses e as capacidades naturais do homem, a saber, as ocupações comuns da vida física com suas limitações de entendimento e interesse, em consequência das quais as ideias filosóficas não evocam absolutamente nenhum interesse. A trilha usual, a beira do caminho, representa muito adequadamente o estado da mente que está desatenta, descuidada e incapaz de apreciar a sabedoria e as palavras dos sábios. Nesse caso, pode até mesmo surgir nessas mentes um desprezo pelas ideias mais elevadas e uma tendência para negar-lhes o menor lugar no pensamento ou o mínimo valor em si mesmas. Esse interesse quase exclusivo na existência material e nas suas exigências é personificado pelo maligno, presumivelmente significando Satã, ou o diabo, uma bem-usada referência à mente materialista do dia a dia. Uma verdade profunda é exposta: a de que o desprezo e a resistência à iluminação espiritual e filosófica existem somente dentro daquela parte da mente do homem.

A seguir são descritas as numerosas pessoas incapazes de sustentar publicamente ideias e ideais que sejam tanto impopulares quanto parcialmente heréticos. Tais indivíduos ainda não atingiram o ponto no qual estão prontos e capacitados a afirmar a sabedoria espiritual frente ao mundo. O hábito e a segurança do conformismo mostram-se muito fortes. A aparente heresia, na realidade a sabedoria esotérica, é abandonada e substituída pela adoção insincera e hipócrita da posição ortodoxa. Entretanto, as pessoas que receberam ao menos uma porção da verdade e do entendimento espiritual começaram a despertar mentalmente para ideias abstratas e intuitivas. Posteriormente, quando a sabedoria oculta mais uma vez alcançar suas mentes, atingirá o substrato mais profundo e tornar-se-á tão fortemente arraigada no interior dessas pessoas que não mais poderá ser negada.

De fato, nenhum estado mental, indesejável ou desejável, permanece para sempre. A mente humana está passando por um desenvolvimento evolutivo que lhe proporcionará a condição em que a verdade recebida será sustentada e eventualmente suplementada pela experiência direta de sua verdade. Assim, os estágios descritos na parábola podem ser considerados como sucessivos em todos os seres humanos, tendo os discípulos de Jesus alcançado um avançado grau de receptividade mental e de percepção.

Os "espinhos" constituem-se nas numerosas influências distrativas, as quais prendem a atenção da mente de maneira tão forte que o indivíduo é incapaz de prestar atenção aos frutos delicados e florescentes da percepção interior. O Mestre refere-se à posse de riquezas como uma dessas distrações. Na verdade, as posses mundanas podem, por essa razão, preocupar a mente a ponto de torná-la não receptiva à sabedoria percebida intuitivamente ou até mesmo de esquecê-la.

As riquezas em si mesmas não são desprezíveis. Na verdade, elas podem ser úteis se pelo menos ajudarem os menos favorecidos do mundo. Podem também propiciar a libertação do trabalho, de forma que a receptividade e a percepção possam ser desenvolvidas pela meditação e, em consequência, possibilitar o alcance da compreensão das leis espirituais. A riqueza é somente prejudicial quando se coloca entre a mente e o espírito do homem, quando produz uma preocupação extrema com o mundanismo em prejuízo da concentração nas coisas do espírito, das experiências místicas e das revelações da verdade. Os seres humanos que ainda não ultrapassaram esse estágio estão descritos na parte referente à semente que caiu entre os espinhos.

O estado ideal para o qual, um dia, evoluirão as mentes de toda a humanidade está descrito como a semeadura em boa terra e o entendimento da palavra ouvida. Mesmo quando esse grau de receptividade é alcançado, ainda permanecem diferenças de capacidade mental para compreender ideias abstratas. A perfeição humana e aqueles que dela muito se aproximam dão fruto na proporção de um por cem, outro sessenta, e outro ainda trinta, segundo seu grau evolutivo.

Embora não afirmado diretamente, quanto ao que revela o registro baseado na memória e na tradição oral, a doutrina da evolução, no que ela afeta o desenvolvimento da mente humana, está quase inteiramente descrita nessa maravilhosa parábola. Na medida em que, entretanto, toda conduta brota, em última instância, do intelecto, e cada ação pode por fim ser remontada a esta fonte, então o desenvolvimento total do homem é abrangido pela revelação. Todos os homens passam por graus de desenvolvimento, referidos alegoricamente como a margem do caminho: pedregosa, espinhosa e terra fértil. Como sugerido, cada um desses graus indica a etapa que o ser humano está atingindo, de um estágio quase primitivo de desenvolvimento na direção da "medida da estatura da plenitude de Cristo." Esse ensinamento, do homem como um ser que evolui, somente podia ser apresentado alegoricamente ao povo, mas os discípulos estariam bem-capacitados a perceber o significado subjacente da parábola e compreendê-lo e ser iluminados pela sabedoria oculta no seu interior.

A verdade esotérica não é deliberadamente sonegada por causa da disposição de esconder ou por causa de um sistema de favoritismo. O princípio diretor diz respeito à habilidade dos ouvintes para compreenderem e beneficiarem-se da verdade revelada.

Mt 13:24. Propôs-lhes outra parábola, dizendo: O reino dos céus é semelhante a um homem que semeou boa semente no seu campo.
25. Enquanto todos dormiam, veio o seu inimigo e semeou o joio no meio do trigo e foi-se embora.
26. Quando o trigo cresceu e começou a granar, apareceu também o joio.
27. Os servos do proprietário foram procurá-lo e lhe disseram: 'Senhor,

não semeaste boa semente no teu campo? Como então está cheio de joio?'

28. *Ao que respondeu: 'Um inimigo é que fez isso.' Os servos perguntaram-lhe: 'Queres, então, que vamos arrancá-lo?'*
29. *Ele respondeu: 'Não, para não acontecer que, ao arrancar o joio, com ele arranqueis também o trigo.*
30. *Deixai-os crescer juntos até a colheita. No tempo de colheita, direi aos ceifeiros: Arrancai primeiro o joio e atai-o em feixes para ser queimado; em seguida, recolhei o trigo no meu celeiro.'*

Essa parábola descreve as condições básicas e os estados temporários da mente humana, bem como um método por meio do qual as dificuldades mentais podem ser sobrepujadas. Nesse enfoque, a boa semente, a ser plantada e colhida com sucesso, representa as verdades a respeito dos princípios subjacentes de emanação, evolução e perfeição do Universo e de tudo que ele contém. O joio representa os processos mentais e os conteúdos com eles associados que tendem a inibir a compreensão dos princípios e, se permitido, negar sua validade. O inimigo responsável por tal joio é mais interior do que exterior, consistindo daqueles atributos da mente humana que, se a mente a eles capitula, mantêm o homem no estado de ignorância, incompreensão e mesmo de evidente erro. Então, a Verdade e a resistência a ela podem existir lado a lado na mesma mente.

A parábola indica como as dificuldades resultantes podem ser melhor resolvidas por uma separação cuidadosa dos conceitos e atitudes opostos. Essa separação não pode ser feita nos primeiros estágios da evolução humana, sem que antes as ideias se tornem suficientemente desenvolvidas para serem reconhecidas pelo que são, isto é, verdade, mentira ou verdade parcial. O conselho dado, portanto, é seguir o único método que tem probabilidade de sucesso, separar o joio do trigo – o erro da verdade – e queimar ou erradicar o primeiro. Assim, a parábola do joio e do trigo significa o progresso da mente humana, desde a ignorância até a plena percepção da verdade, e as experiências interiores que naturalmente acompanham aquele progresso.

Na verdade, essa e outras partes verdadeiramente inspiradas das Escrituras mundiais descrevem realmente o próprio homem, a humanidade e o indivíduo e registram a história de seu desenvolvimento, desde o estágio primitivo até o Ser Crístico e o Ser *Búdico*. A constituição ou estrutura global do homem espiritual, intelectual e material está também revelada, enquanto, ao mesmo tempo, é dada orientação sábia quanto a como evitar as tristezas da vida e trilhar o caminho para a perfeição com sucesso.

Mt 13:31. Propôs-lhes outra parábola, dizendo: O reino dos céus é semelhante a um grão de mostarda que um homem tomou e semeou no seu campo.

32. Embora seja a menor de todas as sementes, quando cresce é maior do que qualquer hortaliça e torna-se árvore, a tal ponto que as aves do céu se abrigam nos seus ramos.

Os antigos Instrutores não expunham naturalmente a doutrina completa em todas as ocasiões e em cada alegoria que inspiravam. Antes, selecionavam para expor aspectos particulares do cosmo e do homem e as dificuldades especiais com as quais os seres humanos se confrontam normalmente.

A parábola do grão de mostarda pode ser interpretada como um símbolo da Mônada do Universo e da do homem. Dessa unidade de pura essência espiritual tanto um *Logos* Solar, com seu Sistema Solar, como um Ego humano, com seus veículos, são oportunamente emanados e entram na existência objetiva. Como o grão de mostarda contém dentro de si a potencialidade plena de tudo aquilo que será produzido a partir dele, assim a Mônada contém dentro de si aquilo que oportunamente vai emergir e evoluir. Como uma semente do Deus Supremo ela será a fonte de divindades manifestadas e não manifestadas, que são, por sua vez, emanantes de Universos.

Está também indicada a passagem do tempo, o crescimento sazonal de uma planta até a frutificação corresponde à evolução da alma de todas as coisas ao longo de eras e às quase imensuráveis eras evolutivas. Um ciclo de crescimento sazonal do reino vegetal leva a termo o desenvolvimento misterioso de uma pequena semente. A própria planta morre mais tarde, mas não antes de grande número de novas sementes terem sido produzidas. Cada uma dessas, por sua vez, se plantada, pode se tornar tanto a fonte reprodutiva infinita, como o início temporal do qual o processo será repetido. Esse aparente milagre continua por toda a eternidade.

É dado um indício, sem dúvida exposto em particular aos discípulos, de que membros de outros reinos da Natureza, que não o humano, participam e auxiliam no processo contínuo e ordenado que ocorre no Cosmo e no homem. Esses são os *Eloins,* as numerosas ordens de hierarquias angélicas, simbolizadas pelos pássaros do ar.

Assim, numa alocução que requer somente umas poucas linhas para seu registro, Jesus abre a mente do genuíno buscador da verdade para os domínios do conhecimento divino, que podem ser posteriormente explorados. Está claro que o reino dos céus referido na parábola é aquele estado de existência divina e de consciência espiritual no mais elevado nível do qual todas coisas emergem e todos os Universos e homens são os produtos ou frutos, que sempre estão evoluindo.

Caso se argumente que a interpretação que Jesus ofereceu mais tarde aos seus discípulos não contempla tudo quanto está sugerido aqui, poderia ser lembrado que as interpretações reais, os ensinamentos profundamente esotéricos, foram dados em completa privacidade, apenas para os discípulos comprometidos. Nenhum daqueles presentes provavelmente revelaria a natureza e o conteúdo das interpretações então oferecidas, principalmente por escrito. De acordo com esse costume, o próprio Jesus nada escreveu, e é razoável assumir que tanto os livros canônicos como os apócrifos do Novo Testamento, especialmente os evangelhos, fornecem relatos muito incompletos e algumas vezes incorretos de tudo o que ocorreu. Os autores dos evangelhos e as datas em que estes foram compilados pela primeira vez são desconhecidos pelos eruditos bíblicos, assim como deve permanecer a plena descrição de todos os eventos da vida de Jesus e, especialmente, o registro completo dos ensinamentos secretos que ele passou. Entretanto, muito ensinamento adicional pode ser inferido, particularmente onde são usados símbolos clássicos e registrados eventos e conversações que parecem conter implicações de sabedoria esotérica.

Mt 13:33. Contou-lhes outra parábola: O reino dos céus é semelhante ao fermento que uma mulher tomou e pôs em três medidas de farinha, até que tudo ficasse fermentado.

Aqui é usada uma chave numérica, a saber, o número três. Entre seus muitos significados, esse número refere-se às três partes componentes da personalidade mortal do homem enquanto vivendo na carne: a mente e as faculdades mentais; os sentimentos e as aptidões emotivas; e o corpo físico, através do qual a mente e a emoção encontram expressão na consciência de vigília.

Sob circunstâncias normais e até certa fase da evolução, essas três partes estão limitadas em função de seus próprios níveis de consciência e de ser. A mente cumpre processos mentais com certa lógica e razoabilidade; as emoções expressam tanto o pensamento como o sentimento combinados, usualmente predominando o último; o corpo é o instrumento da consciência e da ação em seu próprio plano de existência. Uma intrusão da parte mais elevada e mais espiritual da natureza humana raramente alcança e influencia significativamente essas três funções do ser humano médio e normal.

Quando uma fase posterior de desenvolvimento está se aproximando e, subsequentemente, é adentrada, mudanças sutis começam a ocorrer: compreensão das leis subjacentes aos fenômenos físicos, idealismo, caridade, crescente sentimento de afinidade fraternal entre os homens, busca por compreensão mais profunda e uma religião de experiência interior. Essas mudanças devem-se à intrusão do Eu espiritual do homem a partir de um nível supramental; elas vêm da região da inteligência abstrata em que aquele Eu subsiste. O reino dos céus é a expressão simbólica desse nível e estado. A parábola pode ser interpretada como uma descrição alegórica dos efeitos aceleradores dessa manifestação sobre o homem mortal.

O fermento ou levedura, quando utilizado na fabricação do pão, é o mais adequado símbolo usado para descrever a influência sobre o pensamento humano e a ação das espiritualizantes, intelectualmente estimulantes e purificantes irradiações de poder do Eu recôndito do homem. Pois, quando esse denominado fermento alcança ou se torna "oculto" no tríplice homem exterior, sua verdadeira natureza começa a ser transformada, exatamente como a massa sobe e expande-se quando nela a levedura é misturada. A mulher da parábola pode personificar a própria Senhora Natureza, uma vez que são descritos processos bastante naturais, muito embora a assistência espiritual do Deus interior ou do Instrutor Adepto externo possa apressar a complementação do processo de levedura e, desse modo, acelerar a evolução geral do indivíduo assim assistido.

Evidentemente, durante o tempo de seu ministério, do qual essas parábolas foram retiradas, Jesus falou de forma oracular, como é o hábito dos grandes Mestres de Sabedoria ao dirigirem-se a uma audiência heterogênea. Claramente, o significado antes sugerido da curta parábola dificilmente seria percebido pelas pessoas não instruídas. Pode-se seguramente imaginar, entretanto, que, entre aqueles que ouviam os ensinamentos de Jesus, havia muitos pertencentes a algumas das comunidades ocultas daquele tempo que reconheceriam, em consequência, o ensinamento transmitido. Em outras ocasiões, quando estava só com esses ouvintes, ele sem dúvida explicava muito mais profundamente, revelando, dessa forma, os níveis de sabedoria esotérica que eles estariam habilitados a compreender.

Mt 13:34. Jesus falou tudo isso às multidões por parábolas. E sem parábolas nada lhes falava,

35. para que se cumprisse o que foi dito pelo profeta: Abrirei a boca em parábolas; proclamarei coisas ocultas desde a formação do mundo.

O autor ou autores do Evangelho Segundo S. Mateus revelam, nesse capítulo, sua decisão de registrar o fato de que, em Israel, era usada uma linguagem alegórica por seus Iniciados para revelar e, ao mesmo tempo, ocultar certos extratos da Sabedoria esotérica. Os hebreus eram herdeiros naturais dessa Sabedoria, embora em certos períodos de sua história ela fosse relegada a um segundo plano na sua vida religiosa, tornando-se, depois disso, conhecida e estudada quase que exclusivamente nas comunidades ocultas. Assim, o autor interpola sua própria afirmação e crença de que Jesus seguiu um antigo costume, referido no Livro dos Salmos, revelando a sabedoria secreta somente a seus discípulos. Embora a mente profana, com razão, possa ver essa prática com desagrado, a posse de conhecimento esotérico, não obstante, particularmente no que diz respeito aos componentes físicos e espirituais do homem e do Universo, pode conferir poderes muito grandes para o bem ou para o mal de seu possuidor.

Mt 13:36. Então, deixando as multidões, entrou em casa. E os discípulos chegaram a ele, pedindo-lhe: Explica-nos a parábola do joio do campo.

37. Ele respondeu: O que semeia a boa semente é o Filho do homem.

38. O campo é o mundo. A boa semente são os filhos do reino. O joio são os filhos do maligno.

Igualmente nessas conhecidas interpretações das parábolas, era observada claramente a mesma discrição. Pode-se conceber razoavelmente que as exposições supostamente feitas pelo Senhor aos discípulos, dentro de uma casa, não trataram dos aspectos realmente profundos e recônditos da sabedoria embutida nas parábolas. Essa interpretação dificilmente é aceita, a não ser que, na verdade, dentro dela deva também ser encontrada uma sabedoria mais profunda.

O trigo pode ser considerado como os aspectos permanentes e espirituais da natureza humana, enquanto o joio simboliza os corpos mortais e temporários do homem. Talvez isso diga respeito à revelação de uma distinção entre o espírito eterno e sua roupagem material, ou personificação, tanto na Natureza como no homem, pois o primeiro, como o trigo na parábola, resiste para sempre e continua a evoluir ou produz fruto, enquanto a última perece inevitavelmente ou é lançada às chamas. Como é tão frequentemente o caso, a revelação é menos de eventos e ações do que da lei natural.

Mt 19:39. O inimigo que o semeou é o diabo. A colheita é o fim do mundo. Os ceifadores são os anjos.

40. Da mesma forma que se junta o joio e se queima no fogo, assim será no fim do mundo:

41. o Filho do homem enviará os seus anjos e eles apanharão do seu reino todos os escândalos e os que praticam a iniquidade

42. e os lançarão na fornalha ardente. Ali haverá choro e ranger de dentes.

43. Então os justos brilharão como o Sol no reino do seu Pai. O que tem ouvidos, ouça!

A orientação oferecida aos discípulos pode bem ter sido para fixar suas consciências, esperanças e aspirações na divina presença, que constitui o Eu real, e para retirá-las, cada vez mais, de seu mero revestimento corporal e dos interesses da vida física; o espírito eterno é a realidade, enquanto o corpo perecível é irreal. Na verdade, esse é sempre o apelo de todos os Instrutores da humanidade, quer seja feito alegórica ou diretamente. Se esse enfoque é aceito, então a suposta ação do Pai de separar o mau do virtuoso e lançar o primeiro na fornalha ardente, descreve realmente a inevitável desintegração de todas as formas, enquanto o espírito, pelo qual elas tinham sido até então animadas, existe eternamente. O Filho do Homem e seus anjos, que separam tudo aquilo que é denso e lançam-no ao fogo, significam o curso perfeitamente natural dos eventos cósmicos. O espírito ascende a alturas cada vez mais elevadas de autoexpressão, e seus revestimentos materiais deixam de prendê-lo. Na verdade, isso acontece não apenas nas fases finais da evolução universal e planetária, mas repetidamente toda vez que um ser humano morre.

Os Instrutores ocultos asseguram a seus discípulos que, ao se tornarem cônscios de si próprios em suas naturezas espirituais, mantendo seus centros de consciência naquele nível, tornar-se-ão imortais. A sua autoconsciência persistirá não afetada pela morte física ou mesmo pela dissolução dos planetas e do Sol central ao redor do qual viajaram durante eras. Como sempre, no sentido humano, a imortalidade é o grande tema, e o modo de sua obtenção é a orientação dada pelo Instrutor ao discípulo. Até mesmo a multidão inconsciente de tudo ao seu redor, a não ser do mundo físico, tem o direito de ouvir a sabedoria e de receber a convocação, não obstante esta possa estar revestida de símbolo, alegoria e parábola.

Mt 13:44. Também, o reino dos céus é semelhante a um tesouro escondido no campo; um homem o acha e torna a esconder e, na sua alegria, vai e vende tudo o que possui e compra aquele campo.

Deve ser entendido que Jesus usou o termo o reino dos céus tanto para a parte divina e imortal do homem, a qual entesoura a mais pura essência espiritual, quanto também para seu estado de consciência associado. Esse, na verdade, é o supremo tesouro no interior do campo da consciência. Abençoados são aqueles que descobrem o Eu e entram no seu estado de permanente bem-aventurança, porque encontraram o tesouro dos tesouros, a verdadeira "joia do lótus." Na linguagem simbólica deste capítulo, Jesus exorta a todos que o escutavam a procurar primeiro esse Eu interno e conhecer a sua realidade. Então, ainda que tendo seu lugar e propósito, tudo mais se desvanece em insignificância comparativa. Simbolicamente, o homem que encontrou esse tesouro dentro do "campo" de atividades de seu dia a dia acertadamente compra aquele campo ou toma posse completa, para que o tesouro escondido possa ser seu.

Sem dúvida, para seus discípulos preferidos e dedicados, Jesus desvelou a alegoria e revelou a verdade oculta. Ele despertou a visão interna daqueles que podiam responder. Além de todas outras grandes dádivas de sabedoria para o mundo – algumas, mas nem todas, das quais estão preservadas nos evangelhos – ele deu ênfase ao supremo valor da realização direta e da experiência viva da presença divina e de sua condição de ser. Ele ensinou não só a importância atual dessa presença, porém, muito mais, as infinitas possibilidades que se derivam da semente do Deus supremo entesourada no seu interior. Para isso ele escolheu o símbolo da semente de mostarda.

Mt 13:45. *O reino dos céus é ainda semelhante a um negociante que anda em busca de pérolas finas.*
46. *Ao achar uma pérola de grande valor, vai, vende tudo o que possui e a compra.*

Um símbolo mais bonito e mais apropriado é aqui escolhido para o tesouro dos tesouros – a pérola de grande valor. De fato, o Eu oculto, espiritual do homem é de grande valor, sem preço, pois é o próprio eterno. Verdadeiramente, quando o homem do tempo e do espaço descobre o Eu atemporal e imortal, a admiração é tão grande que ele dá tudo por este tesouro.

Mt 13:47. *O reino dos céus é ainda semelhante a uma rede lançada ao mar, que apanha tudo.*
48. *Quando está cheia, puxam-na para a praia e, sentados, juntam o que é bom em vasilhas, mas o que não presta, deitam fora.*

Nesses discursos colecionados, provavelmente proferidos em épocas diferentes, Jesus, por meio de símbolos, ensina acerca do corpo causal, seu estado de consciência e suas funções. A taça também é usada como símbolo para esse veículo da alma, e as alegorias e a simbologia do Santo Graal derivam francamente desse sistema. Os cristãos primitivos, particularmente aqueles admitidos nos Mistérios de Jesus e dos gnósticos, receberam e partilharam ensinamentos sobre esse importantíssimo assunto.

A rede de pescar é muito apropriada, pois era um componente real da vida daqueles que moravam no vale do Jordão e de outros rios e perto da costa da Judeia. Se a rede simboliza o corpo causal e sua função, então pescar e, posteriormente, selecionar o resultado da pesca, representa a assimilação dos frutos das experiências da vida. Todos os frutos que têm em si qualidades de espiritualidade e capacidade de persistir são de fato "capturados" pelo Eu superior, no interior do qual são incorporados como poderes da alma. Os peixes que são lançados fora como imprestáveis representam os resultados das experiências de natureza grosseira e puramente material. Esses não podem ser trasladados aos níveis espirituais de consciência e existência e, assim, não podem ser absorvidos ou inseridos na veste sutil que, tal como um arco, preserva todas as qualidades duradouras. Metaforicamente, os peixes imprestáveis são refugados depois de cuidadosa escolha. Portanto, a simbologia está na verdade perfeita.

Numa interpretação mais abrangente, o peixe também representa os atributos mais divinos no homem desperto espiritualmente: amor não egoísta e impessoal, compaixão oniabarcante e prontidão para o serviço que dela surge. A esses podem ser acrescentados a intuição espiritual penetrante e o dominante anelo de proteger e salvar.

Mt 13:49. Assim será no fim do mundo: virão os anjos e separarão os maus dentre os justos

50. e os lançarão na fornalha ardente. Ali haverá choro e ranger de dentes.

Embora alguns teólogos estejam dispostos a aceitar esses dois versículos no seu sentido literal e como elocuções de Jesus corretamente registradas, o filósofo é incapaz de fazê-lo. Como sempre, ele tende primeiro a olhar abaixo do significado superficial, em busca de uma sabedoria oculta e, segundo, a questionar a veracidade de quem fez o registro e mesmo do tradutor, para descobrir o erro, seja deliberado ou acidental.

O que, então, pode ser tirado de tão drástico pronunciamento e como podem as palavras serem entendidas com alguma propriedade? As respostas dependem primeiramente de qual nível da consciência e de que aspecto da natureza humana se está pensando. Se é considerado mais o homem mortal do que o espírito eterno interior, então está descrita a operação da lei de causa e efeito.

Depois de cada morte física, a conduta da vida que foi então encerrada é automaticamente pesada ou julgada segundo a consciência[2]. Como resultado disso, tudo o que é nobre e idealístico no caráter do falecido é preservado dentro do Eu interno para ser adicionado aos poderes e às qualidades já desenvolvidos durante existências precedentes. Tudo que é grosseiro, pecaminoso e materialístico é apartado da individualidade, ou Ego, e gradualmente se desintegra. A seleção é feita sob

---

[2] Cf. A pesagem do coração do falecido contra uma pluma no portal da Deusa Maat, na alegoria egípcia.

a lei de atração e repulsão, sendo o nobre e idealístico arrastado para a associação com o homem espiritual, enquanto o vulgar é deixado para trás como resíduo. A matéria pela qual a vulgaridade se expressava e que a representava na psicologia e nos corpos superfísicos do falecido retorna então a sua fonte apropriada no reservatório da Natureza, levada por afinidade para aquelas camadas de substâncias superfísicas de que o mundo é parcialmente constituído.

Esse processo de divisão, após a seleção, ocorre regularmente durante o período inicial do *post mortem* de cada ser humano. Embora seja verdade que o processo ocorra automaticamente, certas inteligências não humanas – os anjos desses versículos – estão envolvidas. Certas ordens de anjos são agentes da lei divina; porque na verdade nenhuma lei, nenhum processo da Natureza é jamais administrado sem a diretiva presença de membros apropriados da hierarquia angélica[3]. Existem ordens de anjos cuja obrigação e tarefa, assumidas naturalmente, dizem respeito à construção e à dissolução das formas e também à indução da consciência e da vida às formas, seguida pela retirada no devido momento.

Numa interpretação mais oculta, durante a grande oscilação cíclica da vida consciente – "descendendo" em termos da densidade mais profunda e "ascendendo" em termos da abstração mais pura – alguns seres, de forma inevitável, tornam-se excessivamente pesados ao serem envoltos pelos graus mais profundos de densidade. Em consequência, quando o ciclo ascendente começa eles estão incapacitados de participar dele plenamente no tempo apropriado. Eles são deixados para trás, enquanto seres no corpo principal da vida em evolução são levados para níveis mais elevados.

É da máxima importância, entretanto, compreender que não há nisso nenhuma punição ou descuido. Mesmo as ervas daninhas são compostas de substância que contém vida. Embora o jardineiro possa arrancá-las e livrar-se delas, ele não pode destruir a vida interior nem impedir a transformação da substância de uma condição em outra. De fato, a vida e a matéria são eternas e, embora a matéria dos corpos humanos possa ser separada da alma espiritual interior, como na morte, aquela alma é, pela sua real natureza, indestrutível e eterna. A separação é necessária nos casos de fracasso relativo – simbolizado possivelmente pelo sofrimento mencionado – mas isso não implica, de forma alguma, a exclusão da consciência, do interesse e do cuidado divinos. Pelo contrário, são realizados esforços especiais para proteger tais casos, para assisti-los no progresso à sua própria velocidade e mesmo para que alcancem o "corpo principal", juntem-se a ele e sigam adiante.

O grande Instrutor escondeu indubitavelmente esse profundo conhecimento oculto sob o véu da alegoria, embora pareça também muito provável que o escriba, em cujos escritos o evangelista baseou a sua biografia de Jesus, tenha registrado incorretamente suas palavras.

Mt 13:51. E disse-lhes Jesus: Entendestes todas essas coisas? Responderam-lhe: Sim, Senhor.

[3] Ver Hodson, *O Reino dos Deuses*.

52. *Então lhes disse: Por isso, todo escriba instruído acerca do reino dos céus é semelhante a um pai de família, que do seu tesouro tira coisas novas e velhas.*

Durante a vida toda, os processos de vida e os ensinamentos a respeito deles devem sempre permanecer um mistério oculto, tão profundo que nem pensamento nem palavras possam alcançá-lo. Assim, todas tentativas de expor os ensinamentos dos Mistérios são também inevitavelmente incompletas. Cada estudante somente pode penetrar na verdade incomunicável que jaz por trás e além do domínio da mente.

Por essa razão, talvez, o Mestre fez aquelas perguntas aos discípulos, buscando sondar a profundidade das suas respostas às palavras dele e avaliar o grau do entendimento que tiveram. Ele faz aqui uma clara distinção entre o escriba ou estudante instruído e o não instruído. Assim, ele estaria melhor capacitado a estender a instrução deles a estágios cada vez mais avançados e mais e mais próximos daquela iluminação direta que é a meta.

Os discípulos responderam às questões dizendo claramente que, tendo entendido as suas interpretações, tinham captado os ensinamentos mais internos e profundamente velados. Embora nenhum deles respondesse conscientemente de forma insincera, suas afirmações devem ter sido fundadas em diferentes graus de iluminação. Os discípulos – não só os apóstolos oficiais mas muitos outros que Jesus trouxe para perto de si – tinham sido arrebanhados dentre os membros da raça e da religião hebreia. Alguns encontravam-se em circunstâncias bastante humildes, enquanto outros eram educados segundo os padrões da época. Entre esses últimos poder-se-ia encontrar uns poucos cabalistas instruídos, e esses teriam recebido a iluminação mais profunda e alcançado maior entendimento dos Mistérios que ele estava ensinando por parábolas.

O pai de família que apresenta novos e velhos tesouros personifica a inteligência que ouve, a capacidade perceptiva de um pupilo. Qualquer que seja o estágio de desenvolvimento do Ego ou o grau de educação pessoal, externa ou interna, as palavras de um Mestre, ditas face a face ao aluno, fazem mais do que instruir. Isso é parte do milagre e da magia do ensinamento de um Adepto. Embora possa se empenhar em conversação a respeito de negócios mais ou menos terrenos e, portanto, normais, quando dá informação espiritual e oculta, ele não só oferece conhecimento, mas, o que muitas vezes é mais importante, retira das profundezas interiores da mente do aprendiz sua própria sabedoria inata e novos pensamentos, evocando respostas do Eu interior. Assim, o Mestre refere-se aos tesouros novos e velhos que o suposto pai de família apresenta. Na verdade, isso seria o ideal de todos os instrutores e, especialmente, daqueles que dão instrução filosófica e apresentam ideias espirituais.

Mt 13:53. Quando Jesus acabou de proferir essas parábolas, partiu dali
54. e, chegando à sua pátria, pôs-se a ensinar as pessoas que estavam na

sinagoga, de tal sorte que elas se maravilhavam e diziam: De onde lhe vêm essa sabedoria e esses milagres?

55. *Não é ele o filho do carpinteiro? Não se chama a mãe dele Maria e os seus irmãos Tiago, José, Simão e Judas?*
56. *E as suas irmãs não vivem todas entre nós? Donde então lhe vêm todas essas coisas?*
57. *E se escandalizavam dele. Mas Jesus lhes disse: Não há profeta sem honra, exceto em sua pátria e em sua casa.*
58. *E não fez ali muitos milagres, por causa da incredulidade deles.*

Naturalmente, é bastante lícita uma aceitação literal da frase "à sua pátria", e é um fato peculiar que a intimidade física cega os olhos e a mente, como por exemplo dos membros de uma família e dos conhecidos de infância. Entretanto, simbolicamente, o adágio refere-se menos à pátria de alguém do que ao estado da mente dos que recebem a sabedoria espiritual. Nesses versículos a diferença entre os despertos espiritualmente e os não despertos, referidos anteriormente, torna-se acentuada, pois que, apesar de o Mestre, conforme seu costume, ensinar da forma mais sábia, as pessoas de seu próprio distrito – símbolo da mente não desperta – fracassaram em reconhecer tanto sua verdadeira grandeza como a sabedoria de suas palavras.

Aqueles que criticam, desprezam e zombam fazem assim porque ainda não alcançaram o grau de desenvolvimento, nem passaram, talvez, pelo sofrimento que habilita a mente a perceber a verdade impessoal, a sabedoria oculta e o conhecimento revelado.

A frase "à sua pátria" pode também ser interpretada como significando as pessoas cujas mentes estão restritas ao conhecimento da aparência meramente pessoal e material do instrutor e das ideias transmitidas. Elas veem o corpo material de Jesus como igual aos seus, não indo além, sendo incapazes de assim fazê-lo. Subjacente a essa cegueira está o estado de não desperto, que é a barreira real para responder à sabedoria, qualquer que possa ser sua fonte.

Capítulo 18

Pode-se presumir que parte da missão dos salvadores é realizar a função de esclarecimento. A real presença deles, algo como um catalisador, acelera o desenvolvimento humano e faz aparecer as qualidades mais refinadas daqueles que podem responder. Com toda reverência, Jesus talvez possa então ser considerado como um grande Instrutor da humanidade e um agente acelerador da evolução humana. Seu advento e sua missão, visível e invisível, apressou o passo normal do desenvolvimento humano em geral, como o daqueles a quem ele curou, e produziu iluminação naqueles capazes de responder, como fez aos discípulos. Essas duas funções foram de importância muito maior do que curar casos individuais de doenças ou realizar milagres, pois atingiram a raiz de todo o mal e removeram as causas das doenças, tanto da alma como do corpo.

Os incidentes a seguir a respeito de João Batista, curas e milagres, assim como outros ao longo dos evangelhos, podem ser vistos como ocorrendo no interior de um indivíduo; as diversas pessoas nas histórias representam as várias características humanas.

Mt 14:1. Naquele tempo, Herodes, o tetrarca, veio a conhecer a fama de Jesus
2. e disse aos seus cortesãos: Certamente se trata de João Batista: ele foi ressuscitado dos mortos e é por isso que os poderes operam através dele!
3. Herodes, com efeito, havia mandado prender João. E o fizera acorrentar e lançar no cárcere, por causa de Herodíades, a mulher de seu irmão Felipe,
4. pois João lhe dissera: Não te é permitido possuí-la.
5. E, querendo matá-lo, temia o povo, porque o tinham como profeta.
6. Festejando-se, porém, o aniversário de Herodes, a filha de Herodíades dançou ali e agradou a Herodes.
7. Por essa razão prometeu, sob juramento, dar-lhe qualquer coisa que pedisse.
8. Ela, por sugestão da mãe, disse: Dá-me, aqui num prato, a cabeça de João Batista.
9. E o rei se entristeceu. Entretanto, por causa de seu juramento e dos convivas presentes, ordenou que lhe dessem.
10. E mandou decapitar João no cárcere.
11. A cabeça foi trazida num prato e entregue à moça, que a levou à sua mãe.
12. Vieram então os discípulos de João, pegaram o seu corpo e o sepultaram. Em seguida, foram anunciar o ocorrido a Jesus.

Nesses versículos, os autores do evangelho usam um possível evento histórico como veículo para a transmissão da sabedoria oculta. Esses episódios da vida de João Batista estão repletos de significados velados. Cada um dos participantes no grande drama de sua vida e morte é personificação de um dos sete princípios do homem, e sua conduta expressa um atributo do correspondente princípio. Cada ação indica uma lei que governa o êxito no cotidiano da vida espiritual e no progresso no caminho do ocultismo, bem como diz respeito à Iniciação[1].

A presença espiritual recôndita, a Mônada, é representada pelo Senhor Deus, o inspirador de Jesus. O próprio Cristo simboliza a mais pura sabedoria espiritual, nascida da compaixão pelos sofrimentos em que a falta de conhecimento é a causa raiz[2], como ficou demonstrado depois em seu ministério junto aos homens. João Batista, pregando a autopurificação e o arrependimento dos erros passados, retrata o Eu espiritual do homem na sua "veste de luz", de onde a voz da consciência é ouvida, ainda que nem sempre seguida. O Batista interno sempre procura vencer o homem mortal exterior, retirando-o da vida puramente sensual e material e levando-o à espiritualidade, na qual a presença interior pode ser realizada e a Era Messiânica alvorecer para toda a humanidade.

Herodes representa as ações separativas, orgulhosas, com sede de poder, do intelecto humano. Herodíades, a mãe de Salomé, representa a mesma característica manifestada como desejo. A própria Salomé representa a licenciosidade sensual tanto da emoção como da sexualidade física, usada por sua vez na busca de prestígio, poder e riqueza.

Tudo isso está presente no interior dos seres humanos e tende a influenciar-lhes a conduta, até que o despertar espiritual abra os olhos mentais para o mal essencial deles. Ainda assim, pode permanecer aquela característica profundamente arraigada na mente humana que busca forçar a verdade a ser subserviente a noções preconcebidas, a conceitos próprios e a modos de expressão que preservarão o poder e a identidade pessoais. Esse é o grande mal do mundo, a poderosa fonte de quase todas as tristezas dos homens, a saber, a insistência na identificação com o eu separado e aquele orgulho intelectual que somente se rende aos padrões estabelecidos de pensamento. A inteligência e a habilidade na argumentação podem ser assim alcançadas, mas a Autoiluminação e a percepção direta da verdade em sua pureza estarão sempre perdidas na confusão da discussão e na insistência verbosa em que as próprias ideias são as únicas verdadeiras e valiosas.

Essas características da natureza humana, que tinham sua utilidade na fase inicial do desenvolvimento do homem e da civilização, devem ser completamente eliminadas para que a Verdade genuína ilumine a mente humana. Isso é acompanhado por um decidido ataque interior contra essas características e, eventualmente, pela sua eliminação do caráter de homem autoiluminado. Essa imensa realização é

---

[1] Interpretação iniciatória – ver Hodson, *A Sabedoria Oculta na Bíblia Sagrada*, p.71, Ed. Teosófica, Brasília.

[2] Mt 5:18; 7:1,2.

simbolizada pela decapitação, que é um retrato hábil da morte do poder do intelecto separativo e intolerante, o esgotamento da tendência para arguir e debater a respeito daquilo que está além do seu poder. Essas características são analíticas, conquanto a plena percepção da Verdade, em si mesma, possa ser descrita como uma síntese transcendente.

O símbolo da decapitação, então, descreve alegoricamente a liberação final da inteligência abstrata e profética. Golias, por exemplo, é representado como um gigante com armadura desafiando arrogantemente seus inimigos, mas Davi, recém-chegado do campo, tendo entrado num riacho para obter uma pedra branca, matou-o e cortou-lhe a cabeça[3]. Perseu, semelhantemente, cortou a cabeça da Medusa, enquanto Hércules decapitou a hidra de nove cabeças de Lerna. O espírito de João é liberto da prisão, tanto da carne como da mente formal, com suas limitações anteriores e ideias fixas, inclusive da opressão e dominação representada por Herodes; porque a mente deve ser aquietada – morta figurativamente – para que o livre fluxo das ideias intuitivamente percebidas – a natureza crística – seja realizado. Na verdade, sugiro que, em todos os relatos de degolação de membros importantes dos elencos de dramas simbólicos, cada decapitação significa o fim de uma época evolucionária, sobre a qual a mente mortal do homem tinha, até então, governado corretamente, a não ser em casos extremos[4].

Já que a alma do homem é eterna e a morte corporal não tem efeito sobre ela, João Batista, morrendo para o visível e para as circunstâncias e atividades frequentemente feias da vida mundana, também simbolizadas pela morte, alcançou "a outra margem". Nisso ele tipifica cada Iniciado que tenha passado pelo ritos sagrados de sucessivas iniciações.

Na interpretação histórica, mais do que na alegórica, a resposta favorável de Herodes ao pedido de Salomé, pela cabeça de João Batista numa bandeja, pode ser entendida como tendo provocado o fim de sua missão, pelo assassinato de seu corpo. O filósofo, por sua vez, veria nesse evento a operação da lei do *karma*, sob a qual João Batista estava colhendo aquilo que havia semeado previamente. O medo de Herodes, como a hesitação de Pilatos quando julgava Jesus, indica o surgimento da intuição do verdadeiro significado da vida, do real propósito da existência humana, do ideal de conduta humana e do começo do entendimento de que os homens que eles mantinham presos eram exemplos vivos dessas virtudes. Todos ditadores têm tais receios, mas tendem a sufocá-los nas suas taças, por medo de perder seus poderes, como bem poderiam. A ferroada na consciência, entretanto, continuará a molestá-los, até que ela se torne como a voz de João Batista, clamando por arrependimento no deserto da existência meramente mundana. A autorreforma finalmente acontecerá e os débitos formados pelas más ações serão pagos com tristeza e ago-

---

[3] Cf. Golias, 1Sm 17.

[4] Ver Hodson, *A Sabedoria Oculta na Bíblia Sagrada*, p.324, Ed. Teosófica, Brasília.

nia; porque essa é a Paixão do Senhor pela qual cada Iniciado deve passar no seu caminho para o Adeptado[5].

Mt 14:13. Jesus, ouvindo isso, partiu dali, de barco, para um lugar deserto, afastado. Assim que as multidões o souberam, vieram das cidades, seguindo-o a pé.

14. Assim que desembarcou, viu uma multidão e, tomado de compaixão, curou os seus doentes.

Aquela região da consciência e aquele estado de ser e de mente aos quais Jesus se retirou eram tão elevados a ponto de serem incognoscíveis para o não iniciado. Portanto, eram para eles – mas não para Jesus – como um deserto. Isso é sempre assim, uma vez que aquilo que é inatingível ou inalcançável deve parecer escuro e improdutivo.

Todavia, tão grande era seu poder sobre o povo e tão acentuada a percepção de sua verdadeira grandeza, assim como de sua beleza e bondade, que eles seguiam-no igualmente até aos denominados lugares desertos. Os incidentes que se seguiram mostram claramente, entretanto, que muito longe de um deserto a "região" era fartamente produtiva, ainda que por mágica.

Mt 14:15. Chegada a tarde, aproximaram-se dele os seus discípulos, dizendo: O lugar é deserto e a hora já está avançada. Despede as multidões para que vão às aldeias comprar alimento para si.

16. Mas Jesus lhes disse: Não é preciso que vão embora. Dai-lhes vós mesmos de comer.

17. Ao que os discípulos responderam: Só temos aqui cinco pães e dois peixes.

18. Ele disse: Trazei-os aqui.

19. E, tendo mandado que as multidões se acomodassem na relva, tomou os cinco pães e dois peixes, elevou os olhos ao céu e abençoou. Em seguida, partindo os pães, deu-os aos discípulos, e os discípulos às multidões.

É bastante evidente que o lugar deserto era descrito assim apenas metaforicamente, pois Jesus mandou que o povo sentasse na grama. A narrativa então coloca o incidente fora do puramente material, elevando-o ao místico, como se não fora da Terra e sim do céu.

As palavras escolhidas pelos narradores levam o grande banquete a assumir o caráter de uma refeição sagrada, uma verdadeira Eucaristia, pois é dito que Jesus elevou os olhos ao céu, "partiu" os pães e deu-os aos discípulos e estes às multidões. A execução do ato da duplicação e multiplicação de objetos físicos está bem de acordo com a capacidade de todo sábio ocultista, de cada Adepto que tenha sido

[5] Gl 6:7.

Iniciado nos Mistérios Maiores. O milagre pode, portanto, ser perfeitamente aceito como produzido por alguém a quem fosse possível tais milagres evidentes.

As duas espécies de comida, pão e peixe, são também usadas como símbolos por aqueles que escrevem na linguagem simbólica. O pão é interpretado como o próprio conhecimento e como o tipo de alimento da mente que a capacita naturalmente a perceber e apreciar ideias metafísicas. O peixe, por outro lado, significa a condição pela qual a unidade de toda a vida no Universo e a consequente unidade espiritual de todos os seres são realizadas como experiências na consciência. Ademais, dessa realização surge compaixão divina que conduz a uma bela espécie de ternura espiritual, que é expressa como sabedoria e auxílio amoroso para aqueles em necessidade.

A comida, tão miraculosamente multiplicada e dada a aproximadamente cinco mil pessoas, pode também ser considerada como o nutriente mental e espiritual – a infusão nas mentes das pessoas daquela influência espiritual que lhes confere responsividade à iluminação. A exaltação da alma, mais do que o alimento físico apenas, foi então dada ao vasto ajuntamento de pessoas. Uma discussão posterior da simbologia usada ocorre no capítulo seguinte em outra versão do incidente.

Mt 14:20. Todos comeram e ficaram saciados, e ainda recolheram doze cestos cheios dos pedaços que sobraram.

21. E os que comeram eram cerca de cinco mil homens, sem contar mulheres e crianças.

Parece improvável que o relato de um evento que ocorreu alguns anos antes da história ter sido escrita possa registrar o número real de cestos com as sobras, mesmo se estes tivessem sido contados naquela época, o que é também improvável. Um significado esotérico pode então ser buscado, muito embora a possibilidade da produção de tal superabundância a partir de uma fonte original tão pequena seja aceita como possível. O número doze sugere totalidade, inteireza, acabamento. Os cestos podem indicar recipientes, veículos ou suportes, enquanto o alimento físico pode ser aqui interpretado como o nutriente da alma. Se esse ponto de vista é adotado, então o corpo da sabedoria espiritual, do conhecimento esotérico, estava disponível para a consciência da multidão, que por sua vez representa a humanidade como um todo. O ato do Senhor significa o serviço para humanidade pelos "homens tornados perfeitos", fazendo disponível a sabedoria espiritual que eles descobriram e preservaram através dos tempos.

Para algumas mentes essa interpretação do memorável incidente pode ser mais aceitável do que sua leitura como uma narrativa de eventos reais. Na verdade, para a grande maioria das pessoas, o Senhor é descrito como tendo executado uma ação que para eles era totalmente impossível. A fé, entretanto, habilita àqueles que acreditam na Bíblia como o trabalho inspirado de Deus a aceitar a narrativa como um relato de um dos muitos milagres executados pelo Senhor. Mesmo tal fé, chamada cega porque nenhuma ação do intelecto está envolvida, pode ser preferível à rejeição completa, pois essa última envolve um fechamento da mente, em consequência da qual o cunho e a importância do relato são apagados e a sabedoria oculta perdida.

Não há razão inerente para que um Adepto não possa multiplicar nenhum objeto físico quase indefinidamente, em particular quando protegido e autorizado por um aspecto do Divino. O Batismo de Jesus, acompanhado pela descida do Espírito Santo sobre ele, fez com que ele não fosse mais um homem no sentido comum do termo, mas um homem divino, unificado com o sublime Senhor do Universo e, em consequência, um Mestre da substância material de que consiste o Universo. Na verdade, todos os Adeptos que saem de seu isolamento e entram no mundo dos homens, pela sua real presença e também por suas palavras, irradiam aquela pura sabedoria que não é desse mundo. A sabedoria, além disso, é infinita e, portanto, inesgotável; tanto real como simbolicamente, há sempre mais do que aquilo que estava disponível. Esse incidente conclusivo que o evangelista descreve oferece um indício para o entendimento da história, na medida em que introduz o milagre ou prodígio que implica a inesgotabilidade daquilo que havia sido dado.

Mt 14:22. Logo em seguida, Jesus forçou os discípulos a embarcar e aguardá-lo na outra margem, até que ele despedisse as multidões.

23. Tendo-as despedido, subiu ao monte, a fim de orar a sós. Ao chegar a tarde, estava ali, sozinho.

Um senso de proporção e um alto grau de discernimento são essenciais para a sábia e efetiva expressão dos resultados da iluminação na vida diária. Duas das necessidades para isso, bem como para a restauração tanto da energia física como da psíquica e para exaltação da alma, estão simbolicamente referidas nesses versículos. São elas a solidão ou separação (tanto as multidões como os discípulos foram despedidos) e a exaltação interior, ou subida às alturas espirituais, simbolizada pela montanha. Pela prática regular da contemplação, no isolamento e na quietude, a mente comunga com a presença divina externa e interna. Assim, quando chegou a tarde, Jesus orou só.

Mt 14:24. O barco, porém, já estava no meio do mar, açoitado pelas ondas, pois o vento era contrário.

25. Na quarta vigília da noite, ele dirigiu-se a eles, caminhando sobre o mar.

26. Os discípulos, porém, vendo que caminhava sobre o mar, ficaram atemorizados e diziam: É um fantasma! E gritaram de medo.

27. Mas Jesus lhes disse logo: Tende confiança, sou eu, não tenhais medo.

O fenômeno da autolevitação – compreendendo a liberação de si próprio do poder da gravidade – pode ser prontamente realizado por aqueles que são avançados na senda do desenvolvimento oculto. Exceto como um interessante relato de tal realização milagrosa num tempo passado, a história na sua forma literal pode ser considerada como de pouco ou nenhum valor espiritual direto para o homem moderno.

Se, entretanto, a passagem é interpretada como uma alegoria da iluminação espiritual e da autocapacitação da humanidade, tanto individual como coletivamente, então Jesus personifica a natureza espiritual recôndita do homem, O Cristo interior, e o mar tempestuoso refere-se à natureza emocional que carece de controle adequado. Quase todos os homens são ocasionalmente açoitados pelo vento, quando os eventos de suas vidas perturbam sua paz e sua calma. O barco, por sua vez, exemplifica o homem mortal e, especialmente, o veículo físico que transporta a alma sobre as denominadas águas da vida, ou a existência material. Os discípulos no barco representam os vários atributos do Eu interno e do homem exterior em alguns estágios avançados de disciplina controlada na motivação e na conduta na vida diária.

A ausência de Jesus no começo indica a inconsciência da divina presença interior, enquanto sua chegada posterior e ingresso a bordo (versículo trinta e dois) simboliza a recuperação da consciência do divino e a autossubmissão ao seu poder em pensamento, palavra e ação. Então, Cristo e seus discípulos a bordo do barco representam simbolicamente a Autoiluminação do homem com suas várias características.

Os discípulos também retratam a carência de segurança e de calma que surge do distúrbio emocional. A carência pode ser satisfeita pela descoberta ou revelação da divina presença interior no corpo e na mente. O acalmar da tempestade e a viagem segura do barco para a praia escolhida descrevem os efeitos do poder espiritual conscientemente realizado do Eu interior e a tranquilidade, até mesmo quietude, da mente e das emoções que é então experimentada. Além disso, qualquer ameaça ao bem-estar do homem mortal, sugerido por um naufrágio, não mais aparece como um perigo porque o poder controlador do Deus interior aquieta todas as tempestades na natureza externa e mortal do homem. Esse habitante do recôndito não é, em nenhum sentido, subserviente às condições externas, na verdade é o Mestre delas, especialmente do seu movimento perpétuo, como o das ondas.

O incidente também indica que, após ter sido alcançado certo grau de desenvolvimento, simbolizado pelo Batismo de Jesus, o desejo (as águas) é superado. A energia que, até agora, encontrara expressão através de válvulas emocionais transmuta-se em poder espiritual, em particular numa força de vontade consideravelmente aumentada. Metaforicamente, o Eu espiritual interior, de forma segura, "anda sobre" (usa como uma ajuda para mover-se) a natureza do desejo humano, que até aqui possuía o atributo do perigo.

Os discípulos no interior do barco não reconheceram Jesus até que falasse com eles. Isso pode ser uma referência alegórica à voz do divino dentro do homem, o *Logos* da alma. A palavra voz nesse contexto é também descritiva da comunicação íntima que é estabelecida, durante as experiências místicas, entre o homem divino e o mortal. Essa comunicação confere imenso poder, sendo, portanto, potencialmente perigosa e, daí, expressa em linguagem alegórica.

As palavras de Jesus nem são limitadas a ele nem restritas ao tempo e à data em que supostamente foram pronunciadas. A experiência pode ser passada por qualquer um a qualquer tempo, pois é atemporal e universal. O Deus dentro do homem anda continuamente sobre a água, entra no barco da consciência física do homem e depois disso acalma o desejo. Expresso de outra forma, Jesus está sempre andando sobre a água, em direção à humanidade. Os homens disciplinados, ainda que dormindo inicialmente, testemunham sua aproximação, ouvem sua voz e, então, aceitam-no como um passageiro no barco de suas vidas e mentes mortais.

Cristo personifica cosmicamente a potência positiva que cria, o espírito divino, enquanto a água corresponde ao vasto mar do até então Espaço Virgem. Os autores dos primeiros versículos do Livro de Gênesis usaram a mesma linguagem metafórica, que também é encontrada em outras cosmogonias. Quando o "espírito de Deus" movia-se sobre a "superfície das águas"[6], a quietude precósmica deu lugar à atividade geradora e produtora da forma – uma tempestade por contraste. O domínio posterior do espírito sobre a matéria e o início e a manutenção dos processos evolutivos ordenados podem também ser retratados pelo Cristo a bordo do barco – a forma externa do Universo – acalmando a tempestade.

Mt 14:28. Pedro, interpelando-o, disse: Senhor, se és tu, manda que eu vá ao teu encontro sobre as águas.

29. E Jesus respondeu: Vem. Descendo do barco, Pedro caminhou sobre as águas e foi ao encontro de Jesus.

30. Mas, sentindo o vento, ficou com medo e, começando a afundar, gritou: Senhor, salva-me!

31. Jesus estendeu a mão prontamente e o segurou, repreendendo-o: Homem fraco na fé, por que duvidaste?

32. Assim que subiram ao barco, o vento amainou.

A impulsividade é um atributo tipicamente humano e, em várias ocasiões, Pedro apresentou-a, geralmente com consequências desastrosas. Ele não tinha alcançado ainda plenamente o estágio de desenvolvimento no qual o desejo não possuía mais nenhum domínio sobre ele. Isso está evidenciado nos incidentes registrados posteriormente nos evangelhos, em particular sua afronta declarada contra a paixão e a morte previstas pelo Senhor, como também a negação durante a cena do julgamento. Embora elevado pelo entusiasmo e pela devoção, que lhe permitiu andar alguma distância sobre as águas para saudar seu Senhor, quando a excitação e o entusiasmo excessivos de suas emoções surgiram, ele correu perigo de afogar-se. Isso não aconteceu porque o Senhor estendeu a mão e salvou-o milagrosamente.

Sem o menor descrédito ao poder do Adepto, andar sobre as águas e acalmar o vento são uma revelação, feita por meio do símbolo e da alegoria, da natureza humana, mortal e imortal e das respectivas condições e poderes de cada Adepto. A mensagem da história é, em parte, estabelecer o hábito regular da oração contemplativa diária, atingindo-se com isso aquele poder e paz interiores que, quando rea-

[6] Gn 1:2.

lizados, conduzirão, às vezes, a pessoa miraculosamente sobre as turbulentas águas da vida de forma segura. A oração, muito mais a contemplação do que a súplica, induz à realização dessa divindade interna. Isso, por sua vez, eleva o homem com a mente calma acima das tormentas da vida.

Mt 14:33. Os que estavam no barco prostraram-se diante dele e adoraram-no, dizendo: Verdadeiramente, tu és o Filho de Deus!

34. Terminada a travessia, alcançaram terra em Genesaré.

35. Quando os habitantes daquele lugar o reconheceram, espalharam a notícia de sua chegada por toda a região. E lhe trouxeram todos os doentes,

36. rogando-lhe tão somente tocar a orla de sua veste. E todos os que a tocaram ficaram curados.

Encerra-se o capítulo com descrições de eventos que podem ser lidos tanto histórica como alegoricamente. Na verdade, a despeito das diferenças entre os evangelhos, muita coisa neles é historicamente confiável, podendo-se seguramente assumir que Jesus velejou sobre o mar da Galileia, cruzou de uma parte a outra as suas praias, evocou adoração de seus discípulos quando sua natureza divina revelou-se e curou e ensinou a grande número de pessoas. Aparentemente, menores referências, como as da cura pelo simples toque na bainha de sua veste, sugerem uma possível tentativa de revelações de verdades que são atemporais, pois quando o homem com suas várias imperfeições (doenças) eleva a consciência pessoal em união com seu Eu divino (a presença de Cristo), então sua natureza mortal torna-se purificada e espiritualizada (curada das doenças).

Nesse processo de autoelevação acima das atividades da mente racional, mesmo os primeiros contatos com a inteligência sintetizante e unificadora (a orla de sua veste) podem e produzem efeitos os mais notáveis. Essa verdade é registrada de várias formas na literatura simbólica e mística que o homem produziu. O conhecimento do divino, da experiência da Vida onipresente e de que se é uma manifestação dela podem atrair, como se da franja da natureza divina, rios de inspiração e influências reintegrantes e harmonizantes. Esse fato pode ser descoberto bem no início, ou limiar, das experiências místicas.

Lc 8:2. Assim como algumas mulheres que haviam sido curadas de espíritos malignos e doenças: Maria, chamada Madalena, da qual haviam saído sete demônios.

Jo 8:3. Os escribas e fariseus trazem, então, certa mulher surpreendida em adultério e, colocando-a no meio,

4. dizem-lhe: Mestre, esta mulher foi surpreendida em flagrante delito de adultério.

5. Na Lei, Moisés nos ordena apedrejar tais mulheres. Tu, porém, que dizes?

6. Eles assim diziam para pô-lo à prova, a fim de terem matéria para acusá-lo. Mas Jesus, inclinando-se, escrevia na terra com o dedo, como se não os ouvisse.

7. *Como persistissem em interrogá-lo, ergueu-se e lhes disse: Quem dentre vós estiver sem pecado, seja o primeiro a lhe atirar uma pedra!*
8. *Inclinando-se de novo, escrevia na terra.*
9. *Eles, porém, ouvindo isso, estando convencidos por sua própria consciência, saíram um após o outro, a começar pelos mais velhos. Ficou só Jesus e a mulher que estava no meio.*
10. *Então, erguendo-se Jesus, e não vendo ninguém mais do que a mulher, disse-lhe: Mulher, onde estão os teus acusadores? Ninguém te condenou?*
11. *Disse ela: Ninguém, Senhor. Disse, então, Jesus: Nem eu te condeno. Vai, e não peques mais.*

A mulher pega em adultério – apresentada aparentemente para condenação perante Jesus – personifica o corpo mental e o emocional combinados da pessoa que está atravessando as fases de evolução durante as quais a completa sublimação e santificação da energia criativa estão alegoricamente retratadas. Assim, há uma Maria Madalena em cada ser humano, perdoada a princípio, mas transcendida, quando são trilhados os níveis mais elevados da senda que conduz ao cume da montanha da perfeição. A obtenção do Discipulado, a sua presença diante da tumba vazia e o encontro com o ressurreto Jesus significam sua bem-sucedida conquista.

Capítulo 19

É aceitável uma interpretação literal dos milagres de Jesus; fatos históricos podem bem ter sido registrados. Entretanto, os escritores da linguagem sagrada estão capacitados a registrar os incidentes de tal modo que as nuanças místicas sejam também reveladas, sendo esse um dos principais propósitos da invenção e uso dessa categoria de literatura. Se o leitor faz a pergunta "qual a verdade?", a resposta é no mínimo dupla. Uma base histórica pode existir e ser de interesse considerável, mas a revelação da sabedoria espiritual da qual ela é um veículo é de significado e valor muito maiores. Os autores das Escrituras mundiais, os maiores tesouros da humanidade, escrevem com essa intenção e visando a esse conhecimento. Os versículos dos evangelhos deveriam ser lidos assim.

Mt 15: 1. Nesse tempo, chegaram-se a Jesus fariseus e escribas vindos de Jerusalém e disseram:

2. Por que os teus discípulos violam a tradição dos antigos? Pois que não lavam as mãos quando comem pão.

3. Ele respondeu-lhes: E vós, por que violais o mandamento de Deus por causa da vossa tradição?

7. Hipócritas! Bem profetizou Isaías a vosso respeito, quando disse:

8. Este povo me honra com os lábios, mas o coração está longe de mim.

9. Em vão me prestam culto, pois o que ensinam são mandamentos humanos.

10. Em seguida, chamando para junto de si as multidões, disse-lhes: Ouvi e entendei!

11. Não é o que entra pela boca que torna o homem impuro, mas o que sai da boca, isso sim o torna impuro.

18. Mas o que sai da boca procede do coração e é isso que torna o homem impuro.

19. Com efeito, é do coração que procedem más intenções, assassínios, adultérios, prostituições, roubos, falsos testemunhos e difamações.

20. São essas coisas que tornam o homem impuro, mas o comer sem lavar as mãos não o torna impuro.

Se é higienicamente aconselhável ou não lavar as mãos antes de comer, não está em questão aqui. Pois o episódio inteiro é metafórico e desse modo ensina a grande importância da simples honestidade e da franqueza nos assuntos sob consideração. De fato é dito "a letra mata, mas o espírito vivifica"[1]. Tal é a lição mais geral desses versículos nos quais as pessoas, os escribas e fariseus nesse caso, per-

---

[1] 2Cor 3:6.

sonificam a insinceridade, a hipocrisia e o poder sacerdotal praticado por aqueles que deveriam por preceito e exemplo estar ensinando a verdade viva.

Cada reformador religioso que aparece após a fé ter se tornado revestida de meras formalidades – a repetição de fórmulas antigas sem o seu reconhecimento no coração e na vida – tem a difícil, senão perigosa, tarefa de remover estas incrustações e revelar uma vez mais as verdades como foram originalmente formuladas em sua prístina pureza. Jesus foi um desses reformadores. Confrontou-se, em consequência, com os tremendos poderes da ortodoxia estabelecida.

Com grande habilidade e poder de comunicação, não só respondeu aos ataques contra seus discípulos, como também levou o confronto para o campo de seus inimigos, trazendo desapontamento àqueles que tentavam enredá-lo e difamá-lo e a seus seguidores. Esse atributo de Jesus, esse traço em seu caráter, de grande perícia intelectual combinada à introspecção penetrante, como a lógica de um advogado, não é geralmente reconhecido. Todavia, os quatro evangelistas nunca o apresentaram embaraçado por qualquer ataque verbal. Ao contrário, infalivelmente é apresentado como extremamente habilidoso em tais formas de debate.

Ele estava naturalmente numa posição muito favorável em relação a seus acusadores. Primeiro, podia ver dentro de seus corações e observar a hipocrisia por trás de suas palavras. Segundo, tinha sob seu comando a compreensão completa do assunto sobre o qual os ataques estavam baseados e, terceiro, não estava no rol dos homens comuns, estando muito acima deles, como um alto Iniciado ou Adepto. Verbalmente, portanto, nunca poderia ser enlaçado.

Mt 15:21. Jesus, partindo dali, retirou-se para a região de Tiro e de Sidônia.

22. E eis que uma mulher cananeia, daquela região, veio gritando: Senhor, filho de Davi, tem compaixão de mim: a minha filha está horrivelmente endemoninhada.

23. Ele, porém, nada lhe respondeu. Então os seus discípulos se chegaram a ele e pediram-lhe: Despede-a, porque vem gritando atrás de nós.

24. Jesus respondeu: Eu não fui enviado senão às ovelhas perdidas da casa de Israel.

25. Mas ela, aproximando-se, prostrou-se diante dele e pôs-se a rogar: Senhor, socorre-me!

26. Ele tornou a responder: Não fica bem tirar o pão dos filhos e atirá-lo aos cachorrinhos.

27. Ela insistiu: Isso é verdade, Senhor, mas também os cachorrinhos comem das migalhas que caem da mesa dos seus donos!

28. Diante disso, Jesus lhe disse: Mulher, grande é a tua fé! Seja feito como queres! E a partir daquele momento sua filha ficou curada.

Esse episódio descreve Jesus utilizando um símile da vida animal. A humanidade, sugere-se, é, para os Mestres de compaixão, como um rebanho de carneiros, sendo eles os pastores, sobretudo de almas. Os seres perfeitos sentem uma profunda preocupação com todos, mas especialmente com aqueles que caíram no mal – simbolizados aqui como possuídos por um demônio.

No começo do encontro com a mulher, Jesus parecia ter estado indiferente, mesmo áspero. A razão é que, seja para a cura de uma doença física ou para a purificação do pecado da alma, o sucesso depende amplamente da fidelidade ou sinceridade do aspirante. Assim, Jesus testa a mulher, aplicando um problema mental. Triunfalmente ela o resolve e supera a provação, respondendo-lhe igualmente em seus próprios termos com a analogia eficaz dos cachorros. Ela imediatamente se torna inundada de plena compreensão intuicional. Depois disso, o caminho estava desimpedido e o milagre de cura, seja externa ou interna, foi executado simbolicamente. A filha, possuída de um demônio, poderia ter sido tanto obsediada como epilética. Esotericamente, ela é parte de sua mãe, na medida em que, nas alegorias, todas as pessoas personificam aspectos da individualidade total do homem, como também do Universo.

De todos os que poderiam se beneficiar do poder de cura do Senhor, só aqueles cujas palavras ou condição demonstravam total entrega – ou como os evangelhos dizem "fé" – receberam o milagre da cura. A fé, nesse sentido puramente psicológico, significa que a mente está capacitada a superar as limitações normais da mente concreta, que são apropriadas para os problemas puramente materiais e intelectuais, mas que são um obstáculo para a iluminação pela intuição. Com fé, a mente pode manter a abertura e a receptividade instintiva em problemas além do seu alcance. Embora isso possa parecer, em alguns casos e para algumas pessoas, estupidez ou credulidade, pode indicar uma posição evolutiva avançada.

Essa alegoria, bem como outras parábolas, também descreve processos mentais delicados e sutis: a dualidade do intelecto humano; o lugar de junção, ou encontro, dos dois aspectos da mente; o obstáculo peculiar e especial que aí existe, conhecido como o "véu", útil e proveitoso até certo grau de desenvolvimento; e os modos pelos quais aquela barreira pode ser ultrapassada. A fé é um sinal de que a barreira está cedendo e de que uma mudança já está ocorrendo em alguma extensão, embora não inteiramente. A pessoa sabe, mas, por algum tempo, não pode justificar mentalmente. Mesmo assim, a despeito de objeções, a crença, ou fé, é mantida. A má saúde indica um estado psicológico no qual a condição de iluminação não pode passar pela barreira e ser recebida seja pela mente argumentativa ou pelo cérebro.

O fator decisivo para plena abertura do portal ou portão entre os dois aspectos da mente consiste da vontade espiritual aplicada ativamente. Esse poder essencial é personificado pelo Cristo curando com sucesso as doenças. O Habitante do Recôndito projeta seu raio – o som da voz do Mestre – na mente[2], pois essa influência do alto é capaz de penetrar e abrir sempre mais amplamente o véu entre o eu imortal e o mortal no homem.

---

[2] É notável que, em quase todos os casos, esse ato teúrgico é executado pela palavra falada ou pelo poder da palavra – a influência do *Logos* dentro da alma.

Essa é a verdadeira cura da doença pelos milagres. Pois, em todos os casos registrados nos evangelhos, é a mente que está doente, seja paralisada, cega, coxa, surda, muda, possuída de um demônio ou morta num sentido metafórico. A ação do poder espiritual interno *(Ātmā)* sobre o doente é para superar as condições e limitações mentais normais. Na verdade, como os sábios antigos diziam: "a mente (enferma) é a assassina do real"[3].

Aquelas cidades onde Jesus, por causa da descrença, não operou milagres referem-se aos seres humanos em que a mente ainda não tinha evoluído o suficiente para fazê-los responsivos ao toque ou à palavra da divina presença dentro deles. Nessa fase, é impossível a percepção intuitiva direta da verdade espiritual abstrata. Alegoricamente, o Mestre não está presente. A oração, o frequentar a igreja e a adoração são atitudes valiosas, à medida que ajudam nesse desenvolvimento desejável. Quando essas atitudes são seguidas pelo estudo da filosofia e, o que é ainda mais importante, pela prática do *yoga*, o véu pode ser "rasgado ao meio" antes do momento evolutivo normal. Isso é retratado na Escritura e no mito sempre que um ser divino, semidivino ou humano "roga ao Senhor" e isso é exatamente o que a mulher cananeia fez. Além do mais, ela clamou persistentemente se recusando a não ser atendida.

O demônio personifica simplesmente, nessa história, todos os atributos da mente e do cérebro que, em grande parte por causa do materialismo, desprezo e argumentação, bloqueiam a luz da intuição. Embora seja a mente, de maneira geral, que está enferma, nos dois episódios nos quais Jesus expulsa demônios, as desordens físicas e emocionais, as deficiências e os excessos podem também ter contribuído para a doença. Outra vez a cura verdadeira é a descoberta, a entrega e a invocação do Eu espiritual (o Senhor), as três atitudes essenciais para o sucesso na iluminação. Depois disso, os atributos falsos e adquiridos (o demônio), que não são verdadeiros para a natureza original, desaparecem ou são exorcizados e afugentados.

Mt 15:29. Jesus, partindo dali, foi para as cercanias do mar da Galileia e, subindo a um monte, sentou-se.

30. Logo vieram até ele numerosas multidões trazendo coxos, cegos, aleijados, mudos e muitos outros, e os puseram aos seus pés e ele os curou,

31. de sorte que as multidões ficaram espantadas ao ver os mudos falando, os aleijados sãos, os coxos andando e os cegos a ver. E renderam glória ao Deus de Israel.

Os relatos das primeiras curas de Jesus difundiram-se evidentemente através da nação, de forma que ele veio a ser considerado sob o duplo aspecto de instrutor e curador. Não é difícil entender e imaginar as consequências dessas notícias, e os versículos em exame falam da resposta popular. Quando ele viajava por toda a ex-

[3] H. P. Blavatsky, *A Voz do Silêncio,* Ed. Teosófica, Brasília.

tensão de sua terra natal, pessoas doentes vinham a ele por si próprias ou eram trazidas por parentes.

Pode-se assumir que, enquanto o doente aparentemente recebia a milagrosa restauração física, pela compaixão de Jesus por seus sofrimentos, maior receptividade à mensagem que trazia era um resultado compensatório, provocando iluminação e clarificação das mentes dos que sofriam. Assim, Jesus é mostrado como portador da luz às mentes dos homens, particularmente daquelas que estão em trevas. Os mentalmente coxos, cegos, mudos e aleijados tiveram a clara visão mental restaurada e mesmo a iluminação através da intuição, personificada pelo próprio Mestre. Então, se isso é verdadeiro, tanto a cura permanente quanto a prevenção de futuras doenças mentais teriam sido encontradas.

Por causa da memorável manifestação espiritual que ocorreu no Batismo, deve ser assumido que Jesus realizou seus extraordinários feitos tanto na condição de homem, como na de veículo de um Aspecto do Divino.

O versículo vinte e nove fala de uma retirada das praias da Galileia e, acompanhado de seus discípulos, segundo S. João[4], uma subida a uma montanha. Possivelmente, a sabedoria secreta foi dada enquanto estava "sobre o monte", seja essa elevação considerada literal ou simbolicamente. Em quaisquer dessas situações, Jesus evidentemente seguiu o costume de todos os Instrutores espirituais de comunicar aos discípulos selecionados o conhecimento oculto e a experiência direta dos níveis mais espirituais da consciência humana. As verdades transmitidas verbalmente seriam também percebidas diretamente, por causa das condições de sensibilidade e elevação, às quais os discípulos são levados quando na presença de seu Mestre. A ausência de qualquer declaração descritiva da ocorrência de eventos ou da execução de ações na montanha pode bem ser o resultado da típica imposição de segredo de tais ocasiões.

O caminho do Discipulado é cercado de muitas provações, testes e dificuldades, nos quais os fracassos temporários frustram aquela perfeição de conduta que é o ideal de todo discípulo. Talvez o maior desses perigos surja dos atributos de orgulho que permaneceram, mas que estavam latentes até então. Um cuidado muito grande é, portanto, exercido no treinamento dos discípulos e na revelação a eles do conhecimento que confere poder, a posse do qual poderia elevá-los acima de seus semelhantes. Tal conhecimento inclui o poder de realizar aqueles aparentes milagres que o próprio Jesus mostrou-se capaz de fazer. Essa habilidade poderia, na verdade, levar à tona certas sementes de egoísmo e, assim, trazer risco, se não fracasso na senda trilhada durante uma encarnação particular. Tal erro, entretanto, não seria necessariamente final, pois que o retorno à humildade essencial poderia sempre ocorrer, seja na mesma vida ou numa posterior.

Essas e outras considerações podem ter levado Jesus a retirar-se para uma montanha e lá sentar-se com seus discípulos. O retiro mental em um elevado estado

---

[4] Jo 6:3.

de consciência e a prática prolongada de contemplação estão entre os objetivos de um Mestre Adepto quando ensinando aos discípulos.

Mt 15:32. *Jesus, chamando os discípulos, disse: Tenho compaixão da multidão, porque já faz três dias que está comigo e não tem o que comer. Não quero despedi-la em jejum, de medo que possa desfalecer pelo caminho.*

33. *Os discípulos lhe disseram: De onde tiraríamos, num deserto, tantos pães para saciar uma tal multidão?*

34. *Jesus lhes disse: Quantos pães tendes? Responderam: Sete e alguns peixinhos.*

35. *Então, mandando que a multidão se assentasse pelo chão,*

36. *tomou os sete pães e os peixes e, depois de dar graças, partiu-os e dava-os aos discípulos, e os discípulos às multidões.*

37. *Todos comeram e ficaram saciados, e ainda recolheram sete cestos cheios dos pedaços que sobraram.*

38. *Ora, os que comeram eram quatro mil homens, sem contar mulheres e crianças.*

39. *Tendo despedido as multidões, entrou no barco e foi para o território de Magadan.*

O famoso milagre da duplicação e do formidável aumento de uma pequena quantidade de alimento possui certa naturalidade, na medida em que o ajuntamento da multidão ao redor de Jesus, a fome deles, a compaixão de Jesus e a sua expressão por meio de um milagre deve muito provavelmente ter ocorrido. Se esse relato deve ser entendido no sentido puramente histórico, então ele possui tanto o encanto como o elemento de prodígio. O componente de absurdidade também está presente no episódio. Essa introdução do sobrenatural na narrativa dá margem a sua interpretação no sentido místico. A utilização dos símbolos clássicos dá suporte a essa visão.

O nível da consciência de Jesus está indicado pelo cenário físico onde os milagres ocorrem. Sentar na grama ou no chão indica o corpo físico do homem, e as montanhas, estados de consciência elevados. As encostas acima da Galileia, as margens do lago e as montanhas mais longe representam o próprio mundo, e aqueles que seguiram Jesus, que foram curados e alimentados por ele, representam as almas que aspiram, despertas e animadas interiormente, que se tornaram buscadoras da luz e da verdade.

O número quatro sugere a transformação do espiritual no material[5]. Uma "descida" do poder e da sabedoria espirituais do alto, manifestando-se materialmente para alimentar quatro mil pessoas, representa a humanidade na Terra no seu corpo físico, normalmente restrita à consciência no nível físico, recebendo inspiração espiritual. Nesse caso, a multidão tinha estado três dias sem alimento num lugar relativamente deserto, de forma a se tornar faminta. Nesses símbolos, o deserto é

[5] Físico, etérico, emocional e mental.

um estado de aridez mental, enquanto a fome indica que uma aspiração por conhecimento é ativada. Os três dias sugerem que, não só a mente, mas também o coração e o cérebro – o tríplice homem – anseiam pela sabedoria e pela verdade.

Essas últimas são introduzidas na história por meio de seus símbolos clássicos. O pão refere-se ao conhecimento da verdade a respeito dos princípios subjacentes da manifestação e da existência divina na Natureza e no homem, e o peixe significa a pura sabedoria da natureza crística, que somente pode nutrir espiritualmente o homem integral[6]. As pessoas foram trazidas à presença de um Instrutor espiritual, Jesus o Cristo, quando estavam jejuando e passando fome, o que significa ânsia pela sabedoria espiritual. O aparente milagre indica que a posse da sabedoria e o despertar da natureza crística são suficientes para suprir as necessidades da vida no nível espiritual e no material. Os discípulos, que também estavam presentes, indicam a condição do caráter disciplinado.

De novo um símbolo numérico – o sete – é empregado pelo evangelista. Como observado anteriormente, o número sete refere-se à natureza sétupla do homem e a uma fase avançada de desenvolvimento, um estágio de desenvolvimento que envolve a tríade "mais elevada" e o quaternário "inferior". Uma época chegou ao fim, e uma nova está começando. O materialismo e a mundanidade perderam sua influência. Simbolicamente, como de fato, uma montanha foi escalada. Somente o conhecimento das coisas terrenas, embora grande, já não satisfaz a mente.

O arranjo de símbolos sugere o advento do estágio em que o espírito interior tornou-se suficientemente capacitado e desenvolvido para despertar no homem externo a vontade para a autodisciplina e a aspiração para adquirir a sabedoria e o poder que ela confere. Enquanto a massa da humanidade está ainda muito longe de ter atingido esse estágio, inúmeras pessoas continuam a alcançá-lo e a avançar na grande busca da iluminação espiritual, que nunca é negada. A luz necessária brilha do interior da alma espiritual, e o nutriente necessário para a mente e o coração (pão e peixe) é suprido fartamente.

Jesus, sendo responsável pela abundância de alimento, personifica o Cristo Interno suficientemente evoluído para afetar a natureza global quíntupla do homem[7]. Sua ação, do começo ao fim, encerra tanto a condição de sabedoria espiritual altamente desenvolvida, semelhante à de Cristo, como a expressão natural ativa na conduta de vida de um Adepto. Todo o episódio pode ser considerado como encorajamento aos aspirantes quanto ao progresso na senda interna que conduz "à medida da estatura da plenitude de Cristo"[8]; pois o Adepto é não apenas sustentado completamente do interior, com suprimentos inesgotáveis, mas também tem sob seu co-

[6] Ver Hodson, *A Sabedoria Oculta na Bíblia Sagrada*, pp. 65-122, Ed. Teosófica, Brasília. Para interpretações adicionais do simbolismo de montanhas, números, pão e peixe.

[7] Ver diagrama da p. 51.

[8] Ef 4:13.

mando abundância espiritual superior às suas próprias necessidades. Ele está, por conseguinte, apto a repartir e reparte com o mundo em geral (os quatro mil) e especialmente com aqueles que alcançaram o Discipulado.

Essa superabundância deriva não só do Eu espiritual do homem, mas também da Fonte, a essência espiritual universal com a qual o Adepto está conscientemente identificado. Em consequência, quando um homem descobre seu próprio ser espiritual divino, a presença de Deus dentro dele, então o poder do Universo e mesmo de todo o cosmo está à sua disposição. Tão grande é a influência potencial de tal ser humano altamente iluminado que, por segurança, seu poder somente será revelado à humanidade sob o véu da alegoria, como nesse caso.

Visto assim, o incidente descreve menos um evento ocorrido há aproximadamente dois mil anos do que um processo contínuo, um desenvolvimento no interior da alma do homem – e mesmo da sua própria natureza. Nesse sentido, Jesus, rodeado por seus discípulos sob instrução, está sempre sentado numa alta montanha e constantemente pronto para alimentar todos aqueles que têm o mundo como um deserto, que subiram a montanha e aí receberam a sabedoria e a verdade ardentemente buscada e fortemente desejada, o alimento da alma.

Essa interpretação não exclui, entretanto, a possibilidade do exercício do poder de Adepto por Jesus, pois a habilidade para executar o fenômeno da multiplicação, quando ele é tecnicamente oportuno, é possuído por todos Adeptos.

Entrementes, enquanto a imortal história continua a ser contada, a nação hebreia de todos os tempos e os escribas, fariseus e sacerdotes que estão à espreita para apanhar o Senhor numa armadilha vão vivendo suas vidas de sua própria maneira mundana, todos descuidados da beleza e da maravilha em seu meio na pessoa de Jesus.

Capítulo 20

A forma visível de Jesus não foi, como alguns ensinaram, fantasmagórica. Ele foi uma personagem histórica, um homem físico, estando registrados nos evangelhos alguns incidentes de sua vida. Contudo, será mostrado que os evangelhos, particularmente os sinóticos e o de S. João, são muito mais documentos místicos do que históricos. Essa é a ideia que falta em todas as exposições da história evangélica. A ênfase é colocada erroneamente sobre o histórico, quando deveria ser posta sobre o Jesus místico, o veículo escolhido, o maravilhoso jovem hebreu sobre cuja vida, imperfeitamente registrada, toda a estrutura do Cristianismo está fundada. As muitas passagens lembrando os ensinamentos profundamente esotéricos de Jesus, inclusive o Sermão da Montanha, estão entre as joias preciosas de sabedoria que ele legou à humanidade em geral e, especialmente, a todos os aspirantes, para os quais a história de sua vida pretende descrever a plena experiência e realização espiritual. Assim considerada, a historicidade, ainda que seja importante num sentido, cede lugar inteiramente ao reconhecimento da pérola inestimável de sabedoria que o relato evangélico contém.

Mt 16:1. Os fariseus e os saduceus vieram até ele, a fim de pô-lo a prova, pediram-lhe que lhes mostrasse um sinal vindo do céu.

2. Mas Jesus lhes respondeu: Ao entardecer dizeis: Vai fazer bom tempo, porque o céu está avermelhado;

3. e de manhã: Hoje teremos tempestade, porque o céu está de um vermelho sombrio. Hipócritas, sabeis diferenciar a face do céu e não conheceis os sinais dos tempos?

4. Uma geração má e adúltera exige um sinal, mas nenhum sinal lhe será dado, senão o sinal de Jonas. E, deixando-os, foi-se embora.

A tendência, às vezes sustentada perversamente, de julgar os assuntos físicos somente de acordo com indicações exteriores visíveis, está reportada nesses versículos. As verdadeiras causas da condição da raça humana ou de qualquer região específica, Jesus informou aos indagadores, jaz por baixo da aparência externa e nos corações e mentes do povo. Alegoricamente, o homem esquadrinha os céus, quando deveria estar examinando sua própria conduta e os motivos de suas ações. Isso, naturalmente, não se aplica aos discípulos, que já tinham aprendido a estudar e interpretar os propósitos secretos e as motivações furtivas dos homens.

Sem dúvida, os saduceus e fariseus estavam esperando que Jesus fosse responder-lhes nos termos de suas solicitação, preparada especialmente para enredá-lo. Possivelmente, estavam também esperando induzir Jesus a produzir algum fenômeno oculto observável, pois que tinham conhecimento dos milagres de cura e da alimentação da multidão. Qualquer que fosse, entretanto, o propósito deles, não só falharam em envolver Jesus, mas a sua resposta demonstrou que, como sempre, ele via seus desígnios dissimulados. Fazendo isso claro, ele deu-lhes também um conselho valioso a respeito dos caminhos e destinos dos homens, como indicam os versículos.

A referência ao sinal do profeta Jonas pode ser interpretada no sentido de que um bode expiatório, possivelmente alguma figura pública, poderia ser encontrado, acusado de causar desgraça e executado. Assim como Jonas foi acusado de ser o responsável pelo perigo no navio e lançado ao mar, o próprio Jesus deveria ser crucificado.

Parece evidente, da resposta de Jesus, que uma certa decadência tinha se estabelecido entre os judeus e, ao percebê-la, Jesus soube que ela levaria inevitavelmente à ruína. O mundanismo da humanidade em geral e a teimosia dos homens não iluminados estão bem-retratados pelos incidentes históricos que se seguiram. O poder romano estava naquele tempo crescendo e se estendendo. Mais tarde, sob o imperador Titus, Jerusalém deveria cair, o templo seria saqueado e o povo hebreu disperso pelo mundo. Jesus previu indubitavelmente tudo isso e, em sua resposta, censurou àquelas pessoas que eram responsáveis pela decadência. Na verdade, seu nascimento e sua missão podem bem ter sido planejados para prevenir, despertar moral e espiritualmente e, dessa forma, salvar o povo Judeu.

Embora isso não tenha acontecido, um grande impulso espiritual foi, não obstante, liberado. Não só os discípulos imediatos de Jesus, mas incontáveis milhões de outras pessoas têm renunciado ao mundanismo e à tolerância consigo mesmas, colocando seus pés no caminho da santidade em consequência da mensagem, da missão e do poder que Jesus trouxe ao mundo e que ainda perdura.

Juntos, esses quatro versículos podem trazer uma mensagem para todos os homens de todos os tempos, qual seja a de nunca olhar somente o exterior, mas também perceber, meditar e compreender os sinais interiores.

Mt 16.5. Ao passarem para a outra margem do lago, os discípulos esqueceram-se de levar pão.
6. Como Jesus lhes dissesse: Cuidado, acautelai-vos do fermento dos fariseus e dos saduceus!

Jesus pode ter apresentado esse ensinamento no círculo íntimo dos seus discípulos um pouco mais tarde. O pão foi provavelmente usado por ele como um símbolo do conhecimento da verdade ou do entendimento espiritual. O fato de que os discípulos tinham esquecido de trazer pão quando partiram de barco com o Mestre para Magadan pode ser interpretado como uma alegoria da ausência temporária, por parte deles, dessa qualidade, pois que também estavam preocupados com o aspecto externo do incidente acima. Jesus evidentemente percebeu isso e preveniu-os quanto ao ponto de vista materialístico, que simbolizou como o fermento dos fariseus e saduceus.

Mt 16.7. E eles arrazoavam entre si, dizendo: Ele disse isso porque não trouxemos pão.

8. E Jesus, percebendo, disse: Homens fracos na fé! Por que refletir entre vós por não terdes pão?

9. Ainda não entendeis, nem vos lembrais dos cinco pães para cinco mil homens e de quantos cestos recolhestes?

10. Nem dos sete pães para quatro mil e de quantos cestos recolhestes?

11. Como não entendeis que eu não estava falando de pão, quando vos disse: Acautelai-vos do fermento dos fariseus e dos saduceus?

12. Então compreenderam que não dissera que se guardassem do fermento do pão, mas da doutrina dos fariseus e dos saduceus.

Esses versículos indicam que a percepção mental estava ativa nos discípulos e que eles discerniram o significado mental e espiritual do pão, do fermento e do peixe, a saber, que eram símbolos da verdade e da sabedoria espiritual. Nisso pode se distinguir a verdadeira missão daqueles membros da Grande Fraternidade dos Adeptos, "os homens justos tornados perfeitos", quando visitam e ensinam de forma visível à humanidade. Eles vieram nem tanto para realizar prodígios – utilizados amplamente para atrair a atenção daqueles com preocupações puramente materiais – mas para despertar a consciência da humanidade para as verdades e os valores espirituais.

O fermento, a levedura que faz a farinha crescer no sentido em que os padeiros usam o termo, é na verdade o mais apropriado símbolo da doutrina secreta – a sabedoria e a percepção esotérica – que revela as verdades ocultas por trás e dentro do véu do ensinamento exotérico. Nesses versículos Jesus parece mesmo dar ao símbolo um significado taumatúrgico, sugerindo que o milagre de alimentar a multidão foi executado por meio do conhecimento ganho com o entendimento espiritual. De fato, isso é profundamente verdadeiro. As leis, as forças e as inteligências associadas com elas, bem como o conhecimento secreto quanto a isso e as suas operações e inter-relacionamentos estão adequadamente simbolizados pelo fermento. Todos os denominados fenômenos produzidos pelos Adeptos e por seus discípulos altamente desenvolvidos são de fato realizados exatamente por estes meios, a saber, o conhecimento dos procedimentos secretos da Natureza, aplicado direta e corretamente pela vontade desperta.

Como os discípulos compreenderam, conforme é dito, os fariseus e saduceus personificam o puramente exotérico em suas apresentações tradicionais e um tanto rígidas. Mas o Mestre advertiu seus discípulos e, dessa forma, a maior parte da humanidade contra eles. Se esses episódios e ensinamentos são interpretados no sentido humano, então a tradicional e incrustada doutrina, apoiada rigidamente pelos eclesiásticos, representa as tendências da mente formal do homem. O pão não fermentado pode ser considerado como a interpretação literal, não simbólica. Cristo personifica aquela percepção altamente intuitiva que, quando suficientemente desenvolvida, "fermenta", ou ilumina, o intelecto do homem, de forma que entende o literal e compreende o significado dos ensinamentos alegóricos.

Se a analogia é levada adiante, o campo representa o homem físico; a multidão e seu apetite natural, as necessidades e desejos materiais. Os discípulos representam esses mesmos desejos, refinados e transmutados pela vontade, enquanto o Senhor Cristo refere-se ao Habitante do Recôndito que, quando ativo no homem, satisfaz tanto o coração como a mente, corpo e alma.

Embora tal uso de analogia e metáfora não seja inteiramente aprovado pela mente formal, em especial das pessoas genuinamente ocidentais, os povos do Oriente e do Oriente Médio habitualmente usam de forma sutil imagens na conversação normal e, quando considerando e expondo verdades e leis espirituais, usam-nas deliberadamente. Os evangelhos revelam que Jesus seguiu essa prática.

Mt 16:13. Chegando Jesus ao território de Cesareia de Filipe, perguntou aos discípulos: Quem dizem os homens ser o Filho do Homem?
14. Disseram: Uns afirmam que é João Batista, outros que é Elias, outros ainda, que é Jeremias ou um dos Profetas.
15. Então lhes perguntou: E vós, quem dizeis que eu sou?
16. Simão Pedro, respondendo disse: Tu és o Cristo, o Filho do Deus vivo.

Como uma produção literária, esse evangelho, mais do que uma narrativa encadeada, registra algo como uma coleção de incidentes relembrados. Assim, naturalmente, o humor de Jesus muda um tanto abruptamente: delicado, como quando salvando e curando; expressando poder, quando executando "milagres"; condenatório, quando censurando; altamente elevado, quando ensinando, como na montanha e quase provocante, como nesses versículos. Os autores dos evangelhos parecem ter-se baseado num original composto de uma coleção de rememorações de muitas jornadas, visitas, diferentes relacionamentos com pessoas e nos ensinamentos e treinamento de seus discípulos. O que restou disso deve ter sido costurado sem muita consideração pela conexão no tempo e no espaço. Dessa forma, os versículos em exame são inseridos sem vinculação com as passagens precedentes.

Como um visitante divino, Jesus não necessitaria perguntar aos outros pelo modo como as pessoas o estavam considerando, pois poderia saber disso por percepção direta própria. Essa forma de ensinar, quase como parte de algum ritual de pergunta e resposta, destinava-se a desenvolver a percepção intuitiva de seus seguidores imediatos.

A primeira resposta sugere muita confusão de pensamento na mente da população. Não havia possibilidade de Jesus ser identificado com João Batista, que era seu contemporâneo. A segunda resposta – que Jesus era um reaparecimento de Elias, Jeremias ou um dos outros profetas – encerra a expectativa dos judeus da vinda de um Messias, para introduzir uma Era Messiânica, e um reconhecimento da doutrina do renascimento.

Depois disso, sem aceitar ou negar, mesmo sem comentar, Jesus se dirigiu aos discípulos pedindo-lhes sua opinião. Simão Pedro responde quase como alguém que experimentou uma súbita revelação espiritual, cuja percepção interior estava desperta em intensa atividade. Qualquer que possa ter sido sua resposta original, o versículo expressa seu conhecimento direto da identidade real de Jesus como sendo mais do que homem, "o Cristo, o Filho do Deus vivo."

A dualidade está aqui proclamada: que Jesus era Cristo, um "ungido"[1], um Iniciado dos Mistérios e também o "Filho", um veículo na Terra para o Segundo Aspecto da Trindade. Jesus é então declarado por Simão Pedro ser tanto o compatriota de todos eles como uma manifestação do Deus Supremo na Terra. Ele compreendeu que o corpo de Jesus de Nazaré era frequentemente ocupado por um ser transcendente e maravilhoso, um elevado membro Iniciado da Grande Fraternidade Branca dos Adeptos. Sua percepção lembra uma similar expansão de consciência alcançada por Tomé, chamado Dídimo (Gêmeo)[2]. Maria, a mãe de Jesus, guarda em seu coração esse mesmo conhecimento, a Anunciação realmente a descreve entrando no elevado estado em que a verdade espiritual torna-se conhecida[3]. Embora a cristandade exotérica não tenha compreendido nem reconhecido o profundo significado das afirmações de Pedro e de Tomé, elas estão entre as mais reveladoras declarações nos quatro evangelhos a respeito da natureza real do Mestre deles, Jesus "o Cristo, o Filho do Deus Vivo."

Não é revelado se nenhum dos outros discípulos desfrutou ou não da mesma experiência ou se Jesus despertou-lhes esse estado elevado de consciência. O relato restringe-se à proclamação de Simão Pedro. Entretanto, quando os versículos em exame são lidos, a cena evocada mostra-se completamente fora do comum. Os discípulos podem ter estado reunidos ao redor de seu Mestre, sobre quem, possivelmente, tinha descido uma radiação especial da Luz suprema. Isso pode ter sido visível para todos eles e cada um deles pode ter sido questionado, a despeito da ausência de qualquer registro do fato. Talvez uma forma de Iniciação estivesse sendo representada, Jesus como um hierofante e Pedro como um candidato. A pergunta a respeito da verdadeira natureza do Mestre e a resposta instantânea e exaltada de Pedro podem ter sido devido a uma elevada condição induzida pela aplicação deliberada do poder sacerdotal de Jesus sobre Pedro, como era costumeiro nos antigos Mistérios. Embora no sentido literário e histórico as palavras usadas sejam importantes; como uma descrição do divino, elas são de menor significado do que a experiência mística que implicam.

Mt 16:17. Jesus respondeu-lhe: Bem-aventurado és tu, Simão Barjonas, porque não foi carne ou sangue que te revelaram isso, e sim o meu Pai que está nos céus.

---

[1] O uso da palavra Cristo como um nome, mais do que um título, sugere uma interpolação posterior, uma vez que a palavra grega *Chrestos,* significando o Ungido, não foi usada.

[2] Jo 20:28.

[3] Lc 1:46-55, o *Magnificat.*

A resposta de Jesus é, por sua vez, memorável. Ele evidentemente recebeu a exata resposta que esperava. Bendisse Simão Barjonas e garantiu-lhe que sua compreensão de sua própria natureza vinha dos níveis espirituais de consciência, mais do que da ação de seus olhos e de sua mente – que o conhecimento de sua própria identidade real era conferida pelo "meu Pai que está nos céus."

A profecia que vem a seguir deve ser cuidadosamente considerada, o incidente completamente invulgar destaca-se, por assim dizer, no contexto registrado de sua vida entre o povo de seu tempo.

Mt 16:18. Também eu te digo que tu és Pedro, e sobre esta pedra edificarei minha Igreja, e as portas do Inferno nunca prevalecerão contra ela.

19. Eu te darei as chaves do Reino dos céus, e o que ligares na Terra será ligado nos céus e o que desligares na Terra será desligado nos céus.

É um grave infortúnio que esse evangelho tenha sido compilado de numerosas fontes, algumas das quais estão imperfeitamente reproduzidas. Palavras e ideias atribuídas a Jesus nunca foram proferidas por ele, e mesmo aquelas que são mais verdadeiramente reportadas contêm erros. A dificuldade é acrescida pela mistura dos ensinamentos cósmico, místico e histórico e de mudança não explicada de um para outro. Em consequência, Jesus fez pronunciamentos proféticos que se mostraram inteiramente errôneos no plano material, mas completamente verdadeiros em termos da elevação das mentes dos discípulos e de outras pessoas ao estado conhecido como consciência crística.

O prosseguimento da benção, que tomou a forma de profecia, apresenta certas dificuldades como registradas. Tanto quanto a história evangélica revela, nenhuma igreja existia naquela época ou mesmo era imaginada. Portanto, Pedro dificilmente poderia ter sido denominado a "rocha" sobre a qual a suposta igreja iria ser edificada. Com o passar do tempo, entretanto, a profecia parece ter sido cumprida de um certo modo limitado, pois conforme sua asserção, Pedro teve seu papel, muito mais tarde, na fundação da Igreja de Roma. A tradição foi preservada, e Pedro é hoje venerado como a rocha sobre a qual a Igreja cristã está fundada. Na medida em que essa noção ainda existe, nenhum adversário foi capaz de destruí-la. Todavia, a pesquisa moderna, a história e as epístolas paulinas proclamam Paulo como o fundador humano da fé cristã. Nesse particular é interessante notar que Paulo nunca se encontrou fisicamente com Jesus, conforme a confusa cronologia do Novo Testamento indica.

A promessa de Jesus a Pedro de dar as chaves do reino dos céus é suscetível de várias interpretações. As próprias chaves referem-se ao conhecimento dos princípios subjacentes, das forças causativas, poderes e inteligências por meio dos quais o Universo é moldado de acordo com a ideação divina. Isso inclui o conhecimento da ordem divina sobre a qual repousam Universos e pela qual todos os seres e todas as coisas objetivas, até o próprio átomo, ajustam-se numa posição ordenada na vasta concepção e manifestação do Cosmo. Verdadeiramente tal compreensão implica numa posse intelectual da metafórica "taça celeste", ou o plano e sua expressão cíclica e cumprimento através de idades sem fim.

Vale notar que essa promessa de Jesus a Pedro seguiu-se à sua percepção da real natureza do Mestre. Assim, sua Autoiluminação e despertar espiritual conduziram à iluminação intelectual a respeito das causas e do curso de todas as coisas. Os resultados da Iniciação, a qual Pedro pode ter experimentado, consistem, entre outros, de uma profunda regeneração espiritual, um desvelar dos olhos espirituais, por assim dizer, e uma expansão do intelecto no conhecimento dos poderes que dão origem às coisas.

A natureza das faculdades espirituais e ocultas resultantes pode ser alegoricamente bem-descrita pelas sentenças de encerramento desses versículos a respeito de *ligar* e *desligar*. Certamente elas não podem ser aceitas, de forma alguma, em seu sentido puramente literal. As verdadeiras leis do ser e a operação de causa e efeito – tanto geral como pessoal – colocam limitações muito grandes ao exercício dos poderes alcançados pelos iluminados. Nenhum homem, embora de elevada estatura espiritual, pode interferir nas situações e condições básicas tanto do Universo como de outro ser humano. Se, entretanto, o versículo inteiro é lido como descritivo de mudanças interiores e do intercâmbio harmonioso entre o Eu externo e o interno de um Iniciado, então o pronunciamento pode ser considerado como perfeitamente verdadeiro.

Mt 16:20. *Em seguida, proibiu severamente aos discípulos de falarem a alguém que ele era Jesus, o Cristo.*

A sugestão de que uma cerimônia de Iniciação tinha sido executada privativamente é reforçada por essa ordem de Jesus a seus discípulos. Cada Iniciado, tanto nos Mistérios Maiores como nos Menores, é solicitado a fazer e guardar juramento solene de nunca revelar os segredos comunicados. A grande revelação aos discípulos aqui referida foi que o querido Mestre era, na verdade, uma manifestação na Terra de um Aspecto do Deus Supremo, um Avatar. Eles tanto viram por si próprios como foram informados de que, por intermédio dele, o poder, a sabedoria e o amor do Senhor Supremo estava sendo derramado sobre o mundo. Isso, e sobretudo a experiência direta disso, é na verdade um grande e misterioso segredo que não deve ser dado ao povo negligente. Mesmo assim, o conhecimento deve ter se tornado público, pois foi em grande parte por causa disso que Jesus foi condenado[4].

Essa efusão, pode-se presumir, foi não apenas em benefício da humanidade, mas também de todos os reinos da Natureza para os quais o mundo é um lar. Sempre que ocorre a descida do Deus Supremo através de um ser humano, um impulso estimulante alcança a vida em desenvolvimento nos níveis mineral, vegetal, animal, humano, super-humano e angélico.

Estão registradas em todos os evangelhos várias dessas revelações diretas e descobertas pessoais. A primeira dessas consiste da Anunciação a Maria e na sua

---

[4] Mt 26:64-65.

humilde aceitação, nascida da realização interior de sua verdade[5]. Outra experiência aconteceu com os pastores quando, com seus rebanhos, estavam em adoração perante o recém-nascido Cristo-criança, que assim personifica a iluminação e a percepção espirituais recém-alcançadas[6]. Uma terceira revelação foi recebida pelos Magos, simbolizada pela visão de uma estrela e pela correta interpretação de que ela brilhava metaforicamente sobre o Cristo-criança em Belém, sendo esta visão seguida da presença deles junto à sagrada família[7]. Uma descida do Espírito Santo sobre Jesus ocorreu no seu Batismo, quando o céu se abriu e soou o formidável pronunciamento de que ele era um Avatar[8]. A compreensão direta de Pedro, o reconhecimento de Jesus por Maria Madalena no jardim depois da Ressurreição e a declaração de Tomé, apelidado Dídimo, no estado elevado em que se encontravam[9], tudo isso constitui-se em referências veladas à iluminação espiritual que a presença de Jesus produziu naqueles que atraiu para si.

Mt 16:21. A partir dessa época, Jesus começou a mostrar a seus discípulos que era necessário que fosse a Jerusalém e sofresse muito por parte dos anciãos, dos chefes dos sacerdotes e dos escribas, e que fosse morto e ressurgisse ao terceiro dia.

Essa profecia concernente a Jesus pode também ser lida como uma referência à Vida cósmica que passa pela fase involucionária do seu ciclo de peregrinação, quando alcança a morte e o enterro numa tumba na rocha, seguindo pelo arco evolucionário, alegoricamente retratado como a Ressurreição, reaparecimento e Ascensão ao céu em nuvens de glória. Jesus pode ter feito uma revelação dessa profunda verdade concernente à Vida espiritual e ao Senhor, dos quais ele era uma manifestação, como permitiu aos discípulos saberem. Os ingredientes cósmicos e místicos nos evangelhos estão aí reunidos. Os autores parecem ter decidido velar a verdade na alegoria da prisão pessoal e da morte, não apenas nesse versículo, mas nos últimos capítulos do evangelho.

Mt 16:22. Pedro, tomando-o à parte, começou a repreendê-lo, dizendo: Deus não o permita, Senhor! Isso jamais te acontecerá!

23. Ele, porém, voltando-se para Pedro, disse: Arreda-te de mim, Satanás! Tu me serves de pedra de tropeço, porque não pensas as coisas de Deus, mas as dos homens!

Considerados historicamente, os dois versículos produzem uma sequência natural. Jesus, como um ocultista e místico altamente desenvolvido, previu que seus ensinamentos eram tão contrários à opinião rabínica aceita que eles deveriam cer-

5 Lc 1:28-38.
6 Lc 2:8-15.
7 Mt 2:2.
8 Mt 3:16-17.
9 Mc 9:2, 5; Jo 21:7, 15; 20:15-17; 20:28.

tamente provocar resistência e até mesmo violência. A despeito disso nenhuma outra alternativa estava aberta a ele a não ser o cumprimento de sua missão a qualquer custo. A ortodoxia altamente cristalizada, o poder sacerdotal e a redução da religião a meras crenças e práticas tradicionais tinham que ser sacudidos, senão quebrados, e Jesus sentia-se chamado para a tarefa. Ele, portanto, continuou ganhando muito apoio popular e mesmo aplauso por causa de sua pessoa, milagres e ensinamentos. As autoridades, entretanto, temendo sua aparente reivindicação de origem divina e realeza, e os rabinos, prevendo um enfraquecimento do seu poder e posição, sentiram-se obrigados a agir contra ele, primeiro velada e mais tarde abertamente. À parte o poder místico, o resultado poderia quase ter sido previsto com base na razão. Finalmente, as pessoas foram sublevadas e apedrejaram-no até a morte e, mais tarde, penduraram seu corpo numa árvore, de acordo com São Paulo[10].

Jesus também previu misticamente, por precognição, tanto o triunfo do poder temporal como a vitória da liberdade intelectual e das influências espirituais que liberou sobre o mundo. Muito provavelmente ele estava falando desses assuntos com os seus discípulos e partilhando com eles sua visão de seu próprio futuro como homem. Pedro, possivelmente como o porta-voz do grupo, repreendeu-o. Depois de sua recente visão, ele era incapaz de conceber e suportar mental e emocionalmente a ideia da morte de seu Mestre. Seu protesto parece perfeitamente natural e dificilmente se justifica a severa censura que despertou.

Se, entretanto, os símbolos de interpretação são aplicados ao incidente, então a interação entre a inteligência espiritual e a mente formal do homem estará, presumivelmente, sendo descrita. A primeira é plenamente iluminada pela luz da verdade e pela compreensão da lei, enquanto a última tende a contestar e mesmo negar as realizações externas no mundo físico, particularmente a respeito de assuntos de natureza desagradável, indesejável. A mente analítica combinada com o desejo, personificada por Pedro, busca contestar e mesmo denunciar como falsidade as percepções da intuição. Assim, Pedro repreende Jesus. Não se pode permitir que essa interrupção no processo de Autoiluminação frustre sua culminação eventual de pleno entendimento, perfeita compreensão. Nesse sentido, tanto o protesto como a repreensão que é suscitada descrevem os estágios de Autoiluminação e os obstáculos interiores para sua conclusão.

Esse enfoque parece ser mais aceitável do que uma leitura puramente natural e histórica, pois o diálogo seguiu-se muito abruptamente à descrição da exaltação consciencial de Pedro e do grande elogio e promessa que evocou do Mestre. Na verdade, os dois episódios são mutuamente contraditórios, embora também a condenação de Pedro, quando comparado a Satanás, fosse seguramente excessiva.

Mt 16:24. Então disse Jesus aos seus discípulos: Se alguém quer vir após mim, negue-se a si mesmo, tome a sua cruz e siga-me.

25. Pois aquele que quiser salvar a sua vida, vai perdê-la, mas o que perder a sua vida por causa de mim, vai encontrá-la.

---

[10] At 5:30; 10:39.

Quando descritivo de uma experiência mística interior, Jesus personifica a sabedoria espiritual, e sua presença indica que isso estava sendo obtido. Jesus leva o ensinamento ainda mais longe nesses versículos, pois neles descreve a atitude de mente que é essencial ao sucesso.

A frase "tome a sua cruz" refere-se a uma valente aceitação dos dissabores, das *tensões* e dos *esforços* inseparáveis do progresso evolutivo efetivamente acelerado, com a liquidação concomitante de débitos decorrentes da conduta anterior em que predominou o eu e o ganho pessoal à custa dos outros[11]. As reações de tal conduta, especialmente aquela que tenha causado dor e perda para os outros, devem ser aceitas e suportadas inteligentemente. As fases de encerramento da vida de Jesus exemplificam esse ditado, pois a cruz que carregou até o Gólgota e sobre a qual se diz que foi crucificado pode ser tomada como uma carga figurativa, e a aceitação dessa carga descreve metaforicamente o pagamento voluntário de todos os débitos justos, a fim de que não possam mais se opor ao progresso rápido para o Adeptado, ou à Condição Crística.

O versículo vinte e cinco é também uma memorável exposição daquela lei da vida espiritual sob a qual o autointeresse, a vontade própria, a autogratificação e o total apego às posses e à existência material devem estar completamente superados antes que a realização transcendente afirmada por Jesus, "Eu e meu Pai somos Um", possa ser experimentada. A unidade de consciência que é o homem deve anular e superar todo sentido daquilo que pode ser descrito como *separatividade,* ou individualidade acentuada, antes de conseguir mergulhar completamente no Todo, na totalidade dos princípios espirituais e da vida do Universo. Tudo que até agora tinha estado associado com o sentido de existência autosseparada deve ser abandonado, posto de lado, ou "perdido".

Ao transmitir essa verdade central aos seus discípulos, Jesus – se suas palavras estão corretamente reportadas – refere-se a si próprio como uma personificação dessa atitude e de sua aceitação, pois o grande ideal de altruísmo é uma necessidade inteiramente universal e não está limitada ao homem Jesus. Pode-se lembrar de injunções bastante semelhantes do Senhor Shri Krisna a Arjuna, que foram igualmente apresentadas em termos pessoais, mesmo quando inculcavam a verdadeira essência da universalidade. Interpretados pessoalmente, os divinos Instrutores personificam a Vida universal, e os seus conselhos exortam todos os homens a se fundirem nela.

Assim sendo, não é por causa do Mestre que o candidato à Iniciação alcança o estado de renúncia completa do eu e da vida tingida pelo autointeresse. Antes, ela se torna natural, inevitável e inescapável como o único modo de vida.

Mt 16:26. *Pois que aproveita ao homem ganhar o mundo inteiro se perder a sua alma? Ou que dará o homem em troca de sua alma?*

Jesus aqui faz uma comparação entre o temporário e o eterno, a vida mundana com suas trivialidades, frequentemente necessárias, o motivo de lucro e a vida

[11] Mt 5:18; Lc 16:17; Mt 7:1-2, 12.

espiritual com seus ideais de altruísmo, renúncia e transcendência do desejo. Os valores relativos aos seus olhos são colocados diante dos discípulos; a vida mundana, embora materialmente bem-sucedida, é de pouco valor comparada com aqueles tesouros espirituais que superam de longe todas as posses materiais.

Além disso, parece que Jesus preveniu contra a excessiva preocupação com a riqueza material e o desígnio de obtê-la. Essa motivação pode preocupar de tal forma a mente a ponto de não deixar espaço para os objetivos idealísticos e espirituais de equilíbrio entre os dois modos de vida com destaque para o último. O Mestre chama a atenção de seus discípulos para a decisão que cada neófito tem que tomar, a saber, o afastamento gradual do interesse pela vida puramente objetiva com suas recompensas e o encaminhamento para uma vida subjetiva com suas imensuráveis riquezas. Na medida em que essas não são nem visíveis nem tangíveis, a orientação para fazer a escolha é necessária, especialmente para iniciantes. Esse é de fato um teste ácido tanto da posição evolutiva da pessoa – a idade da alma – como da sua total sinceridade em engajar-se na vida espiritual.

Na longa série de vidas terrenas, chega finalmente o tempo em que o Eu interno está suficientemente desenvolvido para ser capaz de inspirar, nas suas sucessivas personalidades, o ideal espiritual. Durante a primeira vida em que isso ocorre, a resposta física e pessoal pode ser fraca, mas, vida após vida, o poder do Eu interior cresce mais forte e a personalidade mortal torna-se mais responsiva a ela e ao seu chamado idealismo. Por fim, entretanto, uma escolha definitiva deve ser feita, e finalmente é feita, que as posses materiais sejam alcançadas por propósitos práticos e nunca pelo poder, prestígio e autoindulgência ou ostentação. Esse último caminho é por fim abandonado, muito naturalmente e para sempre, não tanto por escolha deliberada, mas pelo fato de nenhuma alternativa ser merecedora de consideração. Jesus estava fazendo aos seus discípulos essas e, indubitavelmente, muitas outras considerações importantes, de modo que eles pudessem estar inequivocamente cientes da escolha inevitável e essencial. Suas palavras afortunadamente estão registradas para todos os aspirantes. A riqueza como um bem a ser administrado é admissível. A riqueza como um objetivo obsessivo não é permitida, pois a primeira conduz à luz espiritual e a última às trevas espirituais.

Mt 16:27. Pois o Filho do homem há de vir na glória do seu Pai, com os seus anjos, e então retribuirá a cada um de acordo com as suas obras.

Essa alocução profundamente oculta tem grande peso para todo estudante sincero da filosofia oculta. Ela pode ser recebida e registrada sob vários pontos de vista. O primeiro deles será para algumas pessoas como uma profecia histórica ou promessa de vinda ou, mais propriamente, de retorno do Filho de Deus na forma humana sobre a Terra.

O Mestre disse a seus discípulos que a sucessão de visitas divinas em épocas críticas da vida da humanidade está destinada a continuar. Em alguma ocasião futura, na hora apropriada e quando a necessidade for grande, o Segundo Aspecto da Santíssima Trindade, o *Christos,* ou Filho, aparecerá novamente diante do homem, assumindo a forma humana visível. Ele ensinará outra vez, dará o tom de uma nova era, reunirá ao seu redor pessoas altruístas que estejam capacitadas para o Discipulado, treinando-as e iniciando-as, a fim de que uma nova ordem mundial possa ser anunciada. Os olhos do sábio serão suficientemente abertos no sentido místico para capacitá-los a ver não apenas a brilhante radiância, mas também as companhias de anjos que o auxiliam, executam suas ordens e respondem ao chamado de sua vontade.

De acordo com a etnologia oculta, que ensina a evolução tanto do corpo humano como da condição da mente que o usa, chegará o tempo em que a percepção espiritual, ou intuição, iluminará a mente com o conhecimento da unidade da Vida que permeia toda a criação, a base da Fraternidade do Homem. Esse ideal terá então alcançado tal comando sobre os corações e as mentes dos homens que será capaz de levar a um governo mundial baseado no verdadeiro relacionamento familiar de todos os homens, capacitando-os, tanto interna como externamente, a coordenar os governos das nações de acordo com o reconhecido relacionamento de fraternidade. Nesse sentido, ainda figurativamente, o Filho do Homem terá aparecido em glória sobre a Terra acompanhado pelas hostes de anjos auxiliadores, também perceptíveis naquela ocasião aos membros mais avançados da raça humana.

Ainda num terceiro modo de ver, a profecia está destinada a ser cumprida, pois também virá o tempo em que não só os mais adiantados, mas quase toda a humanidade, terão alcançado a "esplêndida visão", e o princípio subjacente de unidade terá se tornado conhecido, honrado e aceito como o único guia de todo relacionamento humano.

Em cada uma dessas fases da evolução, um certo equilíbrio de causa e efeito terá ocorrido naturalmente e, nesse sentido, cada homem será considerado de acordo com suas necessidades. Uma camada ainda mais profunda da sabedoria oculta pode ser percebida no grande pronunciamento profético. Não nessa Terra e num período muito posterior, as Mônadas dos homens serão reunidas no seu estado natural de unidade. Então continuarão seu desenvolvimento eterno para alturas e profundidades ainda maiores de conhecimento, sabedoria e poder em outro globo em que viva o homem. Nessa época, virá tanto a iluminação espiritual como uma espécie de cuidado divino, como se por ele que é chamado o Bom Pastor.

Num futuro longínquo, o "julgamento" real, ou avaliação, ou o desenvolvimento espiritual e intelectual tenderá a produzir as melhores condições possíveis para desdobramentos posteriores daqueles que estão avançados ou atrasados em relação ao conjunto padrão. Os mais adiantados serão ajudados a alcançar rapidamente a estatura da humanidade perfeita, enquanto os atrasados receberão, no seu devido curso, cuidado especial e orientação para conseguir a mesma realização no tempo mais curto.

Essa é a verdade oculta mais profunda subjacente à mal-entendida separação das ovelhas e das cabras e o lançamento destas no tormento eterno – muito malcompreendida na verdade, pois jamais existiu ou existirá tal condição ou suposta punição pela autoridade divina. Cada homem, em cada estado de desenvolvimento, simplesmente colhe o que semeou. Essa lei é a única autoridade e árbitro que determina as condições das séries de vidas e corpos dos homens.

Tais são algumas, mas não todas, as implicações das palavras de Jesus, faladas indubitavelmente aos seus discípulos em segredo e, provavelmente, seguidas por comentários não registrados, pois somente uma parte da sabedoria secreta que Jesus transmitiu aos discípulos foi colocada à disposição do público em geral.

Mt 16:28. Em verdade vos digo que alguns dos que aqui estão não provarão a morte até que vejam o Filho do homem vindo em seu Reino.

Nesse versículo, como em todas as afirmações similares dos escritores e instrutores inspirados, é revelada a diferença entre as elocuções puramente históricas e as puramente espirituais. Quando um sábio iluminado decide referir-se às fases avançadas da evolução e às experiências na consciência humana a elas associadas, frequentemente utiliza metáforas históricas, descrevendo a experiência mística interior em termos de eventos supostamente externos e históricos. Quando isso é feito, um Mestre está quase sempre se dirigindo a discípulos que conhecem seu método, que ouviram o instrutor usá-lo muitas vezes anteriormente e, assim, sem dificuldade, traduzem o histórico no místico.

Essa é uma explicação do erro profundo em que a quase totalidade da nação hebreia caiu, em acreditar na imediata volta do Messias que estabeleceria uma Era Messiânica. Grande parte do povo, sem consciência dessas distinções e desse método de ensinamento, apegou-se à promessa, à esperança e à expectativa da exaltação nacional no sentido histórico, desse modo desencaminhando tanto a si próprios como a outros com eles associados. Essa é uma resposta ao enigma dos judeus – na verdade de todos – a expectativa da vinda de um Messias nunca ser realizada; pois os profetas que previram tais eventos não estavam se referindo amplamente a um evento histórico, mas à chegada de seus discípulos – e finalmente da humanidade – ao estado "messiânico" de consciência. Além disso, no sentido oculto esses versículos descrevem a passagem pelas grandes iniciações e as experiências conscienciais associadas. Quando atingido, esse estado tanto transfigura externamente como ilumina internamente, de forma que aqueles em quem ele ocorre se sentem repletos de glória.

Todavia, mesmo no sentido profético, a humanidade estará vivendo, num futuro longínquo, em condições mundiais derivadas de um estado de consciência em que a maioria dos homens se tornará como o Messias. Raça após raça e nação após nação, cada uma realizando, embora gradualmente, um alargamento e aprofundamento da capacidade de iluminar-se espiritualmente. Isso culminará certamente na entrada da humanidade numa experiência messiânica interior e no estabelecimento consequente de uma Era Messiânica no mundo.

Muito embora defeituosamente repetido, malrelatado, fora do contexto e incluído num evangelho que seria publicamente consultado, o versículo sob consideração é profundamente verdadeiro no seu sentido místico. A linguagem parece indicar que o Mestre tinha reunido seus discípulos à parte do povo, falado da senda da

Iniciação e de suas sucessivas condições de consciência e revelado que alguns deles estavam no limiar dessas experiências. O discípulo João "a quem Jesus amava" pode muito bem ter sido um desses, embora indubitavelmente existissem outros com os quais obteve sucesso em levá-los ao portal da Iniciação.

Uma das grandes descobertas, quando essa fase for atingida, é a do próprio estado de imortalidade. O homem Iniciado difere do pré-Iniciado pelo fato de que ele se uniu, embora temporariamente no começo, com o espírito eterno que, em realidade, ele é. Ao iniciar-se a morte física do corpo, esse conhecimento enche sua mente e coração e, quando seu corpo morre, ele entra rápida e diretamente em mística união com sua alma eterna, sabendo, com plena iluminação e grande exaltação, que ele é uma unidade imperecível de consciência do Deus Supremo. Quanto maior o número de iniciações alcançadas antes da morte, maior exaltação e realização da imortalidade. Esse é o significado da frase mística "a Iniciação ensina como morrer."

Parte 9

Transfiguração
Ensinamento e Milagres

Capítulo 21

As ameaças, as ações de excomunhão e o terror evocado pela imposta certeza de ficar queimando para sempre após a morte, afirmados no dogmatismo teológico, contribuíram para a decisão de retirar-se os Mistérios Maiores do olhar público e, especialmente, do alcance da ortodoxia cristã. Essa é uma trágica e deplorável necessidade. Homens e mulheres e mesmo pessoas muito jovens (talvez Iniciados renascidos) estão experimentando o despertar espiritual interior com pouca ou nenhuma orientação de sua igrejas, seja para sua aplicação na vida diária ou no seu significado e no caminho para realização.

A ênfase, entretanto, está mudando e o homem moderno está cada vez menos dependente de ajuda externa e cada vez mais responsivo aos estímulos interiores e à assistência superfísica do que no tempo dos antigos Mistérios. Os Adeptos pastores de almas auxiliam secretamente e até mesmo aparecem pessoalmente a certos seres humanos avançados e iluminados. A esses, eles conduzem aos santuários internos e externos e, dali, aos portais da Iniciação ainda existentes e em funcionamento, tanto no sentido psicoespiritual como no efetivamente material. Assim, ninguém cujo progresso evolutivo o tenha levado a candidatar-se ao Discipulado e à Iniciação será jamais esquecido ou negligenciado. Aquelas almas ousadas e despertas que se determinaram tanto à autodescoberta como à busca bem-sucedida de um instrutor espiritual, conformando suas vidas pessoais a essa determinação, podem estar seguras do cumprimento de ambas aspirações, como estavam certos discípulos nos versículos que seguem.

Mt 17:1. Seis dias depois, Jesus tomou Pedro, Tiago e seu irmão João, e os levou para um lugar à parte, em um alto monte.

2. E ali foi transfigurado diante deles. O seu rosto resplandeceu como o Sol, e as suas vestes tornaram-se alvas como a luz.

3. E eis que lhes apareceram Moisés e Elias conversando com ele.

A mudança quase abrupta de um relato de ações e palavras puramente físicas, visíveis e audíveis para essas de experiência mística sugere que esse evangelho pode ter sido compilado de várias fontes literárias, ajustadas tão consecutivamente quanto possível, mas deixando um hiato na narrativa evangélica. Esse ponto de vista está apoiado pelo fato de que, em outros relatos, mesmo que nos sinóticos, a sucessão de eventos não é sempre a mesma. O período de seis dias do primeiro versículo ocorre sem referência aos períodos e eventos precedentes, que não incluem a sucessão de dias. Isso também sugere ou uma omissão deliberada de eventos nesse interregno ou a ausência de informação a respeito desses seis dias na vida de Cristo.

Nesses versículos, descritivos da Transfiguração de Cristo, o registro puramente histórico é elevado a um relato de experiência espiritual que se passa quando se entra num estado de iluminação, neste caso vivida pelo Cristo e, num menor grau, pelos três discípulos. A escolha por Cristo de Pedro, Tiago e seu irmão João para participarem da cena da Transfiguração sugere que estes três discípulos podem ter alcançado diferentes graus de iluminação, estando mais adiantados do que os outros membros do grupo. Talvez eles já tivessem passado por graus anteriores, obtendo assim permissão para entrar no templo onde graus superiores estavam sendo celebrados, a fim de perceberem algo do grande evento. Como registrado por S. Mateus no aparentemente simples e certamente breve relato, as experiências do próprio Jesus não são relatadas, mas somente as dos três discípulos. Isso pode indicar que ele ascendeu a níveis de consciência e passou por um grau iniciatório que eles não tinham ainda alcançado.

O fenômeno da Transfiguração é uma experiência reconhecida, que é vivenciada plenamente quando as iniciações superiores são conferidas[1]. Aos observadores, o Iniciado parece quase desaparecer diante de seus olhos, ao ser substituído pela radiante presença da alma espiritual exaltada. A pessoa por inteira, mesmo o corpo físico, parece brilhar a partir do interior, como é dito ter ocorrido com Moisés no Monte Sinai e com Jesus no Monte da Transfiguração[2]. Tão grande é o poder que está sendo expressado e tão brilhante a luz interior que mesmo a roupa pode parecer estar iluminada.

Os versículos também registram um esplendor além daquilo que é observável pelos presentes. Durante o rito iniciatório que aqui está sendo descrito alegoricamente, o centro de consciência do Iniciado está unido com o do Universo e da Divindade que o preside. Isso produz a experiência de intensa iluminação de toda a natureza e também de capacitação da parte imortal e da mortal do Iniciado[3].

Tais principais regenerações e expansões psicoespirituais interiores de consciência não ocorrem de forma inteiramente solitária. Aqueles que já as atingiram, os Adeptos, os sábios dos primeiros tempos, estão presentes e observam o Eu imortal

---

[1] Transfiguração – ver Hodson, *A Sabedoria Oculta na Bíblia Sagrada*, pp.144-145, Ed. Teosófica, Brasília..

[2] Ex 34:29-30.

[3] Ver *The Minor Works of St. Teresa (of Avila)* e *St. Clare and Her Order.*

interior – livre de suas vestimentas físicas – enquanto essas grandes mudanças estão ocorrendo. No nascimento de Jesus, por exemplo, esses seres avançados são alegoricamente referidos pela inclusão dos pastores, sendo um dos títulos dos Adeptos o de pastor de almas. Aqui, dois grandes sábios hebreus, Moisés e Elias, estavam muito provavelmente presentes e também incluídos na narrativa como personificações de membros da Fraternidade de Adeptos.

O "caminho sagrado" que conduzia da Acrópole, em Atenas, até os templos de Iniciação, em Eleusis, também pode ser considerado como um símbolo externo de uma senda interior aberta para todos aqueles que perseverarem. As iniciações conferidas, especialmente as dos Mistérios Maiores, tinham as mesmas características das descritas alegoricamente no Novo Testamento. Além disso, apesar de veladas pelo segredo, essas cerimônias estão ainda sendo encenadas em salas e catacumbas, simbolizadas pelo estábulo, onde os profanos não têm permissão para entrar[4].

Mt 17:4. Então Pedro, tomando a palavra, disse a Jesus: Senhor, é bom estarmos aqui. Se queres, façamos aqui três tabernáculos: um para ti, um para Moisés e outro para Elias.

5. Ainda falava, quando uma nuvem luminosa os cobriu com a sua sombra e uma voz, que saía da nuvem, disse: Este é o meu Filho amado, em quem me comprazo, ouvi-o sempre!

6. Os discípulos, ouvindo a voz, muito assustados, caíram com o rosto no chão.

Uma referência indireta ao costume do estabelecimento de centros, templos ou, como chamado por Pedro, tabernáculos de Iniciação pode ser discernida nesses versículos. A experiência mística que se seguiu, conforme é dito, a saber uma nuvem brilhante e uma voz, refere-se também, sem dúvida, àquela expansão interior de consciência que é produzida pela passagem pelas grandes iniciações. O quinto versículo pode indicar que o próprio Jesus tinha alcançado isso com sucesso, quando a voz do orador não nomeado, presumivelmente o Senhor Deus, proclamou esse fato.

No tempo dos egípcios, o candidato era testado e aprovado ou não para a Iniciação. "*O Livro dos Mortos*, pelo menos em certas passagens, pode assim ser lido como uma descrição alegórica de ritos iniciatórios, sendo teste de merecimento a pesagem do coração comparativamente a uma pena, e a voz que proclama o êxito sendo a do *Tehuti* expressando as palavras *Mer Kheru,* que significa "de voz verdadeira". Esse julgamento no portal da deusa Maat ocorria somente depois da morte do corpo físico[5]. O ingresso da alma nos campos de Aanru[6] pode, entretanto, referir-

[4] Ver Hodson, *A Sabedoria Oculta na Bíblia Sagrada*, p.20, Ed. Teosófica, Brasília.

[5] Maat é a encarnação da Verdade e da Justiça.

[6] Aanru, a imortalidade abençoada.

se à obtenção do estado de consciência no qual o candidato está metaforicamente morto para as atrações e recompensas da vida mundana.

Mt 17:7. Jesus chegou perto deles e, tocando-os, disse: Levantai-vos e não tenhais medo.
8. E, erguendo os olhos, a ninguém viram senão unicamente a Jesus.

Os próprios discípulos podem ter sido tão elevados em consciência ao receberem o privilégio de testemunhar a exaltação de Jesus, seu Mestre, que se tornaram temporariamente dotados de percepção extrassensorial. Os sinais e sons sobrenaturais a eles revelados dessa forma podem bem ter provocado um assombro, referido como medo. Depois que a cerimônia ou experiência interior foi concluída, o estado de elevação da consciência tenderia a atenuar-se, o que, com a presença visível e o toque de Jesus, restabeleceria neles a normalidade.

Mt 17:9. Ao descerem do monte, Jesus ordenou-lhes: Não conteis a ninguém esta visão, até que o Filho do homem seja ressuscitado dos mortos.

Os termos 'monte', 'Filho do homem' e 'ressuscitado dos mortos' encontrados nesses versículos estão repletos de profundo significado, particularmente no contexto da Transfiguração. O monte, como tem sido explicado, indica o estado exaltado de consciência da experiência mística. Se corretamente traduzida, a expressão "Filho do homem", que Jesus utilizou para autodenominar-se, pode indicar alguém que tenha sido alçado do reino humano da Natureza (seu "filho"), um ser super-humano. Posto que Jesus pedia segredo, protegido pela privacidade de íntima associação e contato com os discípulos, ele então pode bem ter revelado aos três escolhidos a sua posição evolutiva como um Adepto.

A referência à ressurreição da morte pode indicar aquela parte da experiência mística associada com a próxima grande Iniciação, alegoricamente descrita como Crucificação e Ressurreição. Mais tarde, àqueles que estavam passando por essas elevadas fases da evolução possivelmente pode ter sido confiado o conhecimento da Transfiguração. Se isso é assim ou não, tais registros, como estão disponíveis, indicam que todas as iniciações nos Antigos Mistérios estavam encobertas pelo segredo. Hoje, igualmente, o significado místico e as experiências reais pelas quais o Iniciado passa permanecem inteiramente desconhecidos.

Mt. 17:10. Os discípulos perguntaram-lhe: Por que razão os escribas dizem que é preciso que Elias venha primeiro?
11. Respondeu-lhes Jesus: Certamente Elias virá primeiro e restaurará todas as coisas.

Esses dois versículos, que parecem quase como interpolações, podem ser considerados tanto do ponto de vista histórico como do místico. É historicamente relatado, de maneira crível, que tanto Isaías como João Batista previram e profetizaram um evento que poderia ser interpretado como a vinda do Messias, também profetizado por Malaquias[7]. Misticamente, Elias e João Batista, como precursores que prepararam o caminho para o Senhor, personificam os desenvolvimentos e as condições de consciência e caráter de uma pessoa que está no limiar de uma iluminação superior, tal como a de uma Iniciação. A voz da consciência torna-se poderosamente irresistível, de forma que a natureza e a conduta externas do candidato conformar-se-ão completamente com os ideais, espiritual e moral. Assim, os profetas personificam a poderosa influência do homem interno sobre a personalidade externa.

Mt 17:12. Eu vos digo, porém, que Elias já veio, mas não o reconheceram. Ao contrário, fizeram com ele tudo quanto quiseram. Do mesmo modo, também o Filho do homem irá sofrer da parte deles.
13. Então os discípulos entenderam que se referia a João Batista.

Esse incidente consiste de instruções um tanto filosóficas de Jesus em resposta a perguntas dos discípulos e de uma aparente ratificação de que a teoria da reencarnação aplica-se definitivamente ao caso de Elias e João Batista, pois esses dois homens foram citados por Jesus como sendo reencarnações do mesmo espírito interior, manifestações do Deus-Interno de Elias e João[8].

O capítulo dezessete do Evangelho de S. Mateus é também notável por apresentar Jesus profetizando, por duas vezes, sua própria morte. No versículo doze, Jesus vaticina que irá ser submetido ao mesmo tratamento que foi dispensado a João Batista. Nos versículos vinte e dois e vinte e três, como será visto posteriormente, Jesus prognosticou a traição de que seria vítima, o seu assassinato e a ressurreição no terceiro dia. A primeira previsão foi historicamente inexata, pois que João Batista foi aprisionado e decapitado pelo capricho de uma dançarina. Jesus foi, entretanto, sentenciado à morte. A segunda profecia a respeito de si mesmo foi completamente verdadeira, pois a ressurreição aconteceu três dias após sua morte na Cruz.

Mt 17:14. Ao chegarem junto da multidão, aproximou-se dele um homem que, de joelhos, lhe pedia:
15. Senhor, tem compaixão do meu filho, porque é lunático e sofre muito com isso. Muitas vezes cai no fogo e outras muitas na água.
16. Eu o trouxe aos teus discípulos, mas eles não foram capazes de curá-lo.
17. Ao que Jesus replicou: Ó geração incrédula e perversa, até quando estarei convosco? Até quando vos suportarei? Trazei-o aqui.
18. Jesus o esconjurou, e o demônio saiu dele. E o menino ficou são a partir desse momento.

Embora esse possa ter sido um caso real de obsessão que Jesus, mas não seus discípulos, pôde exorcizar, a narrativa pode também ser lida como uma alegoria

---

[7] Is 10:17; Jo 1:27, Ml. 3.
[8] Elias, o mesmo que Elijah.

descrevendo a correção de um estado deturpado de mente, a restauração de uma perda temporária do controle mental. Nos primeiros estágios de evolução, a personalidade mortal externa tende a estar fora do controle do Eu imortal, como que "deficiente mental", agindo moralmente de forma irracional do ponto de vista do Ego. Em sendo assim, é frequente se absorver na autossatisfação, em prejuízo dos outros, até mesmo de forma desonesta, senão cruel. Tal conduta evoca a operação "adversa" da lei de causa e efeito e traz, assim, sofrimento à vida pessoal.

Essa condição e a tendência ao sofrimento de que resulta desaparecem quando um certo estágio de evolução é alcançado. Por causa disso, o princípio crístico (personificado por Jesus) torna-se suficientemente desenvolvido (Jesus está presente), trazendo ordem à vida inteira da personalidade. A força de vontade associada e a percepção intuitiva tornam-se suficientemente fortes para cruzar a ponte da natureza mortal ou, para usar outra analogia, o véu entre o homem interior e o exterior é rompido ou atravessado[9]. A mente é, então, não apenas corretamente orientada a respeito dos problemas materiais e do uso do corpo e da vida física, mas também iluminada pela luz da sabedoria e dirigida à plena compreensão do significado e do propósito da existência humana e dos modos pelos quais aquele propósito é realizado naturalmente.

O pai que vem a Jesus em favor de seu filho é também uma figura significativa na história. Ele personifica o aspecto mais intelectual do Eu imortal, a inteligência abstrata. Os discípulos, nesse caso, representam atributos do homem mortal que, não obstante em desenvolvimento, ainda não estão plenamente amadurecidos. Em consequência, os discípulos não conseguem realizar a cura, recebendo aparentemente uma repreensão. Entretanto, quando, em crescente proporção, o poder, a sabedoria intuitiva e o discernimento intelectual (Jesus) são despertos no homem externo, o modo como ele se conduz, tanto em viver sua vida como no seu relacionamento com outros homens, torna-se normal. Na verdade, antes que o estado de iluminação seja penetrado, esses relacionamentos podem ser tão tolos, tão desregradamente egoístas e insensivelmente cruéis que os indivíduos e mesmo as nações podem ser descritos como estando possuídos por um demônio. Somente a vontade e a sabedoria espiritual associada e plenamente operativa, como representadas por Jesus o Cristo, podem tornar homens e nações livres do erro. Na presente fase da evolução racial, muitos seres humanos já ultrapassaram – e muitos estão agora ultrapassando – os estágios referidos, com crescente uso consciente da inteligência abstrata, inspirada e intuitivamente iluminada. São esses, os idealistas entre os homens, que se tornaram gênios em muitos aspectos da vida e líderes de movimentos voltados para melhorar as desventuradas condições gerais da humanidade.

---

[9] Mt 27:51.

Mt 17:19. Então os discípulos, procurando Jesus a sós, disseram: Por que razão não pudemos expulsá-lo?
20. Jesus respondeu-lhes: Por causa da fraqueza da vossa fé, pois em verdade vos digo: se tiverdes fé como o grão de mostarda, direis a este monte: Transporta-te daqui para lá, e ele se transportará, e nada vos será impossível.
21. Mas esta casta de demônios não se expulsa senão pela oração e pelo jejum.

Esses três versículos podem ser considerados como a concessão de discernimento parcial ou uma percepção instantânea apenas do ensinamento recebido do seu Mestre por um discípulo. As palavras *fé* e *monte*, se corretamente traduzidas do original, podem ser tomadas metaforicamente. A fé, no sentido do uso do poder oculto, implica na certeza absoluta, fundada na aplicação bem-sucedida da vontade em testes repetidos. Todo discípulo que tenha alcançado uma certa fase de desenvolvimento, enquanto em treinamento direto com um Mestre, obtém essa convicção. O fator essencial no sucesso em qualquer prática teúrgica consiste no desenvolvimento e uso efetivo da força de vontade interior – *Ātmā* em sânscrito – que é uma manifestação do poder *monádico*. Não só podem ser produzidos fenômenos físicos pela aplicação desse poder dirigido pelo pensamento perfeitamente claro, mas também a matéria e os habitantes dos mundos superfísicos tornam-se obedientes à força da vontade espiritual.

A palavra *montanha* também pode ser considerada metaforicamente, carregando a ideia de influência muito considerável sobre a matéria e os estados psicológicos. A montanha é também um símbolo de diversos estados de consciência, o topo significa exaltação, as inclinações mais acentuadas e os contrafortes referem-se à senda para este estado quando atingido em contemplação. A base de uma montanha e as terras planas são metáforas que indicam o estado de vigília diário normal. Um discípulo treinado obtém finalmente o grau de automestria que o capacita não bem a mover uma montanha, mas a transcender os estados materiais de consciência[10]. Tendo atingido essa realização, tanto a recuperação daqueles que estão perturbados mentalmente como o exorcismo de uma entidade invasora, quando necessário, estão ao alcance do poder do ocultista experimentado. O episódio e o ensinamento que se seguiram ao ato de cura podem também descrever o poder e sua aplicação na correção das próprias limitações e erros interiores (a doença), quer sejam devidos a uma desordem psíquica ou a um malconceito estabelecido.

Como parte de seu treinamento o discípulo é encorajado a obter e manter o autocontrole, a exatidão e o realismo como sua filosofia pessoal e modo de viver diário. O versículo vinte e um, tanto diretamente como por inferência, indica a natureza dessa autodisciplina, pois que prega o completo controle dos apetites corporais

[10] Ver Hodson, *A Senda para a Perfeição,* Editora Teosófica, 1994, Brasília.

e propugna um modo de vida muito moderado, particularmente no que diz respeito ao alimento.

Mt 17:22. *Estando eles reunidos na Galileia, Jesus lhes disse: O Filho do Homem vai ser entregue às mãos dos homens*
23. *e eles o matarão, mas no terceiro dia ressuscitará. E eles ficaram muito tristes.*

Sem introdução ou razão aparentes para o vaticínio, Jesus nesses versículos profetiza a sua própria traição, morte e ressurreição ao terceiro dia. Isso é relatado como tendo ocorrido durante sua estada na Galileia, onde indubitavelmente muitas comunicações privadas foram recebidas. A denominação de "Filho do Homem"[11], que Jesus aplica a si próprio, sugere que ele se considerava como um mensageiro pré-ordenado e também que a faculdade *adéptica* de precognição tinha-lhe revelado a maneira como morreria.

Posto que o jovem instrutor e profeta hebreu, sendo ainda humano, morreria inevitavelmente, a tradição gnóstica auxilia naturalmente a interpretação figurativa de que se tratava de uma Iniciação, quando morre a ilusão da autosseparatividade[12]. Desse ponto de vista, Jesus, o veículo humano da Sabedoria divina, previu, profetizou e então passou pela morte, Ressurreição e Ascensão, tendo se retirado à presença inspiradora do *Christos*. A observação de encerramento no versículo vinte e três daria a impressão de aludir à última conclusão.

Embora a narrativa evangélica possa assim, de forma lícita, ser considerada como parcialmente alegórica, aqueles que aceitam a história no seu sentido literal podem bem ser atraídos para o círculo encantado de Jesus e de seus discípulos eleitos, a quem ele chamou à parte para instrução privada.

Em termos puramente humanos, Jesus poderia estar prevenindo seus discípulos de sua morte prematura, talvez a fim de que os efeitos angustiantes sobre eles pudessem ser reduzidos a um mínimo, em especial porque a Ressurreição também era prometida. Os discípulos, que amavam seu Mestre, estavam naturalmente aflitos com a possibilidade de sua morte prematura.

Mt 17:24. *Quando chegaram a Cafarnaum, os coletores de impostos aproximaram-se de Pedro e lhe perguntaram: O vosso Mestre não paga impostos?*
25. *Ele disse: Sim. E, ao entrar em casa, Jesus antecipou-se-lhe, dizendo: Que te parece, Simão? De quem recebem os reis da Terra tributos e impostos? Dos seus filhos ou dos estranhos?*
26. *Como ele respondesse: Dos estranhos, Jesus lhe disse: Logo, os filhos estão isentos.*
27. *Mas, para que não os escandalizemos, vai ao mar e joga o anzol. O primeiro peixe que subir, segura-o e abre-lhe a boca. Acharás aí uma moeda. Pega-a e entrega-a a eles por mim e por ti.*

[11] Possivelmente significando '*da humanidade*'.
[12] Ver C. W. King, *The Gnostics and Their Remains*.

Nessa história, a justaposição do natural com o denominado "sobrenatural", do material com o espiritual retira a narrativa do reino da história e coloca-a no da revelação através de símbolo e alegoria. Muito embora o poder para executar o aparente milagre exatamente como narrado nesses versículos seja possuído por todo Adepto, tal método de obter o dinheiro do tributo seria intricado e, além disso, envolveria o exercício não permissível e desnecessário de poder oculto, a prática de crueldade e o abate de uma criatura senciente. Visto que esses atos não são realizados usualmente pela pessoa plenamente espiritualizada e, na medida em que o próprio episódio é de validade questionável, pode perfeitamente ser inferida a existência de uma mensagem subjacente no interior da narrativa.

O peixe aparece em muitos lugares na grande literatura alegórica mundial. Vaivasvata Manu foi guiado através dos grandes perigos da "inundação" pelo Senhor Vishnu na forma de um peixe[13]. Jesus, como manifestação do *Christos* na forma humana, escolheu seus discípulos entre os pescadores, alimentou a multidão com uns poucos peixes, obteve do interior de um peixe o dinheiro para pagar o tributo e ajudou seus discípulos a conseguir uma pesca miraculosa de peixes em águas onde tinham pescado anteriormente sem sucesso. O peixe, além disso, está associado, no mundo das Escrituras, com o Segundo Aspecto da Trindade e, desse modo, com os atributos de preservação da vida e os de sabedoria pertencentes à Deidade recôndita no Universo do homem[14]. Seria ideal deixar espaço para o exercício dessas funções do Princípio da Vida no cotidiano humano e também para o recebimento de orientação direta deste Princípio. Se isso é feito, então ambas as histórias relatadas nesses versículos podem indicar que mesmo as necessidades do viver diário serão satisfeitas. Essa ideia é muito importante para toda humanidade e, especialmente, para o homem moderno, que se acostumou enormemente a voltar-se para o exterior a fim de obter o necessário para sua vida intelectual e material.

---

[13] Ver Hodson, *A Sabedoria Oculta na Bíblia Sagrada*, p.54, Ed. Teosófica, Brasília.

[14] Ver *ibid.*, p. 80.

Capítulo 22

É quase inevitável que mudanças, adições e omissões possam ter alterado substancialmente a verdadeira história da vida de Cristo. Ninguém escreveu na ocasião, muito menos Jesus. Não obstante, muito daquilo que denota a verdadeira grandeza da pessoa e dos ensinamentos do Mestre foi legado à humanidade por intermédio tanto de "livros" canônicos como apócrifos. Este capítulo contém uma das grandes joias da literatura sagrada, não apenas a apresentada pela Bíblia e pelo Novo Testamento, mas no volume completo de ensinamentos recebidos concernentes à senda da vida espiritual.

Mt 18:1. Nessa ocasião, os discípulos aproximaram-se de Jesus e lhe perguntaram: Quem é o maior no reino dos céus?
2. E Jesus chamou para perto de si uma criança e colocou-a no meio deles
3. e disse: Em verdade vos digo que, se não mudardes e não vos tornardes como crianças, de modo algum entrareis no reino dos céus.
4. Aquele, portanto, que se tornar humilde como esta criança, esse é o maior no reino dos céus.

A questão que os discípulos colocaram para seu Mestre e a resposta relatada poderiam parecer estar tratando com dois níveis de existência inteiramente diferentes, a que ele se referiu como o dos céus e o da Terra. Os discípulos poderiam estar debatendo entre si qual dentre eles era o maior ou o mais altamente evoluído. Jesus respondeu tanto em termos puramente humanos (infância) como tendo em conta o estado místico de consciência (ingenuidade infantil). Reconhecidamente, os homens ou as mulheres de ocupações práticas não podem viver suas vidas como criancinhas desamparadas. O planejamento sábio e conservador, o aprovisionamento cuidadoso para a família e para o estado e uma certa visão de longo prazo deve, necessariamente, ter lugar no pensamento e na vida do ser humano, quer seja do ponto de vista exotérico ou esotérico, do homem comum ou do discípulo.

No quarto versículo, entretanto, Jesus promove definitivamente o ideal de uma certa ingenuidade infantil, sua adoção e prática como essenciais para o progresso e suprema posição no reino dos céus, referindo-se presumivelmente ao caminho do Discipulado. Isso significa que o caráter deveria ser simples, franco, espontâneo e liberal. A humildade é ensinada como uma suprema virtude, não a modéstia farisaicamente assumida de um homem atento aos observadores, mas, mais do que isso, como a humildade absolutamente verdadeira e direta de alguém que está consciente de suas falhas e limitações. Semelhante ausência total de soberba é evidência do límpido reconhecimento da estatura evolutiva, das capacidades desenvolvidas e das que ainda não foram desenvolvidas.

A autoavaliação devida e apropriada está, entretanto, longe de ser o único ingrediente de humildade, pois esta dificilmente poderia ser descrita como infantil. A verdadeira humildade é atributo inato de uma pessoa de estatura avançada, de um ser humano desenvolvido em quem instintiva e perfeitamente, de forma natural, a virtude da modéstia genuína e sincera está profundamente estabelecida e expressa-se automaticamente. Os Instrutores espirituais, através dos tempos, têm, de forma similar, inculcado esse ideal como pedra de toque e teste de grandeza, particularmente no que diz respeito à confiança e segurança de progresso e realização no modo de vida espiritual. Ele é por essa razão particularmente aplicável ao Discipulado.

Mt 18:5. E aquele que receber uma criança como esta por causa do meu nome, recebe a mim.

Nesse versículo, como em outras ocasiões, o Mestre identifica-se com toda a humanidade. Ele infere que o tratamento dado a outro ser humano de qualquer idade e posição social é de fato e verdadeiramente repartido com ele, o Senhor Jesus Cristo. Nesse versículo, entretanto, uma criança é tomada como exemplo e não um adulto, em conformidade com a resposta anterior.

A frase *tornar-se como uma criança* talvez possa ser considerada como uma referência à doutrina da reencarnação, mas, no presente contexto, pode ser mais apropriadamente aplicada àqueles que renasceram espiritualmente e, nesse sentido, são como criancinhas, qualquer que seja a idade do corpo. Esses experimentaram o Nascimento interno, pelo qual S. Paulo ansiava para os seus convertidos. Tais pessoas dedicaram todo seu ser à vida do Discipulado, começaram a vida de novo – *abinitio* – como Iniciados. Aos olhos de Jesus, eles eram muito maiores do que qualquer um cuja vida fosse vivida no meio de suposta pompa e glória da riqueza e realização mundanas. Tudo isso tem de ser renunciado, o que é um processo perfeitamente natural, posto que esses sinais externos são avaliados no seu verdadeiro valor. Na verdade, eles parecem como nada, comparados com a iluminação interior e as riquezas muitíssimo maiores da sabedoria perfeita e do amor compassivo.

Mt 18:6. Mas qualquer que escandalizar um destes pequeninos que creem em mim, melhor lhe fora que se lhe pendurasse ao pescoço uma pesada mó de azenha e fosse submergido nas profundezas do mar.

7. Ai do mundo por causa dos escândalos! Pois é mister que venham escândalos, mas ai do homem pelo qual o escândalo vem!

Uma leitura puramente literal desses versículos sugeriria extravagância de atitude. Entretanto, essa réplica é seguramente uma das reais *logia* [palavras, ensinamentos – N.T.] de Jesus, uma revelação muito verdadeira de um princípio profundo, se é entendido como conselho para a vida espiritual. Quando os termos *'pequeninos'* e *'criança'* são aplicados àqueles recém-entrados na vida espiritual, então pode-se possivelmente assumir que a afirmação foi suavizada ao invés de exagerada. Os idealistas sinceros e genuínos, em quem um renascimento espiritual tenha ocorrido, são muito preciosos para a humanidade em seu progresso rumo ao verdadeiro objetivo de espiritualidade, pois são a esperança do mundo. Esses idealistas despertos aspiram a servir os membros da raça humana e conseguir a completa espiritualização da vida deles. São eles e somente eles que podem, pelo exemplo e pela obediência à lei, tirar o homem de sua autodegradação, de seu individualismo cruel e de suas indescritíveis crueldades contra os animais e contra seus concidadãos.

Ao longo dessa passagem, que parece ser profundamente significativa, outra lei também está sendo exposta: a lei de causa e efeito. Terrível, na verdade, disse Jesus, é a reação sobre as nações e os indivíduos que destroem – seja psicológica ou fisicamente ou ambas – "um desses pequeninos que creem em mim" (que são os espiritualmente iluminados) e, assim, anulam o progresso ulterior na vida particular em que chega a iluminação. Nos tempos atuais, especialmente na presente época de avanço da ciência, da tecnologia e da intercomunicação, muitos são aqueles que estão prontos para zombar das ideias e dos ideais puramente espirituais e objetivamente indemonstráveis. Tais zombadores podem, como ocorre mui frequentemente, desviar homens e mulheres recém-inspirados e dedicados ao modo de vida mental e material que escolheram. Além do mais, a humanidade é privada da presença dos que estão despertos espiritualmente e de sua pregação de viva voz ou pela escrita ou pelo exemplo pessoal. Embora o realismo possa ser valioso, e o conhecimento recém-adquirido deva tornar-se estabelecido mui firmemente até ser inexpugnável, os idealistas podem estar especialmente vulneráveis nos primeiros dias após a iluminação mística e a conversão verdadeira e profunda. Na verdade, existe infelizmente entre os homens certa espécie de pessoas que têm prazer quase diabólico em tais ataques e é contra estes e contra a sua conduta que Jesus pode ter advertido.

No sétimo versículo a ênfase é retirada dos "pequeninos" e posta sobre o mundo e toda a humanidade. Os pronunciamentos de Jesus registrados nesse versículo mostram-no advertindo a humanidade contra ações que ferem uma lei impessoal, sob a qual as experiências de todos os homens são decididas.

Mt 18:8. Portanto, se a tua mão ou o teu pé te escandaliza, corta-os e atira-os para longe de ti. Melhor é que entres mutilado ou manco para a vida do que, tendo duas mãos ou dois pés, seres atirado no fogo eterno.

9. E, se o teu olho te escandaliza, arranca-o e atira-o para longe de ti. Melhor é que entres com um olho só para a vida do que, tendo dois olhos, seres atirado no fogo do inferno.

A natureza drástica dessas injunções e, particularmente, as referências a partes do corpo – seguramente para não serem lidas de forma literal – sugere que elas se aplicam à vida no Discipulado no caminho da cruz. Essa opinião poderia estar embasada pela declaração de abertura desse capítulo, a qual indica que Jesus não está se dirigindo às pessoas em geral, mas aos seus próprios discípulos. Claramente, as palavras do Mestre não se referem exatamente a partes do corpo humano, tais como os olhos e as mãos, mas foram mencionadas mais como símbolos de partes da natureza humana em geral.

Nesse modo de pensar e viver escolhido voluntariamente, toda autopurificação e adoção de padrões morais mais elevados são essenciais ao progresso naquele caminho íngreme e estreito. Na verdade ele é chamado na filosofia oriental de "o caminho do fio da navalha", pois perigos psicológicos, mentais e mesmo físicos ameaçam aqueles que tentam erroneamente alcançar a autopurificação por meio da motivação, da palavra e da ação, enquanto concedem a si mesmos antigas permissividades e gratificações sensuais. Na verdade pode ser terrível a sorte daquele que, tendo adotado o ideal de pureza infantil, espontaneidade e humildade pessoal, torna-se posteriormente uma vítima da cobiça do poder e do orgulho da sua posição. Sua ruína é absolutamente certa e isso tem infelizmente efeitos sobre aqueles influenciados por tal falha. Como mencionado anteriormente, injuriar ou tentar àqueles que tenham ingressado num modo de vida genuinamente espiritual é um crime profundamente sério, a ser certamente seguido por "punição" ou sofrimento igualmente sérios. Todos os grandes instrutores têm de modo similar advertido os aspirantes à vida espiritual quanto a esses riscos, e a história demonstra a validade das advertências.

A expressão '*fogo do inferno*' pode igualmente ser interpretada como descritiva do sofrimento agudo e longamente continuado que a conduta nociva antes mencionada trará inevitavelmente àqueles que a adotam. A filosofia oculta não admite a existência de um fogo eterno superfísico no qual os pecadores possam ser lançados após a morte. O fogo é um elemento físico que não pode queimar aqueles que, livres de seus corpos, estão cobertos por veículos não físicos, pois isso seria um absurdo. O conjunto, então, é um modo metafórico de ensinar, facilmente compreendido pelos discípulos treinados.

Mt 18:10. Não desprezeis nenhum desses pequeninos, porque eu vos digo que os seus anjos nos céus veem continuamente a face de meu Pai que está nos céus.

Ao responder a questão dos discípulos quanto a quem era o maior no reino dos céus, Jesus destacou, dentre aqueles que estavam ao seu redor, uma criancinha. Os versículos sob consideração, portanto, podem ser vistos como se referindo apenas às crianças, assim como dando uma advertência quanto às reações muito adversas, sob a égide da lei, das ações perniciosas contra "aqueles pequeninos". Entretanto, como já sugerido, esse título também significa os recém-Iniciados e, assim, metaforicamente jovens na vida de Iniciado.

A advertência aplica-se em especial aos ataques à mente, tal como a tentativa de destruição do conhecimento, adquirido intuitivamente, das leis da vida em geral e da vida espiritual em particular, como por exemplo, por ataques astuciosos e dissentâneos dirigidos a outras regras mundialmente aceitas quanto ao modo de vida espiritual. Na verdade, os efeitos de tais injúrias podem ser mais prejudiciais especialmente quando a vítima perde a fé em si mesma, no seu modo de vida recém-

-escolhido e nas suas aspirações de alcançar rapidamente as alturas evolutivas para ajudar mais efetivamente seus semelhantes.

Nos relatos tradicionais, a pessoa deve estar isenta de imperfeições – quiçá das muito graves. Isso pode aplicar-se ao versículo dez, no qual Jesus, quando falando de crianças, fez referências a seus anjos. O termo pode aplicar-se àquela parte da natureza humana referida por S. Paulo como o "corpo espiritual"[1], pois que esse corpo permanece eternamente em realizada unidade com o Deus Supremo. Isso é verdadeiro para todo ser humano e não só para as crianças. Tal afirmação pode ser percebida como fortalecendo a ideia de que Jesus estava usando as expressões *criança* e *pequeninos* num sentido especial, a saber, a de um ser humano recém-tocado no seu corpo mortal pelo poder, luz e fogo do Regente Imortal Interior, ou Mônada.

Mt 18:11. Porque o Filho do Homem veio salvar o que estava perdido.
12. Que vos parece? Se um homem possui cem ovelhas e uma delas se extravia, não deixa ele as noventa e nove nos montes e vai à procura da extraviada?
13. Se consegue achá-la, em verdade vos digo, terá maior alegria nela do que nas noventa e nove que não se extraviaram.
14. Assim também, não é da vontade de vosso Pai, que está nos Céus, que um destes pequeninos se perca.

Muitos dos ouvintes de Jesus eram indubitavelmente agricultores e pastores e, naturalmente, responsivos a tais referências. Os pastores estariam muito interessados numa única ovelha perdida e devotariam todos seus esforços em descobri-la e trazê-la de volta ao rebanho. Similarmente, ensinou Jesus, cada ser humano é tão querido pela Divindade quanto uma ovelha perdida para seu pastor. Tal afirmação deve ter trazido a ideia de Deus para muito perto daqueles que a ouviram, transmitindo-lhes, assim, um sentido profundamente consolador da divina proteção e do amor paternal de Deus para com toda a humanidade.

No versículo catorze, entretanto, Jesus refere-se outra vez aos pequeninos como se fosse a segurança deles que despertava um interesse tão grande, sugerindo aqui, de novo, um significado especial para o termo. Em certa medida o futuro da humanidade – especialmente o espiritual e o cultural – pode ser profundamente afetado pelo progresso desses pequeninos na vida espiritual. Cada indivíduo que encontra o Mestre e ajoelha-se a seus pés, sendo ensinado por ele, ajuda, a seguir, a cada um de seus irmãos da humanidade.

As Escolas de Mistérios e templos da antiguidade, os seus membros Iniciados e os hierofantes foram sempre abertos a tais aspirantes. Esses eram, então, conduzidos por seus Mestres na travessia do portal da Iniciação – um novo começo na verdade. Dali, ascendiam ao íngreme e estreito caminho que conduz ao Adeptado e, finalmente, ao cargo de hierofante, não só nos templos antigos, mas também, embora mais secretamente, nos de hoje.

[1] I Cor 15:44.

Embora sempre secretos no que toca ao ensinamento dos Mistérios neles revelado, tais centros espirituais existiram e podiam ser encontrados e penetrados ainda nos tempos mais antigos. Na verdade, muito antes da época de Cristo, no seu tempo e desde então, e ainda hoje, a senda, o Instrutor espiritual, as cortes internas e externas que conduzem ao santuário sempre existiram, podem ser e são encontrados e levam à grande meta. As condições do corpo e da consciência daqueles que assim encontraram e trilharam com sucesso o antigo caminho são necessariamente sensíveis ao extremo. Os aspirantes são, por conseguinte, muito vulneráveis – mental, psíquica e fisicamente – a perturbações durante o delicado processo de acomodação ao novo modo de vida. Essa é parcialmente a razão da segregação no interior das Escolas de Mistérios e *ashrams* do mundo concedida àqueles que podiam se aproveitar disso.

Mt 18:15. Ora, se teu irmão pecar contra ti, vai e repreende-o a sós. Se ele te ouvir, ganhaste o teu irmão.

16. Mas, se não te ouvir, toma contigo mais uma ou duas pessoas, para que pela boca de duas ou três testemunhas toda a palavra seja confirmada.

17. E, se não lhes der ouvido, dize-o à Igreja. Se nem mesmo à Igreja der ouvido, trata-o como gentio ou publicano.

Esses versículos podem também ser interpretados como se tratando de uma orientação para os seus discípulos e, ademais, para os discípulos de todos os tempos. Num sentido mais amplo, a instrução encerra os sábios objetivos de restauração e de manutenção de relacionamentos harmoniosos entre todos concidadãos. Uma forma de autotreinamento mental está assim descrita, a saber, a tranquilidade e a harmonia nos relacionamentos humanos. O discípulo deve adquirir essas habilidades, especialmente quando vivendo fora do *ashram*. Em qualquer lugar, ele deve ser um homem de paz, que seja fundada na justiça e na verdade. Daí, a natureza quase legal da orientação dada.

Enquanto em treinamento, o discípulo está submetido a várias tensões interiores e psicológicas, pois que a energia vital do Mestre está sendo partilhada com ele e as energias associadas estão agindo sobre o sistema nervoso e as áreas relacionadas no veículo etérico e nos mais sutis. Quando o corpo está desperto, seu próprio Eu espiritual está também direcionando ideias e forças aos quatro veículos da personalidade, e a penetrante atmosfera psíquica e as correntes de pensamento do exterior atuam sobre ele. Essas três, às quais podem ser juntadas certas forças astrológicas, tendem a criar condições de tensão no discípulo. Em consequência, e com vista à obtenção do maior benefício dessas energias, o discípulo necessita enormemente conseguir e manter associações, que deverão ser tão livres de perturbações quanto possível. As rixas e angústias causadas pelas perturbações e também pelos desentendimentos profundos podem impedir e retardar o progresso e o desenvolvimento do discípulo em treinamento quando está especialmente suscetível a eles. Por essas e outras razões, indubitavelmente, Jesus deu o conselho contido nesses versículos.

Mt 18:18. *Em verdade vos digo: tudo quanto ligardes na Terra será ligado no céu e tudo quanto desligardes na Terra será desligado no céu.*

Esse versículo pode ser interpretado de modo similar. A instrução dificilmente pode ser considerada de forma literal, na medida em que o céu não é um lugar. Ao invés disso, ele é um estado no qual a felicidade, que chega quase à bem-aventurança, fundada na perfeita liberdade, é uma condição permanente e inalterável. Consequentemente, nada pode jamais ser ligado no céu, o qual tem uma característica fundamental que é a eterna liberdade sem limite e a felicidade imperecível de união consciente com Deus. Esse versículo deve, portanto, ser lido como uma possível descrição dos poderes que são desenvolvidos num discípulo, no interior do qual forças e agentes (tanto quanto entidades invasoras) psíquicos e ocultos são mantidos sob completo controle. Está afirmado o inter-relacionamento entre as circunstâncias externas e internas, por um lado, e os estados de ser do discípulo em treinamento, por outro.

Mt 18:19. *Também vos digo que, se dois de vós estiverem de acordo na Terra sobre qualquer coisa que queiram pedir, isso lhes será concedido por meu Pai que está nos céus.*

Essa opinião ganha força se esse versículo for interpretado similarmente: a expressão *meu Pai que está nos céus* refere-se ao divino Eu do discípulo, cujos poderes são aumentados pela realização da unidade com a divina presença (Pai) no interior de toda Natureza e de cada ser.

Mt 18:20. *Pois onde dois ou três estiverem reunidos em meu nome, ali estou eu no meio deles.*

Se, como deve ser assumido, o pronome '*meu*' é uma tradução correta do original, então Jesus se identifica com o poder onipresente, a vida e a consciência da Deidade Suprema, ou Pai. Assim, assegura-se que os poderes teúrgicos são alcançáveis, não só pela invocação a Deus, mas também pela atuação em nome de Jesus, o Cristo. Se apenas duas ou três pessoas assim se reunirem em seu nome, ele seguramente estará presente, e isso pode ser considerado como tendo um significado não apenas místico, mas também operacional, ou em termos de poder oculto. Essas garantias foram dadas indubitavelmente aos discípulos a fim de fortalecê-los e ajudá-los depois que o seu Mestre fosse afastado deles em virtude da sua morte. Esse consolo foi também assegurado para servir de apoio, sempre que a dúvida e o perigo pudessem assaltá-los.

Os ensinamentos da filosofia oculta incluem essa ideia, afirmando que todos Iniciados e discípulos plenamente aceitos estão intimamente ligados ao seu Mestre, mais particularmente nos níveis espirituais e intelectuais. Por causa dessa estreita associação que é providenciada pelo Adepto, ele pode prontamente alcançar e usar o discípulo como um canal para ideias e influências, enquanto o discípulo por sua vez tem livre acesso ao Mestre.

A mais íntima dessas unificações diz respeito principalmente ao divino Ser Mais Interior, ou o Pai que está nos céus – tanto do Mestre como do discípulo. A intimidade implícita nos versículos dezoito, dezenove e vinte sugere que eles pertencem a uma série de instruções que Jesus, como cada Mestre Adepto, deu secretamente a seus discípulos em épocas diferentes.

Mt 18:21. Então Pedro, chegando-se a ele, perguntou-lhe: Senhor, quantas vezes devo perdoar ao irmão que pecar contra mim? Até sete vezes?

22. Jesus respondeu: Não te digo até sete, mas até setenta vezes sete.

Aqui é apresentada a grandiosidade da imponente virtude do perdão. Esse ideal foi plenamente exemplificado no registro da vida de Jesus, que pode ser visto como a verdadeira encarnação do amor que perdoa. Muito embora suportando a grande agonia que a crucificação poderia infligir, Jesus pedia ao Pai para perdoar àqueles que o crucificavam, pois que não compreendiam o que estavam fazendo ao torturarem-no. Assim, para os discípulos e mesmo para toda a humanidade, um grande e verdadeiro ideal cristão foi inculcado através do apóstolo Pedro.

A virtude é, entretanto, quase super-humana, e sua aceitação dificilmente poderia ser esperada da população em geral, embora os discípulos fossem obrigados a aplicá-la em suas vidas. Tal instrução pode, pois, outra vez, ser considerada como tendo sido dada em segredo pelo Mestre, como parte do treinamento dos seus discípulos. Mesmo na gestão de negócios, o discípulo deve agir com maior indulgência do que a permitida ao não discípulo.

Essas palavras foram tão marcantes que teriam ficado indelevelmente impressas na memória dos que as ouviram diretamente e na daqueles para os quais, mais tarde, foram repetidas. Quando, portanto, a história da vida de Jesus veio a ser escrita, esses ensinamentos entre muitos outros puderam ser recapitulados e incluídos na história evangélica.

Mt 18:23. Eis porque o reino dos céus é semelhante a um rei que resolveu acertar contas com os seus servos.

24. Ao começar o acerto, trouxeram-lhe um que devia dez mil talentos.

25. Não tendo este com que pagar, o senhor ordenou que o vendessem, juntamente com a mulher e os filhos e todos os seus bens, para o pagamento da dívida.

26. O servo, porém, caiu aos seus pés e, prostrado, suplicava-lhe: 'Senhor, sê generoso para comigo e te pagarei tudo'.

27. Diante disso, o senhor, compadecendo-se do servo, soltou-o e perdoou-lhe a dívida.

28. Mas, quando saiu dali, este servo encontrou um dos seus companheiros de servidão, que lhe devia cem denários e, agarrando-o pelo pescoço, pôs-se a sufocá-lo e a insistir: 'Paga-me o que me deves.'

29. *O companheiro, caindo aos seus pés, rogava-lhe: 'Sê generoso para comigo e tudo te pagarei.'*
30. *Mas ele não quis ouvi-lo; antes, retirou-se e mandou lançá-lo na prisão até que pagasse o que devia.*
31. *Vendo, pois, os seus companheiros de servidão o que acontecera, ficaram muito penalizados e, procurando o senhor, contaram-lhe todo o acontecido.*
32. *Então o senhor mandou chamar aquele servo e lhe disse: 'Servo mau, eu te perdoei toda a tua dívida porque me rogaste.*
33. *Não devias, também tu, ter compaixão do teu companheiro, como eu tive misericórdia de ti?'*
34. *Assim, encolerizado, o seu senhor o entregou aos verdugos, até que pagasse toda a sua dívida.*
35. *Eis como meu Pai celeste agirá convosco, se cada um de vós não perdoar, de coração, ao seu irmão.*

Embora o ideal de perdão nessa parábola seja aplicado a dívidas de negócios, as consequências da falha em perdoar – a tortura pelos "verdugos" – são, de fato, apresentadas como realmente muito sérias. Esse é outro exemplo do método de instrução por meio de alegoria em que é apresentada uma ideia inaceitável. Os mecanismos econômico e industrial, que a humanidade justificadamente confia como procedimentos corretos e seguros da civilização, falhariam se todos os débitos fossem perdoados e aqueles que assim não conseguissem proceder fossem entregues aos torturadores. A dificuldade de concordar com a ideia é ainda maior quando, no último versículo, estabelece-se que o próprio Deus infligiria a tortura.

Uma interpretação possível da alegoria pode ser a de que Jesus está dando a seus discípulos instrução direta a respeito da existência e da operação da lei de causa e efeito. Como explicado anteriormente, ele próprio enunciou essa doutrina de forma muito enérgica como o fez o apóstolo Paulo[2]. O mesmo ensinamento pode ser encontrado no Velho Testamento e em todas as Escrituras mundiais.

A filosofia oculta também aceita essa doutrina, mas, exceto pelo uso deliberado de alegoria, ela não ensina que nenhum agente pessoal, divino ou humano, seja responsável pela sua aplicação. Ao contrário, o princípio de causa e efeito é apresentado como uma sequência automática, impessoal. Diz-se que esse processo está baseado num método de harmonização ou sintonização igualmente impessoal, que está incessantemente em operação por todo o Universo. A deificação do método, se corretamente atribuído a Jesus, pode ter sido seu modo de indicar a universalidade e a inevitabilidade da lei segundo a qual a reação apropriada segue cada ação. São Paulo também introduz seu enunciado da doutrina por uma referência à onisciência de Deus, dizendo: "Deus não se deixa escarnecer"[3].

---

[2] Mt 5:7, 5:18, 7:1-2, 7:12; Lc 16:17; Gl 6:7.
[3] Gl 6:7.

Capítulo 23

Continua a história das viagens de Jesus através do interior, das praias do mar e do lago da Galileia. O Mar da Galileia com as montanhas ao derredor, mormente aquelas a oeste do lago, foram deixadas para trás, a fim de que, indubitavelmente, influenciasse outro grupo de pessoas. Como em muitos outros lugares, os doentes foram levados até ele que, com sua divina compaixão e poder, curou-os.

Ele também ensinou a população e a seus discípulos a verdade, na extensão em que podiam compreender. Embora um instrutor espiritual deva prestar atenção às condições e necessidades daqueles que estão vivendo em condições normais, Jesus dirigiu-se principalmente àqueles que tinham se tornado intimamente movidos a procurar e a adotar o modo de vida espiritual – como na verdade fizeram todos os grandes instrutores. Então, quase todos os seus pronunciamentos intentavam servir de orientação para aqueles que se tornavam aspirantes ao Discipulado.

Mt 19:1. Quando Jesus terminou essas palavras, partiu da Galileia e foi para o território da Judeia, além do Jordão.
2. Acompanharam-no grandes multidões, e ali as curou.
3. Alguns fariseus se aproximaram dele, querendo pô-lo à prova. E perguntaram: É lícito repudiar a própria mulher por qualquer motivo que seja?
4. Ele respondeu: Não lestes que desde o princípio o Criador os fez homem e mulher?
5. E que disse: Por isso o homem deixará pai e mãe e se unirá à sua mulher e os dois serão uma só carne?
6. De modo que já não são dois, mas uma só carne. Portanto, que o homem não separe o que Deus uniu.

No lugar e no tempo em que só era concedido à mulher um *status* inferior, Jesus falou em favor delas, dando ênfase principalmente à igualdade delas aos olhos de Deus, bem como à sua unidade com os seus maridos. Essa passagem tem sido aceita como autêntica e aplicada à instituição do casamento por uma denominação cristã para qual ela é ainda considerada como uma determinação definitiva. Embora reconhecidas por um número muito grande de cristãos modernos como um ideal para a proteção da mulher naquele tempo, essas palavras de Jesus são hoje tanto desafiadas quanto negligenciadas.

Mt 19:7. Eles, porém, objetaram: Por que, então, ordenou Moisés que se desse carta de divórcio e depois se repudiasse?
8. Ele disse: Moisés, por causa da dureza dos vossos corações, vos permitiu repudiar às vossas mulheres, mas desde o princípio não era assim.

9. *E eu vos digo que todo aquele que repudiar a sua mulher – exceto por motivo de fornicação – e desposar uma outra, comete adultério; e o que casar com a repudiada também comete adultério.*
10. *Os discípulos disseram-lhe: Se é assim a condição do homem em relação à mulher, não vale a pena casar-se.*
11. *Ele acrescentou: Nem todos são capazes de compreender essa palavra, mas só aqueles a quem é concedido.*
12. *Com efeito, há eunucos que nasceram assim, desde o ventre materno. E há eunucos que foram feitos eunucos pelos homens. E há eunucos que se fizeram eunucos por causa do reino dos céus. Quem tiver capacidade para compreender, compreenda!*

A referência a "eunucos por causa do reino dos céus" é definitivamente dirigida aos discípulos num certo estágio avançado de progresso, onde a castidade e a continência se tornam ideais e práticas necessárias. Eles se apresentam como eunucos, significando sem sexo, com o pensamento e a aspiração centrados e devotados a um modo de vida puramente espiritual. Por intermédio da meditação e da sublimação eles entraram numa fase em que o desejo sexual foi transcendido.

Mt 19:13. *Trouxeram-lhe, então, crianças para que lhes impusesse as mãos e fizesse uma oração. Os discípulos, porém, as repreendiam.*
14. *Jesus, todavia, disse: Deixai as crianças e não as impeçais de virem a mim, pois delas é o reino dos céus.*
15. *Em seguida, impôs-lhes as mãos e partiu dali.*

Sem dúvida, afora um amor natural pelas crianças e pelo que representam, Jesus sempre foi especialmente terno com elas. Como está claro em outra parte, ele também utilizou certos atributos das crianças para servirem como exemplos a todos os candidatos que ingressarem numa vida superior, o reino dos céus. Os discípulos, como não eram suficientemente avançados, falharam em perceber a intenção interna ou a afeição pelas crianças, característica de seu Mestre e, então, tentavam protegê-lo de intromissão inoportuna.

Algumas pessoas despertas "renascidas" há pouco podiam ter sido também as crianças aludidas por Jesus. A associação com um grande instrutor e o toque de suas mãos sobre elas pode ser de valor, principalmente em ajudá-las a retomar o modo de vida que tinham seguido em encarnações anteriores.

O ser humano avançado, quer seja alto Iniciado ou Adepto, torna-se naturalmente possuído de uma certa fascinação que é sentida por muitos. Dessa forma, lemos que multidões de pessoas vinham a Jesus e seguiam-no. Dentre essas, era provável que as crianças tenham sido especialmente responsivas à sua influência quase indefinível e, assim, destemidamente se acercaram dele, de quem irradiava esta influência.

Estranhamente, pois tal é a perversidade da natureza humana, sobre algumas pessoas é produzido efeito oposto. São esses os odientos do mundo. A raiva deles nasce principalmente do ressentimento contra aqueles que são "maiores" do que eles e que recomendam uma moralidade que não desejam ou não estão dispostos a aceitar. Para esses, a atração que um instrutor exerce sobre muitas pessoas torna-se também uma fonte de ofensa, daí a hostilidade deles. Aqueles que chegam ao mundo antes que este esteja preparado para eles, que exercem uma influência e sustentam um ideal moral mais elevado do que é o normal para o seu tempo, suscitam inevitavelmente essa resposta adversa. Se continuam na tarefa que escolheram, então a inimizade aumenta até que seus efeitos tornem-se realmente mortais, como se mostrou verdadeiro no caso de Jesus.

Mt 19:16. Aí alguém se aproximou dele e disse: Bom Mestre, que bem farei para ter a vida eterna?
17. E ele respondeu: Por que me chamas de bom? Não há bom senão um só, que é Deus. Mas se queres entrar para a vida, guarda os mandamentos.
18. Aquele perguntou-lhe: Quais? Jesus respondeu: Não matarás, não adulterarás, não roubarás, não levantarás falso testemunho;
19. honra pai e mãe e amarás o teu próximo como a ti mesmo.

Como será mostrado no versículo vinte e um, a distinção entre a vida normal do mundo, embora honrada, e a vida do Discipulado torna-se clara. Um moço rico da elite veio a Jesus procurando orientação para ingressar na vida espiritual e praticá-la[1]. Jesus, com aquela impessoalidade e modéstia realista, característica dos homens verdadeiramente grandes, repudiou, de início, todo o direito de ser chamado bom. Sem dúvida, discernindo de forma correta o grau evolutivo e a atitude frente à vida do jovem, aconselhou-o a guardar os mandamentos, a saber: ser um bom cidadão e bom judeu. Em resposta a um pedido de orientação específica, Jesus cita alguns dos dez mandamentos.

Mt 19:20. Disse-lhe então o moço: tudo isso tenho guardado desde a minha mocidade. Que me falta ainda?

Ao fazer essa pergunta, o jovem mostrou a seriedade de seus propósitos e um senso intuitivo de que existia uma vida interna, com suas regras próprias especiais, dirigindo o progresso para aquilo que ele inicialmente chamou de *vida eterna.*

Mt 19:21. Jesus lhe respondeu: Se queres ser perfeito, vai, vende os teus bens e dá aos pobres e terás um tesouro nos céus. Depois vem e segue-me.

Embora esse versículo seja pequeno, já contém quase toda a essência da filosofia e da atitude de vida que deve ser aceita pelos que desejam ingressar e viver com sucesso um modo de existência puramente espiritual.

A primeira sentença, "Se queres ser perfeito", refere-se à doutrina fundada pelas religiões mundiais de caráter quase universal, a saber: a perfectibilidade do

[1] Lc 18:18.

homem. É enunciado o propósito subjacente de viver-se na busca da evolução para a estatura da perfeita humanidade, ou cristandade[2]. Quando essa meta é alcançada, ou mesmo quando é quase atingida, o devoto descobre sua verdadeira identidade como ser espiritual e, portanto, sua imortalidade na vida eterna. É também proclamado o caminho para a realização espiritual acelerada e são descritas a perspectiva mental essencial e a conduta resultante. Nessa senda, o desapego às posses materiais é desenvolvido naturalmente. Se o aspirante for rico, seus bens são partilhados sempre com razoável discernimento, e ele mesmo serve apenas como um administrador.

Mt 19:22. O moço, ouvindo essa palavra, saiu pesaroso, pois era possuidor de muitas propriedades.

O jovem ainda estava evidentemente preso nas posses e nas suas características de apego a elas. Em consequência, naquela hora, estava impossibilitado de seguir a orientação que Jesus tinha indicado de adotar a atitude de administrador de suas próprias riquezas. A afirmação de que estava pesaroso pode talvez indicar a hipótese de que a despedida, por ter sido ressentida, não seria provavelmente final. O fato de que tinha realmente procurado a orientação do Mestre e mesmo forçado uma declaração das condições verdadeiras e obrigatórias para a consecução da vida eterna poderia evidenciar que ele já era mais avançado espiritualmente do que as pessoas do meio em que vivia. Talvez possa ser dito que ele estava despertando, mas ainda não estava completamente acordado. O pintinho estava bicando a casca do ovo, mas não tinha escapado ainda. Felizmente, a oportunidade surgirá outra vez. Se não for na mesma vida, então numa futura encarnação o sucesso será obtido.

Na verdade, se assim se pode comentar, muitos membros da raça humana, julgados pela sua conduta, nem mesmo parecem estar bicando a casca, sendo ainda, e necessariamente talvez, autocentrados, voltados para a satisfação de desejos pessoais e consumistas. Entretanto, os inúmeros idealistas e, finalmente, a maioria das pessoas irão bicar a casca e libertar a si mesmos, em consequência do que – e não antes – a paz reinará nessa Terra arrasada.

Mt 19:23. Então Jesus disse aos seus discípulos: Em verdade vos digo que um rico dificilmente entrará no reino dos céus.

24. E vos digo ainda: é mais fácil um camelo entrar pelo buraco de uma agulha do que um rico entrar no reino de Deus.

As expressões *reino dos céus* e *reino de Deus* têm ao menos um duplo significado, particularmente quando usadas em relação ao incidente do jovem rico. Na primeira, é indicado um estado semelhante ao celestial, quando se está consciente do corpo causal, onde o Eu imortal do homem normalmente habita. A segunda expressão refere-se à estatura evolucionária que o homem mortal é capaz de alcançar

[2] Ef 4:13; Hb 12:23.

pela contemplação do divino. Como enunciado em outra parte, essa é uma condição de consciência interior e não um reino externo. Essa elevação mística pode ocorrer quase espontaneamente para certas pessoas e acontece frequentemente em várias ocasiões. Pela prática de uma ou outra arte ou pela contemplação contínua, as pessoas podem se tornar suscetíveis a essa comunicação com o Eu interno. Por isso a genialidade torna o artista imortal entre os membros da raça humana, enquanto o devoto, pela perpétua reflexão exploratória das ideias e dos atributos divinos, abre por si mesmo uma trilha na consciência do seu Eu Divino. O artista não precisa necessariamente ser um indivíduo particularmente evoluído, mas o místico pode ser legitimamente descrito assim, pois o impulso para sobrepujar as limitações da consciência normal, sensorial e mental e para descobrir a verdade só pode efetivamente surgir numa pessoa bem-desenvolvida.

O incidente do moço rico induziu à afirmação de Jesus de que o intenso apego, especialmente aplicado aos bens terrenos, é um estado de mente em que o altruísmo característico do denominado reino dos céus não pode ser alcançado e desfrutado. A sensação de posse implica em que a atitude mental natural do "eu e meu" forma uma barreira à entrada num estado em que essas distinções não podem, em absoluto, ter lugar. A universalidade de consciência implica na completa ausência de autosseparatividade, ganância sôfrega e, portanto, do apego às posses. Esse é o estado em que o Eu divino do homem, o "Deus que opera em vós"[3], subsiste perpetuamente. Essas palavras de Jesus referem-se a esse fato, o Mestre empregando sua memorável faculdade de ensinar por analogia e comparação ao enunciar essa verdade.

É digno de nota que o Mestre nem falou desfavoravelmente do jovem nem o condenou. Aqui, como em outras partes dos evangelhos, alguns dos ensinamentos são inaplicáveis para aqueles que ainda estão vivendo uma vida mundana. Ele meramente expôs a lei que governa a autoespiritualização e então esclareceu os seus discípulos, para quem tais ensinamentos eram preliminarmente dirigidos, a respeito de sua operação. Sem dúvida ele deixou cada um aplicar o ensinamento por si mesmo.

Mt 19:25. Ao ouvirem isso, os discípulos ficaram muito espantados e disseram: Quem poderá então salvar-se?

26. Jesus, fitando-os, disse: Ao homem isso é impossível, mas a Deus tudo é possível.

No primeiro desses dois versículos, os discípulos parecem equiparar a experiência de entrar no reino de Deus com a de ser salvo. Se a pobreza é essencial para essa realização, como eles aparentemente pensavam, então um número muito grande de pessoas fracassaria em alcançar essa condição essencial. Se o texto é um registro correto do diálogo, então os discípulos incorriam em erro ao concluir das pa-

[3] Fl 2:13.

lavras de seu Mestre que homens e mulheres que ainda estivessem vivendo no mundo nunca poderiam ser salvos. Entretanto, se a entrada no reino de Deus refere-se ao estado místico de consciência, uma exaltação do espírito, então a união com Deus pode ser obtida quaisquer que sejam as circunstâncias da pessoa.

A palavra *salvo*, por outro lado, se corretamente traduzida do original, parece implicar na segurança eterna da alma daqueles que tenham sido salvos segundo o ponto de vista da religião ortodoxa. Jesus, entretanto, parece ter corrigido esse erro ao explicar que, enquanto o homem mortal deve morrer, o Eu eterno vive para sempre, apesar de todas as noções teológicas de danação eterna, e nesse sentido está salvo. Se esse enfoque é adotado, então a observação de que "para Deus tudo é possível" refere-se não apenas à Deidade supostamente externa, mas, mais do que isso, ao Deus Interior de cada homem (os dois sendo Um), a presença que assegura sua salvação por toda a eternidade[4].

A diferença essencial entre o Eu divino do homem no seu corpo espiritual[5] e a temporária vestimenta física de carne e osso, que serve como um veículo para a vida física diária, é um tema que os instrutores espirituais têm dado grande ênfase e um significado profundo. Os discípulos são treinados não apenas para distinguir mentalmente entre os dois, mas, pela meditação especialmente planejada, ordenada e regularmente realizada, para conhecer a diferença por experiência direta. É seguramente esse despertar místico da própria divindade que é colocado por Jesus como sendo muito difícil de alcançar por alguém que está ainda prisioneiro, nas garras, das posses materiais.

Parece razoável assumir que a breve declaração feita por Jesus a respeito desse fato supremamente importante acerca do homem era apenas uma parte da instrução dada. O restante foi esquecido pelos compiladores ou não narrado, talvez em virtude de sua natureza profundamente esotérica, pois sem essa instrução mais completa os discípulos estariam justificadamente "confusos" pela afirmação radical feita por seu Mestre.

Mt 19:27. Pedro, então tomando a palavra, disse: Eis que nós deixamos tudo e te seguimos. O que é que vamos receber?

28. Disse-lhes Jesus: Em verdade vos digo que, quando, na regeneração, o Filho do Homem se assentar no trono de sua glória, também vós, que me seguistes, vos sentareis em doze tronos para julgar as doze tribos de Israel.

A evidente reclamação por parte de Pedro – ou talvez a questão natural – é apropriada para seu temperamento ocasionalmente impetuoso. A resposta tranquilizadora pode ser considerada como formulada em termos altamente metafóricos.

A palavra *regeneração* é de especial interesse, pois que, se é aplicada à natureza integral do homem, significa a resposta efetiva do homem mortal a um desper-

---

[4] Ver Hodson, *Lecture Notes*, Vol. 1, pp. 18-19.

[5] Corpo espiritual. Ver Glossário: Ego.

tar espiritual interior irresistível. O resultado de tal experiência provocará a inversão completa do caráter egoístico em altruístico e também uma completa mudança na motivação para o viver diário. Como proclamam os místicos, essa conversão é uma das indicações da aptidão para o Discipulado, enquanto sua completa aplicação à vida diária é o resultado final da resposta bem-sucedida à instrução do Mestre.

Embora o Adepto compreenda plenamente as nações, as tribos e os indivíduos, ele raramente os julga, se é que o faz, na medida em que é capaz de perceber a inclinação e a posição que levam as pessoas a agirem de certo modo, quer seja desfavorável ou benéfico. Ele pode conhecer totalmente, e frequentemente conhece, a estatura espiritual e a conduta física resultante daqueles que ele tem a obrigação de assistir. Esse conhecimento assegura que sua ajuda é dada de forma tão sábia que se mostra efetiva em quase todas as circunstâncias.

O uso da ideia de tronos e entronização para descrever o apogeu definitivo da realização e da "recompensa" espirituais parece ter sido retirado de uma simbologia prevalecente entre o povo judeu daquele tempo, pois se desenvolveu entre os judeus aquilo que tem sido denominado o *trono místico*.

Mt 19:29. E todo aquele que tenha deixado casas ou irmãos ou irmãs ou pai ou mãe ou filhos ou terras, por causa do meu nome, receberá muito mais e herdará a vida eterna.

30. Porém, muitos dos primeiros serão últimos, e muitos dos últimos, primeiros.

Se o mais alto grau de iluminação interior deve ser alcançado, então deve ocorrer a renúncia completa e derradeira de todos relacionamentos externos com o mundo que possam constranger o devoto. Em uma declaração registrada por Lucas, Jesus também disse: "Se alguém vem a mim e não odeia pai e mãe, mulher, filhos, irmãos, irmãs e até a própria vida, não pode ser meu discípulo"[6]. A fim de demonstrar esse completo unidirecionamento e entrega total, Abraão, no Monte Moriá, preparou-se para sacrificar o seu filho Isaac, mas um anjo segurou sua mão[7]. Foi, então, encontrado um substituto, um cordeiro preso num arbusto. O próprio Jesus manteve com sua mãe, Maria Madalena e seus discípulos, um relacionamento muito estreito e mostrou profunda preocupação pelo futuro de sua mãe após sua morte, pois, enquanto ainda vivo na cruz, confiou-a a João, o discípulo a quem amava. Evidentemente, então, a natureza extrema da exigência de dedicação exclusiva – mesmo com o sacrifício da família e dos amigos – deve ser considerada como analogia e metáfora e não no sentido estritamente literal. Nesses versículos essa necessidade é metaforicamente trazida para o reino da vida privada, das responsabilidades e deveres de um ser humano.

---

[6] Lc 14:26.

[7] Gn 22:1-13.

Outra justificativa para uma leitura metafórica é que a adoção estritamente literal da afirmação do Senhor, quanto às necessidades e exigências extremas impostas ao devoto, levaria a uma conduta que seria bastante oposta a uma outra qualidade essencial, que é a ternura, compreendendo esta um profundo interesse não apenas pelos membros da própria família, mas pela felicidade de todas as criaturas e de todos os homens.

Todos os discípulos, talvez à exceção de Judas, são apresentados como não tendo relacionamentos obrigatórios de nenhuma espécie. Eles estavam, em consequência, literalmente capacitados a renunciar tudo e a seguir o Mestre. Podem ser vistos, portanto, como protótipos daqueles seres humanos cuja posição evolutiva e modo de vida (*dharma* e *karma*) permitiram-lhes a liberdade de adotar um modo de vida inteiramente espiritual. Isso os capacitou a assumir o papel de mendicantes ou monges, quer ligados ou não a uma instituição e, assim, serem completamente livres para seguir o caminho que se tornou o verdadeiro desejo de seus corações. O pensamento é então induzido ao verdadeiro significado do ideal universal fundado pelo misticismo do Oriente e do Ocidente. Ele pode ser descrito como o advento daquele estado em que se pode realizar muito naturalmente o único e irresistível desejo do coração. A mente aspira e a vontade determina-se a encontrar um Instrutor espiritual e, sob sua orientação, alcançar as alturas evolutivas da forma mais rápida e completa possível. Isso finalmente se torna a única fascinante e diretora ideia que domina a mente e o coração do indivíduo que está assim desperto espiritualmente. Visto desse modo, a busca e mesmo a "cruel" (no sentido puramente físico) exigência feita por Jesus no versículo vinte e nove não se referem à resposta artificial a ordens de outro, mas, muito mais, a um estado de consciência. Como dizem os *Upanishades*: "não há absolutamente nenhum outro caminho a seguir."

O versículo final desse capítulo pode ser lido como descritivo da diferença entre o reconhecimento do valor puramente temporal e o do espiritual. A pessoa que valha mais para a mente mundana e por ela seja considerada em primeiro lugar, quando avaliada e examinada espiritualmente, pode ser julgada menos valorosa do que outra que, até então, era considerada de menor importância. O discípulo mais jovem pode eventualmente, por exemplo, ultrapassar seus companheiros, enquanto um irmão mais antigo e aparentemente mais evoluído pode exibir fraquezas que o colocam num degrau inferior da escada evolutiva.

Capítulo 24

É altamente provável que Jesus tivesse mais de doze discípulos. Talvez o número variasse ao longo do tempo do seu ministério. Deve ter havido almas avançadas, na sua época, como agora, que, para usar a descrição do Irmão Lawrence, estavam "possuídas pelo alento do Espírito Santo" e, em consequência, seguiam "adiante mesmo no sono". Esses versículos são dirigidos principalmente a elas.

Mt 20:1. Porque o reino dos céus é semelhante a um pai de família que saiu de manhã cedo para contratar trabalhadores para a sua vinha.
2. Depois de combinar com os trabalhadores um denário por dia, mandou-os para a vinha.
3. Tornando a sair pela hora terceira, viu outros que estavam na praça, desocupados,
4. e disse-lhes: 'Ide, também vós para a vinha, e eu vos darei o que for justo.' E eles foram.
5. Tornando a sair pela hora sexta e pela hora nona, fez a mesma coisa.
6. Saindo pela hora undécima, encontrou outros que lá estavam e disse-lhes: 'Por que ficais aí o dia inteiro desocupados?'
7. Responderam: 'Porque ninguém nos contratou.' Disse-lhes: 'Ide, também vós, para a vinha.'
8. E, aproximando-se a noite, disse o dono da vinha ao seu administrador: 'Chama os trabalhadores e paga-lhes o salário, começando pelos últimos até os primeiros.'
9. Vindo os da hora undécima, receberam um denário cada um.
10. E vindo os primeiros, pensaram que receberiam mais, mas do mesmo modo receberam um denário cada um.
11. Ao receber, murmuravam contra o pai de família,
12. dizendo: Estes últimos fizeram uma hora só e tu os igualaste a nós, que suportamos o peso do dia e o calor do Sol.'
13. Ele, então, disse a um deles: 'Amigo, não fui injusto contigo. Não combinaste um denário?
14. Toma o que é teu e vai. Eu quero dar a este último o mesmo que a ti.
15. Não tenho o direito de fazer o que eu quero com o que é meu? Ou o teu olho é mau porque eu sou bom?'
16. Assim, os últimos serão os primeiros, e os primeiros serão últimos. Porque muitos são chamados, mas pouco os escolhidos.'

Não é meu propósito aqui escrever uma homilia sobre essa parábola que, para dizer o mínimo, é peculiar, se é que está corretamente rememorada, reportada e escrita. Pode-se, entretanto, perceber um propósito subjacente, a saber, a diferenciação entre o sentido puramente temporal da retidão e da probidade, por um lado, e um fato espiritual definitivo por outro, porque esses dois – o transitório e o eterno – nem sempre parecem concordar à primeira vista. No plano externo, os trabalhadores tinham alguma razão em suas reclamações, muito embora, como empregados, talvez tivessem pouco direito de expressá-las de modo coercivo, como lhes disse o seu patrão. Esse, por sua vez, como ele disse, tinha todo o direito de gastar seu dinheiro do modo que quisesse.

Se, entretanto, a parábola, particularmente os versículos de encerramento, é aplicada espiritualmente, então Jesus deixou claro que nem a posição evolutiva nem a aptidão para o Discipulado (período de trabalho) dependem apenas daquilo que é puramente temporal e externo, porque as fontes inesgotáveis da energia da vida espiritual estão profundamente escondidas no recôndito da alma humana e somente um verdadeiro vidente ou profeta pode percebê-las corretamente ou avaliar seu grau de atividade. Essas podem ter pouco ou nenhuma relação com os anos e as horas de trabalho no mundo externo. Às vezes de forma desconcertante, como quase todo discípulo finalmente aprende, um observador silencioso ou um membro de um grupo de aspirantes recentemente filiado pode mostrar-se espiritualmente mais evoluído e mais plenamente desperto e, assim, ser mais digno de, no mínimo, iguais "salários" (avanço espiritual) do que até mesmo o mais antigo e fervoroso discípulo. No campo da educação, por exemplo, não são apenas os anos de aplicação, mas principalmente a realização acadêmica, que decidem a colocação.

O Mestre, entretanto, vê com segurança o interior mais profundo da natureza de cada aspirante que se coloca à sua disposição, observa seu verdadeiro desenvolvimento, quer tenha sido aceito há muito tempo ou ingressado recentemente, e confere a cada um o lugar que, por justiça, lhe é devido. Embora isso possa não parecer muito satisfatório para as pessoas sem discernimento, esse reconhecimento do *status* espiritual é perfeitamente justo, de acordo com a avaliação pelos verdadeiros valores. Sem dúvida o Mestre alonga-se sobre esses padrões de julgamento não só na ocasião registrada, mas, frequentemente, quando treinava seus discípulos para julgar pelos valores espirituais e não só pelos materiais.

Mt 20:17. E subindo Jesus a Jerusalém, tomou os doze a sós e lhes disse, enquanto caminhavam:

18. Eis que estamos subindo a Jerusalém e o Filho do Homem será entregue aos chefes dos sacerdotes e escribas. Eles o condenarão à morte

19. e o entregarão aos gentios para ser escarnecido, açoitado e crucificado. Mas no terceiro dia ressuscitará.

Aqui também é dito que Jesus estava falando somente aos seus discípulos, quer eles fossem doze ou, muito provavelmente, um número maior, uma possibilidade explorada anteriormente. Jesus pode ter realmente falado essas palavras proféticas. Como registradas, elas são consideradas como referência exclusiva à personagem histórica. Não obstante, existe a possibilidade de que um significado metafórico mais profundo era o ensinado, especialmente pelo fato de que algumas afirmações de Jesus, colocadas pelos compiladores desse capítulo, foram feitas aos discípulos durante os momentos de intimidade quase sagrados que caracterizam o relacionamento Mestre-discípulo.

Talvez possa ser discernido um duplo propósito para a previsão das dramáticas e trágicas experiências a serem brevemente vivenciadas. Um desses pode ter sido o de preparar as mentes dos discípulos antes que os eventos realmente ocorressem, a fim de atenuar a dor e o choque. O outro pode ter sido o de revelar certas verdades e indicar certas provações pelas quais, não apenas Jesus, mas também todos os que se aproximam da condição de Adepto antes dos demais membros da raça humana devam inevitavelmente passar, através de sucessivas iniciações nos Mistérios Maiores. Essa interpretação está apoiada na resposta de Jesus aos filhos de Zebedeu, a ser posteriormente considerada.

Em avanço às interpretações mais completas que se seguirão, é admissível dizer aqui que todos os discípulos devem estar preparados para passar por provações comparáveis àquelas por que passou Jesus. Unicamente aqueles de espírito muito forte seriam capazes de pagar o preço exigido pela Natureza para, por assim dizer, ser forçada e, assim, atingir a perfeição antes do tempo normal, sendo as condições normais decididas pelas leis cíclicas que governam a evolução da raça. Então, com essas declarações, Jesus estava se apresentando aos discípulos como um modelo para todos que, nas palavras de S. Paulo, "chegam ao estado de Homem Perfeito à medida da estatura da plenitude de Cristo"[1].

Estudantes do Cristianismo místico podem estar interessados na teoria do docetismo desenvolvida pela Igreja Cristã primitiva[2]. Essa ideia brotou das mesmas raízes do gnosticismo e era caracteristicamente sustentada por escritores gnósticos. Segundo essa teoria, Cristo não tinha um corpo real ou natural, mas apenas um corpo aparente ou ilusório. A origem da heresia deve situar-se nas especulações gregas alexandrinas e orientais a respeito da impureza essencial da matéria. A doutrina diferiu muito no seu aspecto segundo o ponto de vista adotado pelos diferentes autores. Os mais radicais docetistas assumiam a posição de que Cristo nasceu sem qualquer participação de matéria e que todos os atos e sofrimentos de sua vida humana, inclusive a crucificação, foram apenas aparentes. Eles atribuíram a Cristo um corpo etéreo e celeste, ao invés de um corpo verdadeiramente humano, e variavam na sua avaliação quanto à participação que esse corpo tinha nas ações e nos sofrimentos reais de Cristo.

Mt 20:20. Então a mãe dos filhos de Zebedeu, juntamente com os seus filhos, dirigiu-se a ele, prostando-se para fazer-lhe um pedido.

21. Ele perguntou: Que queres? Ao que ela respondeu: Dize que estes meus dois filhos se assentem um à tua direita e o outro à tua esquerda, no teu reino.

---

[1] Ef 4:13.

[2] Docetismo, gr., "parecer."

22. *Jesus, porém, respondeu e disse: Não sabeis o que estais pedindo. Podeis beber o cálice que estou para beber e ser batizados com o batismo com que sou batizado? Eles responderam: Podemos.*
23. *Então lhes disse: Sim, bebereis de meu cálice. Todavia, sentar à minha direita e à minha esquerda, não cabe a mim concedê-lo; mas é para aqueles aos quais meu Pai preparou.*

Como no caso do jovem rico que procurou a ajuda de Jesus para viver a vida espiritual[3], os dois filhos de Zebedeu são também submetidos ao "teste de fogo" da prontidão, tanto para iniciar aquele grande esforço como para suportá-lo até o triunfo final. Em resposta, Jesus refere-se a si mesmo como um exemplo das qualidades de caráter necessárias à sua própria experiência, com o sentido de indicar as provações pelas quais cada aspirante deve estar preparado para passar. Assim fazendo, Jesus eleva a previsão de sua futura Paixão muito acima das limitações de sua própria personalidade no tempo e no espaço e apresenta-as como uma experiência universal.

Ao contrário do jovem rico que se sentiu incapaz, naquele momento de sua vida, de submeter-se aos testes, particularmente ao de desapego, os filhos de Zebedeu proclamaram sua prontidão. Eles foram recebidos imediatamente na companhia dos discípulos de Jesus. Ele sugeriu-lhes, entretanto, que a posição que ocupariam por fim não dependia de sua escolha, mas sim da escolha de seu Pai, que deve ser considerada como a lei eterna ou a divina presença interior tanto nele próprio como em cada um dos novos discípulos.

Os fatos registrados de que foi a *mãe* dos filhos de Zebedeu quem os apresentou a Jesus e fez o pedido no interesse deles e o de que foi a *esposa* de Pilatos quem lhe enviou uma advertência, através de um mensageiro, a respeito do procedimento a ser adotado com Jesus[4], são do interesse do estudante de simbologia. Essas duas mulheres, bem como outras na Bíblia, podem ser consideradas como personificações da intuição espiritual que se desenvolve nas pessoas avançadas e capacita-as a perceber ideias e oportunidades que, de outra maneira, não podem ser aproveitadas, particularmente pela mente analítica. Duas diferentes fases de desenvolvimento estão retratadas. A mãe dos filhos de Zebedeu estava realmente presente. Isso significa que a faculdade intuitiva desenvolvida tinha se tornado um poder real e ativo, um guia *presente* na vida do aspirante, capacitando-o a perceber o princípio crístico desperto no interior, a meditar sobre ele e a respondê-lo. Pilatos, por outro lado, como mostra a sua descrita conduta, não era tão avançado. Alegoricamente, sua mulher estava ausente e, em consequência, teve de enviar sua advertência – realmente uma apreensão interior, intuitiva – por intermédio de um mensageiro. Se a história é interpretada assim, a mente formal não era infelizmente desenvolvida a ponto de ser responsiva à mensagem intuitiva.

[3] Mt 19:16-23.
[4] Mt 27:19.

Mt 20:24. Ouvindo isso, os dez ficaram indignados com os dois irmãos.
25. Mas Jesus, chamando-os, disse: Sabeis que os governadores das nações as dominam e os grandes as tiranizam.
26. Entre vós não deverá ser assim. Ao contrário, aquele que quiser tornar-se grande entre vós seja aquele que serve,
27. e o que quiser ser o primeiro dentre vós, seja o vosso servo.

No incidente sob exame, quando dois homens inteiramente desconhecidos e aparentemente desqualificados foram admitidos, um ressentimento natural foi experimentado pelos membros do seleto grupo de discípulos. Está também evidenciada a tendência humana para ser injusto sob tais condições, pois os discípulos esqueceram temporariamente que os dois filhos de Zebedeu tinham, de fato, sido submetidos aos mais severos testes – presteza para persistir na árdua vida exigida dos discípulos em face de todas as provações, incluindo o martírio. Nesse caso, Jesus usou o incidente, assim como o faz o Eu interior de um homem desenvolvido, para chamar a atenção para os verdadeiros valores pelos quais o mérito do ser humano deve ser medido. Como os versículos justificadamente famosos indicam, isso consiste tanto da disposição para servir humilde e impessoalmente, como do próprio ato de serviço executado nesse espírito. Conforme relatado, Jesus teria dito que o dedicado serviço altruístico realizado sem a ideia de recompensa é, na verdade, tanto uma revelação confiável do caráter humano quanto um verdadeiro teste de grandeza.

Mt 20:29. Enquanto saiam de Jericó, uma grande multidão o seguiu.
30. E eis que dois cegos, sentados à beira do caminho, ouvindo que Jesus passava, clamaram, dizendo: Senhor, filho de Davi, tem compaixão de nós!
31. E a multidão repreendeu-os para que se calassem. Mas eles gritavam ainda mais alto: Senhor, filho de Davi, tem compaixão de nós!
32. Jesus parou, chamou-os e disse: Que quereis que vos faça?
33. Responderam-lhe: Senhor, que os nossos olhos se abram!
34. Movido de compaixão, Jesus tocou-lhes os olhos e, imediatamente, eles viram. E o seguiram.

Havia passado evidentemente o período em que Jesus e seus discípulos estavam sozinhos e durante o qual, em privacidade, ele os orientava e iluminava-os. O recebimento de instruções a respeito da humildade, autossubordinação e serviço aos outros encerrou essa parte das suas vidas em conjunto. Jesus, doravante, devia seguir em frente e enfrentar os eventos terríveis que precederiam à grande tragédia. Mesmo assim, seja como um grande Adepto que estivesse visitando o mundo dos homens ou como um poder místico despertando no homem, ele realizou o "milagre" da restauração da visão de dois cegos.

Os versículos podem ser lidos literalmente como uma descrição do exercício do poder do Adepto sobre os dois homens que, até então, tinham estado cegos. Misticamente considerado, pode estar implícita uma mudança dramática de consciência. Os dois homens personificam as duas partes de um indivíduo para quem deve ser recuperada a visão espiritual. A mente e o coração não estão, de início, iluminados, aclarados por nenhum vislumbre de luz espiritual, nenhuma capacidade de sabedoria intuitiva ou introspecção implícita – uma cegueira de fato. Na medida em que todos os homens estão evoluindo, enquanto a natureza crística desenvolve-se, tal cegueira naturalmente decresce. Quando chega a hora, a presença e o poder divinos do Eu interior, personificado por Jesus, "entram em cena" na vida diária e dão origem ao miraculoso poder místico, pelo qual a mente e o coração são iluminados, bem como o homem exterior. Do ponto de vista simbólico, a visão é restaurada pela presença aparentemente acidental de um Instrutor espiritual. A "cegueira" de uma mentalidade materialista e autocentrada desaparece quase de imediato. O coração compreensivo e o olho atento substituem a insensibilidade precedente, tanto do coração como da mente. A escuridão mental diminui e o egoísmo transforma-se em bondade amorosa.

Essa leitura está de certa forma apoiada nos clamores e súplicas dos dois cegos. Orações por luz espiritual, conhecimento e entendimento são igualmente proferidas, ou melhor, surgem espontaneamente no interior da mente e do coração obscurecidos.

Mesmo depois dessa mudança ter ocorrido, um passo adiante deve ser dado. Esse passo, como anteriormente descrito, é marcado por profundo descontentamento com as limitações existentes e pela determinação em superá-las, visando encontrar um Instrutor espiritual para depois lhe seguir as pegadas. Esse enfoque está fundado nas descrições da conduta subsequente daqueles que recebem tais ajudas. No presente caso, é dito que os dois cegos, cuja visão tinha sido restaurada por Jesus, "seguiram-no".

Parte 10

Domingo de Palmas
Purificação do Templo
Parábolas Adicionais
Traição

Capítulo 25

O sucesso que é celebrado no Domingo de Palmas é, posteriormente, seguido pelo revés, embora emblemático, da Crucificação. Jesus, tendo por duas vezes previsto sua morte, prepara-se para avançar em duas experiências opostas, a saber, a aclamação e a rejeição. Outrossim, ele é descrito como indo completamente disposto e não há registro de nenhuma preparação de defesa ou fuga. Aos olhos da população e de sua mãe, de discípulos e de amigos, ele vai para a difamação, a tortura e a morte mais cruel após prolongada agonia. Os eventos, mesmo os menores, estavam previstos e eram irrevogáveis. Para Jesus não haveria escape e nada poderia impedir a profecia de ser inteiramente cumprida. Ele sabia, entretanto, que, após a terrível provação, ressuscitaria e depois ascenderia aos céus.

Tal é a parte da narrativa da vida de Jesus que começa nesse capítulo vinte e cinco. Quando assim narrada, num simples sumário, dificilmente ela é crível. Além disso, ela carece de todo e qualquer suporte histórico, exceto quanto às sentenças sabidamente interpoladas em Josephus[1]. A história, portanto, pode ser examinada como uma alegoria, com Jesus representando a Vida una divina, seguindo tanto o caminho normal (em sua infância), como também o da realização acelerada (a partir do Batismo e daí em diante). Considerados, assim, os eventos secundários e os mais importantes na vida registrada de Jesus estão repletos de significados para o estudante e contêm orientação para todos aqueles que estão espiritualmente despertos e para os seres humanos internamente regenerados que decidem segui-lo e trilhar o caminho da cruz.

Mt 21:1. *Quando se aproximaram de Jerusalém e chegaram a Betfagé, no monte das Oliveiras, Jesus enviou dois discípulos,*

[1] Como apontado por muitos estudiosos bíblicos.

2. *dizendo-lhes: Ide à aldeia aí em frente, e logo encontrareis uma jumenta amarrada e, com ela, um jumentinho. Soltai-a e trazei-me.*
3. *E se alguém vos disser alguma coisa, respondereis que o Senhor está precisando deles, mas logo os devolverá.*

Em escritos simbólicos tais incongruências, como o conhecimento da existência da jumenta e de seu filhote e da boa vontade do proprietário para enviá-los a uma pessoa completamente desconhecida e com propósito ignorado, são às vezes incluídas como um vestígio da existência de algum significado subjacente. Considerado literalmente, esse relato somente pode ser aceito como história se há a crença no exercício de poderes sobrenaturais e no desenvolvimento da faculdade de visão sobrenatural, que é adquirida naturalmente quando o caminho estreito é trilhado. Ainda que a faculdade e os resultados de seu uso possam parecer surpreendentes, eles são, todavia, bastante normais para quem se aproxima do Adeptado, como Jesus é retratado, particularmente nesses episódios finais de sua vida, que culmina na Ascensão à mão direita de Deus.

O jumento é um símbolo tanto da obstinação proverbial como, quando domesticado, da obediência serena e submissa às ordens de seu dono. A quádrupla natureza mortal do homem – mente, emoção, vitalidade e corpo – obstinadamente resistente à vontade da tríade espiritual interior[2], torna-se inteiramente obediente durante o caminho do fio da navalha. A imagem de Jesus cavalgando no jumento retrata habilmente essa situação. Assim, vista como uma alegoria, a história é perfeitamente razoável.

Mt 21:4. Isso aconteceu para se cumprir o que foi dito pelo profeta:
5. *Dizei à filha de Sião: Eis que o teu rei vem a ti, manso e montado em um jumento, em um jumentinho, filho de uma jumenta.*

Se considerada literalmente, a história tende agora a se tornar mais difícil de ser aceita, na medida em que postula o suposto cumprimento, dessa forma extraordinária, de profecias enunciadas em séculos anteriores. O texto leva as marcas de um relato interpolado ou de uma referência fortuita e não muito convincente de um antigo vaticínio[3].

A virtude da humildade é, entretanto, plena e mui instrutivamente exemplificada pela modesta maneira que Jesus escolheu para entrar na cidade de Jerusalém. De acordo com os padrões mundanos (mas não com os da vida espiritual), isso é na verdade memorável, tendo em vista o seu depoimento quanto ao seu verdadeiro Ser Espiritual como o Filho de Deus e a afirmação de S. João de que ele era realmente a manifestação, na forma humana, do *Logos* criativo, ou Verbo[4]. Esse atributo de humildade é também retratado pelo nascimento do Filho de Deus como um bebê

[2] Vontade espiritual, sabedoria espiritual e inteligência espiritual.
[3] Zc 9:9.
[4] Jo 1:1-5.

frágil, desamparado e completamente dependente. Durante o Sermão da montanha, dirigido aos discípulos e aspirantes, o próprio Jesus deu ênfase à importância da humildade e da mansidão[5].

Mt 21:6. Os discípulos foram e fizeram como Jesus lhes ordenara:
7. trouxeram a jumenta e o jumentinho e puseram sobre eles as suas vestes. E ele sentou-se em cima

A previsão do incidente a respeito da jumenta impõe um elemento de incredibilidade. As declarações das Escrituras que parecem ofender a razão, a lógica, o bom senso e mesmo a boa conduta podem ser vistas não apenas como erros em que incidiram os autores, mas também – e às vezes mesmo muito mais – como um indicador apontando para revelações profundamente ocultas. Tais passagens podem mesmo ser consideradas como tendo sido colocadas deliberadamente nos escritos religiosos, com vistas a, por intermédio de choque mental, chamar a atenção para um significado oculto da história e da parte total ou particular que é simbólica. É até mesmo proclamado, como por Maimonides e outros, que essa prática é deliberada. As partes ofensivas do ponto de vista intelectual ou moral podem, desse modo, tanto dissimular como também chamar a atenção do leitor para ideias profundamente relevantes aí escondidas porque potencialmente conferem poder.

Na verdade, os críticos podem dizer que toda a história que fundamenta o Domingo de Palmas é tão extraordinária a ponto de ser inacreditável – exatamente, talvez, o efeito que o autor almejou.

Mt 21:8. A numerosa multidão estendeu suas vestes pelo caminho, enquanto outros cortavam ramos das árvores e os espalhavam pelo caminho.
9. As multidões que o precediam e os que o seguiam gritavam: Hosana ao filho de Davi! Bendito o que vem em nome do Senhor! Hosana nas alturas!

Vista alegoricamente, uma cidade murada como a de Jerusalém transmite ao menos duas ideias. Na primeira, uma cidade simboliza o mundo dos homens. Jesus é representado como entrando voluntariamente no mundo, a fim de ensinar a humanidade, curar os que estão doentes e procurar e selecionar em qualquer lugar aqueles que mostram disposição para o Discipulado. Nesse ponto, Jesus seguiu as pegadas de todos Instrutores espirituais e de todos Avatares, ou "descidas" do Deus Supremo ao interior de um corpo humano para o esclarecimento dos homens.

Numa leitura simbólica e mística mais profunda, a cidade de Jerusalém, com suas muralhas, seu templo e sua antiguíssima tradição, é emblemática do estado espiritual de conscientização, do Eu oculto ou "murado" do homem, o santuário interior onde o Santo dos Santos está entesourado. Com vista a alcançar esse conhecimento, deve-se ser modesto, meigo e humilde de coração e mente como foi Jesus,

[5] Mt 5:3-27.

pois, somente assim, a matéria resistente dos veículos mortais (o jumento) pode ser completamente dominada ou obediente. O júbilo e a aclamação dos habitantes da cidade referem-se ao estado exaltado de consciência e à felicidade que são experimentados quando a condição de elevação espiritual é alcançada.

Mt 21:10. E, entrando em Jerusalém, a cidade inteira agitou-se e dizia: Quem é este?

11. A isso as multidões respondiam: Este é o profeta Jesus, o de Nazaré da Galileia.

12. Então Jesus entrou no templo de Deus e expulsou todos os vendedores e compradores que lá estavam. Virou as mesas dos cambistas e as cadeiras dos que vendiam pombas.

13. E disse-lhes: Está escrito: A minha casa será chamada casa de oração. Vós, porém, fazeis dela um covil de ladrões!

Embora essa ação seja inteiramente típica de um grande reformador, como discutido previamente, ela é suscetível de ser interpretada como outra descrição do estado de consciência e do modo de vida purificado típico de todos seres humanos adiantados, bem como daqueles que aspiram a esse estado. Ela também tem importância cósmica.

Como um objeto material, o templo é concebido, desenhado e construído como um lugar de isolamento no qual o devoto pode adorar a Divindade. Como um símbolo, o templo representa a forma, o aspecto material do Universo e os corpos físico e superfísicos do homem. O templo é símbolo do Universo e do homem, os quais são profundamente complexos, sendo cada templo construído e usado segundo o desígnio numérico subjacente à sua construção formal[6].

O Universo é sétuplo, como também o é o homem. Ambos são como templos que contêm um santuário, um altar e as condições sob as quais o divino Morador interno pode tornar-se manifesto para aqueles que ali o adoram. A forma quadrilátera do templo, da mesquita ou da igreja é um local físico quádruplo para o altar e o santuário. O templo representa o campo da automanifestação divina no Universo. No homem essa manifestação divina significa seus poderes relativos ao pensamento, à emoção, às ações físicas e ao fluido vital que é tanto preservador do corpo quanto um local de recuperação, por assim dizer, entre o corpo denso e o menos denso. Na sua natureza superior, o homem também tem uma essência espiritual divina "entesourada", como que um elo de conexão, ou altar, entre suas manifestações mais interiores e as mais exteriores. A divina presença está firmada no Santo dos Santos – diferentemente expressa como a Arca da Aliança, a Veste de Glória, o *Augoeides*[7], ou Corpo Causal, ou *Shekinah,* ou a Glória do Senhor[8] bri-

---

[6] Ver diagrama da p. 34.

[7] *Augoeides* (gr.) – o fragmento divino autoirradiante. Ver Glossário.

[8] *Skekinah* – "A glória do Senhor", o símbolo visível da glória de Deus que habitava no tabernáculo e no Templo de Salomão. Nm 14:10; Rs 8:10, 11.

lhando no Propiciatório entre os querubins[9]. Assim descrito, o templo é visto como um símbolo apropriado que foi projetado sobre a ordem numérica que é a base da manifestação do divino no interior das formas materiais e a garantia de comunicação cada vez mais próxima entre elas. Aqui, simbolicamente, tanto o despertar espiritual quanto o interesse pelas necessidades da vida material podem ser unificados, como o são. Essa união e comunicação depende da pureza de motivação e conduta, na medida em que as impurezas obstruem o inter-relacionamento.

Aqueles que entram e os que oficiam no templo personificam qualidades de caráter do homem mortal. Se é para ser alcançado avanço espiritual e adentrado o reino dos céus, então toda a natureza inferior do homem deve ser purificada, e a tendência de profanar o acesso do divino interior pela comercialização nascida da cupidez deve ser inteiramente erradicada. Quando, entretanto, a natureza crística do homem torna-se suficientemente evoluída e externamente manifestada no eu externo, a purificação pelo seu poder ocorre naturalmente. Tal despertar místico e os seus efeitos estão retratados na história da purificação do templo de Jerusalém por Jesus Cristo, presente e ativo dentro dele.

O homem é, então, quem profana o templo de seu corpo, emoções e mente, enquanto o poder divino cada vez mais potente e desperto, que é sua existência real, em um de seus efeitos sobre ele, purifica o templo de sua natureza mortal mais externa. Assim, nas histórias sagradas da vida de Jesus, história e alegoria são misturadas em um relato suscetível de ser lido tanto em seu significado temporal como eterno.

No sentido literal, quando tragicamente a profanação continua por um período muito longo e quando a adoração se torna cada vez mais tradicional e rígida, o templo perde sua validade, assim os templos tornam-se ruínas ou são destruídos pelos conquistadores. Essas quedas temporais e externas são menos uma perda trágica do que um meio para a libertação do homem da teologia bitolada e tortuosa, dos males do sacerdócio e da dominação dos seres humanos por ameaças de futuro extermínio.

Mt 21:14. Aproximaram-se dele, no templo, cegos e coxos, e ele os curou.

Somente após a autopurificação pode ser alcançada a autocura essencial de todas doenças místicas – as tendências a incorrer em condutas não espirituais. Assim, simbolicamente, com a espiritualização resultante e a coordenação de todas as partes do homem, Jesus curou aqueles que estavam doentes, seja da mente, do corpo ou de ambos.

Mt 21:15. Os chefes dos sacerdotes e os escribas, vendo os prodígios que fizera e as crianças que exclamavam no Templo: Hosana ao Filho de Davi!, ficaram indignados

16. e lhe disseram: Estás ouvindo o que estão a dizer? Jesus respondeu: Sim. Nunca lestes que: Da boca dos pequeninos e das criancinhas de peito preparaste um perfeito louvor para ti?

---

[9] Querubim – Ex 25:19.

Esses versículos, enquanto possibilidade histórica, tanto chamam a atenção para uma tendência muito humana quanto previnem contra ela. A resistência dos poderes enraizados contra a purificação, a cura e a libertação é inevitável, como revelam esses versículos quando lidos simbolicamente. Se, como já sugerido, o templo é considerado como representante da natureza quádrupla do homem, então a resistência da matéria ao espírito – geralmente manifestada pela mente – é personificada como os chefes dos sacerdotes e dos escribas. Sempre ciumentos de uma intromissão em seu poder e posição tradicionais, essas autoridades, por sua vez, se opõem à influência de um enfoque liberal da vida e do dogma religiosos estabelecidos. Esse é o conflito quase contínuo, a Armagedon interior, que é travada entre o espírito do homem (Jesus) e a ambição pelo poder e a determinação para conservá-lo, quando alcançado (o clero, os fariseus e os escribas).

Também no templo do Universo, a matéria de que são construídas as formas externas e a consciência instintiva que aí evolui tendem continuamente a resistir tanto ao aumento da sensibilidade ao plano criativo como ao efeito modelador do Arquétipo. Num certo estágio da evolução do homem, a mente humana é igualmente relutante em permitir a entrada de novas ideias – e especialmente do poder que liberta. A história da teologia dogmática cristã, com o relato da proscrição de ideias supostamente heréticas, num ato de autodefesa, dá um exemplo apropriado dessa tendência: a Santa Inquisição.

Nada pode, entretanto, parar para sempre o progresso evolutivo e as transformações e descobertas que ele traz. Finalmente, embora seja muito demorada a consumação, a pressão incessante do poder espiritualizante e modelador supera tanto a oposição instintiva como a deliberada. Os instintos e os atributos da personalidade humana que opõem resistência serão, por fim, obrigados a ceder. Dogmas considerados infalíveis numa época revelam-se, às vezes, completamente falsos no período seguinte e, assim, devem ser abandonados – o sistema geocêntrico, por exemplo. Os pequeninos e as criancinhas de peito, aos quais se refere Jesus quando se reporta às Escrituras, personificam os novos modos de vida recém-descobertos que estão fundados em verdades intuitivamente percebidas. Assim, o próprio Jesus pode ser considerado não apenas como o Messias há muito esperado, mas também como modelo de uma nova era de desenvolvimento intelectual e espiritual.

Mt 21:17. *Em seguida, deixando-os, saiu fora da cidade e dirigiu-se para Betânia. E ali pernoitou.*

18. *De manhã, ao voltar para a cidade, teve fome.*

19. *E vendo uma figueira à beira do caminho, foi até ela, mas nada encontrou, senão folhas. E disse à figueira: Nunca mais produzas fruto! E a figueira secou no mesmo instante.*

Embora a faculdade teúrgica aqui descrita esteja no âmbito do poder do homem perfeito, a ação de Jesus de secar uma criatura vivente inocente é, para dizer o mínimo, contrária ao seu feitio, pois ele proclamou que sua missão era trazer vida e não antecipar a morte. Essa incongruência sugere que o incidente é alegórico, aludindo a uma lei da vida que é descoberta pelo homem quando sua natureza espiritual se desenvolve. Sob essa lei, a estagnação aguarda infalivelmente os indivíduos ou nações que não repartem suas realizações e riquezas com os seus semelhantes. A figueira que não dá frutos simboliza essa lei em operação e especialmente em seu efeito final, a esterilidade.

Parece razoável assumir que o próprio Jesus havia interpretado ou explicado sua ação. Poderíamos ser perdoados por assumir que ele deve ter restaurado a vida e o vigor da figueira após tê-la secado como um exemplo. Nada nesse sentido, entretanto, está incluso no relato fornecido pelo evangelista. Na verdade, toda a narrativa deve ser considerada como muito incompleta, tendo Jesus dito e feito muitas coisas que foram ou esquecidas pelos primeiros narradores ou, talvez, excluídas do relato por serem desnecessárias.

Mt 21:20. Os discípulos, vendo isso, diziam, espantados: Como assim, a figueira secou de repente?

21. Jesus respondeu: Em verdade vos digo: se tiverdes fé, sem duvidar, fareis não só o que fiz com a figueira, mas até mesmo se disserdes a este monte: 'Ergue-te e lança-te ao mar', isso acontecerá.

22. E tudo o que pedirdes com fé, em oração, vós o recebereis.

O comentário de Jesus sobre o aparente milagre refere-se mais ao poder oculto pelo qual o fenômeno foi produzido do que ao seu possível significado espiritual. A palavra *fé* refere-se ao conhecimento pela experiência direta, tendo como resultado a convicção interior absoluta de que, quando aliado ao conhecimento percebido diretamente, a vontade humana é virtualmente onipotente. Tal conhecimento parece ser traduzido como *fé* na versão de King James. A fé cega e as crenças completamente sem fundamento têm pouco ou nenhum lugar, tanto na filosofia oculta como na prática da ciência oculta, sendo ambas, acima de tudo, realísticas.

O conhecimento nascido da pesquisa e da experiência compreende o entendimento direto do fato de que todo fenômeno externo, o Universo visível e a Natureza, são produtos da energia e do pensamento combinados, emitidos pelos níveis superfísicos e, assim, supersensórios da consciência e da existência. Se essa força do "Verbo" pode ser percebida e os efeitos formativos alterados, então uma mudança correspondente seguir-se-á naturalmente nos níveis físicos sólidos. Esse é o segredo por meio do qual os aparentes e maldenominados milagres são produzidos, tanto quanto as palavras podem revelá-lo.

Embora possivelmente inoportuna e em discordância com o propósito, com relação à intenção e ao método dos evangelistas, pode-se aqui oferecer para consideração a sugestão de que o fenômeno evidentemente produzido por Jesus foi apenas uma ilusão, *maya,* em sânscrito[10], produzida sobre a mente dos que ali estavam pelo imenso poder de que Jesus era dotado. De qualquer maneira, a mensagem que permanece do incidente é a de que aquele que dá vive, e aquele que reparte tem ale-

[10] *Maya* (sânsc.), ilusão.

gria, enquanto aquele que retém morre, e aquele que acumula perde, sendo esta a própria lei da vida. Ela é obedecida pelos espiritualmente iluminados e mesmo pelo *Logos* Solar, que esparge sua Vida em abundância desde o alvorecer de sua manifestação objetiva até o seu ocaso.

Mt 21:23. Vindo ele ao templo, estava a ensinar, quando os chefes dos sacerdotes e os anciãos do povo se aproximaram e perguntaram-lhe: Com que autoridade fazes estas coisas? E quem te concedeu essa autoridade?

24. Jesus respondeu: Eu também vos perguntarei uma coisa. Se me responderdes, também eu vos direi com que autoridade faço essas coisas:

25. O batismo de João, de onde era? Do céu ou dos homens? Eles arrazoavam entre si, dizendo: Se respondermos: 'Do céu', ele nos dirá: 'Por que então não crestes nele?'

26. Se respondermos: 'Dos homens', temos medo da multidão, pois todos consideram João como profeta.

27. Diante disso, responderam a Jesus: Não sabemos. Ao que ele também respondeu: Nem eu vos digo com que autoridade faço essas coisas.

O incidente aqui registrado é evidência da grande habilidade, frequentemente dialética, com que Jesus enganou seus adversários. João Batista era evidentemente considerado como um profeta e, em consequência, o Batismo de Jesus por ele era um fato aceitável e espiritual. Aceitar João e rejeitar Jesus colocaria os sacerdotes numa posição indefensável, e Jesus chamou atenção para isso com consumada perícia.

Jesus, como se observa, dava pouca atenção, se é que dava alguma, aos judeus ortodoxos ou aos que os apoiavam: os sacerdotes e a sua organização oficial. Ademais, realizou visíveis milagres e, além do poder que irradiava dele, essas manifestações de poder espiritual atraiam a população em sua direção. As autoridades viam isso como uma ameaça à crença e ao costume arraigados e mesmo à real existência do próprio clero, o que finalmente o levou à morte.

(As interpretações dos versículos 28 a 46 deste Capítulo e as dos Capítulos 28, 29, 30 e 31 são omitidas principalmente porque eles registram, na sua maior parte, conversações, fuga de ciladas e parábolas. Os incidentes neles contidos não se prestam muito a uma interpretação mística. Essa omissão não implica absolutamente que careçam de importância ou que não sejam instrutivos, antes são omitidos porque a maioria deles fala por si mesma.)

Capítulo 26

Antes de continuar o relato, pode ser útil rever a doutrina da involução do espírito na matéria e sua subsequente evolução, porquanto esse ensinamento proporciona um pano de fundo sobre o qual os eventos da vida de Jesus, particularmente no seu último dia, podem ser interpretados. Ao oferecer essa interpretação deste capítulo, é igualmente apresentado para consideração um enfoque metafísico mais profundo da história da vida de Jesus. Esse ponto de vista não se harmoniza sabidamente com a versão habitual dos relatos das experiências pelas quais Jesus passou, desde que foi traído até sua morte e seu sepultamento.

De acordo com a ciência oculta, o espírito permanece para sempre inalterável e, portanto, sem mudança em sua própria natureza essencial, tal como aconteceu durante toda a vida do Senhor Cristo. Sua incorporação na matéria de graus de densidade e inércia cada vez mais profundos reduz, a cada nível, a liberdade do espírito e impõe também a seus veículos características materiais particulares. No grau de densidade física, sólida, a resistência da matéria é tão grande que, por um período, a manifestação do espírito quase deixa de ser expressa. O aspecto material do Universo predomina poderosamente sobre o espiritual. Nas alegorias mundiais, o espírito é figurativamente abandonado, ferido e morto. É como se o Sol se tornasse oculto pelas nuvens da poeira física de densidade cada vez mais profunda, de forma que, visto externamente, sua luz não é mais visível. Cristo personifica o Sol, e Judas e os inimigos de Cristo, as envolventes nuvens de matéria.

Entretanto, essa situação é apenas temporária. Por fim, a luz infinitamente poderosa do espírito não só supera a escuridão da matéria e brilha através dela, mas a própria matéria, por assim dizer, torna-se refinada e como se fosse autorradiante com a luz solar. Então, alegoricamente, Cristo ressuscita da tumba e ascende finalmente aos céus, enquanto Judas comete suicídio.

Processo exatamente similar ocorre quando o espírito universal manifesta-se como o Eu recôndito de um ser humano. Então, a Mônada no homem associa-se com a matéria de densidade cada vez mais profunda. Ela se amolda nos veículos individuais através dos quais o espírito se manifesta e desabrocha. Consequentemente, são desenvolvidos os poderes e as propriedades inerentes do espírito que estavam latentes inicialmente. Quando é assumido o mais denso dos veículos, o corpo físico, a Mônada está ali quase impotente no princípio.

Essa encarnação do espírito na matéria e do espírito humano num corpo físico é adequadamente descrita na linguagem sagrada como morte e sepultamento. A própria história da vida de Cristo, nesse particular, presta-se bem a tal interpretação, da mesma forma como a morte e a ressurreição de Osíris e também de Perséfone. As restrições que acompanham e, mais particularmente, as tendências sensuais e egoístas resultantes são tão contrárias à sensibilidade, luz e beleza do Eu interno que são merecedoras de serem descritas como traições. Os procedimentos involutivos da natureza culminam, de fato, num enfraquecimento tão completo dos impulsos espirituais que se justifica referir-se figurativamente a eles como crucificação e morte.

O homem, como Mônada, supera por fim as limitações da matéria; ele sensibiliza e molda seus veículos de forma que eles não são mais obstáculos, porém instrumentos obedientes e iluminados da autoexpressão *monádica*. O Judas nas pessoas trai, ou *despiritualiza* a consciência, mas, no momento certo, a restrição da morte é superada e o Cristo efetua sua própria Ressurreição e Ascensão final aos céus. Esse paraíso inclui a realização plenamente consciente da unidade com o espírito universal. O Cristo, tendo alcançado isso há muito tempo, diz: “Eu e meu Pai somos um”[1]. Esses processos são tanto naturais quanto inevitáveis. Uma vez tendo começado a emanação, nada, tanto no céu como na Terra, pode impedir o cumprimento do ciclo de surgimento e retorno da Vida do cosmo e do homem, cada qual com sua potencialidade desdobrada em doze aspectos. A traição, a morte e o sepultamento, vistos como um arco do ciclo completo de surgimento e retorno, são benéficos e, de fato, essenciais ao cumprimento do processo de emanação.

Esse enfoque do processo de involução e evolução subordina, em grande parte, a interpretação oferecida aos versículos que se seguem. A necessidade de tais subterfúgios não é difícil de perceber, na medida em que tal conhecimento dos processos profundamente ocultos da *despiritualização*, tanto do *Logos* cósmico como da Mônada do homem, podiam colocar nas mãos de homens maus poder perigoso que eles bem poderiam usar prejudicialmente.

Mt 26:1. Quando Jesus terminou todas estas palavras, disse aos discípulos:
2. Sabeis que daqui a dois dias será a Páscoa, e o Filho do homem será entregue para ser crucificado.
3. Então o chefe dos sacerdotes e dos escribas e os anciãos do povo congregaram-se no pátio do Sumo Sacerdote, que se chamava Caifás,
4. e decidiram juntos que prenderiam a Jesus por um ardil e o matariam.
5. Diziam, contudo: Não durante a festa, para não haver tumulto no meio do povo.

Nesses versículos, Jesus vaticinou mais uma vez sua traição e crucificação, revelando desse modo sua presciência dos futuros eventos, particularmente aqueles nos quais seria a figura central. Um significado místico pode talvez ser inferido, posto que, sem nenhuma sugestão feita para fuga da catástrofe, a profecia pareceria estar inteiramente sem sentido ou propósito.

Como dito anteriormente, os aparentes aliados e inimigos das figuras centrais nos grandes dramas alegóricos representam espírito e matéria, vida e forma, os pólos eternamente opostos que estão sempre em guerra. Todos inimigos representam as influências materializantes do processo involucionário sobre a vida e as ordens

[1] Jo 10:30.

de anjos e arcanjos cuja tarefa na economia da Natureza é ajudar no processo de envolvimento do espírito na matéria macrocósmica e microcósmica. Em termos cabalísticos, Judas Iscariotes, Pilatos, a multidão e os soldados personificam as Sefiras Inversas, aqueles agentes referidos, um tanto enganosamente, como as hierarquias satânicas, cuja tarefa é causar a morte metafórica que, seguramente, é seguida pela Ressurreição e Ascensão[2]. Todos os chefes no grande drama – Pilatos, Caifás e os membros do Sinédrio, por exemplo – podem ser vistos, por sua vez, como as mais avançadas de tais inteligências angélicas, e os subordinados, como oficiais de posto inferior. A inimizade assim considerada é apenas aparente; de fato, é uma cortina velando uma verdade profundamente oculta. Na verdade, a oposição não é real quando vista do ponto de vista evolucionário, pois a ajuda dada no arco descendente é, de qualquer modo, tão valiosa e tão necessária quanto aquela proporcionada no seu oposto – o caminho de retorno.

Mt 26.6. Estando Jesus em Betânia, em casa de Simão, o leproso,

7. aproximou-se dele uma mulher, trazendo um frasco de alabastro de perfume muito precioso e pôs-se a derramá-lo sobre a cabeça de Jesus, enquanto ele estava à mesa.

8. Ao verem isso, os discípulos ficaram indignados e diziam: A troco do que esse desperdício?

9. Pois isso poderia ser vendido bem caro e distribuído aos pobres.

10. Mas Jesus, ao perceber essas palavras, disse-lhes: Por que aborreceis a mulher? Ela, de fato, praticou uma boa ação para comigo.

11. Na verdade, sempre tereis os pobres convosco, mas a mim nem sempre tereis.

12. Derramando este perfume sobre o meu corpo, ela o fez para me sepultar.

13. Em verdade vos digo que, onde quer que venha a ser proclamado este evangelho, em todo o mundo, também o que ela fez será contado em sua memória.

A narrativa muda abruptamente devido, talvez, à ausência de informação ulterior ou por falha de memória dos autores dos evangelhos segundo S. Mateus e S. Marcos. Na medida em que os evangelhos foram escritos de memória, baseados numa coleção de muitos relatos reunidos em um documento, não é surpreendente que as lembranças e os modos de escrever possam diferir. Entretanto, as discrepâncias não são necessariamente inquietantes se os relatos são vistos alegoricamente. De acordo com S. João o incidente da unção ocorreu, não na casa de Simão, o leproso, mas na de Marta, Maria e Lázaro, onde Jesus estava partilhando uma refeição[3]. Esse último relato é preferível para o estudante de simbologia porque descreve Maria como permanecendo quieta perto de Jesus, enquanto Marta está ocupada com

---

[2] Ver Geoffrey Hodson, *O Reino dos Deuses*, Parte 3, Cap. 5.

[3] Jo 12:1-3.

os trabalhos da casa. Maria é assim mostrada como sendo inclinada misticamente, até mesmo iluminada, e consciente da importância da ordem ao salmista: "Aquietai--vos, e sabei que eu sou Deus"[4]. Ela expressa seu verdadeiro caráter quando, tanto historica como alegoricamente, unta a cabeça de Jesus com perfume precioso e fragrante.

História à parte, o ato de untar pode ser interpretado como a preparação das condições sob as quais o divino e o humano no homem são mutuamente harmonizados, para que a comunicação entre eles possa ocorrer prontamente. Interpretado misticamente, o princípio divino no homem, personificado por Jesus, e a mente humana, personificada pela cabeça daquele que recebe o perfume, são colocados em mútua harmonia. Considerada assim, a ação de Maria retrata um procedimento que leva com sucesso um ser humano – e particularmente a mente humana – a tornar-se consciente do Deus Supremo interior, o *Logos* da alma do homem. Jesus, na verdade, foi descrito dessa forma no Evangelho Segundo S. João[5]. Em termos orientais, a ação de Maria pode ser considerada como uma alegoria da prática do *yoga* e dos seus efeitos sobre o corpo, o cérebro e a mente do iogue[6]. Em consequência dessa unção figurativa, ele se torna ciente de si mesmo como uma manifestação da essência espiritual do Universo.

Essa cena é um belo retrato desse procedimento: a casa representa o corpo; os habitantes da casa são as qualidades do caráter; Marta, Maria, Lázaro e os discípulos, inclusive Judas, tipificam a rica e variada complexidade da natureza humana. O divino visitante é o Deus interno do homem, o Cristo interior. A preparação e o compartilhar do alimento indicam o isolamento e a intimidade necessários para a iluminação interior, como também o é o relacionamento harmonioso, pois Jesus era amigo amado da família. Todas as condições necessárias à Autoiluminação tendo sido alcançadas, ocorreu então a comunhão entre o eu interior e o exterior. A amizade que Jesus sempre encontrou na casa, pois que a visitava e lá recebia hospitalidade, indica aqueles seres humanos mais avançados que já, e quase naturalmente, expressam em seus modos de vida o idealismo espiritual nascido de uma realização de unidade cada vez mais profunda. Como em muitos outros casos, esse incidente, com sua beleza e sua feiúra, pode então ser considerado como um "camafeu" retratando alegoricamente verdades espirituais e experiências místicas.

Mt 26:14. Então um dos doze, chamado Judas Iscariotes, foi até os chefes dos sacerdotes

15. e disse: O que me dareis se eu o entregar? Fixaram-lhe, então, a quantia de trinta moedas de prata.

16. E a partir disso, ele procurava uma oportunidade para entregá-lo.

---

[4] Sl 46:10.

[5] Jo 1:4.

[6] Cf. O Estado Tranquilo.

O parco relato da vida de Judas Iscariotes constitui-se em outro "camafeu" e, na verdade, um dos mais instrutivos. Os seres humanos que não têm interiormente atributos semelhantes aos de Judas Iscariotes são, de fato, raros. A presença do Judas interior pode ou não se tornar evidente por baixo daquilo que é considerado como o modo de vida normal do dia a dia. Os atributos de cupidez, ávida cobiça, inescrupulosidade, deslealdade, fraudulência e disposição para trair podem não ser suscitados, quer numa ação secreta ou numa óbvia, em que pese alguns de seus traços serem discerníveis ao olhar penetrante dos estudantes da natureza humana. Mas, em alguma medida, muito provavelmente, a qualidade de Judas está presente na maioria das pessoas, sendo parte da "mácula da matéria", consequência da descida da Mônada no processo de geração. Essa qualidade representa os erros em que o homem pode cair enquanto estiver passando pelas fases de evolução que precedem a iluminação.

Quando a Senda do Discipulado é adentrada, um Mestre submete os aspirantes a testes que revelarão o grau de seu merecimento. Somente aqueles que, tanto em sua natureza mais profunda como na externa, tenham passado por esses infalíveis testes internos de segurança são admitidos em um dos mais – senão o mais – sagrados relacionamentos humanos. Todas as qualidades, tanto favoráveis como adversas, recebem estímulo e são trazidas à superfície pela estreita associação com um Adepto e pela sua instrução. Então, características não desejáveis são reveladas. Embora aparentemente nociva, essa emergência de características é definitivamente benéfica, pois apenas quando elas se tornam evidentes, e o seu reconhecimento é imposto ao seu possuidor elas podem ser confessadas, admitidas e assim erradicadas da natureza humana.

O Judas da história evangélica, quer tenha sido histórico ou simbólico, deve ser destruído, deve, na verdade, destruir-se, conforme está narrado. Assim, alegoricamente, Judas se enforcou, quer dizer enforcou as suas características semelhantes às de Judas. Muitas batalhas devem ser sustentadas antes que a vitória final seja obtida. As aspirações do discípulo crescem por fim até se tornarem aquela resolução imorredoura que é essencial para o completo triunfo. Algumas batalhas são empreendidas secretamente, somente o próprio guerreiro sabe a seu respeito, visto que ocorrem na arena e no campo de batalha de sua vida privada. O segredo está indicado por Judas indo encontrar-se em particular com os inimigos – os sacerdotes nesse caso.

Os sacerdotes que pagaram o preço, comprando desse modo a desonra de outro, retratam, por sua vez, a cupidez, a dominação e um temor instintivo de que, se a "nova vida" (Jesus) tivesse influência na população, seu poder sacerdotal e todo prestígio poderiam ser perdidos. Assim, os "sacerdotes" dentro da humanidade estão prontos a adotar até mesmo as mais sórdidas medidas para salvarem-se, quais sejam, o suborno, a corrupção e a espécie de duplicidade escusa, característica de alguns membros de sua casta. As trinta moedas de prata supostamente recebidas em pagamento pela traição tornam-se três, pela redução no simbolismo dos números. Isso pode ser interpretado como uma referência aos três níveis mais densos da matéria: a matéria mental, a substância do desejo e a própria matéria física. Esses três níveis oferecem o maior grau de resistência ao espírito, neste Sistema Solar e neste planeta específicos. No homem, eles compreendem os três veículos da personalidade, dentro dos quais subsistem as falhas quase fatais: a mental, a emocional e a física, representadas pelo próprio Judas. Esses veículos personificam a completa descida do espírito do homem através de cada uma de suas sucessivas encarnações.

A prata está em ressonância vibracional com a lua, assim como o ouro está em mútua harmonia com o Sol. Na terminologia oculta é dito que eles são correspondentes. A lua representa: a natureza pessoal do homem, seu eu corpóreo mortal e suas habilidades para procriação e regeneração físicas; a emoção em todas as suas fases e as capacidades da mente formal discriminatória. A escolha desse metal para a recompensa é pelo menos sugestiva de tal interpretação.

O Eu espiritual do homem é também triplo em sua constituição. A vontade, a sabedoria e a inteligência divinas são temporariamente focalizadas num raio individualizado para formar a alma espiritual de cada homem. Na medida em que esse tríplice Eu manifesta-se na matéria física a cada nova encarnação, diz-se que tal matéria recebe uma tríplice benção, ou pagamento, como na alegoria Judas recebe trinta (três) moedas de prata.

Mt 26:17. No primeiro dia da festa dos pães ázimos, os discípulos aproximaram-se de Jesus dizendo: Onde queres que façamos os preparativos para comeres a Páscoa?

18. Ele respondeu: Ide à cidade, à casa de alguém e dizei-lhe: 'O Mestre diz: o meu tempo está próximo. Em tua casa irei celebrar a Páscoa com os meus discípulos.'

19. Os discípulos fizeram como Jesus lhes ordenara e prepararam a Páscoa.

O claro conhecimento de uma casa situada a certa distância, onde seria feita a Última Ceia, e de seu proprietário constituiu-se numa demonstração de poder oculto, bem como numa indicação de que a narrativa pode ser lida alegoricamente. A interpretação alegórica não deve ser considerada, entretanto, como uma negação de sua historicidade ou mesmo pô-la em dúvida.

O comer junto tem sido, de longa data, indicação de um relacionamento íntimo. Tais refeições sagradas precederam o Cristianismo de muito tempo, pois era um costume ritual antigo, e é comparável ao relacionamento que existe entre a Vida divina interior (Jesus) e a substância do Cosmo.

O número doze atribuído aos discípulos refere-se à totalidade dos poderes e das inteligências do Universo e do homem, retratada desde os tempos antigos pelos doze signos do Zodíaco. Sentados à mesa, comendo juntos com Jesus ao centro, a assembleia representa adequadamente o *Logos* Solar, com "seus" doze atributos zodiacais principais, no processo de tornar-se mais e mais intimamente associado com a matéria de densidade cada vez mais profunda[7]. O homem, igualmente, passa por esse processo. Como pura essência espiritual entra e evolui nos reinos subumano e humano da Natureza, cada um com seus corpos materiais densos e, assim, reduzindo, por sua vez, a consciência e o poder espirituais a um mínimo. Alegoricamente, ele vai para o cativeiro no Egito[8], para o exílio na Babilônia e é traído e morto em Jerusalém.

A tão retratada cena descrita nesses versículos introduz o leitor que possui e usa as chaves de interpretação naquela fase do processo de descida que precede imediatamente a entrada final na matéria física sólida, pois que somente a parte etérica do Universo físico ou do corpo humano foi até então referida na história imortal[9].

Se o método alegórico ainda pode ser aplicado à cena, a preparação e o servir a refeição referem-se àqueles servos da Vida Una conhecidos como arcanjos, anjos e espíritos da Natureza, por cujo auxílio o poder criativo, a vida em evolução e a inteligência diretiva estão encarnados em veículos materiais. Essa ajuda oferecida à Mônada do homem torna disponível veículos de densidade cada vez maior, nos quais ela é introduzida. Pela experiência no uso desses veículos e pela vitória final sobre suas resistências, ela tira da latência para a potência os seus poderes espirituais embrionários. Simbolicamente, homens misteriosos e não denominados ("alguém", no versículo dezoito) dão um jumento para a viagem a Jerusalém e um lugar e servos para que a Última Ceia possa ser comida comunalmente.

Aplicada ao Universo, a cena retrata o *Logos*, personificado por Jesus, seus doze poderes solares e zodiacais, personificados pelos doze discípulos, com seus regentes arcangélicos, ou agentes que aumentam a plenitude da manifestação divina com a continuação da emanação. A sala de jantar é o princípio delimitador ou anel-não-passarás; a mesa retangular representa os quatro níveis descendentes da manifestação divina: mental, emocional, vital e física. Na medida em que a morte e o sepultamento de Jesus foram muito próximos da Última Ceia, as fases de encerramento da Emanação estão sendo alegoricamente retratadas. Dentro de poucas horas, como Jesus previu para até mesmo o próprio Judas, ele seria traído, condenado, cruelmente assassinado e enterrado. Assim, o grau de escuridão mais profundo e o mais denso grau de encarnação material estavam prestes a serem adentrados.

Mt 26:21. E, enquanto comiam, disse-lhes: Em verdade vos digo que um de vós me entregará.

22. Eles, muito entristecidos, puseram-se – um por um – a perguntar-lhe: Acaso sou eu, Senhor?

23. Ele respondeu: O que comigo põe a mão no prato, este me entregará.

---

[7] O masculino é usado apenas por conveniência. Ver Glossário: Deus, *Logos* e Doutrina do *Logos*.

[8] Ver Hodson, *A Sabedoria Oculta na Bíblia Sagrada*, Ed. Teosófica, Brasília.

[9] Ver no Glossário – Cadeia. Por favor, leia cuidadosamente os dois parágrafos e também Hodson, *Lecture Notes* Vol. 1, Cap. 14.

24. *Com efeito, o Filho do homem vai, conforme está escrito a seu respeito, mas ai daquele homem por quem o Filho do homem for entregue! Melhor seria para aquele homem não ter nascido!*
25. *Então Judas, o seu traidor, perguntou: Por ventura sou eu, Rabi? Jesus respondeu-lhe: Tu o dizes.*

A sombria figura de Judas entra em cena. Historicamente, a conduta de Jesus foi heroica, pois sabia, por meio da percepção adéptica, dos perigos inerentes a Judas no seu presente estágio de desenvolvimento. Após a inclusão de Judas no seu grupo, ele viu e mesmo profetizou o resultado do conflito interior de Judas e como isso poderia afetá-lo finalmente. Ainda assim, ele executou uma ação que, considerada desapaixonadamente, parece inteiramente desarrazoada, até mesmo suicida.

O preço da traição já estava acordado, todavia ele comparece e é admitido naquela refeição comunal, que vem a ser a última que compartilha antes da morte de Jesus na Cruz. Se, então, é perguntado – como bem se poderia – por que Jesus tinha aceito um discípulo tão indigno e potencialmente perigoso, quando presumivelmente tantos homens melhores estavam disponíveis e por que, sem planos para sua proteção, continuou a submeter-se a um procedimento que traria certamente um fim a sua carreira terrena e, assim, a sua grande missão? A resposta dada pelo evangelista é "a fim de que a profecia fosse cumprida"[10]. Novamente, tal incongruência óbvia evidencia um sentido oculto, ainda que indicado no texto. A verdade, então, jaz profundamente escondida tanto no interior como na aparência exterior das grandes e clássicas alegorias que descrevem a vida divina e a humana. Em muitas dessas alegorias é introduzido um traidor, quer seja Cain, Set, Devadatta, Loki ou a traidora Clytemnestra[11].

Como discutido anteriormente, a traição de Jesus pelo discípulo Judas pode ser considerada como um retrato do procedimento involutivo da Natureza, possivelmente personificado pelo próprio Judas, e de sua assistência pelas hostes angélicas. Assim como as ordens de seres angélicos fazem sua parte, introduzindo a vida espiritual na matéria, também a Mônada-Ego do homem nasce em corpos construídos de matéria cada vez mais densa, culminando por completar o crescimento fetal intrauterino do corpo. Embora invisíveis aos olhos físicos, estão presentes inteligências que trabalham ativamente como construtores dos veículos e como diretores daquelas forças criativas das quais o mecanismo de consciência que conecta o Ego ao cérebro é construído. Além disso, a privação – mental, emocional e física – é progressiva, cada estágio produzindo sua própria forma de restrição, crucificação e morte, a partir da qual, entretanto, a ressurreição, ou libertação, é finalmente obtida.

Assim, na leitura alegórica, o Cristo como personificação do espírito não tinha escolha. Uma vez tenha sido Iniciado o processo da exteriorização e localização

---

[10] Lc 24:44.

[11] Set, religião egípcia; Devadatta, Escrituras budistas; Loki, mitologia escandinava; Clytemnestra, mitologia grega.

do espírito, tudo o mais deve seguir de acordo com a lei universal. Essa lei está também revelada na parábola filho pródigo[12].

Se tais considerações filosóficas são aplicadas à história de Judas Iscariotes, então a trágica figura não deve ser inteiramente abominada e deplorada. Ele desempenha um papel essencial no drama da vida de Cristo. Judas e seus associados são apresentados como homens maus e intensamente cruéis. Todavia, a Ressurreição e Ascensão de Jesus são mostradas nos evangelhos como resultados diretos da suposta apostasia de Judas e do ataque decidido dos juízes e dos seus soldados, que executavam seus decretos. Sem eles e o que representam, a matéria e a humanidade teriam sido, em consequência, privadas da redenção e da influência espiritualizante tanto do espírito como de cada Adepto elevado. Embora Judas seja apresentado como um inimigo, ele realmente personifica, segundo a linguagem da alegoria e do símbolo, um agente que é tanto essencial como finalmente benéfico.

Na medida em que esse enfoque já foi abordado em alguns de meus livros anteriores, cito passagens pertinentes tiradas deles quanto a esse ponto.

Inteligências Sublimes, *Dhyan Chohans,* os Arcanjos e Anjos do Cabalismo dirigem o processo involucionário e evolucionário e asseguram seu "sucesso". Aqueles que estão presentes no arco descendente tendem a ser concebidos pelo homem como satânicos. Os que atuam no arco ascendente são considerados como redentores. As alegorias das Escrituras os apresentam como antagonistas, e o homem considera-os respectivamente como demoníacos e divinos. Na realidade, são poderes mutuamente equilibrados, trabalhando para objetivos temporariamente opostos. Ver *O Reino dos Deuses.*

O poeta irlandês James Stephens intuiu e expressou esse ensinamento profundamente oculto em seu poema "A Plenitude do Tempo"[13]:

Em um trono de ferro enferrujado,
Além da mais longínqua estrela do espaço,
Eu vi Satã sentado sozinho;
Velha e abatida estava sua face,
Pois seu trabalho estava feito,
E ele descansava na eternidade.

E para ele, de dentro do Sol,
Veio seu pai e amigo,
Dizendo: Agora o trabalho está feito
A inimizade chegou ao fim.
E levou Satã
Para o Paraíso que Ele conhecia.

[12] Ver Hodson, *A Sabedoria Oculta na Bíblia Sagrada*, pp. 13-14, Ed. Teosófica, Brasília.
[13] James Stephens, *Collected Poems*, (Londres: 1931) Macmillan & Co. Ltd.

Gabriel, sem expressar reprovação;
Uriel, sem a lança;
Rafael, cantarolando;
Todos saudando seu antigo par,
Sentaram-no ao lado de
Alguém que tinha sido crucificado.

Uma Ordem de Sefiras Inversas, possivelmente a segunda e a terceira Numerações, são as Inteligências que formaram o corpo mental, o emocional e o etérico-físico das primeiras três Raças de homens a habitar essa Terra no atual período mundial. Aqueles *Pitris,* como são chamados no Hinduísmo, também cumpriram a função de "induzir" ou "atrair" as Mônadas-Egos daquelas Raças aos corpos que tinham construído para elas. Visto que essa função de materializar mostra-se como o mal do ponto de vista do arco evolutivo que tende à espiritualização, aquelas Inteligências são, às vezes, referidas como as Hierarquias Satânicas.

. . . Embora a função de ocultar, enterrar e encarnar de certas Sefiras Inversas imponha limitações temporárias à vida interior, elas não podem ser consideradas verdadeiramente más. Nem podem as Inteligências envolvidas nesses processos serem julgadas, com qualquer elemento de verdade, como satânicas, pois a descida é essencial para a subida; a encarnação temporária, para o desenvolvimento dos poderes latentes. (*O Reino dos Deuses*).

À parte a pneumatologia, Satã como a personificação e encarnação do puro mal não tem, na filosofia oculta, nenhuma existência por si mesmo. O mal é mais a ausência do bem. Ele existe apenas para aquele que é sua vítima. *Demon Deus Inversus est.* O Diabo é a própria sombra que o homem vê quando volta as costas para a luz. A Natureza nem é boa nem má, e a manifestação resulta apenas de lei imutável e impessoal. (*O Reino dos Deuses*).

. . . A história de José, que é apresentado como uma personagem histórica, é também – como o são outras narrativas do Pentateuco – uma alegoria que descreve a lei dos ciclos: um ciclo maior composto de ciclos menores quase inumeráveis[14]. O ciclo maior de expansão da vida criativa, o aparecimento dos Oficiais Criativos, a construção do cosmo, sua densificação e a entrada da vida interna na mais profunda das profundezas estão todos revelados na parte da história que explica que José estava fora no campo com seus irmãos e que culmina na descida supostamente forçada de José numa cova. O encarceramento numa cova que tinha sido cavada na terra – bem como o sepultamento de Cristo "num sepulcro escavado na rocha"[15] – podem ser vistos como indicativo de que, no processo de involução, a onda de vida emana-

[14] A rotação de um planeta em torno de seu eixo, enquanto circula ao redor do Sol, ilustra parcialmente essa ideia, embora o número dos ciclos e subciclos relacionados sejam bem maiores do que dois.
[15] Mc 15:46.

da que conduzia a Mônada tinha alcançado o nível mais profundo de incorporação na substância física sólida, o reino mineral da própria Terra.

A vitória final do Espírito sobre a matéria, da vida sobre a forma, está descrita alegoricamente no relato do resgate de José da cova e de sua posterior grande realização..." (*A Sabedoria Oculta na Bíblia Sagrada*, pp. 446-459).

A recuperação da liberdade e a realização da "medida da estatura da plenitude de Cristo" é um benefício transcendente[16]. As ações de Judas, segundo uma interpretação literal, responsáveis por essa realização, foram, de fato, apenas temporariamente desfavoráveis. Os benefícios são, por outro lado, conservados por todo tempo, já que o Adepto é para todo o sempre "acima da ansiedade, acima do sofrimento, acima do pecado e da vida mundana, um mendicante, um sábio, um ser que cura, o Rei dos Reis, o Iogue dos Iogues"[17].

Mt 26:26. Enquanto comiam, Jesus tomou um pão e, tendo-o abençoado, partiu-o e, distribuindo-o aos discípulos, disse: Tomai e comei, isto é o meu corpo.

27. Depois, tomou um cálice e, dando graças, deu-lho dizendo: Bebei dele todos,

28. pois isto é o meu sangue, o sangue do novo testamento, que é derramado por muitos para remissão dos pecados.

A instituição da festa da Eucaristia está aqui descrita, ainda que na sua mais simples forma. Embora compartilhar o alimento seja considerado universalmente como uma indicação dos interesses e valores comuns repartidos, a presença física do Cristo evidentemente conferiu a essa "Última Ceia" um caráter moral e espiritual profundo, intrínseco. Na verdade, três símbolos e três ações estão combinados nesse relato da Última Ceia que Jesus e seus discípulos partilharam. Os símbolos são o cálice, o vinho nele contido e o pão que foi comido. As três ações foram o partir o pão, sua benção e distribuição a todos os que estavam presentes. Visto macrocosmicamente, o vinho é a energia vital espiritual que preserva e unifica, com a qual os mundos devem ser preenchidos. O pão representa o princípio *logoico* pelo qual é efetuado o processo da divina manifestação do Eu. As leis subjacentes e sempre imutáveis – tais como a divina manifestação do Eu por meio do "som", ou verbo, e o cíclico ir e vir da semente que carrega a Vida do *Logos* – constituem-se na Verdade final que é simbolizada pelo pão nesta interpretação macrocósmica.

---

16 Ef 4:13.

17 Veja o final do segundo parágrafo da Carta nº 17 na obra *Cartas dos Mahatmas para A.P. Sinnett* (Editora Teosófica, Brasília). A numeração da edição brasileira das Cartas segue a ordem cronológica, segundo a 4ª edição da TPH das Filipinas. Na sequência não cronológica da 3ª edição, em inglês, da TPH da Índia (1972), veja a carta nº. 31, p. 238. (N. ed. bras.)

No sentido macrocósmico, partir o pão implica na ação do *Logos* uno de tornar-se manifesto em inumeráveis formas, sempre em obediência a leis fundamentais. Sua bênção refere-se à expansão do poder divino, com seu efeito infalivelmente espiritualizante, e à estimulação das tendências para o processo evolutivo. Visto microcosmicamente, o pão é um símbolo do conhecimento esotérico. Ele é feito de grão nutritivo, um produto fundamental da Natureza. Quando moído – mentalmente analisado – ele é combinado com o fermento, um agente do crescimento, referindo-se à função de fermentação interior exercida pela intuição espiritual na mente. Juntos, o grão e o fermento significam o pleno entendimento das leis do ser. Compartilhar o pão simboliza a absorção intuitiva e mental do conhecimento divino, ou a autounificação com o mentalmente nutritivo grão da verdade.

O cálice é o veículo da inteligência abstrata, ou corpo causal do homem que recebe a sabedoria destilada das experiências da vida. Essa sabedoria interior é o vinho com que o cálice é continuamente suprido. É o "vinho da vida" que é administrado ao homem exterior por sucessivas encarnações. O vinho consagrado simbolizava para o homem a sabedoria divina inerente na Mônada e expressava-se cada vez mais no interior de seu Eu imortal em sua "veste de glória", ou o cálice. O Eu interno, como sacerdote interior, administra essa influência espiritual, por sua vez, a sucessivas personalidades mortais, na forma de sabedoria e de suas aplicações na conduta diária.

No versículo vinte e oito, Jesus confere ao vinho um significado simbólico igualmente muito mais profundo, pois, após sua bênção, foi considerado não mais como vinho apenas, mas como representante de seu próprio sangue, "derramado por muitos para remissão dos pecados." Qual pode ser, então, o significado de tal simbologia, o partilhar o vinho consagrado como símbolo do sangue de Cristo?

Uma das funções de um ser espiritual elevado que visita a humanidade é proporcionar vicariamente, no interesse da humanidade, aquilo que ela ainda é incapaz de prover por si mesma. Isso é a natureza crística (*Buddhi*) plenamente desperta, que é uma parte do Eu espiritual triplo de cada homem. Na humanidade presente, esse veículo e a função que deveria executar estão ainda normalmente adormecidos, inativos e, portanto, indisponíveis. No Adepto esse veículo está plenamente desabrochado e ativo, especialmente em sua capacidade de ser um veículo por meio do qual o espírito mais elevado possa alcançar o homem mortal exterior. O vinho, especialmente o consagrado, é um símbolo físico dessa parte profundamente interior da natureza interna do homem e de seu papel como um meio condutor do Espírito mais elevado (*Ātmā*) para a matéria mais inferior.

Ao oferecer o cálice e dizer "esse é meu sangue, o sangue do novo testamento", Jesus referia-se presumivelmente àquela Nova Era, a futura Era em que a evolução do homem, ajudada por seu ministério interior – a Unificação –, levará esse veículo e poder à plena manifestação no seu interior.

Como o sangue é o fluido essencial pelo qual a vida do corpo é mantida, então o sangue de Cristo torna-se o símbolo daquilo que é essencial para o sustento e a preservação da alma espiritual e mortal do homem. Da mesma forma como o sangue flui através do corpo físico do homem, assim a força da vida do *Logos* penetra e, desse modo, sustenta todo o Universo, material e espiritual. Os Salvadores e Redentores servem como veículos dessa vida interna e sabedoria oculta. Eles, portanto, impedem o homem de cair em degradação mais profunda do que, de outra maneira, poderia ocorrer e despertam para a vida sua natureza crística até então adormecida; bem como ativam a capacidade dessa natureza de canalizar o poder espiritual mais elevado para sua vida diária.

Esse despertar e estímulo de tudo o que é espiritual no homem não pode ser logicamente considerado como uma anulação dos efeitos das ações adversas que já tenham sido praticadas. Pode, entretanto, reduzir grandemente a tendência a repeti-las e, ao mesmo tempo, acelerar a evolução espiritual de todos aqueles que são responsivos à vida vertida (ou aqueles que simbolicamente beberam o sangue de Cristo). A remissão de pecados, que é teologicamente associada com a Redenção, parece exigir certa interpretação simbólica para aqueles de intelecto filosófico. Na verdade, as próprias palavras do Senhor Cristo que afirmam tão fortemente a existência e o funcionamento da lei de ação e reação, causa e efeito, parecem constituir-se numa negação absoluta de tal possibilidade[18]. Infelizmente, a ideia espiritual foi materializada num conceito teológico equivocado de perdão dos pecados, tornando mais difícil para aqueles que estão à beira do pecado resistir à tentação de cometê-lo, pois tanto a voz da consciência como o receio da retribuição posterior têm seu poder reduzidos pela aceitação da ideia de que Cristo trará o perdão ou a remissão de seus pecados.

Simbolicamente, a ação de Jesus torna-se menos um rito objetivo, sacramental, e muito mais um partilhar profundamente interior de sua própria vida com todos aqueles que possam recebê-la – metaforicamente bebam do cálice. Esse é o significado esotérico mais profundo da Expiação.

Mt 26:29. *Eu vos digo: desde agora, não beberei deste fruto da videira até aquele dia em que convosco beberei o vinho novo no reino do meu Pai.*

O mistério do drama da vida de Cristo e, especialmente, de sua última ceia, traição, paixão e morte cruel é também uma revelação alegórica de uma verdade cósmica, de significado sobre-humano e humano, pois tudo aquilo que foi dito anteriormente também se aplica à ação do *Logos* do Universo[19]. Esse Ser transcendente derrama perpetuamente sua força de vida – sangue no sentido simbólico – em cada mundo e em cada ser do Sistema Solar. O grau e a extensão dessa oblação perpétua aumenta com o transcorrer das eras solares e planetárias e à medida que a evolução torna os princípios espirituais do sistema[20] cada vez mais receptivos e responsivos a esse poder que se irradia rapidamente. Por fim, quando o término do *manvantara* solar, ou a noite do sétimo "dia", aproxima-se, tudo o que existe se torna completa-

[18] Mt 5:18; Lc 16:17, Mt 7:2; Mt 7:12; Gl 6: 7.
[19] Jo.1:1-5.
[20] Manifestações da Vontade, Sabedoria e Inteligência divinas.

mente saturado do sangue vital da Deidade Solar transcendente e recôndita. Essa é a oblação cósmica, o sacrifício e a completa renúncia, que também encontra expressão nos Avatares e naqueles seres humanos perfeitos que "trajam a veste *Nirmānakāya*"[21]. Todos os Avatares e seres divinos que descem à Terra estão de tal forma repletos de amor todo compassivo pela humanidade que a grande renúncia da bem-aventurança individual é solenemente declarada e efetuada por eles.

A declaração de Jesus de que ele mesmo não participaria da Eucaristia mística até que todos os seus discípulos estivessem com ele no reino do seu Pai está em conformidade com manifestações similares de outros Instrutores mundiais. Essa decisão e afirmação de não gozar da eterna bem-aventurança da unidade com Deus, da vida desfrutada inteiramente em união com o *Logos* (Nirvana[22]), é também característica de todas as personagens divinas que visitam a humanidade. Tão profundo é o amor desses seres pela raça humana que decidem permanecer unidos com a vida oculta da humanidade, executando continuamente as funções de "ponte" e de despertador, renunciando, desse modo, entrar na paz e na bem-aventurança indescritíveis. Jesus nesses versículos expressa, por conseguinte, a mesma promessa, muito embora, aparentemente, com relação apenas a seus discípulos[23]. A decisão e a ação são, no entanto, totalmente universais, nascidas de um amor divino por tudo aquilo que existe.

Mesmo os homens e as mulheres ainda não iluminados espiritualmente fazem sacrifícios pessoais pelo bem-estar e felicidade dos outros e, por isso, ascendem à maior altura. Tais atos de renúncia e aceitação de perda pessoal em favor dos seres humanos podem ser considerados como um dos efeitos do espargir da força de vida dos Adeptos, dos Salvadores mundiais e do "Verbo que se fez carne e habitou entre nós"[24] – o *Logos* Solar. O martírio, na sua forma mais elevada e em consonância com os motivos e ideais mais legítimos e espirituais, é uma expressão suprema dessa divina influência e a história da vida de Jesus retrata-o sendo alçado às maiores alturas.

O Sacramento da Eucaristia, conferido às congregações durante a adoração na Igreja Cristã, retrata e refere-se definitivamente a esse divino sacrifício. Os que recebem inteligentemente esse sacramento percebem-se, mais e mais, persuadidos a responder àqueles ideais que podem ser descritos como o Bem, a Verdade e a Beleza[25].

---

[21] *Nirmānakāya:* um Adepto que ao invés de gozar uma bem-aventurança "egoísta", escolhe uma vida de autossacrifício a fim de ser capaz de ajudar a humanidade. Cf. *Glossário Teosófico*, H. P. Blavatsky.

[22] *Nirvana* – ver Glossário. Ver também H. P. Blavatsky, *A Voz do Silêncio,* versículo 145.

[23] Mt 28:20.

[24] Jo 1:14.

[25] Geoffrey Hodson, *The Priestly Ideal*.

Semelhante, sugiro, é a parte do mistério ordenado nas igrejas cristãs durante a cerimônia da Sagrada Comunhão. Tal é também o significado místico dos versículos sob consideração.

Mt 26:30. Depois de terem cantado o hino, saíram para o monte das Oliveiras.
31. Jesus disse-lhes, então: Esta noite todos vós vos escandalizareis por minha causa, pois está escrito: Ferirei o pastor e as ovelhas do rebanho se dispersarão.
32. Mas, depois que eu ressurgir, eu vos precederei na Galileia.

Embora a historicidade do trigésimo versículo não seja posta em dúvida aqui, ele é, não obstante, suscetível de ser interpretado como uma descrição da entrada do grupo de discípulos no nível mais elevado de consciência. Isso pode ter sido conseguido por intermédio de sons especialmente cantados, referidos como hinos (*mantra-yoga*[26]), e uma forma de meditação conduzida pelo Mestre. O som da voz humana tem sido, desde tempos imemoriais, reconhecido universalmente como uma ajuda para alcançar-se a consciência divina. Até mesmo na adoração congregacional exotérica, o cântico de hinos é empregado como meio de elevar a mente a um estado de despertar espiritual; o pensamento combinando com o som da voz para produzir esse efeito.

Em comunidades de treinamento espiritual e entre discípulos de instrutores avançados, esse método tem sido desenvolvido num grau muito elevado. Quando cantadas no ritmo correto, certas palavras – cada uma delas expressando uma verdade espiritual tal como a unidade do espírito do homem com o de Deus – podem produzir efeitos predeterminados sobre as células cerebrais e sobre a condição da mente. A literatura gnóstica oferece exemplos de tais práticas[27]. Existem evidências de que Jesus treinou seus discípulos nessa arte altamente oculta, não apenas no seu período de vida, mas até mesmo durante as reaparições após sua morte.

A subida do Monte das Oliveiras por Jesus e seus discípulos e a chegada ao cume descrevem simbolicamente a realização de um estado exaltado, no qual todos os atributos e qualidades da natureza humana são transformados numa condição espiritualizada. Quando o conhecimento é alcançado por tal meio, as leis universais são compreendidas. As limitações de passado, presente e futuro começam a ser transcendidas e passam a ser vistas como parte de uma maré de eventos fluindo continuamente. O poder de profetizar é uma das faculdades resultantes. Aquilo que é passado e futuro no reino do tempo torna-se o eterno presente, o absoluto AGORA[28]. Assim, esses três estados de tempo são postos em íntima proximidade: o pas-

[26] *Mantras* (sânscrito) – ver Glossário.

[27] Gnósticos – ver Glossário. Ver também G. R. S. Mead, *The Hymn of the Robe of Glory*.

[28] Cf. *E agora, glorifica-me, ó Pai, junto de ti, com a glória que eu tinha contigo antes que o mundo existisse* (Jo 17:5). *Disse-lhes Jesus: Em verdade, em verdade vos digo: antes que Abraão existisse eu sou* (Jo 8:58). *Eu sou o Alfa e o Ômega, o princípio e o fim, o primeiro e o derradeiro* (Ap 22:13).

sado sendo a profecia; o presente abrangendo a traição quase imediata; e o futuro, a próxima reunião na Galileia.

De fato, a consciência de tais personagens exaltadas, como Jesus, transcende o tempo. Em certas ocasiões, místicos e devotos existentes na humanidade ingressam nesse estado e vislumbram o passado, presente e futuro como um cortejo de eventos intimamente relacionados. Assim, Jesus é apresentado não apenas como conhecendo o futuro, mas também como sendo capaz de decidir suas próprias ações e a localização geográfica delas, pois, num futuro que estava para acontecer a pelo menos quatro dias da data em que falou, ele designou a Galileia como o local da reunião.

Os eventos que estão aqui relatados não teriam necessariamente ocorrido de fato. Na verdade, toda a história evangélica é tão habilmente escrita que revela experiências da consciência humana, transformações, desenvolvimentos e avanços progressivos quando a vida de Cristo é vivida – inteiramente vivida, deve ser dito – por qualquer ser humano. Isso aplica-se igualmente aos gentios, aos judeus ou aos membros de qualquer outro grupo racial ou religioso.

A repentina mudança de referência, de uma profecia bíblica passada[29] para a designação de uma região (Galileia) a ser visitada no futuro, dá algum suporte à ideia de que os evangelhos consistem parcialmente de compilações, por diferentes autores, baseadas em incidentes da vida de Jesus relembrados ou informados.

Mt 26:33. Pedro tomando a palavra, disse-lhe: Ainda que todos se escandalizem por tua causa, eu jamais me escandalizarei.

34. Jesus declarou: Em verdade te digo que esta noite, antes que o galo cante, me negarás três vezes!

35. Ao que Pedro disse: Mesmo que tivesse de morrer contigo, não te negarei. O mesmo disseram todos os discípulos.

A plena experiência na consciência de vigília da transcendência das limitações temporais depende da subjugação das tendências mentais e emocionais, tendo como resultado o completo equilíbrio e alguma paz de coração e de mente. Como indicam algumas de suas ações, Pedro não tinha alcançado essa condição até aquela ocasião. Suas vigorosas afirmações de fidelidade e a negação posterior do seu Mestre demonstram que tinha falhado quase totalmente quanto a isso. Ele, portanto, é uma personificação daquela impetuosidade que faz parte da estrutura de certas pessoas. Jesus, por outro lado, tinha superado tais tendências e tinha, portanto, presciência dos eventos futuros. Sua profecia de que Pedro o negaria três vezes foi, de fato, cumprida plenamente.

Esse incidente proporciona exemplos do método de revelação pelo uso da linguagem simbólica. As histórias são usadas apenas como um substrato, uma base para erigir-se aquilo que quase pode ser chamado de um templo de revelação, pois esse incidente é uma descrição admissível em todas as Escrituras inspiradas e, nesse

---

[29] Zc 13:7.

caso, tanto no Velho quanto no Novo Testamento. As características indesejáveis da personalidade humana (Pedro) e as de sua transcendência por um homem perfeito (Jesus) estão retratadas por meio de um drama alegórico.

Em prosseguimento a esse enfoque, a negação de Cristo por um ser humano é um método alegórico de retratar aquela qualidade que leva um homem a trair não apenas princípios morais, mas, também e muito mais profundamente, a seus verdadeiros instintos e intuições espirituais, pois é a partir destes que o mais alto idealismo surge e alcança a mente mortal. No presente caso, Pedro exemplifica aquelas fraquezas humanas particulares, enquanto Jesus personifica cada ideal nobre e, na verdade, a faculdade de intuição espiritual possuída pelos seres humanos grandemente desenvolvidos. Enquanto o homem é somente homem – ainda muito longe do completo domínio da situação e de sua própria natureza – ele é propenso a cair no erro simbolizado pela negação de Pedro ao Cristo, uma traição interior ao que há de mais elevado dentro de si.

O símbolo do canto do galo, também empregado, tem o seu possível significado oculto, como poderá, talvez, ser mais plenamente esclarecido quando o próprio evento for descrito, ao invés de no presente vaticínio. Mais tarde, é revelado que, ao canto do galo, Pedro experimentou aquele remorso que pode ser um primeiro passo para a retidão, como ficou comprovado ser o seu caso.

Capítulo 27

Desse ponto em diante, a história da vida de Jesus, embora até agora de significado macro e microcósmico, retrata mais definidamente a experiência interior de cada homem (e mulher) que tenta apressar o passo de seu progresso evolutivo. Na medida em que esse progresso é incomum do ponto de vista do tempo normal em que o homem pode tornar-se super-humano, a resistência da matéria e da natureza humana aumenta proporcionalmente à rapidez do avanço.

A maior tarefa diante do aspirante é primeiro reduzir a um mínimo e, eventualmente, transcender completamente a percepção enraizada de identidade autosseparada, a sensação do eu. As motivações, os sentimentos e a conduta física têm sido dirigidos até agora para o autointeresse, natural e justificado. Doravante, entretanto, toda a natureza deve ser desviada do eu, e essa é a mensagem não só da Paixão de Jesus, mas também de cada símbolo espiritual verdadeiro, seja pirâmide, esfinge, templo, igreja ou cruz, pois todos esses e muitos outros, apontando para cima como o fazem, convocam o homem à renuncia do eu e à rendição ao todo-abrangente Eu do Cosmo como um todo. Essas experiências profundamente místicas podem apenas ser reveladas aos outros por meio de alegorias. A história da vida de Jesus – especialmente dessa fase avançada – retrata labutas, provações e triunfos profundamente interiores, pois o Eu recôndito deve negar e superar completamente as exigências costumeiras do homem externo.

A ascensão ao Adeptado tem lugar fora das limitações de áreas geográficas. É, na verdade, universal e ocorre continuamente no nível físico e no superfísico da consciência. Desde quando a humanidade começou a habitar a Terra, alguns homens e mulheres avançaram, em sucessão ininterrupta, ao longo do caminho evolutivo, à frente de seus contemporâneos, para quem sempre acenavam dizendo, como Jesus: "Vinde após mim e eu farei que sejais pescadores de homens"[1]. No período histórico, budas e cristos surgiram entre os homens. Nos Mistérios antigos, os Iniciados resistiam a testes terríveis e passavam por grandes provações – na maior parte físicas, no princípio, mas psicológicas posteriormente – e recebiam o toque do tirso[2]. Mais tarde, eles conquistavam a morte, aprendiam a trilhar o caminho da liberação do corpo e a ascenderem de um dos reinos da Natureza até o reino seguinte. Os Iniciados dos antigos templos de Mistérios, dessa forma, avançavam além da humanidade e tornavam-se super-humanos em poder, sabedoria e conhecimento desenvolvidos, bem como na sua aplicação habilidosa na arte de viver. Embora eles possam ter aparentemente morrido, realmente se retiraram de forma voluntária do mundo. Assim, considerado misticamente, Getsêmani, Jerusalém, Gólgota e os

[1] Mc 1:17.

[2] Tirso – o bastão de Iniciação.

eventos associados a eles estão fora do tempo e do espaço. Felizmente, para a humanidade, eles continuarão a ser assim.

Mt 26:36. *Então Jesus foi com eles a um lugar chamado Getsêmani e disse aos discípulos: Sentai-vos aí enquanto vou até ali para orar.*
37. *Levando Pedro e os dois filhos de Zebedeu, começou a entristecer-se e a angustiar-se.*
38. *Disse-lhes, então: A minha alma está triste até a morte. Permanecei aqui e vigiai comigo.*

Jesus no Getsêmani, embora recuando inicialmente diante dessa provação, rapidamente se recupera e alcança as alturas espirituais representadas pela completa submissão da vontade pessoal à Vontade Divina.

De novo, são escolhidos três dentre os doze discípulos para acompanhar Jesus ao Getsêmani e vigiar. Esses três podem bem personificar o corpo mental, o emocional e o físico-etérico do homem que, como veículos da consciência, foram postos sob controle, subjugados ou disciplinados. Como tudo que é mortal, eles são incapazes de participar da experiência do Eu imortal. Metaforicamente, não conseguem velar e, em três ocasiões sucessivas, são encontrados dormindo. Esse número reforça essa interpretação que faz dos três discípulos representantes da triplicidade inferior, simbolizada pelo triângulo apontado para baixo no Selo do Rei Salomão[3].

Os outros nove discípulos, como também na transfiguração, não foram chamados a acompanhar Jesus ao Getsêmani. Aparentemente isso ocorreu porque eles não eram suficientemente desenvolvidos. Assim, o famoso jardim é menos um local do que um estado de consciência ou mesmo uma arena onde a grande batalha contra a autosseparatividade deve ser sustentada e a vitória conquistada.

Mt 26:39. *E indo um pouco adiante, prostrou-se com o rosto em terra e orou: Meu pai, se é possível, que passe de mim este cálice; contudo, não seja como eu quero, mas como tu queres.*
40. *E, ao voltar para junto dos discípulos, encontra-os dormindo. E diz a Pedro: Como assim? Não fostes capazes de vigiar comigo por uma hora!*
41. *Vigiai e orai, para que não entreis em tentação, pois o espírito está pronto, mas a carne é fraca.*
42. *Afastando-se de novo pela segunda vez, orou: Meu Pai, se não é possível que este cálice passe sem que eu o beba, seja feita a tua vontade!*
43. *E ao voltar de novo, encontrou-os dormindo, pois os seus olhos estavam pesados de sono.*
44. *Deixando-os, afastou-se e orou pela terceira vez, dizendo de novo as mesmas palavras.*

[3] Ver diagrama, p. 152.

Se a história é considerada como descritiva do *Christos* cósmico que, segundo o relato, desceu sobre Jesus no seu Batismo, então existem indubitavelmente certas dificuldades quanto à sua aceitação literal como história. A "Pessoa" ou Ser glorioso ou glorificado, descrito por S. João como o Verbo, deve, há muito tempo, em eras anteriores, ter ultrapassado a possibilidade de recuar diante de tal provação física ou de rezar ao *Logos* Criador – o Pai – para que pudesse ser salvo da Paixão e da Cruz. Além disso, qualquer sofrimento que resulte de conduta nociva sob a lei de causa e efeito[4] – a crueldade intencional, por exemplo – há muito tempo teria produzido seus efeitos e um estado de completa harmonia e, portanto, de invulnerabilidade, teria sido alcançado. Também existem dificuldades se Jesus é considerado como o Verbo feito carne, o Cristo Interno no homem. Tais incongruências[5] servem como sugestões, dadas pelos autores inspirados e profundamente informados, de um significado subjacente no interior de uma história de eventos supostamente externos[6].

Esse enfoque induz a que se considere a narrativa sobre o Iniciado hebreu, Jesus, da mesma forma como as experiências por que passa cada Iniciado na senda para "a medida da estatura da plenitude de Cristo"[7]. Em tal interpretação, o Iniciado – Jesus o homem – aproxima-se de sua grande realização como homem perfeito[8]. Na medida em que Jesus era ainda humano, tais provações, quer sejam reais ou simbólicas, psicológicas ou físicas, seriam inevitáveis. E todos os Adeptos mundiais que atingiram, assim, aquela plenitude antes do resto da humanidade passaram por essas provações.

Segundo a Tradição de Mistérios, ninguém pode acompanhar o Iniciado quando entra nas profundezas das trevas, nas quais e pelas quais sua alma é testada e analisada. Evidentemente, a solidão máxima é parte inevitável e mesmo essencial da experiência em que a morte simbólica do corpo (do eu inferior) é o triunfo e que culmina na crucificação. Quando esse momento terrível é experimentado, até mesmo o mais próximo e o mais amado estão simbolicamente adormecidos. O abandono, a solidão e a total ausência de qualquer ajuda ou presença externa são inseparáveis do avanço do Iniciado que, com determinação absoluta, está forçando seu caminho para o Adeptado à frente da raça humana. O homem antigo é completamente deixado para trás. A natureza tríplice do homem puramente mortal – mente, emoção e corpo – deve ser completa e inteiramente limpa de qualquer traço do egoísmo da mente, dos desejos das emoções e dos apetites e do sentido de posse do corpo. O sofrimento de Jesus no Getsêmani retrata essa experiência. Assim, o Iniciado permanece diante do portal que conduz à quarta Iniciação[9] e, quando ele é aberto, ul-

---

[4] Ver Hodson, *Lecture Notes*, Vol. 1. p. 185.

[5] Jo 1:4 e 1:14.

[6] Ver Hodson, *A Sabedoria Oculta na Bíblia Sagrada*, p. 70, Ed. Teosófica, Brasília.

[7] Ef 4:13.

[8] Ver Hodson, *ibid*, pp. 125-129, Ed. Teosófica, Brasília.

[9] Ver Hodson, *A Senda para a Perfeição* e *A Sabedoria Oculta na Bíblia Sagrada*, Cap. 1-18, Ed. Teosófica, Brasília.

trapassa-o. Portanto, a experiência de encontrar os discípulos dormindo no Getsêmani é vivenciada três vezes e triplamente narrada.

Na Transfiguração, foi dito que Jesus e seus doze associados estavam envolvidos por luz, indicando desse modo uma experiência interior do tríplice Eu espiritual do homem, descrita como ocorrendo no cume de uma montanha. A provação no Getsêmani ocorre na escuridão ao pé de uma montanha. Nessa ocasião, três pessoas além de Jesus ocupam a cena, indicando que não o Eu superior, mas o homem mortal desempenhou o papel principal nesse grande drama da autorredenção e da autoliberação humanas. A escuridão da hora do anoitecer, o isolamento e a necessidade do cumprimento do destino escolhido por ele mesmo revelam as consequências essenciais e inescapáveis da libertação autoconcedida das sujeições a que a humanidade está presa.

Mt 26:45. Vem, então, para junto dos discípulos e lhes diz: Dormi agora e repousai: eis que a hora está chegando e o Filho do homem está sendo entregue às mãos dos pecadores.

46. Levantai-vos! Vamos! Eis que meu traidor está chegando.

O grande drama aproxima-se de seu clímax. É digno de nota que a ação é iniciada por fontes externas a ele que ocupa o centro do palco. No íntimo Jesus está completamente preparado, tendo feito o grande, na verdade o tríplice, sacrifício do eu de forma integral. Tudo o que resta é o cumprimento até o último grau, até a morte, do juramento de autoentrega e o pagamento de todos os débitos *kármicos* originados da passagem pelo reino humano.

Toda a natureza do Iniciado – personificado por Jesus como o Eu espiritual e pelos discípulos como a natureza mortal disciplinada – está plenamente preparada para interpretar as cenas finais no palco do próprio mundo.

Mt 26:47. E enquanto ainda falava, eis que veio Judas, um dos Doze, com grande multidão com espadas e paus, da parte dos chefes dos sacerdotes e dos anciãos do povo.

Muitas vezes, inconsistências nos relatos registrados reforçam uma interpretação simbólica. Jesus e seus discípulos são apresentados, por exemplo, como inofensivos seguidores de uma senda antiga, ele como um Instrutor e eles como seus discípulos, nenhum dos quais exibe tendências hostis. Todavia, a multidão que se aproxima dessa pequena assembleia é reportada como estando armada de espadas e paus.

Uma das leis da Natureza definitivamente não transgredível é a de que o equilíbrio tem que ser preservado ou restaurado quando temporariamente perturbado. No reino da ação humana essa lei é cumprida de forma inescapável. Cada ação intencional produz sua reação apropriada, embora o reajuste e a compensação possam vir com grande demora. Antes da liberação final dos grilhões que o homem coloca em si mesmo, cada causa deve ser compensada por seu próprio efeito natural. Tudo o que é bom, as ações nobres e altruístas, recebe sua devida recompensa, que toma a forma de auxílios recebidos e prazeres desfrutados, enquanto cada ação que produz dor e é inspirada pelo egoísmo deve ser compensada pela própria resposta autoproduzida na forma de limitação e dor. O reino humano não deve – na verdade não pode – ser deixado para trás até que esse processo completamente natural tenha se esgotado, como retrata a alegoria egípcia da acusação e do julgamento no Portal de Maat.

As cenas de encerramento da vida de Jesus, a serem consideradas agora, revelam, por seu turno, o cumprimento dessas mesmas leis e a cobrança da mesma retribuição *kármica*, por mais alegóricas que as experiências possam ser descritas. Se, por exemplo, a quebra de confiança arruinou a gestão de um servidor público acreditado ou de alguém inteiramente amado dentro do círculo da vida doméstica, então o ofensor experimentará a traição, embora a infidelidade tenha ocorrido muito anteriormente. Não durante a encarnação como Jesus de Nazaré da história evangélica, mas em alguma vida anterior do mesmo Eu espiritual, deve ter ocorrido uma traição. Se o débito não foi inteiramente compensado em cada uma das vidas anteriores, então, na encarnação final humana, ele deve ser inteiramente liquidado. Assim, um discípulo de confiança trai seu Mestre e, em consequência permanece como um vergonhoso exemplo de infidelidade, mesmo hoje.

O Jardim de Getsêmani, dentro do qual a grande traição – quando considerada exteriormente – teve lugar, pode então ser percebido como o cenário no interior do qual foi dado um passo decisivo e deliberado para a libertação perpétua e para a bem-aventurança e paz eternas. Tal leitura não reduziria, entretanto, a força da pessoa de Judas como um exemplo de degradação na qual o homem pode cair quando permite à excessiva cobiça silenciar sua consciência. Judas também permanece como terrível aviso contra a infidelidade em toda a caminhada da vida humana. Isso aplica-se especialmente àqueles em quem o desejo de poder e a determinação para acumular riqueza desonestamente conduzem à traição da virtude social e moral. O próprio Jesus preveniu não apenas o Judas da história, mas todos os judas, através dos tempos, de que um ganho temporário assim obtido traria inevitavelmente tal sofrimento que eles desejariam nunca ter nascido. Tenha Judas existido como um ser humano ou não, sua maior traição não foi a Jesus, mas a si mesmo.

Evidentemente, existe a possibilidade de que um vestígio, ao menos, dessa tendência, dessa fraqueza, poderia estar presente mesmo no mais nobre e melhor dos homens, pois que Judas não foi somente admitido na Última Ceia, mas foi-lhe permitido colocar a mão no mesmo prato que o Mestre estava usando. É difícil supor que uma qualidade tão profundamente desfavorável, como a infidelidade exibida por Judas, pudesse escapar à detecção, sendo sua aceitação como discípulo devidamente adiada. Jesus demonstra memorável indulgência e compaixão, pois provou saber que Judas estava a ponto de traí-lo. Outra qualidade do homem altamente evoluído destacou-se no Jesus dos evangelhos, pois sequer uma vez condenou ou, ao menos, renegou Judas e Pedro, quando o primeiro o traiu e o outro o negou.

Mt 26:48. O seu traidor dera-lhes um sinal, dizendo: É aquele que eu beijar, prendei-o.
49. E logo, aproximando-se de Jesus, disse: Salve, Rabi! e o beijou.

Uma das mais íntimas expressões de amor é empregada aqui, como meio escolhido pelo traidor para identificar Jesus ao chefe dos sacerdotes e aos outros. A intimidade é assim enfatizada, já que era desnecessário um sinal tão pessoal, apontar com o dedo teria funcionado igualmente. Entretanto, numa interpretação cósmica, quando a essência espiritual do Universo entra em íntima associação com a matéria do espaço virgem, o beijo é um símbolo apropriado do relacionamento. A entrada na matéria é indicada como expressões de amor pelos autores de Escrituras e mitos alegóricos.

O ar de irrealidade que se percebe em tais narrativas e sua inaceitabilidade pela mente discriminadora são resolvidos se a encarnação e a morte do *Logos* no interior do seu Sistema Solar são consideradas como o tema real, a revelação esotérica das numerosas e quase sempre universais histórias[10]. O *Logos* de fato não morre, nem sua glória divina é de forma alguma reduzida pela automanifestação na matéria. O vasto plano subjacente, que gradualmente (segundo o tempo terrestre) está sendo cumprido, pode ser descrito como a emergência e transformação de potencialidades embrionárias em capacidades, faculdades e poderes sempre crescentes, pois o poder, do qual o plano é uma expressão, está profundamente oculto dentro do espírito e, era após era, torna-se impresso na matéria. A partir do momento em que o espírito do Universo expressa-se na matéria e nas formas finitas, e o espírito do homem encarna-se em veículos materiais, esse misterioso processo ocorre no interior da Natureza. A própria substância, então, torna-se permeada e carregada dessa decisão cósmica, seja de um Ser ou do estado de Ser [*Be-ness,* no original]. O impulso

[10] Nos mitos gregos: Zeus, vindo na forma de uma nuvem, significa o ar e a água. Sua entrada em Dânae na forma de uma chuva de ouro significa o mineral. A captura de Afrodite e Ares por Hefesto e o enredo deles em uma rede indicam o mental e o emocional. O touro sobre o qual Europa foi levada e tudo o que supostamente se seguiu simbolizam o poder cósmico e gerador do Deus Supremo do Universo (Zeus).

O Minotauro pode ser, quase igualmente, interpretado como união realizada dos poderes, criador e procriativo, de Deus e do homem iluminado, enquanto Pasífae, levada pela premência do desejo pelo Minotauro e pela união com ele, representa a própria matéria (o princípio feminino na Natureza e a faculdade intuitiva desperta no homem) que aspira ardentemente à unidade com o Divino, ou *Buddhi,* o veículo de *Ātmā,* em união com este.

O Cristo (*Logos* pregado na Cruz da matéria) é talvez o mais perfeito símbolo do procedimento de encarnação do espírito. Na verdade, a Cruz, com seus braços, vertical (espírito) e horizontal (matéria), retrata a mesma ideia.

O procedimento cerimonial conhecido como a Santa Unção – à parte seu significado imediato – também retrata a imposição e penetração do espírito (óleo consagrado) na matéria – o corpo do receptor.

para o desenvolvimento ininterrupto dos poderes inatos e latentes é, depois, completamente irresistível, como se fosse o cumprimento de um decreto continuamente enunciado e irrevogável.

Embora não individualizada, a Inteligência divina pode ser perceptível. A existência de projeto, modelo e propósito arquetípico torna-se evidente, seja nos reinos orgânicos da Natureza física ou no homem, quando são observadas mudanças do estado embrionário para o plenamente desenvolvido. A involução (ou plantio) e a evolução (ou crescimento) estão longe de serem caóticas, ao acaso ou baseadas em mera chance. Ao contrário, plano, propósito e projeto são visíveis em toda parte. Assim, por inferência, pode ser assumido que a "ideação intrínseca" evidente nos reinos orgânicos da natureza na Terra seja estendida a todos os reinos cósmicos, visíveis e invisíveis, perto ou longe. Essa é uma das verdades secretas concedidas aos Iniciados dos Mistérios antigos ou descobertas diretamente pelos observadores iluminados. Ela é, de fato, a única grande chave pela qual os processos da vida tornam-se compreensíveis. Esses processos são então percebidos como inteligentes e dirigidos, embora sejam invisíveis para o não iniciado e não iluminado. Uma vez obtido, esse conhecimento confere poder diretamente, sendo, dessa forma, suscetível de grave abuso, particularmente quando desviado para propósitos humanos tais como despotismo e dominação. Daí o velamento na forma de símbolo, alegoria e mito.

Se essas ideias são aplicadas à história da vida de Jesus, conforme contada pelos quatro evangelistas, o próprio Mestre pode ser, então, considerado uma manifestação, na forma humana, da vontade da Natureza de gerar flores cheias de sementes a partir de sementes, e de homens superiores a partir de "bebês". Suas experiências descrevem assim, no geral, a interação entre espírito e matéria e, no particular, entre a Mônada do homem e a sua pessoa física.

A traição com um beijo e os eventos que se seguiram retratam com notável aptidão os resultados de tal interação.

Mt 26:50. *Jesus respondeu-lhe: Amigo, para que estás aqui? Então, avançando, deitaram as mãos em Jesus e o prenderam.*

Por séculos a narrativa tem sido interpretada literalmente, como se fora uma história de eventos que realmente ocorreram. À parte o simbolismo, a história é suficientemente dramática e o relato da Paixão de Jesus, que esses versículos descrevem, é suficientemente trágico para evocar profundas respostas do leitor.

Dentre os inúmeros eventos notáveis durante essas horas finais da vida de Jesus, sua completa submissão parece ser o mais memorável. Isso é assim especialmente porque ele proclamou seu poder de libertar-se, à vontade, por invocação do auxílio angélico disponível[11], como será adicionalmente discutido em versículos posteriores.

[11] Mt 26:53.

Como antes sugerido, a denominada descida do espírito na matéria é ajudada e mesmo provocada por ordens sucessivas de hostes angélicas, representadas pelos vários e sucessivos inimigos de Jesus. Cada uma dessas ordens transmite a essência espiritual emanada à matéria no grau de densidade em que esta consciência angélica está estabelecida e atuando. Esse procedimento culmina na personificação da divina presença no interior da substância física nos três estados: sólido, líquido e gasoso. A aproximação de Judas e dos agressores na escuridão, que produziu o contato (o beijo) e a indicação verbal como meios de traição, corresponde à encarnação do espírito na matéria física correspondente ao ar, o veículo do som. As interrogações subsequentes e, mais especificamente, as flagelações e o coroamento que provocam um fluxo de sangue, corresponderiam ao grau líquido de densidade, enquanto a fixação na cruz, a morte e o sepultamento podem ser lidos como a divina imanência no interior da matéria de densidade cada vez mais profunda, até que a matéria física (reino mineral) seja alcançada, simbolizada pela rocha da tumba. Assim, é retratado, passo a passo, o ponto mais profundo da descida do princípio e da presença divinos. As palavras de Judas aos seus aliados, "prendei-o", podem bem ser entendidas como uma descrição do domínio inflexível que a matéria física mantém sobre o espírito encarnado.

Esse enfoque responde a questão que poderia naturalmente surgir quanto à previsão de Jesus e à sua submissão àqueles inimigos, explicando ainda suas frequentes citações de profecias do Velho Testamento. A capitulação deve ter sido voluntária, pois ele já tinha demonstrado que podia se tornar invisível.

O estudante poderia questionar se a referência de Jesus a doze legiões de anjos a que poderia recorrer para salvá-lo, caso assim desejasse[12], ainda que não o fizesse, pode ser uma alusão para que se considere a narrativa como amplamente alegórica, senão totalmente. Essa possibilidade é amparada pelo uso do número sete, que na filosofia oculta, inclusive no Cabalismo[13], é o número das ordens de anjos relacionadas com a involução. Em tal leitura, Jesus é visto, na verdade, como uma personificação da Deidade tríplice, e as cenas de encerramento de sua vida como alegorias descritivas da "oblação eterna", o divino sacrifício conduzindo à morte simbólica do próprio Deus.

Mt 26:51. *Eis que um dos que estavam com Jesus, estendendo a mão, desembainhou a espada e, ferindo o servo do Sumo Sacerdote, decepou-lhe a orelha.*

Esse versículo tem sido citado para indicar a presença de homens armados na companhia de Jesus. Isso está baseado na afirmação anterior de que um dos discípulos era zelote. Embora não haja meios de provar ou contestar inteiramente isso, existe a possibilidade de que um motivo político para a prisão de Jesus como sendo

---

[12] Mt 26:53.

[13] Ver Hodson, *A Sabedoria Oculta na Bíblia Sagrada*, p. 708, Ed. Teosófica, Brasília., Apêndice, *A Árvore Sephirotal*.

um zelote que resiste à lei romana fornece outra razão possível para o ataque movido contra ele pelas autoridades. A narrativa, entretanto, apresenta-o mais propriamente como um reformador dos costumes religiosos hebreus dessa época e, particularmente, como um libertador do povo dos métodos farisaicos de adorar em público e dos piores males do poder sacerdotal.

O evento descrito nesse versículo respalda a ideia de que foram incluídos alguns homens armados na companhia de Jesus e que eles transgrediram o ensinamento de misericórdia, moderação e do "oferecer a outra face" que Jesus deu a seus discípulos durante o Sermão da Montanha[14]. O homem armado é referido em outra passagem como Simão Pedro, que era um dos doze e, portanto, familiarizado com o ensinamento que Jesus havia transmitido[15]. O corte da orelha do servo do Sumo Sacerdote pode possivelmente ter acontecido numa espécie de confusão que se seguiu à prisão, embora essa seja uma parte algo estranha do corpo para ser ferida. Uma ação defensiva teria visado uma parte mais vital. Se considerado simbólico, então, o corte da orelha poderia referir-se ao fato de que as pessoas não estavam preparadas para ouvir as palavras do Instrutor.

Na filosofia oculta, entretanto, a orelha direita do homem corresponde à parte da mente que raciocina, à faculdade analítica e argumentativa que, usada em excesso, pode impedir o recebimento da sabedoria iluminativa dos níveis mais profundos da natureza humana, o princípio crístico[16]. O ato de cortar a orelha direita pode se referir então à remoção dessa inibição, que ocorre quando a natureza crística é trazida para perto da mente formal ou é capaz de alcançá-la. Isso está indicado possivelmente pela real presença do Cristo, que personifica um aspecto da divina sabedoria no homem, sendo um dos seus discípulos o agente. S. Lucas, que é conhecido como médico, registra que Jesus curou o ferimento[17], cujo ato, por sua vez, pode simbolizar a realização da faculdade de adquirir conhecimento pelo exercício da intuição.

Se esse episódio é apresentado como histórico pelos quatro evangelistas ou como uma das numerosas sugestões de uma verdade psicológica e espiritual, não pode ser decidido facilmente. O estudante da filosofia oculta é, todavia, capaz de perceber possíveis revelações de uma sabedoria profundamente velada por intermédio de alegoria.

Quanto a essa possibilidade, uma pessoa pode bem receber orientação direta e individual, para tal interpretação, a saber, a remoção ou redução temporária da atividade da mente quanto a seus aspectos argumentativos e de constante movimentação. Ela se

---

[14] Mt 5:7; Lucas 6:20.

[15] Jo 18:10.

[16] Ver Hodson, *Lecture Notes*, Vol. 1, Cap. 13, Figura: Olho direito – *Buddhi*; olho esquerdo – *Manas* 1; orelha direita – *Manas* 2 (mente que raciocina); orelha esquerda – astral; narina direita – *prāna*; narina esquerda – duplo etérico; boca – *Ātmā.*

[17] Lc 22:51.

torna, em consequência, sensível à resposta daquela sabedoria que está contida no intelecto iluminado espiritualmente, ou intuição, personificado por Jesus.

Mt 26:52. Mas Jesus lhe disse: Guarda a tua espada no seu lugar, pois todos os que pegam a espada pela espada perecerão.

A despeito da tensa e dramática natureza da situação, as palavras de Jesus sugerem que intelectualmente ele está acima da disputa, fixando-se não no incidente que está se passando, embora perigoso para sua pessoa, mas no campo da lei eterna. Essa condição é exemplificada tanto pela ordem de que a espada seja embainhada como pela enunciação da lei de causa e efeito, pela qual as condições humanas são criadas e reguladas. A afirmação oposta está implícita na alocução, a saber, aquele que vive amorosamente será cercado por amor durante e até o fim de sua vida, pois tal é na verdade a inevitável lei de causa e efeito, sob a qual, nas palavras de Jesus, cada ação humana é seguida de reação apropriada.

Mt 26:53. Ou pensas tu que eu não poderia apelar para o meu Pai, para que ele pusesse à minha disposição, agora mesmo, mais de doze legiões de anjos?

Aqui Jesus afirma de novo a possibilidade de obter a sua libertação por intermédio do auxílio divino, a sua previsão do futuro e a sua pronta submissão a tudo o que estava prestes a ocorrer. A posse desse poder foi evidenciada mais de uma vez durante a sua vida por sua ação de "desaparecer do meio deles"[18]. Sem dúvida, no Jardim de Getsêmani, principalmente porque estava escuro, ele poderia ter repetido novamente o fenômeno oculto de tornar seu corpo invisível a todos aqueles que estavam presentes.

Ele evitou fazer isso, afirmando que seu propósito era cumprir as Escrituras. O cumprimento da profecia era, como indicado por Jesus, o único motivo apresentado por Jesus para sua rendição, apesar de seu poder de salvar-se.

Através dos tempos, Jesus acabou sendo considerado um ser divino real, o verdadeiro Filho de Deus, que voluntariamente surgiu na Terra e submeteu-se à multidão e às autoridades, a fim de que, pela sua morte, a humanidade pudesse ser redimida da mancha do pecado original, de outra forma inapagável, provocado pela queda de Adão e Eva no Jardim do Éden. O Evangelho Segundo S. João manifesta essa opinião, que pode também ser encontrada nos sinóticos. Contudo Jesus não afirma isso como seu propósito. Na verdade, tal possibilidade teria sido uma negação da sua declaração de que os acontecimentos e as experiências dos homens são reações perfeitamente naturais e exatamente apropriadas, autoproduzidas por aqueles que executaram as ações. Se a sua alocução é verdadeira – não existindo razão para dúvida – então ninguém, nem mesmo o Senhor Jesus Cristo, seja como o Ver-

[18] Lc 24:31, 51.

bo criador de S. João[19] ou como o princípio divino na Natureza e no homem, pode possivelmente ab-rogar essa lei.

Mt 26:54. E como se cumpririam então as Escrituras, segundo as quais isso deve acontecer?

Caso o raciocínio seja admissível, em se tratando de uma personagem tão elevada, então essa repetida afirmação do motivo para a autorrendição condescendente – até mesmo proposital – quase poderia ser vista como um subterfúgio. A legítima profecia demonstra automaticamente sua verdade pela ocorrência dos eventos vaticinados e não pela deliberada – um crítico pode mesmo ser tentado a dizer perversa – execução de ações incomuns e pessoalmente danosas para meramente provar a profecia.

Se as palavras de Jesus são tomadas literalmente, então é retirada toda culpa dos perpetradores dos crimes contra ele, pois proclama que ele mesmo organizou e permitiu isso, a despeito do fato de que poderia facilmente tê-los evitado, como mostra esse versículo. Consequentemente, os assassinos não foram os responsáveis, mas o próprio Jesus. Se essa versão é aceita, então as acusações de que tanto os judeus como os romanos assassinaram Cristo são amplamente, senão inteiramente, negadas. Ele deve ter voluntariamente se submetido para que as Escrituras fossem cumpridas. Aquelas profecias, entretanto, podem ser consideradas como indiretas, no mínimo, na medida em que não é encontrada nenhuma menção do nome de Jesus como o futuro sofredor.

Se as experiências pelas quais a narrativa fê-lo passar são menos históricas do que alegóricas, então tais aparentes incongruências deixam de ser um contrassenso. Considerado assim, o tal motivo professado é visto como uma sugestão, um indício ou uma advertência para buscar-se uma revelação interior, mais propriamente do que para ser levado, por assim dizer, na corrente dos eventos narrados.

Outra possibilidade merece consideração, a saber, que eram imperfeitos, senão inteiramente falhos, a memória daqueles que fizeram as descrições dos eventos e os registros das afirmações suscitadas. Pois, deve ser lembrado, os compiladores dos evangelhos eram dependentes dos relatos das testemunhas oculares.

Mt 26:55. E naquela hora, disse Jesus às multidões: Como a um ladrão, saístes para prender-me com espadas e paus? Eu sentava no Templo, ensinando, todos os dias e não me prendestes.

56. Tudo isso, porém, aconteceu para se cumprirem os escritos dos profetas. Então todos os discípulos, abandonando-o, fugiram.

Jesus afirma seu poder para obter ajuda de doze legiões de anjos e, quase imediatamente após, tenta argumentar com seus atacantes em termos puramente materiais. Tal combinação do sobrenatural com o meramente material, como nesses

[19] Jo 6:63.

versículos e em muitos outros lugares da Bíblia, retira da narrativa seu caráter histórico, introduzindo-a nos reinos do pensamento místico e do oculto. Como antes sugerido, a história da vida de Jesus é suscetível de ser interpretada como uma revelação da lei da manifestação da essência espiritual no Universo e no homem, seu enclausuramento na matéria de densidade cada vez maior e o caminho da volta. Os incidentes descrevem os efeitos produzidos nos diferentes estágios da grande jornada para fora e de retorno.

A referência de Jesus à sua presença no templo e ao seu ensinamento às pessoas nesse local descreve, por intermédio de alegoria, tanto o Universo como o homem. Cosmicamente, Jesus personifica a divina imanência e o templo é um símbolo do Universo material, tornado santo por aquela presença. No homem a presença espiritual é retratada por Jesus, enquanto o templo é um símbolo da natureza mortal com seus numerosos atributos, personificados pelos membros da congregação. A Divina Presença tendo o mesmo nome em ambas interpretações – a cósmica e a humana – sublinha o antigo ensinamento de que as duas são idênticas. O Cristo em toda a Natureza e o Cristo no homem não são duas divindades, mas uma e a mesma. A verdade é de fato retratada habilmente pelo enigma de Cristo no templo e seu ensinamento às pessoas lá.

Sua presença no templo, um lugar de adoração, pode também se referir ao estágio na senda que precede à descida aos níveis mais profundos, onde a resistência atingirá o seu limite. No templo, Jesus está ainda em terreno sagrado e, assim, imune por ora. Jesus no Getsêmani e avançando rapidamente para o Calvário está em contato com a matéria do Universo no seu mais alto grau de densidade, retratado pela inimizade mostrada no ataque que recebeu e pela traição de Judas. Ele é simbolicamente assassinado ou dão-lhe uma morte figurativa, para ressurgir mais tarde. Assim, conclui-se, a rendição e a morte de Jesus não aconteceram para que uma antiga profecia pudesse ser cumprida, mas, mais do que isso, porque a lei da descida do espírito na matéria, seguida pelo seu retorno à sua Fonte, é iniludível, um processo que governa todas as manifestações do espírito na matéria, da divindade na Natureza e do Deus Supremo no homem[20].

Quando então o espírito se encarna na matéria física densa e o princípio divino no homem personifica-se num corpo físico, com seus apetites e sua essência ainda não espiritualizados, os atributos divinos expressam-se com crescente dificuldade, para finalmente desaparecer. Assim, "todos os discípulos, abandonando-o, fugiram." Essa ação é difícil de aceitar-se num sentido literal, especialmente no caso do discípulo João, que amou seu Mestre e a quem Jesus amou. Embora a maioria daqueles escolhidos possa ter se mostrado infiel, é razoável supor-se que alguns dos discípulos possam ter seguido seu Mestre a distância. Na verdade, a afirmação é contraditada no versículo cinquenta e oito, o qual expressa que "Pedro o seguiu de longe..."

---

[20] Ver Hodson, *A Sabedoria Oculta na Bíblia Sagrada*, Caps. 12-14, Ed. Teosófica, Brasília.

Essas inconsistências na história chamam também a atenção para as aflições, os testes e as provações pelas quais um Iniciado passa quando trilha a senda da realização acelerada do Adeptado. Num certo estágio, toda ajuda externa parece ter sido retirada, toda assistência, moral e física, parece falhar num momento de grande necessidade. Isso deve ser assim, pois o Habitante do Recôndito deve tornar-se plenamente realizado e, desse modo, conhecido como a única garantia infalível de salvação, decerto a única real identidade eterna no Universo e no homem. Essa provação e essa realização final são também confirmadas pelas palavras de Jesus sobre a cruz e na sua afirmação: “Eu e meu Pai somos um”[21].

Mt 26:57. Os que prenderam Jesus levaram-no ao Sumo Sacerdote Caifás, onde os escribas e os anciãos estavam reunidos.
58. Pedro seguiu-o de longe até o pátio do Sumo Sacerdote e, penetrando no interior, sentou-se com os servidores para ver o fim.

O confronto direto entre duas ordens ou níveis de consciência é descrito alegoricamente aqui. Caifás, o Sumo Sacerdote, representa a velha ordem, o costume estabelecido, a rotina, o método imutável desenvolvido através de séculos de uso. Jesus, por outro lado, personifica o novo, na verdade o eternamente novo. Jesus diante de Caifás, então, retrata épocas dramáticas na história do homem relativas tanto ao desabrochar dos seus poderes intelectuais e intuitivos quanto aos seus métodos de governo.

Na história do desenvolvimento do intelecto humano, a introdução de uma faculdade intuitiva inteiramente nova, recente e mesmo primaveril, por meio da qual a verdade é conhecida diretamente, ao invés de ser alcançada por intermédio de prolongadas comparações e observações, evoca inevitavelmente resistência dos padrões existentes, apoiados, como geralmente são, pelo ganho pessoal. Com relação ao governo, a aquisição e a manutenção de poder, o prestígio e o ganho financeiro, por meio do despotismo e da força, nunca são abandonados, até que os processos evolutivos demonstrem que eles não são confiáveis. A história registra que, por algum tempo, nessa batalha entre o ultrapassado e o recém-nascido, o velho temporariamente domina o novo. Entretanto, o dogmatismo e o controle pela ameaça e pelo medo finalmente provocam sua própria derrota e desaparecem, como está evidenciado no presente momento. O colonialismo mantido pela força, por exemplo, cedeu à exigência de liberdade e autogoverno. Mesmo a Natureza, no reino das plantas, exibe esse procedimento quando a uma estação segue-se a outra, e aquilo que se tornou velho extingue-se para ser substituído por formas que são novas.

Assim, embora os inimigos de Jesus tenham-no dominado e destruído materialmente, ele vive como uma influência para o bem, sendo uma personificação da liberdade muito depois de seus antigos adversários terem partido do mundo. Ainda que Jesus permaneça aparentemente impotente diante de seus adversários, a vitória

[21] Jo 10:30.

é finalmente concedida à condição de consciência em desenvolvimento e à forma democrática de governo.

O apóstolo Pedro, que seguiu seu Mestre, negando-o três vezes e arrependendo-se depois, personifica o atributo da mente humana que, mesmo tendo compreendido uma verdade, não obstante, logo após, luta contra ela, nega-a de fato, assim como Pedro negou seu Senhor. A verdade prevalece por fim, quando Pedro se apieda e se arrepende. Como o fundamento da fé cristã pessoal e apostólica, ele finalmente se torna receptor e transmissor daquela verdade que havia traído num momento de fraqueza humana. Na fase de sua vida descrita nesse e nos versículos seguintes, Pedro é mostrado exibindo a fraqueza humana da autoproteção às expensas da verdade. Ele é, assim, apresentado como praticando um ato de covardia, com a finalidade de livrar-se de ser acusado junto com seu Mestre. Naquele momento, ele não podia aceitar a ignomínia inevitavelmente associada com os seguidores de alguém que, depois do julgamento, fora condenado como inimigo do Estado e herético. Consequentemente negou a associação.

Misticamente interpretado, o incidente retrata os efeitos sobre a mente, os motivos e a conduta humanos de estar-se dissociado do Eu superior. Assim considerado, Pedro não está na efetiva presença de Jesus, mas entre os servos, os empregados domésticos de fato, embora tais serviçais possam ter sido pessoas meritórias. Isso metaforicamente descreve um estado de consciência no qual uma pessoa não está presentemente – quando sob grande tensão por exemplo – sendo inspirado pelo seu Eu espiritual (Jesus), antes está interessada nos atributos menos desejáveis da natureza humana (servos). Essas são as condições sob as quais um homem pode situar-se muito abaixo do melhor que existe no seu interior e, em momentos de crise, abandonar a si mesmo, a seu Mestre e a sua causa.

A isso, entretanto, deve contrapor-se a possibilidade de que Pedro estava sob grande tensão. Os eventos no Getsêmani, a profecia de Jesus quanto a sua própria morte, o avanço dos inimigos conduzidos por Judas e o ato da traição por um beijo, a capitulação de Jesus quando se esperava que poderia ter mostrado seus poderes sobrenaturais e o incidente do corte da orelha, seguido da repreensão do Senhor – podem bem ter perturbado profundamente um homem como Pedro que, em certas ocasiões, era capaz de certa impetuosidade como parte de seu caráter. Além disso, os discípulos devem ter esperado que Jesus justificaria a fé que nele tinham – possivelmente como Messias – e que confundiria seus inimigos por meio de demonstração de poder espiritual. Pode-se assumir que essa esperança tinha começado a desvanecer-se.

Pedro, então, pode bem ser perdoado, até porque a história o perdoou, uma vez que quando o dia amanheceu ele se arrependeu. Uma certa inevitabilidade está associada com seu ato de negação, quase como se ele fora um destino irrevogável, na medida em que o próprio Jesus tinha-o anteriormente profetizado.

Pedro, vale lembrar, personifica a natureza mortal do homem – mental, emocional e física. Em conformidade com a prática seguida pelos escritores alegóricos, suas ações retratam o estado de iluminado e de não iluminado, particularmente da mente pela qual a emoção e o corpo são dirigidos. Então Pedro, em exultação, proclama sua lealdade e, no estado não iluminado, nega-a. Assim também, o próprio homem, antes que a Autoiluminação esteja permanentemente estabelecida, está sujeito a alternâncias de várias espécies, que são causas contributivas para os muitos sofrimentos e quedas. Na verdade, a história do apóstolo Pedro pode ser interpretada como advertência e conselho para a obtenção, pela contemplação regular, daquele equilíbrio pessoal que assegura a continuidade da experiência espiritual e uma certa firmeza em todas as circunstâncias, particularmente sob o esforço adicional de trilhar a Senda do Discipulado. Entretanto, quando finda o episódio, Pedro se arrepende e está presente na sala superior, quando Jesus reaparece. Ele finalmente justifica a profecia de Jesus que, traduzindo seu nome como "pedra"[22], afirma que sua Igreja será construída sobre ele. Se interpolada posteriormente ou não, essa profecia e seu cumprimento indicam que o homem, sendo essencialmente um espírito, sempre pode se recuperar, ainda que a queda seja grande, até mesmo da negação de sua própria natureza espiritual autoexistente, personificada por Jesus nos evangelhos.

Mt 26:59. Ora, os chefes dos sacerdotes e todo o Sinédrio procuravam um falso testemunho contra Jesus, a fim de matá-lo,

60. mas nada encontraram, embora se apresentassem muitas falsas testemunhas. Por fim, se apresentaram duas,

Os inimigos da verdade procuram sempre, de várias maneiras, torná-la sem valor, não hesitando metaforicamente em utilizar falsos testemunhos, pois sabem que a completa revelação dessa verdade trará um fim à sua dominação. Essas tentativas estão sempre condenadas a finalmente falharem, muito embora possam encontrar algum sucesso temporário, como revela a história da vida e da morte precoce de Jesus.

Mt 26:61. que afirmaram: Este homem declarou: Posso destruir o templo de Deus e edificá-lo depois de três dias.

Como sugerido anteriormente, a alegação de Jesus de que poderia reconstruir o templo em três dias aludia simbolicamente a seu próprio corpo e à Ressurreição[23]. A interpretação literal da afirmação por parte de seus acusadores, que entendiam tratar-se de uma construção real, é usada aqui contra ele.

Mt 26:62. Levantando-se então o Sumo Sacerdote, disse-lhe: Nada respondes? O que testemunham estes contra ti?

O silêncio de Jesus diante de seus acusadores é uma indicação de seu memorável autocontrole e de sua sabedoria, pois sabia plenamente que a condenação já havia sido decidida. Seu silêncio mostra também que, numa leitura mais mística, o

[22] Mt 16:18.
[23] Jo 2:19.

Eu recôndito, a fonte de sabedoria, não alcança a mente de quem está absorto num erro deliberadamente decidido e está dando expressão à ação que não é verdadeira. O saguão ou sala onde foram conduzidos a acusação e o interrogatório representa o corpo físico; os sacerdotes e as suas falsas testemunhas personificam o estado das emoções e da mente propositadamente mentirosos e ilegítimos; enquanto Jesus, ao centro, retrata o Eu superior, inevitavelmente silencioso em tais circunstâncias.

Reconhecidamente, entretanto, o historiador pode questionar a realidade e a exatidão do relato do processo feito pelos evangelistas, pois que não foi realizado, à época, nenhum registro do julgamento e provavelmente não estavam disponíveis descrições completamente confiáveis dos incidentes. Os autores do suposto documento original dependeram presumivelmente da memória daqueles que estavam presentes e da meticulosidade de suas narrativas. Esse fato encoraja a aceitação da opinião de que a história evangélica é uma descrição alegórica do drama da alma do homem. Jesus é o ator principal de tal representação e personifica o Eu superior espiritualmente inspirado e dotado de poder, que segue adiante na velha senda da perfeição, o assim chamado "Caminho da Cruz." Seus onze discípulos representam as qualidades desenvolvidas e controladas pelo caráter do Iniciado, enquanto um deles – Judas – e todos posicionados contra Jesus personificam os inimigos interiores da alma – os atributos remanescentes puramente humanos. As vidas de todos os grandes Instrutores que visitaram a humanidade são suscetíveis de interpretações similares. Na visão macrocósmica, como já discutido, é retratada a vida do Universo quando ela penetra cada vez mais profundamente na matéria.

Mt 26:63. Jesus, porém, ficou calado. E o Sumo Sacerdote lhe disse: Eu te conjuro pelo Deus Vivo que nos declares se tu és o Cristo, o Filho de Deus.

64. Jesus respondeu: Tu o disseste. Aliás, eu vos digo que, de ora em diante, vereis o Filho do Homem sentado à direita do Poder e vindo sobre as nuvens do céu.

Um drama interior está sendo relatado por meio de uma alegoria. Do ponto de vista microcósmico – caso tenha havido exatidão do registro, tradução e forma final da Bíblia na versão de King James – o homem externo (o Sumo Sacerdote) está começando a compreender sua verdadeira natureza, sua própria divindade interior. Sua mente, de modo característico, busca verificação, até mesmo demonstração, da presença interior de um ser semelhante a Deus, uma verdadeira deidade o *Christos* da alma.

O homem mortal entra no palco, por assim dizer, vê sua própria divindade, personificada por Jesus. Surpreso, ele questiona a realidade da visão, como Tomé faz posteriormente. Ocorre uma revelação dramática, uma luz interior brilha de dentro da mente e do cérebro do homem mortal, que encontra a si mesmo, talvez despreparado, no limiar da maior de todas as descobertas, a saber, sua própria alma imortal. Tomé Dídimo exclama: "Senhor meu e Deus meu"[24].

[24] Jo 20:28.

Além de todas as expectativas, ocorre a grande revelação. Jesus, como o Eu imortal e eterno, dá uma resposta positiva e, além disso, vaticina a consecução segura do objetivo evolutivo. Cada homem que assim se volta seriamente para dentro, em direção ao centro de seu próprio ser, certamente encontra aquilo que busca. Falando nesses termos, Jesus somente expressou a simples verdade quando respondeu a seus juízes.

"As nuvens do céu" referem-se à radiância de muitas matizes com que o homem perfeito está rodeado no mundo espiritual, ou dos céus, por meio da qual aqueles que têm olhos para ver reconhecem sua estatura.

O suposto – mesmo imaginado – Messias esperado no futuro é, na realidade, o homem perfeito de todos os tempos, e tais seres humanos continuamente se realizam e, assim, "chegam". A mais genuína bem-aventurança e a mais pura sabedoria em que todo ser humano perfeito encontra-se – e para qual cada homem evoluirá um dia – pode também ser a condição a que se refere a profecia de uma Segunda Vinda. Talvez um estado de consciência, mais do que a chegada de uma personagem divina particular, está sendo descrito. Essa sabedoria oculta a respeito da evolução e do futuro do homem – bem como do próprio Jesus – foi revelada na resposta e na afirmação de Jesus ao Sumo Sacerdote.

Mt 26:65. O Sumo Sacerdote então rasgou suas vestes dizendo: Blasfemou! Que necessidade temos ainda de testemunhas? Vede: vós ouvistes neste instante a blasfêmia.

A frase "que necessidade temos ainda de testemunhas?" é rica de significado espiritual, pois, uma vez que a visão interior direta tenha sido alcançada, nenhuma voz externa que a ratifique é necessária, a exemplo de Tomé. Muito diferente, entretanto, são as reações dessas duas pessoas no mesmo drama, indubitavelmente por causa da diferença de suas posições na senda evolutiva. Tomé evoluiu até o grau em que não apenas reconhecia seu próprio Eu divino, como proclamava esse fato abertamente. Isso significa que a partir de então a esplêndida visão foi aceita e inteiramente aplicada à vida do homem externo. Tal resposta sincera, mesmo exaltada, raramente ocorre, particularmente quando as implicações da experiência interior vão contra os desejos da pessoa temporariamente iluminada, contra as suas oportunidades prazerosas e contra sua posição entre os semelhantes. Como Pilatos, ela nega a verdade – lava metaforicamente as mãos de toda a experiência – e entrega-se não ao superior, mas aos elementos mais baixos da natureza humana. Incapaz, na ocasião, de passar no teste (seguramente muito severo), reassume as associações, o modo de vida e a posição de poder que, como uma pessoa mundana, tinha alcançado. Para seus companheiros "sacerdotes", presentes também ao julgamento, o Sumo Sacerdote proclama o Cristo como sendo um blasfemador, e a esplendida visão da proclamada estatura espiritual como sendo uma blasfêmia.

Poucos, na verdade, são aqueles que chegam à presença viva do Mestre, seja como uma luz oculta ou uma personagem que alcançou o Adeptado, e emergem daquela visão firmes e fortes. Menos ainda são aqueles que se desviam das tentações da vida mundana com sua pompa exterior, seu prestígio e poder, ingressando naquilo que Isaías denominou de "o caminho da santidade"[25].

Dentro daqueles que temporariamente falharam, a natureza crística, o verdadeiro Eu, está "crucificada", como retrata a história da vida de Jesus alegoricamente interpretada.

Mt 26:66. Que pensais? Eles responderam: É réu de morte.

Mesmo em termos da interpretação literal do texto, absolutamente nenhuma blasfêmia tinha sido proferida por Jesus quando admitiu ser "o Cristo, o Filho de Deus", pois isso é também verdadeiro para cada ser humano. Todo hebreu culto, especialmente os sacerdotes, deviam conhecer a afirmação: "Deus criou o homem para ser imortal e o fez imagem de sua própria eternidade"[26]. Assim, a admissão de Jesus de que era Filho de Deus, foi, e continua sendo, perfeitamente válida, como era também verdadeira para o próprio Sumo Sacerdote. Muito evidentemente, portanto, tinha sido concebida uma conspiração contra Jesus e, com a conivência de Judas, estava então prosseguindo.

A tradução desse versículo mostrar-se-ia falha, na medida em que um prisioneiro podia ser julgado imputável de pecado, merecendo, portanto, ser sentenciado à morte de acordo com a lei, mas não se poderia dizer que era "réu de morte".

Mt 26:67. E cuspiram-lhe no rosto e o esbofetearam. Outros lhe davam bordoadas,
68. dizendo: Faze-nos uma profecia, Cristo: quem é que te bateu?

História à parte, a inevitável degradação que o espírito deve experimentar quando se encarna e se entrega às densidades mais profundas da matéria está também descrita alegoricamente aqui. Similarmente, como antes sugerido, o mesmo espírito no homem torna-se sujeito às limitações e até às humilhações impostas a ele pela encarnação em veículos do pensamento, da emoção e da carne. Isso deve ser assim, na verdade, pois que somente por intermédio dessas submissões podem os poderes inatos na Deidade e no homem serem postos em atividade e, portanto, expandirem-se em faculdades e capacidades consciente e objetivamente empregadas.

Jesus, o galileu, não o Avatar inspirando divinamente, diferia daqueles que o prendiam, insultavam e maltratavam, porque seus poderes internos eram altamente desenvolvidos. Aproximando-se bastante, como estava, da condição de ascendido e perfeito, ele sabia, em virtude da contínua experiência de vida, que era, na verdade, o Filho de Deus e que ascenderia muito brevemente em "nuvens de glória".

---

[25] Is 35: 8.
[26] *Sb* 2:23.

A cegueira dos Sumos Sacerdotes, dos oficiais romanos e da multidão para essa verdade a respeito do jovem hebreu, a quem estavam degradando e planejando destruir, é típica também do efeito, sobre a consciência, de encarnações em corpos de densidade cada vez maior.

Mt 26:69. Pedro estava sentado fora, no pátio. Aproximou-se dele uma criada, dizendo: Também tu estavas com Jesus, o galileu!

70. Ele, porém, negou diante de todos, dizendo: Não sei o que dizes.

71. Saindo para o pórtico, uma outra viu-o e disse aos que ali estavam: Ele estava com Jesus de Nazaré.

72. De novo ele negou, jurando que não conhecia o homem.

73. Pouco depois, os que lá estavam disseram a Pedro: De fato, também tu és um deles; pois o teu dialeto te denuncia.

74. Então ele começou a praguejar e a jurar, dizendo: Não conheço o homem! E imediatamente um galo cantou.

75. E Pedro se lembrou da palavra que Jesus dissera: Antes que o galo cante, três vezes me negarás. Saindo dali, ele chorou amargamente.

A tríplice negação de Jesus por Pedro, assim como a traição de Judas, descreve aspectos da mente de um homem que ainda é imperfeito. Pedro também está em cada homem num certo estágio de desenvolvimento, como naquele para quem uma mentira conveniente substitui a verdade vigente. Assim, como Jesus, o Cristo *nele*, tinha previsto, Pedro mentiu três vezes: mental, emocional e verbalmente.

A profecia mostrou-se muito verdadeira, embora no caso de Pedro a madrugada trouxesse o arrependimento quando o galo cantou. Pedro estava receoso de que ele também pudesse compartilhar o destino de seu Mestre, e esse temor levou-o a negar, não só o Jesus histórico, mas também o supremo em si mesmo, o Deus interno.

A introdução do número três nas duas histórias indica os três níveis mais densos da matéria e os três veículos mortais do homem. Judas aceitou – sem dúvida por acordo – trinta moedas, enquanto Pedro negou três vezes qualquer associação com seu Mestre. No primeiro caso, a cupidez e a infidelidade provocaram a queda; no último, o medo mais forte do que a jura e o amor do discípulo por seu Senhor foi o principal responsável.

A queda de Judas é completa, terminando no suicídio. Pedro, por outro lado, porquanto estava pleno de remorso manifestado pelas lágrimas, recuperou sua integridade, e, como não existe nenhum registro em contrário, assume-se que tenha sido aceito novamente na companhia dos discípulos de Jesus. As ações de Pedro tencionavam apenas a autoproteção e, de modo algum, parecem ter contribuído para a condenação de Jesus pelas autoridades. Seu erro, portanto, foi muito menos sério do que o de Judas, que lucrou financeiramente e foi responsável pela identificação e prisão de seu Mestre, como também de tudo o que se seguiu.

O grave desvio de conduta tanto de Judas quanto de Pedro e a entrega de Jesus por Pilatos à multidão ocorreram durante a escuridão da noite e isso é importante por si mesmo, pois a cegueira, as trevas, o adormecimento e a noite, quando aplicados ao homem, são símbolos de atividade reduzida do Eu espiritual. Representam a mente obscurecida e a condição não espiritualizada da personalidade inteira do homem. Essa condição é ademais indicada pelo fato de que nem Judas nem Pedro estavam fisicamente na presença de Jesus quando os planos para traição foram feitos e a negação ocorreu. Essa ausência do Mestre pode ser interpretada como um estado de consciência no qual os aspectos mais espirituais da natureza humana (Jesus) estavam fora do alcance das personalidades mortais (Judas e Pedro).

O dia, por outro lado, significa a plena influência e expressão da alma imortal nos veículos mortais. Esse simbolismo é aparentemente empregado na história de Pedro, cujo remorso foi profundamente sentido ao nascer do dia. O cantar do galo introduz o som como elemento adicional, e certos sons proferidos corretamente – *mantras* – é dito, têm o poder de dispersar as trevas da mente humana, ainda que estas possam ser profundas. Assim, os efeitos vibratórios, tais como das ondas sonoras emitidas pelo canto do galo, podem despertar as mentes obscurecidas para a luz interior do idealismo, do bom-juízo e dos altos padrões morais. Simbolicamente, o canto do galo tanto anuncia quanto provoca o alvorecer de uma condição de "luz do dia", ou do intelecto como que iluminado pelo Sol. É também de interesse o fato de que ambos os homens usaram a voz durante os dois episódios, embora as palavras de Pedro sejam de maior significado, porquanto, na terceira ocasião, sustentou sua negação com o uso de imprecações, que podem ter sido blasfemas.

Visto que Pedro era o único discípulo presente no pátio, não havendo indicação da presença ali de um anotador dos fatos, surge a questão de como os eventos registrados puderam se tornar conhecidos de qualquer observador, especialmente dos compiladores posteriores dos evangelhos. Se essa dúvida é significativa, justifica-se ainda mais uma interpretação alegórica dos incidentes.

Na Cosmogênese, o espírito é considerado como de polaridade positiva, a potência masculina no processo criativo, enquanto a matéria, por outro lado, é de polaridade negativa, a potência feminina. Essas duas polaridades são frequentemente representadas por seres, o macho e a fêmea, respectivamente, como por exemplo a deusa Nut e o deus Seb na simbologia egípcia.

No homem, a tríade superior (a alma) é referida como masculina, e o quaternário inferior (o homem externo), como feminino e, na simbologia mitológica e Escritural, esse último é colocado como inimigo do primeiro. Em conformidade com esse método de escrever, uma donzela é apresentada desafiando Pedro e suscitando sua tríplice negação, representando, talvez, a parte mais material da constituição do homem e, portanto, o Iniciador de sua queda da graça. O episódio de Sansão e Dalila é um entre muitos do Velho Testamento ao qual essa interpretação pode ser aplicada.

Existem, entretanto, exceções a essa regra. De vez em quando, a natureza superior do homem é representada por uma mulher e a natureza externa por um homem. Por isso, a Deusa Atena foi a inspiradora e protetora dos heróis, e a esposa de Pilatos foi quem o advertiu quanto a seu relacionamento com Jesus, um episódio que será considerado mais tarde.

Parte 11

Julgamento, Crucificação, Ressurreição, Reaparecimento e Ascensão

Capítulo 28

O grande drama da vida, do ministério e da morte de Jesus, o Cristo, move-se agora em direção a suas fases de encerramento, as quais o relato histórico dos quatro evangelhos revelam suficientemente. Esse drama pode ser considerado por seu próprio valor aparente. Pode também ser interpretado, um tanto exotericamente, como descritivo da reação natural e aparentemente instintiva do gênero humano, na presente fase da evolução, a influências que causariam mudanças. Quando tais mudanças implicam a destruição de métodos e ideias ultrapassados para dar lugar a novos e melhores enfoques da religião e da vida diária, então o homem resiste, não hesitando em usar os mais cruéis meios de autoproteção contra os elementos indesejáveis de transformação. A história disponível revela que surge infelizmente aversão, geralmente dirigida com violência, contra os grandes Instrutores e a nova visão que ensinam. Os indivíduos que se beneficiam pessoalmente dos regimes existentes receiam perder tanto o prestígio quanto o ganho financeiro. Eles também se aliam àquelas forças que temem e resistem às novas ideias e à aplicação delas na vida humana.

No caso de Jesus, as forças materiais organizadas contra ele, incluindo-se entre elas o regime de ocupação romano, mostram-se demasiadamente fortes. Visto que evitou utilizar os poderes espirituais e ocultos que estavam à sua disposição, o veículo físico do Avatar foi condenado e morto sobre a cruz. A Verdade, entretanto, é indestrutível, embora sejam mortais suas expressões em dadas eras. Os tempos mudam e cada época, inevitavelmente, dá lugar a outra em que os poderes, as verdades e as novas ideias que foram objeto de resistência e ofensa no período anterior são postos em evidência nas mentes e, por fim, nos governos da humanidade, e são fundados novos regimes como meios para sua expressão. Assim, Jesus finalmente ascendeu aos céus.

Se, não obstante, a grande história é lida como uma alegoria, então a condenação, a morte e o sepultamento de Jesus retratam mui adequadamente as fases, cósmica e universal, da emanação do poder, vida e inteligência divinos no interior da matéria e a sua consequente evolução. A história pode também ser lida como descritiva da involução e da evolução monádica através da matéria e dos reinos da matéria até que a super-humanidade seja alcançada. Além do mais, talvez possa ser aduzido que certos homens que se tornaram discípulos do Mestre e, assim, foram dotados com poderes sobrenaturais, dirigiram com sucesso o impulso espiritual Iniciado pelo seu Mestre para trazer à existência a fé cristã.

Dentre os três pontos de vista apresentados, seja qual for o levado em consideração, torna-se claro que a história da vida e morte de Jesus é imortal, pois a involução e a evolução da essência espiritual divina no interior do Universo e do homem está ainda em andamento e destina-se a continuar assim até o fim do período. Ademais, outros Mestres da vida e da morte surgiram nos últimos dois mil anos; outros homens tornaram-se seus discípulos e têm sido treinados para serem agentes dos poderes, das graças e das ideias que seus Mestres lhes revelaram.

Vista assim, a narrativa assume uma universalidade que a coloca fora das limitações do tempo e do espaço, conferindo-lhe a condição de uma revelação de verdades que são eternas. Os axiomas de Euclides, tal como "duas coisas iguais a uma terceira são iguais entre si", permanecem verdadeiros quer aplicados antes ou depois da Era Cristã, no hemisfério norte ou no sul. Nenhuma época ou lugar pode negá-los ou omiti-los. Da mesma forma a emanação, involução e evolução do recôndito espírito do Universo e do homem e o aprimoramento constante da sua manifestação são também filosoficamente axiomáticos e independem, assim, do tempo e do espaço.

Na medida em que a história da vida de Jesus relatada nos evangelhos é uma apresentação dramática dos processos mencionados antes, então, nem a exatidão do registro nem a época em que se diz teria vivido Jesus são de especial importância para a mente filosófica. Ainda assim, a tradução inglesa dos evangelhos originais é tão rica em alusões simbólicas, filosóficas e ocultas, escritas na linguagem de mistério, que um estudo da narrativa pode mostrar-se altamente gratificante.

Mt 27:1. Chegada a manhã, todos os chefes dos sacerdotes e os anciãos do povo convocaram um conselho contra Jesus, a fim de levá-lo à morte.

2. Assim, amarrando-o, levaram-no e entregaram-no a Pilatos, o governador.

Interpretada diretamente em termos da filosofia oculta já desenvolvida, as ordens de hostes angélicas juntam-se para induzir e introduzir o espírito universal nas profundezas mais interiores da matéria, executando a mesma função quanto à Mônada do homem. Essa função oculta, altamente importante e espiritual – como todas as outras nos Universos objetivos – é preenchida em estrita obediência às leis que governam o processo da emanação. Essas inteligências, tendo restringido rigidamente o espírito imergente, ou "descendente", personificado por Jesus, reconhecem o governo da lei espiritual. Assim, Jesus é amarrado pelos chefes dos sacerdotes e entregue a Pôncio Pilatos, o governador.

Mt 27:3. *Então Judas, que o entregara, vendo que Jesus fora condenado, sentiu remorsos e veio devolver aos chefes dos sacerdotes e aos anciãos as trinta moedas de prata,*
4. *dizendo: Pequei, entregando um sangue inocente. Mas eles responderam: Que temos nós com isso? O problema é teu.*
5. *Ele, atirando as moedas ao Templo, retirou-se e foi se enforcar.*

Judas é apresentado nesses versículos como uma figura de fato trágica. O arrependimento veio com a alvorada, no caso de Pedro. Ao contrário de Pedro, entretanto, Judas, que tinha realmente vendido seu Mestre para ganhar talvez um lugar de honra, compreendeu a inutilidade de sua infidelidade. Tão profunda tinha sido a queda na autodegradação que o arrependimento e a devolução do preço da traição não proporcionaram esperança de felicidade futura. Para ele, autotorturado pelo remorso, não havia lugar nem entre os discípulos de Jesus nem entre os chefes dos sacerdotes. No seu desespero acrescentou aos seus erros o crime adicional do suicídio. Assim fazendo, privou-se de qualquer possibilidade de recuperar seu próprio sentido de honra e de reabilitar-se diante de seus concidadãos. Judas, então, é colocado diante da humanidade como uma figura trágica e uma advertência para todos que possam vir a ser traidores, seja de um ideal, uma causa ou uma pessoa.

É retratada aqui, como uma alegoria, a influência da matéria sobre o espírito e do desejo e da perversão sobre a conduta de um ser humano. Se, entretanto, tal enfoque das últimas fases da vida de Judas é levado um pouco adiante, matar a si próprio, então, pode possivelmente indicar a vitória sobre o mal dentro de si mesmo ou a "eliminação" dos elementos de cupidez e deslealdade que ele personifica.

O suicídio de Judas, cosmicamente interpretado, representa o domínio da matéria sobre o espírito sendo eventualmente perdido, para finalmente desaparecer ou morrer, como se fora pelas próprias mãos. O Adepto que ascendeu se libertou das restrições impostas à vontade e à consciência pela matéria de todos os graus de densidade. Os tríplices atributos de atividade, ritmo e inércia não mais o influenciam contra sua vontade, porquanto ele está auto-harmonizado em relação a todos os pares de opostos.

Não deve ser negligenciada a opinião de que Judas tentou deliberadamente exercer um papel benéfico, dando a seu Mestre a oportunidade de exibir seus poderes divinos diante dos altos sacerdotes e da multidão. Na verdade, um pouco de esperança parece ter sido mantida pelos outros discípulos que confiavam que Jesus se libertasse, demonstrando desse modo seu messiado. Evidentemente, Judas e os dois discípulos que caminhavam pela estrada de Emaús[1] perceberam que essa expectativa frustrara-se, especialmente quanto a alguma espetacular demonstração antecipada de poder divino. Esse profundo desapontamento e mesmo depressão devem ter acompanhado os discípulos e as três Marias, até que a Ressurreição de Jesus viesse a ser conhecida por eles. Reiluminados e com a fé espiritual renovada, eles se mo-

[1] Lc 24:13 e seq.

vimentaram para formar os núcleos a partir dos quais a fé cristã desenvolveu-se. Ademais, fragmentos gnósticos, se aceitos mais como históricos do que simbólicos, indicam que Jesus pessoalmente os ensinou e os inspirou por alguns anos após sua Ressurreição. Mas essa experiência foi pessoal e em grande parte privada e, assim, não realizou as expectativas fundadas na profecia de uma demonstração pública e mundial do messiado.

Mt 27:6. Os chefes dos sacerdotes, tomando as moedas, disseram: Não é lícito depositá-las no tesouro, porque se trata de preço de sangue.

7. Assim, depois de deliberarem em conselho, compraram com elas o campo do oleiro para o sepultamento dos estrangeiros.

8. Eis porque até hoje aquele campo passou a se chamar Campo de Sangue.

A atitude mental e a ação dos sacerdotes a respeito das trinta moedas de prata devolvidas não parecem lógicas, pois, em primeiro lugar, os sacerdotes estavam prontos a pagar com recursos do tesouro por um suborno pela traição que levaria à morte de Jesus, contudo não estavam preparados para devolvê-los ao tesouro após terem cumprido o seu propósito. O destino final que deram ao dinheiro, comprar e usar um pedaço de terra como um cemitério e sua denominação de "Campo de Sangue", confere ao relato do incidente a possibilidade de posterior interpretação simbólica como a perda de controle sobre o homem mortal pelo Ego interior. Na verdade, a história de Judas, desde sua aceitação como um discípulo até seu suicídio, pode ser vista como descritiva do conflito entre dois aspectos e características da mente humana. Essa guerra ocorre num certo estágio da evolução quando o Eu espiritual não é ainda suficientemente desenvolvido para iluminar e controlar os motivos e a conduta do homem mortal. Porque cada homem é tanto divino como humano, a luta nesse caminho interior – o verdadeiro Armagedon – é inevitável.

Judas, quer tenha existido ou não, retrata exatamente um homem numa certa fase de desenvolvimento em que o Eu interno, o divino nele, está começando a alcançar o poder de espiritualizar o homem mortal integral, sua consciência, seus motivos e sua conduta. Isso está evidenciado pelo fato de que ele foi atraído para o círculo interno dos associados de Jesus na qualidade de discípulo escolhido. Jesus personifica o Eu interior que busca purificar e elevar o homem externo, enquanto Judas é aquele homem externo, com suas aspirações espirituais e as ainda remanescentes fraquezas humanas e possibilidades de autodegradação. O desabrochar do Eu espiritual de Judas, como o de todos os homens de quem ele é um protótipo, não era ainda suficientemente poderoso para eliminar ou reduzir a importância daquelas qualidades. Assim, o homem Judas foi derrotado na guerra interior.

O restante de sua história conta somente o resultado do malogro do homem mortal que, a despeito de um temporário retorno da consciência, morreu, por suas próprias mãos, para a possibilidade de passar pela "porta estreita" e entrar no "caminho apertado", a senda da santidade[2]. A filosofia oculta, que está repleta de ensi-

[2] Mt 7:13-14; Is 35:8.

namentos sobre esse e outros assuntos correlatos, assegura que para o ser humano qualquer experiência jamais será uma derrota final, sendo todo homem combinação de um espírito eterno e imortal com uma individualidade mortal, os dois unidos pela presença e atividade do intelecto.

Judas como um Ego encarnado – assim como o jovem rico – viverá outra vez, aspirará de novo e, certamente, tornar-se-á, por fim, discípulo confiável, pois o espírito do homem contém dentro de si mesmo a garantia de completa vitória.

Mt 27:9. Com o que se cumpriu o oráculo do profeta Jeremias: E tomaram as trinta moedas de prata, o preço do que foi avaliado, daquele que os filhos de Israel avaliaram,

10. e deram-nas pelo campo do oleiro, conforme o Senhor me ordenara.

Outra vez, a referência ao cumprimento de antiga profecia dá a impressão de tornar-se inteligível apenas quando a história da vida de Jesus e os escritos dos profetas antigos são interpretados como descrições da descida do espírito na matéria.

O número trinta, como antes sugerido, é suscetível de interpretação como a encarnação da tripla Mônada humana nos corpos mortais do homem, formados de mente, emoção e corpo, sendo o zero ignorado em tal caso. Cosmicamente, o triplo *Logos*, por sua vez, manifesta-se objetivamente como triplicidade quando refletido na matéria. Essas duas triplicidades, encontradas tanto no homem quanto na Natureza, espiritual e material, são apresentadas entrelaçadas no antigo símbolo dos hebreus conhecido como o Selo de Salomão[3].

O número três, para o qual o número trinta é reduzido por elisão do zero, pode também se referir aos três atributos da matéria – atividade, ritmo e inércia. Além do mais, as energias ocultas na matéria são triplas em termos de sua polarização, a saber, positiva, negativa e neutra. Pode ser que os autores bíblicos estivessem se referindo a esses atributos da matéria sempre que introduziam triplicidades nas suas revelações alegóricas. Tais opiniões também ganham apoio pela afirmação de que as trinta moedas de prata foram usadas para comprar o campo de um oleiro. A palavra *campo* é um termo empregado para a matéria do espaço, seja virgem ou impregnada do espírito. O processo da configuração de todas as formas da Natureza e dos corpos dos homens pelo espírito assemelha-se, por analogia, ao trabalho de um oleiro, como está indicado na cosmogonia dos antigos egípcios[4]. Pode ser dito, na verdade, que o próprio Judas personifica a influência da matéria sobre o espírito, a quem deve simbolicamente "trair", como já sugerido.

Caso haja a acusação de que muita coisa está sendo deduzida de tão pouco, pode ser lembrado, então, que os antigos escritores inspirados estavam deliberadamente ocultando verdades profundas e altamente significativas em seus trabalhos, que eventualmente se tornariam disponíveis ao público em geral. O verdadeiro bus-

---

[3] Ver diagrama na p. 155.

[4] *Ptah*, criador do mundo que trouxe à existência as formas visíveis por meio do seu coração (pensamento) e de sua língua (pela expressão vocal).

cador da luz, além disso, está sempre preparado para atentar tanto para as sugestões como para as declarações simbólicas da verdade que ele ou ela está determinada a descobrir. Tais estudantes, embora sempre submetendo suas descobertas ao teste final de razoabilidade e concordância com a sabedoria secreta, estão preparados para pesquisar os tesouros da verdade, embora eles possam estar profundamente enterrados nas ricas minas daquela literatura que está escrita na linguagem de mistério.

O quaternário pitagórico, do qual foram retiradas muitas inferências, não nega a existência das triplicidades eternas inerentes ao espírito e à matéria. Como o grande sábio conhecia muito bem, o quarto elemento surge da contínua interação dos outros três. É como se fora o positivo e negativo abraçando-se continuamente ao redor da polaridade central ou neutra. Isso é o caduceu cósmico, o poder serpentino tríplice no *Logos*, na Natureza, e no homem. O Iniciado e o Adepto aprendem a usar essa triplicidade como forma de autolibertação do domínio aprisionador da matéria, de outra forma inflexível. Daí, temos os caduceus nos Mistérios gregos, outra simbologia da serpente nos Mistérios egípcios e os supostos ritos de fertilidade no Hinduísmo. A forma espiralada do *Ying* e do *Yang* no pensamento filosófico chinês antigo, com sua interação harmoniosa como condição essencial para libertação, está baseada na mesma ideia.

Mt 27:11. Jesus foi posto perante o governador e o governador interrogou-o: És tu o rei dos judeus? Jesus declarou: Tu o dizes.

Se esse versículo é verdadeiramente histórico e a resposta de Jesus é interpretada tanto como uma admissão quanto uma afirmação, então, segundo a lei, ele era culpado de traição e legalmente sujeito à pena de morte. Embora Jesus seja descrito como sendo descendente de um rei dos judeus, a saber, Davi, os hebreus daquele tempo não possuíam casa real e, assim, não poderiam legitimamente reivindicar ter um rei. Jesus estava por essa razão profunda e voluntariamente errado se sua réplica for, de fato, considerada como reivindicação à realeza. Em tal caso, a imposição da pena de morte estava virtualmente assegurada. A dúvida quanto a historicidade do incidente surge do fato de que Jesus devia saber disso e, em assim replicando, real e deliberadamente se condenou à morte. Outrossim, a total ausência de registro histórico, exceto a referência sabidamente duvidosa em Josephus, da existência de Jesus entre os judeus, de sua heresia e de sua reivindicação de realeza e de tudo aquilo que os evangelistas dizem ter acontecido só pode lançar grande dúvida sobre a historicidade da narrativa do Evangelho.

Se, entretanto, os evangelistas e outras testemunhas foram homens sábios, Mágicos, saturados da sabedoria oculta e que escreveram uma maravilhosa revelação alegórica para a humanidade pelos séculos, então a história deles é realmente exata.

Tanto o *Logos* quanto a Mônada são como reis e encarnam, de forma completamente voluntária, na matéria da mais profunda densidade, a fim de que suas vidas inatas possam se tornar cada vez mais manifestas e brilhar resplandecentemente como poderes de fato reais. Dúvidas quanto à historicidade do incidente surgem do fato de que Jesus sabia disso e, em assim respondendo, condenou-se deliberadamente à morte na verdade. O aparente mistério da resposta autocondenatória é resolvida pela compreensão do fato de que, verdadeiramente, tanto o *Logos* como a Mônada são de fato como reis entre os homens.

Assim, Jesus é colocado como condenando a si mesmo à morte (da matéria e de seus atributos), mas sempre com o pleno conhecimento, como ele proclama, da elevação que deve se seguir e seguir-se-á, alegoricamente retratada pela Ressurreição e Ascensão.

Mt 27:12. E ao ser acusado pelos chefes dos sacerdotes e anciãos, nada respondeu.
13. Então lhe disse Pilatos: Não estás ouvindo de quanta coisa te acusam?
14. Mas ele não lhe respondeu sequer uma palavra, de tal sorte que o governador ficou muito impressionado.

O silêncio de Jesus diante de seus acusadores tornou-se, então, inevitável. Na verdade, se a história é um tanto, ou muito mais, alegórica do que histórica, o espírito, em sua submissão autodecidida à matéria, nada tem a responder. Similarmente, a Mônada do homem em sua voluntária peregrinação através da encarnação pode não ter queixas contra as restrições que são o preço inelutável daquela longa jornada cíclica dos poderes divinos inatos e inconscientes rumo ao desenvolvimento e à plena manifestação.

Vista historicamente, a acusação era tão séria e as forças organizadas contra ele tão poderosas que qualquer tentativa de autodefesa não alcançaria sucesso, pois seus inimigos estavam determinados a executá-lo e ele sabia disso plenamente. Em ambas leituras, o silêncio de Jesus é compreensível.

Mt 27:15. Por ocasião da festa, era costume o governador soltar um preso que a multidão desejava.
16. Nesta ocasião, tinham eles um preso famoso, chamado Barrabás.
17. Como estivessem reunidos, Pilatos lhes disse: Quem quereis que vos solte, Barrabás ou Jesus, chamado o Cristo?
18. Pois ele sabia que eles o haviam entregue por inveja.

A previsão do destino de Jesus era evidentemente compartilhada por Pilatos que, como o versículo dezoito deixa claro, evidencia uma aparente imparcialidade. O costume hebreu era, entretanto, devidamente conhecido, e Barrabás, ladrão condenado, foi oferecido como substituto de Jesus.

Mt 27:19. Enquanto estava sentado no tribunal, sua mulher lhe mandou dizer: Não te envolvas com este justo, porque muito sofri hoje em sonho por causa dele.

Nessa altura, a narrativa, mais uma vez, se torna descritiva de experiências interiores, a estatura evolutiva e as ações resultantes têm lugar no interior da mente de um ser humano. Certos homens na sua evolução verificam que a duplicidade é quase natural para eles.

O próprio Pilatos personifica o estágio de um homem que age deliberadamente por egoísmo e os elementos inferiores que podem induzir o homem a infringir qualquer idealismo e a consciência realística que está despertando. Ele devia sua honrosa posição de governador aos romanos, um posto que não estava preparado para colocar em risco libertando um homem que reivindicava ser o rei dos judeus. Também, ele estava muito atento à pressão exercida sobre ele pelo próprio povo, que é mostrado na narrativa exigindo furiosamente a morte de Jesus. Os narradores, quaisquer que possam ter sido, quase parecem ter reconhecido e decidido retratar uma certa dose de bondade e de princípio elevado em Pilatos, que devia estar em guerra consigo mesmo. A história é ricamente informativa se assim considerada.

Sua esposa representa o melhor nele, os instintos mais elevados, até mesmo a faculdade intuitiva. Como muito frequentemente pode ocorrer, essa faculdade, mesmo se desconsiderada, impõe-se sobre sua tortuosa mentalidade, sobre o profundo interior da mente de um homem determinado à desonestidade ou, na melhor das hipóteses, à dubiedade. Tal interpretação é apoiada pelo teor da mensagem que a esposa de Pilatos enviou-lhe, a saber, que ela nutria apreensões "nesse dia", uma alusão a um estado de mente aclarado e mesmo elevado, de clara visão. Entretanto, ela não estava presente, significando que a faculdade não estava suficientemente desenvolvida a ponto de estar operando continuamente. Em vez de ser uma parte ativa do caráter de Pilatos, ela estava ausente e foi obrigada a enviar sua advertência por intermédio de um mensageiro.

Vista assim, a vida de Jesus é a história da vida de todo homem. E cada um dos incidentes revela verdades relativas aos mais nobres e básicos atributos da natureza humana e, com grande habilidade, ao conflito interior que deve ser travado entre eles, até que a vitória seja obtida.

Mt 27:20. Os chefes dos sacerdotes e os anciãos, porém, persuadiram as multidões a que pedissem Barrabás e que fizessem Jesus perecer.

21. O Governador respondeu-lhes: Qual dos dois quereis que vos solte? Disseram: Barrabás.

22. Pilatos perguntou: Que farei de Jesus, que chamam de Cristo? Todos responderam: Seja crucificado!

Em continuação ao enfoque precedente da história, a multidão furiosa representa as qualidades da natureza humana responsáveis pelas exigências, quase irresistíveis, de gratificação dos desejos sentidos apaixonadamente, aos quais o homem sucumbe até que certa estatura espiritual seja alcançada. Assim, a multidão recusa o substituto chamado Barrabás, um ladrão condenado, e exige a morte de Jesus, que tinha estado inofensivamente entre eles como instrutor e curador.

Nas interpretações macrocósmicas e monádicas da história, Pilatos e a multidão personificam os efeitos degradantes e temporariamente obscurecedores dos atributos da matéria sobre o espírito. Na filosofia oculta, esses atributos são descritos como tríplices, a saber, atividade, harmonia e inércia[5]. Quando a atividade e a inércia não são controladas e expressas equilibradamente no ser humano, então a harmonia é destruída. Enquanto o povo relativamente menos evoluído ao seu redor exibe os excessos referidos, Jesus é visto na narrativa como uma incorporação e personificação rematadas do homem que se tornou perfeito.

Mt 27:23. Tornou a dizer-lhes: Mas que mal ele fez? Eles, porém, gritavam com veemência: Seja crucificado!

24. Vendo Pilatos que nada conseguia, mas ao contrário, a desordem aumentava, pegou água e, lavando as mãos, na presença da multidão, disse: Estou inocente desse sangue. A responsabilidade é vossa.

25. A isso todo o povo respondeu: O seu sangue caia sobre nós e nossos filhos.

Dois diferentes estágios da evolução do homem são retratados nesse episódio da história da vida de Jesus. Do começo ao fim, a figura central está em marcante contraste com a maioria das outras pessoas no relato, pois que Jesus personifica a perfeição, enquanto as demais, inclusive Pedro, Judas, Pilatos e a multidão, retratam o homem em que ainda existem várias imperfeições. Até que numa vida, como a de Cristo, a existência perfeita seja alcançada, permanecem muitas e variadas imperfeições a serem abandonadas.

Pilatos exemplifica nesses versículos esse método de ensinamento, pois que, contra seu próprio julgamento, ele cede aos gritos e às ameaças da multidão e entrega Jesus a ela. Sua ação de lavar as mãos pode possivelmente ser interpretada como exibição pública de suas próprias dúvidas e mesmo discordância, ou fechamento de sua mente ao remorso que normalmente se seguiria a um ato deliberadamente pecaminoso

O próprio Pilatos foi virtualmente responsável por todo o tratamento subsequente de Jesus, inclusive sua crucificação. Mesmo ele possivelmente poderia ter ao menos começado a arrepender-se – como o fizeram Pedro e Judas – pois posteriormente se recusou a modificar o teor da inscrição que redigiu e que deveria ser colocada sobre a cabeça do Cristo crucificado.

Mt 27:26. Então soltou-lhes Barrabás. Quanto a Jesus, depois de açoitá-lo, entregou-o para que fosse crucificado.

A história evangélica, por seus próprios méritos, permanece, de fato, como um grande épico e, assim, é costumeiramente interpretada. Ela é, no entanto, muito mais do que isso, pois, transcendendo o tempo, revela também, perfeitamente, as diversas facetas, estágios de desenvolvimento e caminhos que se tornam manifestos em cada homem quando ele trilha sua senda para a perfeição, ou espírito crístico. Nesse caminho, são muitas as quedas, como também são os heroísmos. Justo por-

[5] *Gunas* – ver Glossário.

que o homem é essencialmente um ser espiritual imortal e eterno que está desabrochando, todos os perigos e obstáculos são superados, e a meta de um Adeptado elevado é alcançada.

O açoitamento de Jesus por ordem de Pilatos pode ser interpretado como retratando os sofrimentos do arrependimento e do remorso, quando se trata de um homem imperfeito, enquanto, como parte das experiências do Iniciado que se aproxima do estado de Adepto, assinala o início dos sofrimentos referidos algumas vezes como a *Paixão*. Por que, pode ser indagado, poderia alguém tão perto da mais elevada realização humana ser obrigado a sofrer assim? Isso ocorre a fim de que até o último débito para com o gênero humano e a Natureza, sob todos os aspectos, seja completamente pago, pois a lei de causa e efeito exige e deve receber sua devida atenção.

Uma interpretação mais precisa de cada uma das indignidades e dos sofrimentos que se diz foram infligidos a Jesus como penalidade revela também, por intermédio da alegoria e do símbolo, certas experiências profundamente interiores que são iniludíveis, até que a necessidade de que elas aconteçam seja transcendida. O Adepto está plenamente consciente não apenas da unidade de toda a vida, mas também do fato de que nem a mais fina película realmente o divide, ou separa, como pessoa, daquela vida. O egoísmo natural, característico do homem não redimido, deve ser superado e, assim, com o sofrimento na própria pele, sendo a pele um hábil símbolo da separatividade, este egoísmo deve ser destruído. O chicoteamento do corpo nu poderia indicar o começo de uma emancipação geral da ilusão da autosseparatividade.

Mt. 27:27. Em seguida os soldados do governador, levando Jesus para o Pretório, reuniram contra ele toda a coorte.
28. Despiram-no e puseram-lhe uma capa escarlate.
29. Depois, tecendo uma coroa de espinhos, puseram-na em sua cabeça e um caniço na mão direita. E, ajoelhando-se diante dele, diziam-lhe, caçoando: Salve, ó rei dos judeus!

O escárnio descrito nesses versículos retrata muito bem – simbolicamente mais do que de fato – a atitude de mente e os seus meios de expressão dos menos sábios para com aqueles que são mais sábios do que eles. Isso, entretanto, é compreensível, pois que os ensinamentos de Jesus (tais como o Sermão da Montanha) devem ter sido considerados pela multidão como ininteligíveis e desanimadoramente impraticáveis, enquanto os denominados milagres foram, por alguns, prontamente desprezados como exibições de um mero charlatão, empregadas para obter poder sobre os ignorantes. As descrições são todavia dignas de nota, já que certos símbolos clássicos aparecem nelas.

A exclusiva presença de soldados, por exemplo, sugere a disciplina que o alto Iniciado deve alcançar. Na linguagem sagrada a nudez é usada como um símbolo para retratar a ausência da menor barreira entre a fonte de iluminação espiritual do homem e a sua disposição mental para recebê-la – livre da mínima interposição das ideias tradicionais aceitas. Essa plena exposição da mente e do cérebro à influência do Deus interior diz-se ser essencial para a completa recepção e consecução da pura sabedoria, da perfeita percepção e completa compreensão. A nudez do cego Bartimeu, cuja visão foi restaurada por Jesus, exemplifica adequadamente tanto essa condição quanto o resultado de sua consecução, isto é, a ausência de cegueira e a restauração da visão (Mc 10:46-52 – NT).

Embora os soldados, acostumados a não pensar, mas apenas a obedecer ordens, pretendessem simplesmente humilhar e degradar Jesus, que tinha reivindicado ser um rei, os símbolos da realeza com que o adornaram com escárnio são esclarecedores. A multidão de não iluminados era capaz de discernir apenas a capa escarlate, a coroa de espinhos e o cetro de junco e não a consecução da realeza espiritual e a coroação do espírito. A multidão, assim, vê apenas o escárnio e o sofrimento, mas o Iniciado percebe um significado espiritual em cada um dos emblemas da realeza.

A capa escarlate é parte dos emblemas do poder, enquanto a coroa de espinhos que penetrava a pele da cabeça significa a completa obtenção da liberdade, no reino do intelecto, mesmo da menor restrição da autoexistência separada. Isso é alcançado com esforço e considerável sofrimento quando os últimos vestígios do egoísmo são transcendidos. A coroa se refere ao centro de força, ou *chakra,* aberto na coroa da cabeça (no Gólgota, o lugar da caveira[6]). O ato da coroação representa o processo de abertura desse centro de força e a consequente garantia de interação e comunicação livre entre o homem divino e o mortal. Nos tempos antigos, quando os reis eram também altos Iniciados dos Mistérios Maiores e mesmo encarnações da divindade, esse centro de força crucial era desperto neles de dois modos. Um deles consistia da prolongada contemplação da Suprema Deidade; o outro ocorria pela ação dos hierofantes dos ritos de Mistérios, que faziam atuar certas forças ocultas e espirituais sobre partes específicas da cabeça, notadamente sobre a coroa. O não iniciado meramente via um rei ou uma rainha usando um *uraeus* ou coroa, mas o Iniciado, sendo instruído ocultamente e tendo ele mesmo igualmente alcançado a iluminação, via a manifestação da verdadeira realeza espiritual. Vista assim, a coroa de espinhos e o ato de colocá-la sobre a cabeça de Jesus constituem-se na parte mais profundamente espiritual do simbolismo da Crucificação.

O cetro de junco, como símbolo da realeza, se entendido corretamente, demonstra a maior de todas as fontes de poder humano e de autocontrole, a saber, a suavidade com que tal poder é sempre aplicado para o propósito de instruir, inspirar e, quando necessário, corrigir. Um desenvolvimento dual é assim exibido: verdadeiramente uma augusta vontade e um domínio completo sobre sua expressão em ação.

Quando o homem se torna um sábio ocultista por sua própria escolha, seu autocontrole é tão grande que ele permanece impassível diante do antagonismo que sua grandeza evoca e imperturbável diante da cruel folia com que o escárnio é acompanhado. Antes de alcançar o Adeptado, certa quantidade de sofrimento deve

---

[6] *Chakra* – ver Glossário.

ser aceita como pagamento dos débitos incorridos, pois, assim e somente assim, todos os vínculos são finalmente desfeitos.

Mt 27:30. E cuspindo nele, tomaram o caniço e batiam-lhe na cabeça.

31. Depois de caçoarem dele, despiram-lhe a capa e vestiram-no com suas próprias vestes e levaram-no para o crucificar.

Os soldados personificam os estados de mente estreitamente limitados daqueles cujo pensamento tornou-se confinado numa rotina rígida e muito limitada. Seu escárnio é também aplicado ao intelecto de uma pessoa iluminada. Cada verdadeiro guia de homens, cada portador de luz para a humanidade passa interiormente por tais experiências, quando se agrava o conflito entre a visão que se amplia e a compreensão que se expande, por um lado, e os hábitos mentais e apetites físicos, por outro. Em tal enfoque, a traição, o julgamento, a condenação, o escárnio e a Crucificação de Jesus são descritivos das experiências interiores pelas quais, de uma forma ou de outra, cada Adepto já passou e cada homem deve passar antes que a libertação final seja alcançada. A Palestina de dois mil anos atrás e Jerusalém, sua capital, não são apenas lugares que existiram no tempo e no espaço, mas são símbolos do corpo, do coração e da cabeça de cada Iniciado que, como Jesus, tornou-se um Mestre da vida e da morte.

Mt 27:32. Ao saírem, encontraram um cireneu, de nome Simão. E o requisitaram para que carregasse a cruz.

O incidente registrado nesse versículo tem significado primacial como exemplificativo do fato de que as provações da Iniciação, embora severas e exigentes, nunca estão além da capacidade do candidato de suportá-las e de emergir vitorioso, coroado de fato. Ou o espírito do Iniciado é suficientemente evoluído ou, se não for este o caso, razoável auxílio é providenciado. Ainda assim, a fim de que possa emergir triunfantemente, aquele a ser Iniciado deve demonstrar seu poder de resistir à provação, ainda que lhe seja concedida alguma assistência. Simão de Cirene personifica esse princípio da compaixão em meio aos sofrimentos mais dolorosos.

Mt 27:33. Chegando a um lugar chamado Gólgota, isto é, lugar que chamavam de Caveira,

O nome do lugar onde Jesus foi crucificado fornece uma chave para que possa ser entendido o significado esotérico de sua Paixão e morte. Quando essa chave se ajusta à fechadura e é virada ao menos uma vez, o real local do grande evento é revelado, a saber, o *interior* do crânio, ou da cabeça do homem. O grande triunfo deve ser obtido e a grande iluminação deve ocorrer no órgão físico da consciência, pois não é o homem físico que é crucificado e que ressuscita da morte, mas o radiante e entronado Eu interno que, após longas eras de evolução, alcança a realeza espiritual. Os poderes, as capacidades e a sabedoria resultantes são parte da riqueza da alma que evolui, mais do que o corpo físico do homem. Assim, nesse versículo, os autores inspirados dos evangelhos fornecem ao investigador da sabedoria esotérica ali existente a sugestão, a pista necessária ou, mais precisamente, a chave verdadeira.

Mt 27:34. Deram-lhe de beber vinagre misturado com fel. Ele provou, mas não quis beber.

Se esse incidente for considerado de maior importância do que a encerrada na própria ação, então a perspicácia profunda na vida mística do homem é exibida pelos autores inspirados. Em algum estágio, durante alguma vida de autoemancipação da ilusão da separatividade e do encontro final com as exigências da lei, a dor a ser suportada inclui a profunda amargura de coração. Não apenas as mãos, os pés e o lado, cada um com seu significado simbólico, devem ser perfurados, mas também o órgão e o sentido interior do sabor devem sofrer. Isso significa que as dores sofridas penetram profundamente na natureza interior do Iniciado, de forma que ele ou ela sente o amargor da mente e do coração de um modo peculiarmente pungente.

Jesus apenas provou o vinagre com fel, mas não o tomou todo, significando que ele não tinha razão *kármica* ou psicológica para fazê-lo. Embora devesse sentir o amargor, ele não tinha necessidade de bebê-lo, podendo recusá-lo.

Mt 27:35. E após crucificá-lo, repartiram entre si as suas vestes, lançando a sorte para que se cumprisse o oráculo do profeta: repartiram entre si as minhas vestes e lançaram sorte sobre a minha roupa.

Nessa concisa descrição da mais terrível conduta e doloroso sofrimento, estão referidas três sequências de simbologia. São elas a própria cruz, as vestes, partes do corpo e os cravos, aos quais os martelos devem estar associados.

Como antes sugerido, a Cruz simboliza macrocosmicamente o processo da Cosmogênese, com o braço vertical representando a potência criadora positiva, ou espírito, e o braço horizontal, a potência criadora receptiva e negativa, ou matéria. No ponto de interseção, o *Logos* – como idealizador, manifestador, criador e doador de Vida – está como que "crucificado", limitado mui severamente na substância fecundada com suas quatro direções de espaço, representadas pelos braços da cruz.

Embora esse ato de autossacrifício seja voluntário, é inevitavelmente experimentada a perda da liberdade infinita, da bem-aventurança *logoica* e do poder ilimitado – uma privação que está além da capacidade da mente humana compreender, mesmo remotamente. Se é permitido levar essa interpretação mais adiante, então ser pregado à cruz refere-se à perda da liberdade; a ferida da lança no coração, à perda da bem-aventurança; e a irônica coroa de espinhos, à perda daquele poder que é a soberana coroa de cada *Logos*. O próprio corpo é forçado a permanecer esticado sobre a terra enquanto cravado na cruz, sendo ela mesma uma outra e mais expressiva representação do grande Sacrifício, como a encarnação da divindade é mui apropriadamente descrita algumas vezes. A limitação excessivamente dolorosa e forçada do movimento dos pés pode ser permissivelmente considerada como uma referência à perda da liberdade *logoica* de movimento pelo espaço. Quando, nos níveis espirituais de consciência, o conceito normal, tridimensional, de espaço, com suas divisões e áreas separadas, é transcendido, o *Logos* de um Sistema Solar está encarnado em seu interior. Assim, em certo sentido, o *Logos* está confinado – embora voluntariamente – à região do seu domínio como rei solar. A similar limitação do movimento das mãos pode bem indicar a restrição da ação da vontade-pensamento-som, por meio da qual o Universo é emanado, formado e ordenado em termos da divina atividade, uma perda de liberdade de fato.

Embora o texto refira-se em geral a uma lança ferindo o flanco, pode-se presumir que a morte seguiu-se à entrada da ponta da lança no coração, que sempre é um símbolo das partes puramente espirituais tanto do *Logos* como do homem. O sofrimento do traspasse, o efeito da encarnação na matéria – particularmente na matéria mais densa (a cruz de madeira e os cravos de ferro) – bem como a completa perda de liberdade de movimento e ação podem contribuir para uma diminuição da bem-aventurança divina.

Uma coroa adornada de ouro colocada sobre a cabeça aplica-se simbolicamente à iluminação espiritual que dá alegria, enquanto uma coroa de espinhos significa a restrição e perda de poder que produz dor. Assim, a Cruz, o coração ferido e a coroa de espinho significam a perda *logoica* de liberdade, bem-aventurança e poder.

Na usual coleção de símbolos associados com a Crucificação de Jesus, o cravo tem quatro faces e uma cabeça geometricamente modelada, sendo símbolo muito usado da própria matéria e do espírito profundamente "encravado" nela. A força que o empurra é representada em tal simbologia pelo martelo, que deve ter sido usado durante todo o processo extremamente doloroso. Ele pode ser considerado como um emblema da verdadeira força de vontade do próprio *Logos* no cumprimento de seu desígnio de sofrer uma crucificação simbólica – e real, de certa forma. Estendendo essa interpretação, os cravos longos, geometricamente delineados e pontiagudos, podem simbolizar a projetada força dinâmica elétrica pela qual os átomos são formados e o plano divino, ou Arquétipo, é impresso na matéria. O mangual, a maça, o porrete e o martelo, associados com os seres divinos presentes ativamente na simbologia dos povos antigos, podem referir-se tanto a esse próprio poder quanto à maneira pela qual é empregado. Vista assim, a Crucificação de Jesus, o Cristo, é considerada uma descrição alegórica da autoencarnação do *Logos* imanente na matéria de seu Universo e de todos sacrifícios e restrições que isso deve exigir. Contudo, o *Logos* é também transcendente, acima e além de seu Universo e, nesse aspecto de seu Ser, relativamente livre de limitações espaciais, ele experimenta a consciência típica dos Seres divinos.

O coração ferido, mas sempre aberto, do Senhor, algumas vezes chamado de Sagrado Coração, indica que, tanto no *Logos* como no Adepto, o coração de amor oniabarcante está sempre aberto às necessidades, às aspirações e mesmo às negações e ao ódio do mundo dos seres dotados de mente. Numa interpretação mística, o conflito entre a vontade interior do aspirante e os indesejáveis traços de caráter e atitudes habituais de pensamento, sentimento e ação infligem aquelas "feridas" místicas que Jesus sofreu quando trilhou a senda da Cruz, do Getsêmani ao Gólgota.

O desvestir Jesus, o "rasgar" suas vestes e o sortear os pedaços dela podem ser interpretados simbolicamente. Em manifestação, a Vida do *Logos*, personificada por Jesus e simbolizada por sua suposta roupa sem costura, materializa-se em inúmeras formas, ou parte-se. Essa aparente divisão é uma ilusão, pois que, a despeito da diversidade de formas, inorgânicas e orgânicas, físicas e superfísicas, a Vida no interior de todas elas é uma e a mesma. Se tal interpretação não for levada muito longe, então o proclamado sorteio pode referir-se à mudança aparente sob a qual a Natureza produz sua progênie quase inumerável – as formas naturais. Na verdade, nenhum sorteio nem incerteza alguma estão naturalmente associados com a produção e o desenvolvimento das formas naturais, as quais aparecem e mudam segundo lei exata.

Mt 27:36. E, sentando-se, ali montavam-lhe guarda.
37. E colocaram acima da sua cabeça, por escrito, o motivo da sua culpa: ESTE É JESUS, O REI DOS JUDEUS.

Entre os observadores presumivelmente deveriam estar incluídos tanto os soldados romanos quanto o povo de Jerusalém, que tinha seguido a procissão desde a sala de julgamento até o Gólgota. Enquanto o ato da crucificação continuava, eles se sentavam para observar a agonia de Jesus e para esperar por sua morte. Isso denota uma atitude de mente que, de forma lamentável, é apresentada por alguns membros da raça humana, embora felizmente nem todos.

A proclamação que cita a suposta confissão de Jesus deve ser considerada como uma expressão do escárnio com que o seu título era recebido. Não obstante, ele era, no sentido puramente espiritual, um rei entre seus companheiros hebreus, sendo muito mais evoluído do que qualquer um deles, um homem de estatura verdadeiramente real. Ademais, era descendente dos antigos reis, como as diversas genealogias indicam. Embora nenhuma dessas duas razões fosse reconhecida, elas consubstanciavam tal reivindicação, ainda que seja extremamente improvável que ele mesmo a tenha feito.

Mt 27:38. Com ele foram crucificados dois ladrões, um à direita, outro à esquerda.

O espetáculo verdadeiramente horripilante e repugnante dos três corpos suspensos em agonia sobre três cruzes no Gólgota é muito bem-conhecido, bastante familiar e quase prezado por alguns corações cristãos. Ele tem sido, e ainda é, repetido e reportado milhões e milhões de vezes por meio dos crucifixos levantados e usados pela cristandade. Contudo, a experiência mística que João registra no seu evangelho apócrifo indica que ela foi ou uma ilusão ou um símbolo físico de evento espiritual[7], como será mais tarde discutido.

[7] Ver Hodson, *A Sabedoria Oculta na Bíblia Sagrada*, pp. 190-193, Ed. Teosófica, Brasília.

O próprio evento pode bem ser considerado como a realização, por um alto Iniciado, da mais elevada experiência espiritual, a saber, a realização consciente, enquanto fisicamente desperto, de si mesmo como uma manifestação da essência espiritual do Universo. A simbologia que dá suporte, já parcialmente interpretada, reforça a importância de tal visão e é digna de acurado exame.

O grande obstáculo à realização autoconsciente de si mesmo como parte da Deidade consiste na combinação não controlada do aspecto concreto da inteligência humana com o abstrato. O primeiro é essencial e mui proveitosamente analítico, idealmente lógico, demandando intensamente a evidência externa e a crítica das ideias que não tenham esse suporte. Entretanto, o senso instintivo de autosseparatividade, que toma a forma de egoísmo e orgulho pessoal, pode combinar-se com as qualidades antes descritas para privar o intelecto humano de sua capacidade de percepção intuitiva das verdades interiores, não objetivas. Em consequência, como indica H. P. Blavatsky, "a mente é a grande assassina do Real", cuja afirmação ela completa com a advertência "Que o discípulo mate o assassino"[8]. Na simbologia, de forma muito adequada, pelas razões já descritas, a mente é também representada como um salteador ou ladrão.

Já que um desses ladrões desdenhou e zombou de Jesus, ele pode bem personificar a mente formal analítica e não intuicional. O outro ladrão suplicou por estar com Jesus no paraíso após a morte dos seus corpos, um pedido que foi concedido. Se a apresentação atual é aceitável, então o segundo ladrão personifica a inteligência abstrata que é responsiva a ideias e lampejos da iluminação dos níveis intuicionais e puramente espirituais. Jesus entre os dois ladrões indica aquele estado de consciência no qual a mente formal, com todas as suas operações e funções, está plena e conscientemente separada do intelecto abstrato, de forma que a primeira não pode mais inibir as funções interiores do último. Em consequência, os aspectos do homem puramente espirituais, altamente intuicionais e, na verdade, supramentais nobres, personificados por Jesus na Cruz, podem e, de fato, tornam-se manifestos. Assim, é um estado de consciência e um estágio na evolução humana que estão sendo alegórica e simbolicamente retratados e não o espetáculo degradante, horroroso do tríplice ato de crueldade e sadismo desumanos. Como antes mencionado, esse enfoque ganha apoio adicional por causa do nome do local no qual a cena de horror foi executada, o Gólgota, "o lugar da caveira". Vale notar que o corpo físico tinha sido deixado desamparado e, assim, estava impossibilitado de encontrar a Autoiluminação, autolibertação e autocoroação puramente espirituais.

Mt 27:39. Os transeuntes injuriavam-no, meneando a cabeça
40. e dizendo: Tu que destróis o Templo e em três dias o edificas, salva-te a ti mesmo, se és Filho de Deus e desce da cruz!

Enquanto os ignorantes desafiavam Jesus para que descesse da cruz, os sábios viam e sabiam que, ao contrário, ele se elevara acima dela, tendo deixado seu

[8] H. P. Blavatsky, *A Voz do Silêncio,* Ed. Teosófica, Brasília.).

corpo pela saída formada pelo centro de força aberto na coroa da cabeça. Essa é a real Ressurreição; o túmulo referido mais tarde está simbolizando o corpo e o crânio, no qual normalmente o centro da autoconsciência está aprisionado.

O Evangelho apócrifo de João, que descreve muitas experiências místicas do discípulo que Jesus amou, parece dar suporte ao enfoque de que a suposta Crucificação no Gólgota foi realmente um símbolo ou mesmo uma ilusão induzida na mente do público. Com isso, sem dúvida, ele se referia à mente não iluminada que confunde o véu de alegoria e símbolo com a realidade, sendo incapaz ou relutante de perceber as verdades subjacentes[9]. João escreve que, inspirado pelo Mestre durante a Crucificação, ele subiu o Monte das Oliveiras e entrou numa caverna[10]. Lá, viu o Senhor, que lhe disse: "João, a multidão em Jerusalém está me crucificando e me perfurando com lanças e canas, e dão-me fel e vinagre para beber. Mas a ti eu falo ..." Ele então indicou a João uma cruz de luz como a verdadeira Cruz e a cruz de madeira como uma ilusão, continuando: "Nem eu sou aquele que está na Cruz ... pois, saiba você, que eu estou inteiramente com o Pai e o Pai comigo".

Por essa razão, a morte nos Mistérios é dupla. O Iniciado tem que superar o receio da morte e elevar-se acima dos mundos inferiores. Ele se decide pelo progresso e sabe que esse é o único caminho. Há sofrimento, uma verdadeira paixão de dor, mas a consciência não é limitada por ela. O sofrimento torna-se um meio-tom sombrio para a canção do triunfo que a Mônada-Ego canta.

Mt 27:41. Do mesmo modo, também os chefes dos sacerdotes, juntamente com os escribas e anciãos, caçoavam dele:
42. A outros salvou, a si mesmo não pode salvar! Se é o Rei de Israel, que desça agora da cruz e creremos nele!
43. Confiou em Deus; pois que o livre agora, se é que se interessa por ele! Já que ele disse: Eu sou filho de Deus.

A multidão, os soldados e os oficiais que escarneciam e desafiavam Jesus enquanto agonizava na Cruz viam apenas o desamparo completo a que as suas ações tinham submetido um ser humano que se dizia ter reivindicado poderes divinos. Daí o escárnio deles, que diferencia aqueles que não estão espiritualmente iluminados dos que estão passando pelo processo de Autoiluminação e alcançando o Adeptado. O último é um processo espiritual e, portanto, fisicamente invisível, enquanto para as mentes mundanas é somente exibição de ignorância.

O estudante dos significados dos símbolos pode bem lembrar que alguns destes símbolos transmitem mais do que uma ideia e, às vezes, parecem estar em contradição umas com as outras. A morte de Jesus na Cruz, por exemplo, implica a liberação final das limitações do corpo – especialmente do cérebro no crânio – e o

---

[9] Ver *The Apocryphal New Testament,* trad. Montague Rhodes James (Oxford: Clarendon Press), pp. 254-256.

[10] Ver Hodson, *A Sabedoria Oculta na Bíblia Sagrada*, pp. 190-193, Ed. Teosófica, Brasília.

ingresso no estado exaltado de consciência em que o homem perfeito permanece para sempre. A vida dos heróis das Escrituras e mitologias que são compelidos a sofrer morte figurativa retrata a eliminação interior das qualidades e tendências que vedam ao intelecto a percepção da luz do espírito. A morte em tais casos, inclusive a de Jesus, quando assim interpretada, não é uma derrota, mas uma vitória, um episódio alegórico na senda da plena manifestação da humanidade divina. As histórias da vida de Pedro, de Pilatos, de Tomé e de Judas Escariotes podem ser interpretadas de forma similar, como pode também a do discípulo João, a quem Jesus amou. É sugerido que Marta, Maria e Lázaro, de Betânia, e João Batista podem ser considerados do mesmo modo.

A morte de uma pessoa comum não precedida da descrição alegórica dos estágios de desenvolvimento interiores refere-se ao estado de morte espiritual, ou ausência de iluminação, embora haja o uso do corpo todos os dias. Quando uma pessoa supostamente falecida é trazida de volta à vida por um Adepto, uma alegoria da obtenção da consciência espiritual está implícita. A presença de um Mestre na história refere-se à realização do poder e da presença divinos, inerentes à alma espiritual. Num certo estágio na vida contemplativa, o devoto simbolicamente falecido retorna à vida em termos de conhecimento consciente de sua própria divindade, com seu poder, sabedoria e inteligência espirituais inerentes.

Mt 27:44. E até os ladrões, que foram crucificados junto com ele, o insultavam.

S. Lucas registra o incidente diferentemente, pois enquanto um dos ladrões escarnecia de Jesus, o outro dizia-lhe: "Senhor, lembra-te de mim, quando entrares em teu reino"[11]. Vale notar que, a despeito da diferença de conduta, ambos os ladrões morreram. Isso talvez se refira ao assassínio do poder da mente de obstruir a função da intuição, ou consciência crística.

Mt 27:45. Desde a hora sexta até a hora nona, houve treva em toda a Terra.
46. Lá pela hora nona, Jesus deu um grande grito: "Eli, Eli, Lemá sabachtáni?", isto é: "Deus meu, Deus meu, por que me abandonaste?"

São Paulo não considera a Natividade e a Crucificação de Cristo como eventos separados, isolados, ocorrendo em dois tempos particulares, mas, mais apropriadamente, como experiências interiores passadas por todos os homens que trilharam com sucesso a senda para o reino espiritual. Esse enfoque está implícito também na sugerida interpretação precedente da vida de Jesus e, particularmente, da sua Paixão e Crucificação. Se essa visão é aceita, então os leitores da vida de Cristo são metaforicamente introduzidos num templo dos Mistérios Maiores e autorizados a observar a passagem de um candidato por cinco grandes Iniciações, que culminam na realização do Adeptado, ou a Ascensão alegórica à mão direita de Deus. A saída final do reino humano da Natureza, com a autolibertação das limitações da existên-

[11] Ver Lc 23:42.

cia puramente humana, sobre um planeta isolado, está prenunciada nos versículos em exame.

A escuridão refere-se à condição de mente de todos aqueles supostamente presentes no Gólgota, relativa à realidade daquilo que estava ocorrendo. Para a maioria, senão para todos, isso era a morte lenta por crucificação de um homem que tinha reivindicado ser rei dos judeus e o Filho de Deus na Terra, a completa humilhação. Visto que Jesus não exibia os poderes supostamente possuídos por tal indivíduo, ele se tornou objeto de escárnio e desprezo. Essas pessoas viam apenas um evento externo, já que, estando escuro, eram incapazes de perceber a realidade que aquele evento escondia. Todos os leitores da história do evangelho, a não ser que iluminados ou informados espiritualmente, estão precisamente nessa posição.

O versículo quarenta e seis oferece um raio de luz que torna visível o evento em seus aspectos transcendentes. Tem-se sugerido duas traduções do grito de Jesus quando perto da morte, ambas revelam os estados de consciência pelos quais passa o Iniciado. A primeira é aquela dada nesse versículo. Essa revela descritivamente o fato de que, durante o rito, o Iniciado experimenta absoluta solidão no Universo, começando no Getsêmani, para Jesus, alcançando sua culminação na Cruz. Essa falta de qualquer apoio externo e pessoal é seguida por uma escuridão mental, durante a qual a realização de sua própria divindade e sua unidade com o *Logos* é completamente perdida. Essa supressão, embora temporária, de um estado de consciência já alcançado, a saber, a unidade com o Senhor do Universo, pode durar um momento ou um tempo infinito. Tão grande privação evoca um grito de protesto da mente e do coração do Iniciado que está quebrando suas derradeiras algemas – com efeito um protesto porque a Deidade o tinha desamparado.

Essa é uma experiência essencial. Só após toda ajuda externa ser retirada, a verdade desponta para o autocrucificado: a de que ele e a eterna Deidade são um e o mesmo Ser. Essa descoberta é tão revolucionária e tão transcendente que o Iniciado nunca poderá perder outra vez o conhecimento que realizou, não meramente de unidade, mas até mesmo de identidade com o Deus universal. A segunda tradução aplicar-se-ia mais adequadamente à alegria de uma experiência que vem a seguir, com o grito apropriado: "Deus meu, Deus meu, como me glorificastes". Assim, as duas possíveis traduções não são mutuamente exclusivas, mas, melhor dizendo, consecutivas no tempo, como indicado.

Mt 27:47. Alguns dos que tinham ficado ali, ouvindo-o, disseram: Está chamando Elias!

Considerados objetivamente, certos versículos na narrativa evangélica dão origem a questões de autenticidade do observador, repórter e anotador de incidentes aparentemente secundários, tal como o referido nesse versículo, pois a conversação era entabulada por pessoas presentes, sendo, portanto, bastante distinta do próprio espetáculo dramático. Entretanto, a falha de audição de tais observadores e sua má interpretação e falha no entendimento das palavras proferidas por Jesus, conforme noticiadas, podem ser entendidas como indicativas da total ignorância das multidões a respeito do significado real do drama que estava se desenrolando perante seus olhos, particularmente como descrição da entrada no reino supra-humano.

Mt 27:48. Imediatamente um deles saiu correndo, pegou uma esponja, embebeu-a em vinagre e, fixando-a numa vara, dava-lhe de beber.

Traição, difamação e solidão extrema são experiências amargas e os incidentes podem bem estar incluídos na história para simbolizar a natureza e a profundidade do sofrimento pelo qual um homem deve passar até a ruptura final e a transcendência de toda limitação humana, principalmente a da existência consciente como uma individualidade separada. Todo apego humano que aprisiona deve ser renunciado – uma experiência amarga na verdade. A traição de Judas, a negação de Pedro e a incapacidade de seu discípulo e de sua mãe de ajudarem-no, tudo pode ser lido como descritivo dessa forma de sofrimento, tipicamente retratado pelo vinagre a ser bebido quando chega a agonia da morte física

Mt 27:49. Mas os outros diziam: Deixa, vejamos se Elias vem salvá-lo!

Aqui está outro exemplo da ignorância da humanidade não iluminada e de sua completa incapacidade de compreender os estados místicos de consciência profunda que acompanham a Crucificação, e muito menos deles participar.

Mt 27:50. Jesus, porém, tornando a dar um grande grito entregou o espírito.

A cessação da agonia, tanto física como psicológica, chega finalmente por intermédio da morte, seja realmente do corpo ou figurativamente da consciência do homem mortal.

Os cerimoniais dos Mistérios Maiores ou Menores e os processos de agonia, morte e sepultamento têm pouco ou nada a ver com a morte natural do corpo físico. Antes são figurativos, descritivos da transição do sentido da identidade pessoal com as limitações da natureza terrestre e mortal do homem para a liberdade do seu Ser espiritual, imortal. Tal morte implica um abandono, uma superação, e deixar para trás os desejos egoísticos e pessoais e a autosseparatividade. O Iniciado faz uma transição do interesse inadequado para com a natureza mais pessoal do corpo – que então metaforicamente morre – para o Eu espiritual no seu denominado corpo de luz perpétua. O centro de consciência então renasce misticamente, tendo morrido e sido ressuscitado do túmulo da carne. Em seu *Georgias*, Platão escreve: "Pois eu não me admiraria se Eurípides falasse a verdade quando diz: 'Quem sabe se viver não é morrer e morrer não é viver?' E nós na realidade estamos talvez mortos. Pois ouvi de um dos sábios que nós estamos mortos agora e que o corpo é o nosso sepulcro[12]."

Essa morte simbólica pode de fato ocorrer em pleno vigor físico, embora em certas alegorias seja realizada nos místicos aos trinta e três anos de idade, a qual se

---

[12] *The Collected Dialogues of Plato*, (Princeton University, 1969), p. 275.

assume que o Cristo tenha chegado. A vida física está fluindo abundantemente e por fim acaba na morte física. A vida espiritual do Eu interno, por outro lado, consiste de um influxo, ou surgimento, a partir do interior, de uma plenitude de vida sempre crescente. A fim de experimentar a vida da alma, a vida externa do corpo deve metaforicamente morrer.

A experiência da morte para os interesses materiais e a ressurreição para a consciência espiritual ocorre naturalmente como resultado do progresso evolutivo normal ou é forçada por um intenso esforço de uma alma desperta. Nos Mistérios Menores, planejados para induzir à experiência de forma gradual e segura, a morte do eu inferior é ordenada cerimonialmente e descrita de forma alegórica, como nas várias Tradições de Mistérios que narram as mortes dos salvadores, divindades e heróis. Nos Mistérios Maiores, projetados para produzir uma experiência real, o candidato é ajudado externamente pelo rito de Iniciação e, interiormente, por meio da prática regular do *yoga*. Essa realização só é plenamente possível quando tenha sido alcançado um certo estágio de desenvolvimento do Ego, ou da alma, em que a personalidade é literalmente forçada a colaborar com o Ego Iniciado, por quem é "assassinada".

Os aspirantes chegam a isso gradualmente pela capitulação contínua e habitual do eu inferior ao superior e pela transcendência do desejo pessoal, possessivo e do orgulho egoístico de onde se origina. Essa morte é, entretanto, não um ato isolado, ocorrendo num momento determinado. O processo continua por muitas vidas até a realização da Iniciação final: a coroação triunfal do espírito do homem.

O homem no limiar da super-humanidade sobe, então, na escada evolutiva, que simboliza a senda da alma, desde a natureza inferior até a superior, do terreno ao espiritual. Essa escada ascende da Terra ao Sol, do corpo físico à Mônada. O caminho para o alto, a própria senda da santidade, consiste de estágios ou degraus de progresso: Nascimento, Batismo, Transfiguração, Crucificação e Morte. Ele representa assim a evolução das qualidades da natureza humana mais elevadas e a gradual manifestação do Habitante do Recôndito, a Mônada, desde o estado de Ego do homem iluminado e Iniciado até o de Adepto ou Ser Crístico. O próprio egoísmo não perdura nem continuará para sempre, pois está destinado a tornar-se um dos degraus pelo qual o Iniciado sobe ao "trono da divina glória", por intermédio do amor a Deus e ao próximo ou à raça humana[13].

Misticamente, a escada da evolução, de fato a própria senda, está *dentro* do homem, que ascende por ela da ignorância e do sofrimento ao conhecimento, à sabedoria e à realeza. Essa ascensão culmina na união com o eterno um, a vida universal, "como a água na água, a luz na luz e o espaço no espaço." A coroa de espinhos tornou-se então um verdadeiro símbolo de realeza. O cetro de junco é um emblema de poder, flexível e facilmente quebrável aos olhos da multidão, mas de fato um emblema do movimento espiritual por toda a natureza (espiritual, intelectual e física) do homem autoliberado.

[13] Mc 12:31.

Mt 27:51. Nisso, o véu do Santuário se rasgou em duas partes, de cima a baixo, a terra tremeu e as rochas se fenderam.

O problema da confiabilidade histórica está parcialmente resolvido e uma interpretação alegórica está apoiada na combinação das declarações dos quatro evangelhos quanto aos eventos que teriam ocorrido, desde o momento da prisão no Getsêmani até a morte no Gólgota. Na verdade, os diversos eventos incluídos numa narrativa completa não poderiam ter acontecido dentro dos limites do período indicado. Uma leitura simbólica, assim encorajada, fornece descrições de alterações na consciência que ocorrem durante a passagem pelo quarto grande rito iniciatório.

Assim interpretado, o véu é visto como uma barreira entre o Eu espiritual e o cérebro-mente, indubitável protetor e cumpridor de outras funções[14]. Essa barreira separadora, já quase atravessada, desaparece agora completamente. Em consequência, o Eu interno tem acesso desinibido à mente e, através desta, ao cérebro, enquanto o Iniciado, por seu turno, está pronto para reconhecer-se como um Filho de Deus, divino e imortal, e a desfrutar livre acesso aos níveis supranormais de consciência.

O tremor de terra e o rachar das pedras podem ser interpretados como os efeitos puramente físicos dessa comunhão entre o interno e o externo. A matéria do cérebro e o sistema nervoso não podem mais impor resistência ao pleno e livre jogo do poder espiritual e da vida do Eu imortal que, desse modo, afetam profundamente tanto os estados de consciência como as atividades físicas.

Mt 27:52. Abriram-se os túmulos e muitos corpos dos santos falecidos ressuscitaram.

53. E, saindo dos túmulos após a ressurreição de Jesus, entraram na Cidade Santa e foram vistos por muitos.

Os significados antes sugeridos estão apoiados nesses versículos, sendo o próprio corpo um túmulo, no sentido de que muitos dos atributos e poderes da divindade inerente no homem tornaram-se inativos, sepultados, durante a consciência física e material. Quando o estado de perfeita humanidade aproxima-se, essa inibição desaparece.

A declaração de que os santos saíram de seus túmulos é suscetível de pelo menos duas interpretações. Primeira, a consecução de elevada estatura evolutiva por um indivíduo isoladamente confere mais facilmente – pode mesmo provocar – as mesmas realizações em outros que estejam no limiar do Adeptado, ou "santos". Na verdade, as realizações espirituais de qualquer aspirante bem-sucedido são compartilhadas, em vários graus, por todos os outros que tenham alcançado um estágio em que tal receptividade se torna possível. Um segundo significado é que as experiências anteriores são universais, de tal forma que cada Iniciado altamente desenvolvi-

---

[14] O Véu. Para interpretação mais completa ver Hodson, *A Sabedoria Oculta na Bíblia Sagrada*, pp. 85-86, Ed. Teosófica, Brasília.

do e iluminado passa por essa fase de expansão de consciência e autoliberação do túmulo do corpo e da vida física.

Embora descrita apenas brevemente pelos evangelistas, essa experiência de transcendência de todas as barreiras interpostas pela Natureza entre o Eu divino e o corpo mortal do homem é das mais engrandecedoras e animadoras. A vida no nível físico transforma-se, enquanto pouco ou nenhum efeito é necessário ao Iniciado para unificar-se com sua própria natureza divina, a qualquer momento. Todavia, tal homem não é inteiramente perfeito até que uma expansão posterior de consciência seja obtida e conferida uma quinta Iniciação.

Mt 27:54. O centurião e os que com ele guardavam a Jesus, ao verem o terremoto e tudo mais que estava acontecendo, ficaram muito amedrontados e disseram: De fato, este era o filho de Deus!

Os soldados e seu comandante, que conduziram a crucificação por ordem de seus superiores e que observaram Jesus na cruz até que morresse, estariam naturalmente impressionados com o fenômeno físico descrito. Se, entretanto, todo o relato personifica aspectos da natureza humana, então os soldados representam o elevado grau de autodisciplina e obediência às palavras de comando.

Mt. 27:55. Estavam ali muitas mulheres, olhando de longe. Haviam acompanhado Jesus desde a Galileia, a servi-lo.
56. Entre elas, Maria Madalena, Maria, mãe de Tiago e de José, e a mãe dos filhos de Zebedeu.

Se esses versículos são interpretados historicamente, a cena é extremamente dolorosa. Na verdade, pode-se bem assumir que, simbologia à parte, Jesus de Nazaré era pessoalmente acompanhado, em suas viagens pelo país, por um considerável número de homens e mulheres, muito mais do que doze discípulos. Aqueles a quem havia admitido próximo à sua pessoa e instruía por meio de suas palavras e de sua vida devem tê-lo amado e reverenciado. Sua agonia sobre a cruz também deve ter sido sentida por eles, especialmente no caso de sua mãe e de Maria Madalena. Pode-se presumir que essas mulheres choraram, receberam o corpo de Jesus, prepararam-no para o enterro e mais tarde então acharam a tumba vazia.

Mt. 27:57. Chegada a tarde, veio um homem rico de Arimateia, chamado José, que também era discípulo de Jesus.
58. E dirigindo-se a Pilatos, pediu-lhe o corpo de Jesus. Então Pilatos mandou que lhe fosse entregue.
59. José, tomando o corpo, envolveu-o num fino e limpo lençol
60. e o pôs em seu túmulo novo, que talhara na rocha. Em seguida, rolando uma grande pedra para a entrada do túmulo, retirou-se.

Embora esses eventos fossem perfeitamente naturais e possam então ser considerados de acordo com o costume, eles também se prestam às interpretações que foram várias vezes mencionadas neste livro.

Em ambas as interpretações José de Arimateia personifica os agentes arcangélicos e angélicos, servos da Vida Una, que estão intimamente associados com aquela Vida no caminho para o exterior e, pode ser dito, auxiliam-na. Essas hostes do *Logos* também ajudam na manifestação da Mônada em cada estágio da autoincorporação na matéria e, particularmente, no nível físico mais denso, o corpo humano[15]. O sepulcro é assim corretamente descrito como novo e lavrado na rocha, significando o reino mineral e a estrutura óssea do corpo do homem, especialmente o crânio.

A ação de José de Arimateia de rolar uma grande pedra "para a entrada do túmulo" é de grande significado oculto. A cada reencarnação os membros da hierarquia angélica auxiliam o Eu espiritual em desenvolvimento a construir novos corpos e o mecanismo da consciência, para que durante as horas de vigília a consciência fique presa no corpo físico. Isso é essencial para o cumprimento daqueles propósitos evolutivos que são dependentes das experiências *físicas* totalmente restritivas. Uma vez encarnada, ou nascida num corpo físico, a consciência deve, durante esse período, estar limitada a ele. Da mesma forma, como os ossos que formam a coroa da cabeça do bebê recém-nascido não estão inteiramente fechados, mas gradualmente se unindo, assim também um fechamento similar é executado nas partes superfísicas do mecanismo da consciência. Em termos cabalísticos, as hostes angélicas associadas com as quatro Sefiras "Inferiores" – *Netzarch, Hod, Yesod* e *Malkuth* – encerram o raio projetado da Mônada-Ego (a Tríade celeste) no envoltório do corpo físico, sendo essa uma parte da função delas no interesse do homem, o microcosmo[16].

A entrada nas regiões e nos estados de consciência mais inferiores ainda – *Klippoth* – está, além disso, fechada para o eu humano encarnado. Somente em certos estágios avançados de desenvolvimento e progresso no caminho de retorno, essa regra é derrogada, quando então aqueles que estão no portal do Adeptado adquirem o poder de ingressar tanto na consciência espiritual como na subfísica e deixar o corpo à vontade e entrar em outras regiões dos planetas e do Universo. Simbolicamente, em tais casos a rocha é tirada da frente do sepulcro, como será descrito posteriormente.

Mt 27:61. Ora, Maria Madalena e a outra Maria estavam ali sentadas em frente ao sepulcro.

62. No dia seguinte, um dia depois da Preparação, os chefes dos sacerdotes e os fariseus, reunidos junto a Pilatos,

63. diziam: Senhor, lembramo-nos de que aquele impostor disse, quando ainda vivo: 'Depois de três dias ressurgirei!'

---

[15] Ver Hodson, *O Reino dos Deuses,* Ed. Pensamento, São Paulo e *O Milagre do Nascimento*, editado pela Sociedade Teosófica no Brasil, 1984.

[16] Cabala – ver Glossário.

64. *Ordena, pois, que o sepulcro seja guardado com segurança até o terceiro dia, para que os discípulos não venham roubá-lo e depois digam ao povo: 'Ressurgiu dos mortos!' e a última impostura será pior do que a primeira.*
65. *Pilatos respondeu: Tendes uma guarda; ide, guardai o sepulcro, como entendeis.*
66. *E, saindo eles puseram em segurança o sepulcro, selando a pedra e montando guarda.*

Essas ações do povo e de Pilatos e a selagem do sepulcro podem ser interpretadas como descrições alegóricas da antes mencionada prisão da consciência.

A triplicidade das polaridades naturais e do *Logos* trino está também necessariamente incluída no episódio. Pilatos, agente do poder do império romano, e a sua tropa personificam a Vontade espiritual, ou Deus Pai; Jesus, o Cristo, é a Sabedoria espiritual; e as duas Marias representam a Inteligência espiritual, ou Deus Espírito Santo. Vale notar que a sequência de eventos está um tanto truncada no versículo sessenta e um ao indicar que as duas Marias "estavam sentadas em frente ao sepulcro".

O ministério dos anjos junto aos homens ultrapassa de muito o conceito normal da teologia exotérica cristã. Membros de certas ordens de anjos estão intimamente relacionados, não apenas com atos beneficentes, tais como os de tutelar, curar e guiar, mas também com os processos profundamente ocultos da manifestação ou da retirada monádica e divina na matéria. A última função pode estar referida pelos evangelistas quando retratam a descoberta do túmulo vazio e a presença de dois anjos, que dizem ter Jesus ressurgido dos mortos.

Embora o relato da morte e do sepultamento de Jesus possa também ser lido como uma narrativa um tanto simples e direta dos eventos, as duas ocorrências supranormais antes referidas não podem ser consideradas assim. A inclusão delas na história torna-a suscetível de ser interpretada como uma alegoria que revela mais do que a história dos acontecimentos físicos. Esse enfoque está apoiado na notável adequação de todo o relato, quando visto como revelação de processos fundamentais macro e microcósmicos.

Capítulo 29

A ressurreição de Jesus, cuja historicidade não é questionada aqui, já foi à repetidamente interpretada. Quando descritiva de uma era no período de vida do *Logos* e do Universo objetivo, refere-se ao fim do processo de involução e ao começo do processo de evolução.

Desse ponto de vista, a ressurreição de Jesus é vista como uma personificação do desabrochamento do princípio de vida do *Logos* após ter alcançado e passado pelo mais profundo grau de densidade da matéria, o mineral, simbolizado pela rocha do túmulo.

Mt 28:1. *Após o sábado, ao raiar do primeiro dia da semana, Maria Madalena e a outra Maria vieram ver o sepulcro.*

2. *E eis que houve um grande terremoto: pois o Anjo do Senhor, descendo do céu e aproximando-se removeu a pedra e sentou-se sobre ela.*

3. *O seu aspecto era como o do relâmpago e a sua roupa alva como a neve.*

É dito que ocorreu um terremoto, fenômeno que acompanhou a remoção da pedra que fechava a entrada do sepulcro. Isso pode se referir à quebra do poder da matéria sobre o espírito, da forma sobre a vida e do mineral sobre a Mônada humana, como já foi discutido. Embora ainda muito longe da realização da individualidade humana e do posterior Adeptado, não obstante, essa mudança de direção da involução para a evolução constitui-se num evento revolucionário. A pedra afastada refere-se alegoricamente aos ciclos maiores e menores de um ser divino que se manifesta na matéria e à sua submissão voluntária às limitações resultantes.

Como antes sugerido, as ordens das hierarquias angélicas relacionadas com as jornadas de exteriorização e de retorno da Vida Una são de caráter duplamente distintos. Uma dessas ordens aceita como missão os processos de aprisionamento e é, portanto, suscetível de ser representada simbolicamente como escuridão e mesmo satânica. Os arcanjos e os anjos da Ressurreição e da Ascensão são, pelas suas funções contrastantes, apropriadamente considerados como brancos, até mesmo intensamente brilhantes, flamejantes como relâmpagos. Eles são representados nas histórias evangélicas pelos anjos com vestes alvas, como nos casos das Anunciações: a Zacarias e a Maria.

O medo associado à alegria que movia as duas Marias, juntamente com as dúvidas dos apóstolos indicam a grandeza do fenômeno da mudança, da partida para o retorno. Posto que as Mônadas dos homens participam dos processos cósmicos por meio da projeção da vida e da consciência monádica nesses processos, segue-se que a mudança de direção afeta profundamente tanto o presente quanto o futuro de cada Mônada humana. Da mesma forma como exclamou o filho pródigo, "eu me levantarei", assim também cada homem ressuscitará para a fase de sua evolução em que a meta espiritual é compreendida claramente. No momento adequado, em seu corpo físico, o *caminho da cruz* que conduz à Ressurreição e à Ascensão simbólicas será adentrado autoconscientemente. Essa é uma interpretação possível – a microcósmica – dos eventos registrados nos capítulos finais dos quatro evangelhos.

Macrocosmicamente, quando a jornada "ascendente", ou melhor "cada vez mais sutil", de retorno é realizada, o Universo físico, planeta a planeta, é abandonado. A Vida divina interior é removida da matéria física, e "o sepulcro está vazio."

O homem no limiar do Adeptado passa por essa fase antes do tempo e do ritmo evolucionários normais. Muito embora o Adepto possa manter um corpo físico, este não é mais um "sepulcro", na medida em que o homem assim exaltado entra nele e dele se afasta à vontade. Conhecidos, amigos e discípulos que conheceram um Adepto antes dele atingir esse estado exaltado tornam-se conscientes dessa mudança. Ainda que a associação possa continuar após essa realização, a forma em que o Mestre aparece é mais superfísica do que física. Na história de Cristo, isso é indicado alegoricamente pela descoberta de um túmulo vazio pelas duas Marias e, mais tarde, por Pedro e por outros discípulos.

Na medida em que não está mais limitado pelas leis e condições da matéria física, o Mestre pode reaparecer no interior de salas fechadas, como o Cristo fez.

A mortalha achada no sepulcro, onde tinha sido deixada anteriormente, pode significar a morte do poder da matéria física, incapaz de "enterrar" outra vez a consciência do Adepto. O cueiro com que o Cristo-criança foi enrolado simboliza a matéria física com seus átomos giratórios, que fora aceita consciente e deliberadamente no "nascimento". O cueiro tornou-se a mortalha na morte alegórica. Juntos, o sepulcro vazio e a mortalha descartada, retratam o fim do poder da matéria física sobre a consciência humana e, no sentido macrocósmico, o fim de uma era.

Mt 28:4. Os guardas tremeram de medo dele e ficaram como mortos.
5. Mas o Anjo, dirigindo-se às mulheres, disse-lhes: Não temais! Sei que estais procurando Jesus, o crucificado.

O estado de consciência dos guardas do túmulo de Jesus também simboliza o domínio do tríplice Eu espiritual do ressurreto sobre os corpos mortais. Esses estão, por assim dizer, privados do poder de aprisionar e, assim, podem ser considerados como tendo desmaiado ou caído no sono.

As mulheres discípulas, por outro lado, como resultado de seu treinamento, foram capazes de se comunicar com o anjo de luz e saber que seu Mestre tinha se levantado do túmulo, significando que o desenvolvimento delas as habilitava a estarem conscientes do Habitante nos corpos e a aprender a respeito dele, o Um imortal, ou Eu espiritual.

A mente feminina é tradicionalmente considerada como menos argumentativa e mais capaz de percepção intuitiva do que a masculina. Isso é sugerido e apoiado pelo fato de que a descoberta da tumba vazia e a primeira revelação da ressurreição do Senhor foi proporcionada a uma mulher em vez de a um discípulo homem. Esses fatos podem significar também que a mente humana em geral está no limiar de tornar-se capaz da percepção intuicional direta, pois essa é uma condição receptiva e mesmo passiva do intelecto humano, por essa razão feminina.

Mt 28:6. Ele não está aqui, pois ressurgiu, conforme havia dito. Vinde ver o lugar onde ele jazia.

7. Ide já contar aos discípulos que ele ressurgiu dos mortos, e que ele vos precede na Galileia. Ali o vereis. Vede bem, eu vo-lo disse!

O conjunto dos eventos remanescentes e de encerramento da vida de Jesus pertencem muito mais à condição espiritual de consciência do que à condição no mundo físico e puramente histórico. A Galileia, assim, tornou-se um símbolo da topografia dos mundos sobrenaturais onde a separação é desconhecida, a matéria não cega mais, e os verdadeiros discípulos conhecem seu Mestre em sua maestria. A instrução para ir e informar os discípulos sobre a Ressurreição e instruí-los para irem à Galileia assemelha-se, assim, a uma ordem para elevarem-se em consciência a um grau de iluminação em que a morte é desconhecida e onde os acontecimentos puramente físicos têm pouca ou nenhuma influência sobre a alma.

Mt 28:8. Elas, partindo depressa do túmulo, com medo e grande alegria, correram a anunciá-lo aos seus discípulos.

9. E eis que Jesus veio ao seu encontro e lhes disse: Alegrai-vos. Elas, aproximando-se abraçaram-lhe os pés e o adoraram.

Em obediência, os discípulos prontamente chegaram à presença de seu Mestre e experimentaram um relacionamento espiritual com ele ou, simbolicamente, "o adoraram". Se, entretanto, toda essa narrativa é lida como a história de todo ser humano que triunfa sobre a morte e sobre as limitações dos veículos mortais e de seu ambiente, está assim sendo descrito o estado de consciência permanente que foi então alcançado. Esse estado é puramente espiritual, altamente exaltado e, do momento do triunfo em diante, será o centro de permanência, ou morada, da pessoa autoemancipada.

Mt 28.10. Então Jesus disse: Não temais! Ide anunciar a meus irmãos que se dirijam para a Galileia; lá me verão.

Dirigindo-se para as duas Marias após a sua Ressurreição, o próprio Mestre expressa o pedido de que os discípulos entrem no estado de consciência "Galileia", para que eles e ele possam estar juntos naquela região. Interpretado interiormente, o Eu imortal altamente evoluído, personificado por Jesus, manifesta continuamente uma influência espiritualizante e edificante sobre a intuição, a mente, as emoções e o corpo físico – que estão todos ao alcance de sua influência. Na verdade, o homem mortal, integral, não é tanto comandado como levado naturalmente à consciência espiritual do Eu-Galileia.

Mt 28:11. Enquanto elas iam, eis que alguns da guarda foram à cidade e anunciaram aos chefes dos sacerdotes tudo o que acontecera.
12. Estes, depois de se reunirem com os anciãos e deliberarem com eles, deram aos soldados uma vultosa quantia de dinheiro,
13. recomendando: Dizeis que os seus discípulos vieram de noite, enquanto dormíeis, e o roubaram.
14. Se isso chegar aos ouvidos do governador, nós o convenceremos e vos deixaremos sem complicação.
15. Eles pegaram o dinheiro e agiram de acordo com as instruções recebidas. E espalhou-se essa história entre os judeus até o dia de hoje.

A matéria e a forma objetiva, com o poder de enganar que têm, estão dramaticamente retratadas nesses versículos, da mesma forma como a verdadeira visão dos mundos da realidade espiritual é alegoricamente apresentada como o relacionamento entre Jesus e os seus discípulos.

É mostrado o contraste marcante entre os homens não iluminados, centrados nas coisas do mundo, e aqueles que se tornaram autoespiritualizados. O engano, o suborno, a autoproteção e o abuso de autoridade, em detrimento da verdade, estão breve mas claramente descritos, como também estão as fraudes lamentáveis por meio das quais os homens buscam preservar a falsa posição em que se encontram. Do ponto de vista interno, os vestígios do "velho Adão", como são chamados, são vistos da forma como realmente são e percebidos também como impotentes para afetar ou mudar as realidades que pertencem aos mundos espirituais, bem como a existência do Eu secreto do homem conscientemente amoldado a essas realidades.

Consideraremos agora o relato de S. João a respeito da Ressurreição que, com suas nuanças cósmicas e revelações implicitamente místicas, é, em muitos aspectos, mais profundo e verdadeiramente mais revelador da vida espiritual e material de Jesus do que os sinóticos.

Jo 20:11. Maria estava junto ao sepulcro, de fora, chorando. Enquanto chorava, inclinou-se para o sepulcro
12. e viu dois anjos, vestidos de branco, sentados no lugar onde o corpo de Jesus fora colocado, um à cabeceira e outro aos pés.
13. Disseram-lhe então: Mulher, por que choras? Ela lhes diz: Levaram o meu Senhor e não sei onde o colocaram!
14. Dizendo isso, voltou-se e viu Jesus de pé. Mas não sabia que era Jesus.
15. Jesus lhe diz: Mulher, por que choras? A quem procuras? Pensando ser ele o jardineiro, ela lhe diz: Senhor, foste tu que o levaste, diz-me onde o puseste e eu o irei buscar!
16. Diz-lhe Jesus: Maria! Voltando-se, ela lhe diz: Rabbuni!, que quer dizer: Mestre.
17. Jesus lhe diz: Não me toques, pois ainda não subi ao meu Pai. Vai, porém, a meus irmãos e dize-lhes: Subo a meu Pai e vosso Pai; a meu Deus e vosso Deus.

Esses versículos podem ser lidos como descritivos do caminho da escuridão para a luz e da morte para a imortalidade. Muitos místicos, através dos tempos, têm, como Maria, trilhado a senda interna que conduz da tristeza terrena à alegria celestial. Assim interpretada, a sepultura vazia representa o mundo e a vida puramente mundana, que a pessoa espiritualmente desperta considera, por fim, uma tumba de fato vazia. Por intermédio do sepulcro desocupado e da mortalha descartada está também adequadamente simbolizado um passado morto. Em seu devido tempo, entretanto, tendo sido percebido esse vazio, a ajuda angélica apresenta-se. Em certo sentido, os dois anjos, com sua asas fechadas e sentados nas extremidades do sepulcro, representam a vontade e a inteligência espirituais do tríplice Eu divino do homem, enquanto Jesus, que quase imediatamente se revelou como estando presente, personifica a sabedoria divina, ou natureza crística interior, completando desse modo a tríade espiritual.

As experiências de Maria e a conversação que se seguiu indicam que pode ser um tanto gradual a transição da visão mundana e da atitude frente à vida. Inicialmente, o aspecto sabedoria e amor do habitante do recôndito (Jesus) permanece despercebido ou, na melhor hipótese, interpretado falsamente como parte da experiência diária comum – um jardineiro no seu jardim. Jesus capacita Maria a reconhecê-lo pelo som do nome dela, ou seja, é lógico, a verdadeira natureza dela, seu Eu divino. Então, com a percepção intuitiva elevada, ela sabia disso, espiritual e ocultamente, e assim se dirigiu ao seu Mestre, o Cristo interior.

Ainda assim, nessa interpretação mística do incidente, o reconhecimento estava incompleto, quando Jesus a proibiu de tocá-lo. A limitação, entretanto, deve ser aplicada exclusivamente a ela, pois que Jesus era o próprio Cristo ressurreto, o homem perfeito, muito embora "ele ainda não tivesse subido ao seu Pai". O incidente, como descrito por S. João, é também de profundo interesse para o estudante de ciência oculta, especialmente quando o simbolismo já discutido indica o processo de Autoiluminação no interior do cérebro enquanto desperto. Similarmente, a crucificação ou morte ocorreu no interior do crânio, ou "no Gólgota." As pessoas podem preferir ver no sepulcro vazio um símbolo do cérebro-mente até então não iluminado e também do seu terceiro ventrículo, vazio da faculdade de plena percepção intuitiva.

O método mais oculto de realização abrange o despertar e a ascensão à cabeça da tríplice corrente do divino Fogo criativo *(Kundalinī-Shakti)*. Sob tal enfoque, os dois anjos representariam os dois polos da corrente desse tríplice Fogo Serpentino, enquanto flui ao longo da coluna vertebral e passa através do sepulcro até então vazio, despertando nesse ponto as qualidades e faculdades da natureza crística do homem. Essa experiência é necessariamente gradual, na medida em que a pressa inadequada e uma iluminação demasiadamente repentina poderiam fazer do neófito um demente, ao invés de um ser humano iluminado. Por isso a advertência de Jesus a Maria de que não deveria tocá-lo na primeira reunião.

A ordem a Maria para informar a irmandade sobre a Ressurreição e as experiências que se seguiram referem-se aos fatos que aconteceram posteriormente. São também visíveis sugestões de procedimentos profundamente ocultos pelos quais o Adepto ascensionado passa quando seu corpo físico tem a permissão de morrer no que concerne às aparências externas. Na verdade, é formado um substituto no mesmo molde, na semelhança do antigo corpo, mas não mais sujeito ao processo de decadência celular e morte. Isso resulta em invulgar longevidade para a "nova" forma humana[1]. Nesse processo, a transformação e a nova formação podem bem ser um tanto gradual, incluindo uma fase em que a total solidez física ainda não se completou. Pode-se conceber que Jesus pediu a Maria para não tocá-lo porque esse processo estava incompleto naquele momento. Essa última interpretação, se aceita, endossa a opinião de que S. João detinha um conhecimento especial e ele próprio tinha igualmente passado por esse processo ou testemunhado a nova formação do corpo físico de um Adepto. Pode-se então pensar que S. João ou quem possa ter sido o autor desse quarto evangelho tenha realmente assistido a esses acontecimentos profundamente ocultos, bem como, na verdade, a muitos outros, na medida em que escreve no trigésimo versículo: "Jesus fez, diante de seus discípulos, muitos outros sinais ainda, que não se acham escritos neste livro."

Jo 20:24. Um dos Doze, Tomé, chamado Dídimo, não estava com eles, quando veio Jesus.

25. Os outros discípulos, então, lhe disseram: Vimos o Senhor! Mas ele lhes disse: Se eu não vir em suas mãos o lugar dos cravos e se não puser o meu dedo no lugar dos cravos e minha mão no seu lado, não acreditarei.

26. Oito dias depois, achavam-se os discípulos, de novo, dentro de casa, e Tomé com eles. Jesus veio, estando as portas fechadas, pôs-se no meio deles e disse: A paz esteja convosco!

27. Disse depois a Tomé: Põe o teu dedo aqui e vê minhas mãos! Estende a tua mão e põe-na no meu lado e não seja incrédulo, mas acredita!

28. Respondeu-lhe Tomé: Meu Senhor e meu Deus!

29. Jesus lhe diz: Porque viste, creste. Felizes os que não viram e creram!

É interessante essa introdução à famosa narrativa que se refere ao discípulo conhecido usualmente como o "incrédulo Tomé". Na interpretação mística, uma pessoa na presença de Jesus indica um estado de iluminação em que está sendo experimentada a natureza crística do homem e no qual, como nos chamados milagres de cura, o poder crístico manifesta-se ativamente.

Ocorreu essa condição no caso de Tomé, pois "Tomé ... não estava com eles quando Jesus veio." Assim, Tomé exigiu evidência demonstrável, visível e tangível, referindo-se tanto à garantia mental como à intuicional.

Na filosofia oculta, os olhos correspondem ao intelecto e o ato de ver ao conhecimento obtido pelo uso da inteligência abstrata e da concreta. O sentido do tato, por seu turno, refere-se às faculdades de intuição, introspecção e percepção diretas. Embora nenhuma dessas esteja plenamente disponível para um homem não iluminado, todas são parte dos poderes suprassensíveis desenvolvidos por quem está no

[1] Ver *The Elixir of Life* de G.M., pp. 1-20, em *Five Years of Theosophy* (vários autores). Londres: Theosophical Publishing Society, 1910.

estado elevado e iluminado de consciência. Tomé, por conseguinte, exigiu essa prova excessivamente íntima e convincente de que Jesus, na verdade, era o Instrutor que tinha sido crucificado e agora proclamado como tendo ressuscitado dos mortos. O vigésimo quinto versículo pode ser lido como descritivo de sua determinação de conhecer a verdade direta, tanto pelas experiências objetivas como pelas subjetivas da evidência de seu sentido normal e supranormal.

Para explicar a entrada de Jesus no aposento, a despeito do fato de que a porta estava fechada, necessita-se ou de um milagre da passagem da matéria através da matéria ou da interpenetração de estados interiores de consciência. Se é aceito o último enfoque, então esse estado elevado está indicado no versículo vinte e sete. Nenhum segredo está escondido, todas as verdades estão disponíveis no grau em que o observador é capaz de perceber.

Uma leitura literal deixa claro que Tomé, em virtude de sua exigência da verdade objetiva, não foi considerado em erro por Jesus, e disso pode-se inferir que o intelecto pensante, lógico, pode ser licitamente aplicado a toda revelação oculta e espiritual. Tomé, então, foi encorajado e autorizado a seguir o conselho de São Paulo para "examinar tudo, retendo o que é bom[2]."

Na medida em que a imortal história é também a de todo homem, pode-se aduzir que o mesmo princípio e a mesma permissão são aplicáveis a todos os que ingressam sinceramente na busca da verdade percebida diretamente. Assim, não só Tomé, mas cada buscador do conhecimento é aconselhado a ter certeza do terreno intelectual sobre o qual se encontra e no qual trilha cada passo do caminho.

É de interesse o fato de que somente em quatro ocasiões foi admitida a intimidade física com Jesus, a saber, quando: Maria Madalena untou-o; ele mesmo lavou os pés de seus discípulos; o discípulo João inclinou-se sobre o seu peito; e Tomé foi autorizado a colocar seus dedos nas feridas físicas[3]. Misticamente interpretadas, as intimidades admitidas podem ser alegoricamente descritivas da realização da unidade. Quando a natureza crística no homem torna-se suficientemente desenvolvida e a consciência humana está, em consequência, elevada numa experiência de consciência crística, a unidade da pessoa com todos os outros seres é reconhecida como uma verdade viva, sendo a separatividade reduzida a um mínimo. No versículo vinte e oito o resultado dessa entrada no estado de elevação espiritual e de vivência da unidade está bem-descrito na exclamação aparentemente extática de Tomé: "Meu Senhor e meu Deus."

Estão registradas nos evangelhos várias de tais revelações e descobertas pessoais diretas. A primeira dessas consiste na Anunciação a Maria e da sua submissa aceitação, nascida da realização interior da autenticidade dessa compreensão. Outra experiência ocorreu com os pastores quando, com seus rebanhos, adoravam o Cristo recém-nascido, o que representa a iluminação e a percepção espirituais recém-atingidas. Uma terceira revelação foi a recebida pelos Magos, simbolizada pela visão, corretamente interpretada, de uma estrela brilhando metaforicamente sobre o

---

[2] I Ts 5:21.

[3] Jo 12:3; Mt 26:6-7; Mc 14:3; Jo 13:1-20; Jo 13:25; Jo 20:27-28.

recém-nascido Cristo em Belém. A isso seguiu-se a presença deles junto à sagrada família. Houve também a descida do Espírito Santo sobre Jesus no seu Batismo, abrindo-se-lhe os céus, de onde reverberou o grande pronunciamento de que ele era um Avatar. Os incidentes que agora estão sendo considerados – a realização direta de Pedro, o reconhecimento de Jesus por Maria Madalena no jardim após a Ressurreição e a declaração de Tomé na sala de cima onde eles se encontraram mais tarde – tudo isso constitui-se em referência velada da iluminação espiritual que a presença de Jesus produzia naqueles que se aproximavam dele.

Uma fase mais avançada do progresso evolutivo e, portanto, da percepção intuitiva estão presumivelmente descritos no versículo vinte e nove, pois finalmente o dom da intuição espiritual torna-se tão altamente desenvolvido que a demonstração objetiva não é mais necessária, tendo sido alcançado o discernimento implícito.

Jo 21:1. Depois disto, Jesus manifestou-se novamente aos discípulos, às margens do mar de Tiberíades. Manifestou-se assim:

2. Estavam juntos Simão Pedro e Tomé, chamado Dídimo, Natanael, que era de Caná da Galileia, e os filhos de Zebedeu e dois outros de seus discípulos.

3. Simão Pedro lhes disse: Vou pescar. Eles disseram: Vamos nós também, contigo. Saíram e subiram ao barco e, naquela noite, nada apanharam.

4. Já amanhecera. Jesus estava de pé, na praia, mas os discípulos não sabiam que era Jesus.

5. Então Jesus lhes disse: Jovens, tendes algo para comer? Responderam-lhe: Não!

6. Disse-lhes: Lançai a rede à direita do barco e achareis. Lançaram, então, e não tinham mais força para puxá-la, por causa da quantidade de peixes.

Embora aqui possa haver um relato histórico, a maneira como a narrativa é feita torna-a suscetível de ser interpretada como uma alegoria da realização da visão espiritual e do seu exercício. Se esse enfoque é utilizado, o fato de os discípulos não terem conseguido apanhar qualquer peixe durante a noite retrata, de forma simbólica, um estado mental de não receptividade ao aspecto sabedoria do Eu superior do homem – indubitavelmente apenas temporário, devido nesse caso à morte de Jesus. A ausência de Jesus significa um estado não iluminado da mente em que a intuição espiritual, para qual o peixe é um símbolo[4], não está acessível. Essa opinião é endossada pela afirmação de que essa parte do episódio ocorreu durante a noite, significando um estado de mente espiritualmente obscurecido. Vista assim, a experiência por que passaram os discípulos, desde o momento quando Jesus foi levado, após ter sido traído, até o momento da morte na cruz, descreve metaforicamente uma condição na qual até os discípulos mais próximos podem passar em certas ocasiões. Essa

[4] Ver Hodson, *A Sabedoria Oculta na Bíblia Sagrada*, pp. 80, Ed. Teosófica, Brasília

experiência é caracterizada pela aridez espiritual, falta de visão e inspiração e mesmo pela dúvida e pelo desânimo.

A presença de Jesus, por outro lado, descreve um estado de consciência em que a intuição espiritual se tornou ativa, resultando em que os atributos da natureza crística do homem tornaram-se plenamente disponíveis. O peixe significa tudo aquilo que está implícito no Espírito crístico, incluindo a sabedoria profunda, o amor compassivo por toda a humanidade e a expressão ativa desse amor em ajudas sacrificiais, muito embora possam previsivelmente por em risco a vida.

A completa iluminação espiritual alcançada pelos discípulos está implícita na descrição das experiências junto ao mar da Galileia e, especialmente, no reconhecimento da presença de Jesus e no resultado da sua interferência na atividade deles por intermédio do milagre esboçado – pois alguns deles eram pescadores. Num sentido geral, apresenta-se clara distinção no resultado do trabalho efetuado, quer seja por motivo puramente material ou quando direcionado espiritualmente. Além disso, é revelado que, por mais auspiciosos que possam ser os processos do ofício, eles ainda podem ser estéreis e sem resultados quando avaliados em termos de altruísmo, idealismo e enriquecimento espiritual.

Jo 21:7. Aquele discípulo que Jesus amava disse, então, a Pedro: É o Senhor! E, quando Simão Pedro ouviu que era o Senhor, vestiu sua capa de pescador – porque estava nu – e atirou-se ao mar.

8. Os outros discípulos vieram no barco (porque não estavam longe da terra senão quase duzentos côvados), arrastando a rede com os peixes.

Embora esses versículos possam ser lidos no sentido puramente histórico, é identificável a introdução de eventos miraculosos como orientação do autor para que se procure por verdades ocultas abaixo da superfície da narrativa. O esboçado milagre dos peixes, a ação de Pedro descrita no versículo precedente, o significado simbólico do peixe e o reaparecimento de Jesus três dias e três noites após sua suposta morte e sepultamento, tudo isso se constitui em referências típicas de um significado oculto.

Embora um instrutor espiritual esteja muito acima da característica humana de favoritismo, são dadas indicações nos evangelhos de que João amou grandemente seu Mestre e que isso evocou uma resposta. Isso pode ser considerado como significando que João possuía um natural estado de mente e de caráter geral espiritual e intuitivo. Isso está apoiado pela afirmação de que ele foi o primeiro a reconhecer a presença do Mestre. João mostrou a qualidade de equilíbrio e harmonia, característica de um ser humano num estado avançado de desenvolvimento, da mesma forma como fez Maria a mãe de Jesus, em que pese ter falhado no reconhecimento da missão de seu filho quando o admoestou no templo.

Pedro, que na ocasião tinha mostrado certo sentimentalismo e tinha de fato negado seu Senhor, permaneceu ignorando a presença do Mestre ressurreto. Quando o Mestre se revelou a ele, imediatamente, com sua costumeira impulsividade, deixou o barco e tentou estar aos pés de Jesus, indo diretamente pela água. Essa ação pode não ser estranha para alguém que na ocasião tinha revelado a característica de certa impetuosidade. Na medida em que, entretanto, Pedro é apresentado como discípulo de um Instrutor Adepto e já que a água é símbolo das emoções, o episódio bem pode descrever a realização do domínio sobre as fraquezas emocionais que, ao invés de serem fontes de aflição e mesmo de perigo, por terem sido conquistadas e transmutadas tornaram-se meios de progresso para a mestria, personificada por Jesus na praia.

Nos escritos simbólicos budistas a respeito da senda rápida para o budado [a condição de Buda – NT], a água (referida como a corrente) é usada para descrever o necessário modo de vida especialmente dedicado. "O outro lado da margem", por sua vez, refere-se ao próprio budado, e os que lá permanecem personificam aqueles que alcançaram o budado. Transferido ao simbolismo cristão, Jesus permanece na praia, enquanto os discípulos ainda estão se deslocando sobre as águas em direção à praia. Isso está em estrita concordância com as alegorias e os símbolos universalmente empregados.

Jo 21:9. Quando saltaram em terra, viram brasas acesas, tendo por cima peixe e pão.

Apesar de não desprezar a possibilidade de ação física por Jesus, o fogo aceso por um Adepto é descritivo não só de uma aspiração ardente desperta, mas também do Fogo Serpentino que leva o cérebro a tal estado responsivo que a sabedoria e a intuição espirituais tornam-se disponíveis no estado de vigília.

Jo 21:10. Jesus lhes disse: Trazei alguns dos peixes que apanhastes.

11. Simão Pedro subiu, então, ao barco e arrastou a rede para a terra, cheia de cento e cinquenta e três peixes grandes; e apesar de serem tantos, a rede não se rompeu.

A rede cheia de peixe é aqui usada como um símbolo da mente humana numa condição de iluminação interior (Jesus está presente), mas ainda conservando a mentalidade e o discernimento normais.

O número de peixes é efetivamente determinado e, se os dígitos são somados, segundo os métodos de interpretação do simbolismo numérico, totalizam nove. Esse número é considerado como implicando o término de um grande ciclo de atividade e desenvolvimento, seja macro ou microcósmico, e preparatório da passagem para o ciclo sucessor, o número dez. O ministério visível e físico de Jesus findou com a morte de seu corpo físico, enquanto seu reaparecimento numa forma mais espiritual pode indicar o início de um novo ciclo, numa volta mais elevada da espiral evolutiva ascendente.

Jo 21:12. Disse-lhes Jesus: Vinde comer! Nenhum dos discípulos ousava perguntar-lhe: Quem és tu? Porque sabiam que era o Senhor.

Como em Emaús e agora nas praias da Galileia, comer com Jesus transforma um procedimento natural numa refeição sacramental, trazendo com ela a visão e o entendimento espirituais. Neste caso, diz-se que os discípulos souberam sem questionar que, na verdade, estavam na presença do Senhor ressuscitado, com todos os significados psicológicos e espirituais de tal experiência. Nas poucas palavras da sentença "*Quem és tu? Porque sabiam que era o Senhor*" pode ser percebida a totalidade da experiência mística, pois "o Senhor" aqui se refere não apenas ao Jesus ressurreto ou, igualmente, à sua expressão eterna como Avatar do supremo Senhor do Universo, mas também à divina Presença no interior de toda a humanidade.

Jo 21:13. Jesus aproxima-se, toma o pão e o distribui entre eles; e faz o mesmo com o peixe.

Os símbolos do pão e do peixe – particularmente quando usados como alimento em ocasiões especiais – tinham sido interpretados anteriormente como significando as elevadas experiências e capacidades intelectuais e espirituais vivenciadas durante uma "refeição" sacramental e, por conseguinte, mística. A refeição partilhada a convite do Mestre pode também ser interpretada, ainda que cautelosamente, como se referindo a experiências passadas na consciência durante certos ritos iniciatórios, pois a característica de tais ritos é a relação intimamente realizada entre o espírito humano e o universal, como retratada na intimidade de uma refeição.

Vista historicamente, essa refeição em grupo, ao lado do Mar da Galileia, seguindo-se a todos os sofrimentos ocorridos desde a traição, deve ter sido tanto uma ocasião muito solene como intimamente jubilosa. As profecias que pareciam ter falhado estavam agora cumpridas, ao menos para os discípulos. Quando se lê esses versículos descrevendo a reunião de Jesus com seus discípulos, tanto se pode considerar a cena como um evento objetivo quanto, em alguma medida, participar também da experiência espiritual alegoricamente referida. Isso é também verdadeiro para quase todos os outros relatos dos eventos do grande drama da vida de Jesus, desde a Anunciação até a Ascensão, como muitos cristãos sinceros e devotos descobriram. Na verdade, a imortal história não só narra eventos ocorridos na Palestina há dois mil anos ou mais, mas retrata também a vida interior de cada místico verdadeiro, com presságio de experiências espirituais, alegrias, riscos, triunfos e pesares temporários, crucificações e ascensão. Essa universalidade transmite a todos os relatos escriturais da vida de salvadores de homens a condição e o poder duradouros de inspirar e elevar aqueles que os leem. Assim acontece com o tão breve relato da bendita, mas cheia de temor, terceira reunião dos discípulos com seu Mestre ressurreto.

Jo 21:14. Foi esta a terceira vez que Jesus se manifestou aos discípulos, depois de ressuscitado dos mortos.

Inicialmente num aposento superior, depois em uma casa, e agora ao ar livre, em meio à Natureza, os discípulos tiveram pela terceira vez o privilégio da presença de seu Mestre ressurreto. O ambiente mais natural das praias de um lago significa indubitavelmente a consciência humana em seu estado puro. A perfeita paz e a serena felicidade foram então alcançadas por esses discípulos sinceros.

Jo 21:15. Depois de comerem, Jesus disse a Simão Pedro: Simão, filho de Jonas, tu me amas mais do que estes? – Sim, Senhor, lhe disse, tu sabes que te amo. Jesus lhe disse: Apascenta os meus cordeiros.

16. Uma segunda vez lhe disse: Simão, filho de Jonas, tu me amas? – Sim, Senhor, disse ele, tu sabes que te amo. Disse-lhe Jesus: Apascenta as minhas ovelhas.

17. Pela terceira vez lhe disse ele: Simão, filho de Jonas, tu me amas? Entristeceu-se Pedro porque pela terceira lhe perguntara: Tu me amas? E disse: Senhor, tu sabes tudo; tu sabes que te amo. Jesus lhe disse: Apascenta minha ovelhas.

O discípulo Pedro é aqui indicado como o representante oficial de Jesus, o Cristo, e o transmissor através dos tempos de sua palavra para a humanidade. Sobre essa escolha e sua missão, divinamente inspiradas como foram, está fundamentada a instituição do papado. Há declarações de que o próprio Pedro morreu e foi enterrado no lugar onde a igreja que tomou o seu nome foi erigida. Essa igreja, desde então, tem sido considerada pelos membros de uma de suas denominações como o coração físico e o centro da cristandade. Tem-se afirmado, sob a autoridade papal, que certos ossos do corpo de São Pedro foram descobertos sob o altar do sagrado edifício.

Todavia, cada discípulo que, sob teste (o tríplice interrogatório de Jesus), prova ser sincero, capaz e merecedor está similar e muito naturalmente na obrigação de dividir com a humanidade os ensinamentos recebidos. As instruções para Pedro podem, portanto, ser consideradas como descritivas de um dever atemporal e completamente impessoal que recai sobre todos os discípulos, particularmente os Iniciados.

Jo 21:18. Em verdade, em verdade, te digo: Quando eras jovem, tu te cingias e andavas por onde querias; quando fores velho, estenderás as mãos e outro te cingirá e te conduzirá aonde não queres.

A mudança aparentemente abrupta de assunto endossa as palavras dos autores – ou talvez dos compiladores – deste Evangelho de que os relatos de muitos eventos e afirmações estão omitidos. Por essa razão a descrição das diferentes condições e experiências do homem jovem e do velho parecem ser quase sem sentido ou referência. Sem dúvida é só uma pequena parte de uma declaração mais longa.

Jo 21:19. Disse isso para indicar com que espécie de morte Pedro daria glória a Deus. Tendo falado assim, disse-lhe: Segue-me.

Evidentemente, entretanto, Jesus ainda estava se dirigindo a Pedro, atraindo--o à sua intimidade e instruindo o discípulo a transmitir a mensagem que tinha dado e a continuar a seguir os seus passos.

Jo 21:20. Pedro, voltando-se, viu que o seguia o discípulo que Jesus amava, aquele que, na ceia, se reclinara sobre o seu peito e perguntara: Senhor, quem é que te vai entregar?

21. Pedro, vendo-o, disse a Jesus: Senhor, e este?

22. Jesus lhe disse: Se eu quero que ele permaneça até que eu venha, que te importa? Quanto a ti, segue-me..

Pedro ainda necessitava evidentemente de uma lição suave – e ele a recebe nesses versículos – sobre a impessoalidade que deve caracterizar o pensamento e a vida de um discípulo. Ele é também instruído no sentido de que cada homem deve ser livre para cumprir seu destino e, idealmente, fazê-lo sem nenhuma tentativa de intromissão de outros.

A missão e o futuro de João diferem dos de Pedro, como está evidenciado não só pelas palavras de Jesus, mas também por sua conduta, descrita alhures pelos quatro evangelistas.

A natureza mística de João é revelada no já mencionado documento apócrifo conhecido como *Os Atos de João,* no qual o espírito de Jesus dá a João conhecimento da plena realidade concernente à aparente crucificação do seu corpo. Pedro, pelo que se pode deduzir, era um pouco mais exotérico, muito embora sua definida missão consistisse do resgate dos ensinamentos de seu Mestre para a humanidade. Dois tipos distintos de seres humanos estão assim retratados, da mesma forma como os remanescentes dos doze também exibem os vários temperamentos humanos sempre que se lhes revelam o caráter e a conduta pessoais.

Jo 21:23. Divulgou-se, então, entre os irmãos, a notícia de que aquele discípulo não morreria. Jesus, porém, não disse que ele não morreria, mas: Se quero que ele permaneça até que eu venha, que te importa?

24. Este é o discípulo que dá testemunho dessas coisas e foi quem as escreveu; e sabemos que o seu testemunho é verdadeiro.

Um mal-entendido natural é aqui referido e corrigido. Jesus estava de fato exemplificando uma teoria, ensinando um ideal, mais do que profetizando o futuro do discípulo a quem amou, conforme é dito.

Jo 21:25. Há, porém, muitas outras coisas que Jesus fez e que, se fossem escritas uma por uma, creio que o mundo não poderia conter os livros que se escreveriam. Amém.

Encerra-se assim o quarto evangelho. Como é afirmado nesse versículo de fechamento, muita coisa a ser dita permaneceu sem registro, sugerindo, na verdade, que tanto os eventos adicionais quanto as revelações ocultas e filosóficas, indubitavelmente de natureza oculta, foram sonegados do relato da vida de Jesus no Evangelho Segundo S. João.

Retornaremos agora ao relato de S. Lucas.

Lc 24:13. Eis que dois deles viajavam neste mesmo dia para uma aldeia chamada Emaús, a sessenta estádios de Jerusalém;
14. e conversavam sobre todos esses acontecimentos.
15. Ora, enquanto conversavam e discutiam entre si, o próprio Jesus aproximou-se e pôs-se a caminhar com eles;
28. Aproximando-se da aldeia para onde iam, Jesus simulou que ia mais adiante.
29. Eles, porém, insistiram, dizendo: Permanece conosco, pois cai a tarde e o dia já declina. Entrou então para ficar com eles.
30. E, uma vez à mesa com eles, tomou o pão, abençoou-o, depois partiu-o e distribuiu-o a eles.
31. Então seus olhos se abriram e o reconheceram; ele, porém, ficou invisível diante deles;

A historicidade do relato desse incidente em Marcos e Lucas pode talvez ser considerada como de menor importância do que seu possível significado místico. Embora o caminho (Emaús) que cada ser humano trilha para a obtenção da autolibertação possa diferir em cada indivíduo, segundo o estágio ou fase que está sendo descrita, o despertar místico, ou iluminação espiritual, é, em certos aspectos, quase como uma constante matemática. A pessoa começa na ignorância (os discípulos não reconheceram Jesus) e finda com a visão plenamente aberta (os discípulos reconhecem-no). Além disso, justamente quando a pessoa de Jesus se torna invisível no momento da iluminação, também a dependência da forma exterior é assim transcendida, tão logo a luz interior seja percebida.

As refeições que juntos fizeram, como ocorreu várias vezes antes da morte de Jesus e após a Ressurreição, são consideradas como um reconhecimento da estreita amizade. A ação de partir e abençoar o pão e administrá-lo quase sacramentalmente aos dois discípulos, o que instantaneamente provocou a visão da verdade, pode ser interpretada como descritiva da derrubada de quaisquer barreiras mentais remanescentes entre a parte mortal e a imortal do homem. Essas partes, depois disso, permanecem em íntima relação. A mente formal, funcionando no cérebro, e a natureza emocional, que normalmente se expressa através do coração, (os dois discípulos) recebem a benção do Habitante do Recôndito, personificado por Jesus.

Agora que a parte mortal tornou-se desperta e iluminada pela imortal – sempre uma experiência profundamente interior – não há mais necessidade ou mesmo valia de instrução por meio de palavras recebidas do instrutor visível. Jesus desaparece de suas vistas, é o que isso indica metaforicamente. Os dois discípulos, pode-se presumir, nem esqueceriam sua experiência nem perderiam a consciência espiritual em que estavam elevados.

Nos últimos versículos do Evangelho Segundo S. Mateus, Jesus, reunido com seus discípulos, solicita que eles continuem sua missão.

Mt 28:16. Os onze discípulos caminharam para a Galileia, ao monte que Jesus lhes determinara.

Em estrita concordância com as regras e os usos da linguagem simbólica, a reunião entre Jesus e seus discípulos, após a Ressurreição, é corretamente programada para ocorrer sobre uma montanha, pois, como já foi visto, os cumes das montanhas são símbolos de estados de consciência humana em que as leis do despertar espiritual e as verdades a ele relativas tornam-se viáveis. Ademais, a ressurreição de Jesus representa aquilo que nunca poderá expirar ou morrer, a saber, a própria essência espiritual divina e eterna e, igualmente, o eterno espírito do homem.

O estado de mente a que a morte parece provocar separação e desaparecimento definitivos é retratado por símbolos topográficos relativos ao nível do solo e dos vales. Somente quando o homem se eleva em consciência acima da neblina da ilusão, onde as mortes e separações parecem ter ocorrido, ele vê então a realidade. Lá, no ar puro e claro dos cumes das montanhas da consciência humana, essas ilusões são transcendidas, e a realidade sempre existente torna-se conhecida.

Sob graves tensões e esforços estrênuos, a mente humana perde a visão do Eu espiritual, o Eu-Cristo do homem, alegoricamente retratado como a figura central da história evangélica. Os eventos do Getsêmani ao Gólgota representam alegoricamente essas tensões e os seus efeitos. Eles mantêm a mente no plano terreno e nas cidades dos homens, onde a ilusão governa e a realidade está temporariamente submersa.

Agora, quando a imortal história aproxima-se do término, os estados elevados da mente são novamente adentrados, quando Mestre e discípulos são simbolicamente apresentados juntos na montanha.

Mt 28:17. Ao vê-lo, prostram-se diante dele. Alguns, porém, duvidaram.

A natureza humana está habilmente exemplificada nesse versículo, como mais particularmente também estão os diferentes graus de Autoiluminação que os homens, mesmo discípulos, são capazes de alcançar. Os iluminados estão plenamente seguros. Eles nunca hesitam, nunca duvidam, para eles a esplêndida visão é vivenciada e desfrutada continuamente. Entretanto, o caminho para cima é íngreme e o cume é frequentemente escondido da vista pelos contrafortes. Em consequência, a fadiga e a perda temporária de visão do objetivo podem provocar o aparecimento de dúvidas.

Mt 28:18. Jesus, aproximando-se deles, falou: Todo o poder no céu e na terra me foi dado.

19. Ide, portanto, e ensinai todas as nações, batizando-as em nome do Pai, do Filho e do Espírito Santo,

20. ensinando-as a observar tudo quanto vos ordenei. E eis que eu estou convosco todos os dias, até a consumação dos séculos. Amém.

A solução do problema da dúvida é dada no versículo dezoito, mesmo que seja de uma maneira velada, pois o Senhor Jesus, agora visível e audivelmente presente diante deles, personifica a natureza crística no homem, aquela sabedoria espiritual da qual a faculdade da percepção direta e intuitiva surge. Quando em dúvida, portanto, a realização do Eu espiritual interno – o Cristo presente – seria procurada e obtida. Depois, todas as dúvidas desaparecerão forçosamente, como a cerração diante do brilho do Sol. A verdade encontra-se assim no interior e, quando descoberta, confere à mente que busca não apenas completa confiança, mas também o pleno poder para que a grande busca possa continuar, até que seu objetivo seja alcançado.

Os versículos seguintes continuam a revelação, pois não só a dúvida é dissipada e o poder obtido, mas o caminho a ser seguido torna-se claro. Nas palavras do Senhor: "Ide, portanto, e ensinai a todas nações", a elevada convocação de um instrutor da sabedoria espiritual à humanidade torna-se o dever do discípulo do Senhor, agora inteiramente convencido e completamente capacitado.

S. Mateus encerra seu memorável evangelho repetindo a maravilhosa promessa do Senhor Cristo a toda a humanidade de que ele estará com eles "até a consumação dos séculos." Outra vez, a essa promessa pode ser atribuído um significado místico, a saber, que o Cristo interno está e sempre estará indubitavelmente presente na natureza interna de cada ser humano. Essa leitura ganha apoio no fato de que a pessoa histórica de Jesus não está fisicamente presente no mundo em forma visível, audível e tangível desde aquele tempo. Pode-se relembrar aqui a afirmação de S. Paulo de que "Cristo em vós [é] a esperança de glória[5]."

A palavra "amém" no final do evangelho pode ser aqui considerada não apenas como uma afirmação ou complemento de uma oração, mas também como uma expressão do divino nome que confere poder inefável àqueles que conhecem o modo de expressá-lo e o intento com que ele deve ser expresso.

Lc 24:50. Depois, levou-os até Betânia e, erguendo as mãos, abençoou-os.
51. E enquanto os abençoava, distanciou-se deles e era elevado ao céu.
52. Eles adoraram-no e depois voltaram a Jerusalém com grande alegria,
53. e estavam continuamente no Templo, louvando e bendizendo a Deus. Amém.

Ainda que a contínua presença de Cristo entre os homens esteja assegurada, todavia, como S. Lucas reporta, ele se elevou acima do plano humano, para uma condição profundamente espiritual, no último dos grandes eventos da história épica de sua vida – a Ascensão. Humanamente, a Ascensão de Cristo refere-se à consecução do Adeptado pelos homens de todas as épocas, através da evolução natural ou da deliberada autoaceleração na senda para a libertação. Cosmicamente, ela se aplica ao fim de uma época ou período criativo, quando a divina vida-essência-espírito, que até então se revelava, é retirada da manifestação objetiva, particularmente nos

[5] Cl 1:27.

níveis da forma mental, emocional e física. O progresso evolutivo não é perdido, entretanto, e cada Mônada reemerge na condição alcançada no encerramento do ciclo precedente. Também não é final o afastamento, como indicado pela promessa de permanecer espiritualmente unido com o Universo e os seus habitantes.

A garantia de um retorno indica igualmente que um novo ciclo de manifestação ativa começará como um veículo para a vida divina, sem dúvida em outro nível mais elevado. "As guerras e os rumores de guerra", que deverão ser o sinal da nova encarnação, referem-se à inevitável oposição entre a atividade e a inércia, que caracterizam o estado da substância na abertura de um novo ciclo.

Os supostos espectadores são talvez aqueles seres mais avançados do ciclo precedente – Os Adeptos e os Arcanjos – que estão suficientemente evoluídos e despertos espiritualmente para serem capazes de "ver" e compreender o processo cósmico. Esses são denominados "as primícias dos que dormem"[6], que assistirão ao *Logos* na próxima dispensação.

Assim, a grande história termina por um período, para somente ser retomada quando for inaugurado o novo ciclo. Uma vez mais o "Cristo" será profetizado, anunciado e nascido, para seguir como antes o mesmo caminho, mas numa forma sublimada, num arco mais elevado da espiral evolutiva. Conceituando a Deidade transcendente e imanente como sendo o poder que a tudo compele por detrás dos ciclos no Universo e no homem, esse estudo da história da vida do Senhor Cristo é levado a termo com profunda reverência e humildade. Podemos retratar Cristo não apenas como o maravilhoso instrutor e curador de homens, que foi indubitavelmente, mas como alguém que também buscou – "pescou", na verdade – homens e mulheres especiais por meio dos quais os aspectos mais esotéricos da Religião-Sabedoria puderam ser concedidos à humanidade após ele ter se retirado fisicamente. Ele deu impulso e exerceu influência espiritualizante tão poderosos e duradouros que a passagem de dois mil anos ainda não diminuiu de forma alguma. A Comunhão dos Santos, as pesquisas dos ocultistas e dos místicos e a experiência espiritual dos cristãos para quem ele se revelou como um ser vivo dão, eu sugiro, à sua pessoa, vida e presença na Terra um significado e valor adicional muito profundo. Mesmo a ascensão de nações impiedosamente competitivas, altamente industrializadas e quase completamente materialistas não diminuiu, de forma alguma, a luz que ele acendeu, pois ele foi muito mais poderoso do que todos os materialistas ou grupos de comerciantes que possam jamais ter surgido entre os homens.

---

[6] I Cor 15:20.

GLOSSÁRIO

Absoluto – O princípio impessoal, supremo e incognoscível do Universo. Veja *Parabrahman*.

Adepto – *Adeptus* (latim). "Aquele que obteve". Um Iniciado do quinto grau nos Mistérios Maiores, Mestre na ciência da filosofia esotérica, um homem perfeito, ser exaltado que alcançou o domínio completo sobre sua natureza puramente humana e possui conhecimento e poder proporcionais à sua elevada estatura evolutiva.

Ahamkara (sânsc.) – A primeira tendência para a limitação, considerada como a origem de toda manifestação. No homem, o conceito de "*eu*", autoconsciência ou autoidentidade, a ilusão do eu como uma existência separada, em contraste com a realidade do Ser Uno universal.

Akasa (sânsc.) – "A sutil, supersensível essência espiritual, que preenche e penetra todo o espaço. A substância primordial, erroneamente identificada como Éter, visto que é em relação ao Éter aquilo que é o Espírito em relação à matéria." H.P. Blavatsky, Glossário Teosófico, Ed. Ground, São Paulo.

Arhat (páli) – "O merecedor." Exotericamente, "aquele que merece honras divinas." Esotericamente, um Iniciado do quarto grau que entrou no Caminho mais alto e foi, portanto, emancipado da autosseparação e do renascimento compulsório.

Arquétipo (gr.) "Primeiro molde", ou estampa. A "ideia" essencial, ideal ou abstrata. A concepção divina da qual se deriva a "ideia" divina de todo o Universo no tempo e no espaço; o poder governante da criação.

Astral. A região da expressão de todos os sentimentos e desejos da alma humana. Veja também *Kama*.

Ātmā (sânsc.) – "O Ser." O Espírito universal, o sétimo princípio na constituição sétupla do homem, a Alma Suprema.O Espírito-Essência do Universo (*Paramatman* – "o Ser Além").

Augoeides (gr.) – "O fragmento divino autorradiante," o Manto de Glória dos gnósticos e o *Karana Sharira*, "O Corpo Causal," do Hinduísmo.

Aura – Uma essência ou fluido sutil e invisível que emana dos corpos humanos, animais e mesmo dos inanimados.

Avatar (sânsc.) A doutrina da encarnação divina, ou "descida."

Avatara (sânsc.) – "Descida." A encarnação de uma Deidade, especialmente de *Vishnu*, o Segundo Aspecto da Trindade hinduísta.

Brahman (sânsc.) – O Princípio impessoal, supremo e incognoscível do Universo, de cuja essência tudo emana e para o qual tudo retorna.

Buddhi (sânsc.) – O sexto princípio no homem, o da sabedoria intuitiva, veículo do sétimo, *Ātmā,* a Alma suprema no homem. A Alma Universal.

Cabala (hebraico) – De QBLH, "uma tradição não escrita, ou oral." A sabedoria escondida dos rabinos hebreus, derivada da doutrina secreta dos antigos povos hebreus. Veja Hodson: *O Reino dos Deuses.*

Cadeia – Na filosofia oculta diz-se que um Sistema Solar consiste de dez Esquemas Planetários. Cada Esquema é composto de sete Cadeias de Globos. Em relação ao tempo, uma Cadeia consiste da passagem da onda-de-vida sete vezes pelos seus sete Globos. Cada uma dessas passagens é chamada Ronda e ao completar-se a sétima Ronda termina a vida da Cadeia. Os Globos de uma Ronda são tanto superfísicos como físicos e são organizados num padrão cíclico, com três num arco descendente, três num arco ascendente e sendo o do meio, ou quarto Globo, o mais denso e o ponto de inflexão. O período de cada uma dessas unidades, do Sistema Solar ao Globo, chamado de *Manvantara*, é sucedido por um período passivo de igual duração chamado *Pralaya.* O término da atividade do sétimo Globo da sétima Ronda da sétima Cadeia põe um fim à atividade de um Esquema Planetário.

Chakra (sânsc.) – Uma "roda", ou disco. Um centro de força giratório como um vórtice em forma de túnel, com abertura na superfície dos corpos etéricos e sutis do homem e seu tronco levando às contrapartes superfísicas da coluna cervical e dos centros nervosos das glândulas. Existem sete *chakras* principais associados com o sacro, o baço, o plexo solar, o coração, a garganta e as glândulas pituitária e pineal. Os *chakras* são tanto órgãos da consciência superfísica como transportadores da força vital entre os corpos superfísicos e físico. Veja C.W. Leadbeater: *Os Chakras.*

Ciência Oculta – "A ciência dos segredos da Natureza: física e psíquica, mental e espiritual... No Ocidente, pode-se citar a Cabala; no Oriente, o misticismo, a magia e a filosofia do *yoga.*" H.P.Blavatsky: *Glossário Teosófico, Ed. Ground, São Paulo.*

Corpo Causal – O corpo imortal do Ego reencarnante do homem, criado de matéria dos níveis "elevados" do mundo mental. É chamado de Causal, porque acumula dentro de si os resultados de todas as experiências e estas agem como causas, moldando as vidas futuras e influenciando a conduta futura.

Correspondência – Veja Lei das Correspondências.

Cosmocratores (gr.) – "Os Construtores do Universo", os Arquitetos do Mundo ou as Forças criativas personificadas.

Deva (sânsc.) – "Os Seres Brilhantes", seres espirituais, *Logoi* planetários e as hierarquias de arcanjos e anjos.

Dhyan Chohans (sânsc.) – Os "Senhores da Contemplação", as inteligências divinas encarregadas de supervisionar o Cosmo.

Dhyani (sânsc.) – "Especialistas no *Yoga*". Também um nome genérico para seres espirituais, *Logoi* planetários e hierarquias de arcanjos e anjos.

Dia de Brahma – Um período de 4.320.000.000 anos (terrenos), durante o qual *Brahma,* tendo emergido de seu ovo dourado (*Hiranyagarbha*), cria e molda o mundo material (sendo simplesmente a força fertilizadora e criativa na Natureza.). Veja H.P.Blavatsky: *A Doutrina Secreta,* Ed. Pensamento, São Paulo.

Doutrina do Logos – O Universo é primeiramente concebido no pensamento divino, que é o poder governante na criação. A "Palavra criativa que expressa a ideia é então 'falada' e as sementes, até então quiescentes, das coisas vivas germinam e aparecem de dentro do oceano do Espaço, a Grande Profundidade." Veja Hodson: *Lecture Notes of the School of the Wisdom.* Vol. II, Parte 2, Seç. 2.

Ego – O Ser espiritual tríplice, imortal em desenvolvimento no homem em sua veste de luz. O Corpo Causal.

Fohat (tib.) – "Energia Divina". A força construtiva da eletricidade cósmica.

Gnósticos (gr.) – Os filósofos que formularam e ensinaram a Gnose, ou conhecimento. Eles floresceram nos três primeiros séculos da era cristã.

Gunas (sânsc.) – As três qualidades, ou atributos, inerentes da matéria: *Rajas* – atividade, desejo; *Sattva* – harmonia, ritmo; *Tamas* – inércia, estagnação.

Iniciado – *Initiatus* (latim) – A designação de alguém que tenha recebido e a quem tenham sido revelados os mistérios e os segredos da filosofia oculta. [1]

Iniciação – Uma profunda regeneração espiritual e psicológica, resultando dela um novo "nascimento", um novo começo, uma nova vida sendo iniciada.

Kama (sânsc.) – Desejo, sentimento, emoção. Veja Astral.

Karma (sânsc.) – "Ação," conotando a lei de ação e reação, causa e efeito e os resultados da operação desta lei sobre indivíduos e nações. Veja Hodson: *Reincarnation, Fact or Fallacy?*

Kundalinī (sânsc.) – O princípio serpentino da vida universal. Um poder oculto sétuplo, superfísico no Universo e no homem, representado na simbologia grega como o caduceu. Ver Hodson: *Lecture Notes of the School of the Wisdom,* Vol. II, Cap. I, Seç. 3; Arthur Avalon (Sir John Woodroffe): *The Serpent Power.*

Lei de Correspondência – A coordenação harmoniosa de ressonância mútua entre as muitas partes aparentemente separadas do Universo e as partes correspondentes da constituição do homem. Na filosofia oculta, todos os componentes do macrocosmo e do microcosmo são interligados e interagem de acordo com um sistema

[1] Ver Geoffrey Hodson: *A Sabedoria Oculta na Bíblia Sagrada,* pp. 137 a 145, Ed. Teosófica, Brasília.

universal de troca vibratória. Alegorias inspiradas podem e, na verdade, deveriam ser compreendidas igualmente nos sentidos macro e microcósmicos.

Logos (gr.) – "O Verbo", "Uma Entidade espiritual divina". A Deidade manifestada, a expressão exterior ou efeito da Causa sempre escondida. Assim a fala é o *Logos* do pensamento e *Logos* é corretamente traduzido para o latim como "Verbo" e para o português como "Palavra", no sentido metafísico.

Macrocosmo. Literalmente "Grande Universo" ou Cosmo.

Mantras (sânsc.) – Versos dos *Vedas* arrumados de forma rítmica para que, quando proferidos, certas vibrações sejam geradas, produzindo efeitos desejados sobre os corpos físicos e superfísicos.

Manvantara (sânsc.) – "Período entre *Manus*". Época de atividade criativa. Um período de manifestação. O período de não manifestação é chamado um *Pralaya*.

Microcosmo – "Pequeno Universo." O reflexo em miniatura do macrocosmo. Destarte o átomo pode ser dito como sendo o "microcosmo" do Sistema Solar, seus elétrons movendo-se de acordo com as mesmas leis; e o homem pode ser chamado de "microcosmo" do Universo, já que ele tem dentro de si todos os elementos deste Universo.

Mônada (gr.) – "Sozinho." O Espírito divino no homem, o "Morador do Recôndito," que se diz evoluir através dos reinos subumanos da Natureza para o humano e daí para a estatura do Adepto, além da qual se estendem altitudes evolutivas sem limites.

Mônada-Ego – Um termo duplo usado neste trabalho para denotar a manifestação individualizada da Mônada humana como um Espírito tríplice. A Centelha divina ou Morador do Recôndito (Mônada) que no curso da evolução atingiu a individualidade autoconsciente como homem (Ego) e está incorporada nos veículos da mente, das emoções e da carne, durante a vida na Terra.

Nirvana (sânsc.) – "Extinguindo a vida". Absorção consciente na Vida Una do cosmo, ou consciência absoluta (Budismo).

Noite de Brahma – Um período de duração igual ao *dia de Brahma*, durante o qual se diz que *Brahma* está dormindo.

Parabrahman (sânsc.) – "Além de *Brahma*." O supremo *Brahma* infinito, o Absoluto, sem atributos, Realidade sem segundo; o Princípio impessoal, sem nome, universal e eterno.

Shakti (sânsc.) – Habilidade, poder, capacidade, faculdade, força. A força emanada de um deus diz-se ser a sua esposa, ou *shakti*. Assim, ainda que uma deidade ou personagem central e sua consorte, ou esposa, sejam apresentados como duas pessoas separadas, a última (a esposa) na verdade personifica atributos ou poderes da primeira (o esposo). Consequentemente, o suposto par na realidade representa um ser.

BIBLIOGRAFIA

Albright, William Foxwell. *Archaelogy of Palestine.*

Arnold, Sir Edwin. *A Luz da Ásia,* Ed. Teosófica, Brasília.

Bates, Ernest Sutherland, ed. Old Testament. The Bible, Versão King James, pp. 3-897. Nova Iorque: Simon Schuster, 1936.

_______ New Testament. Em The Bible, Versão King James, pp. 901-1230. Nova Iorque: Simon Schuster, 1936.

Besant, Annie, trad. *Bhagavad-Gita.* Ed. Teosófica, Brasília.

Blavatsky, Helena Petrovna. *A Doutrina Secreta,* Editora Pensamento, São Paulo.

_______ *Glossário Teosófico,* Ed. Ground, São Paulo.

Book of Common Prayer.

Brandon, S.G.F. *Jesus and the Zealots.* Scribners.

_______ Trial of Jesus.

Chatterji, Mohini M., ed. *Five Years of Theosophy.* Londres: Theosophical Publishing Society, 1910.

Sankaracharya, *Viveka-chudamani – A Joia Suprema da Sabedoria.* Editora Teosófica, Brasília.

Franck. *Origeniana.*

Fuller, J.F.C. *The Secret Wisdom of the Qabalah.*

Graves, Robert. The Greek Myths, Vol. 2, Nova Iorque, George Braziller, 1957.

Guaita, den S. *Ay Seuil de Mystiere.*

Heindel, Max. "Lohengrin." *Mysteries of the Great Operas.* Londres: L.N. Fowler, 1921.

Hodson, Geoffrey. *A Fraternidade de Anjos e de Homens,* Ed. Pensamento, São Paulo.

_______ *A Sabedoria Oculta na Bíblia Sagrada,* Ed. Teosófica, Brasília.

_______ *O Reino dos Deuses,* Ed. Pensamento, São Paulo.

_______ *Lecture Notes on the School of Wisdom.* Chennai (antiga Madras): Theosophical Publishing House, 1955.

_______ *The Miracle of Birth.* Londres: Theosophical Publishing House, 1929.

_______ *A Senda para a Perfeição,* Ed. Teosófica, Brasília.

Reincarnation. Fact or Fallacy? Adyar: Theosophical Publishing House, 1954.

_______ *The Priestly Ideal.*

Cartas dos Mahatmas para A.P. Sinnett, Editora Teosófica, Brasília.

Johnston, Charles. *Yoga-Sutras of Patanjali.* Londres: John M. Watkins, 1964

King,, C.W. *The Gnostics and their Remains.* Londres: David Nutt, 1887.

Lao-Tse, *King of Taoism.*

Leadbeater, Charles Webster. *Man Visible and Invisible.* Adyar, Chennai (antiga Madras): Theosophical Publishing House, 1925.

"Magnificat." *The Hymn of the Virgin Mary.*

Mead, George Robert Stow. *The Hymn of the Robe of Glory.* Londres: Theosophical Publishing House, 1908.

_______ *Echoes from the Gnosis,* Vol. 20. Londres: Theosophical Publishing Society, 1907.

_______ *Pistis Sophia*, Ed. Teosófica, Brasília.

Origen. *De Principiis.*

_______ Selecta. *Psalmos, Patrologica.*

Pancoast, S. *The Kabbalah.* Nova Iorque. Worthington Publishing Co., 1883. Pandit, M. P. *The Upanishads.* Chennai (antiga Madras): Ganesh & Co. Private, 1968.

Pentateuch.

Ramanujacharya. *Brahmmasutras.* Chennai (antiga Madras): The Educational Publishing Co., 1965. Rhodes, Montague, trad. Apocryphal New Testament.. Clarendon Press. Silesius, Angelus. Poema

Sinha, Purnendu Marayana. *Study of the Bhagavata Purana.* Adyar: Theoshopical Publishing House, 1950.

Sperling, Harry; Simon, Maurice; and Levertoff, Dr. Paul P., ed. *The Zohar,* Vols. 1-5, Londres: The Soncio Press, 1933.

St. Clair and Her Order.

Woods, Rev. Dr. Frank. Sermon.

Saúde e Espiritualidade

Uma Visão Oculta da Saúde e da Doença

GEOFFREY HODSON

A Vida flui através de nós, buscando manter-nos perfeitamente saudáveis e em unidade com os outros seres.

A dor, quando ocorre, é nossa amiga e instrutora, porque sempre aponta com segurança para uma falta de harmonia que causa resistência à vida. A verdadeira cura não afasta apenas os sintomas externos, mas elimina as causas interiores da dor e da doença.

Estas são algumas das ideias básicas deste livro, que reúne dois trabalhos fundamentais de Geoffrey Hodson sobre a saúde humana como fluxo de energias físicas e espirituais.

As teorias apresentadas neste volume foram elaboradas através do estudo clarividente de um amplo número de casos que estiveram sob os cuidados do autor ao longo de vários anos. Geoffrey Hodson contribuiu decisivamente para a cura de milhares de pessoas, durante a maior parte dos seus 96 anos de vida.

É possível seguir o caminho espiritual da comunhão crescente com as forças divinas que governam o Universo. Tal é o tema eminentemente prático desta obra.

A Senda Para a Perfeição

GEOFFREY HODSON

Este é um livro escrito por alguém que realmente demonstra conhecer a Senda espiritual que conduz ao estado de Perfeição além do humano, de total domínio sobre si mesmo e de amplo conhecimento das leis e dos poderes que sustentam todos os seres neste mundo, tornando o ser humano um verdadeiro Servidor, um Iniciado nos Mistérios Divinos.

Hodson, ocultista renomado e clarividente experiente, dedicou sua vida ao auxílio daqueles que buscam o caminho da espiritualidade, oferecendo orientações teóricas e práticas, em seus diversos livros.

Nesta obra são dispostas, de forma muito didática e coerente, descrições dos diversos modos de percorrer tal Senda, a partir das respectivas diferenças nos temperamentos dos aspirantes. Hodson orienta o peregrino sobre os vários estágios que deve ultrapassar no caminho que o conduz à plena consciência, ao estado de Perfeição, desde os primeiros passos de seu despertar, passando por instruções e contatos intermediários, até o encontro com o seu Mestre espiritual.

Mais Informações sobre Teosofia e o Caminho Espiritual podem ser obtidas escrevendo para a Sociedade Teosófica no Brasil no seguinte endereço: SGAS – Quadra 603, Conj. E, s/nº, CEP 70.200-630 Brasília, DF. Ou telefonando para (61) 3226-0662. Também podem ser feitos contatos pelo e-mail: secretaria@sociedadeteosofica.org.br.

gráfika
papel&cores

(61) 3344-3101
papelecores@gmail.com